女性主义视角的社会学导论

王金玲　姜佳将　宋　瑜
朱旭红　袁　璟 —— 译

An Introduction
To Sociology

FEMINIST　PERSPECTIVES

Third Edition

〔英〕帕美拉·阿博特　　〔英〕克莱尔·威莱丝　　〔英〕麦丽莎·泰勒 —— 著

PAMELA ABBOTT　　　　CLAIRE WALLACE　　　　MELISSA TYLER

社会科学文献出版社

SOCIAL SCIENCES ACADEMIC PRESS (CHINA)

致 谢

　　感谢在本书写作过程中给予我们帮助的罗杰·萨斯福德、菲利普·汉考克、贝基·普罗伯特、劳丽·科恩和阿迈·勒－萨瓦德（Roger Sapsford, Philip Hancock, Becky Probert, Laurie Cohen and Amal El-Sawad）等学者，是他们给予我们启发以讨论本书中的各项议题；感谢 Taylor & Francis 出版社的莫伊拉·泰勒，康斯坦斯·萨瑟兰和亚当·吉尔伯特（Moira Taylor, Constance Sutherland and Adam Gilbert）的协助；特别感谢拉夫堡大学（Loughborough University）的朱莉·科利特（Julie Collett），感谢她对此书出版工作的热忱及研究协助；还要感谢来自不同学校的学生们，是他们激发了我们编写和出版此书的灵感，并在讨论时提供各种想法和观点。当然，本书内容由我们全权负责。

序　言

　　就女性主义而言，至少在 20 世纪的英国是由妇女投票权论者（suffra-gettes）拉开序幕，而在辣妹组合（the Spice Girls）及大众的流行看法中结束——就如杰梅恩·格瑞尔（Germaine Greer）曾挖苦的，"女性主义已经达到了它的目的，现在应该滚开了"（Greer，1999：5）。女性主义在这期间已经成就斐然，并以各种方式提高了妇女的社会、政治、文化和经济地位。与此同时，女性主义理论，尤其是在 20 世纪最后 30 年为我们重新思考理解社会方式的诸多面向做出了重大贡献。然而，许多后女性主义者认为，女性主义如今已经实现了它的目标，而考虑到妇女的多样性，女性主义在政治上或理论上已不再具有意义（或受欢迎）；也有人认为，女性主义在造福妇女这条路上走得太远（too far），因而导致性别"反冲"（back-lash）。另一些人则认为，女性主义在解决社会不平等问题上做得还不够，而且现有的那些成果，主要集中在西方的中产阶级、白人职业妇女的需求上。因此，女性主义（包括女性主义社会学）近来在许多方面开始进行"盘点工作"（stock-taking exercise），批判地反思一些问题，例如，如何处理妇女的多样化经历，但同时又保持一些共性的概念，并在 21 世纪初检视女性主义研究项目的现实意义。

　　对我们而言，当我们跳出这些争议，把女性主义及其与社会学的关系置于更广泛的社会整体中时，女性主义作为一种政治承诺和理论承诺的现实意义，以及它作为一种批判方案对社会学的重要性，就会变得清晰可见。

　　戈兰·泰尔朋（Goran Therborn）在关于整个 20 世纪的父权制的讨论中指出，"在我们故事的开始，所有重要的社会都显然是父权社会"（Therborn，2004：17），然而他又认为，纵然如此，在许多社会中，父权制在20 世纪节节后退，他把这个过程称为"去父权化"（de-patriarchalization）（Therborn，2004：73）。在大多数国家，妇女和女童的合法权利得到保障，教育的普及与有酬工作也在许多方面增加了妇女的自主性。社会经济、政治和文化的剧烈变迁削弱了丈夫和父亲这两个角色的权威，也削弱了男子施加在妇女这个群体上的权力。然而，这种"去父权化"的过程绝不是一种均衡的发展。正如泰尔朋（Therborn，2004：129）所说，"形成一种普遍的趋势，并不是 20 世纪父权制度变迁的最重要特征，它的不同结果和不同发生时机之间的差异才是"。这意味着，在世界上许多地区，父权制依然根深蒂固，南亚和西亚、北非和撒哈拉以南非洲等地区就是明显的例子。在世界的这些地区，正如他所说：

> 伴随着通过玷污与纯洁的仪式和规则构建出的种姓制度与宗教信仰，父权制与厌女症交织在一起，为男性统治提供了一个坚实的社会基础，且在很大程度上脱离了世俗的官僚主义和其倡导的平等权利论述的影响。
>
> （Therborn，2004：112）

即使在那些由平等信念所形塑的西方社会，毫不夸张地说，男人和女人之间的差异也持续形塑了人们生活的方方面面。简·莫里斯（Jan Morris）起初是名叫詹姆斯（James）的男性记者，在 30 多岁时变性成为女性。她在自己的著作《谜题》（*Conundrum*，也译作《我是变性人：颠覆两性者的自我告白》）中，总结了她同时以男性和女性身份生活过的一些经验：

> 我们总是被告知，社会上的性别差距正在逐渐缩小，但我必须借在 20 世纪下半叶同时以两种性别身份生活过的经历告诉你，生活中的所有方面，每一天里的每一刻、每一次接触、每一种安排、每一个回应，无不因男人和女人而有所不同。
>
> （Morris，1997：1）

但是，正如女性主义者所指出的，男人和女人各自在社会中的经历不仅受两性差异的形塑，更受到差异下的等级秩序（a hierarchical ordering of difference）的影响，女性主义者将其称为"性别秩序"（the gender order）。这意味着大多数社会更重视男子和男性特质，而不是女人和女性气质；男女之间的关系不是简单地由差异形成的，而是由不平等造成的。国际特赦组织（Amnesty International）向联合国就全球性的妇女歧视所做的简报，总结了这种情况的后果：

> 在世界每个角落，仍有妇女和女童持续面临着可怕的暴力、制度上的歧视和其他严重侵犯人权的虐待。她们在家中被殴打和杀害，在社区被攻击，在战争中被强奸和虐待，作为难民被拒之门外，被剥夺受教育和就业的权利，被排除在公共生活之外。这一切，仅仅是因为她们的性别。

（Amnesty International，2002：3）

近年来，许多人（特别是那些生活在西方的人）的生活得到大幅改善，这幅景象当然不是世界上大多数妇女的写照。我们对此相当自觉，因此促成了《女性主义视角的社会学导论》（*An Introduction to Sociology：Feminist Perspectives*）第三版的问世。自本书第一版付梓后的十多年里，女性主义和社会学领域内的各种论辩显然已有非常大的进展。当在 1997 年第二版出版时，关于后现代主义和媒体文化的论辩似乎开始取代更多社会学对工作、家庭和阶层等传统议题的关注，这在某种程度上，也对女性主义本身取而代之。在此期间，女性主义研究已开始重申其对这些社会学关键领域的重要贡献，同时也探索新方法来思考既有的议题。例如，开始从黑人与后殖民主义的角度来看待社会阶级、家庭和性别化的劳动分工等传统的社会学议题。

原来的版本所要彰显的论点是，以女性观点来评价社会，并重塑传统社会的界限，比如工作和家庭之间的区别，或者暴力犯罪和性欲特质之间的区别。如今女性主义者的学术影响力已经使得以往各个学科之间，以及学科内部的分际重新洗牌，在某种程度上更是一种跨界。人们也开始对

"单一的女性视角"这个概念提出了质疑，转而强调女性经验与视角的多样性。第一版和第二版中的许多材料大体一致，但在 2005 年的第三版中，我们加入了对正在转变中的女性主义的要素和旨趣的考量，也顾及了不同的男性和女性群体。我们也在内容中呈现了女性主义观点的最新经验数据，以及一些已经做出重要贡献的新论辩和新议题的资料。

我们的立场是，虽然妇女的经验有着很大的差异性，但也有一些共通性。我们肯定后现代主义学者对性别研究的贡献，但我们仍然认为，社会学作为一门批判的学科，有助于我们阐明妇女的地位，女性主义社会学依然大有可为，但这一贡献并没有得到普遍认可。我们所使用的"女性主义者"这一术语，指的是那些认为妇女是被剥削、贬低和压迫的一群人，他们致力于改变这一现状，因此对那些忽视或为压迫妇女正名的主流知识传统、社会组织模式和文化信仰体系采取了批判的态度。从这个意义上说，我们作为女性主义社会学家的立场是有待商榷的，因为我们的批判视角是社会学式的，但作为女性主义者，我们也同样批判社会学本身，因为社会学往往会忽视女性与女性主义视角，甚至将其边缘化或排斥在外。

整体而言，今日的社会学家们已经基本上接受了女性主义对男性主流社会学的一些批评，但在社会学的许多领域，女性主义者的观点仍然有被忽视或被边缘化的倾向。尽管女性主义对社会学学科的影响比其他学科更大，但我们仍认为，社会学这一学科的重新概念化，必须接受女性主义的批判。不过这一点仍然没有在社会学的许多领域内发生，特别是在社会学理论中。尽管在过去的 30 年中，女性主义研究在社会学领域得到了蓬勃发展，但其影响力却并不均衡。因此，从这个意义上说，我们这本书可谓为数不多的女性主义评述型著作之一，并且是对社会学领域中其他相关入门教科书的一种校正。

这本教材的第一版偏英国视角：我们都是英国社会学家，我们在英国工作与生活，也主要在英国发表研究成果。然而，这本教材已经被翻译成多种语言，并被世界上许多国家使用。此外，自本书 1995 年首版至 2005 年第三版问世的 10 年里，英国社会学开始反思自身的民族中心主义。因此，考虑到更广泛的读者群以及社会学和女性主义思潮的转变，我们试图在第三版中广纳国际的文献和经验数据，并反思我们自身视角，借此引介更具有比较性的观点以飨读者。

这本介绍社会学中女性主义观点的著作，旨在供学生和有兴趣了解女性主义对社会学贡献的广大读者使用，读者们可对本书进行单体阅读，也可以与其他较为传统的社会学入门教科书搭配使用。对于那些想要在对社会学的理解中纳入女性主义视角的读者，我们建议可在阅读完传统教科书的相应章节之后，再阅读本书的相应章节。读者不必按照本书的章节顺序来阅读。但我们建议读者先阅读第一章和第二章，因为这两章简明扼要地综述了女性主义对男性主流社会学的批判，以及女性主义者所发展的理论观点。之后，读者可以按照自己的阅读兴趣，或者遵循自己的教学大纲的顺序阅读相关章节。

当然，我们并不是在表明这本书可以描述"真正的"或普遍共通的社会现实，也不认为自己是中立超然的，我们只是在转述他人作品的社会科学家。我们也并不会自认书中涵盖的所有社会学概念、主题和论辩都是详尽的。因为，所有的知识都是不完整的、暂时性的，这一点既适用于女性主义知识，也适用于男性主流的社会学知识。女性主义并非社会学中的一种理论观点，它包含了各种广泛、复杂（而且通常是矛盾的）的观点。然而，女性主义知识的确为社会学做出了贡献，挑战了男性主流研究中的基本理论假设，并主张社会学的理论、方法和解释都需要被重新概念化。我们在本书中所关心的就是如何发展和阐明这一论点。

女性主义并不是一种寻求统一的运动。虽然所有的女性主义者都赞同妇女处于从属地位的观点，认同有必要制定解放她们的策略，但是各学派对于造成这种压迫的原因、实现解放的策略等方面却存在根本上的分歧。甚至，他/她们在女性主义本身为何以及女性为何（或者，正如我们将在整本书中探讨的那样，女性作为一个类别是否存在）的问题上也存在分歧。现存很多不同的女性主义理论，在这本书中，我们试图描述一些主要的、与社会学较为相关的理论，但这绝不意味着有些仍有助于我们理解女性经验的女性主义理论，即精神分析和女性主义文学理论就该被排除。

如何区分不同的女性主义观点不仅是学术问题，也是个人问题。我们也必须试着表明自己的立场。在第二版中，我们将自己定位为马克思主义女性主义者，后来演变成社会主义女性主义者——视阶级和性别在形塑我们对社会世界的经验，以及我们如何理解这些经验方面具有同等的重要性。这样的立场影响我们如何理解、阐释书中用到的材料。自从批判现代主义及其相关理论的后结构主义和后现代主义出现以来，我们就深受其影响。此外，我们还受到黑人女性主义和后殖民女性主义的影响，这些理论宣称西方女性主义在解释女性生活时，一直是种族中心主义的心态，这样的论述也影响了我们的观点。现在我们的立场更加折中：既认为必须以批判的观点从根本上来探求社会、社会学和性别差异（男人和女人之间的差异）等议题，但也试图在各种各样的理论观点上投注更多心力，因为这些观点都有助于我们理解所处的社会。当然我们也自觉有些观点其实是不相容的（例如结构功能主义和后现代主义），但我们也会认为，增进对社会的理解比纯粹的理论更重要。因此，这本书的主要贡献在于，它记录了女性主义社会学如何让我们更好地理解我们的生活。

作为读者，您必须了解我们的立场。我们不可能脱离自己的理论视角，成为其他女性主义论点和研究发现的中立报道者。重要的是，您要意识到我们并不是中立的，我们认为任何人保持中立既不可能也不可取。当我们在评估其他女性主义者和社会学者的著作是否适当时，这种中立性的缺失反而尤其重要。

近年来，虽然女性主义视角对社会学，特别是对身体、性欲特质、文化和生活方式等议题有相当大的影响，但是最近关于女性主义理论的论争往往大部分只出现在学术研讨会或学术期刊上。因此，在本书第三版中，我们的目标是将近年来学术活动的研究摘要整合到既有框架中，提供一份重订的、更新的版本，期待它能够被更多读者所理解和接受。更新版本的目的是更兼容并蓄，不仅吸纳更多社会学话题的研究主题（第三版的特色是多了两个新的章节，论述性欲特质和媒体文化），还希望包含更多的理论视角和可供比较的资料，这一部分大多是由国际女性主义者和社会学家执笔完成。但我们也注意到，许多学者认为，要想鼓励不同程度的学生仅仅依靠一本教科书是不可取的。因此，本书第三版除介绍女性主义观点对社会学的贡献时力求做到更兼容并蓄、更有可比性之外，也试图借指引书目激发和鼓励读者更深入地阅读特定主题，由此我们在书中增加了供参考的"延伸阅读"部分。

我们希望读者能喜欢阅读这本书，并从中有所收获。我们在写作中获益良多，也很享受写作的过程。女性主义和社会学不只是让人学习的学科，还是可以用来理解我们所生活的、置身其中的社会的方法。我们希望这本书能激励读者以新视野来重新认识世界，并获得新见解。

CONTENTS

目 录

第一章

导论：女性主义与社会学的想象力

第一节　议题设定

社会学长期以来因其男性主流（malestream）倾向与偏见而饱受批评。但迄今为止，它在很大程度上仍然是一门由男性主宰的学科。这一特质对社会学的理论、方法、研究与教学均产生了极其重大的影响。虽然学习这门课程的绝大多数学生为女性，且女性教师和研究者也日益增多，但在社会学领域任职于资深岗位的女性人数仍然少于男性。女学生们学习的是"男性主流"的社会学，而她们被灌输的这类知识对合理化（绝大多数）女性在社会结构中处于相对劣势的位置以及延续女性气质在文化上的劣等地位方面发挥了关键性作用。同样地，被视为"主流的"社会学研究与理论也通常是由男性社会学者所创造的。

然而，我们还是看到了些许进步。社会学者再也无法忽视性别差异（此处特指作为社会主体的男性与女性的差异），且学科内部也开始进行一些关于必须变革以克服男性主流偏见的讨论。在社会学领域中，女性学者从女性主义视角出发所撰写和出版的著作、期刊论文和会议文章日见增多。而且大多数社会科学领域的学术出版社都有关于女性主义、社会性别研究或女性研究的书目。但是，社会学的多数研究仍然只关注男性。有些研究完全忽略了女性；而另一些研究虽然将女性包含在内，却没有修正那些将女性附属地位正当化的理论。虽然日渐式微，但在社会科学领域仍然存在着这种趋势：要么就是将只依据男性样本得出的结论推广至所有人群；要么就忽视性别差异对社会现实的塑造和对我们切身体会的影响；要么在教科书中加入"社会性别"，将其作为额外的主题或章节，而不是全面地将关于女性和社会性别的研究发现纳入每个独立领域。同时，人们还倾向将女性主义思潮视为只需要开设一两场讲座的补遗，或是作为选修课留给女性教师来讲授，而非社会学课程的核心内容。

这本教科书之所以取得了一定的成功，正说明了人们想要拥有另一种视角：将女性主义对社会学的贡献置于这门学科的核心位置。现实情况是，在大多数西方国家，几乎所有的社会学课程在设计时都或多或少地纳入了女性主义视角。而期刊论文和研究设计也通常会被其评审者要求将性别差异作为需要关注的问题，或者至少考虑将男性与女性的差异纳入研究视角。在这种背景下，女性主义在社会学中的发展与影响力远远超过了其他社会科学领域。因此，在这一方面也的确取得了一些进步。然而相对而言，社会学仍然是一门由男性主导的学科。在全球很多地方，女性主义视角仍处于边缘化的状态：要么被彻底忽视，要么被嘲讽甚至被公然敌视。

即使是西方社会学也没有普遍承认女性主义视角的重要性。实际上，许多男性主流理论观点对女性主义贡献的回应可以分为两个极端：一边是将其隔离化（ghettoisation），另一边是将其殖民化（colonisation）。我们所说的隔离化指的是女性主义社会学被边缘化，被认为是只适合女性教师来教授或者是只能在女性研究课程中被教授的内容。尽管人们意识到男性与女性之间差异的重要性，但事实上性别只是被视为阶级、种族之外的另一个变量而已。女性主义者对男性主流理论所发起的严肃挑战被忽视、疏离或者破坏。基本上，男性并不教授这些课程，可能是因为这些课程既不能给他们带来名望，也不能给他们带来晋升（Richardson and Robinson，1994）；又或者是因为性别差异，尤其是社会性别差异仍然被视为"女性议题"。修读女性主义理论或社会性别议题课程的男性学生人数较少显然也证明了这一点。从这个角度来看，男性学者、男性学生甚至还有一些女性学生表现出来的漠不关心，也许正是近年来社会学女性主义视角所面临的最棘手、持久且令人沮丧的回应。

另一个极端是我们所认为的殖民化：随着男性研究（Men's Studies）

的发展，人们认为有必要采用类似于女性主张的研究女性的方式来研究男性。例如，维克多·塞德勒（Victor Seidler，1994）认为将男性特质（masculinity）问题化对于社会理论的发展至关重要。相反地，戴安·理查森和维多利亚·罗宾逊（Dianne Richardson and Victoria Robinson，1994）认为男性研究的发展可能实际上避免男性严肃看待与男性特质相关的关键性议题，而这些议题正是女性主义者着重强调的。她们指出男性研究主要关心的是男性的主体性，而非致力于帮助人们更好地理解男性是如何获得、维持和使用支配女性权力的相关研究。事实上，人们通常认为男性研究在很大程度上关心的是男性的解放（Seidler, 1994）。正如贾尔纳·汉默（Jalna Hanmer）所指出的：

> 将男性研究的目的单纯地理解为解放男性，这说明他们无意在任何社会分析领域中对男性本身进行严肃批判，也无意批判男性给女性、两性、社会以及我们的物种延续带来的一些问题。
>
> （Hanmer, 1990：29）

近年至少在英国出现了一种发展趋势，即人们倾向将"女性研究"（Women's Studies）更名为"性别研究"（Gender Studies）或是开设一些冠名以"性别研究"的新课程。事实上，一些出版商已经将他们的书目名称从"女性研究"更名为"性别研究"。有意思的是，许多课程内容并没有随着名称的变化而变化。这种趋势说明人们已经意识到女性主义研究与理论建构并不只是与女性有关或者只为女性而存在，还必须包括女性与男性关系的分析。如果女性要获得解放，男性和女性必须同时改变。然而，有时候这种改变似乎仍未认识到包括社会学在内的男性主流学科也应在某些方面对女性的附属地位负责。因此，向性别研究靠拢的发展趋势代表了女性研究中去激进化（de-radicalisation）的一面。而女性主义者对男性主流社会学提出的重要洞见与挑战将面临被削弱的风险。虽然男性与女性的差异的确需要被认真对待，但女性主义者的中心议题并非是性别差异的划分（sexual difference divides），而是在承认女性内部也存在着差异与分歧的前提下解释为何女性会被支配和被剥削。换言之，人们必须有意识地将女性的主体性置于与男性相关的结构关系中来进行理解，而这种结构关系是由性别差别和不平等塑造而成。

女性主义要对男性主流的社会学发起挑战，需要从根本上重新思考整个领域的内容与方法论：不仅需要从女性的地位以及男性的立场来审视社会，而且要看到这个世界基本上是被性别化了。事实上，女性主义对社会学的挑战已让人们理所当然地了解到必须承认各种基于性别的、种族的、性欲特质的（sexualized）、具身的（embodied）、年龄的不同立场。而我们不只要将"人类"解构为男人与女人，还需要去解构这种分类本身。

因此，我们所做的上述批判中有相当一部分也可同样延伸至族群、社会阶级、失能（disability）和性欲特质（sexuality）等方面的问题。社会学这门学科曾经并仍然会由身体健全、出身中产阶级或以跻身其中为目标的白人男性所主导。有女性进入该学科，并对男性主流社会学中相对狭隘的观点提出了挑战，但是这些女性也通常来自西方国家的白人，大部分也是来自中产阶级。因此，许多白人女性主义社会学者受到批判。她们被认为在看待社会性别关系时，态度带有太过于种族中心主义的（ethnocentric）色彩且未能充分考虑男性与女性在社会阶级、年龄、性欲特质、失能、全球权力动态变化等方面的差异性。但是我们认为，女性主义研究、理论和政治行动所创建的空间在一定程度上促使人们认识到这些不同形式社会身份的社会学意义，以及他们之间密切的相互关系。

基于以上原因，我们将以反思与建构的方式在各章中审视女性主义者在社会学中已经做出的和正在做出的贡献。我们将从各种不同的女性主义视角来探究我们生活的社会。我们这样做的目的并不是要毫无遗漏地概述女性社会学者的所有贡献——我们当然知道（亲）女性主义社会学者并不全都是女性，也不是所有的女性社会学者都是女性主义者；我们也不打算总结所有的经验研究结果。我们所选的材料不仅能够帮助我们证明女性主义对社会学有持续贡献，还能够帮助我们认真思考哪些领域尚需改进。因此，我们尽可能地试着纳入可以让我们进行比较的材料，包括我们自己的一些研究。此举也可以帮助我们认识到，虽然有些议题（如女性在家庭中遭受到的压迫）是全球女性主义社会学者都关心的重要问题，但它们与其所处的背景也息息相关。这意味着，性别议题对世界各地，以及同一社会中不同位置的女性都具有不同的意义。换言之，人们在生活中所感受到的结构性相似或差别都具有其独特的社会性和文化性。

因此，举例来说，通常人们认为家庭暴力的发生经常是因为女性"没能"履行其做妻子的责任，但是世界各地对妻子责任的理解存在着巨大差异。在一些国家，女性因为娘家未能提供丰厚的嫁妆而受到虐待；而在其他社会中，女性因没有煮饭清扫，或未能让家庭收支足够平衡而被苛待。然而，许多问题存在着共性：它们都是由性别差异造成的权力与控制问题。尽管许多长期受自由人文思想影响的西方女性主义者将女性参与有偿就业视为通向独立的唯一道路，但是，原苏联东欧地区的女性并没有通过此种方式获得解放。因此，就本书所参考的研究材料而言，我们的关注重点主要是当代的资本主义社会，不过我们也尝试着采取一种广泛的、比较的和反思性的方法来理解女性经历的异同，并通过社会学从全球范围内来理解这些女性经历；同时承认无论在政治层面还是在学术层面都还需在这一领域倾注更多的心力。

一旦严肃看待女性主义者对男性主流社会学的批判，我们就会意识到我们需要提出不同的问题。为了回答这些问题，我们需要发展新的概念与理论，并采用新的方式从社会学的角度来看待与理解社会。这是因为当前男性主流社会学从其"创始之父"那里继承的认知，大体上都视女性的角色是天生的，因此也就不会对其进行研究，或将其视为问题。长时间以来，社会学的发展是为了增进我们对男性所处的公共世界的理解，它不足以用来探究女性所处的世界，以及男性与女性间的关系。为什么通常由女性来照顾年幼的孩子？为什么男性政治领袖比女性多？为什么西方社会中男性很少化妆，而人们却通常期望女性化妆？这些社会学问题有待调查与解释。因此，我们主张从女性主义视角出发对社会学进行重新思考或者重新想象。

第二节　社会学想象力的性别化

社会学可以让我们理解自身的个人经验与所处的社会结构之间的关系

（Mills，1954）。20世纪六七十年代，女性开始表达她们的观点。她们认为现有的社会学与自身的经验并无关联，因为社会学基本上是以男性的视角来审视这个世界。她们认为，如果将女性视角考虑在内，那么既有的社会学理论与解释确实会面临挑战。意识到社会学无法解释女性经验且无法构建包罗万象的理论，女性主义者开始认真审视为何宣称中立的社会学会具有男性主流倾向。社会学家多萝西·史密斯（Dorothy Smith，1987）指出，这是因为女性的关怀与经验没有被视为真正的问题，而是被看作她们主观想象的问题；相反的，男性的关怀与经验却被视为是生产"真正"知识的基础。因此，社会学知识所描绘出来的女性是男性看待她们的样子，而不是女性看待自身的形象。社会学也同样固化了女性的附属与被剥削的地位。虽然社会学宣称其看待社会现实的视角是客观全面的，但事实上那只是来自男性的视角。因此，女性成为社会学想象的客体而非主体。

从这个层面来看，我们可以说，女性被社会学以及整个学术界的其他学科都限定为比男性更"天生的"（natural）角色。这种角色是由其生物特质与"天性"（nature）所决定的。而男性则更多从"文化"与"文明化"的角度被定义，这导致了了"文化的男性"（cultured man）与"天生的女性"（natural woman）关系的出现。尤其是法国女性主义者西蒙娜·德·波伏娃（Simone de Beauvoir）（1988［1949］）主张，女性在这样的情况下被建构成"他者"（other），与已建构的文化、社会及理性格格不入。因此，人们认为女性是被社会性别化的，男性则不然（也因为如此，专注于社会性别的社会学书籍、研讨会与课程，基本上都被认为是为女性准备的，和男性的利益无关或者没有直接关系）。男性常被认为是合乎普遍理性的，是一群透过（社会）科学的视角来分析与理解这个世界的人，而女性则是一群需要解释或者"带入"（bringing in）的人。而且，那些认为女性需要"特别的"（special）视角与理解的论点往往强化了上述观点。

有些女性主义者认为，女人观看这个社会的角度是独一无二的，其根源来自她们基于对身体体验的"特殊"天性（尤其是母性），而这种体验与男性迥异。这类女性主义者赞同另一派（更为保守的）女性主义者的主张：男性与女性之间的差异根本上是由生物学上的差异造成的。其他的女性主义者则认为，男性与女性的差异大部分都是由社会建构出来的，因此应该被消除，或者至少需尽量减少这些差异对男性与女性生活的影响（参见第二章、第三章）。

我们的立场介于这两端之间，即将性别差异视为一种社会文化的建构。我们认为生物学与生理学的差异经常被当作性别差异这个意识形态的基础，将女性处于劣势社会位置的情况"正当化"（justify）并加以维系。我们主张，社会性别化是一种过程。在此过程中，生物差异不再被作为原始分化的基础，而被事后（post hoc）利用为那些基于性别差异的女性附属地位与剥削进行辩解。社会性别化的过程并非一成不变，它会因不同的文化与社会而异，所以我们需要对性别差异的意识形态进行社会学的分析。

第三节　性别差异的意识形态

女性主义者认为，由于未能顾及男性与女性对这个社会世界的不同体验，男性主流的理论不能被当作充分且有效的知识。事实上，这些理论不仅没有对女性的附属地位进行批判或解释，反而从意识形态上将其正当化。我们所说的"意识形态"指的是一套事实与价值意义层面的概念模式（即被视为"常识"的知识），目的在于对社会结构、某个社会群体或某个社会的文化进行解释并使其合法化，同时也为与此套概念相呼应的社会行动提供正当性的理由。意识形态同样也塑造了我们日常生活中的情感、思想与行动。然而，由某一种意识形态所提供的知识是片面的或经过选择的；而且有时候它对这个社会世界的描述与解释还会有矛盾之处。意识形态，特别是主流的意识形态，也会将这个社会世界的某些方面建构成自然的和普遍的，这样也就是不容置疑、不可改变的。因此，社会世界的某些方面被意识形态塑造为自然和普遍的，这样人们就不会认为这些方面是由社会建构而成。

还有许多性别差异的意识形态，它们所提出的解释并不一定前后一致，却共同形成一套"主流的意识形态"。其传达出来的概念更容易让人认为是自然而然和普遍通行的。这是因为它们是由那些拥有相对权力的人所生产、再生产出来的。女性主义者认为，女性被排除在权力地位及知识生产之外，意味父权制度的意识形态（男性主导的思想）已经使其自身成为一种普遍通行的知识（universal knowledge）。然而，那些已经并且持续挑战这种父权制度的意识形态（即支持男性至上的理念）的女性主义者们主张，这种意识形态是偏颇、扭曲的。正是因为男性处于相对权力的地位（例如在政治领域或在大众媒体中），他们才能够将女性主义的意识形态边缘化。

我们在此所说的意识形态，是由一套常识性信念或实践知识组合而成的社会行动的基础。例如，资本主义社会中的家庭概念通常指代核心家庭，即母亲、父亲，以及他们抚养的孩子构成一户家庭的形式共同生活，男性是经济的提供者，女性则是家庭领域中最主要的照顾者。这样的家庭被认为是天然形成（基于生物学的）、普遍通行的制度。其他不同的生活形态则被视为偏离正轨，因为它们试图改变大家普遍接受的事物。然而，意识形态掩盖了如下事实，即它们都是被社会建构出来，而且对某些群体更为有利。正如女性主义者所指出的，拥有性别化劳动分工的核心家庭，是为男性利益及资本主义发展而服务的。

意识形态并非无懈可击，它们也可能受到被支配的社会群体与力量的反抗，因遭受质疑而发生变化。女性主义者通过展现父权制度的偏颇与扭曲，来挑战其意识形态或破坏他们的世界观。想想国际知名流行歌星麦当娜（Madonna）的各种尝试吧，她用夸张滑稽的表演戏仿出父权制呈现下的被动和奴性的女性性欲特质；或回想一下电视剧《吸血鬼猎人巴菲》（*Buff the Vampire Slayer*）塑造出的那个体魄强壮、足智多谋的女性主角Buff的形象。无论这些方式是否有效，它们都是女性主义挑战父权制度意识形态的一部分。父权制度的意识形态还具有掩盖男性权力现状的效用。男性认为他们权力在握，是因为他们认为自己能够掌控自然，成为主导者。女性，则因为她们在生物学上的繁衍角色，而在传统定义上被认为比男性更亲近自然。因此她们受男性支配也就被视为理所当然。男性意识形态借由贬低女性的工作与繁衍功能来确认并巩固男性的主宰地位，同时也让男性的工作看起来更具有社会与经济上的重要性。男性气质（"男人"）

和公共领域画上等号：要做一个男人，就要是一个在家庭领域之外从事重要工作的人。

几乎整个20世纪，一些东欧与中欧国家的女性都被期望要像男性一样在公共领域工作。然而，这种情况并未像马克思主义者与社会主义者预想的那样为她们带来"解放"。一部分原因是父权制度下的劳动分工持续在家庭中发挥作用。另一个原因则是父权制度的思想已经渗透到工作场所与公共领域的生活里。因此，问题不再只是修改法律、将女性置于男性同等地位这么简单。人们需要去了解权力结构，以及生理性别/社会性别（sex/gender）体系和性别差异的意识形态如何形成这种结构。这意味着，我们需要从女性主义视角出发，来理解私人领域以及公共领域。

女性主义者挑战了把生物差异视为命运的概念，转而强调波伏娃所指出的："女性不是天生的，而是后天成为的。"（Beauvoir，1988：295）女性主义者认为，男性与女性间生物差异无法解释他们的社会角色。我们需要从社会建构的视角来理解，并且必须做出社会学的解释。虽然男性与女性之间存在解剖学意义上的差异（anatomical differences），但重要的是，人们如何理解与评价这些差异？男孩和女孩如何被社会化来学习人们认为是合乎性别的适当行为？人们期望、重视的又是哪些行为？男孩与女孩通常被父母、老师和社会给予区别对待，他们的行为也被赋予不同的期望，与他们接触的成年人以及他们所在的机构又会鼓励并强化这种行为期待。于是，电视节目与学校的教材计划中出现的都是符合期望的性别角色范本。不符合这些角色范本的男孩与女孩，同时遭受成年人和同龄人的责骂与嘲笑。男孩若展现出女性的气质特征，就会被说成"软骨头"（wimps）；女孩若举止充满男性气质则会被说成是"假小子"（tomboy）。虽然有些女孩可能很喜欢被认为是"假小子"，男孩却通常不喜欢被形容是"娘娘腔"（sissies），因为这个词语不管在性别还是在性表现上都被当作笑柄。男性青少年常会避免流露出任何可能会被人们认为带有女性气质的特征（Willis，1977）。

然而，历史学与人类学的研究表明，所谓适合男性与女性的角色规范，其实是在某段特定时间的某些特定社会或某个社会中各个阶层所特有的（Oakley，1972）。不同的社会对于男性与女性应该要做哪些行为才合宜有不同的理解，并且会随着时代变迁而改变。就算在同一既定社会背景中，人们对性别角色的定义也会因不同历史时期或社会与族群团体的不同而大不一样。例如，女性性欲特质可能在某个时间点或被某个社会群体认为是一种不受拘束的性本能（libido）的源头，却绝对不会见诸其他社会群体或者其他时期。例如，在19世纪的英国与美国，白人女性被认为完全没有性欲（sexual desire），而黑人女性则被认为会毫无节制地滥交（Hooks，1992）。虽然工人阶级的妇女被要求在雇佣劳动中长时间工作，但中产阶级的妇女却被排除在有酬工作之外，理由是她们的"生理弱点"。因此，那些基于生物差异或者生理学因素所提出的解释无法令人信服。社会学需要发展出能够同时充分解释性别分工与性别差异的理论。

第四节　生理性别与社会性别的区分

女性主义者多依循安·奥克利（Ann Oakley，1972）的论点，来解释基于性别差异的不平等。这些解释倾向于将"生理性别"（Sex）与"社会性别"（Gender）加以区分，这种区分类似于一般社会学对生物的与社会的，以及"天生的"与"教养的"区分。根据这种区分，"生理性别"指的是男性与女性在生理上的差异，为性别社会化创造了（前社会）基础。"社会性别"则是一种社会与文化的建构，它们决定了何谓适当的男性与女性角色、男性气质与女性气质需要具备哪些特质与特征。简而言之，生物学上的生理性别被认为是人的身份中与生俱来的一个方面，而基于社会与文化之上的社会性别则是我们通过持续不断（终身）的社会化过程所习得的一种身份。从这个角度来看，我们生而为人（*human* beings）（男人与女人），然后通过习得（社会认可的）性别身份转变成**社会人**（*social* beings），即社会性别化的主体。奥克利这类的女性主义者指出，社会认可的男性与女性的性别角色是依据父权制度意识形态来定义的。可以说，家庭、同辈群体、教育、工作、宗教文化信仰与实践，尤其是大众媒体，都被视为推动性别社会化的关键中介机制（agent）。因此，女性主义认为"生理性别

—社会性别的区分"（sex-gender distinction）塑造了社会性别角色。这种理解强调了社会结构在塑造性别社会化和局限男性与女性社会化后的身份认同中所起到的作用。

最近的研究方法不仅强调了社会结构对限制、狭隘化男性与女性社会性别角色所起的作用，也开始强调他们可以运用能动性去挑战并抵抗性别社会化与性别刻板印象的能力。"能动性"指的是个人与群体以认知主体的身份去思考、表达与行动的能力，并且能够以有指向性和意义感的方式与这个社会世界（包括各种社会结构）发生紧密联系和互动。简而言之，这种重视能动性的研究方法想要强调，与其说社会性别是"发生在我们身上"（done to us）的事物，不如说它是"我们做"（do）出来的事物，是我们身份与行为的一个方面，我们在其中扮演了主动的角色。一些女性主义者由于深受后结构主义与后现代主义观点的影响，将这种后来为人所知的"做性别"（doing gender）研究方法发扬光大。他们主张，正如"社会性别"是一种社会建构的产物，"生理性别"亦然。换言之，生理性别也被用来正当化某些社会群体的附属地位，而不是为社会差异提供任何天然的基础。

朱迪斯·巴特勒（Judith Butler，1990）特别指出，女性主义者需要开始了解的不只是生理性别与社会性别之间的关系如何被天生与社会所区分，更要了解生理性别、社会性别与性欲特质三者之间的关系，而这种关系比"天生—教养"的区别更为复杂。我们对由生理性别、社会性别与性欲特质所导致的男女性别差异的理解，不该局限于认为生理性别为社会建构的性别提供了基础，而应该要意识到性别差异是由巴特勒（Butler，1990）所描述的"异性恋矩阵"（heterosexual matrix）这种意识形态架构所塑造而成的。巴特勒引用了前述波伏娃（Beauvoir，1988：295）的"女性……是后天形成的"论点，并指出依照这个矩阵，男性被社会化为具有男性特质的（异性恋）主宰者。反之，女性则被迫成为女性气质的（异性恋）顺从者。巴特勒（Butler，1993）还主张，依照这个意识形态架构，只要异性恋矩阵要求男性与女性以特定的（性别化）方式来呈现与表现（perform）他/她们的身体，那么，以身体形态出现的生理也是由社会建构而成的。因此，具有"女性气质"的（异性恋）女性不可以锻炼她们的肌肉；具有"男性特质"的（异性恋）男性（至少在西方世界里）不被允许化妆。为了挑战、抵抗并最终摧毁这个"异性恋矩阵"，巴特勒（Butler，1990）极力促进男性与女性通过制造出她所谓的"性别麻烦"（gender trouble）来跨越这些界限，过不受社会性别束缚的生活。

后现代女性主义者也同时强调女性之间的差异，并且拒绝根据利益衍生对这个世界进行太过简单的分类。因此，诸如"黑人"与"白人"，或"男性"与"女性"这种简单的二分法是不全面的。他们主张，我们需要依据不同的身份与差异，考虑使用复杂的、相互交叉的分类。然而，正如苏珊·鲍尔多（Susan Bordo，1990）所言，这样做意味着无休止的分裂，因此也就不可能出现任何条理分明的批判，包括具有辨识度的女性主义批判。我们认同这个观点，并将在随后的章节中探讨后现代与后结构主义的女性主义观点在概念与理论上的洞见。与此同时，我们仍将致力于发展一门具有批判性的女性主义社会学。

第五节　女性主义对男性主流社会学的批判

女性主义者从一系列理论角度对男性主流社会学进行了诸多批判。这些批判主要基于以下观点。

1. 社会学一直以来主要关注对男性的研究，很含蓄地关注那些适用于男性生活世界的理论和概念。

2. 将样本完全由男性构成的研究结果推论到整个群体。

3. 与女性相关的领域和问题经常被忽视或轻视。

4. 在研究中纳入女性时，女性的形象经常被扭曲或者刻板化。

5. 当研究中纳入生理性别与社会性别时，它们一般处于附加（added on）地位，而忽略了用以解释的理论本身在很大程度上正当化了女性受支配与受剥削的地位。

简而言之，这意味着从最乐观的角度来看，人们没有意识到女性的结构性位置和随之而来的体验与男性并不相同，因而也就没有意识到性别差异应该成为一个重要的解释变量；从最悲观的角度来看，女性的体验被故意忽略或扭曲。此外，男性主宰和支配女性的情况要么被忽略，要么被视为理所当然。奥克利（Oakley，1982）对此情况有以下三种解释：

1. 社会学从创立之初就怀有偏见。

2. 社会学这门学科明显是一门男性专业。

3. 性别差异的意识形态导致人们以特殊方式构建和解读这个世界，这些又被用以解释男性和女性之间的差异。

这三种因素显然相互关联。社会学从一开始就蕴含了带有性别歧视的假设，而且在很多方面这些假设仍然是社会学理论和研究的重要基础。社会学作为一门学科，发展于19世纪，早期或"古典"社会学家主要关心的是如何理解与工业资本主义发展相关的政治与经济变化。这些变化包括工厂生产的增长、新型阶级的分化和关系、具有政治意识的（男性）工人阶级的成长、成人（男性）群体日益扩大的政治参与。在这一过程中，对女性最重要的方面是家庭与工作的分离、生产与消费和再生产的分离，并逐渐产生了"女性的位置在家庭"的意识形态。女性逐渐与家庭生活和家庭关系（domestic relationship）这样的家庭（私人）领域画上了等号，男性则与政治和市场等公共领域相关联。大多数社会学家关注政府和工作场所的公共领域，而忽略了家庭生活和家庭关系的私人领域［一个众所周知的例外可见于恩格斯的相关论述（Engels，1972/1884）］。部分原因是在公共领域（男性）与私人领域（女性）的劳动分工被视为是理所当然的，这种解释是基于生物学和本质上的区别。达尔文就曾指出：

> 两性之间智力上的主要差别表现为男性从事任何工作——无论是要求深入的思考、推理，或想象，还是在知觉的使用与动手方面，都能取得比女性更高的成就。

（Darwin，1871）

这意味着社会学无须解释性别差异，因为它接受生物学是前社会性的基本事实。因此，社会学也就无须将社会性别作为一个解释变量或对女性处于被支配和被剥削的境况进行理论解释。结果就是，无论是从理论上还

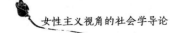

是实证上，女性都不在社会学的关注范围内。

社会学不仅常常无视女性，也会忽视与家庭关系相关的整个私人领域。直到 21 世纪初，人们才开始持续对与女性利益相关的领域进行理论建构与研究。这说明社会学未能发展出可以帮助我们理解公私人领域以及两者关系变化的分析工具。当男性可以同时容身于公共领域与私人领域并成为两者之间的中介时，女性在不久之前还主要栖身于私人领域；即使她们在家庭之外拥有一份有酬工作，仍被如此看待。因此，对男性态度与行为进行解释时，通常是基于他们在公众世界中的位置（基本上参照社会阶级）；而对女性态度与行为的解释主要是参照她们在私人领域作为妻子和母亲的角色。

第六节　迈向女性主义社会学

女性主义的挑战意味着在世界各地的许多国家，女性视角的重要性已经甚于往昔。萨拉·德拉蒙特（Sara Delamont, 2003）指出，女性主义社会学的一个主要成就是开创了新的主题，创造了新的智能空间与"知识"定义。我们可以确认，由于女性主义的贡献，社会学的某些领域已经被重新建构，某些领域受到了女性主义的一些影响，还有一些领域仍未认可女性主义的观点。

1. 从女性主义的视角重新审视或者建构的社会学领域：性欲特质与身体、认同与差异、视觉与文化社会学。

2. 已经受到女性主义视角深刻影响的社会学领域：健康与疾病，家庭与家务劳动，工作、就业与组织，教育，犯罪与偏差，年龄与生命历程，大众媒体与流行文化。

3. 基本上未纳入女性主义视角的社会学领域：社会阶级与阶层、政治社会学、社会与社会学理论。

女性主义者对于要以什么来弥补社会学现有理论与研究中的空缺并未达成共识。我们认为存在着三种宽泛的回应：整合（Integration）、分离主义（Separatism）、重新概念化（Reconceptualisation）。

以下我们将依次讨论各种回应。

一 整合

该立场认为，男性主流社会学中的性别偏见是存在的主要问题。要通过改革既有理念与实践来达到消除偏见的任务，需要将妇女带入（例如提供性别社会学或"性别议题"的课程或模块选择），从而填补我们原有的知识缺口。要想取得进展，人们必须在开展研究时将女性纳入样本中，并改革现有理论。

这种方法的主要问题是，女性很可能被持续边缘化。她们将只是成为课程大纲上的附加主题（例如，"性别议题"常被当作是"女性议题"，通常只为女学生开设或者选课的大多数是女学生），将女性加入研究样本数也往往只是口头上说说而已。此外，该方法未能触及这门学科的根基；它未能挑战将社会学视为科学的（或者应该努力达到科学的）学科预设，也没有考虑到女性主义者对于知识标准的认定。举例来说，这种方法无法撼动男性主流社会学的预设，如公私领域的划分标准、谁能够优先从事有酬工作，以及阶级是社会最根本的划分等。也许最严重的问题是，这种方法无法让人意识到社会性别不只是一个区分变量，它其实代表了男性对女性的支配与剥削。而社会学作为一门学科却扮演了让这种剥削合理化并巩固这种性别意识形态的角色。

二 分离主义

这种立场主要和女性研究息息相关。它主张我们需要一种如多萝西·史密斯（Dorothy Smith，1987）所描述的**由妇女创建、为妇女服务的社会学**（a sociology *for* women *by* women）。女性主义者不应该将注意力放在改变既有社会学的偏见上，而应该由女性发展出与女性相关的社会学知识。这种立场很显然认识到一个事实，即人们通常是从某个特定的立场或者位置来观察这个世界，女性的感知与男性的感知是有区别的。此外，社会性别，甚或是生理性别差异被视为社会中的主要区别；所有的女性都具有共同的立场，因为她们都受到了男性的剥削与支配。女性主义在学术上应该关注发展对女性有利的理论和研究。这种方法固然存在着女性中心主义思想或者是以女性为本的意识（gynocentrism or woman-centredness），但是它的优势在于，它常常采用多学科或是跨学科的方法，借鉴心理学、文学理论、历史、媒体与文化等领域的女性主义研究贡献。

然而，这种方法的主要问题在于它往往会固化女性的边缘化状态。分裂主义的方法不仅未试图克服女性在这门学科（以及一般学术圈）被边缘化和排斥的状况，反而有迎合的倾向。这意味着男性主流的社会学仍会被视为"真正的"理论与研究，并继续忽视女性与女性主义视角。此外，忽视男性也会让女性所处的社会现实中的重要方面被持续忽视，其中就包括男性在公私人领域中剥削、支配女性，使女性地位低人一等的事实。任何分析女性受压迫的研究都必须反映并力图挑战与抵抗男性与男性利益在其中扮演的角色。

三　重新概念化

这个立场同样意识到，我们需要由女性创造、为了女性存在的社会学，并且了解女性观点和男性观点是迥然不同的。在强调重构社会学的同时，考量男性与女性不同的体验以及女性主义视角也是很重要的。这个立场也认识到，除了研究女性外，也必须研究男性，并且承认男性主流社会学的理论与研究发现的确会对女性主义社会学产生影响，反之亦然。

然而，该立场拒绝接受仅需将女性主义社会学整合到既有的社会学理论与研究发现中，即拒绝接受人们只需弥补知识缺口以及修补既有理论的观点。相反地，该立场认为我们有必要将社会学理论重新概念化。我们需要全面性地重新思考，而非只是革新其中的一部分，因为既有理论中的性别歧视偏见，无法仅靠修补就能革新。同时，女性主义研究也确实可以挑战男性主流研究中的假设与推论基础。例如，女性主义社会学者就批判吉登斯（Giddens，1991：219）所提出的身体是"自我反身性工程"（reflexive project of the self）组成部分的理解方式严重低估了女性的身体，使其只是不断在反思父权制度的规范与价值，而非一种由个体自我决定的反思表现（Tyler and Abbott，1998：437）。同样的，丹尼尔·贝尔（Daniel Bell，

1999）被质疑在其《后工业社会的来临》（*The Caring of Post Industrial Society*）的修订版中，只在前言部分"提及女性"，在重新思考后工业社会论点时没有将性别差异纳入考量。

我们需要全面又激进地对社会学进行重新建构，使它能够充分地将女性纳入其中。就这个意义而言，对社会学进行女性主义的重新概念化可以督促我们以批判且反省的方式来思考我们对这个社会世界本质的假设、理解这个世界的方法与方法论、相关的概念与理论，以及那些用来合理化我们的知识并宣称其为"真理"的观点。许多女性主义者会认为，尽管有持续的争议与批判，男性主流社会学相较之下，仍不重视女性主义的贡献。

这种方法的主要问题在于，许多男性主流的社会学者拒绝接受社会学有必要从女性主义视角出发进行重新概念化这一观点。然而，这正是作为本书作者的我们所拥护，并在自身工作中努力达成的立场。当然，我们也意识到这是一场漫长而艰难的抗争。但是，我们认为，如果社会学要成为一门不断对这个社会世界提出有意义批判的学科，这样的抗争是必须的。

第七节　结　语

在本章中，我们主张必须要有一门基于女性立场的社会学。如果要将这种立场整合到社会学中的话，那么社会学本身就需要被重新概念化。开展与女性相关的研究、对既有理论进行小修小补，并不足以"弥补缺口"。从各种女性主义视角来审视世界，意味着我们需要重新思考社会学，对现有的理论与研究发现发起挑战。在本书下面的章节中，我们将对女性主义社会学的发现加以解释，并且说明重新思考既有的社会学假设、方法、概念及理论的必要性，以此证明我们为何需要女性主义立场的社会学。

最后我们想要指出，这本书标题中的"女性主义视角"，不是某种特定的"女性主义视角"，也不是某一个"女性主义视角"。这是因为这本书探讨了众多女性主义视角与观点，而不是只讨论某单个观点。男性主流的社会学呈现日益复杂且相互竞争的各种理论方法。我们最常接触的几种包括：马克思主义学派、韦伯学派、象征互动学派、民族学方法论学派、结构功能学派与后现代主义学派等。女性主义社会学者也分属于这些不同的思想学派。女性主义者有一个共识，即透过性别差异的镜头来观察这个社会世界。我们将在下一个章节中检视女性主义的主要观点。

摘 要

社会学理论与实践需要具备以下认识：

1. 性别差异（生理性别、社会性别与性欲特质）以及阶级、种族、年龄、失能等其他差异的重要性。

2. 世界是由这些差异塑造而成的。

3. 公共领域和私人领域等社会领域并不是割裂的世界，它们是由社会（经济）建构而成的。这些领域是互相影响的，它们之间的关系会发生改变且有待解释。

4. 现有的社会学假设、概念和理论需要重新加以思考。

延伸阅读

Beasley, C. (1999) *What is Feminism? An Introduction to Feminist Theory.* London: Sage.

这本导论型教科书深入浅出地概括了当代女性主义中一些复杂甚至互相冲突的概念。总而言之，该书简明扼要地介绍了当代女性主义的观点。它的主要缺点在于过于简练，很大程度上更像是介绍性的大纲。但也正因如此，它为读者通过其他途径进一步探索相关概念提供了稳固基础。

Delamont, S. (2003) *Feminist Sociology.* London: Sage.

这本书引人入胜地研究了女性主义社会学在理论、方法和实证研究方面的成就。它的主要研究实力体现在既纳入了社会学开山之作的思想，又分析了后现代主义在当代面临的机遇与挑战。略有不足的是该书主要关注英美女性主义。

Freedman, J. (2001) *Feminism.* Milton Keynes: Open University Press.

这本小书综合介绍了当代女性主义中的一些主要论辩，重点关注了对平等与差异的讨论，并探讨了一系列女性主义观点。

Macionis, J. and Plummer, K. (2002) *Sociology: A Global Introduction. Second Edition.* London: Prentice Hall.

这本书是一本具有全球视野的主流社会学教科书。它在每一章节中都介绍了女性主义的贡献和各类性别差异议题。

Mills, C. Wright (1954) *The Sociological Imagination.* Harmondsworth: Penguin.

这本书为社会学经典著作。它非常好地介绍了社会学式思考的理念和社会学想象力的概念。社会学想象力是一种思考社会世界的方式，将个体、个人经验联结至更大范围的社会情境中，反之亦然。

第二章

女性主义社会学理论

女性主义社会学并不仅仅或必然是一门**关于**妇女的学科，其关键在于挑战、对抗将妇女的不平等地位制度化的男性霸权。女性主义在定义上的特征认为，妇女相对从属地位必须受到质疑和挑战，由以下三个方面展开：

- **女性主义研究**（尝试记录描述男子和妇女之间的重要社会差异和不平等）
- **女性主义理论**（尝试解释说明这些差异和不平等）
- **女性主义政治**（尝试挑战和抵抗男子和妇女之间的不平等）

整本书涉及女性主义上述各个方面，但是本章的主要内容是女性主义理论。

女性主义源于妇女受压迫的观点，对于许多妇女来说，此种压迫是主要的，而对于另一些妇女来说，它可能只是多重压迫的一部分。妇女的行动自由和言论自由受限于较有权力的男子，因为大体上而言，男子比妇女拥有更多经济、文化及社会资源。当然，这并不是要忽视妇女之间及男子之间存在差异的事实，其实这些差异本身就涉及从属和剥削。同时，也不意味着这些差异是附加上去的。比如，我们认识到，黑人妇女之所以拥有独特的主体性，起因在于种族与社会性别的共同作用，而非简单的"层层的"压迫（Hooks，1982）。然而我们需要指出的是，传统社会学强调将国家、经济以及其他公共机构作为主要压迫源，倾向忽视私人领域机制（如家庭）和人际关系（公共领域和私人领域）中存在的权力不平等。女性主义者认为，"个人的即政治的"（the personal is political），也就是说，现有一群行动者正"行压迫之事",而我们必须相信妇女被压迫的经验是具体存在的——无论是个人日常生活中遭遇的,还是集体或机制层面中发生的。因此,女性主义社会学者关心并检视如下方面的关系:个体与社会结构之间、妇女日常经验与我们所处的社会结构之间、人际关系中男子拥有相对权力以及这些权力如何在各种社会中被制度化的方式。同时,女性主义社会学者也关心男子与妇女之间、男子之间及妇女之间的关系变迁,并思考这些变化的原因及后果。

第一节 女性主义视角与社会学

为了理解为什么社会学需要女性主义,首先要理解,作为一门学科,社会学到底是做什么的。社会学意在提供我们对社会的理解,促使我们能够理解生活其中的社会世界及我们在其中的位置——发展并利用社会学的想象力(见第一章)。女性主义社会学理论主要是促使妇女(及男子)能够理解妇女的从属地位和被压迫的状况。社会学如果未能正视女性主义者对传统社会学理论的批判,就将女性主义视角纳入其中来修改和重构这些理论,那么,社会学将继续对这个社会世界给出片面和局限的解释。正如女性主义者认为,这些知识与理论也成为妇女处于从属地位的"共谋"。

身为女性主义者和社会学者,我们需要一个重构的社会学,一个融入女性主义思想的社会学。然而社会学诸多领域当中最难接受变化的就是社会学理论,传统上而言,其被看作男子专属的领域。在我们探讨女性主义理论与它如何帮助我们整体性地(并非仅仅思考其中的女性经验)思考社会世界之前,我们还需要考虑什么是社会学理论,以及什么是"社会学式的思考"方式。理论不仅是社会学的基础,更是社会科学的基础。理论形塑了我们理解世界的方式——我们提问的问题以及我们准备接受的答案的范围。正如约翰·斯科特(Scott, 1995:xii)所指出的那样,"社会学是一门理论事业"(sociology is a theoretical enterprise)——关于理解我们所生活的世界。然而,正如我们在第一章中指出的,社会学这门学科不仅仅忽视了性别差异(作为社会主体的男子与妇女之间的差异),而且它还成了共谋者，让基于这些差异的从属和剥削被合理化。社会学理论也是最慢接受变化，即最慢开始严肃看待女性主义批判的一个领域。

尽管经验社会学（Empirical Sociology）已经开始认识到将男子与妇女间的差异纳入研究设计中的必要性，但男性主流的社会学理论学者（malestream theorists）对性别差异以及女性主义对社会学和社会学理论的批判思考仍然倾向持相对沉默的态度。罗伯·斯通主编的《社会学核心思想家》（*Key Sociological Thinkers*）（Stones，1998）中只有 3 章（共 21 章）是关于女性（此处是指女性主义者）理论学者的，而且仅有 3 章是由女性执笔的；另外一本类似的作品是《当代社会学理论学者群像》（*Profiles in Contemporary Social Theory*）（Elliot and Turner，2001），其中仅有 5 章（共 34 章）是关于女性理论学者的，而且只有 9 章是由女性执笔的。这些遗漏不仅边缘化、贬低了女性社会学者（包括女性主义者和非女性主义者）为社会学理论所做的贡献，并且巩固了"理论是困难的""只有男子才能在理论方面有所作为"等迷思（myth）。同时强化了如下观点：理论是对伟大男性思想的描述，而非试图发展概念，以便我们能够理解并影响自身生活的世界。此外，这也进一步表明男性社会学者还没有认识到，社会学需要纳入女性主义社会学者的批判来重构理论。社会学理论这个领域也许是社会学中抵抗女性主义的挑战最为顽强的一个领域，以至于使社会学成为一门菲勒斯中心主义（以男性为中心）① 的学科。然而，作为女性主义者，我们仍然会为了妇女与男子，致力于重构社会学的发展，进而让社会学理论能够对这个社会世界提出更充分的理论解释。

第二节　女性主义社会学的邀请

最初开始接触社会学时，我们（本书作者们）并不理解真正在学习什么，但感觉到我们所做的事情不仅有趣，而且激动人心。当时我们被要求

---

① 所谓"菲勒斯中心主义"（Phallocentrism）是女性主义理论的常用术语，原意指"阳具崇拜主义"，后衍生为用以说明一种以男性为中心的社会机制。——译者注

观察我们生活的社会，对其进行理解，并提出问题，先前我们不一定有过这些经验，但我们发现由社会学者尝试提出的答案很具挑战性——这些答案促使我们以新的方式思考社会和社会关系，并获得了一些我们之前未曾见过的、更加清晰明了，且更加有趣的答案。我们被邀请去理解米尔斯（Mills，1954）所称的"社会学的想象力"（见第一章）。过去要想理解如何进行社会学式的思考并不容易，事实上，现在我们仍然在学习之中，但毋庸置疑的是，我们采用了新视角、新思考方法。而且很重要的是，我们开始询问关于社会世界的新的问题。

就本书整体而言，特别是本章，我们的关切在于从各种女性主义视角出发，探索什么是"社会学式的思考"。在第十三章，我们将思考同女性主义知识的地位相关的问题，但是本章内容聚焦于女性主义视角的多元性——提供理解及解释社会关系的框架，而这正是社会学的主旨。

社会学关系到我们所有人，因为其主题涉及我们日常生活的方方面面：媒体文化、犯罪、家庭、工作、教育、种族关系、阶级、社会性别、政治行为等。这些都是一些普遍性问题，常出现在报纸文章及新闻广播的标题上，或成为小说及话剧的表现主题。包括女性主义社会学者在内，社会学者同样探索这些问题，尝试为我们经常提出的各种问题提供答案，比如：大众媒体、广告或电影中展现的完美身材形象如何影响我们？为什么有一些人会犯罪，而其他人却不会？即便是在离婚相对普遍的社会中，为什么结婚依然这么受欢迎呢？人们为什么会从事自己正在做的工作？为什么一些人成了政治领导人，而不是其他人？另外，我们还会问一些与我们的生活相关的问题：为什么我在意自己的身材体型？为什么我没有得到那个工作？但是女性主义社会学者经常提出的问题会有所不一样：为什么妇女比男子更易饮食失调？为什么很少有妇女会犯罪？离婚后，为什么妇女比男子更易遭受贫穷？为什么大多数秘书为妇女，而大多数工程师为男子？为什么投身政坛的妇女相对较少？

当回答这些问题时，我们不能仅仅观察"事实"：对其的描述仅能告诉我们某些事情是什么，而非为什么。当尝试弄明白"为什么"时，我们已经超越了事实，并试图来解释它们。这样做表明我们正在使用理论并发展理论。在向我们自身解释生活中发生的事情时，我们通常使用常识；我们通常说"这是理所当然的""这是常识"或"大家都知道是这样"，以此将我们的答案进行合理化。但是我们并不问自己"我们的理论是什么""它来自哪儿"，也不尝试反驳我们自己的结论。通常情况下，常识层次的理论常会将错误归咎于受害者（blame the victim），比如离婚妇女生活在贫穷之中，是因为她们宁愿凭借政府补助金度日，也不愿工作；妇女成为优秀秘书，是因为她们拥有灵巧的手指，并且天生比男子更加顺从、勤奋；妇女没有成为政治领导人，是因为她们太过"柔软"、不够理性或没有足够的竞争力来承担相应的责任。当然，社会学者也持有其中一些常识观点，作为社会成员，其具有的社会经验和期望塑造了他们自身的信念。但是他们努力超越这些，试图利用他们的社会学知识，来开展研究、构建理论，借此为这个复杂的整体社会提供更细致的理解。要超越常识层次，不能凭借一些理所当然的预设和价值观，而是要试图对其加以挑战才能达成。

第三节　社会学的洞见

作为女性主义社会学者，我们不想将社会学及其向我们提供的洞见完全拒之门外，我们想做的就是发展一门女性主义观点的社会学。社会学的定义不在于它**研究什么**，而是**怎么研究**：社会学视角是观察社会世界的一种独特方式。它关心社会生活的模式及规律，并驳斥那些认为生物学或心理学对个体的解释就可以充分回答这些问题的观点。这并不是说生物学解释或心理学解释就是错误的，而是说仅仅这些还不够充分。社会学者认为，完全通过一些个体与生俱来的（前社会性的）特征来透彻了解社会是不可能的，心理学上对个体特质的描述也无法实现上述理解。但这就是我们通常向自己解释事情的方式。比如，我们认为长大、恋爱是非常"自然而然的"事情。在西方文化中，长大这件事预设了我们会和自己坠入爱河的对象结婚，或者至少我们会和他们成为长期伴侣。然而在包办婚姻更为普及的社会中，"自然而然的"的预设则是：我们长大是为了去爱或者尊重那位和我们共结连理的配偶，或者另外一个预设是婚姻和爱情是可以分开的，这构成了成年人生活中不可避免的面向。通过社会化过程，我们学习并获取这些知识。这些预设意味着那些未婚的成年男女——特别对于妇女而言，因为婚姻和家庭通常被看作她们扮演的主要角色——在某种程度上是"失败的"，或者偏离正轨的。

社会学者对这些貌似常识般的预设提出了挑战，他们认为以"正常"与"自然"来解释事物是不充分的，因为没有将那些影响并塑造我们的社会结构和社会互动方式纳入考虑。社会学者指出，我们需要质疑这些想当然的解释，然后构建更加充分的解释——这就是理论，它帮助我们理解、解释发生的事情，透过表面看本质，保持怀疑的态度，拥有学会质疑的心智。现在，必要的是形成女性主义社会学者视角，促使妇女能够全面地融入社会学式的理解。

一旦某些特定解释开始占据理论辩论的主导地位，其他理论便倾向对其挑战，并形成另一套替代的概念，新的理论逐渐进化，开始自成一家。因此，理解、解释世界的新方式通常源于对现有思想的批判。从这个意义上来讲，社会学理论总是不全面的，具有暂时性，因为理论永远都不是"完美的"或"全面的"，社会世界总是处于不断变化之中。如果我们已经完全理解社会世界，我们将不再需要社会学。同样地，如果我们了解了自然世界中有关任何事物的真理，我们将不再需要生物学、物理或化学。但是我们知道这是不可能的，因为就像社会世界一样，自然世界也是复杂的，且处于不断变化之中。我们想建议的是，尽管社会学的诸多实质性领域已经认识到认真对待女性主义批判的必要性，但社会学理论却仍未有此自觉，也未能以此自觉来重构社会学理论。人们常认为，女性主义理论关切的是如何为妇女的特殊处境提出解释，而非构建超越主流社会学的理论。但即使妇女地位构成了女性主义的核心关切，我们认为，事实绝不仅仅限于此。一旦人们正视女性主义理论对传统社会学的批判，并能仔细思量女性主义的理论，那么整个社会学理论为什么需要重构的必要性就变得清晰明了。

米尔斯（Mills，1954）在其著作《社会学的想象力》中，对以下内容做了翔实的描述：怎么样才算理解了社会学的想象力，怎么样去看待传记与历史的关系，怎么样才算认识到个人主义解释的不充分性。社会学的想象力应当促使我们明白，个人问题通常是社会病灶所在。只有当我们检验社会因素、政治因素、经济因素，寻找社会解释时，我们所认为的社会问题才能够被全面理解和解释。比如，试想一下妇女在劳动力市场中的位置，社会如何系统性地使妇女的工作地位比男子低下，报酬也比男子低廉（见第九章）。在解释这一问题时，不能简单地只将原因归咎于个体层次上的妇女特征。我们必须将各种形塑妇女经验的结构性因素纳入考虑。在此方面，我们必须要考虑结构（各种塑造行为的社会机制、组织及实践的集合）和能动性（个体行动的能力）的关系，其形塑了我们的社会世界经验及我们在社会世界中的位置。比如，很多妇女选择从事兼职工作（因此她们拥有了一些自己的能动性），但是这种能动性"选择"受限于结构性障碍（相对缺少国家提供或资助的儿童保育福利、灵活工作安排、社会性别意识形态等）。

那么，社会学就是关于理解我们的社会经验与我们所处的社会结构之间关系的学科。通常来说，学生会对社会学持排斥态度，因为他们认为社会学否认他们同其他人享有"自由意志"的事实，社会学夺取人们为其行为负责的能力，并且暗示我们完全受限于我们无法掌控的社会因素。社会学并不是唯一一门可能会落入简化论和宿命论危险境遇的学科，持生物学或心理学解释观点的人同样可能是还原主义者。生物学和心理学倾向指责"受害者"的生物特征（基因构成），或者将其心理状态构建成一种社会或心理"问题"（需要解释的现象）；社会学家则倾向把责任归咎到个人之外的外部因素（比如行为主义这类心理学视角）。

因此，在承认社会结构的力量和允许人类行为的个体差异之间，存在着一股张力。若想全面理解个体社会行为的复杂性，并揭示各种模式所具有的相似性（其可能起着连接作用），需要一种理论来解释社会道德要求是如何转变为规范标准，并指导人们生活的。社会环境决定了我们自身，同时我们自身也发挥着决定性作用；我们既是受动者，也是施动者。能动性（强调生活选择）和结构（塑造生活机会）之间的张力，是区分不同社会学观点以及各种女性主义观点的问题之一；有些观点更加注重结构，强调社会结构对个体、群体的限制性影响，另一些观点则更加注重能动性，强调我们作用于世界的方式，以及我们在此过程中改变世界的能力。还有一些则发展出特别的理论来尝试具体理解社会世界这两个层面或维度之间的关系，并以"结构化"（structuration）之名来描述结构和能动性之间的动态关系（Giddens，1991）。

第四节　社会学的历史背景

若想全面理解社会学的想象力以及当代社会学和女性主义的理论思辨，首先有必要先了解，社会学作为一门学科的历史发展过程。尽管不论男女，人们一直以来都在询问社会和社会关系是什么的问题，并试图加以理解和解释，然而直到 19 世纪，社会学才以某种具有连贯性、目的性的方式发展成为一门独立的学科。

社会学起源于欧洲社会历史上的一个特定的知识和社会时期，其孕育出后来众所周知的"现代性"（modernity）。19 世纪，欧洲发生了诸多变迁，此后这些变化开始推展到全球各地，并引起了这些地区的社会转型。其中，有三个方面的特殊发展尤为重要。

1. 始于 16 世纪的**科学革命**。

2. 18 世纪**启蒙思想**的发展，并在法国大革命时期达到高潮。

3. 18 世纪晚期于英国兴起的**工业革命**，为现代资本主义的发展提供了基础。

社会学被看作对上述发展的一种反映，但它也大大有助于这些社会、经济、政治和知识运动的持续发展。实质上，作为一个知识工程，即一组试图理解科学的支配力量、欧洲启蒙运动影响以及资本主义发展的概念和思想，社会学可以被理解为"现代主义"思想主体的一部分。现代主义思潮拒绝将宗教教义看作真理，而欲以理性、理智和科学取而代之，这些价值观构成了社会学早期（指 19 世纪或者后启蒙运动时期）发展的基础。

科学革命使得人们对自然世界有了前所未有的了解和控制能力。当时的社会学者认为，自然科学的方法论也将使人们理解和控制社会世界成为可能。启蒙运动思想促使进步、自由和个人主义思想等概念居于支配地位。就像科学方法一样，社会学者也认同进步这一思想，但是反对强调个人主义，转而注重集体以及社会成员之间的相互关系和相互依赖。工业革命和工业资本主义的发展及增长催生了社会和经济上的剧变。在很大程度上，这些变迁源于工作和家庭（公共领域和私人领域）的分离——城市化、新型阶级关系、有酬工作、妇女和儿童对经济的依赖性等。社会学者试图理解、解释这些变化。对此，他们还提出，社会可以被重新建构，以及整个现代化进程可以被"掌控"。

一些社会学者和女性主义者认为，20世纪晚期，社会的进一步深层变革，使其开始进入"后现代"社会。因此，需要新的后现代理论来解释正在发生的变化。人们认为，后现代源于20世纪晚期发生的各种社会与文化变化，比如高速的技术变革、转变中的政治关切、全球化、知识社会的创建以及新型社会运动的兴起。后现代主义拒绝接受启蒙运动时期的进步、科学真理等观念，也不认为有一个普遍的、整体性的理论（或利奥塔所说的"元叙事"理论）存在（Lyotard, 1984）。比如马克思主义这种主张能够解释万事万物且提供唯一解释的理论，通常指涉一个特定的决定性因素，即资本主义。相反，后现代主义理论主张，不存在元叙事理论、进步理念等概念，没有唯一的历史。历史的面貌是多元的、真理是多样性的，而非一个基本的、普遍性的真理。在后现代世界当中，许多不同的观点和倾向并存成为可能，而且具有同等的权威性。因此，后现代主义质疑现代主义中基本教义与绝对主义的倾向，它同时挑战社会科学中实证主义和人文主义这两种取向。后现代主义不认为自然科学与社会科学之间具有差异，后现代主义者更指出，就算是马克思主义也不曾撼动过科学知识的地位，但认为社会科学的知识同自然科学各有千秋。

同样，女性主义者对西方思想的众多认识论基础提出质疑，并且认为现代主义的知识以客观和真理的名义来支配妇女，使其处于从属地位。因此，有些女性主义者认为，女性主义和后现代主义是天生盟友，因为两者都对现代主义思想持批判态度。相应地，在女性主义者当中，大量成员将自己定位成后现代主义者。然而，也有其他女性主义者则指出，对于女性主义和社会学来说，彻底的相对主义与对理论的摒弃同样存在问题。他们认为，后现代主义同时挑战了社会学和女性主义强烈的进取精神——不仅致力于理解这个社会世界，而且要改变社会世界，并且基于"真理"的立场，通过行动来实现世界的进步。

第五节　理论与理论化

从某种程度来说，我们都是理论家。每个人都会思考、都有思想，不仅仅只有专家和知识分子能做到这些。为了理解周围发生的事情，我们每个人都会进行分析解释。理论就是我们进行理解和解释社会世界的方法。那么，我们的日常生活中基于常识的理论和社会学理论之间的差异是什么呢？广义上说，在社会科学中，如果某种解释是开放性的，即对新证据持开放态度，具有修改和完善的空间，对于自身概念组织方式清晰明了，则我们往往将该解释称为"理论"。然而在社会科学当中，科学（基于客观解释的知识）与意识形态（反映特定利益的知识）之间并没有绝对的区别。比如，马克思主义既是一种理论，也是一种意识形态，因为它既尝试解释社会运作规律，又为行动提供指导方针。此种观点不仅仅适用于女性主义，而且还适用于社会学当中的各种主义。

所有社会学者都努力以理论的方式来思考。依照如下方式，我们能够将社会性的或社会学的理论（包括女性主义）从我们日常的常识性理解和解释中区分出来。

1. 理论**尝试**将解释和概念**系统化**，试图实现**内在的逻辑性和连贯性**。

2. 理论尝试提供充分的解释，也就是说，它试图考虑到相互竞争的解释、不同的观点等，将特殊现象定位于整体，着眼于整体情况——看"全貌"。

3. 理论有**反驳和批判的空间**。

理论视角就是一片透镜，借助于此透镜，我们便可以"看见"社会世界，使得理论化（理解、解释所发生的情况）成为可能。理论视角能够帮助我们提出问题，并思考这些问题的可能答案，指引我们获取所需要的材料（证据），建议我们如何最好地解释和诠释这些事物。社会学永远离不开理论，而社会学者各自也会永远采用不同的理论视角。

从狭义的科学角度来说，一个理论就是描述一组观察结果的系列属性。理论将我们对世界的了解进行了总结概括与整理。然而，一个理论视角必须：

1. **建议我们应该提出何种类型的问题**，促使我们将注意力投向某些特定类型的事物，而非其他事物（我们称之为"问题"，即需要解释的现象），比如，女性主义社会学者常会问："通常情况下，为什么妇女做的家务比男子多？"

2. **提供相应概念**，供我们用来描述、分析及解释对社会生活的观察，比如，社会性别意识形态、劳动分工等概念。

3. **提供回答问题的方式**，帮助我们形成假设、为我们指引观察的方向，比如，女性主义社会学者假设，基于社会性别的劳动分工是一个有待解释的问题。

4. **帮助我们解释观察所得**——理论建构我们的认知过程，比如，女性主义社会学者将基于社会性别的劳动分工解释为父权制和/或资本主义过程导致的结果。

5. **对于社会科学的知识是什么**，以及它们又该如何应用于社会生活，自有一套价值判断。

因此，社会学（及女性主义）理论给"怎么样"和"为什么"类型的问题提供答案，但并不一定会就这些答案甚至问题本身达成一致意见。就像在日常生活中，我们会对某项事情的解释方式持有分歧，所以在解释相同事情时，社会学者（及女性主义者）会有分歧。这是因为"事实本身无法替自己说话"，必须由人来加以解释，理论便能帮助我们理解事实。

而且，事实究竟是什么，也并非总是不言而喻的，比如"什么算作犯罪"，乍一看，这个问题可能是不言而喻的，但是经过进一步检查，我们意识到事实并非如此。例如，所有违法行为都是"犯罪"吗？或者说是只有那些被贴上"犯罪"标签的行为才是犯罪吗？如果是的话，是谁贴上这些标签的呢？即使这些事实是直观易懂的，任何观察描述和数据采集都无法对其解释说明。比如，在英国出生统计数据几乎是百分之百可靠的，很少会漏登记新生婴儿，但是任何出生统计数据的采集和分析都无法解释出生率的波动现象。描述本身无法解释波动现象，或者波动与其他事件及过程，比如经济形势、人口结婚率、婴儿死亡率等的关系。

所以，社会学者（及女性主义者）发展理论来理解社会。理论解释事实，向我们提供解释说明。在社会学中，理论被用来提供论点，支撑社会应当被如何看待的观点，以及"事实"应当作何理解和安排。事实本身无法解决理论争端，因为理论就是对事实的解释。即便人们就某些事实本身达成一致看法，这些事实仍能够被用于支持不同的理论。两个理论彼此可能互不相容，但对于可用事实的看法可能会不谋而合。

因此，理论指引我们去寻找需要的证据，然后促使我们能够理解所搜集的事实。这并不意味着对于社会学理解来说，事实及事实性知识不重要。重要的是社会学和女性主义理论对反驳持开放态度，事实可以反驳我们的理论，并且理论可以用于全面地描述事实。事实与理论之间存在着复杂关系，人们对于什么算作"事实"、什么算作有效证据或数据，存在着分歧。理论能够指引我们认清什么是证据。通常来说，当我们描述两个事件的关系时，我们是在进行一个理论陈述，而不是事实声明。我们是在解释阐释，而非事实描述。

社会学和女性主义理论都试图解释社会生活。这些理论内含数套在逻辑上相关、可用来描述并解释社会现实的概念，并且其证据是有效度的，也可以被证据反驳。其中的任何一种研究取向都在回答如下两个问题：（1）社会现实的本质是什么（此问题的答案就是我们所称的"本体论"，即和理论的存在或存在相关的知识）？（2）我们如何了解它（此问题的答案就是我们所称的"认识论"，即知识的理论，见第十三章）？社会科学家在发展理论时，他们的认识论或对知识的理论通常由他们持有的本体论的立场所决定，即他们对现实本质的理解。广义来说，社会学包括四个本体论视角，分别如下：

1. 实证主义的（positivist）视角

2. 观念论的（idealist）视角

3. 实在论的（realist）视角

4. 后现代主义的（postmodernist）视角

一　实证主义

实证主义（Postirism）取向认为自然科学与社会科学之间具有关联性，社会作为一个可分析的现实存在。社会结构和社会过程都可以跟自然世界的结构和过程相比拟，并且可以使用与自然科学相同的价值判断，采取相同方法进行研究。社会学者的任务就是搜集经验证据，即社会事实，并基于此，解释、预测社会世界。社会学者构建的理论涵盖（现实）社会世界中存在关系的概述性陈述。因此，实证主义取向强调，社会学者差不多应当像地质学家检验岩层，或化学家研究化学反应那样，作为一个中立客观的观察者来探究社会世界。因此，当一个实证主义者在科学知识之上提出令人信服的主张时，诸如客观、信度及效度的价值判断至关重要。

二　观念论

观念论（Idealism）取向将社会生活看作人类意识（主观性）的产物，即人类赋予其行为意义的产物，而非外部（客观）现实。社会学者的任务是解释概念、信念和社会行动者的动机，并阐释社会事件的意义。社会学的主旨是探究社会——历史真实的意义。此种取向不认为自然科学的取向适合社会学，并强调社会世界的复杂性和混乱性。诸如岩石、化学制品等无生命实体无法为其经历赋予意义，也无法发挥能动性或参与社会互动，而这些全部都是社会学者的核心关切。

三　实在论

同唯观念论取向相反，实在论（Realism）取向认为存在一个外部（客观）社会现实，但它并不能即时（主观地）被人所理解。社会学者的任务是揭示潜在的社会结构，即强化并解释某些特定事件的现实。社会学被看作一门基于经验、理性、客观的学科，但现实主义者将解释和预测进行了区分，并将前者作为主要目标。现实主义社会学者解释为什么某些事情会发生、如何发生以及它们发生的意义。

四 后现代主义

后现代主义（Postmodernism）取向认为，我们只能诠释——"解读"社会文本（具有多种意义和诠释的现象），因此所有实际的意义和意义的产出都具有不确定性和异质性。就像观念论取向一样，后现代主义也否认客观和中立这类理想的价值判断概念，认为此类概念是社会人类的创造物，而非物质现实的表征（或者只是差强人意的再现）。然而，后现代主义者排斥如下观点：若想了解社会世界，我们需要超越自身的立场，以便获取客观知识。相反地，它强调所有知识都是受制于情境的、不全面的、暂时的，即相对的。但是现代主义者倾向于认为，客观知识是可以获得的，至少在理论上是可以的。相对于非专业人士（lay people）日常生活中的主观知识，科学知识是客观的。对于后现代主义者来说，主观性无法被超越，甚至理论上也做不到，因此没有客观的"外在观点"。而且鉴于不同主体的多样性立场，以及人类创造意义及持续再造意义的方式，使得"观点"永无止境。因此，所有宣称发现了普遍的、根本的"真理"的主张都被看作毫无意义。

对于什么是有效度的社会学知识，以及获取并捍卫这些知识的最佳方式，社会学者（及女性主义者）持不同意见。因此，针对这些难以处理但又非常重要的问题，存在着激烈的公开辩论，这些就构成了社会学和女性主义的特征之一。传统上，采用"思想学派"的方法向学生们教授社会学理论，各个取向视角具备内部连贯性，但是不同取向视角之间相互排斥。然而，社会学中出现了一种新动向（很大程度上是由于在过去的 10 年内，后现代主义思想对社会学产生了影响），即认为所有的理论、理解以及解释都只是暂时性的、不全面的，或许这些理论、理解以及解释提供了不同面向（可以相互兼容而非对立）的"真理"解读。尽管有些解释（即男性主流理论而非女性主义理论）仍然被认为是更加重要、更加权威、更加具有"真实性"的，就如我们在上文提到的。

总之，社会学者和女性主义者确实需要一个框架，帮助他们理解社会世界，使其变得有意义且易于理解。现实中存在着相互关联的社会学视角或女性主义视角的理论（而非单个视角），这些理论视角可以提供暂时性的、部分的解释。其中一些视角理论提供的解释彼此对立，但另一些视角理论提供的是对社会现实和社会过程不同面向的（兼容性的）理解，进而促使我们能够对社会世界中发生的情况进行理论性的解读，纵然，将其概念化的也是我们。

第六节 女性主义理论

针对女性主义理论与男性主流社会、政治及文化理论之间的关系，现实中存在着各种各样的女性主义观点。正如克里斯·比斯利说道：这些观点互有分歧。有些认为女性主义理论与主流理论非常相似且相互兼容，有些则认为女性主义让传统理论中使用的分类无用武之地……然而，女性主义所提供的批判认为，传统理论不够充分、不够公平，比女性主义提出的非传统批判更具隐晦性。事实上，女性主义提出的观点十分具有多样性，超越了女性主义一开始对既有思潮的批判。所以，当前的问题依然是：女性主义是什么（Beasley，1999：14-15）？

和社会学一样，女性主义是一种理论、一种世界观，但并不是自成一体的理论。针对妇女从属地位的解释、妇女获得解放的方式，甚至构成妇女压迫的原因而言，不同女性主义者持有完全不同的观点。正如艾莉森·贾格尔说道："成为一位女性主义者有很多种方式。"（Jagger，1983：353）的确，到20世纪末，西方女性主义已经不能再简单地被分为自由主义女性主义、激进女性主义和马克思主义女性主义三大传统派别，即便曾经可以这样。其他许多的取向，越来越兼容并蓄，有时谈的甚至是社会与政治理论难以企及的范围，这至少一度构成了学院女性主义的一个特征（Beasley，1999：65）。

因此，如今形成了大量女性主义视角，并且女性主义社会学广泛借鉴其他学科，结果使得任何对女性主义理论进行分类的尝试都面临着重重困难。另外，后现代思想对社会学产生重大影响，这意味着那些曾经被认为不可相互兼容的理论视角（比如马克思主义女性主义和激进女性主义）开始在某种程度上相互交融。同样的，先前假设认为，如果社会学者持有某种特定的理论视角，那么其一定排斥其他所有相左的理论视角。这种假设如今看来在很大程度上已被扬弃了。因此，任何分类系统都具有武断性和片面性。之所以说具有武断性，是因为我们强制性地将某些思想划归为一类，或许女性主义理论家本身就不认同此种分类，这样的分类也预设了特定的立场，好像它们原本就自成一体，而非一系列具有广泛一致性的思想，或者在某些特定概念及影响因素上具有相似性。之所以说具有片面性，是因为我们的分类并没有涵盖所有类别的女性主义流派（比如，没有包括精神分析女性主义和存在主义女性主义，时至今日它们对社会学思想所产生的影响也相对有限）。

第二次女性主义浪潮早期（20世纪六七十年代），女性主义者强调，在理解妇女遭受的压迫时必须考虑结构和物质因素所扮演的角色，然而近来大多数取向（大部分自20世纪80年代以来）已将女性主义的焦点转向象征及表征的议题上，提出和权力、知识及主体性相关的问题。此转变促使一些女性主义者认为，艺术、人文学科和哲学已经取代了社会学，成为女性主义理论化的主要温床。在某种程度上，我们希望通过展示近年来女性主义者对社会学所贡献思想的深度和广度来反驳上述观点，并引导大家看到，这门学科持续致力的一些论辩如何形塑了女性主义思潮。因此，我们并不是推崇某种理论视角的至高权威性，而是尽力展示各个视角的优劣情况。我们将在第十三章中，对所有不同女性主义立场的认识论基础进行更加全面的探讨。

目前，我们已确认出七大女性主义流派：自由主义、马克思主义、激进主义、二元体系、后现代主义、批判主义、黑人/后殖民主义。另外，我们在此还会谈及后女性主义（从经验主张和理论倾向两个方面）。以上所有这些观点都是要回答"是什么造成了妇女的压迫""如何解释这种压迫"，并都为消除此种压迫提供了建议策略。虽然各个观点都认为妇女遭受了压迫，但是对于如何解释此种压迫产生的原因以及消除此种压迫的建议策略却不尽相同。简单而言，自由主义女性主义者主张揭露女性歧视的直接形式，开展法律、教育及其他形式的改革，进而消除妇女压迫；马克思主义女性主义者认为，在全球范围而言，家庭是妇女受压迫的主要场所，争取性别解放的斗争构成了资本主义斗争的必要组成部分；激进主义女性主义者将男子对妇女的统治（父权制）看作主要问题，主张全球妇女必须全力抗争，将自己从这种统治中解放出来；二元体系女性主义者主张，妇女压迫既包括资本主义层面，也包括父权制关系层面，认为资本主义终结并不会自动带来妇女解放（因此，社会主义社会和共产主义社会中也会存在社会性别不平等现象），妇女依然需要全力抗争，将自己从男性统治中解放出来；后现代/后结构女性主义理论则认为，我们必须解构使妇女处于弱势地位的二元对立结构，同时他们还认为，所谓的"理性"及社会学是男子（菲勒斯中心主义）尝试物化世界和统治世界的产物；唯物主义/批判主义女性主义者认为，妇女作为一个社会群体，受到了男性社会群体的剥削和压迫，性别差异（男子和妇女之间的社会差异）仅仅为这种剥削提供了意识形态的正当性，而非其根本基础；黑人/后殖民主义女性主义者认为，在理解妇女压迫时，女性主义观点需要考虑种族、种族主义的影响，以及全球权力关系、移民和殖民主义问题，更要进一步反省（白人、主流）女性主义内的种族中心主义。

对于解释妇女从属地位的方式，各个女性主义理论持不同观点。不同理论意味着，持有不同观点的女性主义者倾向于关注社会世界的不同面向，询问不同的问题，得出不同的结论。当我们关注男子和妇女生活中的特定面向时，阅读本书的您会发现，上述现象将变得不言而喻。联结这些截然不同观点的关键是性别差异（男子和妇女作为社会主体的差异）的意义和重要性。

第七节　关于性别差异的女性主义论争

正如比斯利所说："性别差异在女性主义中不可避免地具有一定的重要意义，因为女性主义者倾向于讨论'妇女'——被性别差异决定的群体。"（Beasley，1999：15）广泛意义上讲，性别差异是指男子和妇女作为社会主体之间的差异，不仅仅是指男子与妇女之间在生物学上的差异，或者男性气质与女性气质之间的社会性别差异，大多数女性主义者将其看作社会分层的一个根本形式。塞拉·本哈比将性别差异定义为"男子和妇女之间在社会—历史、符号建构与诠释上的差异"（Benhabib，1992：152）。比斯利概括了在女性主义范畴内理解性别差异的四种方法，具体如下：

1. 人文主义（humanism）

2. 女性中心主义（gynocentrism）

3. 后现代主义（postmodernism）

4. 批判女性主义（critical feminism）

一　人文主义

人文主义女性主义者强调相似性而非差异性。他们认为，作为理性的社会人，男子和妇女在本质上是一样的。因此，他们致力于重塑那些在社会学理论和社会中被诠释成有缺陷、考虑不周的、带有偏见或意识形态倾向的妇女。同时，他们认为，男子和妇女都是人，但是妇女却被剥夺了许多符合人性的权益和责任，妇女的潜力因而受限。人文主义视角认为，"妇女能够胜任男子所从事的一切，也有能力成为'人'（men），妇女应当可以进入男子的世界"（Beasley，1999：15）。这种取向被广泛地描述为平等女性主义、平等主义式的女性主义或人文主义女性主义。这种取向与自由主义女性主义最具共同点，也与马克思主义女性主义及社会主义女性主义有关。而且此取向的思想通常来自英国及北美地区的女性主义者的作品，因此，这种取向通常也被称作（或许此种称法过于简单化）英美女性主义（Anglo-American feminism）。

二　女性中心主义

女性中心主义（以妇女为中心）视角强调妇女不同于男子（或者说，男子与妇女之间的差异），其大部分的政治行动都在庆祝或赞同妇女被社会文化建构成与男子有差异的人。正如其名所示，"差异女性主义"对男子和妇女之间的关系进行了重新思考，认为这种关系"不同但可互补"。此种取向重视差异，但最重要的是，它试图拆解与摧毁父权制社会中定义男子与妇女关系的阶级制度。传统、男性主流思潮的观点将妇女与男子的差异看作缺陷的象征，但与此形成的鲜明对比是，拥护女性中心主义的女性主义者则是颂扬这些性别差异。这种取向与激进女性主义最具共同点。

一些女性主义者认为，妇女不同于男子使她们在伦理道德上更优越——比男子更加富有爱心、直觉力更强。传统的社会性别阶级制度往往是父权制社会的特点，女性中心主义视角不是简单地弱化这种特点，而是要实现彻底逆转。换句话说：

> 这种在主流理论中与性别差异相关联的两性之间的阶层关系将被颠覆过来。妇女更加完美的观点通常（尽管不是总是）与妇女天生、本质上具有卓越特质的认知相关。

（Beasley，1999：18）

通常，妇女天生的优越感与其道德伦理上的建构有关，源自她们的身体有繁衍生命的潜力，以及/或其能够与他人拥有紧密的关系（比如通过情感特质、社会化的经验、生育和养育孩子的能力等）。这种取向与 20 世纪 70 年代北美的激进女性主义尤为相关，探究女性与伦理学的各位学者，诸如卡罗尔·吉利根（Gilligan，1982）等人都是其先驱人物。

三　后现代主义

自 20 世纪 80 年代以来，越来越多（从属于相对不同派别）的女性主义者的文章（或者自那时起，其作品才被翻译成英文）开始表达对相似性与差异性进行简单区分的担忧。他们倾向于强调男子和妇女彼此各自的不同点，但并不像女性中心主义者那样全面颂扬，并且承认其中一些不同点仍然充满问题。因此，与女性中心主义者不同，后现代主义者并不倾向于颂扬性别差异，而是力图批判性地思考男子与妇女之间的差异是如何被建构和维持的。后现代主义取向同（西方）欧洲或北美大陆的女性主义最有共同点，这种取向试图解构性别差异，并把关注点放在男子与妇女之间（或者所有男子、所有妇女之间）的差异如何被社会所建构。尤其是，后现代主义构成了后结构主义及后现代女性主义的特征〔然而，同样的问题是，此种分类过于简单化，因为在"英美"和"欧洲"这两类女性主义"当中"（within）或"之间"（between）的著作内容极为复杂、多样。一些介于两者之间的学者的作品也被排除在外了〕。

四 批判女性主义

一些女性主义者认为，男子与妇女在本体论层次上并不具有必然的同质性，也就是说，他/她们并没有经历相同的生物或社会现实，但他们是许多相同政治斗争中的同盟者。因此，这类女性主义者透过政治镜头来看待性别差异的问题（男子和妇女是否相同或相异的问题）——男子和妇女在本质上以及（或者）在社会文化上是不同的，但往往处于相同的政治或社会地位（例如社会阶级或种族和族裔）。所以，存在的一种观点是，正是政治斗争位置上的相似性或同样边缘化的处境催生了男子与妇女间的诸多相似点，而非一些本质的"人性"。有些持有这种批判性视角的女性主义者，倾向于从一系列层面理解妇女与男子间的相似性或差异性，但是所有女性主义者都倾向对女性中心主义者颂扬妇女所采取的立场视角（认为妇女乃是具普遍性或必不可少的群体）持谨慎态度。性别差异的思维方式是多个女性主义理论观点的出发点，并和探究种族主义和种族中心主义的黑人与后殖民女性主义息息相关，也与女性主义批判理论有关。

对于"男子与妇女间是相同还是相异"这个问题而言，女性主义者的答案也不尽相同，这要取决于其取向，即人文主义取向、女性中心主义取向、后现代主义取向或批判女性主义取向。上述各种理解性别差异的不同方式，即思考男子与妇女之间社会关系的本质，以及思考这样的关系对在父权制社会中的男子或妇女有何意义，为这些各种各样、日益复杂的理论观点提供了建构基础，正是这些理论取向构成了当代女性主义思想体系。

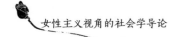

第八节 女性主义的理论视角

一 自由主义/改良主义女性主义理论

在某种程度上来说，自由主义女性主义是当今最广为人知的女性主义思想，这是因为它的内容大多与平等权利和公平机会相关，而且它回答性别差异这个问题的方式可能也最容易让人理解。就此方面而言，自由主义女性主义或许是最为温和或主流的派别，因此，通常情况下，其又被称为改革主义女性主义或平等主义女性主义。同时，它也是典型的现代主义，很大程度上是因为其坚守人文主义（相信通过努力人类得以进步）、解放（挣脱社会、政治或法律上不必要的束缚，获得自由）和创建公正社会（自由主义女性主义认为在精英制度的社会，权力与奖励的分配仅仅取决于能力和努力，而非性别特权）。

自由主义女性主义继承了自由主义政治思想中男子与妇女相同的概念。自由主义女性主义者认为，这种相似性在于男子和妇女具有同样的理性思考和理性行动的能力。比斯利写道："自由主义女性主义的政治策略提出了一个观点，即**人性在本质上是不存在性别差异的**（a *fundamentally sexually undifferentiated human nature*），也就是说，妇女与男子具有相似性，妇女就应该有能力做男子所从事的事情。"（Beasley，1999：52）

自由主义女性主义者十分注重个人在公共领域（比如劳动力市场）进行竞争的权利，以及个人参与公共生活（比如政治活动或者对社会福利提供资金赞助）时应当承担的相应责任。同时，自由主义女性主义者强调，妇女的不平等地位源于妇女全面参与公共领域活动时面对的人为限制（超越家庭及家人的领域），这导致她们不能（像男人一样）充分发掘其为人的潜力。因此，自由主义女性主义的一个关键政治目标就是实现机会平等。公民权利和在公共领域获得同男子一样的平等地位是自由主义女性主义的重要取向。

自由主义（平等主义）女性主义是在可以达到相同地位以及应享受同等待遇的意义下来诉求平等，透过相似性，即"雌雄同体"（androgyny）来合理化这个诉求。这表示，我们（妇女）和你们（男子）应该是平等的，因为我们事实上是相同的。我们拥有同样的能力。但是该事实被掩盖了，又或者说尽管我们有这种潜力，但是这些能力已经透过社会化、教育而被"抹杀"。

（Evans，1995：13）

因此，自由主义女性主义热衷于主张妇女的平等权利，妇女应当享有与男子相同的公民权益。平等主义女性主义一直在与那些只赋予男性权利的法律和惯例抗争，或者意在"保护"妇女的法律和惯例。当自由主义女性主义者意识到仅仅形式上的平等是不够的，他们就开始倡导立法，力促政府通过那些禁止对妇女歧视的法律，并要求为职业妇女提供相应权益，比如带薪产假，但是在全球范围内取得的实际效果不尽相同。

自由主义女性主义者认为，妇女也是人，应当和男子一样享有同样不可被剥夺的权利；妇女的生理性别不应影响其原本应该享有的权利；妇女拥有完全的理性，因此，有资格享有人类的全部权利。然而，作为一个群体，妇女被剥夺了本该享有的与男子同等的权利，同时也就无法享有像男性群体一样的自由。此外，人们将男子当作个体来评价他们的功绩，在评判妇女的成就时却往往从其身份出发，也就是说，妇女被剥夺了像男子那样追逐自己利益的权利。

社会学领域中的自由主义女性主义者或改良主义女性主义者竭力主张，两性间可观察到的性别差异并非天生如此，而是社会化或性别角色制约的结果。自出生以来（或许更早），男孩与女孩受到的待遇就不一样，可以说这些不同待遇阻碍了妇女充分发掘其作为人类的潜力。女性主义研究者开展了大量研究，表明妇女处于被歧视状态，遭受着区别对待，并且认为这些实际境况解释了妇女在社会中处于从属地位的事实。若想实现妇女解放，必须证明妇女拥有和男子一样的潜力，妇女一样也是人，西方社会中男子与妇女间的差异源于男孩和女孩间不同的社会化方式、他们面临的不同社会期望以及歧视性立法。

毋庸置疑的是，自由主义女性主义确实对女性主义理论以及社会学产生了重大影响，在西方社会中尤其如此。比如，贝蒂·弗里丹于1963年出版了《女性的奥秘》（*The Feminine Mystique*），朱迪斯·埃文斯（Evans，1995）将其出版看作女性主义第二波浪潮的开端。然而，该书也受到了多方面的批判，特别是它似乎毫无批判性地将男性价值标准看作人类的价值标准的想法。这也引来了各种指责，认为自由主义女性主义者某种程度上表现出"阴茎羡妒情结"（Tong，1998：31）。童（Tong）还持续以此立场对自由主义女性主义进行了批判，认为自由主义女性主义以性别特定（gender-specific）的女性主义之名，行性别中立的人文主义之实。以改革立场出发的社会学研究并不倾向于探索妇女的生活经验，也不挑战基于男性立场出发所发展而来的用于探讨社会的概念和工具。此外，它也没有真正解释妇女遭遇的不平等（因为它没有考虑到妇女遭遇的社会性别不平等的结构根源及其可能影响），仅仅对其进行了描述与挑战。自由主义女性主义者特别强调这种不利现象是个人（或集体）歧视行为的总和。从这个意义上来说，他们对立法和教育可以消除社会性别歧视的信仰忽视了隐而不彰的结构或文化制约，或许这些种制约可能对那些解决方法形成挑战和障碍。同样，自由主义女性主义也未对男性主流视角认为的重要议题进行彻底的挑战，只是主张将妇女纳入研究范围之内且由妇女来执行研究，但是并未触及现行理论视角的根基。不过，不可否认的是，在该视角下进行的研究表明了妇女被剥夺平等机会的方式，以及遭遇歧视的方式，同时还挑战了那些认为生理性别差异可以充分说明男子和妇女之间不平等的解释。

二　激进女性主义

与其他派别的女性主义理论不同的是，激进女性主义并非直接源于男性主流的社会、政治或文化理论。或许有些人认为，激进女性主义是"最纯粹"的女性主义理论。激进女性主义挑战、强烈排斥自由主义女性主义秉持的人文主义观点（以及对其信奉的"相似性"）。它关切妇女的权利，而非社会性别平等，并强调（而非寻求消除）男子和妇女间的差异。从这个方面而言，激进女性主义也被描述为女性中心主义（Gynocentrism，一种以妇女为中心的取向），女性中心主义主张的是女性的存在或者女性的本质，它们常被历史试图隐藏，以及/或遭到历史的扭曲，因此需要得到解放与重新评价。

　　激进女性主义者认为，妇女受到的压迫是最主要也是最根本的压迫。**父权制**是一个由男子主导的复杂体系，已渗透到社会文化生活的各个层面，具有跨越历史的、全球性的特点，并且在激进女性主义中被赋予极强的解释力。尽管父权制这一概念引起了不少争议，激进女性主义者仍然广泛地使用该词来描述一个基于普遍男权至上和妇女从属的社会。不论具有什么样的历史、国家、文化、阶级、种族或民族差异，全部妇女都处于被压迫地位。激进女性主义认为，全部妇女都经历着压迫，此种观念与激进女性主义高度强调姐妹情谊紧密关联。通过性义务和母职责任，男子对妇女身体进行统治，因此，家庭被看作妇女遭受压迫的主要工具。激进女性主义者在这方面的一个重要关切就是，妇女自身受到父权制意识形态压迫的程度如此之大，从而永久化了男子对妇女身体的统治。激进女性主义者引用了从妇女缠足到穿戴"神奇胸罩"① 等的一些文化现象，证明文化如何和父权制共谋来压迫妇女。总体而言，激进女性主义并不否定男子和妇女间的生物差异，但是质疑这些差异被赋予的意义。这种观点认为妇女受到的压迫根深蒂固，它植根于男子对妇女母职责任（基于生物学能力）的统治或男子内在生物特性决定的攻击性上，比如强奸妇女或对被控告通奸的妇女施以石刑的仪式即为证明。

　　激进女性主义的中心原则是，社会性别不平等源于父权制的自主体系，并构成了社会不平等的主要形式。他们认为，一直以来，强化巩固男性主导体系的性别分工始终存在，父权制是男子主宰妇女的普世体系。激进女性主义者认为，社会的各个方面都由男性主导，因此，当前那些认为妇女各方面的生活都是"天生"的论点必须受到挑战，而且必须寻出男子和妇女不同的生活方式。他们主张，理论并不是由知识精英开展学术活动的专享领域，而应是女性主义实践和女性主义政治的一个必要组成方面。理论源于实践，应不断地接受经验检验，并不断被重新建构。因此，在实践中，激进女性主义者通过主张开展政治行动，呼吁社会进行性别关系改革，并借助女性组织的政治力量，谋求父权制的消除。与自由主义女性主义形成鲜明对比的是，激进女性主义者倾向于对政府干预持强烈质疑态

---

　　① "神奇胸罩"（Wonder bras）是北美一家知名的上托型内衣品牌。

度，认为国家本身的根本属性就是父权制，男子和男子的利益在其中起着主导作用（Mackinnon，1987）。

然而，激进女性主义者确实否认如下观点：妇女的从属地位源于其自身的生理构造，并导致其低人一等。同样，他们也排斥责备受害者（妇女）这一观点。而那些主张要提出生物学解释的人则认为，男性的生物特质才要受指责：男子天生具有攻击性，并利用自身攻击性对妇女进行统治（比如强奸和家庭暴力）。玛丽·戴莉在《妇科/生态学：激进女性主义的伦理学》（*Gyn/Ecology：The Metaethics of Radical Feminism*）中记录了男子利用其攻击性统治妇女的各种方式，文章引述了印度的寡妇殉夫制、中国封建社会时期的缠足、非洲的"割礼"、欧洲的猎杀女巫运动和美国妇科医学的源起①等例子，阐释了男子如何系统性地虐待妇女，并对妇女身体施加暴力，以实现对妇女的控制（如今这种情况依然存在）（Daly，1978）。包括玛丽在内的一些女性主义者鼓励妇女以被父权制扭曲的生物学特质为基础，还原"真正的"女性特质，替自身创造一个新的认同。同时，这类女性主义者基于姐妹情谊和自我认同，鼓励妇女颂扬这种全新的女性创造力。另外，他们反对雌雄同体，因为他们认为最为珍贵的品质为妇女所特有，因此妇女在道德上优于男子。在他们看来，即便是在最亲密的关系中，男子也是在控制妇女，因此妇女必须脱离男子独立生活。他们主张，最理想的状态是妇女居住在一处摆脱父权制羁绊的地方，因为父权制会分裂妇女、迫害妇女。

对于激进女性主义者来说，妇女从属地位是他们的核心关切，因此他们的理论力图揭示并消除男子对妇女的控制与支配。他们认为，在生活的各个层面，男子都系统性地控制着妇女，所有的男女关系都是制度化的权力关系，因此是一个恰当的政治分析主题。因此，激进女性主义者热衷揭示男性权力在各个生活层面得以实施和巩固的方式，包括"个人"关系

---

① 19世纪中期，马里昂·西姆斯（J. Marion Sims，1813-1883）成功探索出"膀胱阴道瘘"的修复手术方法，发明了包括阴道窥镜在内的70多种妇科诊疗工具，建立了美国第一所妇女医院，推动妇科成为美国现代医学的独立分支，他本人也被誉为"美国妇科之父"。但因这些开创性的诊疗成就大部分建立在他对患病黑人女奴反复进行没有任何麻醉形式的手术实验之上，这使得他备受后人争议。——译者注

（比如孩子抚养、家务劳动、婚姻等）和各种与性相关的行为（比如强奸、卖淫、色情、性骚扰和性行为，从发展中国家进行"性拐卖"和"性观光"等，参见第八章）。

激进女性主义者认为，妇女的文化、知识和生活经验都遭到男子的否定，所谓的"真理"都是由男子定义的。一直以来，男性科学（包括社会科学）正当化、合理化了妇女低人一等的意识形态，并将其角色定位为家务劳动者。社会学也被看作这种由男性定义、扭曲的男性文化的一部分。因此，激进女性主义者并不想涉足——将妇女带入——此类社会学，而是想要变革这种知识生产的方式，以便使得妇女主体的理解方式被重新评价。大量的激进女性主义者研究聚焦于分析男子对妇女实施的暴力，并揭示浸透父权制价值观的男性主流社会科学是如何隐藏、边缘化这些暴力或将其归咎于妇女自身的。同时，激进女性主义者也致力于揭示"她史"（her-story），以此重新发现属于妇女自身的文化遗产，并揭示妇女的知识和生活经验是如何遭受贬低和扭曲的。

激进女性主义还指出，即使是最亲密、最个人的关系也是政治的，即都是一种权力关系，并且描述了父权制关系的普遍性。但是，他们未能充分解释男子对妇女的压迫和剥削，如何在父权制中持续存在或发生改变，他们也未能充分说明多样的父权制关系何以发生在不同的社会中。此外，男子和妇女的经验不仅受到生理性别差异和父权制关系的形塑，而且也受众多其他因素的影响，包括社会阶级、国籍、种族、民族、性欲特质、年龄等（见第三章），而这些因素都让"普世的姐妹情谊"（universal sister-hood）这个概念显得大有问题，而激进女性主义者对所有这些影响妇女经验的因素都没有进行充分的解释和说明。

尽管与男性主流理论家建立的理论大为不同，但是激进女性主义派的生物学解释本质上属于还原论，并且未能将意识形态和文化纳入考量。另外，他们也使得社会生物学理论找到反击的机会，这类理论认为妇女当前的角色建构是天生就被决定的。但是，并非所有的激进女性主义者都认可生物学式的理论，他们认为这支持了妇女从属地位的合理性，因此有必要挑战"世界上存在两种由生物差异决定的生理性别"这样的论调。

三 马克思主义女性主义

我们此处考虑的第三个主要的女性主义理论传统派别源于马克思主义，在 20 世纪 60 年代至 70 年代尤其具有影响力（经常与激进女性主义展开对话）。然而，正如比斯利所观察到的：

> 尽管马克思主义对女性主义理论产生的影响在很多当代女性主义视角（比如心理分析女性主义和后现代／后结构主义女性主义，以及与种族和族群相关的女性主义）中是显而易见的，但是马克思主义女性主义传统的光芒正逐渐减弱。
>
> （Beasley，1999：58）

马克思主义女性主义理论很大程度上被女性主义批判理论所代替，这点我们在后面会讲到。事实上，柯索斯（Curthoys）断言，马克思主义女性主义"大概在 20 世纪 80 年代末就基本不复存在了"（也许她言之过早，因为尽管很多女性主义者并不将自己归属为马克思主义女性主义派别，但是当中的很多人依然受到马克思主义的影响）（Beasley，1999：59）。

马克思主义女性主义有时候也被称为唯物女性主义（materialist feminism），因为其强调社会机制中具体、结构的层面，尤其是家庭角色和性别分工。正如坤和沃尔普所言，"在这个背景下，家庭和性别分工这两个相互关联的问题被提了出来，这类女性主义者持续呼吁要将这两类女性处境理论化的重要性"（Kuhn and Wolpe，1978：10）。

从女性主义理论中发展而来的马克思主义女性主义，试图采用马克思主义理论，希望其能够为妇女在资本主义社会中遭受的从属地位的待遇和剥削提供充分的解释。但是马克思主义女性主义者承认现有马克思主义的不足之处，并认为其还有待进一步发展，才能够解释为什么妇女被排斥在公共领域之外，并且构成了家庭领域中主要的无偿劳动者。另外，他们不得不应对这样一个"事实"，即妇女并不是在资本主义制度中才处于从属地位，而是一开始就处于从属地位。因此，他们强烈怀疑推翻资本主义生产方式不会实现妇女解放，这一点在东欧国家的社会已经得到证实。然而，尽管意识到两性之间的斗争不能简化为阶级斗争，但是他们还是倾向于将后者放在首要地位。

在马克思主义女性主义者看来，当代社会最主要的特征是资本主义，妇女在其中遭受着某种特殊形式的压迫，这样的压迫最主要的影响是她们被排斥在雇佣劳动之外，而且她们在家庭领域的角色也再现了资本主义的生产关系。尽管男子可以从妇女的无偿劳动中获益，但是主要受益者还是资本主义。马克思主义女性主义者认为，资本主义主要通过以下三个基本方式从妇女的家庭角色获益：

1. 妇女承担无偿的家务劳动，并照顾当前（也逐渐扩及上一代）的雇佣劳动者；

2. 妇女再生产下一代雇佣劳动者，并将其社会化；

3. 妇女消费由资本主义生产的商品和服务。

马克思主义女性主义者面临的一个重大问题就是，马克思本人并不特别关切妇女在资本主义社会中的地位。马克思驳斥将道德、正义和权利平等等概念，并将它们看作资产阶级思想。同时，他也不关心改革，而是着力对工人阶级在资本主义制度下所遭受的剥削进行科学的描述，并试图推翻资本主义制度。

马克思使用的概念似乎都是中性词汇，但事实上却具有男性中心性；他未能认识到，妇女在资本主义社会中遭受着某种特殊形式的压迫，也没有分析性别差异和性别意识形态。尽管他使用了诸如劳动力这样的抽象分类，但是其具体分析表明，他指的是男性的有酬劳动力。另外，他对家庭采用的是自然主义的态度，并认为妇女就是应当在家庭领域提供照料。马克思将妇女及儿童的有偿劳动看作对男子雇佣工人的一种威胁。他指出，资本家利用妇女和儿童来降低生产成本。廉价的女性劳动力被用来或可以被用来取代较为昂贵的男性劳动力（马克思并未对妇女工资低于男子的现象提出质疑）。这个分析忽视了这样一个事实，即妇女始终对于家庭的经济生存做出了贡献，也未对"男子工资应当高于妇女"的观点进行质疑，因为他假设男子应当被支付一份家庭工资。

马克思主义女性主义者欲延续马克思对资本主义社会的分析，并将它整合到对妇女从属地位的解释说明中。恩格斯的作品是马克思主义女性主义理论形成的起始点。在其针对家庭起源与资本主义发展关系的分析中，恩格斯认为，资产阶级核心家庭的产生源于资本主义体制的需求，具体来说，是因为男子想将其财产传给他们的合法继承人（Engels, 1972 [1884]）。在恩格斯看来，这意味着男子需要控制他的妻子，才能确保后代子嗣的身份。妇女的从属地位过去曾是/现在依然是一种为资本主义利益服务的压迫形式。无论是嫁给资产阶级男子还是无产阶级男子，全部妇女都处于受压迫地位。

马克思主义女性主义者想要遵循这种路线来发展理论，尝试为妇女的从属地位以及其作为一种阶级所受到的剥削提供充分的解释，以克服传统马克思主义理论中女性被边缘化的状况。他们力图分析并解释妇女从属地位与资本主义生产方式其他方面之间的关系。将马克思主义与女性主义进行结合的尝试的过程困难重重，但是马克思主义女性主义者认为，认识到女性压迫与资本主义秩序紧密相连是非常重要的。鉴于此，在马克思主义忽视性别（sex-blindness）的情况下，有必要重构马克思主义理论，以便充分解释说明妇女、少数民族以及资本主义社会中其他被剥削群体的从属地位。据称，该理论将帮助我们创建新的策略，来解放处于从属地位的群体，因为推翻资本主义制度这件事情，并不会自动实现。

马克思主义女性主义理论的主要问题在于，它对男子压迫妇女的方式以及男子从妇女无偿家务劳动中获益的方式没有给予足够的重视。尽管马克思主义者认识到，有必要理解父权制关系的重要性以及这些关系是如何与资本主义相互交织的，但是他们看待这些问题的观点相对静态，并未认识到父权制与资本主义两者之间的利益，不必然也不一定是一致的。马克思主义女性主义倾向于将女性主义者（基于社会性别的）解释归属于马克思主义理论范畴。但是，马克思主义女性主义未能考虑非资本主义社会以外的社会中的父权制关系，也未能充分考虑妇女在后殖民或发展中社会中的特定位置。和激进女性主义非常相似的是，马克思主义女性主义也是相对比较抽象，脱离了妇女与男子关系当中的日常经验。

四　二元体系理论

大体自 20 世纪 80 年代以来，激进女性主义与马克思主义女性主义间在开展了 10 年左右的广泛辩论后，社会主义女性主义者开始形成一种被称为双重系统理论的理论观点。社会主义女性主义者或二元体系女性主义者认为，有必要形成一个将马克思主义阶级理论与女性主义父权制理论相结合的二元分析。这样一套理论可以解释是什么让妇女被压迫，并且将我们之间的阶级分化纳入考量。因此，二元体系理论尝试保留马克思主义的唯物主义成分，同时融入激进女性主义强调的父权制和性别压迫视角。相较于马克思主义女性主义理论持续将阶级分析放在首要地位，二元体系女性主义者则关切妇女与经济体系的关系，以及男女之间的关系。二元体系女性主义者认为最关键的问题在于：是什么原因造成男性剥削及支配妇女？二元体系女性主义者海蒂·哈特曼指出，马克思主义范畴是忽视性别差异的，父权制压迫先于资本主义，因此无疑也同样很好地继承了它的特色（Hartmann，1978）。为了更好地理解资本主义社会中妇女的从属地位，她建议有必要将马克思主义与对父权制的批判相结合，亦即要展现资本主义社会中女性被剥削的特殊形式。

　　父权制在资本主义下的表现形式不同于其在其他社会经济体系下的表现形式。父权制早于资本主义，但是在资本主义发展的不同阶段，父权制表现为不同的形式。在农业社会或发展中社会中，男子必须离开家去工作，而妇女需要同时在家中和农田进行劳作。随着工业化的深入，男子仍倾向于外出工作，而妇女则逐渐被排斥出大多数的雇佣工作。正如恩格斯指出，欧洲工业化之后出现了公共领域和私人领域的分离（Engels，1972）。然而，将妇女约束在家并非资本主义社会所独有的。在大多数伊斯兰社会中，无论是工业化革命前，还是工业化革命后，妇女都被约束在家。在前工业化或工业化时期的欧洲，上层妇女也是不用工作的。

　　然而，工业化资本主义的发展着实引起了变化。妇女被排斥在某些特定的有酬工作之外，特别是技术性工作，而且丧失了一些其先前拥有的合法财产权。但是，男子却从中获益良多：男子控制着经济大权，而且有些男子还可以进入议会等政治领域，但可以进入该领域的妇女却屈指可数。男子在公共领域创建了许多新的权力基础，但妇女被排斥在外，家庭意识形态变得更加普及。资本主义社会中妇女从属地位的表现形式并非资本主义逻辑或父权制的产物，而是随着资本主义的发展，男性权力资源转移的结果。随着家庭经济的萎缩并被资本主义生产取代时，男子正居于发展新的权力基础的位置。

因此，二元体系理论尝试发展一种同时将经济体系和生理性别—社会性别体系这两种体系纳入考量的分析。父权制被看作跨越历史的制度，也就是说，男子在所有社会中对妇女行使权力。但是，二元体系女性主义者也认为，一个完善的女性主义理论必须认识到父权制在资本主义社会中所表现的特殊形式。因此，目标在于建立一种资本主义父权制理论，使人们能够理解到资本主义体系如何在男性的支配下被结构化。

马克思主义理论从无产阶级（工人阶级）的立场来呈现世界，但二元体系女性主义者认为，真正必要的是从妇女立场出发创建一个世界观。传统的马克思主义理论忽视了妇女在市场之外的劳动（家务劳动）以及妇女在市场之内的工作如何被社会性别特征所决定，因此模糊化了男子对妇女的系统性支配。然而，妇女同时受到统治阶级和男性的双重统治：男性资本家决定妇女出售其劳动的条件，而且妇女有偿劳动获得的报酬低于男子，男性劳动者会从中获得金钱及其他形式的好处，同时妇女还承担无偿性的家务劳动。另外，男人的性欲望也是造成妇女被定义成性客体的主要因素。

为了全面了解妇女被压迫的处境，有必要检视家庭领域和劳动力市场中的性别化劳动分工，以及两者之间的关系。妇女的再生产劳动限制了其参与雇佣劳动的机会，而有限的雇佣劳动迫使很多妇女走入婚姻。将婚姻和母职作为妇女主要角色的意识形态则有助于掩盖这一事实。这种公/私人领域的区隔不仅有利于资本，而且也有利于男子。妇女被排斥在公共领域之外使得男子和资本家双双获益，同时妇女的无偿家务劳动也使得男子和资本家双双获益。

西尔维娅·沃尔比（Silvia Walby）强调二元分析的重要性，她认为，在资本主义社会中，父权制关系主要表现在家务劳动、雇佣劳动、国家、文化、男性暴力和性中。沃尔比认为，家务劳动中的社会关系构成了父权制的生产模式，这对确定社会性别关系具有重要意义。然而，当父权制与资本主义生产模式相结合时，雇佣劳动中的父权制关系对于维护该体系至关重要。另外，沃尔比还认为，资本主义社会在整个 20 世纪历史进程中，都发生了父权制从私人领域走向公共领域的转变，这在一定程度上是因为资本主义对劳动力的需求，另一部分原因，听起来似乎有点讽刺，也许是女性主义政治运动所带来的结果。但是，父权制的利益与资本主义的利益并不一定总是一致的，两者间紧张态势的主要基础在于对妇女劳动的剥削。沃尔比认为，雇佣并剥削廉价的女性劳动力符合资本家的利益，这是由于父权制结构和父权制意识形态，相对于男性劳动力而言，女性劳动力更加低廉。上述行为受到父权制的抵制，因为它力图将对妇女的剥削维持在家庭层面。当所有男子竭力将妇女排斥在工作竞争之外时，跨越阶级的父权制就会结成同盟。然而，当雇佣女性劳动力符合雇主（资本家）的利益时，这种跨越阶级的父权同盟的力量就受到削弱，由此资本主义和父权制之间就产生了冲突（Walby，1990）。

要实现沃尔比所谓的"相互迁就"（mutual accommodation），资本家就必须在雇佣妇女时，使其从事被定义为女性工作的工作——工资比男子低且地位也较低的工作。此时，父权制也会极力抗争，确保这些被雇佣的妇女仅仅从事女性工作。沃尔比认为，资本主义的力量阻止了该排斥性策略的长期运作，使得隔离发展（分工）成为一项替代选择，这至少在一定程度上是女性运动的开展导致的——妇女要求获得有偿就业权。因此，在英国，原本处于私人领域的父权制开始渗透到公共领域，其标志就是从排斥性策略向基于隔离/分工的劳动市场策略的转变。

相对于激进女性主义或马克思主义女性主义而言，尽管二元体系女性主义尝试更加全面地描述男子和妇女的相对社会经济地位，但因其缺乏一套成熟理论（比如无法清楚描述资本主义和父权制的"二元性"本质）而备受批判。同时，还因为其倾向于边缘化其他类别的权力范畴（虽然不同于性别和阶级，但互有关联），比如种族和族群，或未能考虑全球动态在塑造父权制与资本主义间关系的作用，而备受批判。

五　后现代女性主义

女性主义理论和社会学内部存在着广泛辩论，很大一部分是在探讨女性主义与后现代女性主义间的关系。女性主义思潮不将后现代主义视作一个前所未有的可以让妇女摆脱其"第二性"（Beauvoir，1988）命运的机遇，或者，认为其作为一种理论运动，无法发挥其政治上的力量，而此时女性主义却要开始大展身手，产生政治和社会影响（Nicholson，1990）。很多女性主义者批判现代主义理论对他们所关切的问题不屑一顾，对于现代主义传统的不满促使很多女性主义者转向并倾心于后现代主义，特别是后现代女性主义者：

> 他们对科学的权威和地位、真理、历史、权力、知识和主体性进行了各种后现代批判，为后现代理论带来了变革性的性别维度，并发展了理解性别差异的新方法。

（Weedon，1997：171）

当讨论后现代女性主义的概念时，我们面对的一大难题是，用于描述后现代作品的术语常处于变化之中，令人困惑。广义上来说，我们此处使用的"后现代"这一术语，指的是一系列深受一些法国社会理论家（大部分是男子）影响的概念，其中包括让·鲍德里亚、雅克·德里达、米歇尔·福柯和让·弗朗索瓦·利奥塔等。然而，值得注意的是，这些学者并不倾向于将其作品贴上"后现代"的标签，而是我们在试图理解他们思想的共性和差异性时，在文章中（包括此书）惯于使用"后现代"这一术语。从这个意义上来说，比斯利进一步声称，"后现代主义"这一术语事实上是"美国制造"，并且"这个标签的创造……作为一种文化迁移手段……很可能过分鼓励误导性的概念，而将其看作一种连贯的知识现象"（Beasley，1999：89）。如果后现代主义的概念之间有任何共同之处的话，它们都倾向于否认根本真理或本质的概念，而是强调真实是被建构的、片面性和偶然的，那么上述所说的困惑就不足为奇了。然而，后现代主义又都在批判现代主义持有的自我、知识、语言等概念（以及受其影响的当代女性主义思想），从这个意义上来看，后现代主义又是一种独特的、相对一致的观点。

后现代女性主义者认为，事实并不是因为我们生活在后现代社会，或即后现代情境，而是后现代主义是一种思考风格，或者是一种思考模式，比现代主义思想更加适合理解当时的社会。后现代主义理论摒弃了解释性目标和唯实论（一种相信外在真实可以客观存在的信仰），开始转向社会构建主义或唯心主义的极端形式，强调真实的论述本质。对于后现代主义者来说，这意味着，人们已不再可能使用一种客观或科学的方式来描述、分析或解释真实。

因此，后现代主义开始向诸如马克思主义等方法的解释性（科学性）取向发起挑战，马克思主义提出的假设认为，社会是依据一种决定性的原则（资本主义）构建起来的。具有讽刺意味的是，我们也可以说，后现代主义各种截然不同的概念之间，其统一或共通的基础在于它们对单一性的结构性解释都深怀敌意，并倾心于多因性、多样性、多元性和不确定性。后现代主义者倾向于强调意义（及相关的权力）的本质是可变性、片面性的，而非稳定的，同时，也否认客观社会真实和用于呈现或描述它的语言之间存在着稳定的关系。

女性主义和后现代主义的各项重要概念有个共同点，即对一般化的、普遍的理论，或者后现代主义者所谓的"元叙事"（metanarratives）都持批判态度（Lyotard，1984）。女性主义对西方思想（比如自由主义、马克思主义、科学和哲学等）当中的元叙事都持批判态度，认为他们忽视或弱化了性别差异的重要性，或者未将差异看作人类存在的一个根本面向，抑或者认为男子和妇女之间的差异是天生的、本质的、属于前社会的（因此并不构成社会学理论的合理关切）。因此，后现代女性主义者倾向于将现代主义的思考方式与男性中心主义联系起来，因为其常宣称知识是中立的。他们主张，人们必须了解"真实"并不具备中立性，而是一种性别特定的权力表现（比如，在 19 世纪的英国，存在一种极为普遍的"科学"主张，即正规教育和过度发展的智力会损害妇女的再生产能力）。后现代女性主义者否认那些宣称基于绝对真实或普遍意义知识的主张，认为知识总是偶然的、情境化的，并且受到主观利益形塑。因此，他们强调，并不是仅有一个真实，而是有许多个真实。因此，男人和女人对世界的"认知"（know）确实有所不同，但并不存在谁的版本更加真实。

然而，元叙事在女性主义政治运动中通常发挥着重要作用。举例来说，启蒙运动思想关于人类进步、解放和人权等概念，一直是构成女性主义理论和政治思考的重要基础，比如，女性主义者常据此争取政治代表权和法律保护权。因此，尽管有些女性主义者力图创建自己的元叙事（比如，马克思主义女性主义的资本主义理论或激进女性主义的父权制论述），但其他一些女性主义者却试图对现有元叙事进行解构处理（认为解构本身就是一种政治活动），进而发展全新的、强调特殊性的（后现代）理论，而且不再宣称这些理论具有普遍性或"元"属性/地位。

但是，这些取向时常被指责为相对主义（认为所有的真实主张都具有同样的有效性）。鉴于女性主义声称"知道"女性处于压迫，及父权制具有不公正性，上述视角显然存在严重问题。这意味着，一些女性主义者将后现代主义者看作对女性主义完整性的威胁，因为后现代主义弱化了女性主义进行政治解放运动的潜力。这些女性主义者强调，许多女性主义者基于"妇女是被压迫的"立场所提出的批判是"非理性的"。因此，如果我们想要诉诸变革，改变持续数百年的女性迷思，那就不能只是简单的解构，我们需要认可此举具有合理性立场才能提出这样的主张（Nicholson，1990：39）。

女性主义和后现代主义共同挑战的不仅仅是元叙事，另一个双方共同关切的重要领域是主体性问题，即社会"自我"的本质和地位。后现代主义理论的中心议题是认为人的认同具有多重性和暂时性，民族、性别、年龄、性欲特质等都会被不断修正和重新协商。后现代主义不认为有一个本质的核心自我概念建构起人的存在，因此其注意力不再聚焦于"本质"的主体表现，而是转向强调"过程中的主体"——永远不单一或不完全的主体。后现代女性主义思想中的很多方面都借鉴了波伏娃的论点，即"女人不是生成的，而是逐渐变成的"（见第一章），强调逐渐变成（becoming）的性别化是一种不断进行中的社会过程（Beauvoir，1988：295）。然而，有些后现代女性主义者并没有按照波伏娃强烈推荐的方式来克服妇女的"他者性"，而是倾向于颂扬妇女偏离男性主流的边缘化现象，认为这种边缘化促使女性能够通过采用讽刺和戏仿的手法来挑战和削弱男性中心主义思想（Butler，1990）。

　　所谓的新法国女性主义者（之所以这样称呼，是为了将其作品与波伏娃早期的人文主义取向相区分），比如埃莱娜·西苏、茱莉亚·克里斯蒂娃和露西·伊利格瑞等，都倾向于否认波伏娃持有的"妇女应当克服其女性特质"这样的言论，而是主张我们无法将"当一个女人代表什么"的问题置之不理，因为在父权制论述和权力/知识的背景下，女人的存在方式还需要用她们自己的方式来理解。换句话说，在一个父权制（男性中心主义）社会中，我们无法真正地"认知""做一个女人意味着什么"的内涵，因为（包括男子和妇女）所有知识都具有父权制色彩。这意味着，后现代女性主义者挑战了"女性身为他者"的概念，反对男子/男性气质优于妇女/女性气质的特权。但是他们并不认为有任何特定特征可以用来区分所有妇女（就像一些激进女性主义者的做法一样），而是认为，"妇女"这个分类根本没有任何存在本质（或甚至不稳定），没有内在的特质或普遍适用的内容，可用以从妇女特有的特征来"认知"妇女。

　　一些主张后现代主义视角的女性主义者并不认可采用女性主义理论取代男性主流理论，因为他们对真理般的知识是否可能存在持怀疑态度，转而认为真实具有多样性，并且呼吁有必要对宣称真实的知识进行解构，并分析其中的权力作用。同时认识到，正如福柯的观点一样，知识必然是权力的一部分，反之亦然（Foucault，1980）。因此，有必要把重点放在知识而不是真实上，因为不仅不存在根本的真实，而且"外部"的真实也不能裁断两个相左的真实主张，无法证明谁真谁假。在后现代女性主义者看来，不存在唯一的真实，没有不享有特权的知识或知识生产者，所有的知识都有特定的历史性、文化性，都是特定话语的产物。创造出知识的话语也能创造出权力——该权力将主体建构成行动者，这种机制也征服了主体。特定话语的权力大小依赖其真实主张可靠性的程度，即该话语所创造的知识被当作真实所接受的程度，创造出来的知识会被认为是真实，往往是因为它们是由具有权力的行动者（比如男性社会学者和社会理论学家）所创造并传播的。

　　后现代主义理论家的作品引发了众多新问题，涵盖社会变迁、女性主义与社会学的本质为何物等问题，尤其鼓励人们以较为反思的取向来探讨女性主义的知识发展（见第十三章）。一些女性主义者主张女性主义和后现代主义间应进行更为紧密的互动，他们强调两者联盟具备如下特性：

1. 避免现代主义压迫的永续性，防止妇女被排斥出社会学理论之外；

2. 解决当代女性主义理论中争论不休的一些难题，比如"性别差异的本质为何"的问题；

3. 通过将性别差异的因素，很多后现代主义的解释都缺少此维度。融入理论发展，可以帮助厘清一般的社会科学和人文科学中的后现代主义争论。

（Hekman，1990：3）

众多此类女性主义者认为，女性主义在自我、知识、真实和语言方面的理念与启蒙思想在这些方面的理念间存在冲突，无法将其纳入启蒙运动理论理念和范畴（Flax，1997）。但是，其他女性主义者则认为，女性主义和后现代主义间的联盟是"一种紧张不安的结盟"（uneasy alliance）。一方面，女性主义挑战了现代主义和启蒙思想（对其元叙事、真实主张和自我的人文主义观念持批判态度），所以女性主义看起来似乎是后现代主义的知识盟友；另一方面，女性主义支持解放和人类进步，所以从根本上讲，女性主义又可以被看作一场现代主义运动。正如我们在本章开头写道的那样，女性主义的历史起源在于自由主义人文主义，这是后现代主义批判的主要对象之一。尽管马克思主义女性主义在很多方面否认自由主义女性主义，但是从根本上来说，它也植根于现代主义。正如赫克曼写道，从两者的思想传统来看，女性主义继承的思想遗产完全属于现代主义思想（Hekman，1990）。然而，此遗产和当代后现代女性主义的众多关切及见解间的矛盾意味着，将女性主义理论进行现代主义或后现代主义分类的尝试仍然存在问题，因为在很多层面上，女性主义理论既同属于两者，也同时不属于两者——现代主义和后现代主义仍是男性主流思考下的分类范畴，而非女性主义的思考方式。

六　女性主义批判理论

一些当代女性主义者正努力尝试调和女性主义的解放动力（及其继承的现代主义思想遗产）与后现代主义的批判性见解之间的关系，或许正是得益于这样的理论结合，当代女性主义理论实现了一些最为有趣、最具洞察力的发展——形成所谓的女性主义批判理论。

女性主义批判理论的相关概念，源于后结构主义对现代主义批判中的一些概念见解，并将这些见解融合到修正版的马克思主义女性主义视角之下。后者衍生自马克思主义，强调女性劳动力的作用（雇佣工作和家务劳动两个方面）是许多妇女共同的经验。同时，女性主义批判理论还借鉴了批判理论（该著作体系与法兰克福学派关系十分密切，见第十二章），关注文化因素在维护压迫性社会关系中的作用。因此，他们强调，有必要同时了解那些和性别差异有关的物质和文化权力形式。

尽管有些学者与女性主义批判理论发展的关系颇为密切，比如塞拉·本哈比、南希·哈索克、桑德拉·哈丁和艾利斯·马瑞恩·杨，同后现代主义一样，他们将主体性看作一个过程的概念，但是他们也都反对后现代主义强调这个过程仅是一种话语论述的观点。这些对后现代主义较为冷淡的女性主义者们，特别无法接受主体性仅仅是一种话语论述的看法。他们认为，这种取向可以很有效地防止人们从妇女的立场出发，去批判在既有论述之外的父权制权力关系。许多此类女性主义者认为，在与诸如解放、进步等启蒙运动价值的角逐中，后现代主义表达了享有相对特权的西方男性白人的主张和需求，事实上，这些男子早已接受启蒙的过程，所以如今可以对其进行批判性的反思。例如，哈索克就如此问道：

> 为什么正好在此刻，许多我们当中向来保持沉默的人开始要求获得为自己正名的权利？要求成为历史的主体而非客体？为什么主体属性（subjecthood）这一概念变成了问题？为什么正当我们逐渐形成关于世界的理论时，这个世界能否被理论化的不确定性就浮出了水面？为什么正当讨论我们期望的变革时，进步的概念以及系统合理地组织

人类社会的可能性开始充满变数和疑云重重？

(Hartsock，1999：163－164)

后现代主义通常遭受的批评是它会导致多元主义、相对主义，以及最终的高度个人主义政治效果。为了避免此类批评，女性主义批判理论者认为，女性主义需要一个关于压迫和解放的一般性理论，并且该理论要植根于男子和妇女的生活经验。因此，女性主义批判理论既不将自己定位于自由主义女性主义、激进女性主义或马克思主义女性主义的元叙事理论派别，也不摒弃与后现代主义相关联的理论。同时，它既不以启蒙运动中那些认为主体本质是稳定、理性的概念为基础，也不像后现代主义那样将主体看作话语的结果，而是综合运用这两种方法。

针对知识而言，女性主义批判理论者所主张的不是相对主义和多元主义，而是主张"理论与实践的本质必然总是不完整的、具有特定历史性的、有趣的"(Weedon，1997：178)。因此，尽管女性主义批判理论者拒绝诉诸本质化或总体性的元叙事理论形式，但是他们继续战略性地使用理论，以此理解并变革社会中具有的压迫关系。

在批判性地与后现代主义对话的同时，众多持女性主义批判理论的女性主义者开始（批判性地）借鉴马克思主义，他们认为，马克思主义理论的一些特点特别能够帮助女性主义者更好地理解社会世界。然而，他们依然否认或质疑马克思主义分析中的一些基本范畴。哈索克对其进行了概述：

1. 女性主义者提出了一些关于如何理解劳动力的问题，同时强调了无酬劳动的重要性；

2. 女性主义者挑战了阶级作为社会分析唯一基础的中心地位；

3. 女性主义理论认为，将马克思主义看作社会演变和进步的理论有许多问题，并表明了父权制关系在非资本主义社会中的持久性；

4. 女性主义理论与后现代主义站在同一阵线——质疑了马克思主义关于单一理论能够解释一个社会的全部面向（包括其历史和未来）的主张。

(Hartsock，1998：400)

通过重新思考马克思主义分析的基本范畴，很多采取批判理论立场的女性主义者认为，"尽管当前资本主义已经具备真正意义上的全球性，并且生活的商品化程度也从未像现在这样高，但是马克思对资本主义批判的诸多内容依然非常恰当"（Hartsock，1998：401）。同马克思主义一样，女性主义批判理论者倾向于持有如下论点：性别差异关系主要受到劳动力占用的形塑，并强调如下思想（以"辩证主义"著称）构成社会世界的不是"事物"（things）而是过程（process），即社会现象必须放到整个社会背景下进行理解。这种针对社会真实的辩证性强调得到了一些女性主义者的认同，他们认为，相对于自由主义、人文主义（现代主义）或与后现代主义相关联的理论而言，上述强调对社会世界的理解更为全面深入复杂，而且对于女性主义批判理论下如何理解权力和知识有着重要影响（见十三章），同样对于如何定义女性主义自身的宗旨和本质也发挥着重要作用。

塞拉·本哈比和德鲁西拉·康纳尔概述了他们所谓的"作为批判的女性主义"，指的是"将社会世界（和我们的社会认同）是辩证的概念与知识和权力具有'情境性'的理念相联结的尝试"（Cormell，1987：1）。这涉及马克思主义女性主义中的理论转向，即他们所谓的"生产范式的替代"。传统的马克思主义的生产范畴涉及一个能动性主体，该主体能够改变、制造并形塑客体（劳动产品）。本哈比和康纳尔认为，这样的生产概念还不足以让我们理解妇女所从事的大多数劳动（包括家务劳动和雇佣劳动），因为妇女的劳动涉及的不是主体—客体关系，而是主体间（inter-subjective）的关系。另外，他们也不认为，马克思主义强调生产是社会的结构原则，这样的说法已经融入了女性范畴和主体间的关系。在本哈比和康纳尔看来，这种分析模式（以及其依据的公/私人领域的区分）不仅不利于人们认识妇女劳动的社会重要性，而且极大地弱化了妇女的社会和经济角色。

就像对马克思主义生产范式持批评态度一样，本哈比和康纳尔同样排斥自由主义—人文主义的"自我"观念。自由主义将自我定义为特定权利和义务的承担者，对此，本哈比和康纳尔认为，这样的概念必定是虚假的，因为社会中的不平等、不对称和支配性已渗透到自我的性别化认同中。因此，女性主义批判理论或其所谓的"作为批判的女性主义"涉及对如下三个方面的批判：否认元叙事的后现代主义、马克思主义的生产范式以及自由主义—人文主义的自我概念。

总体而言，女性主义批判理论者对后现代主义主张持怀疑态度，并且认为，尽管存在瑕疵，但是现代主义的计划（包含进步、人文和自由三个核心概念）依然具有客观的潜力，并且可以成为女性主义政治解放运动的基础。但是他们还认为，同（现代主义）女性主义理论中的传统情况相比，我们必须更加关注基于社会性别的主体性、身体和语言，并开始理解文化在固化女性被压迫中所发挥的作用。女性主义批判理论者也倾向于否认自由主义—人文主义下（还包括马克思主义）有一个核心本质自我的概念，转而将"自我"看作由过程得来的结果。包括本哈比在内的理论学者认为，男性本位（以男性为中心）的一般主体概念的主要后果之一是，将男子同样也被性别化的事实模糊化了（Benhabib，1992：213）。在女性主义批判理论者看来，女性并不是从本质自我中被异化的（自由主义女性主义、激进女性主义或马克思主义女性主义可能会这样认为），而是在"变成一个主体"的过程中被异化的（比如，大众媒体中女性身体的被支配形象有助于在父权制和资本主义的规范下定义并束缚女性，而非帮助女性在"活着的"物质身体中认同自身的主体性）。

女性主义批判理论者强调，女性主义与现代主义的关系被冲突与矛盾所形塑，但是女性主义理论的未来在于对现代主义的批判性延续，而非否定。因此，女性主义既被看作现代主义思想的批判者，同时，也是现代主义思想的拥护者。

另外，女性主义批判理论还反对后结构主义者对元叙事的批判，认为女性主义需要形成一种理论框架，该框架既能够认识到女性经验和视角的多元化，同时还需要强调（在政治层面和知识层面上）团结的重要性，以及理解共同经验的重要性。这些共同经验被认为主要是基于对妇女劳动的剥削。对于后现代主义要求摒弃为知识提供特定或稳定基础的研究而言，女性主义批判理论者对此持批判态度，其原因正如哈索克所说，这会损害奠定女性主义理论的重要政治旨趣，而这些政治旨趣在人们认为"女性主义观点优于非女性主义观点"的信条中不可或缺（Hartsock，1998：403）。

女性主义批判理论者认为，女性主义可以激进地挑战现代主义的核心信念，同时维持对其政治动力的信奉，"在不割断其解放抱负的同时，重塑其分析范畴"（Benhabib，1995：32）。

七　黑人与后殖民女性主义

尽管马克思主义者、二元体系和女性主义批判理论者都主张，有必要解释分析阶级、社会性别和种族压迫的问题，但是女性主义理论和研究当中的一系列议题并未被足够重视，包括族群差异、种族化、殖民主义和种族主义等，黑人与后殖民女性主义者对此持批判态度。此处术语"黑人"（Black，首英文字母为大写）用于指代一个具有共同的主观归属感的群体，这并不是因为他们的肤色，而是因为他们有着边缘化、被压迫和种族化的共同经验。然而，以政治目的（而非种族目的）来使用这个术语招来许多批评，尤其受到后殖民女性主义者的批判，他们认为此举掩盖了不同种族经验（和原因）的重要差异，因此将多样的认同和经验同质化了。我们所说的"后殖民"，是指一个群体中的人们，共享被殖民统治（通常也包含迁移）的历史和经验，此经历形塑了他/她们的认同（或至少在一定程度上受到影响）。

近年来，社会学界对后殖民研究的兴趣日益高涨。许多人认为，这种现象本身只不过是代表着另一种形式的殖民化；另外一些人（或许更为乐观）则认为，这意味着这门学科（在一定程度上是女性主义、后现代主义和后殖民主义影响的结果）正日趋变得更具自反性。也就是说，人们更加意识到，社会学本身可能巩固了权力不平等，以及造成特定群体持续被边缘化的现象。越来越多的人更加自觉启蒙思想及其带来的自由主义传统是欧洲中心主义的，而这似乎也助长了社会学界对后殖民主义研究的兴趣。根据这一观点，启蒙运动确实常以致力于普世价值（如理性、自由、民主、平权等）之名，巩固了少数群体——欧洲人（大多数是白人、男性）——的利益。

黑人与后殖民女性主义者认为，白人女性主义者的普世主张并不能够为黑人和后殖民女性的独特经验及结构处境提供充分的理论解释。例如，他们指出，白人妇女与白人男子间的关系和黑人妇女与黑人男子间的关系并不一样。他们并不否认黑人男子同样采用父权制的方式来压迫黑人妇女，但是他们认为，资本主义和父权制在黑人男子和白人男子身上施展的权力并不均等，结果就是，相对于白人男子与黑人男子而言，白人男子与白人妇女间的关系更为团结（表现为共享的共同经历和利益）。

虽然黑人与后殖民女性主义理论存在众多不同的研究取向，但他们都对白人主流的学院女性主义持批判态度。正如比斯利写道：

> 黑人与后殖民女性主义领域一再重申的唯一论断是要批判女性主义（至少）并未关注种族和族群。女性主义时常被看作具有排外性以及（或明显的或暗藏的）种族主义/种族中心主义色彩。

（Beasley，1999：104）

一般来说，黑人与后殖民女性主义理论对主流的白人女性主义提出了四点特别"指控"，可以归纳如下：

1. 种族中心主义（ethnocentrism）
2. 固化了"受害者意识形态"（the perpetuation of a victim ideology）
3. 理论上的种族主义（theoretical racism）
4. 文化挪用（cultural appropriation）

（一）种族中心主义

黑人与后殖民女性主义者认为，白人女性主义者忽视了黑人妇女的存在及其独特经验，并且过于将源自白人视角和立场的经验视为所有"妇女的经验"。黑人与后殖民女性主义者尤其大力驳斥激进女性主义者坚称的"性别压迫是最根本的权力压迫形式"的观点，同时反对他们认为的"妇女彼此之间享有的共性多于妇女与男子间的共性"的观点，该观点被看作一种典型的权威主义宣言。正如比斯利写道：

> 对于那些关注种族/族群的女性主义者来说，他们力图将注意力放到那些经历过种族主义/种族中心主义的男子与妇女间的团结上，

他们强调这种共通性，有时候还会将种族/族群看作更为根本的权力形式。

（Beasley，1999：111）

从此方面来看，白人女性主义被指控具有种族中心主义色彩，即以某个特定族群或种族的视角、经验和属性为基础进行社会现实描述，并宣称或假设此描述具有普遍性。比如，宣称哥伦布"发现"了美洲大陆，或者澳大利亚仅仅只有两百多年的历史，这样的主张都具有种族中心主义色彩。同样地，女性主义者宣称家庭是女性压迫的主要场所的言论也可能被看作具有种族中心主义色彩，因为其未考虑到不同种族、族群及国家身份妇女的家庭生活经验的多样性，尤其是生活在后殖民发展中国家的妇女，他们并不认为，有一个具有普遍性、可识别且共享群体经验的妇女（womanhood）存在。

（二）固化了"受害者意识形态"

黑人与后殖民女性主义者还指出，西方白人的女性主义理论倾向于将黑人和后殖民妇女看作种族主义之下无助的受害者（或者她们受害的原因仅是因为自身的种族、族群、文化或宗教身份）。因此，未能考虑到种族、性别差异以及与其相关的文化实践（对她们而言是陌生的）之间复杂的互动关系。杰梅恩·格瑞尔在其著作《完整的女人》（*The Whole Woman*）中讨论了一些引起女性主义者（及非女性主义者）争论的关于阴蒂切除术（参见上文如玛丽·戴莉等激进女性主义者提出的"生殖器割除"的复杂议题）。格瑞尔概述道，当她与索马里妇女（她们中的许多人曾经历过阴蒂切除术）讨论隆胸手术时，她们对西方妇女为了使自己看起来对男子更具性吸引力而摧残自己身体的行为深表震惊。格瑞尔认为，这表明了以"受害者意识形态"为基础的种族中心主义如何影响西方女性主义的思考方式（Greer，1999）。同时我们还可以引用另外一些实例，比如人们如何以预设立场来看待着装规范和包办婚姻。詹妮弗·索尔在讨论关于伊斯兰妇女"面纱"（本身是一个均质的术语，用于指称一系列的服饰和实践）的论断时写道，尽管在很多方面都存在问题，但是纵观历史，我们发现西

方女性主义者广泛地误解并过度简单化了面纱的含义（Saul，2003：266）。

（三）理论上的种族主义

贝尔·胡克斯在评价白人女性主义时，对于其缺少反思性的事实进行了强烈批判。她指控女性主义理论具有种族主义色彩，并认为，近年来，人们期望的女性主义者的写作"类型"开始出现分化。在她看来，人们会期待黑人与后殖民女性主义者"由心出发"书写她们的生活经验，而白人女性主义者则被期待"由脑出发"进行书写，并依据黑人妇女的经验提供可用于分析与诠释的理论。因此，胡克斯认为，女性主义这种种族上的/认识论上的分化现象，有效地再现了现代主义与父权制思想中的二元论思考（而这正是女性主义欲挑战之处），并在男子生产的意义体系上来理解妇女的经验（Hooks，1982，1984）。

因此，大多数黑人与后殖民女性主义者严厉批判了众多女性主义在提出实证上的、理论上的以及政治上的主张时，很大程度上是以相对比较富有并享有特权的西方白人妇女的经验为基础。贝尔·胡克斯认为，这种"虚假的普世主义"（false universalism）具有严重的种族中心主义色彩。

此外，黑人与后殖民女性主义者还认为，人们惯常将女性主义的历史划分为各种"浪潮"（wave），某种程度上正反映出女性主义以北美和欧洲思想为参考进行构建与组织的倾向。艾琳·格达洛夫在其著作《反对纯粹》（*Against Purity*）中，也批判西方白人女性主义倾向于将只（或者主要）处理社会性别议题看作"最纯粹"的女性主义（Gedalof，1999）。另外，她关于印度女性主义理论的论述，展示了印度女性主义的思想和政治行动是如何随着反殖民运动，以及印度教徒与穆斯林冲突影响演变而来的。因此，包括胡克斯和格达洛夫在内的一些学者认为，尽管无心，但女性主义的宏大叙事已转变成了西方女性主义努力的关键，并且倾向于贬抑非西方女性的经验，使其处于女性主义理论的边缘地带。

（四）文化挪用

贝尔·胡克斯（1992）强烈批判的另外一个极端现象，在大众文化当中表现尤为明显，即白人妇女以女性主义的名义挪用黑人妇女的（或应当归属于黑人妇女的）经验及认同。在其 20 世纪 90 年代早期的作品中，胡克斯在上述方面对麦当娜进行了强烈批判，并且认为这些批判很大程度上源于女性主义理论。在她看来，这种现象实际上就是白人女性主义对黑人和后殖民女性的文化（和物质）殖民。同时，她还指出，从这个方面来说，白人女性主义不仅没有弱化人们针对黑人妇女的种族主义刻板印象，反而是强化了这种成见。比如，胡克斯认为，白人女性主义认为麦当娜是颠覆性的代表，然而这样的看法未能认识到，她富有攻击性的性影射对于黑人妇女几乎没有什么用，因为黑人妇女的种族表征总是明显且过度与性有关，而这正是他们欲指责的（Hooks，1992）。

与后现代女性主义一样，许多黑人与后殖民女性主义者也投身于质疑有关"妇女"（womanhood）的普遍假设。这两种女性主义视角都关注于发展一种避免将西方白人、异性恋、中产阶级妇女的经验一概而论的理论。事实上，正如克里斯·威顿所言，"通过对所有本质的质疑，及提出真实是相对的主张，后现代女性主义为那些已经被边缘化的政治观点和旨趣创造出一个生存空间"，同时还有助于防范人们在他们的立场上再发展出一个替代性的概化理论（Weedon，1997：179）。

然而，黑人女性主义者，尤其是像贝尔·胡克斯等同时致力于种族解放和性别解放的女性主义者，并没有放弃集体政治行动的意义。相反，他们认为，妇女共享的经验这个概念仍然具有政治必要性。尤其重要的是，贝尔·胡克斯特别担心后现代主义有可能意味着女性主义变得太过于认可和颂扬妇女间的差异性，此举的代价可能让政治解放运动的承诺无以为继。

这种两难境地迫使女性主义面对一个理论（和政治）上的难题，即在没有一个具体化的特定定义或描述"经验是什么"的情形下，如何将女性主义理论立足于妇女独特的社会世界经验之上，换句话说，如何不屈从于关于妇女地位的普遍主张？针对女性主义理论的本质和角色而言，后现代主义以及黑人与后殖民女性主义都提出了一些根本性的质疑。近来对于妇女之间多样性的强调，使得"什么是女性主义？""女性主义究竟要努力解放谁？"这类的问题更加复杂化。这种复杂性也导致一些女性主义者认为，我们当前生活的时代应当被看作后女性主义时代。

第九节　后女性主义

对于后女性主义提出的一些问题，萨拉·甘保进行了总结：

> 如今，"后女性主义"已成为一个非常时髦的术语，在大众文化语境下，它可以指代辣妹组合、麦当娜和她的少女秀（Girlie Show），① 即女人穿着性感，但却要求享有男性特权和男人态度。同时，那些传统女性主义的忠贞拥护者则谨慎地环顾这个新词，无法决定它究竟是一个由媒体策划的骗局，抑或是一场有效的政治运动。
>
> （Gamble，2001：43）

事实上，正如甘保写道，众多女性主义文本和社会学文本倾向于对该术语加上引号，"进而使得作者和读者都对其保持适当的怀疑距离"（Gamble，2001：43）。在很多女性主义者看来，最好不要将后女性主义理解为女性主义之后的产物，而应将其视为一种回归的发展（regressive development），即塔尼亚·莫德尔斯基提出的"送我们回去"的视角（Modleski，1991）。在有关将后女性主义看作一种回潮的论述中，描写最为清晰的或许当属苏珊·法露迪的《反冲：谁与女人为敌》（Backlash：The Undeclared War Against Women）。法露迪将后女性主义定义为：一场针对女性主义运动的讽刺、伪知识分子的批判，并将其看作对女性主义运动第二次浪潮成果的反冲。另外，她提出，我们生活在一个主要以媒体文化（见第十二章）为参照进行自我定义的社会中，妇女是多么轻易地就被说服，并相信女性主义已经成为过去时（Faludi，1991）。

尽管有些人对后女性主义持怀疑态度，但是其他一些人则认为，它代表着更具解放性意味的事物，以及一个摆脱不合时宜的种族中心主义运动枷锁的束缚的机会。持后一种看法的人倾向于个人主义的自由意识形态，

---

① Girlie Show，少女秀，是麦当娜在 1993 年世界巡回演唱会的名称，有限制级表演。——译者注

否认女性主义运动第二次浪潮中所谓的受害者心态。比如，《次日清晨：性、恐惧与女性主义》(*In The Morning After：Sex，Fear and Feminism*) 的作者凯蒂·罗菲在该书中写道，女性主义永远将妇女形象固化为因自身性别和性而受到伤害的受害者，反倒让我们退回到前几代人的思想层面，认为女性是脆弱的，需要受到保护（女性主义运动的第一次浪潮和第二次浪潮都极力打击了这些思想）。同样地，蕾妮·丹菲尔德在其著作《谁背叛了女性主义》(*The New Victorians*) 中强调，"女性主义"这一术语已经成为极端主义运动的代名词，强化了她所谓的"女性受害者形象"。丹菲尔德总结道，女性主义已不再具有影响力，虽然有些人仍在遭受社会不平等和政治不平等的待遇，并且需要得到帮助，但是她们已经失去了对女性主义的信任。正如她在书中写道，"大多数女性主义运动已经深陷于停滞不前、令人疏离的意识形态，并且它们唯一的结果就是变得彻底无关紧要"（转引自 Gamble，2001：47）。

与后现代主义思想的发展趋势一样，大体而言，后女性主义视角可以分为两类：一是将后 - 女性主义（post-feminism）看作一种在女性主义"之后"的历史阶段兴起的社会文化现象；二是将后女性主义看作一种理论视角，专注于强调妇女（及男子）经验的多样性而非共通性。因此，一脉相通的女性主义理论在某种程度上已不再站得住脚。事实上，后现代主义者宣称，不存在一个稳定的、普遍适用的、不可改变的妇女类别，该主张有效地暗示了女性主义不再有个共通的主题。就此方面而言，比斯利曾指出：

> 后现代女性主义也许可以说是对女性主义的最大挑战……因为女性主义者关心"妇女"、这个主题，这样的关心是将妇女当作一种可借由性别差异辨认出来的类别或群体。

> （Beasley，1999：83）

一　后 - 女性主义作为一个历史阶段

后 - 女性主义（post-feminism）这一术语通常被一些群体使用，他们认为，女性主义运动第一次浪潮和第二次浪潮中的政治主张（解放、同工同酬、性解放等）业已实现，是时候让男子和妇女平等竞争了。众多持此观点的作者认为，如果继续将女性主义看作一个政治计划的话，将会导致社会倒退和政治分化（最终结果就是，男子将沦为受压迫的少数群体）。近来，霍尔和罗德里格斯概括出了后－女性主义的四条主张：（1）对于妇女运动的全面支持急剧锐减，因为有些妇女；（2）越来越多地开始反对女性主义；（3）认为该运动与她们无关；（4）已经接受"不，但是……"（no，but...）版本的女性主义。海伦·威尔金森（Wilkinson，1994）在她所谓的"性别振荡"论述中写道：

1. 妇女在文化、政治及经济上的解放是深刻且不可逆转的（男子和妇女的价值观已经表现为趋同）。

2. 过去大概30年以来，市场社会中创造的大多数工作岗位都是所谓的"妇女的工作"（非体力劳动的、服务性质的工作，参见第九章）。

3. 相反地，建筑、制造及军事领域（传统上多是男性就业的领域）呈缩减趋势。

4. 女性主义论辩的术语发生了转向——社会学者认识到，男子和妇女都有可能遭受歧视、骚扰和人际暴力。

5. 女性主义政治的文化面向严重匮乏（尽管大多数年轻妇女认同女性主义在许多实证上、政治上和理论上的主张，但是她们并不将自己定位于"女性主义者"）。

6. 不同代际间的妇女之间存在严重代沟（许多新一代的妇女把前几代妇女竭力争取而来的权益看作理所当然的）。

7. 如果女性主义想在21世纪继续以任何有用的形式生存下去，那么就必须制定新的议程。

最认同后－女性主义是女性主义"之后"或反对女性主义者的一个历史阶段的作者中（尤其是在美国），辨识度最高的"面孔"之一就是娜奥米·沃尔夫。在其著作《以火攻火》（*Fire With Fire*）中，沃尔夫指出，女性主义一直未能好好利用其成果，也未能以更具反思性的态度来面对其一路走来的历程。沃尔夫认为，权力就在那里"供人自由拿取"，敦促妇女在此方面更加积极主动，并且将女性主义的受害者意识形态拒之门外

（Wolf，1993）。正如甘保指出的，如果你是白人、中产阶级、受过教育的和相对富有的美国人，那么权力或许的确在那"供人自由拿取"；但是如果你是黑人、穷人或者遭受政治、军事或宗教制度压迫的人呢，情形会一样吗？这些事情都是沃尔夫没有考虑到的，却凸显了宣称"后女性主义是一种社会文化现象（女性主义'之后'反对女性主义的一个历史阶段）"的许多相关问题（Gamble，2001）。

格瑞尔在《完整的女人》（*The Whole Woman*）中认为，我们生活在一个后－女性主义宣言的时代，仅仅是一个市场营销策略，因为"世界上最具权力的实体不是政府，而是将妇女视为其领土的跨国公司"。在格瑞尔看来，认为妇女可以"拥有一切"的思想只会强化她们在这个世界中作为最主要的消费者的角色：负责消费化妆品、药品、服装、整形手术和便利食品等。另外，格瑞尔还认为，后－女性主义的立场就像是一个西方奢侈品，同其他消费品非常相似，只有世界上最为富有的妇女才享受得起。如果采用娜奥米·沃尔夫倡导的"为自己拿取权力"的方式，那么后－女性主义的（男性和女性）拥护者只不过是固化了其他人受到的压迫（Greer，1999）。

二 后女性主义作为一个理论视角

萨拉·甘保指出，当后女性主义被发展成为一种理论取向（不同于种个经验上的主张）时，它才更具说服力。在此语境下，后女性主义成了一种多元的认识论，此认识论旨在打破普遍的思维模式，因此也就能够与后现代主义、后结构主义和后殖民主义结为同盟。后女性主义作为一种理论视角（而非一种经验上的主张）意味着，鉴于妇女的多样性，那么，"女性主义以相同的的主体性（比如，'普世的姐妹情谊'这样的概念）为基础"这样的假设就存在很大的问题。因此，如果女性主义没有一种具普遍性的"妇女"作为主体，那么，认为当代的性别差异理论具有"后女性主义"色彩的论断，便是一种符合逻辑的主张。这就提出了一个问题，即我们所谓的"后"（post）到底是什么意思。如果将后－女性主义看作一种政治或历史现象，则该术语倾向于被看作指女性主义之后（或取而代之）的一个阶段；如果将后女性主义看作一个理论视角，则意味着女性主义的思考方式发生了转变，尤其代表了"妇女"这个主体在女性主义中被概念化的方式的转变。

这种取向的一个著名范例是安·布鲁克斯的《后女性主义：女性主义、文化理论和文化形式》（*Postfeminisms*：*Feminism*，*Cultural Theory and Cultural Forms*）。她认为，女性主义倾向于诉求平等的主张，是因为受到启蒙运动中现代性的自由人文主义的吸引，而后女性主义则力图颠覆这种主张，转而专注于意识形态过程如何将妇女被排斥在（欧洲）启蒙运动之外。在布鲁克斯看来，后女性主义预示着女性主义内部激动人心的、充满活力的知识辩论的深入发展，辩论的主题涵盖平等与差异、共同性与多样性等，并且因后现代主义、黑人与后殖民等理论家的各种贡献而显得更具活力。

实际上，前文提到的很多著作者倾向否认"女性主义者"这个标签，认为女性主义是一场以自由人文主义为取向的政治运动，力图在父权制文化中为妇女寻求与男子同等的地位。埃莱娜·西苏于是主张，妇女要竭力打破既定的社会性别秩序，而不是成为女性主义者。同样地，茱莉亚·克里斯蒂娃也驳斥女性主义者这个术语，尤其反对女性主义者提出的"妇女"这个概念，并且认为，从传统意义上来说，这种概念仅仅只是传统地试图在既定的父权制结构中复制男子的权力。同时，她将自由主义式的英美女性主义看作"中产阶级"的女性主义，因此其无法作为女性政治运动的代表。

针对种族、族群与后女性主义的关系而言，后殖民理论的影响非常重要。一方面，尽管当白人女性主义宣称已经将全体深陷于父权制压迫的、被殖民的妇女经验理论化的时候，诸如贝尔·胡克斯和佳亚特里·C. 斯皮瓦克等女性主义者则发现上述主张存在问题，即它在政治上过于强调"普世的姐妹情谊"，而忽视了黑人和后殖民妇女所经历的特定文化和物质情境。后现代主义强调的是多样性——后女性主义体现的理论倾向也以多样性为属性——因此大受欢迎（Hooks，1982，1984，1990；Spivak，1987）。

然而，另一方面，后女性主义作为一个政治术语（强调的是历史与经验，而非理论上的转向），通常受到黑人与后殖民女性主义者的排斥，认为其缺少具体的"真实"（real）（物质）情境，而没有考虑黑人和后殖民妇女被边缘化的经验，因此后女性主义的关注点被认为具有排他性和种族中心主义色彩。另外，贝尔·胡克斯尤其批判后女性主义拥戴的"主体的消亡"（death of the subject）这一后现代主义思想，因为此时正值黑人与后殖民女性主义者开始宣称女性主义理论应该更关注黑人与后殖民妇女的存在。

除了在社会性别关系、后现代主义、种族和族群领域的论辩外，后女性主义还参与了有关媒体及通信技术（见第十二章）发展的影响的女性主义论辩。唐娜·哈拉维在其著作《赛博格宣言》（*Cyborg Manifesto*）中写道，并没有任何与生俱来的属性是全部女性共享的，甚至，根本就不存在具普遍性的"女性"本身，这只是一个被具有父权制特征的科学话语和社会实践构建出来的范畴。在哈拉维看来，妇女应该学会拥抱并掌控科技，而非（继续）允许科技控制她们。因此，哈拉维的取向被称为"赛博女性主义"（cyberfeminism），① 这是一个后现代女性主义（或女性主义运动的第三次浪潮）的取向，颂扬虚拟现实（cyber-reality）的演化可带来另一种替代性的社会性别秩序。

与哈拉维持类似观点的还有赛迪·普朗特，她主张妇女必须拥抱媒体和通信技术领域的发展，并宣称诸如超文本等通信形式表现为非线性的，因此更具"女性"取向（Plant，1997）。普朗特认为，在通信领域中，妇女可以利用虚拟现实来颂扬她们的女性特质，因为在虚拟现实中她们可以有很多选择，且可以想象其中一种作为自己的社会性别身份。普朗特的作品也被看作具有"后女性主义"或"赛博女性主义"色彩的。在普朗特看来，控制论②的演化标志着一种根本性的转变，也就是从一个线性（现代主义）的发展观回归到（前现代的）循环式的现实，即"转变成一个电路学"，而这种情境更符合妇女的现实经验。她认为，我们正在走向一个后人类的世界（a post-human world），在这个世界中，被看作人类物种创造者

---

① 赛博女性主义，又称为网络女性主义，电子女性主义。——译者注
② 控制论，也称神经机械学，通过对信息传递和控制的科学研究，对电子机器和人脑的运行进行研究，研发出类似人类的机器。——译者注

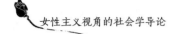

的"男人",不再是引导全球发展的力量。在这样一个后社会性别(post-gendered)时代,赛博女性主义将蓬勃发展(Plant,1997:507)。

那么,不足为奇的是,后现代主义者和赛博女性主义者都倾向于对认同政治(比如激进女性主义提出的"普世的姐妹情谊"的概念)表示不屑。她们坚称,抵抗男性权力不一定非得接受传统意义上的"妇女"(womanhood)概念,并因此拒绝强化或颂扬任何认为全部妇女可能在本质上共享同一种认同的概念。由于她们拒绝承认任何一种将主体看作单一的、不变的概念,并且对解放政治和元叙事持怀疑态度,一些后现代主义者和赛博女性主义者敦促人们放弃任何形式的身份政治或父权主义论述,以及在此范畴下的女性主义。然而,针对此方面而言,正如威顿写道:

> 如果根本就不存在什么女性本质,妇女无法以此为基础在姐妹情谊精神的引导下团结起来,那么妇女怎么可能组织起来,并发展新的、积极的认同呢?这个问题已经成为女性主义的核心议题。

> (Weedon,1997:170)

我们认为,这里涉及的各种竞争性的女性主义理论,它们提出了不一样的问题,因此,也提供了不同的方式来理解这个社会世界以及与其相关的性别差异。我们在此并不是想表明,一种理论比另一种理论更为全面,而是想说,所有的女性主义思想都促进了我们的理解,并帮助我们了解社会世界的意义,每一种概念都在将社会学想象力的性别化的过程中,增添了某些意义。

第十节　结　语

在本章中,我们认为,男性主流社会学下形成的理论未能从女性视角出发来了解社会世界的意义。另外,女性主义社会学者对男性主流理论的批判也遭到了抵制。我们已经指出,女性主义者发展了众多理论视角,这些理论视角为我们更好地理解社会世界正在发生的变化提供了基础,也为我们的政治行动,即挑战并改变各种形式的父权制提供了基础。同时,这些理论视角为发展出为了妇女的社会学（a sociology for women）提供了基础，该社会学将从妇女的经验出发来了解社会世界的意义，即一种性别化的"社会学想象力"。

摘　要

1. 社会学作为一门学科，致力于帮助我们理解我们生活的社会世界及我们在其中的位置，即领会社会学的想象力。

2. 女性主义社会学者希望重塑社会学，以便其能够同时为男子和妇女提供社会学的想象力。由于当前社会学理论依然由男子主导，所以男性主流社会学未能实现上述目标。

3. 社会学致力于发展相应的理论来回答"怎么样"和"为什么"的问题。

4. 社会学者在"被解释的内容究竟是什么"和"如何实现解释"这两个方面未能达成一致。我们简单介绍了关于社会真实的四个理论立场：实证主义、观念论、实在论和后现代主义。

5. 性别差异（Sexual difference），即作为社会主体的男子和妇女之间的差异，构成了女性主义理论的核心部分。当前，女性主义者发展了四种理解性别差异的主要方法：人文主义、女性中心主义、后现代主义和批判女性主义。

6. 现实中存在很多种女性主义理论，其不同点在于如何解释基于性别差异而来的不平等，它们也各自倡导不同的解放策略。截至目前，对社会学影响最为显著的女性主义理论包括：自由主义/改良主义、马克思主义、激进主义、二元体系、后现代主义、女性主义批判理论和黑人/后殖民主义等。

7. 后女性主义既是一种经验性的主张，也是一种理论倾向，并且同赛博女性主义一起，为女性主义提出了许多有趣且具有潜在争议的问题。

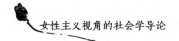

延伸阅读

Evans, J. (1995) *Feminist Theory Today: An Introduction to Second Wave Feminism*. London: Sage.

以该书为起始点对读者大有帮助。这是一本涉及众多不同的女性主义视角和论调的指南手册，尤其着重概述了女性主义在性别差异方面的不同视角。

Saul, J. M. (2003) *Feminism: Issues and Arguments*. Oxford: Oxford University Press.

任何对女性主义理论感兴趣，尤其是想了解女性主义对认同和差异的辩论如何引出哲学议题的读者来说，这是一本令人兴奋的书籍。内容涵盖政治议题的方方面面，包括工作与家庭，性骚扰，色情，堕胎，与女性外貌有关的议题，女性主义与语言，科学，及女性主义者对文化的讨论等相关问题。

Tong, R. (1998) *Feminist Thought: A More Comprehensive Introduction*. Second edition. London: Routledge.

该书概述了众多女性主义理论视角，内容全面且引人入胜，聚焦于女性主义思潮的历史发展，也有一些相关的补充读物介绍。读完任何一本概论式的教科书后再读此书，收获更大。

第三章

社会分层与不平等

在所有社会中，人们各自所拥有的权力与财富都存在差异。在本章，我们将会讨论各种各样的社会分化和文化区隔，思考当代社会中存在的主要社会分层形式，并探索如何从女性主义视角出发来解释。在本章，我们的关注点首先是社会性别，然后是社会阶级，同时还包括种族和族群隔离，以及女性主义者的视角如何有助于社会学对失能问题的研究，最后我们将检视全球的社会分层模式，并探讨它们如何被生理性别的（男子和妇女间）差异所塑造。但是，这并不意味着后续章节将不再关注和认同、差异及不平等有关的议题。本章的目的仅仅是探索如何以社会学与女性主义视角来看待认同和差异（上述认同和差异塑造了男子和妇女在社会中的经验，特别是社会分层中的经验），借此勾画出一个概念和经验上的框架。

社会学者使用社会分层这一术语来指称一种结构，个人和群体根据此结构在社会等级体系中进行地位划分，其中一些群体享有的地位比其他群体更高、更优越，具体表现在阶级制度、种姓制度、性别制度等方面。麦休尼斯和普卢默认为（Macionis and Plummer，2002），社会分层有如下几个特征。

1. **一种社会特征**，不仅仅是个体差异或能力的反映。

2. 具有**代际的持续性**（尽管有些个体确实会经历社会流动，见下文）。

3. 具有**普遍性，但又有所差异**。无论是最简单的社会，还是最复杂的社会，都具有社会分层这一特征，但是不平等的程度在不同社会间及同一

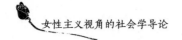

社会内部不尽相同。

4. **不仅仅基于物质，还基于信仰体系**。正如构成不平等的要素在社会间有所变化，对于人与人之间不平等的解释也不尽相同，同样，认为某些人是低劣的依据也不尽相同。

因此，在不同的社会中，社会分层（根据等级体系进行的个体分化）的基础会有所变化。性别、社会阶级、种族和族群、文化、年龄等都可以是分化形成的基础。女性主义研究者艾利斯·马瑞恩·杨指出，社会分层转化成等级秩序时会经过以下一些社会过程，包括如下几点（Young，1999a：49-59）。

1. **社会排斥和边缘化**：某个群体被排斥而无法参与有效社会生活的过程。

2. **剥削**：通过这个过程将一个社会群体的劳动成果转移给另一个社会群体，使其受益。

3. **无权力的**：由此，人们缺少很多专业人士所拥有的权威、地位和自我意识。

4. **文化帝国主义**：主流群体的生活经验和文化开始普遍化，并将其当作一种规范。

5. **暴力**：针对某个群体的成员，仅仅是因为他们隶属于某个群体就直接被暴力相待（这些例子包括针对妇女的暴力、种族暴力和同性恋恐惧症等）。

通常情况下，社会学者认为，资本主义社会中的主要社会分层以社会阶级为基础。但是，社会学者之间对什么构成了阶级及其如何被决定，意见不一。比如，有些人认为，包括英国和美国在内的一些国家日益变得"无阶级"。其他人则强调，定义阶级的不再是生产（我们归属的或以收入为标准的职业群体），而是消费（我们的消费模式和生活方式）。然而，大多数社会学者认为：

> 资本主义工业社会仍被阶层化，而社会阶级理论仍旧可以为我们提供重要的洞见，以思考既有的财富与权力上的不平等如何涉及生产

与市场、教育与组织资源渠道等问题，它们以系统化的方式长期固化了这些不平等的状况。

（Crompton，1993：266）

但是，阶级并不是再生产与维系社会不平等的唯一因素。正如我们在第二章所述，女性主义者认为，性别差异也是社会分层的一种主要形式，因为在大多数社会中，男子比妇女拥有更大的权力和优势。同样地，种族和族群差异也是社会分层的主要决定因素。比如，种姓制度就是印度社会的一个主要特征（尽管印度教改革者曾多次尝试将其取缔）。该社会分层体系以继承或被归属的社会地位为基础，其前提假设认为等级制度（至少在一定程度上）具有天然性或前社会性，这是自然秩序得以存在的神圣旨意的一部分。社会群体属性或"种姓"主要由出身决定，其他决定因素还包括婚姻和职业。

如今，在印度的城市地区，种姓藩篱基本被消除，"贱民制度"（un-touchability，即认为一些群体的地位过于低贱而无法归属到种姓制度中）也已被废除。然而，现代的种姓制度**"加提"（Jati）体系**①仍强调仪式纯洁与否的重要性。因此，依据仪式，上层种姓制度的人通常倾向认为较低种姓的人是"不洁的"。比如，尽管法律并不禁止和地位较低种姓的人结婚，但他们却可能不被认可或祝福。这种对种姓制度的忠诚，不断让人们对其社会身份有一种强烈的归属感，并且持续建构了印度社会的社会认同和阶层制度，在农村地区表现尤为明显。

年龄也是社会分层的一个重要因素，相对于中年群体而言，年轻人和老年人通常拥有较少的权力。尽管各个国家的老年群体男女比例有所差异，但是总体情况是妇女多于男子，差异最明显的情况存在于一些东欧国家和中亚国家（见第十五章）。由于妇女比男子更有可能丧偶或独自生活，因此，她们更容易遭受由人口结构变化和社会福利供给匮乏所导致的社会不平等。另外，由于妇女在劳动市场（见第九章）中更有可能处于弱势地

---

① Jati 原意"出身"，指根据出身和血缘关系，把人群分成许多界限分明、相互隔绝的群体，每个群体有稳定的职业和圈子。——译者注

位，更有可能从事非正式且无报酬的照顾工作，同时相对男子而言，她们获得社会保障和养老金的可能性更小，所以她们在晚年期间更容易遭受贫穷之苦。

当然，全球的社会分层模式也是我们考虑的一个重要因素。犹如后殖民社会学者和女性主义者主张的一样，西方（发达的工业社会）和其他地区（由斯图尔特·霍尔提出的一个区分）之间的分化同样涉及剥削和从属的关系（Hall，1992a）。

因此，我们必须认识到，尽管所有社会的区隔都是以性别差异为依据，但是妇女并非一致、同质的群体，也可能经历各种基于性别差异而来的不平等经验；虽然她们共享同一个主体地位（作为妇女），但她们在年龄、性取向、种族、阶级、体格特征以及地缘政治地位等因素上却有所差异。正如我们在第二章写道，由于西方中产阶级白人女性主义理论和实践忽视了很多妇女的经验，它们的地位日益受到挑战。后现代主义者和后殖民女性主义者因而着重强调了不适当的普遍化可能具有的危险，强调认可妇女的多样话语和经验的重要性。另外，后现代主义者还认为，由于妇女的经验与认同如此多样，所以继续将妇女看作同质群体或者试图解放她们已经没有任何意义了。

尽管认识到妇女在阶级、种族、年龄等方面存在的利益差异具有重要意义，但是其他女性主义者（如 Doyal，1995）对于此举的危险性也进行了警告，他们认为，我们否认一般性分类时可能会忽视妇女间的共通性。比如，莱斯利·亚勒指出，妇女身体对其自身生活构成了实际（物质）制约，这点可以如下事实为证：在差别迥异的不同文化中，争取身体自主权构成了女性主义政治的一个核心特征（Doyal，1995：7）。我们对此观点表示同意，并且认为，尽管认识到妇女经验及其认同的多样性具有重要意义，我们也要避免提出普世主义或种族中心主义的主张，但是女性主义还是要必须强调妇女间的共通性，尤其是她们在被压迫、剥削和边缘化方面遭受的共同经验。

第一节　基于社会性别的社会分层

女性主义者认为，男子与妇女、男性气质与女性气质之间的区分是社会及文化机制的根本基础，也是社会分层的主要形式。通常认为，成为一个男子或妇女是"自然而然"的线性过程，但社会学者早就提出了相反的观点。他们认为，男子和妇女间的差异并不是超越历史的、绝对的或普遍的，而是依历史和文化的不同而不同。比如，鲍勃·康奈尔认为，在任何社会中都存在不同的男性气质，但是只有其中的一部分会占据支配地位，成为最被社会接受的一种男性存在方式，因此构成了所谓的"霸权式的男性气质"（Connell，1995；2002）。因此，社会性别的社会学视角旨在理解男子和妇女间的主要社会差异，并尝试通过参照社会（而非生物或心理）差异来解释上述差异。这些差异通常被称为"社会性别秩序"，通过这样的结构，各个社会中的男子和妇女，以及男性气质和女性气质，被赋予不同层级的权力和地位。

一　社会性别不平等

社会性别差异存在于社会世界的方方面面，并植根于权力和不平等两者间的关系，因为在大多数社会中，男子能获得较多的社会、政治、经济和文化资源。就像这里探讨的其他形式的社会分层一样，社会性别不平等包括文化和物质两个层面——妇女不仅在文化信仰、表征和实践中（比如语言，见第十二章）被边缘化，而且被各种形式的政治、经济、社会和身体等权力关系所压迫和剥削。下面的例子源自最新的研究，为我们展示了全球范围内社会性别歧视和性别劣势的本质及其程度，或社会学者戈兰·泰尔朋所谓的"21世纪的父权制重担"（Therborn，2004：107）。

在当代印度，警方平均每小时接到两起强奸、三起涉及绑架和诱拐妇女的报案，同时，每小时至少有四起猥亵和一起性骚扰报案。此前联合国儿童基金会（UNICEF）在印度班加罗尔进行的一项警察如何响应针对妇女和儿童的犯罪报案的研究发现，大多数报案并未被登记，受害者反而会受到警察以"咨询"名义进行的骚扰。同时，研究还发现，印度每小时就有六起妇女被丈夫或亲属虐待的报案。更惊人的发现是，高达84%的强奸案案犯为受害者认识的人。[①] 在印度，平均每小时就可接获一起妇女因嫁妆不足而死亡的案件。泰尔朋曾写道，在1990—1995年，嫁妆不足导致的冲突已使印度每年登记在案的女性死亡人数高达5000人（Therborn，2004：173）。这些冲突大部分集中在印度北部保守的北方邦（Uttar Pradesh）、哈拉亚那邦（Harayana），以及德里（Delhi）地区（Thakur，1998）。

在澳大利亚，近期开展的全国首次性骚扰调查表明，超过四分之一的妇女在工作期间遭受过性骚扰。澳大利亚颁布首部针对性骚扰的法律的20年后，调查显示在18—64岁的妇女当中，约28%的人称她们在工作期间遭受过性骚扰，而男性在此方面的数据仅为7%。调查还发现，仅有不到1/3的受骚扰者会报案，超过一半的受骚扰者表示对法律体系不具信心。差不多一半的受骚扰者称，骚扰者为其同事，35%的受骚扰者称，骚扰者为上司或老板。在所有接获的案件里，半数以上的骚扰都持续超过六个月。[②]

二 结构主义的解释

西尔维娅·沃尔比等女性主义社会学者认为，社会性别不平等存在于一系列的将妇女置于从属地位的社会结构之中（Walby，1990）。就此而言，"父权制"一直被用于描述和解释社会性别分层。从字面上来看，父权制意味着"父亲的统治"；在英语社会传统中，父权制被用来指代由男子担任一家之主的家庭。比奇曾于1987年指出，利用父权制来分析社会性别不平等并不是什么新鲜事。早期女性主义作家，包括弗吉尼亚·伍尔夫、薇拉·布里坦以及韦伯，都曾使用父权制来指称一种男子通过其一家之主的地位来统治社会的政府体系。包括沃尔比在内的一些社会学者使用"父权制"来指称一个更为广泛的社会机制，在该机制下，男子在各个社会情境中支配、压迫及剥削妇女。正如我们在第二章提到的，在沃尔比看

---

① 消息摘自《印度教徒报》，2004年3月2日。
② 消息摘自《时代报》，2004年3月25日。

来，当代资本主义社会中的父权制由六个相互关联的结构或体系组成，具体如下所示。

1. **有酬劳动**：相对于男子而言，大多数社会中的妇女所获报酬更低。

2. **家庭生产**：妇女主要负责家务劳动和照顾工作。

3. **国家**：相对于男子而言，妇女获得政治权力或担任政治代表的可能性更小。

4. **暴力**：相对于男子而言，妇女更有可能成为身体虐待、精神虐待以及性虐待的对象。

5. **性欲特质**：相对于男子而言，妇女更有可能成为性商品或性对象，人们也较容易借由性欲特质来操控她们。

6. **文化**：相对于男子而言，妇女在媒体和流行文化当中更有可能被忽略或歪曲。

在沃尔比看来，这些结构处于动态关联之中，如果父权制组成部分的一个元素发生变化，它将会导致其他结构的改变，性别阶层化的本质和程度也会随之发生变化。尽管父权制具有一定程度的普遍特性，但是世界各地男女的相对权力仍然存在着显著差异。比如，在东南亚国家以及包括沙特阿拉伯在内的中东国家，男子在上述六个结构体系中都统治着妇女，表明它们都是高度父权制社会。父权制属性最弱的国家出现在北欧地区，包括挪威和瑞典，在这些社会中，男子和妇女在有酬劳动和家庭生产方面享有更为平等的地位。

然而，父权制在女性主义社会学中的意义及其使用方式并非不存在任何问题。公平地说，父权制是不是一个有用的概念工具仍有待厘清，主要是因为它本身太过于同质化，导致我们无法充分理解构成社会性别不平等模式的因果元素。从这个意义来讲，克朗普顿和桑德森将父权制形容为一个"不完美但可用以描述"的工具（Crompton and Sanderson，1990）。

对于将父权制划分为上述六个结构体系的武断做法，一些社会学者对其进行了强烈批评，并将沃尔比使用父权制的方式描述为一种将描述与解释进行融合的"抽象结构主义"（Pollert，1996）。其他一些社会学者则指出，父权制的使用具有生物决定论的倾向，对性别不平等的分析也未顾及历史情境（Barrett，1980；Rowbotham，1981）。其他一些批评主要是针对父权制弱化了来自不同文化、阶级和族群的妇女的经验（Hooks，1984；Anthias and Yuval-Davis，1993）。作为对上述批评的回应，包括沃尔比（Walby，1997）和维茨（Witz，1992）在内的一些学者倾向于认为，如果能够采取历史和文化敏感的方式，父权制这一概念的使用将仍具有解释的潜力。

其他一些社会学者则试图让这个术语更具有分析能力，他们尝试通过将父权制划分为"后"（post）与"新"（neo）两种形式，进而使其描述性应用更具分析能力。比如，泰尔朋认为，大多数西方社会在 20 世纪都经历了一个"去父权化"的过程，同时伴随着向世俗化和民主化的转变。他指出，在这些社会中，大多数成人脱离了他们的父母，相对比较独立自主，并（至少在形式上）享有平等的男女社会权利，因此这些社会已经转变成了"后父权制社会"。但是，他同样承认，"尽管后父权制社会赋予了男性和女性平等的行动权……但是他们的收入结构却制约了其行动的能力"（Therborn，2004：127）。另外，他也指出，在当今世界上一些地区（他称为"新父权制社会"）父权制依然相当根深蒂固，包括南亚、中亚和西亚以及北非、西非和撒哈拉以南等地区。他认为，在后面提及的这些国家和地区中，现代主义的去父权制力量与植根于宗教的父权制度的对抗异常激烈（Therborn，2004：112）。

三　后结构主义的解释

许多社会学者和女性主义理论学者，尤其是深受后现代主义影响的人（见第二章），对结构主义视角（代表人物如沃尔比）或"制度"视角（代表人物如泰尔朋）提出了挑战，理由是认为这些解释通常仅仅以生物决定论代替社会决定论，强调社会性别本体论（理论的存在）是父权制社会结构强加于我们或迫使我们接受的东西。这类女性主义者反对结构主义视角对性别阶层的理解，强调权力镶嵌在日常实践及社会各个层次（而非特定的社会结构体系）的关系当中。这种更加后现代主义的社会性别视角强调的是，生理性别差异受到社会的塑造，并且不断在广泛的社会场所中被重新协商。

　　然而，长期以来，包括高夫曼在内的社会互动论者认为，社会认同仅仅是一种表演，我们会根据观众和剧本需求来演绎不同的"角色"。因此，包括朱迪斯·巴特勒在内的女性主义者认为，我们的性别认同仅仅是一种表演，她描述道"行为背后没有行为者"，或者行动背后没有行动者。在那些认同这种观点的女性主义者看来，生理性别和社会性别之间是流动的、灵活的，这与奥克利（见第一章）提出的生理性别/社会性别区分，以及沃尔比等人提出的社会性别分层的结构主义视角似乎截然不同。例如，巴特勒（Butler，2000）认为，当代社会中存在一种"异性恋矩阵"，即生理性别/社会性别秩序，该矩阵将性别差异进行了有效组织，如表3-1所示。

表3-1　生理性别/社会性别秩序

生理性别	社会性别	性欲特质
男性	男性气质	异性恋的（主动的）
女性	女性气质	异性恋的（被动的）

　　资料来源：Butler，2000。

　　巴特勒指出，该异性恋矩阵定义了什么是"天生的"以及什么是"正常的"，并且适用于任何社会。该假设认为，"正常的"男性应当具有男性气质，且表现为主动的异性恋者，而"正常的"女性应当具有女性气质，并且表现为被动的异性恋者。在她看来，该矩阵曲解了男性和女性间及其各自内部的相似点和差异点，结果导致了社会性别不平等（比如前文讨论的内容）和女性气质被贬低。所以她邀请我们创造她所谓的"性别麻烦"（Butler，2000），即去挑战社会所定义的正常性别。从这个视角出发，性别被看作我们从事的某种事情，而不是社会结构强加在我们身上的认同。这样的经验会随着年龄、族群、性欲特质、身体、社会阶层等的不同发生显著变化。

　　但是，其他女性主义者关注的是性别分层的后结构主义视角所包含的政治意涵，并认为强调妇女间的多样性、提倡讽刺和制造"性别麻烦"的必要（Butler，2000），有可能会导致破坏"妇女"这一范畴。她们之所以关注于此，是因为女性主义者渴望其作为妇女的身份可以得到社会、经济以及政治层面的重视。然而，这种"做性别"（doing gender）的取向仍特别有助于我们去强调，性别分层不能完全理解为单一的男女之间的阶层分化。正如苏·李（Lees，1993）指出，尽管大多数女性主义者仍然认为社会性别是社会分层的一个重要因素，但是男女之间的关系不是静止的，而是不断变化的。当前，在大多数社会中，男女之间能够获得的机会仍然不具有平等性，但并不是固定不变的。我们认为，虽然妇女能够行使能动性，但是它受到结构体系和主流话语的制约，这导致妇女的选择是相对有限的。比如，许多妇女可以"选择"从事兼职工作（见第六章和第九章），但是这种选择局限于相对狭窄的结构体系，并且受制于多种影响因素，比如大多数社会中缺少国家资助或提供的托儿服务。

第二节 基于社会阶级的社会分层

我们在前文写道，所有复杂的社会中都存在着物质资源和象征资源分配不均等的现象，进而导致了经济与社会的不平等。男性主流社会学者认为，当代西方社会中不平等主要建立在社会阶级（表现为生产、分配和交换）之上，而非性别差异之上。从这个意义上来讲，基于阶级的社会分层、不平等及社会流动，依然是社会学特别是英国社会学的中心主题。

琼·安克尔（Joan Acker，1973）批评了社会学在阶级分层方面的研究，她的批评对英国及其他地区的女性主义社会学者产生了深远影响。继安克尔之后，女性主义者在过去30年进行的社会阶级分析主要集中于三个特定问题。萨拉·德拉蒙特将其总结为三个修辞学上的问题：

第一，将家庭看作分析单位，以男性家长的阶级为准决定家庭的阶级划分，是否具有合理性？

第二，被用于进行职业划分并研究阶级的职业类别是否具有本质上的性别歧视色彩？

第三，如果将妇女的阶级身份取决于其自身的职业及社会流动，那么将会带来什么经验上与理论上的启发？

（Delamont，2003：52 - 53）

男性主流社会学者开展了一系列讨论，议题涉及社会阶级的本质变化和阶级分析在社会学中的作用（Savage，2000）。随着这些讨论的开展，上述女性主义研究也获得了发展，但是正如我们在第一章所述，女性主义者对社会学这门男性主流学科核心的冲击和影响相对有限。

一　社会学分析与社会阶级

自 1980 年纳菲尔德（Nuffield）社会流动研究成果发布之后（Goldthorpe et al.，1980；Halsey et al.，1980），关于家庭是否应继续作为分析的主要单位，随即成为英国社会学界的重点辩论议题。该项目自 1972 起开始收集社会流动的数据，全部来自英格兰和威尔士地区的男性样本。20 世纪 80 年代，众多社会学者对戈德索普的方法论及研究假设持批评态度，并与戈德索普开展辩论（Goldthorpe，1983，1984；Stanworth，1983）。戈德索普当时依然相信，男性是一家之主，并且他的职业决定了该家庭的阶级位置，甚至在妇女同样从事有酬工作的家庭中也是如此。然而，正如德拉蒙特写道，这样可能带来一些社会学上的有趣的差异，比如，"把一个男主人是医生、女主人是秘书的家庭，和一个男女主人都是医生的家庭相比，或者和一个男主人是普通文职工作者、女主人是医生的家庭相比"（Delamont，2003：53），这三个家庭具有什么社会学上的差异？

罗斯玛丽·克朗普顿曾指出（Crompton，1993），除了方法论上的争议之外，女性主义者在发展具有女性主义视角的社会学阶级研究时的另一个主要问题是，"阶级"这一术语在社会学者及日常话语中存在大量不同的含义，主要有如下几种。

1. 可以指等级制度中的不同群体，从形式上看，他们具有不平等性；从法律层面看，他们各自享有特定的权利。

2. 可以指根据社会地位或声望进行等级划分的群体。

3. 可以指结构不平等，即被分配到不均资源的群体，这是资本主义社会中的群体相互竞争社会资源的结果。

4. 可以指实际或潜在的各种社会力量，他们参与对有限资源支配权的竞争。

另外，我们认为，阶级也可以指某些社会地位迥异的群体所具有的文化价值观、性情和生活方式。从这个意义层面来讲，阶级不仅可以用于指经济资源，也可以指通过教育、社会化和参与特定社会网络获得的"文化资本"（Bourdieu，1984）。当然，文化资本与经济资本紧密相关，如果一个人同时具备社会和文化技能，则他更有可能在充满竞争的市场社会（比如劳动市场）中获得物质层面的成功。社会学者开展研究时几乎会利用该术语的全部含义。个体的社会阶级可以看作一个概括性变量，我们可以从中了解到该个体的人生态度、价值观、生活水平、教育程度、消费行为等情况。社会学研究表明，社会阶级是教育、健康等生活机会的一个重要决定因素。

特别是在西方社会学中，社会阶级的主导理论主要有两种：一种是以马克思主义理论为基础，强调经济的中心地位；另一种是以韦伯理论为基础，强调经济、社会和政治地位之间的关系。两者通常被称为新马克思主义和新韦伯主义，表明马克思和韦伯的基本思想已经被融入阶级分化和当代社会关系的理论，并利用这些理论来分析当代社会中既复杂又动态的阶级体系。两种理论都将阶级看作截然不同的群体，各个阶级中的个体拥有相同的经济利益和社会利益，不同阶级之间的上述利益各不相同，甚至可能存在冲突。对于一个家庭的所有成员来说，通常认为他们同属于一个阶级，并且男性家长的阶级地位被看作该家庭全部成员阶级地位的决定因素。

二 马克思主义的阶级观

马克思主义理论认为，社会阶级由个体或群体与生产资料的关系决定，也就是说，他们有决定拥有并控制资本，还是出售自身劳动力的权力。享有相同生产资料关系的群体同属一个阶级地位，即所有者和劳动者是一样的。马克思认为，同一阶级的成员将意识到他们拥有相同的利益，并且与其他阶级的利益相对立。由此产生的阶级冲突将会推翻现有的生产方式，建立起新的生产方式，并取代前者。马克思认为，最终将形成一个不存在阶级的社会，社会群体之间将不再存在相互剥削的情形。

根据马克思的理论，资本主义社会中主要存在两种阶级：资产阶级和无产阶级。前者是生产资料的所有者，并且剥削后者的劳动力，而后者为了生存，必须以市场决定的价格在市场上出售自身劳动力。之所以存在剥削，是因为资本家向工人支付的工资低于其实际价值，并因此获取利润，马克思将该利润称为"剩余价值"。市场商品价格（交换价值）由两部分组成：原材料成本和劳动力成本。但是，资本家只向工人的部分劳动支付了报酬，即工人所要的工资，剩余部分化作利润。因此，工人生产的剩余价值构成了利润。但是，如果生产者消费了自身的生产成果，那么他/她仅仅生产了使用价值（比如，家庭主妇为家人做饭、为孩子制作衣服或种植蔬菜供自家食用）。

在马克思看来，显而易见的是，阶级主要由男人主导，妇女在马克思的分析中相对处于边缘地位。另外，马克思将阶级剥削看作主要问题，将其他形式的剥削，比如性别剥削和种族剥削，看作次要问题或衍生问题。

三　韦伯主义的阶级观

新韦伯主义阶级观建立在如下观点之上：阶级地位主要由劳动市场决定，它决定了人们将在多维度的等级制度中处于什么位置。享有类似市场地位的职业（雇员在这些职业当中拥有相似的雇佣条件）被看作属于同一个社会阶级。韦伯认为，同属一个阶级的成员既要保护自身利益，以便不受其他对立群体的损害，又要竭力提高自身的报酬及资源。某个阶级通过"封闭"（closure）从属群体的机会，实现对自身利益的保护，并认为这些下属群体是劣等的、无资格的。然而，这些从属群体则竭力打破此封闭，并获取更高级群体的利益。

鉴于阶级动态的流动性和复杂性，持有新韦伯主义观点的群体倾向于关注其所谓的"社会经济地位"。他们认为，社会经济地位受到阶级、地位和权力的综合影响。在分析阶级时，既要考虑经济地位，还要重视职业、财富、收入、地位、生活方式、意识观念、认同以及个人政治影响力等。帕金（Parkin，1979）和墨菲（Murphy，1984）都同意韦伯在社会分层方面的观点，尤其是其提出的社会经济地位、市场地位和社会封闭（social closure）等概念，可以被充分用来解释社会性别的不平等现象。采取新韦伯主义观的女性主义视角范例，包括沃尔比（Walby，1990）对公、私人领域中父权制之间关系的分析和维茨（Witz，1992）对专业工作和父权制之间关系的描述。这些范例认为，男子通过社会封闭策略将妇女排斥在那些享有较高报酬和地位的职业之外。

包括沃尔比和维茨在内的一些女性主义者开始挑战人们认为社会分层理论只能用于解释阶级（经济）不平等的传统观点，她们认为，该理论同样（或更加）应当关注基于性别差异的不平等，以及其他基本认同面向上的不平等，主流社会学者已逐渐开始考虑接纳这一批评。如今，尽管阶级不平等仍然是社会学的核心内容（在英国表现尤为如此），但是大多数社会学教材、期刊及会议都开始接受，除了社会阶级差异以外，诸多其他因素也会对社会分层产生影响的观点。

四 英国的阶级体系

大体来说，英国（及其他类似社会）的社会学者倾向于将阶级划分为三个等级：上层阶级、中产阶级和工人阶级。在英国，上层阶级由极少数人口构成，约占总人口的10%，也很少受到社会学的关注，主要包括拥有土地的贵族以及依靠土地、企业、财产等获取收入的群体，马克思主义者将其称为资产阶级。另外，高级公务员、军事首领以及一些政府官员也归属为上层阶级。中产阶级包括专业人士和管理工作者，比如教师、医生、大学讲师、神职人员、工厂经理、办事员、公务员等。工人阶级包括服务人员和体力劳动者，比如女服务员、厨师、汽车修理工、泥瓦匠、清洁工等。

在韦伯看来，体力劳动者和非体力劳动者间的分化是一种重要的阶级划分，并且认为个体向市场提供的技能，构成了其自身可获报酬的一个关键性决定因素。那些掌握稀缺技术的劳动者能够获得更为丰厚的工资及更加优越的工作条件。但是，随着教育普及和文书工作、服务工作的常规化，体力劳动和非体力劳动间分化的重要性逐渐被削弱，同时相对于熟练的体力劳动者而言，常规的非体力（男性）劳动者的工资和工作条件都有所下降。

尽管英国及其他地区的社会学者使用的衡量社会阶级的量表各有不同，但是在英国最具官方意义的衡量标准当属《英国国家统计局社会经济分类》（NS-SEC），该分类提供了一个以职业为基础进行社会群体分类的直观方式。该分类于 1998 年起实施，并于 2001 年取代了《英国综合注册阶级分类量表》（Registrar General's Scale），被用于英国人口普查。《英国综合注册阶级分类量表》（自 1911 年来，英国便使用这个量表进行人口普查）提供了一个相对简单的职业类别分类，并且被广泛应用于 20 世纪（不要将该量表与社会等级相混淆，即广泛被市场研究员采用的，使用字母来标记"不同阶级"的 ABC 量表），将具有相似社会地位的职业进行分类，从专业人士到非技术性的体力劳动者，共分为六个等级，如表 3-2 所示。修订后的 NS-SEC 进行市场地位排序时不仅考虑职业，还考虑工作保障、晋升前景和工作自主性，并将人群划分为八个社会阶级，如表 3-3 所示。

表 3-2　《英国综合注册阶级分类量表》的社会等级

阶级	阶级名称	示例
1	专业人士	律师、会计师
2	管理层和技术人员	经理、教师、护士
3a	技术性的非体力劳动者	秘书、销售助理
3b	技术性的体力劳动者	泥瓦匠、电工
4	半技术性的体力劳动者	公交司机、装配工
5	非技术性的体力劳动者	俱乐部/酒吧工作人员、清洁工

表 3-3　《英国国家统计局社会经济分类》（NS-SEC）的社会等级

阶级	阶级名称	示例
1	高层专业人士或管理者	高等法院法官
1.1	大型雇主和高级管理者	高级警员

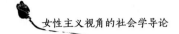
续表

阶级	阶级名称	示例
1.2	高级专业人士	律师、社会工作者
2	低级管理者和专业人士	护士、记者
3	中介工作者	秘书、行政人员
4	小型雇主和个体户	酒店老板、农民、出租车司机
5	低级监管人员、手工艺者和技术人员	印刷工人、管道工、屠夫
6	半常规性工作者	售货员、理发师
7	常规性工作者	邮递员、工人、服务员
8	长期失业者	(或从未工作者)

尽管《英国综合注册阶级分类量表》被广泛应用,但是它仍被取代了,这其中的原因包括如下几方面。

1. 3a 阶级和 3b 阶级的人口比例持续增加,并且其在社会经济方面发生了显著变化。

2. 各个类别群体内部的收入状况和社会地位处于不断变化之中。

3. 妇女的阶级划分以其最为亲近的男性亲属(男性)"户主"的职业为依据。

尤其是第三点成了一些女性主义社会学者批评的对象,他们专注于研究妇女与社会阶级之间的关系,并且认为,这种常规依据(男性)"户主"的社会阶级来划分妇女阶级的做法,将妇女与社会阶级之间的关系模糊化。

五 妇女和社会阶级

英国的女性主义者早在 2001 年以前就开始挑战人们长久以来认为妇女只能拥有派生的阶级地位的看法,即妇女的阶级取决于与其同住的男子的职业。安·奥克利和罗宾·奥克利(Oakley and Oakley, 1979)指出,一般研究者给调查访问员的指示是,如果某个家庭中有一位男性成员,那么他的职业将决定该家庭的阶级。上述做法不仅仅是一个编码程序,它更具有一定的理论意涵,即妇女的各种经验、忠诚度和社会行为应当由与其共同生活男子的职业来决定，而非她们自己的个人经验。安克尔（Acker，1973）认为这种传统做法存在如下五个缺点。

1. 假设家庭是一个合理的分析单元，也预设家庭的成员具有相同的阶级。

2. 家庭的社会地位应当由户主的职业来决定。

3. 必然由男性担任户主。

4. 如果妇女未与男子共同生活，则由其自己决定其社会阶级。

5. 假设男女之间的不平等是与生俱来、不可避免的。

女性主义者认为，男性户主的阶级决定妇女阶级的做法不仅带有性别歧视，而且这种观点所依据的基本假设也是错误的。比如，希拉·艾伦曾指出，结婚时，妻子并不能获得丈夫的教育程度，同样地，她也无法自动获得社会、政治权力背景或社会网络，即使她可以获得这些背景或网络，但是当其离婚或守寡时，通常就会丧失这一切（Allen，1982）。

因此，女性主义者认为，即使无法对现有的理论和结论进行彻底的反思，但是至少有必要将妇女纳入社会阶级的研究，并对上述理论和结论进行修改（Crompton and Mann，1986；Abbott and Sapsford，1987）。伊丽莎白·贾姆奇认为，将家庭看作分析单元模糊化了男子和妇女在家庭中的不平等，以及他们在家庭之外各自面对的市场和工作环境的差异（Garnsey，1978）。妇女在每个行业中总是处于最底层的职业地位（见第九章），而这种普遍存在的不平等应当被看作社会分层研究的核心内容。劳动力市场中的妇女参与，影响了原本是为了男人存在的市场本质。妇女不成比例地集中从事一些低报酬、低地位的工作，也因而影响了男子所能够得到的工作职位。从历史上来看，工作的性别分化已导致某些被看作"女性"类型的工作（比如文职工作）丧失了一定的地位和经济报酬。或者，人们总是创造出一些低报酬、低地位的女性工作，英国的语言治疗工作即为一例（Crompton and Sanderson，1990）。这不是单一犹如大卫·洛克伍德所指出的，"权威等级中的职业地位决定了其社会地位，而不是恰巧担任此职位者的性别"（Lockwood，1986：21）。妇女所从事的雇佣劳动和家庭劳动相互融合、相互作用，同时也与资本主义制度相互作用，因此给阶级结构和

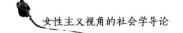

阶级意识都带来了复杂的影响。

当前已有许多证据表明，妇女的社会阶级地位不应当被忽视或者被看作其丈夫、伴侣或父亲社会阶级地位的衍生物。这种做法不仅不能正确解释妇女的社会行为和政治行为，而且通常会对男子的社会流动和基于阶级的两性分层结构等做出错误的结论。比如，如果不考虑妇女社会阶层的流动性和职业分布，就无法全面了解男子的社会流动，以及其职业结构向上流动的开放性。毋庸置疑的是，妇女准备"有一份工作"而非追求事业发展决定自己的工作，对于解释男性的社会流动具有重要意义。事实上，"双薪"家庭中，很少有双方都可以追求事业发展的，更为普遍的情况是，男性拥有自己的事业，而妇女则需要在顺应男性职业要求的前提下，从事自己的工作。珍妮特·芬奇已证实妻子无偿劳动的重要性，因为它极大地帮助众多男子得以追求他们的事业（Finch，1983）。托尼·查普曼也指出，大多数男子的向上流动是否成功，依赖于妻子是否能够承担"更高级的"生活方式（Chapman，2003）。

对妇女的社会阶级研究至少使我们相信，每一个家庭成员都有被研究的重要性。同时有助于我们避免想当然地提出常识性的假设，假设所有家庭成员都共享相同的家庭规范和利益，或具有社会世界的共同经验。或许，他们确实有可能拥有相当多的共同利益和经验，而且相对于性别来说，社会阶级也许有可能是更重要的分层原则。然而，我们不应该把这种去理论化的方法视为理所当然，这正是众多男性主流社会学者（及政府）研究探讨社会阶级的典型特征。但是，直到进入 21 世纪的头几年里，社会学者和人口学者才认可了上述批判。

第三节　种族、族群和分层

阶级与性别分层之间的互动方式非常复杂，以至于众多社会学研究都选择将其忽略。这种观点同样适用于性别差异与种族化的分层形式的互动关系，即在很大程度上来说，它们同样没有受到社会学研究的重视。种族化的男人和女人，是指那些遭受种族分化和种族主义的群体。女性主义者如库姆-库姆·布哈维纳尼（Kum-kum Bhavnani）如此定义种族主义：

> 一种建立在虚假生物学概念之上的支配与从属的体系，该概念认为，人类可以划分为各种不同的种族群体。种族主义将这种划分看作一个"自然"的过程，认为依据人类的差异将其分化成不同的"种族"也是完全合乎逻辑的。鉴于当前尚未有确凿的自然科学依据及生物科学依据来支持该假设，人类可以被划分为不同的"种族"，因此，"种族"和种族主义都只是经济、政治、意识形态和社会上的一种表达。换句话说，"种族"并不是一个在经验上有所依据的社会分类，相反，它是被经济、政治和意识形态等机制创造、再生产出来的，亦受其挑战。
>
> （Bhavnani，1993：27）

布哈维纳尼进一步概括出了导致妇女边缘化的四种过程，它们同样适用于将群体种族化，具体有如下几个方面：

1. **消除**：将妇女经验从历史中移除或"隐藏"的过程。

2. **否认**：不承认不同群体之间差异的过程，这些群体包括男人与女人、白人与黑人、异性恋与同性恋、年轻人与老年人、劳工阶级与中产阶级等。

3. **不可见性**：上述差异被看作没有具有研究价值的结果，比如，未从受访者的社会认同、社会性别、性取向及年龄等方面分析访问结果（这些方面的因素均未被看作重要的或相关的变量，因而其差异也就变得不可见）。

4. **象征主义（表面主义）**：当种族群体（或性别、阶级）被独立分析时，人们没有认识到修改或重新建构整个分析的必要性，以便充分考虑差异。

女性主义者在批评妇女边缘化的同时，如果未能认识到种族化的群体被边缘化的社会过程，那么这将是一个严重问题（见第二章）。众多社会学者认为，在理解种族化的男子和妇女在英国及其他地区的地位时，有必要参考殖民主义和迁移理论，因为这有助于我们从社会、经济和政治背景中来理解种族不平等的现象（Braham et al.,1992；Solomos,2003）。

比如，第二次世界大战之后，英国政府鼓励后殖民社会国家的劳动者移居英国，以便填补工作空缺，以服务于最初的战后经济复苏以及后期的经济扩张。20世纪50年代初，最早的移民主要来自加勒比海地区，但是到了20世纪50年代末60年代初，这些移民主要来自亚洲地区（大部分是印度人和巴基斯坦人）。当时的英国期待着移民的到来，以填补日益增加的工作空缺，担负起一些英国当地的劳动者都不愿意从事的低报酬、低技能的工作。另外，这些移民通常会遭受当地劳动者的敌视。比如，被大众媒体宣传的种族主义意识形态和刻板印象所影响，当地人认为他/她们是劣等的，并且对英国的"生活方式"构成威胁。特别是20世纪70年代以后，移民群体通常被看作住房、教育和医疗服务的竞争者，同时还被看作内部城区日益衰败的罪魁祸首。很显然，大众媒体和政客在形塑种族主义思想方面发挥了重要作用。虽然众多移民劳动者都曾以为到达英国就像是回到了家，回到了"母国"，但是他们大都遭受了严重的敌视、低劣的生活水平、子女教育设施的不足，甚至最终失业（自20世纪70年代以来，这些情况尤其明显），这些现象主要是受到敌视性的政治文化和媒体文化的推波助澜。

一　种族不平等的社会学视角

人们通常会参考生物学观点来"解释"种族群体的地位。比如，心理学家艾森克和詹森的研究成果便为"黑人或亚洲人天生不如白人聪明"这一观点提供了一些科学佐证（Eysenck，1971；Jensen，1973）。另一种解释的关注点在于规范和价值观，这种观点认为，移民群体所持价值观不同于白人社会，这就解释了他们无法"出人头地"的原因。近期关于在欧洲和美国所谓的"底层阶层"中黑人家庭占比过高的论争常常综合上述两种（生物学和文化上的）解释，并暗示，黑人家庭更有可能陷入被剥夺的循环中，是因为与其他族群相比，某些族群群体的社会更容易接纳单亲家庭的存在。同样地，种族偏见被"解释"为偏执的个体针对"局外人"的盲目、非理性的偏见，或者是认为某些群体无法应对不同种族群体的"不寻常"的文化特性，亦即无法容忍这些群体的生活方式，包括语言、宗教、家庭习俗、服装等。所有这些"常识性"的解释倾向于将非白人称作"异己"或"外来者",并试图解释对于这种地位的反应。因此,人们倾向于去研究少数民族自身的特点,并且从这些特点中发现问题,而非将种族主义结构和意识形态问题化。

社会学者认为,这些解读种族劣势的视角都依赖于种族刻板印象(通常与性、犯罪等有关)的固化,而并非真正从社会学角度来解释种族不平等。相反,生物学或文化上的"解释"再次证实了偏见的存在,即主流意识形态将某个特定的群体看作劣等的群体,进而"证实"他们的劣等性。从这个意义上讲,这些视角倾向于将社会学者所谓的社会的、结构的不平等进行个体化或本质化处理。

在理解种族分层时,更具社会学取向的研究(包括西方白人社会学)试图将社会作为一个整体进行体制性结构分析,并时常从差异而非"种族主义"的层面来呈现"问题"(CCCS,1982;Anthias and Yuval-Davis,1993)。当前,社会学中出现了两类探讨种族和族群的主流理论:新马克思主义和新韦伯主义。

二　新马克思主义的种族不平等视角

马克思主义者认为,种族劣势可以通过参考资本主义的阶级结构进行解释。种族化的群体是无产阶级、劳工阶级的重要组成部分,同被资本家剥削。种族偏见可以通过参考英国殖民史和19世纪的意识形态发展进行解释,这种意识形态(认为黑人和亚洲人为劣等群体)合理化了英国及其他欧洲国家对殖民社会中的黑人和亚洲人的剥削。对20世纪50—60年代英国移民模式的解读,必须放在当时工业资本主义需求的大环境下。移民劳动者到达的国家是一个种族优劣意识形态早已存在的国家,随着经济形势恶化以及就业岗位短缺加剧,针对原本就相对处于弱势地位的黑人和亚洲人的偏见进一步加深。同时,马克思主义者还认为,统治阶级能够利用种族偏见的意识形态来维护其统治地位。因此,黑人、亚洲人与白人工人阶级之间的冲突是以相互间的指责为基础,后者将其自身居住条件恶化、医疗资源短缺等归咎于前者,而前者将自身的困境归咎于白人的偏见。人们认为,这种指责偏离了种族不平等的"真正"(结构)原因,即对工人阶级整体的经济剥削。因此，种族主义有助于维持马克思主义者所谓的"虚假意识"，进而阻止不同派别的劳工阶级认识到他们共同遭受的剥削。

然而，马克思主义视角理解种族劣势的方法被批评为过于简单化，因为其未能认识到或解释为什么并不是所有的族群都拥有相同的结构地位（比如在英国，相对于大多数亚洲人群体而言，黑人男女在一些重要社会指标方面处于相对弱势，具体包括就业、住房和健康状况等）。这导致众多社会学者认为，黑人经历了另一层的弱势处境，这在某种程度上使他们与工人阶级的其他阶层区别开来。认同此观点的人更加倾向于韦伯主义（而非马克思主义）视角来分析种族不平等。

三　新韦伯主义的种族不平等视角

新韦伯主义社会学者倾向于否认马克思主义理论中的种族分化理论，他们认为，种族劣势源于不同群体对有限资源的竞争，比如住房、就业和教育机会等。因此，韦伯主义社会学者强调，种族主义使得结构性劣势进一步强化，因为个人的社会地位和生活机会由其"市场能力"决定，即个人出售自身劳动力的能力，种族主义（再加上"封闭"的机制）降低了某些特定族群的市场能力（Carter，2003）。在英国及其他地区，当地白人常利用社会封闭机制来排斥种族化的群体，尤其是那些来自其前殖民社会的人群及其后裔，希望以此来固化这些群体的结构性劣势地位。

四　女性主义的种族不平等视角

黑人女性主义者同时对马克思主义和韦伯主义理论中的种族和族群劣势理论进行了批判，认为他们未能充分考虑性别差异带来的影响，也未认识到种族化的妇女的各种生活经验，以及她们被剥削的方式如何与种族化的男子有所不同。比如，在英国，众多黑人妇女通常会因为身为妇女、劳工阶级的身份和她们的种族及族群而被支配和剥削。一些社会学者拒绝以生物学和心理学的观点来解释为什么英国及其他地区中的黑人和亚洲妇女总是被支配并处于劣势地位。相反，他们转而探索社会不平等中的社会和结构因素，并且检视社会如何建构黑人和亚洲妇女的从属地位。另外，他们还考虑了社会和经济层面上的权力差异，并且审视父权制和种族主义意识形态如何将一些妇女建构为劣等人群，并以此合理化她们不平等的社会地位，如通常是将黑人和亚洲妇女建构成"依附者"。然而，来到英国的女性移民并非完全都是男子的依附者，20 世纪 80 年代她们占据英国移民劳动力总数的四分之一，占全部移民人数的 40%（Phizacklea，1983）。然而，正如希拉·艾伦和卡罗尔·沃尔克维茨指出，被种族化的少数民族妇女主要集中于劳动强度大、报酬低的行业当中，并且遭受了相对较高的失业率，也较容易从事一些非法的家务工作（Allen and Walkowitz，1987）。

黑人和亚洲妇女在住房、就业、健康服务及刑事司法程序方面都处于弱势地位。黑人家庭更有可能被看作无力或无法照顾好其子女，也过度渲染监狱中的黑人妇女比例。在就业方面，黑人和亚洲妇女或许能够与白人妇女一样从事相同的职业类别，但是这往往隐藏了一个事实，即前者在该职业中从事的工作往往具有低地位、低报酬的特点（Abbott and Tyler，1995）。

社会学者认为，这种境况不是个人偏见的结果，而是"制度上的种族主义"（institutional racism）的结果。这个概念来自 1999 年发布的《麦克弗森报告》（*Macpherson Report*），该报告是在伦敦警察厅侦办的史蒂芬·劳伦斯谋杀案①调查结束之后写就的，其对这个概念的诠释如下：

> 这是一个组织的集体性失败，它因个人的肤色、文化或种族而未能向其提供适当和专业的服务。这种失败可以在程序、态度及行为中发现或察觉，它们透过不经意的偏见、无知、轻率及种族主义刻板印象，致使少数族群群体处于劣势地位。
>
> （*Macpherson Report*，1999：1）

《移民法案》规定拒绝接纳黑人移民，但仍然允许白人移民迁入，这即是证明"制度上的种族主义"的实例（尽管英国现在也限制非欧盟国家白人移民的移入，但是曾经在很长一段时期内，并未采取任何限制）。

---

① 史蒂芬·劳伦斯谋杀案是指一名英国黑人青年（Stephen Lawrence）在 1993 年 4 月 22 日于伦敦街头被一群白人种族主义青少年凌虐致死。——译者注

黑人与后殖民女性主义者指出，男性主流社会学和白人女性主义者的分析模式都不足以充分理解种族化的妇女的受压迫经验。他们通过利用"制度上的种族主义"这一概念来构建适用于全部妇女的女性受压迫理论（见第二章）。黑人女性主义者指出，来自后殖民社会的妇女，尤其是来自东南亚地区的妇女，时常深受自身文化的控制与压迫。因此，吸收西方社会的道德观念被（以种族中心主义的方式）描绘成一种解放，并促使妇女反抗她们的家庭、穿上西方服饰、剪短头发等。同样的，西方女性主义者认为核心家庭是白人妇女遭受压迫的主要场所，部分原因在于家庭意识形态将妇女定位在私人领域（Walby，1990）。另一方面，一些黑人女性主义者认为，在奴隶制、契约劳动和移民的威胁下，家庭通常被看作需要捍卫的对象、支持的来源和抵抗种族主义的支柱（Brah，1986）。

一些女性主义者开始对"父权制"的整体概念以及沃尔比（Walby，1990）等人描述的父权制从私人领域向公共领域转变的分析是否适用于黑人妇女（和男子）的经验提出质疑。黑人男子从未像白人男子那样拥有控制妇女的"父权力量"。然而，许多黑人女性主义者主张的并不是排斥父权制这一概念，而是要认识到种族化的男女在父权制社会中的独特处境。比如，安西亚斯和伊瓦-戴维斯曾分析在一些少数民族中，妇女在家族企业中作为无偿劳动者是如何被剥削的（Anthias and Yuval-Davis，1993）。通常情况下，（男性）企业家将创建企业作为一种避免遭受排斥和处于弱势的方式，但是他们却常剥削自身家庭成员，或者剥削其他少数民族妇女（家庭成员的劳动通常为无偿劳动，少数民族妇女的劳动通常为低薪劳动）。

显而易见的是，社会学几乎不可能从全部种族化的群体经验中提取出一般性的概念，因为这些群体有着截然不同的历史和传统。尽管许多黑人和亚洲妇女明显为了成为劳工而来到英国及其他欧洲国家，但是也有一些是为了与家人团聚而来，虽然她们后来也成了劳工。

总体而言，种族化群体的社会学研究时常倾向于忽视男子和妇女的多样性经验，而性别社会学的发展又常与种族和族群社会学分离。白人女性主义者对妇女受压迫的解释往往忽视了种族化男女的独特经验。例如，白人妇女受压迫的来源（比如核心家庭）并非一定适用于黑人和亚洲妇女。种族化的妇女（和男子）被压迫的源头不仅包括性别差异，还包括阶级、种族和族群之间的互动影响。

第四节 失能与分层

众多关注失能和身体残障的社会学者认为，失能者较少受到社会学的重视。尽管近来社会学对身体研究开始重新重视，但是失能者在社会学分析中只是一个象征性的存在。一个貌似合理的解释是，失能者仅仅占据了现代社会群体总人口的一小部分，因此，与之前其他类似少数群体一样，他们未能得到社会学研究的足够重视。但是，这种貌似"常识性"的假设存在两点问题。第一，研究表明，失能者并非是统计学上的少数，比如英国的成年残障人口数量高达 680 万。① 当然，并不能毫无批判性地相信这些数字（就像其他官方统计数据一样），而且这些数字也可能被低估了，但是它们确实暗示了失能者被忽视的程度。第二，社会学者从不简单地玩"数字游戏"，并非只关注多数群体。作为少数人的活动或少数群体从未阻碍社会学家对诸如犯罪或自杀等问题的研究兴趣，不过直至最近，作为多数群体也依然没能使妇女免受在社会学上相对被忽视的境遇。

社会学研究忽视失能问题的其他原因可能还包括失能者在学术界（以及广泛的劳动市场）的人数比例太小，即社会学者当中很少有失能者。从这个层面来讲，失能会激起非失能者的情绪反应，因此，回避（不研究失能）或许就成为社会学者应对这一议题的方式。然而，社会学研究忽略失能问题的最为可能的解释应该是，传统上失能被认为是属于个人的"问题"，而且通常是医学问题，而非社会议题。

当前，失能社会学正以社会模式为基础逐渐建立自己的理论，该模式主要植根于反抗医疗化、歧视、不平等及福利依赖等问题的政治运动（Oliver，1983）。该社会模式同时否决了生物医学视角和个人化的福利模式，

---

① 数据来源：nso. gov. mt，参考时间 2001 年。

因为前者将失能看作有待"治愈"的身体缺陷或障碍，后者将失能看作个人悲剧和需要被"照顾"的个人。

一　失能的社会模式

构成失能社会模式的核心内容是，失能者如何应对"健全身体的社会"的审美标准和结构配置，以及他/她们因此处于弱势地位的结果。失能的医学模式认为，障碍的程度决定了其失能的程度，而社会模式的关注点在于社会因素（包括身体上、机制上和态度上的安排）决定了哪些特定的身体残缺属于失能的程度。社会模式的发展致使社会学开始关注社会如何建构身体（以及各种失能）（Barnes et al.,1999）。另外，这种社会学视角也凸显了失能者遭受贫穷和社会排斥的严重影响，因为他们不仅要承认来自劳动力市场的相对弱势地位，同时还有可能要承担因身体残缺而付出的"额外代价"（Barnes et al.,1999）。

研究表明，失能对于个人的劳动力市场地位有着重大影响。比如，英国有 680 万的成年失能者，其中只有不到 50% 的人能够从事经济活动。与之形式鲜明对比的是，《社会趋势报告（2001）》显示，全英处于工作年龄人口的经济活动率为 78%。[1] 同女性失能者相比，男性失能者更有可能处于就业状态，如表 3-4 所示。

表 3-4　2001 年按性别划分的英国失能者的经济活动状况

	男性	女性	总计
总就业率（%）	49.1	44.6	46.9
全职	43.5	22.9	33.8
兼职	5.6	21.6	13.1
总失业率（%）	5.1	3.2	4.2
低于一年	3.1	2.3	2.7
一年或更久	2.0	0.9	1.5

---

①　数据来源：nso. gov. mt。

续表

	男性	女性	总计
经济不活跃（%）	45.8	52.2	48.8
失能人口总数（百万人）	**3.6**	**3.2**	**6.8**

资料来源：www. nso. gov. mt。

进入 21 世纪前的几十年里，失能逐渐被政治化，原本的医学问题或个人问题被转变成与公民权利相关的问题。因此，在许多社会当中，众多失能者开始集体组织、参与社会运动。与妇女、黑人和同性恋者一样，失能者自觉地组织起来参与社会运动，要求从社会压迫和排斥中获得解放。正如凯文·帕特森和比尔·修斯认为：

> 当前（以及整个现代化进程中），失能者被描绘成一群或耐心或暴躁地等待着被照顾、治疗或慈善的依赖者。失能者社会运动的中心原则便是消除这种将失能者幼儿化的描绘方式。这种社会运动不强制人们视失能者为正常人，而是采纳同性恋权益中诉求差异的"自豪"概念和"出柜"实践。"出柜"将原本人们认为残缺的失能身体的意识形态，转变成一种集体力量的陈述。事实上，"政治运动"和"运动分子"这些概念已经改变了"依附的失能者"这一概念，并且成为能动性和自主性的象征。

（Paterson and Hughes, 2000：31）

失能社会运动所依赖的社会模式主要是建立在社会学中对（身体上的）残缺与（社会上的）失能的区分之上，这种区分与社会学中其他的区分类似，比如种族与族群、生理性别与社会性别等。从意识形态上来看，既然针对失能者的歧视和排斥被合理化，以身体差异为基础的失能运动倾向于忽视或弱化"受损"的身体，并把重心转向社会结构因素如何建构失能。迈克尔·奥利弗在分析（前社会的）身体残缺和被社会建构出来的失能之间的差异时特别指出，失能是被社会建构出来的（Oliver, 1983）。这种区分失能和残缺的二元观点（类似生理性别与社会性别、种族与族群的区分）促进了"失能"这一概念的去生物学化和政治化，这与女性主义者针对生理性别/社会性别的区分中抨击"生物性即命运"（biology as destiny）的方式类似（见第一章）。

该视角的一个主要优点在于，它可被用于挑战主流医学模式或慈善模式中对失能的看法，并反对那种因失能者身体残缺而将其看作受害者的描绘方式。然而，正如各种各样的二元对立观点不断遭到批判一样，近年来，特别是一些批判者认为，类似"生理性别"和"种族"等前社会的、生物性的分类实质上也是由社会建构的（Butler，1990；Guillaumin，1995），残缺与失能的区分也受到了批评。尤其是帕特森和修斯，他们质疑了"失能的社会模式否认了疼痛和折磨的具体经验，而这些疼痛和折磨正是众多障碍人士生活中的重要组成部分"（Paterson and Hughes，2000：40）。因此，他们的论述强调，有必要在社会学中开展主题为失能经验如何依据阶级、社会性别、种族和性欲特征等不同的辩论，并且有必要明确失能研究与女性主义社会学研究之间的重叠领域。

二 失能、认同与差异

一些作者，如莫里斯、比格姆和阿布－哈比卜等，皆强调有必要进一步探索失能议题中与性别、种族相关的面向（Morris，1990；Begum，1992；Abu－Habib，1997）。芭芭拉·福西特也观察到，尽管存在一些例外，但是失能研究现在才刚刚开始正视与社会性别、种族和性欲特质等相关的议题。同时，她强调将失能者和妇女看作同质、统一的群体，要比察觉其差异困难得多（Fawcett，2000）。莫里斯、克罗等学者指出，我们应当探究失能者在生活经验上的差异性，因为这些差异会受到社会性别、年龄、种族、性欲特质和身体残缺等因素的形塑（Morris，1996；Crow，1996）。然而，芬克尔斯坦和奥利弗等人则警示我们，这种观点可能导致失能运动四分五裂的严重后果，因为失能运动追求政治上的团结，而这也是社会模式要比其他的生物医学模式和福利模式可信的基础（Finkelstein，1993；Oliver，1990）。从这一层面而言，福西特指出，失能研究中对这种"被推断出来的同质性"（projected homogeneity）的论辩，与当代女性主义研究曾经挣扎于差异性与相似性两方面问题的情形极其相似（Fawcett，2000）（见第二章）。

事实上，在很大程度上，正是在这么一个政治和理论背景下，女性主义视角的失能研究才开始关注性别化的失能身体如何被社会建构。正如福西特写道：

> 在英国，失能的社会模式和基于该模式的失能者权利运动只是近来才开始着手应对涉及不同群体间的多样性和差异性等问题，这些群体在社会性别、身体残缺、"种族"、阶级、年龄、性欲特质以及社会分工的不同维度上都有所差异。
>
> （Fawcett，2000：36）

三　女性主义的失能视角

失能妇女对早期的失能社会模式进行了批判，认为其忽视了失能男女之间的差异而必须被修正（Lloyd，2001）。然而，由于主流女性主义者未能从失能妇女的视角出发考虑问题，失能妇女活动人士对此同样持批评态度。劳埃德曾提议创建一个"女性主义和失能政治都重视并理解失能妇女关切问题的失能模式"（Lloyd，2001：715），并强调在女性主义议程的一些复杂问题上（比如性欲特质和生殖）创建失能视角的重要性。特别是，女性主义视角不仅强调社会性别如何形塑失能男女的失能生活经验，更指出，负责照顾或辅助失能者的人大多数是妇女。社会学者认为，这些照顾工作不仅大多数无薪酬，而且在很大程度上并未获得认可。然而，莫里斯（Morris，1991，1996）注意到，这种通常来自男性主流社会学者和失能运动成员的失能观点，时常带有同质性的假设，因此她强调要重视失能者之间的差异以及照顾关系的本质（Morris，1991，1996）。另外，莫里斯还批评了吉莉安·戴蕾（Dalley，1988）等女性主义者，认为她们毫无疑问地将体格健全的妇女看作"照顾者"，将（去性别化的）失能者看作被照顾者。莫里斯坚称，失能男女同样能够进行"照顾"工作，并且强调，照顾关系通常具有互利互惠性和相互依赖性，同时还会受到众多因素（包括但

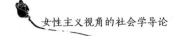

不限于失能）的影响。

女性主义者的失能研究主张对社会模式重新赋予概念，以便既考虑到物质上的不平等和我们思考相互依赖关系的方式，又考虑到与文化表征和文化实践相关的问题，比如语言和媒体文化。艾波蕾（Abberley，1997）就强调了女性主义中的解构观点对失能研究的重要性，尽管该观点受到众多女性主义者的排斥，但是她认为解构观点具有强大的政治潜力，可用于批判"出生缺陷"或"病弱"等受价值判断影响的概念，还可用于在残缺与失能之间构建更为本质的二元区分（Paterson and Hughes，2000）。

另外，女性主义者也注意到失能者是如何被剥夺性的能动性的，并且认为，这种情况尤其适用于（失能和非失能）妇女，用性别化的术语来讲，她们往往被解读为处于性被动状态。1991年，宫·布赫曼（Gon Buurman，1997）的《激情洋溢》（*Passion in Plenitude*）是少数著名的例外作品。在作品中，她采用照片的形式不仅展示了失能妇女的挣扎，而且也展示了她们各种各样的力量与愉悦。

女性主义者还指出，我们可以从更本质的、更具性别化色彩的怀孕和分娩等面向来探讨失能问题，她们还强调了与生殖技术和基因筛查相关的议题，但是社会学（包括女性主义社会学）尚未以任何持续的方式提及性别与失能之间的关系（Lloyd，2001）。比如，朱莉·肯特（Kent，2000）以社会学视角来论述怀孕和分娩时，也只是将失能问题简单的一带而过。

尽管女性主义已经对失能研究做出了巨大贡献，但是不管在经验上、理论上，还是政治上，仍有大量未竟事业待完成。从这个意义上来讲，芭芭拉·福西特概括出了在失能研究当中融入女性主义见解的如下四种方法（Fawcett，2000）。

1. **解构分析**（将失能话语问题化处理）。

2. **对二元对立的批判**（"自然的"与"社会的"之间）。

3. **统一的议题**（在不失去政治上与知识上的一致性的同时，认同重视多样性的方法）。

4. **体验之处**（让群体持续发声以呼吁变革运动）。

总之，与种族和族群研究一样，社会学中涉及失能的研究一直都具有争议性，并且处于相对被忽略的地位。直到 21 世纪来，涉及失能与性别之间关系的问题才受到社会学的关注。社会学者比较倾心于失能的社会模式，该模式挑战了医学模式的生物医学假设及其将失能进行"个人悲剧"和慈善的定位。但是，也有人已指出，（前社会的）残缺与（社会的）失能之间的区分是社会模式的基础，但这是一种大有问题的区分方式。女性主义者已经注意到失能者就像妇女一样，都被视为一群无差异的、单一的群体，并且认为，此举一方面在政治上有利，但另一方面却由于未能考虑生活经验的多样性和认同的其他面向而受到诟病。另外，女性主义者也特别关注失能妇女是如何被剥夺能动性的，并且强调失能的性别化色彩是如何在失能男女及其照顾人或辅助者身上得以体现的。

第五节　全球分化

正如失能者一直处于相对弱势的地位，而被看作"他者"（other），即异于常人，非西方人的边缘地位也是如此。"其他地区"（the rest）是社会学者斯图尔特·霍尔（Stuart Hall，1992a）创造的一个术语，用来指称远离西方"核心"工业化国家的国家。另外，还可以被称为"发展中国家""不发达国家""欠发达国家""非工业国家"或"第三世界"，包括拉丁美洲、东南亚大部分地区、撒哈拉以南大部分地区、西非和东非等。霍尔创造了"西方和其他地区"这组术语，用来区分西方工业化国家和发展中国家。从这个意义上来讲，"其他地区"有意识地涵盖了众多文化和国家，同时也反映出它们在西方（殖民）意识形态中占据的经济及政治地位。事实上，为西方和其他地区的区隔提供了一个有用的框架，该框架可用于理解那些依赖西方经济形势的国家所处的相对地位。而这种经济形势正是由资本主义国家的帝国主义式经济政策，以及渴望创建全球"帝国"的跨国公司一手打造出来的。

在"其他地区"，存在着大量的廉价劳动力，他们愿意接受相对较低的工资（报酬远远低于英国劳工）。西方资本主义通过两种方式来剥削利用这些潜在的劳动力，一是西方企业将生产转移至发展中国家，二是西方政府和企业鼓励发展中国家公民移民，以便填补其自身经济体所面临的劳动力短缺。发展中国家由于不是福利国家，大多数公民无法获得养老金和社会保障，所以通常税收较低。由于"其他地区"的工业安全法和环境保护法的执行力度远远低于西方国家，所以与西方国家相比，这些企业在当地的生产，对这些发展中国家居民和环境产生的危害较大，因此成本相对较低。另外，很重要的一点是，在这些来自发展中国家或后殖民国家的妇女遭受资本主义剥削和种族化的同时，西方社会的妇女通常也会从对这些"其他地区"的妇女的剥削中获益（尽管是间接性的）。正如麦休尼斯和普卢默写道，"在富裕社会中，妇女从事的工作通常不被认可、不被重视，而且所得报酬又低。她们付出努力换来的收入少于男子。在低收入国家中，这种模式表现得更为明显"（Macionis and Plummer，2002：212）。

由于"其他地区"的境况通常不会受到西方的关注，妇女的地位尤其受到忽视。然而，所有的社会都利用性别来构建各种社会关系，而且随着西方经济和文化关系渗入到第三世界国家，打破了他们的传统生活方式，并创建了经济依赖性，它们也同样将西方的女性气质和家庭等观念强加在其他的性别模式之上，并认为这些模式是"古怪的""野蛮的""无自由的"，或是富有异国情调的性特质。另外，采用西方生活方式和性别角色则通常被看作"进步"的象征，这对生活在发展中国家，或处于正经历媒体和通信技术发展而带来的迅猛的社会变革（比如广告、网络和卫星电视，见第十二章）的文化中，特别是传统社会规范和价值观与西方的商业影响力之间存在明显冲突的社会的妇女带来了相当大的冲突和矛盾。

社会学往往专注于解释为什么一些贫穷的国家未能像其他富裕国家那样采取同样的方式实现工业化。一些理论倾向于强调这些"其他地区"缺少动机或正确的态度，或者表明其缺少相应的经济基础，或遭受了西方国家的系统性剥削而处于不发达状态。但是，几乎很少有人关注"其他地区"妇女的作用，以及当这些国家试图进行工业化发展时这些妇女会怎么样。因为妇女（及其子女）被看作廉价且温顺的劳动力来源，用来为西方市场提供商品，因此许多在自己国家从事农业生产或工业生产的妇女，同时遭受了本国男子和西方资本家的剥削。

西格尔和奥尔森表明，我们有必要理解妇女的日常生活，并认可她们的日常经验：

> 她们是食物、燃料、水的提供者，通常还是整个家庭的收入来源。她们是家庭、社区和国家的维持者和发展者……妇女的命运是决定整个社会命运的关键因素。

> （Seager and Olsen，1986）

在第三世界国家中，妇女的处境在很多方面都差于男子，她们拥有较少的权力、较少的权威，她们从事的工作强度大，获得的报酬低，同时还要承担更多的责任。另外，在极端剥削面前她们更易受到伤害，比如性观光和性旅游（见第八章）。在大多数社会中，妇女需要承担大部分的家庭责任，还要照看孩子、满足家人的各种需求。许多国家的妇女还要负责农业生产。联合国的数据表明，妇女占了全球人口的一半，却承担了全球三分之二的工作，然而只获得了全球收入的10%，独自拥有的财富仅占全球财富的1%。因此，妇女可以说是世界贫困人口中的赤贫者。联合国估计，全球8亿贫困人口中有5亿处于绝对贫困状态，生命因此受到威胁的人通常也是妇女。①

处于流离失所或难民状态的妇女尤其容易遭受极端贫困和饥荒。难民是指因为政治、经济原因，或为了躲避战争和压迫而逃离自己国家的人。通常情况下，他们不仅遭受了极端的物质匮乏，精神上也常处于被迫害的恐惧当中。从"家"国逃离后，他们不仅要舍弃财产，还要舍弃家庭和社交网络。库什纳和诺克斯将20世纪描述为"难民的世纪"，并写道，在20世纪末，全球大多数人并没有生活在其出生的地方（Kushner and Knox，1999）。

总人口超过5.5亿的中欧和东欧地区是其中特别有趣的例子。1989年，该地区仅有9个独立的国家，如今这一数字已经上升到27个。在如此短的时间内建立如此多的国家，是造成1990年代以来移民急剧增加的一个因素。中欧和东欧（及其他地区）各地的移民模式有很大的不同。而且，

---

① 数据来源：www.un.org。

通常情况下，男子和妇女经历的移民模式也并不相同。传统上来讲，妇女迁徙的距离较男子短（通常在同一个省内），通常，男子迁徙的距离较长，他们为寻得合适的工作而跨越国家或区域边界。尽管研究证据表明，妇女越来越多地作为自主的经济行为者进行国际移民，但是由于其自身的依附地位，女性移民仍然只能享受有限的经济与社会福利政策。女性移民在劳动力市场中通常会面临双重歧视（因同时身为女性和外来者），作为一名移民劳工，她们赚取的工资普遍比当地男女及移民男子低。

与难民相反，流离失所者是指那些在自己国家的土地上无家可归的人。究其原因，可能是国内战争，也可能是环境灾害。据估计，全球约5000万人口依靠正快速恶化的土地维生（Macionis and Plummer，2002），随着时间的推移，他们将不再能够在原来居住的家园生活和工作，并因此处于流离失所状态。

难民，尤其是寻求庇护者，一直都是富有争议的群体。随着欧洲联盟在2004年的扩张，欧洲境内的辩论开始聚焦于人道主义需求、国家认同等问题。基于人道主义，难民有效地"测试"了政府和社会提供庇护的意愿。另外，通过出售自己劳动力以实现非法入境，难民还容易受到人口贩卖和商业剥削方面的伤害。联合国估计，兴起于20世纪初的人口贩卖行业已经成为全球最大、最有利可图的行业，其中妇女更是遭受了极大的剥削（见第八章）。据称，众多卷入到人口贩卖中的妇女和女童都会遭受性骚扰或性暴力，或者被迫从事卖淫；其中少数会被聘用为家庭佣人，通常只有极低的报酬或没有报酬，并且没有合同保障。[①]

尽管需要耗费巨大的人力成本，发展通常都会被看作"好事情"。女性主义者感兴趣的一个领域是社会经济发展对妇女产生的影响。针对经济发展对妇女的影响而言，苏珊·蒂亚诺（Susan Tiano，1987）指出，存在如下三个相互竞争的观点。

1. **整合的观点**：认为发展会带来女性解放和性别平等，因为妇女能够更广泛地参与到经济活动和公共生活中。

---

① 资料来源：www.un.org。

2. **边缘化的观点**：认为随着资本主义的发展，妇女将日益被排斥在生产角色之外，使其只能局限于家庭私人领域。她们在发展的过程中将逐渐失去对资源的控制权，变得在经济上越来越依赖于男子。

3. **剥削的观点**：认为现代化导致了廉价女性劳动力的形成，妇女变得对工业生产（尤其是服务业）更为重要，但是她们因被视为次级劳动力而受到剥削。

为了理解经济变化对妇女的影响，有必要了解一下在前、非工业社会中妇女的生活状况。然而，妇女在这些社会中的地位存在相当大的争议。人类学家中存在一定程度上的共识，并认为，和农业社会相比，性别不平等在狩猎和采集社会以及简单的园艺社会中并没有那么突出。但是，文化因素，尤其是宗教，同样是非常重要的。另外，经济变化对妇女的影响还与阶级、族群地位有关。无论怎样，我们可以确定的是，随着社会经济变迁，工作的性质和男女间的区别也会发生相应变化。社会中出现越来越多的性别化的劳动分工，并且这似乎会固化妇女的从属地位。在男女都从事雇佣工作的国家中，就业被分化成不同的产业部门，妇女从事的工作报酬通常低于男子，而且妇女从事的工作也被定义为低技能工作（见第九章）。

在发展中国家，工业化通常意味着妇女与家庭领域的联系变得更加密切。在很多地区，她们曾经耕种土地为家庭提供食物，但是如今这些土地落入男子手中，他们用于种植经济作物而换取金钱。因此，妇女在经济上更加依赖男子。通常来说，这些变化主要是受到了援助机构和西方公司的推动，他们在工作时带入了西方的家庭意识形态和性别化的劳动分工概念（见第六章）。因此，在非洲一些地区，妇女先前普遍从事农耕为家庭提供食物，但是援助机构主要培训男子学会耕作技术，并鼓励他们种植经济作物。在此过程中，妇女通常会失去对土地的控制权，或者被排挤到边缘土地上进行生产，在那里她们无法获得现代农业技术。同样地，受雇于制造业的妇女只能获得极低廉的工资，这也可归因于人们已假设妇女主要养活自己，或部分地依靠男子来分担开销。布卢姆伯格（Blumberg, 1981）表明，经济发展之所以会导致妇女的边缘化，主要原因有如下三个方面：

1. 妇女实际的工作负荷增加了。

2. 妇女享有的资源基础减少了。

3. 妇女的福利和她们作为人所享有的机会减少了。

当男子被吸引到城市参与现金经济时，妇女能够获取的资源进一步减少。由于固定雇佣工作的需要，男子逐渐从传统的男性家庭责任中解脱出来，更加不可能对家庭劳动有所帮助。然而，妇女往往被期望继续从事农作物种植，养儿育女，并承担所有的家庭劳动。另外，有证据表明，性别意识形态意味着妇女的边缘化在发展项目内甚至也会被固化。凯瑟琳·奥莱利在研究印度饮水发展项目中妇女的参与情况时发现，即便妇女被雇佣为该项目的田野工作者，但是在社会性别意识形态的作用下，她们在很大程度上也会被边缘化（O'Reilly，2004）。

经济变化对农业的影响因地区而异。在撒哈拉以南非洲、东南亚部分地区及中美洲，传统上都曾采用过"刀耕火种"（slash and burn）的耕种方式。男子负责创造农田，妇女负责大部分耕种工作。妇女先前在粮食生产中发挥着核心作用，因此具有一定的决策影响力（Blumberg，1981）。然而，自从欧洲殖民者带来"耕种是男人的工作，并且农作物应当在市场上出售"的观念后，妇女就被边缘化了。另外，妇女也被排斥在农业教育之外。在非洲接受过农业培训的人员中，妇女的比例不到5%。[1]

印度于1964年开始的"绿色革命"（引进现代耕作方法）（Beyres et al.，1983），目的在于帮助印度在粮食生产上实现自给自足。绿色革命带来的变化对妇女的角色产生了相当大的影响。在绿色革命之前，印度各个阶级的妇女在经济上都依赖男子，尽管不同阶级间的依赖形式和程度不尽相同。正如乔杜里在探讨妇女在印度政治中的角色时写道，印度这个后殖民社会取得独立的成就后，并未显著改善各地妇女的政治参与情况，或提升她们的社会经济地位（Chowdhary，1998）。事实上，在土地拥有者及农民家庭中，总是男子拥有土地和生产资料。在统治阶级中，深闺制度（将妇女隐藏）进一步强化了妇女的依赖性，使得她们难以走出家门，阻碍她们参与公共领域的事务。农家妇女则要耕种其丈夫拥有的土地，但是只有

---

[1] 资料来源：www.un.org。

110

贫农的妻子和无地劳动者的妻子是为工资而劳作。在所有家庭中，妇女需要承担全部家务，包括农作物加工和喂养牲畜。

新技术的引进对印度各地造成不一样的影响，但它的引进往往会导致妇女就业率的下降。在富裕的农户中，妇女不再直接参与农业劳动，他们开始雇佣劳动力来从事先前由妇女承担的工作。这加重了妇女对男子在经济上的依赖；在贫困农户和无地农户中，妇女并没有自愿退出劳动，因为她们的工资是其生存的必需品，但在许多情况下，新技术和西方性别意识形态的引进将她们排除在就业岗位之外。男性劳动力被雇佣来操作新机械。

在欠发达国家中，相对少数的妇女受雇于工厂或办公室，但是她们往往被雇佣做那些"女性"的职位。第三世界国家的大多数生产都是大规模生产，以便满足那些总部位于发达国家的公司。这些发达国家已经将部分制造业（以及越来越多的行政部门）转移（或外包）至"其他地区"，但是在西方进行控管。一般来说，这些出口的工作普遍是标准化的重复性操作，几乎不需要太多技术知识；这些工作也都属于劳动密集型行业，而且通常进行流水线操作，并难以使用机械化操作或机械化操作成本太高。这些公司的目的是要剥削合适的劳动力，也就是说，得到较低的雇佣成本和更高的生产效率。将工厂和办公室设置在非西方国家所需付出的工资只有发达国家相应工资的十分之一，但工作时间却高出50%，而且生产效率和西方国家一样或更高。

女性劳动力比男性劳动力低廉，但女性的生产效率往往高于男性的生产效率。同时，由于性别意识形态的作用，妇女在一些工作方面被认为"天生"优于男子，比如缝纫，而且西方公司无须承担女性劳动力在此方面的培训费用。该工作被认为无须特别技能，其实并不是因为它不需要技能，而是因为人们假设女孩在家中早已掌握了这些必要技能。因此，大多数外迁工作或外包工作被定义为或者被看作妇女的工作，就是因为女性劳动力具有此优势。

全球分层在世界各地造成的贫穷是一个复杂的问题，反映了受限的工业技术、快速的人口增长、传统的文化模式、内部的社会分层、男性统治及全球的权力关系，特别是那些被资本主义社会和跨国公司的需求形塑的权力关系，它们剥削了发展中国家和后殖民国家的劳动力和经济。在全球最贫穷国家及难民和寻求庇护者当中，性别不平等现象似乎最为突出。尽管经济发展可能为妇女提供受教育、降低生育率及外出工作的机会，并因此弱化传统男性的权力基础，但是这个"现代化"过程也为妇女带来了风险。

通过调查孟加拉国贫穷农村地区妇女的生活状况，苏丹娜·阿兰姆发现，"发展"或许会透过三种方式来阻碍妇女获得解放。第一，经济机会吸引男子走出农村、踏入城市的同时，妇女和儿童（通常被一起抛下）不得不自谋生路；第二，家庭力量逐渐式微以及农村社区的邻里力量遭到削弱，这意味着妇女往往很少得到足够的社会支持。这点同样适用于那些因离婚和丧偶而独居或与其子女一起生活的妇女。阿兰姆指出，在过去依传统，这样的妇女会被其他家庭所接纳，但日益发展中的"个人主义"文化不但没能增强妇女的自主性，反而削弱了其所能获得的社会支持，使得她们更容易遭受贫穷；第三，经济发展再加上不断盛行的西方媒体和消费文化，削弱了妇女作为妻子、母亲和女儿的传统角色，并日益以带有性意涵的术语和审美眼光来建构妇女，这些强加的描述与价值观多来自西方国家。阿兰姆认为，这种文化在诸多方面对孟加拉国妇女造成了不利影响，包括日益增加的卖淫，性病传播，以及大龄妇女被其移情年轻性伴侣的丈夫所抛弃，以至于几乎无法养活自己或其子女（Alam，1985）。

因此，"现代化"对男子和妇女产生的影响并不相同。不过，有证据表明，从长远来看，发展可能会促进男子与妇女间的平等关系，但是从短期来看，妇女的社会经济地位或许会进一步下降，因为她们将被迫应对一些在传统社会中不曾存在的新的社会问题。

妇女在发展中国家和后殖民国家中遭受的从属和剥削不仅建立在妇女角色的意识形态之上，而且还建立在种族劣势的意识形态之上，并以此正当化西方对"其他地区"的剥削。尽管如此，全部妇女的生活也都被性别角色期望（得体的举止）所建构，这个概念让妇女认为（且应该）依赖男子生活，并让她们认为妇女的主要成就源自婚姻、照顾丈夫和子女。这些假设对于理解妇女遭受的从属和剥削至关重要，比如为什么妇女缺少对资源的控制。这一点同样适用于西方和"其他地区"。

第六节　结　语

我们认识到，男子和妇女的经验都受到一系列社会结构因素的建构，比如阶级、种族、失能等。被种族化的妇女将有可能由于她们是黑人及妇女而成为"他者"，备受歧视、剥削和支配。白人中产阶级妇女相对而言，要比她们的劳工阶级姐妹们享有更多的特权，但这并不代表她们在成为单亲母亲后可免受贫穷之苦，或者在晚年一定过着脱离相对贫穷的生活。全球权力关系也影响妇女如何被支配和剥削，这种关系不仅建立在妇女角色的意识形态之上，还基于种族劣势的意识形态，并以此正当化西方对"其他地区"的剥削。然而，人们对性别角色行为的社会和文化期望也建构了妇女的生活，妇女因此觉得要（或者应该）依赖或从属于男子生活，且妇女的成就和满足应主要来源于婚姻和母职。这些假设对于理解妇女的从属地位和被剥削状况至关重要，即为什么妇女对资源缺乏控制，还可以帮助我们理解男子和妇女以及各种妇女之间的差异。

摘　要

1. 男子和妇女经历分层的方式并不相同，性别差异、社会阶级、种族和族群、失能、全球权力关系等皆形塑了这些经验。

2. 妇女在全球最贫困群体中占据了绝大多数。

3. 一般来说，全球范围内的妇女所获工资普遍低于男子，而工作条件也比男子差。

4. "发展"时常恶化妇女的处境，具体原因为：

（a）引进的新社会经济组织和实施的援助计划时常强迫人们接受西方的性别差异思想；

（b）妇女负责维持生计并满足家庭需求，即维持家庭的经济来源和养育子女，而作为移民劳工进行工作的男子可能不得不完全离开家庭；

（c）不管妇女从事什么生产劳动，其工资普遍较低。

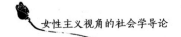

延伸阅读

Anthias, F. and Yuval-Davis, N. (1993) *Racialised Boundaries*. London: Routledge.

该书的批评焦点在于社会学相对忽视的一个方面，即种族、族群与性别差异之间的关系。内容聚焦于认同和差异的议题，并认为它们都深受种族化和移民模式的影响。

Cohen, R. and Kennedy, P. (2000) *Global Sociology*. London: Palgrave.

该书以特别的社会学视角来探讨全球化，明确地挑战了众多男性主流社会学著作中描述的"西方"和"其他地区"的二元立场。同时，该书还凸显了性别、种族和阶级不平等，关注发展和全球化是如何塑造这些不平等的。另外，该书还涵盖了性别政治与移民、可持续性和新社会运动等议题的关系。

Jackson, S. and Scott, S. (2001) *Gender: A Sociological Reader*. London: Routledge.

该书概述了以往30年间与社会性别相关的社会学著作，包括不同观点的实证与理论著作。各个章节都涉及性别、阶级、种族与性欲特质之间的交互作用。

Savage, M. (2000) *Class Analysis and Social Transformation*. Buckingham: Open University Press.

该书全面总结了以往20年间有关社会阶级的社会学论争，行文生动有趣，尤其关注各阶级的生活方式和消费形式等议题。然而，它主要聚焦于英国的情况。

Thomas, C. (1999) *Female Forms: Experiencing and Understanding Disability*. Milton Keynes: Open University Press.

该书探讨失能研究的各种重要论争，并将其与医学社会学和女性主义视角联系起来，回顾总结了一系列当代讨论与理论视角。尤其是，它聚焦于失能女性自身口述的经验，尝试通过参照女性主义观点、社会学概念和失能研究中的论辩来解读这些（集体和个人的）经验。

第四章

教育

　　长期以来，教育社会学侧重分析由阶级差异导致的教育不平等，尤其是工人阶级子女在获得教育资格方面的相对弱势。导致教育差异化的其他重要方面比如社会性别和种族差异却一直被忽视。女性主义者早已提出，女孩不仅在教育体系中处于劣势地位，而且正是这一体系教导她们顺从并且接受有关女性气质与男性气质的主流意识形态。女孩们由此被社会性别化，逐渐认为自己不如男孩重要。尽管目前在英国的正规教育中，女孩取得的教育成就普遍比男孩更高，但大多数男孩和相当一部分女孩仍然认为做男性更好（Reay，2002）。具体来说，学校使女孩们相信她们并不擅长数学、科学和技术领域的学科，引导她们去选择普遍认为更加适合她们的学科，从而大大减少了她们在劳动力市场上的就业机会。女孩也被塑造成特定类型的女性。对于不同阶级和种族的女性而言，成为和做为女性、练习和实践女性气质的主体经验大相径庭（Skeggs，1997）。种族、阶级与社会性别合力将女孩与女性置于权力的等级架构中。

　　女孩为何会接受这一切的根源值得探究。1970—1980 年代，英国的女性主义研究试图解释为何在有公平机会法案出台（如，the Equal Opportunities Act 1975）的情况下，女孩们依然被引导去学习特定科目。1988 年，《教育改革法案》实施后颁布的国家课程大纲规定了男孩与女孩必须学习同样的课程。但是，研究显示，一些微妙的过程导致女孩们倾向做出驱使她们参与"女性化"工作的选择。无论是在工作或是家庭中，这一选择也将使她们为在父权制的社会中处于从属地位做准备（EOC，2004）。最新的研究指出，尽管有学校做了反性别主义的相关工作和鼓励女孩学习自然科学和工程学的议案，上述情况仍只得到略微的改善。这些过程是由阶级和种族决定的，虽然女孩们的确抗拒，但是大多数女孩最终仍然会选择"女性化"的工作，即被认为"不适合男性"的工作，例如适合"女性"的半专业化工作，常规的非体力劳动，或者"女性"的服务业（见第九章）。她们认为自己主动选择了这些职业，因为这些是女性的职业。事实上，越来越多的女性进入某一行业使这一行业越来越被认为有女人味从而"不适合男性"。许多女孩仍将结婚生子视为自己的宿命。同时，尽管现在大多数女孩对未来的憧憬中还包括了事业或一份有收入的工作，还是有很多例外。除去教育，家庭经历、与同龄人的交往、劳动力市场上可供她们选择的机会这些因素都在女孩们未来进入（从属的）成人角色做准备（Lee，1993；Bates，1993；Reay，2002）。母亲对女儿能否获得学业成功至关重要。然而，对于工人阶级的女孩而言，即使她愿意上学并且有一位理解支持自己的母亲也并不能保证她获得较高的教育成就（Lucey and Reay，2000）。

阶级、种族和社会性别以复杂的形式共同影响着女孩的教育。Sue Lees（1993）总结了女孩们在中学阶段采取的四种应对策略。

1. **愿意上学并以学术或就业为导向的女孩**。她们以学术成就和职业生涯为导向，一般是来自中产阶级家庭的白人女孩，并有强大的家庭支持。也有后续研究证实了这一点。她们有家长和学校的支持，并能够预见未来可能的事业发展方向（Laurie et al.，1999）。大多数中产阶级女孩学习的主要特点是有很高的考试成绩，否则就被视为失败（Walkerdine et al.，2001）。但是，愿意上学的工人阶级女孩的应试成绩却相差甚远。中产阶级女孩通常由 GCSE 升入 A-Level 再进入大学，① 而工人阶级女孩则面对一条更为坎坷、崎岖和支离破碎的求学之路。

2. **不愿上学而倾向就业的女孩**。这些女孩们讨厌学校或者觉得自己被

---

① GCSE（General Certificate of Secondary Education）是英国普通中等教育证书，即英国的中学课程；A-Level（General Certificate of Education Advanced Level）是英国普通中等教育证书考试高级水平课程。——译者注

学校所摒弃，却以就业或学术为导向。这是有能力的加勒比裔黑人女孩的典型情况，她们反对学校和老师的种族主义态度，却希望能够在学术或事业上有所成就。

3. **愿意上学但不愿就业的女孩**。这些女孩认为学校是与朋友交流的地方，并且反抗教师不断劝说她们工作的尝试。在 Lees 的研究中，反抗表现在破坏课堂秩序和蔑视学校服饰、化妆方面的校规。这一类女孩通常会争辩说学习成绩不值得担心，因为为了承担家庭责任她们将来只会参与兼职工作；其他人则认为和学习成绩相比女孩们的外表在求职时更为重要。这类女孩中的一部分人指出男孩的行为妨碍了女孩的学习，为此与男孩抗争的女孩会被其他女孩和男孩们所贬低。

4. **不愿上学也不愿就业的女孩**。这些女孩不认为学校是她们社交生活的中心，抗拒学习和工作。她们中的大多数焦急地等待可以离开学校找一份工作，并早早期望结婚生子成为家庭主妇。这些女孩相较去学校宁愿去做低收入的工作而且排斥事业，因为她们认为自己未来最重要的角色是抚育子女。Lee 的研究表明，有些女孩认为那些不愿意接受自己的未来必然是家庭主妇的女孩都是在自欺欺人。

有充分的证据显示女孩在学校会习得恰当的女性气质。大多数女孩不仅要努力避免被贴上"人渣""懒鬼"等标签，她们也要在成为一名模范学生和"强制异性恋"的双重约束下努力去获得恰当的女性身份认同（Hey，1997）。中产阶级的白人女孩必须在她们的女性身份和学术成就间维持精妙的平衡。而工人阶级女孩既没有以小资产阶级为理想标准的"正确"的女性气质，也没有在学术上取得成就（Skeggs，1997；Dwyer，1999）。

女性研究已经表明，学校教育在女孩获得女性化、种族化并根植于阶级体系中的自我认同的过程中扮演了核心的角色。父权制把女性置于结构性的劣势地位，而学校教育是维系父权制的重要组成部分。这与作为个体的教师的态度与价值观，或作为个体的学校和当地教育机构的政策无关（Jordan，1995）。反性别歧视的政策可以减轻结构性性别歧视的影响，但不能消除它。事实上，学校内的种种过程以复杂的方式与家庭、同伴、劳动力市场和广泛的社会文化力量相互交织产生作用。这些力量共同"创造"了在性别分隔的劳动力市场上准备主动选择女性工作的女孩。中产阶级和加勒比裔黑人女孩倾向认为自己的未来是事业和婚姻，而工人阶级的女孩则认为未来会在抚养子女和家务劳动中度过，可能会包括兼职的有偿劳动。劳动力市场预期提供的证据表明华裔和非穆斯林亚裔女孩期望将事业与婚姻一起考虑，而亚裔穆斯林女性倾向在婚后永久性地退出劳动力市场。

第一节　女孩的教育成就

近年来，女孩们在教育系统取得的"过高成就"引起了道德恐慌（Abbott，2000）。这一成功被视为对男性霸权的挑战（Abbott and Wallace，1992），也被有些认为我们已经生活在后女性主义时代的人用作支持"性别震荡"观点的证据（Wilkinson，2004）。对于这一现象的报道通常忽略了过去三十年间为提高女孩的教育成就，特别是鼓励女孩进一步接受高等教育方面的巨大投入。人们只关注女孩在教育方面获得的"明显"成功，却不赞赏她们赶上以及在某些方面超过了男孩的成就，也并不关心女孩依然很少获得科学、工程和技术领域的学位这一事实。"失败的男孩"这一论调忽视了一个情况，即，男孩与女孩的学习成绩都提高了，只是因为中产阶级女孩的提高速度快于男孩，她们才能逐渐赶上。

从学校测验的通过率来看，女孩在学校的表现一般比男孩要好（指在英格兰和威尔士的 GCSE 和 A-Level 考试，以及苏格兰的 SCE Standard 和 Higher 课程①考试当中）。更平等的受教育机会使女孩与女性逐渐赶上，甚至在某些领域超过男孩和男性。年轻女性在 16 项以上的考试中获得了比年轻男性更好的成绩，她们在 A-Levels 课程的考试上也表现得更好（见表 4-1）。在 2000 年 1 月，40.6% 的年轻女性通过了两门及以上 A-Level 课程和三门及以上 SCE Higher 课程，年轻男性则是 32.1%。这不仅反映了年轻男女之间学习成绩的差异，也反映了年轻人在学习方面总体的进步。而在 1990 年

---

① SCE Standard Grade，即 Scottish Certificate of Education Standard Grade，是英格兰标准等级教育证书；SCE Higher Grade 是高等苏格兰教育证书，成绩合格可被英格兰的大学录取。——译者注

左右，只有 31.4% 的年轻女性和 27.8% 的年轻男性通过一门及以上 A-Level 课程。

表 4-1　按性别分类全英获得两门及以上 A Level 课程和三门及以上
SCE Higher 课程的情况（2000 年 1 月）

单位：%

	年轻男性	年轻女性	总计
英格兰	32.7	40.7	36.6
威尔士	31.5	38.8	35.1
北爱尔兰	30.6	45.4	37.8
苏格兰	32.8	45.2	38.9
全英总计	32.1	40.6	36.2

数据来源：www. nso. org。

女性在高等教育入学人数方面也在飞快追赶男性。尽管在整个 20 世纪 80 和 90 年代高等教育入学人数都在增长，但增长最快的是女性，人数是 1970 年 1 月的 2.5 倍多。事实上，在 2001 年 2 月统计的大学入学申请中，女性申请者的人数比男性要多。甚至在研究生教育方面，继续攻读高等学位的女性数量自 1980 年以来也有了很大幅度的增加。1970 年 1 月，男性研究生的数量是女性的两倍，到了 1992 年 3 月只多了 11%（CSO，1995）。英国教育部 1994 年 5 月的数据显示女性全日制学士学位攻读者的数量首次超过了男性（女性为 324100 人，男性为 320600 人）。男性仍然在工程、科技以及计算机科学领域占主导地位，而女性则集中在社会学、经济学、政治学、语言和教育学等学科。①

表 4-2　按性别分类英国全日制和非全日制高等教育就读情况
（1970 年 1 月—2000 年 1 月）

	男性人数（千人）	女性人数（千人）	女性人数与男性人数的比值（%）②
1970 年 1 月	416	205	49

---

① 全日制研究生中男性仍然比女性多（男性为 43100 人，女性为 35800 人）；非学位全日制课程同样如此（男性为 58600 人，女性为 56300 人）。

② 原书在 2000 年 1 月的女性人数与男性人数比值位置数值空缺。

续表

	男性人数（千人）	女性人数（千人）	女性人数与男性人数的比值（%）
1980 年 1 月	524	303	58
1985 年 6 月	563	386	68.5
1992 年 3 月	759	685	90
2000 年 1 月	469.5	550.5	

数据来源：EOC，2004。

Kim Thomas（1990）研究了高等教育中学科选择的性别化。她对比了物理和英语/传播学的本科生，并研究了男性与女性在各个学科的不同经历。她发现，自然科学被认为生产客观、不容置疑的"硬"知识，且对未来能够从事更严肃、报酬和声望更高的职业来说必不可少。科学家们认为自己的学科相比于那些"模糊空泛"的学科比如人文学科处于更高等级。少数"硬"科学领域的女性决心获得成功，但仍感觉在这个被男性所统治的竞争激烈的科学世界中被边缘化了。如果选择结婚的话，她们会发现自己的事业目标与家庭目标相冲突。在物理学领域她们从未被视为真正的成功者，并在研究领域总是被视为不顺从者。相比较之下，只有很少一部分英语语言专业的学生是男性，并且尽管在大学的学科等级价值观中这一学科被视为是模糊、不具决断性和有"女人味"的科目，一名自信、个人主义、观点鲜明的男性总能成功。在这个学科中，男性成为不那么墨守成规的人。Thomas 总结认为，在不同的学科中，性别以特定的方式分布，并且"男人味"和"女人味"在其中的表现方式也是不同的。

女性青睐的学科与男性不同。尽管事实上自然科学、工程和技术专业的女性在校学生数已超过男性，但女性依然抗拒选择这些专业，且她们认为自己缺乏在这些领域取得学位的能力。数据显示，在 2001 年的大学本科一年级新生中，38% 的物理学新生、43% 的化学新生、39% 的数学新生、20% 的计算机科学新生和 14% 的工程学新生是女性。[①]

因此，虽然高等教育的扩招使女性获益，但她们仍然被局限在教育体

---

① 资料来源：DTI，www.set14women.gov.uk。

系的某些特定领域。看起来在获得教育的障碍被消除后，女性在教育体系的各个层次表现都提高了，然而在更高的层次，女性要用多年时间才能追上。调查表明，很少有女性能在被男性把持的学术界担任最为显赫的职位，身处高级职位的女性数量也远少于男性。同时，更多女性获得学位证书并不意味着那些传统意义上由男性主导的重要职位中女性所占的比例有所提高。高等教育中女性教学人员和男性相比集中在更狭窄的学术范围内，其中性别区隔最严重的学科是工程技术类。在这一领域中，88%的全职教学人员和不低于97%的全职教授是男性。普遍来说，学术界的高级职位中男性所占的比例比女性高得多。在英国，90%的教授和78%的资深讲师及研究员是男性（EOC，2004）。相对地，大部分初级讲师和研究助理是女性。

在学校体系中，84%的小学和幼儿园全职教师是女性，而将近一半（47%）的初中全职教师是男性。在幼儿园/小学和初中这两个领域，虽然女性教师所占比例从1990年代中期开始稳步提升，但是身居高位的女性仍然偏少（EOC，2004）。比如，在英国，10名初中校长中就有7名是男性（EOC，2004）。

白领和从事服务业的女性是最需要文凭的，而拥有较高学历的女性倾向从事半专业化工作（见第九章）。事实上，女性高等教育水平的上升一部分应归结于类似幼儿园、小学教学工作的半专业化工作对学历的要求上升到研究生水平。

对不走学术道路的女孩来说，她们接受的教育完全为她们将来从事"女性的工作"做准备。她们对自我的期待是由学业失败和对自己在未来家庭中角色的期望共同塑造而成的。许多家长、教师和雇主都会问这个问题："如果女孩的未来仅仅是嫁人和依附于男性，那她们在学校里努力学习又有什么用呢？"甚至一些女孩也会这样问自己（Lees，1993）。女孩们逐渐接受这种观念，并将扮演好家庭角色视为获得学业成功的替代。在现实生活中她们会把大部分时间投入到受雇劳动（见第九章），因此她们所受的教育使她们甘于接受低收入、低社会地位和没有升职希望的工作。但是，这一态度已经有了一些转变。Sue Sharpe（1995）的研究显示，尽管在过去年轻女性认为婚姻和母职不可避免，而且后者需要工作生涯有必不可少的中断，她们现在则期望在有孩子和丈夫的同时不放弃工作。婚姻和母职不再被视为与事业发展不可兼得。但 Sue Lees（1993）同时强调，学业导向的女孩渴望成就事业，其他女孩则期望兼职工作能让她们同时兼顾育儿和家庭事务。Mirza（1992）在研究中发现，受访的黑人女孩期望能有自己的事业，而爱尔兰女孩则与之相反，她们认为自己将来会成为家庭主妇，承担育儿职责并仅从事兼职工作。对她们来说，履行家庭职责与投身于全职工作是不相容的。

要理解女性在教育系统中的地位，就必须要理解性别是如何与种族和民族相互作用的。与白人女性相比，亚裔和加勒比裔黑人女性更少获得文凭。但是，加勒比裔黑人女性和加勒比裔黑人男性相比获得了更多的GCSE考试的 A 到 C（优秀到合格）评分和职业认证（很大部分是看护），并且与同辈中的白人女性相比，她们的表现正在不断进步。而且，非洲裔美国人中，女性也比男性更可能在继续教育中取得成功（Mickelson，1992；United Nation，2003）。在教育系统中，女性相对于男性的表现因族裔不同而存在着差异（例如，是否获得文凭的价值）。

必须强调，尽管女性在获得教育文凭方面的表现超过男孩并导致了道德恐慌，但相比性别，社会阶级和种族/民族是对是否获得教育成功更为重要的决定因素。

> 相比于种族和阶级这两个类别（后者尤甚），性别在因差异造成的巨大劣势和不平等中是一个较弱的影响因素……1997 年，男女孩间得到 5 门或以上 SCE Higher 课程合格通过的差异率是 9%。而管理人员/专业人员与无技术工人的差异率是 49%……这一数据凸显了巴基斯坦、孟加拉裔以及加勒比裔黑人小学生面临的一个明显劣势。这一人群中女孩的成绩远远高于男孩，但是性别差异不足以弥补基于其族群所带来的巨大不平等。
>
> （Gilbourn and Mirza，2000：23－24）

因此，对于男孩和女孩、青年男性和青年女性而言，教育是性别化的、基于阶级和种族的经验。Macpherson（1999）报告的结论之一是英国是一个存在制度性种族歧视的社会，这包括了教育体系本身以及学校对种族不平等的再生产。阶级、性别和民族三者相互交织共同决定了教育的成功或失败。此外，所有族群的女孩表现都比她们的男性同伴好，但不同族群间差异很大。在英国几个主要的少数族裔人群中，16 岁以上的学生里表现最突出的是华裔女孩，其次是华裔男孩，而表现最差的是加勒比裔黑人女孩和男孩。2003 年，在 15 岁学生人群中，华裔女孩和加勒比裔黑人女孩在 GCSE 考试中获得 5 门及以上 A* 到 C（最高到合格）评分的比例差为 38.9 个百分点，而男孩为 45.8 个百分点（见表 4 - 3）。总体而言，从小学最早期的关键阶段考核开始，华裔和印度裔儿童的学习成绩最好，而加勒比裔黑人、非洲裔黑人、巴基斯坦和孟加拉裔儿童的表现则处于很靠后的水平。同一人群中男孩和女孩的学习成绩差异总体上来看是相似的。

表 4 - 3　英国 15 岁学生人群按民族和性别分类在 GCSE/GNVQ①
考试中的表现（2003 年）

	获得 5 门及以上 A* 到 C 评分等级					
	15 岁的人数（人）			获得率（%）		
	男孩	女孩	总数	男孩	女孩	总计
白人	239854	232149	472003	46.2	56.7	51.3
英国白人	233151	225855	459006	46.1	56.6	51.3
爱尔兰人	1093	1111	2204	58.4	61.8	60.1
爱尔兰血统	97	64	161	43.3	39.1	41.6
吉卜赛/罗马	90	138	228	24.4	22.5	23.2
其他白人	5423	4981	10404	46.3	58.2	52.0
混血	4869	5320	10189	42.7	55.4	49.3
白人和加勒比裔黑人	1778	1959	3737	32.3	46.8	39.9
白人和亚洲裔黑人	390	410	800	39.5	55.1	47.5
白人和亚裔	878	915	1793	60.9	68.6	64.7
其他混血	1823	2036	3859	44.9	57.7	51.6

---

① GNVQ（General National Vocational Qualificafion），英国普通国家职业资格。——译者注

续表

	获得 5 门及以上 A* 到 C 评分等级					
	15 岁的人数（人）			获得率（%）		
亚裔	18620	17391	36011	47.1	59.0	52.8
印度裔	7151	6899	14050	60.3	70.3	65.2
巴基斯坦裔	7162	6329	13491	35.7	48.1	41.5
孟加拉裔	2741	2689	5430	38.5	52.6	45.5
其他亚裔	1566	1474	3040	53.8	64.6	59.0
黑人	9208	9737	18945	29.1	43.1	36.3
加勒比裔黑人	4159	4403	8562	25.1	40.3	32.9
非洲裔黑人	3790	4145	7935	34.1	46.8	40.7
其他黑人	1259	1189	2448	27.2	40.3	33.6
华裔	1082	967	2049	70.9	79.2	74.8
其他族群	2330	1948	4278	41.3	51.2	45.8
未分类	17439	15170	32609	43.1	52.2	47.4
总计	293402	282682	576084	45.5	56.1	50.7

资料来源：www.nso.org。

第二节　英国女孩的教育史

在英国，维多利亚时期的中产阶级女孩从很小年纪就被灌输自我牺牲和服务他人的意识，而男孩则被鼓励要独立自主。他们在青春期就被分离开来区别对待，女孩们通常被要求退出激烈的体育活动，遵循女性化的穿着方式，能参与的教育活动也受到限制。女性被认为生性柔弱，因此她们应将全部能量用来履行抚养子女这一天然职责。而与此同时，男孩进入由男性主导的世界工作或是进入公立学校学习，被鼓励通过参与体力和智力活动而变得更加活跃与独立。因此，中产阶级的年轻人可以接受较长时期的教育，不同的是男孩们会进入寄宿学校或参加工作，而女孩们则被要求待在家中承担家务。

相反地，直到 1880 年前工人阶级子女的教育都不是强制性的，尽管1870 年英国议会通过的一项法案允许当地的学校委员会为他们设立学校，

1834 年的一项法案也要求工厂的童工每天接受 2 小时的教育。针对工人阶级子女的教育其主要目的是教会他们服从、守时、整洁和顺从权威，以弥补工人阶级家庭被认为缺少的品质。对读写能力的培养虽然包含在课程中，但更强调的是道德教育和纪律规范。男孩们学习园艺和木匠活，女孩们则学习针线活、做饭和其他一些家政技能。教育的目标是培养熟练而听话的男性劳动力、贤妻良母及仆人。而且，雇主和父母都认为相对男孩，女孩接受教育不是必需的。女孩旷课所受的惩罚较小，因为人们认为女孩在家帮助母亲料理家务也是对她们有用的教育（Dyhouse，1981）。

　　一般来说，人们认为是经济和政治的原因导致了义务教育的出现，但 Ann Davin（1979）认为，既然女性没有投票权，很难解释为什么大众教育会向女性开放。她认为，教育的普及是为了深化理想家庭这一意识形态。通过教育，中产阶级的家庭模式被强加给工人阶级（见第六章）。因此，女孩的教育是为她们将来履行母职做准备，以便让她们为社会抚养出健康的、接受了恰当社会化洗礼的下一代。19 世纪，在教育制度对女孩缓慢开放的过程中出现了两种不同的女性教育模式。第一个模式基于切尔腾约姆女子学院（Cheltenham Ladies' College）的比尔小姐（Miss Beale）的传统观点，旨在把女孩教育成未来的妻子、母亲和中产阶级男性的伴侣。教育的目的是帮助女性通过在家庭事务和女性艺术方面的学习使其成为更有吸引力的中产阶级伴侣。这种女性教育模式促进了 19 世纪中产阶级理想家庭意识形态的发展。第二种模式是由北伦敦大学学院（North London Collegiate School）的弗朗西斯·巴斯（France Buss）发展起来的。巴斯小姐认为没有婚姻的女孩们必须靠自己谋生，而一个中产阶级未婚女性的职业通常是家庭女教师，因此该学院的女孩们接受与男孩一样的教育。但是，高等教育仍然不允许女孩们进入。牛津大学直到 1920 年才允许女性成为学校的全职学生，而剑桥大学的这一进程则要推迟到 1947 年。经过 19 世纪一系列女性运动，女性最终被允许进入为她们特别设立的女性学院，例如剑桥大学格顿学院（Girton College）。一些学院给予她们与男性学院一样的教育，而在另一些学院她们只能接受相比于男性而言学术要求更低的课程内容。

男孩与女孩的差异化课程设置一直持续到了 20 世纪。在 1920—1930 年代关于教育的争论中，男性和女性的生物性差异被用来合理化不同的课程设置。1927 年的哈多报告（Haddow Report）采纳了来自教师的证据，认为女孩相比于男孩更被动、情绪化、依赖直觉、沉闷并且偏好艺术学科；忽视了来自学术界专家的相反证据，即男女间心智、体力和可教育性的自然差异很小并与课程设计无关。1943 年的诺尔伍德报告（Norwood Report）则认为，男孩的未来是找到一份工作并在学术上有所成就，而女孩的归宿是婚姻与抚育子女，因此女孩不需要获得学业成功。

《1944 年教育法》使教育机会均等这一概念首次得到正式认可，即每个儿童接受何种教育应由其能力决定。然而，以在 11 门以上的考试中的表现来看，少数文法学校面向男孩的招生门槛明显低于女孩。如果严格遵照教育机会均等原则，进入文法学校的女孩将会比男孩多 30%（Weiner，1986）。对于那些学业较差的女孩，官方报告仍然强调教育对培养她们成为家庭主妇的重要性。1959 年的柯劳塞报告（Crowther Report）认为，为"能力较低"女孩设置的学习大纲应考虑到她们"天然"的在照料家庭事务方面的专长。颇具影响力的 1963 年纽森报告（Newsom Report）《我们一半的未来》（Half Our Future）指出：

> 我们想把女孩们教育成男人的仿制品，但结果只是浪费她们作为女性的优秀品质，使她们感到挫败，也使整个社会付出沉重代价……除了针对她们作为个体的需要，女孩们所受的教育应当以她们最主要的功能为基础，那就是成为母亲，并为她们自己、她们的孩子和她们的丈夫提供一个安全舒适的家庭环境。

二战后的早期阶段，女孩教育的两种模式仍然存在。中产阶级女孩中有很少一部分接受了文法学校的教育，而对于大部分所谓的"非学术"女孩来说，教育重点仍然是为家庭生活做准备。

1960—1970 年代出现了转向男女同校的综合性教育的趋势，也是现在大多数儿童接受教育的方式。综合学校的出现是对之前的学校体系使那些父亲从事非体力劳动的孩子获益更多这一研究成果的回应。但是，无论是改革之后和最近进行的研究显示，综合学校并不会必然克服阶级不平等（Ford，1969；Abrahams，1995；Hargreaves，1996）。女性主义者们也质疑这一策略是否对女孩们有益。

> （综合性教育体制）对于社会学家来说已经失败了，因为它并没有打破社会和经济再生产的循环；对于女性主义者来说它也失败了，因为它支持对女性的持续压迫；对于少数族群而言它同样失败了，因为它固化了无处不在的制度性种族歧视。
>
> （Ball，1988：24）

在男女同校的中学中，男孩和女孩们做出的选择更加被性别刻板印象所影响——女孩们甚至比在女子学校中的同龄人更不愿意选择自然科学方面的课程。而且，有报道指出在男女同校的学校中女孩们的成绩相对较差（NUT，1980；Harding，1980；Kelly，1982）。似乎在男女同校的环境中女孩更难发展出对成功的渴望，更难遇见可作为学习榜样的女性教师和校长，更容易受到与学业有成完全相反的、刻板化的女性形象的影响（Shaw，1976）。因此有些女性主义者要求回到男女分校的制度。确实有研究指出，女校或许是最符合所有阶级女性利益的制度（Coats，1994）。其他研究质疑反性别歧视战略的效果，并对必修的全国统一课程可以减少学科偏见这一观点提出了挑战（Arnot，1989）。比如，平等机会委员会（EOC）就注意到：

> 早在上学之前小孩们就开始形成对男性女性不同角色的看法，并在来自家长、教师和媒体多方面的影响下不断被固化。因此，学科和事业的选择可能在很早期就已形成。
>
> （EOC，2004：1）

尽管全国统一课程的采用消除了很多之前学科选择中存在的性别不平等，但平等机会委员会仍然注意到：

> 选择仍然受到性别的极大影响。随着选修和职业科目的引入，选

择基本反映了劳动力市场的传统模式。无论是在学校或者大学，抑或是之后的培训和职业，很少有人选择被认为属于"另一性别"的学科或工作。在这种情况下，某些特定的就业之路马上就被关闭了。

（EOC，2004：1）

当教育平等以立法的形式在《性别歧视法》（1975）和《1976 年种族关系法案》中被确定下来后，教育机会均等的概念扩大到包括种族、性别和阶级之中。最近，有关女同性恋、男同性恋、双性恋和变性者的情况也引发了争论（Garber，1994）。

但是女性主义者认为，学校的教育体系、性别化的劳动力市场、要求女性承担家务的压力和有酬工作等因素综合在一起，意味着哪怕保证男孩与女孩有一样的课程可选，甚至是同上一样的课程，都不会对系统性的不平等产生实质性影响。哪怕男孩和女孩、工人阶级和中产阶级在同一个教室里接受相同的教育，不平等的根源依然存在于教室之外。麦尔斯和米德尔顿（Miles and Middleton，1990）指出，享有平等的教育机会并不能保证学生在教室内和社会上获得平等的待遇。希拉里·伯吉斯（Hilary Burgess，1990）认为，男女同校的学校事实上仍是男孩的学校，而女孩们则必须去"融入"。

第三节　对女孩持续处于劣势的解释

Christine Skelton 指出，女孩们的受教育经验与男孩相比是不同而且不平等的：

无论研究的重点是否放在女性学生、继续教育和高等教育的教师、讲师或者学生上，结果都显示了女性是如何从男性那里获得和理解有关她们的天资和能力的不同信息，这些信息对她们在家庭与劳动力市场上的位置有很大的影响。

（Skelton，1993：324）

Sandra Acker（1994）指出，女性主义者并不是只关心或者主要关心学术成就的问题。她认为，不可否认的是，现在女孩在正式的学校教育中的表现，如果不是比男生更好的话，至少也是一样好。真正的讨论则更为复杂。它包括了关于差异化的课程设置、女孩对自然科学和工科的忽视、性骚扰、女性教师和讲师的就业前景、教师对男孩与女孩的不公平对待，以及渗透入学校生活各个方面的性别差异。Acker 认为，尽管表面上官方的课程大纲保证了性别中立，但是有性别差异的"隐藏的课程"在持续不断地运作与影响学校的教学过程。

第一，学术等级制度仍然为男性所主导（David and Woodward，1998）。正如上文所述，在学术界的阶梯上爬得越高，男性的统治地位就越显著。小学和幼儿园更容易出现女性教师和校长，而学术等级的另一端，女性教授的数量远比男性教授少，而且几乎没有女性大学副校长或者校长。例如，苏格兰有 19 所高等教育机构，但只有一位女性校长。在大学中，女性员工集中在职业阶梯的底层，而这个结论无论放在教育系统中的哪一个等级都同样适用。自 1960 年代开始，女性中小学校长的比例在不断下降，而男性的比例则持续增长（Evetts，1990）。而且，中等学校的女教师较少教授自然科学或者技术类学科，这些学科一般缺少教师，但她们仍然不被鼓励担任这些学校通常会给予补贴的教学岗位（Acker，1994）。因此，女性教师多集中在类似于班主任的职位上而较少出现在易受提拔的岗位。教书育人为女性教师提供了工作，而对于男性来说则是潜在的事业发展机会。这意味着男孩和女孩们可以接触到的学习榜样会让他们认为男性通常占据着拥有权力和威望的地位，这会进一步强化他们对男女社会性别角色的认知。

第二，女性主义者指出，教师对男孩女孩存在先入为主的态度，学校强化而非挑战了更广阔范围的社会性别分工。Ann-Marie Wolpe（1988）认为，社会鼓励女孩遵循特定的女性气质规范，而教师将教导这类规范作为自己的职责。她主张如果要为女孩的教育带来改变，必须系统地审视和重建整个教育体系。和男孩相比，女孩的破坏性举动会受到更负面的评价，当小女孩们"说粗话"的时候，她们会被责骂或排挤。教师们把这些女孩称作"小贱人""害人精"和"小蛮牛"（Reay，2002）。Michelle Stan-worth（1983）在她的一项对某继续教育学院人文科学系的研究中发现，在一项 A-Level 课程中男女孩都会低估女孩的学业表现，并认为男孩们更有能力、更聪明。当男教师被问及他们的学生未来会从事什么职业时，他们倾向认为女学生会结婚生子、处理家务，即使是最有能力的女学生也如此。当提及女孩们的事业时，他们想到的也是符合性别刻板印象的秘书或者助理这类，尽管这不一定是这些女孩们想做的。但是，男学生则被认为前程远大，而且他们的婚姻很少被提及。相应地，教师的期望也会反映在学生的期望中。Stanworth 还发现，当对学生的学术能力进行判断的时候，教师们极易受到学生在课堂上的口头表现的影响，学生们相互评价对方时也一样。教师们同意男孩们认为他们比女孩子们能力更强这一观点是基于他们在课堂上的口头表现做出的，因为男孩们很少有机会了解女孩们的成绩。这一观点忽视了一些女孩的书面作业成绩一直比男孩好的事实。男孩们持续掌控着课堂空间，并获得教师的关注（Francis，2000），导致女孩们的贡献被忽视（Skelton，2002）。

Sue Lees（1993）认为，不断涌现的证据表明混合教育强化了学校内的性别歧视。她指出教师们对防止女孩受到男孩的性骚扰无所作为。而 Acker（1994）认为不少教师并不反对男孩与女孩天生不同，以及女孩的宿命就是照顾家庭和履行母职的观点。Margaret Goddard-Spear（1989）发现教师们觉得男孩比女孩更聪明。她的研究显示教师对男孩科学作业的打分高于女孩。她要求一组初中科学教师对书面作业样本打分。一半作业标为男孩，另一半标为女孩。女教师对男学生作业的打分较为宽松，而男教师对女学生的打分却更严厉。Valerie Walkerdine（1990）认为教师了解女孩比男孩学习能力更强，但他们持续贬低女孩取得的成就。男性的专长和价值观持续主导着课程大纲（Paechter，1998）。

第三，课本包含了对性别身份认同的许多假设。孩子们的阅读材料中对于男性、女性、男孩、女孩的描述充满了关于性别的刻板印象。科学课本中更倾向出现男性形象，而对女性的呈现则充满成见。1980 年代末和1990 年代的研究显示，尽管采取了一些手段试图使阅读材料在性别和种族方面更"公平"，但性别歧视和种族歧视仍大量存在，女性的成就也容易被忽视（Skelton，1993；Abrahams，1995）。Michelle Commeyras 和 Donna Alvermann 研究"课本如何将男性和女性定义或贬低到特定的性别位置，进而固化课堂讨论中的不平衡"（Commeyras and Alvermann，1996：31）。她们进一步指出，女性主义已有30余年的发展历史，却并没有对初中课本产生任何影响。学校的课本和历史课程把重点放在了解英国关键人物和政治进程的史实上，通过边缘化和忽视女性的角色巩固性别偏见，影响学生对女性的态度和看法。她们指出，在小学和初中的国家统一课程中各加入一门非欧洲历史的做法被批评是过度关注性别和种族问题。Peterson 和 Lach（1990）指出，尽管对儿童文学中的性别刻板印象的关注已经持续了30年，但这一问题并没有得到改善。但是，Jackie Bradshaw 和她的同事（Bradshaw et al.，1995）指出，教育软件开发商已经在消除面向小学生的产品中带有明显的性别歧视内容方面做出了很多努力。只是当软件被用于传递已经包含性别歧视的内容时，问题就产生了。她们也发现扮演性别中立角色的往往是男性：

> 性别分配的证据是压倒性的，并且以"男性规范"作为主导策略。仅简单地抹去带有明显性别成见的形象并不能阻止它们生产性别化的意义……这个发现对女孩有潜在的重要意义，因为初始阶段占主导地位的男性身份认同会使女孩们难以对屏幕上的形象产生认同。它们所带的图解已经与发现"性别中立"角色相悖，并带来了一种趋势，即将模糊的性别视为男性。通过这些软件进行的阅读可能是影响女孩们从小渐渐学会将计算机与男性联系起来的因素之一。
>
> （Bradshaw et al.，1995）

第四，尽管现在大多数学校是混合学校，但性别差异仍然反映在学校的组织结构中。性别差异的最终结果是，尽管女孩（特别是在小学时期）被认为是"模范"学生，但男孩女孩都认为男孩更重要，男孩（男性）应当获得优待并最终掌握权威。

在学校的日常活动中，把孩子们按性别分组是很普遍的。例如，让男孩们玩足球，女孩们玩无板篮球（netball）。尽管一些学校里女孩们可能会玩足球，但男孩们很少会玩无板篮球，而且混合组队的游戏在小学以后就很少了。性别分隔作为一种管理手段仍然在大多数学校的课堂上被教师们所采用。注册、登记卡和衣帽存放处通常根据性别进行划分，在小学里男孩女孩们经常按性别排成两队进行不同的活动。教师们认为将孩子们按照性别划分是一种有效的日常组织手段。

但是，依照性别进行组织仅仅是学校生活中区分男孩女孩和再生产"女性特征""男性特征"观念的一种方式。学校的特定组织结构持续强化着社会化性别差异。教职员工的结构为男性"优势"提供了范本，因为占据权威岗位的多为男性。校长、系主任、自然科学教师和学校管理员一般都是男性，而班主任（特别是在小学）、辅导员、食堂招待和学校秘书则多是女性，也即"女的教书，男的管理"。Hilary Burgess（1990）认为，小学的机构映射了父亲和母亲的社会角色，女性作为母亲、天生的看护者受如父亲一般的男性权威人物的监管。小学班主任大多数是女性，而学校的管理层（校长）大多数为男性。以儿童为中心的小学教育增强了教师把孩子当成"我的孩子"的认同感（Reay，2002）。

但是，女性主义者们认为小学教育中男孩们占据了更大的优势，相比以孩子为中心，它更以男孩为中心（Skelton，1993）。Katherine Clarricoates（1980）对一所小学课堂的观察显示，教师组织课堂生活的关键是保持对课堂的控制。对于教师来说，维持课堂纪律十分重要，因为这既是他们进行教学的必要条件，也符合他们同事的期待。结果是，男孩们与教师的接触更多，因为男孩更需要控制。事实上，教师们会特意选择能够吸引男孩注意力的内容，既是为了控制男孩，也是为了鼓励男孩们学习（因为女孩的考试成绩更高）。不仅是教师，男女孩们也将一些课程视为"男孩的"或者是"女孩的"。所有这些都建立在对男性气质霸权的假定上，男孩倾向选择自然科学，而女孩认为这是男孩的专业。

Marit Lindroos（1995）在芬兰的一项研究中显示，小学教师和学生们交流的方式为男女孩提供了不同的话语空间。她认为，相对于男孩，女孩被老师打断的次数更多，而且教师也为课堂上其余学生打断女孩提供了更多空间。教师鼓励女孩对课堂做出贡献的方法也把女孩们边缘化了，因为教师经常打断她们并且为她们做出总结。她指出：

> 男孩的发言时间几乎和教师的一样长，并且使用最长的术语……教师更多的是与男孩交谈，而不是女孩，后者仅仅是一种"附属品"，是害羞的且需要协助的。

> （Lindroos，1995：155）

她认为这样做的结果是男孩被赋予了权威，而女孩则被鼓励去合作。

对中学的研究同样显示了男孩对课堂和教师时间的支配（Lees，1993）。男女孩们在中学发展出对不同课程的偏好，为未来的社会角色做准备。在国家统一课程实施之前，女孩们在中学做出的选择、家长和教师的期望，以及课程表和课程选择的组织方式都是为女孩未来的"女性"工作和家务劳动做准备的（Kelly，1982）。传统的就业指导和教师的态度倾向不让女孩选择自然科学项目；人们通常认为女性在操作科学仪器时会不自如，并且她们对科学仪器不像男性那样精通。而国家统一课程的引入意味着男女孩在 16 岁之前学习的是大体上相同的课程，即在中学和小学阶段自然科学和技术课程都是必修课。这种安排的意图是培养女孩对自然科学和技术的积极态度，但可能会产生意料不到的后果。鉴于自然科学和技术课程经常被视为男性主导的学科，并且教师会强化这种观点（Skelton，1993），早早地在小学阶段引入这几门课程可能会使孩子从小时候就形成这种看法。科学教育协会发现，在男孩女孩步入中学时，他们的背景知识没有太大区别，但在态度和兴趣方面却有很大差异，男孩专注于物理，而女孩则对生物科学感兴趣。报告总结说：

> 教师自己对于自然科学的态度会通过每天的课堂教学互动传递给他的学生。如果男性和女性小学教师在生物和物理科学或技术主题教学中展现出不同程度的自信和热情，那么较早地引入这些课程可能会强化而不是挑战传统的性别偏见。

> （ASE Educational Research Committee，1990：4）

根据男女孩在 GCSE 和 A-Level 考试中相对成功的最新统计数据显示，更多的男孩选择了单独的自然科学课程（除了生物），男孩在特定的自然科学科目（除了生物）和 IT 课程中的成绩比女孩好，而他们在数学上的表现则差不多（女孩们在综合自然科学课程上表现得比男孩好，除了 SCE Standard 中的科学课程）。[①]

尽管有一些措施鼓励女孩去学习自然科学与工程技术，但有关女孩在学校和高等教育阶段学习自然科学课程的统计数据表明，1980 年代初至1990 年代并没有什么改变。尽管女孩在生物、化学、物理、数学和IT 的 A Level 测试中比男孩表现稍好，她们选择这些课程的人数却比男生要少（除开生物以外）。2001—2002 学年参加 A-Level 生物考试的 60% 是女性，而参加物理考试的只有 23% 是女性。

在高等教育中，男性在申请自然科学、工程和技术类课程（SET）的人数、接受录取的人数和获得证书的人数三方面都高于女性。但是，女性SET 申请人数正在上升。1992—2002 年，女性 SET 课程的毕业生人数上升了 55%，相比之下男性只上升了 29%。不过，SET 学生中只有 1/3 为女性。SET 科目间的差别极大。5 名 SET 本科毕业生中只有 1 名为女性，但女性占了化学专业本科毕业生的 43%、数学专业本科毕业生的 39%、计算机科学专业本科毕业生的 20%，而只占工程学科本科毕业生的 14%。相比之下，人文和社会科学具有学位的学科中，例如语言、教育、媒体研究、社会学和商学，女性占主导地位，同样也包括就业目标是医药有关职业或护理的各个学科。女性医药学科学生的比例现在已经超过了 50%。16 周岁以后继续进行全职学习的女性比男性多，尽管男孩更有可能从雇主那里得到职工脱产进修制度的支持，这也反映了女孩较少做学徒工作。

为什么女孩和年轻女性在教育系统中的表现这么突出？一种答案是，在学校中，成就和遵守规则与特定的男性气质，特别是工人阶级的男性气质相矛盾（Willis，1997）。而且，家长对女性和年轻女性更多的监管也督促了她们的学习。女孩不像男孩一样有晚上"出去转转"的自由，她们至

---

① 资料来源：www.eoc.org。

少会抽出一段时间做家庭作业。对男女孩的管教方式不同，女孩更多被鼓励做功课，因此 GCSE 课程中女孩通常能按时完成作业而男孩则不能（Warrington and Younger，2000）。但是，有些女孩在完成课程作业上会遭遇困难，因为家人期望她在家做家务、看管孩子（Lees，1993；Bates，1993）。男孩则没有被要求为家庭做出类似的贡献，而且女孩可能会被要求为她们的兄弟做家务，尽管 Sue Lees 在伦敦访谈到的一些男孩也表示会帮助做家务，并认为这种要求是合理的（Lees，1993）。一些研究认为亚裔女孩处于特别不利的地位，因为她们被要求承担大量的家务琐事，而其他研究则指出家长会期望女孩从学校学习中抽时间出来从事家务劳动和照料孩子（Bates，1993）。在许多发展中和后殖民国家中，女孩不在学校学习，而是帮助母亲照料孩子或从事其他的女性工作（包括种田），因此，女孩甚至可能无法读完小学（参见下节）。

对于不同课程的偏好也会对青年男女选择以技能培训为主的职业教育课程产生影响。以女性为主的领域包括护理、艺术与手工业、家庭看护、私人看护、美发、美容和健康护理，而男性占主导的领域包括体育和休闲活动研究、建筑、制造业、炼油、采矿、塑胶及化学和交通运输。商业研究女性也占主要地位。2001—2002 年，参与基础现代学徒制（FMA）学习的年轻人中有 54% 为女性，但其中只有 3% 在制造业，1% 在建筑业，3% 在汽车业。相反地，女性在儿童护理中占 97%，在美容美发中占 94%，在卫生和社会护理中占 89%。在高级现代学徒制（AMA）中，我们也可以发现类似的性别划分。在获得职业教育文凭方面，获得建筑及房产或者工程方面文凭的人中，95% 是男性；而 IT（信息技术），教育、训练或授课，艺术及手工艺，健康看护、医药卫生与安全等方面的文凭获得者中，女性所占比例分别为 61%、75%、56%、90%。

Judy Wajcman（1994）提出，在以往 20 年间，女性在高等教育中学习计算机课程的人数比例在不断下降，而与此同时信息科技正被越来越广泛地应用于学校。她认为，无论在学校还是在家庭中男孩都拥有使用计算机的主导权，导致计算机的使用也与性别刻板印象紧密相连。她总结到，对技术缺乏信心或能力已经变成女性身份认同的一部分，也融入对女性的刻板印象中。对于"女孩与科学和技术""女性与科学和工程",以及"技能和职业教育倡议"等评估研究表明,仅仅通过鼓励是不可能吸引女孩去学习科学与技术课程的(Kelly,1987;Skelton,1993;Warrington and Younger,2000)。正如Jackson总结的:

> 开始的时候,我们觉得那些可怜而不幸的女孩们不知道一份自然科学(或者工程学)方面的工作所带来的乐趣,因此只要我们向她们提供这方面的信息,她们的态度会慢慢转变过来。但我们渐渐发现了许多障碍:学校里同龄人的压力、有些家长负面态度的影响,以及设备被男孩占用。现在我觉得我们应该把重点转向对教师的培训和对男孩与男性的教育。
>
> (转引自Gold,1990:42)

其他研究则认为,自然科学和技术教师视女孩为有缺陷的,比如缺少研究科学与技术所需的特质(Versey,1990)。但是越来越多的证据表明,研究科学与技术的"能力"更多地与男孩女孩接触积木一类搭建玩具的机会有关(Sharpe,1995),同时也与把学科领域划分为男孩的和女孩的这种性别成见有关(EOC,2004)。Volman和Van Ecke(1995)提出,有必要从新的角度重新审视这一问题:把科学与技术学科看成问题的根源,而不是把女孩视作问题。女孩对待科学与技术学科的态度反映的不是误解或成见,而是社会现实。他们总结道:

> 从接受女孩是问题这个假设开始,研究者就将女孩视为研究对象。他们专注解释女孩的"行为"。我们认为更有意义的做法是把女孩视为有主体性的人,关注她们的想法和感受,比如了解她们对数学、自然科学和技术课程的体验,不同的教育方式如何对她们作为一个女孩产生影响,以及为什么。这可以帮助我们避免落入一些认知陷阱,比如认为教育并没有带来任何实质改变,或女孩们不喜欢数学、自然科学和技术课程是基于她们自己对这些课程的误解。
>
> (Volman and Van Ecke,1995)

课堂互动的类型也与性别相关。对于课堂互动的细致研究表明男孩讲话的时间更长，并且被允许主导课堂互动，甚至在教师有意控制时也会继续（Spender，1982）。Skelton（2002）已经提出，为了维持课堂秩序，教师通常会努力吸引男孩的注意力，引起他们的兴趣。Goddard-Spear（1989）认为，在学习方面男孩被视为比女孩更主动，占据了教师更多的时间，教师对他们的评价也较高。女性主义研究者早已指出了课堂中语言的重要性。她们注意到女孩习惯坐在教室靠后几排，并且不像男孩一样踊跃参与。女孩不情愿在课堂上发表意见，参与讨论时也会被男孩压制。课堂被视作男孩的世界，而女孩则被边缘化了。而且，教师通常使用性别歧视的评论和语言来控制女孩们。Katherine Clarricoates 注意到：

> 如果男孩犯了什么错误，他们总会被认为是"吵闹""粗鲁""强势""自信""大胆"等。对于女孩，描述她们的形容词则是"滑稽的""放荡""愚蠢""狡猾""糊涂"。很明显，用在男孩身上的词语暗示正面的男性气质的行为，而用在女性身上的词语则充满贬义。

> （Clarricoates，1980：61）

Sue Lees（1993）的研究显示，这一情况并没有多大改变，尽管女孩们讨厌男孩霸占课堂和他们具有破坏性、带有性别歧视的举动，但她们还是不得不忍受这一切。事实上，Jackson 和 Salisbury（1996）认为，教师并没有挑战男孩霸占和破坏课堂的行为，尽管两位研究者指出并不是所有男孩都是如此。

总的来说，这些间接的社会交往形式有时候被称作"隐性课程"。尽管表面上看起来学校教育对男女孩的期望是一样的，但课程设置背后隐藏着相反的信息。

总之，直到最近，女孩们在教育系统中都处于劣势地位，因为她们没有享受到与男孩一样的教育。尽管现在有男女同校制和更均等的教育机会，但在实践中，女孩仍然因为被引导学习特定领域的科目和不被严肃对待而处于劣势。对女孩来说，"隐性课程"包括了种种因素，例如学校的组织结构、教师的期望、课本的内容、学术等级制度中的性别平衡，以及课堂互动的形式。对女孩而言不管她们的学业成绩优异与否，她们的工作机会都会受到限制。对于解释女孩应当如何接受教育存在几种相互矛盾的模型。第一种模型认为她们的教育应当为她们将来成为妻子和母亲做准备。第二种模型认为她们应该接受与男孩相同的教育然后在平等的基础上与男孩竞争。第三种模型认为应该单独教育女孩从而来提高她们的学习表现。

第四节　识字率与教育的全球性不平等

研究显示，在后殖民国家和发展中国家各个层次的教育体系中，女孩入学率的提升情况普遍比比男孩要好；在世界很多地区教育方面的性别差距正在缩小。但是在许多地区，男孩与女孩受教育机会的差距仍然很大。根据联合国在 2003 年的《世界青年报告》，22 个非洲国家和 9 个亚洲国家中，女孩的入学率不到男孩的80%。根据这个报告，这一差距在东南亚和撒哈拉以南非洲国家中最为显著，尤其体现在中学教育，这些地区的中学里女性所占比例不到40%。

同样的，尽管世界范围内的识字率也在上升，但大部分文盲人口依然是女性。受文化和经济因素的影响，男女间文盲率差异最大的地区仍然是东南亚、撒哈拉以南国家以及西非国家。女孩识字率的上升在这些国家十分缓慢。1970 年代，女孩文盲的概率是男孩的 1.8 倍；到 2000 年这一比例仅仅降低到 1.6 倍（United Nations，2003）。2000 年，非洲和亚洲的15—24 岁女孩文盲比例排在全球最先前两位，分别为 29% 和 19%。虽然绝对值比较高，这些数字仍然体现了和上一代相比的巨大进步。1970 年女孩文盲比例在非洲是 72%，而亚洲则刚刚超过 50%。一个国家的发展水平被认为是其识字率的主要决定性因素之一，特别是对于女性而言。尽管发展中国家在这方面已经得到稳步提高，但它们与西方社会的差距仍然很大。

只有在基础教育普及率高的地方，比如南非、拉美国家和东亚，女孩就学的数量才超过男孩。一般来说，总体教育水平较低的地区，男女差距更大。农村地区的教育普及率对于男孩和女孩而言都明显较低，对女孩尤是。例如在尼日尔，在城市的学校中每 100 名男孩就对应了 80 名女孩，但在农村地区的学校中，每 100 名男孩只对应 41 名女孩（United Nations，2003）。这一差异被认为反映了家庭对教育投资回报的期望。报告总结到：

> 面对选择时，一些家长选择教育儿子，因为适合男性的工作更多、薪水更高。一些家长减少对女孩的教育投入，因为经济上的回报会为她们未来的夫家所得。受教育机会的不平等也说明家长认为对于女孩来说家务活动比教育更重要；一些女孩因为被要求照料家务而被迫辍学或无法上学。

（United Nations，2003：255）

而且，如果学校离家很远，或者教师和其他学生是男性，一些家长可能不愿意让女孩去上学。例如，巴基斯坦的学校按性别隔离，很大一部分居住在农村地区的女孩在离家 1 公里的范围内没有女校可以选择。

研究已经反复表明，加大对女孩和女性的教育投入能够提高国家经济可持续发展的各项指标。尽管如此，联合国估计 3 亿无法获得教育的儿童中 2/3 为女孩，8.8 亿成年文盲中 2/3 为女性。尽管男女性就学率在小学阶段的差距已经开始缩小，但在世界很多地方，中学及之后的教育中女性的比例在降低。

生育率也会影响受教育程度，反之亦然。这一情况与年轻女性自身及文化、经济和家庭考量等因素有关（比如，怀孕的母亲让她的女儿辍学回家帮忙照料家务或外出打工补贴家用）。孟加拉国的一项研究发现，来自小规模家庭的孩子在学校的时间更长，因为他们不会被叫去照顾更小的兄弟姐妹（United Nations，2003）。[1]

年轻女性的识字率和受教育程度与婴儿死亡率下降呈正相关；女性越有文化，她们组建大家庭的可能性就越小（特别是在她们相对年轻的时候）。例如，在肯尼亚，没有接受过正式教育的女性生育的子女中11%的

---

[1]　参见 Therborn 在 2004 年关于西亚和北非的类似情况的讨论。

孩子会在 5 岁以前死亡，而有小学文化程度的女性的子女中这一比例为 7%，有初中文化程度的女性的子女中这一比例为 6%。在撒哈拉以南地区，博茨瓦纳、肯尼亚和津巴布韦的女性受教育水平最高，她们的婴儿死亡率也最低（United Nations，2003）。

第五节　女性主义视角下的教育

一　自由女性主义视角

自由女性主义视角在教育界很有影响力，事实上，正是自由女性主义者领导的运动为女孩带来了教育机会。他们认为，女孩应当与男孩一样享有平等的受教育权，而这也会使女孩们在其他领域内享有同等的机会。他们把"成功"定义为女孩在教育上获得更高的成就：更好的考试成绩以及更多女孩接受高等教育。但这仅仅是中产阶级视角下的成功，而且尽管可能进入教育体系的女孩变多了，但这并不意味着她们将来的工作有男孩的那么"好"（见第九章）。她们只是能接触到传统意义上那些女性工作中的更高级别。而且，对女性气质的主流期待蔓延在整个教育体系。因此，激进女性主义者和马克思主义女性主义者认为，仅仅机会平等是不够的，教育体系需要更为根本性的改革。

二　激进女性主义者对学校教育的分析

Dale Spender（1982）认为，教育体系中的知识不是中立的，而是建立在对这个世界男性化的假设上，例如强调"客观"的解释而不是主观的、直觉性的想法，通过科学掌控自然而不是试图与其共存，认为政治领导人比一般群众重要。整个学校体系把教师树立为权威"专家"，他们传授知识，并且决定什么是"正确"答案什么是"错误"答案。这同样也体现了男性化的世界观，孩子们学到"伟大的"艺术家、科学家、作家和社会学家都是男性。男性被认为在所有知识领域都优于女性，而女性的经验则很少被描述。知识被划分为男性化抑或女性化下泾渭分明的"学科"，而不是鼓励学生去发现不同学科之间的联系或对这一体系提出质疑。对激进女性主义者来说，强调以个体形式参与竞争以获得成功的根植于这个教育体系的理念也是一种男性化的处世方式。父权制在学校中的体现还包括男孩统治课堂和教师的时间，以及女孩在学校被性骚扰的方式（Lees，1993）。这种情况的结果并不是男孩有机会剥夺女孩成功的可能性，而是女孩们逐渐将男性统治视为不可避免。教师在课堂中不会挑战男孩的主导权和他们对女孩的性骚扰。女孩则不断退让、约束自我（Meason and Sikes，1992），并发展出应对策略。

激进女性主义者倾向关注学校内部的进程，而忽略更广泛的结构性因素。专注女孩经验使她们忽视了那些不控制也不性骚扰的男孩的经验（Wolpe，1998），也可能低估了女孩的反抗程度（Meason and Sikes，1992）。Sue Lees（1993）在她的研究中引用了一些男孩反对男孩对女孩性骚扰和（一些）男孩破坏课堂秩序的例子。此外，正如我们在第三章中提到的，一些女性主义者认为激进女性主义的另一个问题是，他们在分析中过分依赖"父权制"而导致将描述与解释混淆起来（Pollert，1996）。

三　马克思主义和社会主义女性主义视角

马克思主义和社会主义（双重体系）女性主义者都认为教育中的性别不平等应置于资本主义社会这一更广阔的背景下予以审视。学校是资本主义社会维持生产关系再生产的主要意识形态国家机器。也就是说，学校培养的下一代劳动者不仅具备劳动力市场所要求的技能，也被灌输了符合资本主义意识形态的观念。因此有必要探究学校如何为女孩和男孩提供不同的教育体验，以巩固既有的性别和阶级关系。这个过程通过文化再生产实现，包括那些原本抱持反对学校的态度与价值观并行动上抵抗学校权威的女孩们是如何最终接受低薪的"女性的"工作。

Michelle Barrett（1980）提出了三个与教育相关的关键问题：

1. 在资本主义社会中，教育是如何与性别分工的再生产联系起来的？

2. 在学校教育中，阶级与性别的关系是什么？

3. 在为一个特定的由阶级与性别交叉建构的社会秩序培养男性女性

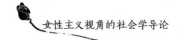

时，教育扮演了什么样的角色？

为了回答这些问题，马克思主义和社会主义女性主义者采用了马克思的社会阶级理论，通过研究资本主义社会父权制和阶级关系来分析性别关系。其目的是探究教育在构建一个严重性别隔离、种族化的劳动力中扮演的角色，以及解释与此有关的整个过程。为此，他们采用了例如 Bowles 和 Ginits（1976）提出的社会再生产理论，以及 Wills（1977）提出的文化再生产理论。他们的研究挑战了教育的政治中立性，认为教育的结构和意识形态早已与资本主义劳动力市场的需要和统治阶级的利益紧密勾连。

Bowles 和 Ginits（1976）分析了学校作为选拔和分配手段如何服务于阶级结构的社会再生产。他们认为教育系统的主要功能是培养等级分化的且服从度高的劳动力。在学校的经历为学生们进入劳动力市场作准备。例如，师生关系和学校中的权力体系是为学生适应今后的监管者/经理/工人关系做好准备。学校系统中不同分支提供的不同形式的教育为学生今后从事不同的职业做好准备。中产阶级学生被鼓励发展未来的中产阶级工作必需的自主性，而工人阶级子女的教育则为他们今后在劳动分工中的从属地位做准备。因此，Bowles 和 Ginits 认为学校再生产了生产关系。

Paul Wills 研究了英国阶级划分的文化再生产。他不仅研究为什么工人阶级男孩最终从事工人阶级的工作，还研究为什么他们视其为有吸引力的工作。换句话说，他认为，工人阶级男孩不是被迫从事无须技能的体力劳动，而是积极地选择了它们，因为在他们眼里这些是"真正男人的工作"。他的研究对象主要是伯明翰当地一所学校里 12 个"小年轻"，他们组成了一个小小的"亚文化"圈子。证据表明，这些小伙子们把上学视为压迫的来源，而不是启蒙心智的过程。他们反抗教师的权威，躲避监督去做一些他们最看重的事——抽烟、喝酒、骂人以及改装校服。这些家伙被教师视为捣蛋鬼，但他们在学校的经历却更有效地让他们拥抱男性工人阶级文化。他们为自己的行为感到自豪，并把那些遵守学校纪律的学生看成消极可笑的"软耳朵"。这群年轻人渴望开始工作，他们的亚文化价值观以及期望是工厂亚文化的映射。

同样的，女性主义者认为学校复制了性别分工。它不仅让女孩为自己在劳动力中的位置做好准备，而且为性分工做好准备。Ann-Marie Wolpe（1988）提出，家庭与学校培养女性从事次级劳动力市场中的低收入工作和家务劳动。Michelle Barrett（1980）指出，女性和阶级结构存在双重关系。女性基于自身的阶级背景接受的教育与训练为她们进入劳动力市场做好了准备，但同时她们被必须承担家庭事务和抚育子女从而在经济上依赖于男性这一期望所限制。因此，工人阶级的女孩被培养进入低收入的次级部门工作，中产阶级的女孩的教育则为她们承担半职业性的"女性"工作做准备（见第九章）。Bates（1993）的研究指出，平等机会法案和教育改革的出台并没有为这一情况带来太多好转。

马克思主义女性主义者批评马克思理论下劳动分工的再生产没有纳入性别角色这个维度。他们研究工人阶级女孩的经历以了解她们如何理解和适应学校背后的社会结构与意识形态，目的是了解工人阶级的女孩是如何在一个她们成为"失败者"的竞争激烈的教育系统中构建出对"女性特质"的明确定义的。有观点认为，工人阶级女孩所接受的特定类型的学校教育把她们置于一个自由选择从属地位，即，选择婚姻与家庭的位置。工人阶级女孩所发展出的抵抗方式与工人阶级男孩不同。她们会构建以爱情与浪漫主义等意识形态形成的亚文化，并以夸张手法来强化人们对女性的刻板印象。有些女孩觉得学校沉闷又无聊，她们对未来的期待专注在爱情、婚姻与抚养子女上。她们的抱负不是获得学业成就和资质，而是离开学校、找个伴侣，然后建立自己的家庭。当学校为了维持纪律和管理而对女性特质的展现严加限制，女孩们也会以其他的方式表达不满。女孩会利用她们的性吸引力控制教师，例如通过与男教师调情削弱教师的权威与控制力。类似的策略还包括拒绝穿校服，或者按照流行款式修改它，以及穿戴首饰或某些特定类型的鞋子。

四　黑人女性主义视角下的教育

黑人女性主义长期以来致力于批评认为教育理论对白人女性和黑人女性同样适用的假定（参见 Bryan et al., 1985；Amos and Parmar, 1981；Mirza, 1992；Phoenix, 2002）。这些研究者认为对黑人女性来说，遭受种族歧视和性别歧视都是她们日常经验重要的组成部分，前者的影响可能更深刻。黑人女性之间的差异，特别是文化背景迥异的加勒比裔和亚裔①黑人女孩之间的差异，使现实更为复杂。当然，亚裔黑人女孩的文化基于她家庭所在的国家和信仰的不同而存在极大差异。不过，Valerie Amos 和 Pratkha Parmar（1981）认为所有的黑人女性都拥有相同的服从和被视为次等公民的历史。她们认为，黑人文化被视为要为黑人的问题负责，比如，黑人儿童教育的相对失败被认为应归结于他们的宗教、语言和社群，而不是种族歧视。具体而言，加勒比裔黑人学生（特别是男孩）被认为举止不受控制。Gilbourn（1995）提出，教师通常认为黑人学生存在纪律问题。反映在现实中，黑人儿童相比于白人儿童会受到更频繁、更严厉的纪律惩罚，而且很多时候是不公平的惩罚。他通过引用一位教师的话来指出一位女孩的个体行为是如何被普遍化的（Gilbourn，1995：183）。在谈论这个女孩的时候，那位老师提到，“我觉得这所学校里的加勒比裔黑人女孩都有问题……我不知道该如何和她们打交道。你努力避免种族主义，但她们中的一些人的确很不受控。”

在英国，要了解黑人女孩在学校的经历，必须了解学校所处的整个种族、阶级和性别/社会性别的社会环境。黑人女孩在学校经历的种族歧视不仅仅来自白人学生和一部分白人教师，也来自带有种族歧视及欧洲中心主义的课程设置。正如 Bryan 等引用的一些黑人女孩的经历：

> 学校成了我的梦魇。他们戳我、拽我，问：“那你的头发都编成结了嘛？”“你生活在树上吗？”
>
> 我记得我小时候的学校生活是很不开心的……有一次，老师把我拉到教室前，说我很脏，然后要把我的脖子洗干净，之后她就用 Vim 清洁剂这么做了。
>
> 我对学校的记忆就是不断被人取笑，所有人都叫我“小黑人偶”。
>
> （Bryan et al.,1985：62 – 63）

---

① 亚洲的黑色人种主要分布在印度南部、印尼部分岛屿。——译者注

他们指出课程设置是种族主义的和欧洲中心主义的，Gilbourn（1995）认为全国统一课程使这个问题恶化了，不仅仅是因为阅读材料中的女性是以性别歧视的角色出现的，而且大部分儿童和成年人都是白人。历史是从英国白人的角度讲授的。英文书籍的选择标准是"文学价值"，而这也是以白人的视角判断的。黑人常常被描绘成下等人：

> 你渐渐对一个故事入迷的时候，它会突然刺痛你——把黑人与野蛮人一类的事物联系起来。这实在很令人不快……有时候你就坐在教室里，精神紧张，就等着从老师的嘴里蹦出下一句贬低的话："噢，今天真是个'黑色'的倒霉日子"，或者说"有些孩子'抹黑'（blackened）了学校的名誉"。

（Bryan et al.,1985：65）

尽管表面上几乎没有教育学家接受黑人儿童从基因上就没有白人儿童聪明这一观点，但老师们通常对他们期望较低，而黑人儿童在学校的表现也一直不好。另一方面，加勒比裔黑人被期待在运动场上表现更好，也被鼓励往这方面发展。结果是，大部分黑人女孩学习成绩较差，很多黑人女孩只能获得有限的学历资质然后被迫去从事她们母亲或者更上一辈在1950和1960年代被怂恿来到英国时就从事的工作——次级劳动力市场上的那些肮脏的、低薪的工作（Gilbourn，1995）。

但是，正如白人工人阶级女孩一样，也有一些黑人女孩抵制种族主义和种族中心主义。Mary Fuller（1980）指出，一些加勒比裔黑人女孩因为在学校的遭遇感到愤怒与失望，这反而让她们赋予更积极的自我形象，拥抱作为女性与黑人的双重身份。她们希望通过获得教育文凭而找到好的工作，摆脱她们父母所处的社会阶层，证明自己的价值。但这不代表她们会遵循学校的所有规范。她们唯一符合所谓理想的"好学生"的行为只体现在完成功课上。除此之外她们其他的行为都是为了激怒老师。在课堂里她们表现得不专心、无聊、冷漠；她们通过在课堂上看杂志或者做家庭作业的方式来反抗她们认为无聊、琐碎的学校生活。她们认为学校的意义只在于学术上的好处；她们利用整个学校体系，但不会顺服于它。

Mirza（1992）认为黑人女孩学术成就来自她们自己的抱负和在缺乏老师鼓励前提下愿意努力学习的决心。她指出黑人女孩的抱负并没有反映在她们最终对工作的选择上，造成这种情况的原因中她们的学校所处的位置、种族主义的和性别化的劳动力市场以及就业指导这些因素所起的作用要比黑人女孩自己在婚姻与母职方面的期望的作用更大。她访问的黑人女孩都从事有酬工作，但这是在对自己能力和所拥有的机会做出现实评估后的选择。

第六节 男性气质与教育

1960 年代和 1970 年代的教育社会学存在性别盲点，要么忽视男孩与女孩在教育系统中的不同体验，要么只关注男孩，或者通过男孩的视角来解释女孩的经验。男孩被构建成规范，而女孩则成为他者。这些研究强化了男强女弱的性别偏见，认为男性（男孩）即使不是天然优于女性（女孩），他们作为负担家计的一方因工作需求和种种社会期待也会使其成长为相较于女性（女孩）的强者。

女性主义社会学关注女性（女孩）的体验，挑战男性在教育方面具有"天然"优势这一假设。其研究对象不是孤立的女性（女孩）而是两性关系，强调父权制对男性和女性身份认同的塑造。1980 和 1990 年代出现了两种从男性视角出发讨论男性气质构建的理论路径。第一种路径与"男性研究"相关，关注男性权利并提出有必要像女性主义者研究女性一样研究男性。这一路径忽略了两个事实：一是大多数社会学研究的研究者和研究对象都为男性，二是女性主义社会学研究的重点不是女性本身而是两性关系。其中，部分研究者（如，Moir and Moir, 1999）认为学校"反男孩"（anti-boy）和"亲女孩"（pro-girl），这一观点遭到女性主义者的反对。另一种路径则是利用女性主义所谓的"亲女权主义"（pro-feminist）来对男性进行研究。

女性主义视角对教育在女性气质建构中的作用已有很多论述，类似的，最近有一系列研究探讨男性气质的构建如何通过学校教育实现。例如，Beverley Skeggs（1995）认为男性气质是学校教育一整套规范与预期的组成部分。Máirtín Mac An Ghaill（1994）在一项关于男性气质是如何在学校内建立的实证研究中发现，男性小团体（包含男性教师）助长了一种敌对的、恐同和厌女的氛围。换句话说，男性小团体建立在对男同性恋的憎恨和对女性的敌意上。他认为，这种小团体并不是互助性质的，而是会嘲笑和恫吓不顺从他们的男孩。学校内部的男性文化与小团体以这种方式建立并维持着男性气质的边界，并保证异性恋者的统治地位。虽然他们认为与女性交往才是"正常"的两性行为方式，但日常他们对讨论女性显示出漠不关心的态度，并且不愿意和她们待在一起。

> Ashwin 说：无论在哪个群体，你必须每时每刻证明自己。比如，人们看到街头小混混时会说他们所做的一切都是为了耍酷斗狠。小混混则会觉得优等生们追求成绩拿第一很"娘娘腔"。归根结底都是为了打败其他人，证明自己比别人厉害。如果女孩比你分数高的话，你会觉得被羞辱了。你一定要向她们证明你比她们和其他男孩都优秀。
>
> （Mac An Ghaill，1994：93）

其他研究指出，对抗性的异性恋规范会通过非正式的和正式的文化建立起来，比如，对女性学生和教师的骚扰是学校日常生活的一部分。Mac An Ghaill 指出，事实上存在几套不同的男性气质准则，中产阶级和白人男孩遵从的准则是与黑人和工人阶级男孩不同的。为了解释这一现象，他提出，男性气质本身是个十分脆弱的建构。因此，它必须通过各种残酷的方式不断强化来维持特定形式的男性统治。在课堂内进行的女性主义研究也表明，正式与非正式的文化，包括男性气质文化，是如何以类似的方式一起创造和管理"女孩"的。例如，Ellen Jordan（1995）的研究指出，小学阶段男性气质的定义包含女孩相对于男孩处于从属地位，男孩们接受这套准则的规训，因此他们"需要"去统治女孩来彰显他们的男性气质。而Kehily（2002）指出，在学校强制异性恋的环境下，男孩不得不努力避免被贴上"同性恋"的标签。

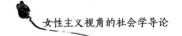

第七节　结　语

本章试图揭示在教育中持续存在的不平等情况并提供了一些解释。尽管女性在教育上的表现已经十分出色并在很多领域和教育阶段超过了男性，但她们并没有在这之后获得更好的工作与事业。教育和劳动力市场的关系说明了有关男性气质与女性气质的假设与建构会同时影响两者，而且说明了教育中的性别歧视和劣势，与劳动力市场上的性别歧视和劣势具有延续性。未来的家庭角色会降低年轻女性对事业与教育前景的期待。尽管对当代女性而言，抚养子女仅仅意味着职业暂休期（如果有的话），而在大多数社会婚姻也已不再被视为放弃工作的理由。

摘　要

1. 尽管年轻女性可能有比年轻男性更强的能力，但因为工作对女性来说通常被认为应排在婚姻与承担母职之后，她们的工作工资较低、前途黯淡，很可能聚集在服务业，而且不少女孩和年轻女性对教育的态度也反映了这些期望。

2. 尽管承诺教育机会均等，但职业教育和训练通过对特定类型的男性气质和女性气质的强调进而强化了性别不平等。

3. 女性的事业受制于婚姻和母职的社会期待。尽管在当代英国，抚养子女并不像以前那样会必然带来事业的停摆。当代年轻女性期望拥有一切，如有趣的工作、子女与婚姻，而不是和过去一样只能在婚姻与事业中二选一。但这一情况在全球范围内差异很大。

延伸阅读

Brine, J. (1999) *Under Educating Women: Globalizing Inequality.* Buckingham: Open University Press.

　　这本内容广泛的书籍探讨了全球的动态发展如何塑造教育领域中的性别、种族和阶级等问题。它反对以"决定论"的方式来解读全球教育的不平等，而是探索女孩与青少年的教育经验如何被各种合作和冲突利益所影响。这本书也思考了改革和反抗的可能性。

Coffey, A. (2001) *Education and Social Change.* Buckingham: Open University Press.

　　这本书是对当代教育政策和实践的社会学分析，在社会、政治和经济的背景下探讨近几十年来英国教育制度的改革和延续。

Francis, B. and Skelton, C. (eds) (2002) *Investigating Gender: Contemporary Perspectives on Education.* Buckingham: Open University Press.

　　这本书论述了许多与性别和教育相关的实证和理论问题，并为该领域内不同的研究提供了有用的介绍。它包括了来自不同视角的一系列文章，并概述了近年来教育研究的发展和争论。

Jones, K. (2002) *British Education 1944 – 2001.* Cambridge: Polity.

　　这本书全面介绍了英国教育系统在 1949—2001 年的 50 多年间的发展，内容涵盖了学校、工作场所和家庭等各种社会机制之间的关系。

第五章

生命历程

　　年龄通常被视为是一种自然或生物学状态。然而，历史研究和跨文化研究都表明：不同社会对生命历程的划分方式截然不同，不同年龄群体所表现出的行为也不尽相同。女性主义者认为，年龄状态对于女性而言尤其重要，因为人们更倾向用妇女先天的生物学特征而不是她们的社会成就来对其进行定义。她们的身份通常由自身的社会角色定义，例如某人的妻子或母亲。女性主义者还认为，男性与女性特征是先赋（ascribed）的，他们对生命历程的体验是截然不同的。由于生殖能力和性吸引力是女性最主要的特征，所以相对男人，女人被认为已经"年华老去"（Friedan，1993）。因此，年龄状态的变化被用于定义不同类型的女性特质，也定义了何谓女性，即使这种年龄阶段的分类并不一定符合许多女性的生命经验。在本章中，我们将审视生命历程的各个阶段：童年期、青春期、成年期（通常以婚姻状况与母职来定义妇女的这个阶段）、中年期和老年期，并思考包括性别差异（男人与女人之间的差异，参见第二章）在内的不同身份是如何塑造各个阶段的生命经验。有越来越多的社会学研究关注生命历程的各个阶段，研究的议题包括年龄阶层、童年期的意义与经验差异，特别是世界许多地区人口老龄化的影响。

　　Macionis 和 Plummer（2002：322）指出，"年龄分段是见诸所有社会区分人群的主要手段"。尽管每个社会都拥有年龄分层（age stratification）的某种体系，但处于生命历程不同阶段的群体被分配到的社会、政治与经济资源是不均等的。而且，在不同的社会与历史阶段中，群体的分类以及资源不平等的本质及程度也有很大差异。社会学者认为，不管生命历程如何被定义，人们对每段生命历程的期望都支配了该阶段群体的社会行为。

第一节　童年期

现今世界上的多数国家将童年期界定为一个相对自由、远离成人世界的社会、政治与经济负担的时期。儿童无权享受成人享有的许多权利，与此同时，他们也往往被社会免除承担成人的必要职责，例如养家糊口、照料老人与亲属，或者参加战争。但是，这种情况并不适用于世界的所有地方或者历史上的所有时期。童年的社会内涵与体验在不同地方以及不同时期大不相同。一个世纪以前，欧洲与美国的儿童还要承担许多成人的职责。同样的，如果我们审视当代许多发展中国家和后殖民主义社会中的儿童地位，我们会发现他/她们承担的责任和关心的事务和西方社会中的成年人相同。因此，童年期在"每个文化中的经验各不相同。甚至在同一个文化中，儿童的经验也因其所属的阶级、性别与种族各异"（Macionis and Plummer，2002：322）。

一些社会学者认为，即使在西方，"免于责任的"（irresponsible）儿童要由"负责的"（responsible）成年人保护的概念是个迷思。因为在高离婚率、双薪家庭、不断被暴露在"成人"媒体文化时代的今天，儿童已无法远离成人世界。Smart 等人（2001）指出，从这方面看，虽然英国等社会的家庭生活因高离婚率而逐渐改变，但是认为这些改变导致了儿童生活品质下降的看法是引人误解的。他们认为，与其说我们正在目睹家庭及"受保护"童年期的终结，还不如说，后离婚（post-divorce）时代及单亲家庭的出现创造了全新的童年经验。但是儿童除了要面对消费文化及童年"品牌化"的压力之外（Quart，2003），他/她们还被催促着要匆匆度过童年（Elkind，1981；Winn，1983）。其他研究者则指出，这种儿童被"催促"或者"被品牌化"的命题忽略了一项事实：身处相对弱势群体中的儿童，永远比其他儿童还要更早地承担其成人责任（Lynott and Logue，1933）。

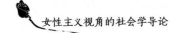

一 全球的童年期经验

Macionis 和 Plummer 举了一些例子来阐述当代社会中全球多样性的童年期经验，包括儿童劳动、儿童婚姻、儿童与战争、儿童与死亡等。她们指出，对于低收入国家与社会的许多儿童而言，工作是非常普遍的事情。有些高收入的社会富裕到可以让包括儿童在内的很多人无须工作。但是生活在这些社会中的儿童与青少年所消费的许多商品（例如品牌运动鞋及衣服），是由世界上其他较贫困国家的童工所生产出来的。事实上，联合国评估认为，这个世界上有许多儿童在不利于身心健康的条件下工作，包括参与采矿等危险的工业活动、从事卖淫、色情或毒品走私等非法活动，以及在极度高温、低温或是暴露在有毒有害化学物质的环境下工作。① 世界上有许多儿童被企业雇佣生产品牌商品，这些企业再将商品提供给西方家喻户晓的公司。尤其是越来越多的企业将制造工作"外包"（outsourcing）给劳动力成本低廉的国家（参见第三章），这使得儿童劳工全球分工的现象更加恶化。

俄罗斯社会学者（Barkhatov et al., 2002）的研究强调，"街童"（street children）已经开始被公认为俄罗斯后社会主义时期的主要社会现象：

> 过去十多年间，当这个国家正努力地与势不可挡的经济衰退及价值观的改变抗争时，它还不得不同时应对这种剧变带来的副效应：无家可归、备受忽视的儿童。这些流离失所，失去庇护与父母照顾的儿童正变成新的廉价劳动力，而且他/她们很容易就成为这个犯罪猖獗的世界的牺牲品。

> （Barkhatov et al., 2002：5）

报告显示，有将近 50% —60% 的街童年龄小于 13 岁，且其中有近四分之一到三分之一的人涉足卖淫或色情行业。研究者们估计，俄罗斯工作

---

① 资料来源：www.un.org。

的街童大多数是男孩，这其中从事犯罪活动的也大多是男孩。另一方面，俄罗斯有许多未成年女孩卖淫。将近有 10 万名女童及少女在街头当应召女郎或在商业场所、酒吧及俱乐部卖淫。Barkhatov（2002：10）特别批判了公众对儿童卖淫的态度："社会将污名烙印在这些被迫从事性交易的青少年女性身上，而没有烙在那些体面的成人顾客身上"。

当这些街童被问到工作原因时，回答"为了活下去"（worked to survive）的女孩人数是男孩的两倍。女孩回答"我受到威胁被迫工作"的比例是男孩的四倍。另外，回答"为了帮助父母养家"的也大多是女孩。相比之下，因为想要更多的零花钱、食物或昂贵消费品而工作的男孩多于女孩。许多从事卖淫的街童尤其是少女，在成年"主人"的手底下工作。研究发现，大约 47.6% 的女孩及 21.8% 的男孩背后有老板，或受到领报酬的成人的看管。

就像许多儿童离家从事有酬工作一样，世界上也有许多儿童结婚，并因此在很小的时候就被要求从事家务劳动及发生性关系。在非洲、南亚及东亚的一些国家中早婚（和西方的标准相比）现象比较盛行，多半原因与经济及文化因素有关（Therborn，2004）。在一些国家，一半以上的女性结婚时未满 18 岁。女孩多半在 15—19 岁结婚的国家包括刚果（74%）、尼日尔（70%）、阿富汗（54%）及孟加拉国（51%）等国（UNICEF，2001）。正如 Macionis 和 Plummer 所指出的，"贫穷是造成童婚的主要原因"，这对身处其中的女孩产生了以下严重的影响：

> 童婚可能会成为生活中最主要的约束，而且也严重损害健康。它也可能切断受教育机会。特别对女孩而言（女孩涉及童婚的比例要高出许多），它也几乎肯定意味着过早怀孕，这会带来较高的母亲死亡率并使妇女一辈子在家庭与两性关系中处于从属地位。
>
> （Macionis and Plummer，2002：323）

联合国儿童基金会（UNICEF，2001）关于童婚的报告指出，成人与儿童的婚姻组合中，家庭暴力现象非常普遍。早婚也和儿童卖淫有关，因为许多逃离配偶家暴的妇女及儿童无法回到父母家中，走投无路之下为了养活自己只能选择从事性产业（Therborn，2004）。

在世界上许多地区，童婚依旧很普遍。这是由于数十年盛行的胎儿性别鉴定技术和随后的女婴堕胎导致了适婚新娘的短缺（Therborn，2004）。Calvert 和 Calvert（2001：242）指出，在印度的某些地方，"就算村落里没有自来水，但一定会有一个医生能够使用高科技的羊膜穿刺或超声波来判定胎儿的性别"。Therborn（2004）特别指出，偏好男婴的传统让许多农村社区，尤其是中央邦等比较保守地区的印度家庭，把胎儿性别检测及堕除女胎当作家庭计划的手段。虽然性别检测在印度是非法的，但人们经常蔑视法律，提供此种服务的诊所也随处可见。在印度，杀死女婴的历史由来已久：女婴常被毒杀、闷死、溺毙、饿死或者直接遗弃，任由她们自生自灭。女孩结婚时必须付出一笔昂贵的嫁妆，因此她们被当作累赘；而男孩却被视为资产。当嫁妆过少时，男方甚至可以连续数年持续向女方家庭索取财物。女方家庭若拒绝，男方可能就会"焚杀新娘"。年轻的新娘不仅没有因女性人数匮乏而提高自身的价值或重要性，反倒时常遭受家庭暴力及虐待，并被强制拘禁在家中从事煮饭和料理家务，以及做更重要的事——繁衍子嗣（Therborn，2004）。

全世界难民人数中将近有一半是儿童。① 而且，由于儿童时常被认为是下一代的"敌人"，因此常常成为战争的主要标靶之一。女孩及少女常需面对被强暴及其他性暴力的风险。强暴"他方的"（their）女性并使其怀孕，是战争时常见的策略。儿童（无论是男孩还是女孩）也被招募或胁迫成为士兵。

对世界上许多儿童而言，他/她们的童年伴随着疾病。尤其在婴儿及儿童死亡率高发的国家，兄弟姐妹因病去世也很常见。据估计，在博茨瓦纳和南非等国，15 岁儿童中有将近一半死于艾滋病等相关疾病。② 此外，Macionis 和 Plummer（2002：235）也指出，"由于父母死于艾滋病，许多生活在撒哈拉以南非洲地区的儿童成为所谓的'艾滋遗孤'"。

---

① 资料来源：www. amnesty. org.

② 资料来源：www. who. org.

从全球来看，除了一些性别极不平等的地区之外，女孩能平安度过童年的机会比男孩高。Therborn 认为，世界上一些地方：

> 例如，孟加拉国、尼泊尔、巴基斯坦等国，女性出生时的预期寿命（life expectancy at birth）比男性稍短。在整个印度地区，女性平均寿命只比男性多一年。但是在大印度地区北部的北方邦、比哈尔邦、奥里萨邦等地，女性的预期寿命也比男性短。这个反常的模式说明女性没有得到妥善的对待。在发达国家，女性通常比男性多活五到七年；在中国及印度尼西亚，女性平均多活四年，埃及是三年，沙特阿拉伯是两年半，伊朗则是两年。撒哈拉以南非洲地区是世界上唯一与南亚一样，女性未能发挥出生物优势的社会地区，特别是在艾滋病猖獗的南方地带，尼日利亚及其他西非国家亦是如此。
>
> （Therborn，2004：110－111）

对于来自贫困家庭和经济条件匮乏家庭的儿童来说，女孩预期寿命的差距更为明显。贫困家庭的男孩与女孩的死亡率分别是经济状况良好家庭的男孩与女孩的 4.3 倍和 4.8 倍（United Nations，2003）。这一现象可能反映了当贫困家庭的女孩生病时，她们得到充分医疗护理或者卸下日常责任的可能性较小。生活在贫困家庭的她们需要承担许多（或者全部）的家务责任，如煮饭、打扫、清洗或者照顾幼小或年老的家庭成员。

孟加拉国一个家庭健康中心的研究发现，医生诊疗的男孩人数是女孩的两倍。在印度及拉丁美洲，女孩通常比男孩较晚接种疫苗，有些则一直都未接种。在一些地方，男孩得到的食物要比女孩更多、更好。在许多发展中国家，母乳喂养和断奶的方式也对男孩更加有利。因此，女孩及年轻女性健康的调查报告显示，就全世界来看童年是个相对不平等的时期（United Nations，2003：25）。

二　童年地位在西方社会中的变迁

人们普遍认为，在前工业时代（pre-industrial），童年期和青春期之间并没有很清晰的划分界限。那时，儿童从大约七岁起就成为成人社会中的一员，被指望着要承担工作职责并对养家糊口做出贡献（Aries，1962）。儿童如果犯罪，要承受与成人相同的刑罚。因为人们认为，儿童需要对自己的行为负起道德责任。在 19 世纪，当"童年"的概念从中产阶级向工人阶级延伸时，儿童处于一种"特别"的状态。即便如此，这个时代的儿童如果犯法，仍然与成人同罪。

> 仅仅在 1814 年 2 月的一天里，在 Old Bailey① 法庭审判中，就有五名儿童被判处死刑：12 岁的 Fowler 和 12 岁的 Wolfe 入室行窃，8 岁的 Morris、9 岁的 Solomons 和 11 岁的 Burrell 行窃并偷走一双鞋子。
>
> （Pinchbeck and Hewitt，1973，转引自 Muncie，1984：33）

在工业化之前的英国，尤其是在工人阶级家庭出生的儿童，无论他/她们是在家还是外出工作，都甚少自由。六七岁的年纪，他们就被送到别人家里当佣人或学徒，这种状态要一直持续到他们年近三十、有能力结婚为止。新兴的中产阶级通常把他们的儿子送出去当学徒。从 16 世纪起，越来越多的中产阶级把儿子送到寄宿学校去，不过这股风潮到 19 世纪才真正盛行。中产阶级家庭的女孩们主要待在家里，只有为数不多的女子寄宿学校给女孩们提供家政培训，帮她们为结婚做准备。女孩不是受到父亲就是受到雇主的控制。她们的薪水微不足道，而且许多女孩会被要求寄钱回家给她们的父母。

19 世纪初，工人阶级家庭的孩子们为工厂提供了廉价劳动力。但是，从 19 世纪 30 年代开始，《工厂法案》（Factory Acts）禁止工厂雇佣 10 岁以下的儿童，并对儿童可工作的小时数作了限制。这个法案使得 10 岁以下的儿童在经济上只能仰赖他/她们的父母。但是在整个 19 世纪，青少年仍持续从事有酬工作，年轻女性通常被卖为妓女。而且，一直到 19 世纪晚期，儿童从事清扫烟囱的工作仍属合法。经常有家庭依赖年轻子女的收入来养家，而这种情况一直延续到第一次世界大战结束后。女孩也会被要求

---

① Old Bailey 于 1674 年 4 月至 1834 年 10 月被作为伦敦和米德尔塞克斯的刑事法庭，后来成为中央法庭，审判全英的重大案件。——译者注

帮助母亲料理家务以及照顾幼小的弟妹。

福利制度改革者发起各项运动，呼吁将儿童从苦役、卖淫、罪恶及其他成人的剥削形式中解救出来，并以此创造出一个理想状态的童年期。通过将儿童以及青少年送进与成人隔离的学校或惩教机构接受改造或被"挽救"，一个理想的、庇护有加的和纯真的童年期概念也因此被建构出来。这些帮扶青少年的运动基于以下理念：青少年应该将休闲时间富有成效地花在俱乐部、组织或那些为了青少年专门设立、可以防止他/她们染上不好习惯或堕落犯罪的机构中。儿童福利制度改革者的运动之后被落实在社会政策中，因此有助于其他阶级的人接受中产阶级认为的青少年应该受到庇护、保持纯真的概念。

到了 20 世纪，心理学者及医疗专家开始认为童年是语言及身份形成的关键阶段。福利国家的做法是，将儿童视为特殊的福利干预对象进行特别对待，需要特别的饮食、牙科和医疗支持。日益壮大的社会服务组织开始关心儿童的道德与社会福利；教育体系不仅开始关注他/她们的知识传授，更普遍地关注他/她们的福祉（well-being）。因此，在英国及其他西方社会出现了各种专家与学者专长于儿童的照料、医疗与抚育，并将关注扩展到青春期。

另一些趋势也进一步改变了童年状况。自第二次世界大战后，婴儿的死亡率与出生率同步降低，这意味着家庭能够为子女投入更多，以确保他/她们的存活（Gittens，1985）。在这种情况下，儿童变成能使成人开心与愉悦的对象，是一种家庭乐趣。儿童成为家庭生活的目的与重心，所以他/她们不仅无须工作来养家糊口，还开始被视为家庭的依附者，并且家庭也愿意为了他/她们牺牲其他的消费支出。

家与工作场所的分离导致母亲与孩子在空间与社会上的分离。中产阶级的家开始成为家庭的避风港，保护人们不会受到激烈的市场竞争与公共世界的侵扰。家变成男人寻求慰藉与舒适的所在，女人与孩子则在其中隐居、受到庇护。中产阶级这种认为家是避风港、儿童需要得到庇护的观念随后蔓延到工人阶级。

自 19 世纪晚期，人们开始认为儿童应该拥有自己的权利，并制定了各种法律政策来保护他/她们不受家庭的侵害，以及被其他成年人剥削或忽视。但是，儿童的福利和他/她们受到的社会控制息息相关。1908 年实施的《儿童法案》（Children's Act）在保护他/她们不会演变为成人罪犯的同时，也将他/她们隔离在"感化院"中。"问题"儿童在受到保护的同时也接受了改造。青少年犯罪者以异于成人的方式来处理，在"少年法庭"接受审判。学校应该监视他/她们的发展，以辨别"问题"案例。人们这么做的部分原因是因为他们认为，不安分的儿童未来有可能会成为少年犯。因此，童年期被视为与发展阶段和心理阶段有关，它必须以正确的方式度过，必要时可以借助专家的帮助（Sapsford，1993）。

西方社会在 20 世纪期间发展出童年应该接受庇护、保持纯真的理念。Hockey 和 James（1993，2002）指出，这个理念意味着，在一个以年龄为结构的社会中，童年是属于被支配的依附阶段。儿童在这一过程中遭受支配，因为权力始终掌握在成人手里。此外，认为童年应该接受庇护以保持纯真的理念，也使得这个阶段代表了一个人生命中最快乐的部分时光。童年的全球化——诸如英国"Children in Need"大型慈善筹款节目这类通过大众媒体来进行的募款活动和慈善活动使得人们常常将世界上其他地方的儿童视为战争、饥荒及其他灾难的受害者；相比之下，西方儿童的童年则是安全、幸福的。因此，西方的童年模式被视为理想且标准的模式。

男孩与女孩的差异可以通过他/她们不同的衣着与玩具显现出来。他/她们自出生起，甚或更早，就开始经历不同的社会化过程。直到近几十年来，英国（及其他许多西方社会）的男孩与女孩还一直过着制度上隔离的生活：他/她们就读不同的学校、上不同的课程、参加不同的青少年俱乐部等。如今许多这些制度上的性别差异已经被男女同校的趋势所破坏（参见第四章）。但是，在其他方面，女孩和男孩仍然受到不同的对待。对相同年龄的男孩与女孩而言，女孩受到的控制及监督比男孩更多。女孩比男孩更容易被关在家里，因为这样她们才能与外在世界中或真实或想象中的危险或性侵害隔离开来。成人与儿童的接触被性别化，这意味着儿童与成人之间的隔离甚于往日，而这也是近年来大众对儿童保护的焦虑以及媒体不断报道儿童虐待与绑架案例带来的结果。女孩几乎不准单独行走在路上，也无法拥有太多属于自己、不受成人监视的时间。

但是，成人保护者的警戒与焦虑常让我们忘记一个事实：那些理当保护儿童的成人也经常是让他/她们遭受身体暴力与性侵害的人。儿童性虐待引发了大众极大的心理焦虑，但是人们更容易去责备社会工作者容易受骗或过于粗心，或怪罪于邪教，而非那些理应爱护儿童的父母。英国（及其他地方）也因此改变了儿童法规，并为被性虐待的儿童受害者设立"儿童热线"（childlines），但这些干预方式导致人们为了保护儿童而持续避免他/她们与成人接触，这也让人们重新讨论童年应该处于何种状态。

各种关于青少年恃强凌弱及强暴同龄女孩或年长女性的报道，让人们重新开始思考何谓童年这个问题。这些问题已经破坏了他/她们"纯真"的形象，引起大众的焦虑，并让人们开始争论儿童到几岁可以为自己的行为负责。这些争论都说明童年期在西方文化中非常模棱两可。儿童原本应该过着饱受庇护的纯真生活，却遭受了理应要保护他/她们的成人的冲动暴力行为及性侵害，成为受害者。和以往相比，许多儿童在家里拥有越来越多的自由与财富，踏出家门之外的自由却越来越少。当然，他/她们在自己的卧室中也可借由电视与互联网和全球媒体及沟通网络进行连接。例如，《青少年和新媒体》（*Young People，New Media*）这份由伦敦政经学院发布、探讨青少年如何参与媒体文化的研究报告发现，三分之二的儿童在自己的卧室里有一台电视（Livingston and Bovill，1999）。

三　童年期在当代英国的涵义

虽然英国等许多欧洲社会的儿童人口日益减少，但是 2001 年英格兰与威尔士地区的人口普查结果揭示，儿童在英国人口中数量庞大，大概有 1170 万人。将近四分之一（22.9%）的儿童生活在单亲家庭中，其中 91.2% 由母亲照顾。整体来看，几乎三分之一的家庭都有还未独立的孩子，其中有九分之一年龄小于五岁。大概有超过十分之一以上的儿童生活在继亲家庭（step family）中，而大部分（65%）的儿童仍和原来的父母居住在一起。许多儿童生活在"失业的"（workless）家庭：大概有超过200 万（17.6%）儿童生活的家庭中没有任何成人拥有一份有酬工作。

在英国的穆斯林家庭，"失业"数据更高，将近三分之一的儿童所居住的家庭中没有任何成人从事有酬工作。穆斯林儿童住所过度拥挤的现象很普遍，超过五分之二（41.7%）的儿童有此经验，而英国全国平均值为12.3%。另外，八分之一的穆斯林儿童住在没有中央暖气的房子里，而全国平均值为5.9%。拥有幼童的家庭不适合住在高楼层，可是将近有58000名不满两岁的儿童住在离地面有两层楼高以上，住在五层楼及以上的则超过11000名。①

四 社会学的童年期观点

直到不久之前，儿童及童年期议题仍是社会学中相对忽视的议题。例如，社会学调查很少以儿童为受访对象，因为人们假设他/她们无法像成人一样能够理性地回答问题（Lewis and Lindsay, 1999）。但是，儿童（至少在西方）也拥有"特权"（privileged）地位。他/她们代表一个社会或者社会群体未来的希望及理想，因此受到特别的帮助与保护。但是，如上文所述，并不是所有的地方都是如此。

近几年来，探讨童年期的社会学研究日益增多。这些研究大多关心童年期模棱两可的状态及变迁中的童年经验（James and Prout, 1997）。社会学对儿童的思考倾向于排斥以生物学或心理学的观点来定义童年。它强调童年期的形式不是固有的或普遍存在的，同时强调童年是特定社会角色所具有的特定意义所塑造出来的结果，因此重点多放在社会如何建构童年期的问题上（James et al., 1998）。

社会学理论传统上将儿童与成人视为两个截然不同的人群：成人是完整的、稳定的、可自我控制的；儿童则是不完整的、可改变的，而且需要（成人的）控制与监督的。然而，近年来一些受到后现代观念影响的研究开始质疑这种假设。Nick Lee（2001）及 Steven Miles（2000）等社会学者指出，因为现今的儿童"成长于一个不确定的年代"（Lee, 2001），童年期不能再被视为个人迈向完整与稳定之前的阶段。不管是职业、亲密关

---

① 资料来源：www. statistics. gov. uk.

系、身份等都已逐渐变成暂时性的东西。传统社会学划分成熟大人及不成熟儿童的方式，也因此显得问题重重。人们认为，全球化等社会过程，尤其是消费文化与大众媒体扮演的角色，皆对塑造当代儿童的童年期经验产生了极大的影响（Miles，2000）。

女性主义者认为，社会学的儿童研究常常过于强调童年是一种同质的社会与文化经验，因此甚少关注到社会阶级、种族及族群、失能、全球权力关系及性别等因素对童年的影响（Russell and Tyler，2002）。Berry Mayall（2002）认为，就像我们需要一门为了女性存在的社会学一样，女性主义者也应该开始发展为了儿童（当然不仅仅局限于童年期）而存在的社会学。这种儿童社会学的政治关怀是，希望可以克服所有会造成成人与儿童之间、以及儿童之间不平等的压迫性社会关系。

女性主义者在研究童年期时会特别强调性别、儿童与消费文化之间的关系，因为《摇滚宝宝》（Tweenies）[1] 已经越来越受到市场的关注，"儿童消费力"（pester power）及"品牌化"（branding）也起到了塑造西方童年经验的作用（Quart，2003）。当前，儿童似乎已经成为一股主要的购买力。一些社会学家也指出，童年期已经成为全球企业强力锁定的"品牌化"对象。根据 Walls Monitor（位于英国及美国的一家市场营销机构，专长于研究 5—16 岁这个年龄组的人口群体）的研究显示，在 1993 年到 1998 年，儿童的零用钱增加了 38%，1997 年及 1998 年这两年增加的幅度更高达 28%。同样的，英国和美国的市场研究也指出，在每周末逛一次购物中心的人口群体当中，十岁出头（pre-teen）的女孩是其他人口的两倍。最近一项探讨性别、童年和消费文化的研究强调：

> 她们这种商业感知能力似乎暗示了，对女人而言，开始对身体外表产生自我意识，并参照社会与文化中较狭隘的方面来定义自身的身份，永远不嫌太早。

（Russell and Tyler，2002：628）

---

[1] 《摇滚宝宝》（Tweenies）是《BOBO 乐乐园》独家引进英国 BBC 人偶剧，是一个多彩的、充满娱乐性的资讯类学前系列节目，主要展示 3—5 岁儿童的欢乐生活和挑战。——译者注

Russell 和 Tyler（2002：631）在研究英国"女孩天堂"（Girl Heaven）（主要目标群体是 3—13 岁的女孩）这家连锁卖场时也强调，在消费文化的背景下，"女孩展现女性气质的机会已经被简化为购买系列商品和化妆品的行为。这不仅让她们不同于彼此，更重要的是在这一过程和社会体验中，变得女性化"。

第二节　青春期

虽然人们时常假设青春期是一种生物学上的现象，但就像各地童年期的经验因文化与历史而异，青春期也是如此。"青春期"（adolescence）有时被描述成是人们因为面临身体变化而做出艰难心理调适的阶段。对女孩及年轻女性而言，则特别意味着身体开始发育并逐渐拥有一个可以受孕的身体。对许多女孩，尤其是生活在西方社会的女孩而言，青春期也代表一个逐渐性别化的阶段，因为人们多半以能否拥有性关系以及是否拥有生殖能力来定义女性。

一　年轻女性与性欲特质

贯穿人类历史，人们一直从性欲特质（sexuality）相关的方面来审视年轻妇女的态度、行为和一般举止。社会所设立的、用以监督的文化和道德标准，也通常在公私人领域或通过大众媒体来管控年轻妇女的性欲特质。西方文化也时常建构出人们对女性性欲特质所产生的道德恐慌。例如，年轻的单亲母亲经常被视为问题人群，人们也时常讨论要设法减少那些被认为是她们引发的问题。人们认为都市里的贫民窟乱象及逐渐攀升的犯罪率，都应归因于年轻的单亲母亲增多（Furlong and Cartmel，1997；Griffin，1991）。年轻女性的性欲特质遭受管控的现象非西方社会独有。例如，在 20 世纪 90 年代后期，土耳其的学校会将那些被怀疑有性行为的女生送去做处女检测（virginity testing）。她们若被发现已非处女，就会被逐出校门（包括那些达到见习护士年龄的年轻女性）。直到 2002 年，土耳其教育部才明令禁止这种做法（Ilkkaracan，2002）。

世界上许多社会的青少年女性完全或几乎未经历过"青春时代"（youth），因此人们认为，青春期作为人生历程的一个独特阶段，可能是西方社会才有的福利。Therborn（2004：215）指出，"大部分住在南亚的女孩都未经历过青春时代。印度尼西亚、中亚、西亚和北非等地区也好不了多少。"举例来说，全世界每十个刚出生的婴儿中就有一个婴儿的母亲还是十来岁的少女，有些国家的比例更是高得惊人。过早怀孕或生育可能会带来高死亡率或罹患严重疾病。联合国报告指出，在发展中国家，年龄介于 10 到 14 岁的女孩，因怀孕或生育而死亡的人数是年龄在 20—24 岁的五倍。全世界每十个堕胎中就有一个发生在年龄介于 15—19 岁的女性身上，这意味着每年至少有 440 万少女经历这个过程，而且 40% 是在不安全的条件下进行手术（United Nations，2003）。在阿根廷及智利所有因怀孕而死亡的青少年女性中，有超过三分之一以上的死亡原因与不安全的堕胎直接有关。在秘鲁，因在堕胎过程中感染并发症而住院的女性中，有三分之一介于 15—24 岁。世界卫生组织估计，撒哈拉以南非洲地区因堕胎感染并发症而住院的女性中，有高达 70% 的人未满 20 岁。① 乌干达的一份研究显示，因堕胎致死的女性中将近 60% 是青少年（United Nations，2003：253）。而且正如前文所述，在发展中社会、后殖民社会或后共产主义社会里，有许多女孩及年轻女性被迫卖淫或从事"性观光产业"（sex tourism）（参见第八章）。

二　英国的青少年

从法律上来看，青春期的地位模棱两可。在英国，10 岁以上的青少年就必须为他/她们的犯罪行为负责。但是，少女在 16 岁以前不能自愿和男性发生性行为，尽管医生可能在这之前就已经向他们提供了避孕建议及避孕工具。然而 Gail Hawkes（1995）指出，"家庭计划"专家们对那些他/她们认为生活作风"不检点"的女生所提供的秘密避孕措施时常使她们更容易遭受到因性别、种族及阶级意识形态所招致的歧视。青少年男性与女

---

① 资料来源：www.who.org.

性可以在 16 岁结婚，但必须征得父母的同意。男孩 16 岁时就可应召入伍，但直到 18 岁才拥有投票选举国会议员的资格。18 岁也是选举候选人的最低年龄限制。如今，法定成人年龄是 18 岁；但在 1970 年，成人年龄是 21 岁。

如前文所述，西方社会的儿童似乎"变得少年老成"（Quart，2003）。与此同时，青春期却越来越长。Alissa Quart（2003）在文章中描述了这种现象，她批判女孩及年轻妇女被"烙印"（branding）上像成年妇女一样喜欢"消遣"（hand out）的形象，而成年妇女主要借由消费文化来建构自身的社会身份和建立友谊网络。延长童年期之后的成长时间，这种趋势正在蔓延。随着接受全日制教育的时间越来越长（这通常是法律变迁带来的结果，不过是越来越多的青少年选择留在学校所带来的现象）、各种职业教育及技术教育课程的数目及范围日渐扩增，年轻人也花费越来越多的时间来规划课程，以便应对各种错综复杂的机会与可能性。英国就读高等教育的人数也在逐年增加（参见第八章）。

有越来越多的年轻人在接受教育或培训的事实，改变了人们对英国及其他西方社会青少年的看法。坦率地说，1945 年，英国 80% 的 14 岁人口在工作。而如今，14—18 岁的青少年人群中，有 80% 在接受全日制教育。我们现在会认为这个年纪的人还"太小了"，不应该工作。但是，正如前文所述，并不是全世界的人都这么想。

一般的国家及福利政策趋势是将青少年视为独立的行动者，赋予他/她们更多的自主性及决定权。但是，这是一个矛盾的过程：试图削减福利预算的政府假设青少年还有家庭可依靠，因此逐渐剥夺他/她们原来享有的权益。自主性日渐增加的过程，也是青少年经历"个人主义化"（individualisation）过程的一部分，并反映在他/她们的社会与文化经验上。这意味着，虽然年轻人依靠父母的时间可能越来越久，但在家中享有更多自主性和更大空间的时间也更长久。

三　青春期、青少年文化及社会变迁

在这样的背景下，女孩及年轻女性的生活方式和行为开始发生变化。抽烟、喝酒是家常便饭，吸毒及犯罪也屡见不鲜（尽管犯罪的女性比例仍比男性低，参见第十章）。虽然青少年开始性行为的平均年龄因地而异，但女性的确在更小的年龄便开始有性行为。

第二次世界大战之后的 20 世纪五六十年代，社会日渐丰裕，青少年文化也开始吸引社会学的大量关注。青少年被描述成为一群"富裕的消费者"（affluent consumers），以其全新的消费力刺激文化产业（尤其是流行音乐、杂志及时尚生产）的发展（Wallace，1989）。媒体、政府及社会学往往只关注偷窃犯、足球流氓、吸毒者等特定的青少年"问题"群体。这些青少年被视为异端分子，他/她们反社会并挑战成人世界。20 世纪 50 年代出现"阿飞族"（Teds）①，然后是 20 世纪 60 年代的"摩登族"（mods）与"摇滚族"（rockers），最后是 20 世纪 70 年代的"朋克族"（punks）。20 世纪 60 年代出现的更像中产阶级次文化的"嬉皮族"（hippies）学生运动开始反抗消费社会中中产阶级的新教工作伦理及"体面"（respectability）等观念。这些群体带来的问题被认为是"当代青年"（the youth of today）的普遍问题。因此青春期是普遍的概念又被再度强化（参见第十二章）。

但是，来自伯明翰当代文化研究中心（the Centre for Contemporary Cultural Studies）的马克思主义社会学家们（例如 Hall and Jefferson，1976）在分析这些次文化后指出，这些次文化并不能说明青少年碰到的问题是"普遍的"（universal），这些问题是特定阶级构造的。因此，"阿飞族"及"光头族"（skinheads）代表的是工人阶级的青少年次文化，"嬉皮族"则属于中产阶级，它们不能反映出所有年轻人的行为、态度与价值观。然而，女性主义研究者特别批判社会学的青少年次文化研究对女性的忽视（参见第十二章）。他们指出，这些次文化研究并未考虑年轻女性，只注意到男性的次文化活动。McRobbie 和 Garber（1976）觉得这可能是因为要么年轻女性在次文化中真的不活跃，要么是她们被男性研究者"视而不见"。针对这个议题她们认为，除了作为女朋友或者逢迎者（hangers-on）之外，年轻妇女未出现在次文化中是因为她们的文化表现形式是以另一种"女性气质"的文化为基础：即以青少年的卧室为据点，并且借由成为流行教主

---

①　指穿着花哨的奇装异服，举止轻狂的青少年流氓。——译者注

或乐团的"粉丝"（fan）来避免她们的文化受到男性掌控及定义。社会学研究倾向于比较消极地定义这些女性次文化：

> 它们很少被研究是因为它们属于附属的、互补性质的女性领域。同样地，女孩在活跃的、男性主导的工人阶级青年休闲次文化中被边缘化，并不意味着女孩也一样处于"互补"但是更加被动的粉丝俱乐部的次文化中。
>
> （MaRobbie and Garber, 1976：211）

人们对待十来岁少女的方式与男孩不同，这至少部分地影响了她们的行为。人们认为年轻女性需要更多的照顾及保护，因此和儿子比起来，女儿在休闲时间更常受到父母严密的"监控"（police）。这种情形也和主流意识形态认为什么样的女性行为"恰当"（appropriate）有关。Sue Lees（1986）的研究也让我们看到，男孩是如何在公共领域中通过给女孩贴上性生活混乱的标签来威胁、控制她们。人们预期男孩会"纵情恣欲"，但有同样行为的女孩却常因此遭受责备、被贴上带有负面意义的标签（参见第八章）。这种将女孩的性生活贴上标签的行为常与实际的状况无关，重点是要让女性的行为不脱离主流的女性气质形象，例如，不口出恶言、大声喧嚣等。为了表现出可人的一面，当一个"好女孩"，年轻女性必须压制自己的真实性欲，在爱情中顺从人们对性别的期望，对性行为表现消极并遵从一夫一妻制。女性主义者指出这种双重标准同时限制了年轻女性在公、私人领域中的生活，并以性别模式来确保她们的顺从，而这个最终将体现在核心家庭的意识形态上。

女性主义社会学者认为，被想当然地认为是天生的"男性特质"与"女性气质"，事实上来源于社会：因为年轻人必须通过学习来习得这些角色。Mcrobbie 及 Garber 等女性主义者指出，年轻妇女并未像男孩一样"反抗"，而是躲进浪漫的爱情故事。相反地，Sue Lee（1986）、Christine Griffin（1985）及 Claire Wallace（1987）等其他研究者则认为，浪漫爱情的意识形态在年轻女性的生活中扮演复杂的角色。第一，从很多方面来看，年轻妇女并未被女性小说的形象所欺骗；相反地，她们对未来婚姻生活的看法很现实。第二，她们指出，年轻女性的确拥有许多抵抗、藐视"好女孩"刻板印象的策略。第三，这些研究强调拥有一份工作对年轻女性的重要性。因为有了工作，她们才能在家庭内外获得地位与独立。婚姻与母职并不是她们生命中唯一的目标。20 世纪 90 年代，Sue Sharpe 对其在八十年代访谈过的伦敦样本人群进行了再次调研，发现与之前的研究相比，受访的年轻妇女已不再认为婚姻与母职是生命中唯一的目标（Sharpe，1995）。近来许多探讨年轻妇女的研究也表明，女性能够拥有多样的身份，并且可以转换、掌控或改变这些身份，使之与自己相符。这些带有后现代女性主义观点的研究因此强调，女性的身份是选择而来的，而非预先决定的。

但是，放眼全球，联合国关于青春期女孩与年轻女性状况的《世界青年报告》（*World Youth Report*）强调，女性被否定、排斥及歧视的情形仍很普遍；获得健康（尤其是孕妇健康）、教育与工作等社会资源的机会较为有限；女孩及年轻女性还在持续遭受暴力。这份报告还发现：

> 发达国家中的男人地位比女人高，因为女人的无酬家务劳动仍然没有得到重视，也不被认为有助于工业经济。在其他社会，女孩及年轻女性则主要被当作"生殖劳工"（Reproductive Laborers）。她们拥有的政治及经济参与权利少于男孩及年轻男性。她们必须做的工作既得不到报酬也不被完全认可。她们大多仍只拥有私人领域的生活，因为公共领域依旧受到男性的主宰。

（United Nations，2003：249）

四　识字能力与教育的性别差异

总的说来，在世界上许多地方，女孩就读各级学校的比例比男孩提高得更快，教育的性别鸿沟正在日益弥合（参见第四章）。但是正如我们在第四章提及的，在 22 个非洲国家及 9 个亚洲国家中，女孩的入学比例仍只有男孩的 80%（United Nations，2003）。南亚及撒哈拉以南非洲地区的情况最为严重，特别在中学阶段，女性的人数只有男性的 40%。同样地，在非洲与亚洲地区，15—24 岁的女生文盲率最高，分别是 29% 和 19%。事实上，就全球来看，女性文盲的比例下降得非常缓慢。Wallace 和 Kovatcheva（1998）指出，在 20 世纪 70 年代，女孩的文盲比例是男孩的 1.8 倍，到了 20 世纪 90 年代末。这一数值只稍微下降到 1.6 倍。非洲与亚洲的数据尽管相对较高，却代表它们有很大的改善空间。联合国的报告指出，20 世纪 70 年代，非洲有 71.7% 的女孩是文盲，亚洲则是 50.3%。

然而，虽然发展中国家已持续地改善这种情况，穷国与富国在女性的文盲率以及所拥有的教育机会上仍有很大的差距。在所有国家中，年轻女性都集中于特定的教育学科，并因此被引向低薪的工作，职业机会也比较狭窄（参见第四、第九章）。青春期少女的生存机遇在世界各地有很大的差异。但一般而言，和男孩相比，女孩作为整个群体在教育与识字能力上仍处于不利地位。然而，近来的社会学研究也明确指出，无论是来自西方国家社会或发展中国家社会，女孩及年轻女性经常是通过参照其他社会化机制来构建自己的身份，尤其是通过大众媒体及消费文化。

五　年轻妇女与消费文化

社会学探讨年轻妇女与消费文化之间关系的文献日益增加（McRobbie，1994，1996；Lury，1995；Radner，1995）。它们大都强调购物对塑造并巩固年轻妇女与消费文化之间的关系起到了重要作用（Ganetz，1995；Falk and Campbell，1997）。很多研究也开始注意到"少女文化"（girlie culture），尤其是"女孩力量"（girl power）等具有重要社会意义的主题，并认为女孩及年轻女性有能力挑战、抵抗、嘲讽并最终破坏消费文化中各种对何谓年轻女性的霸权定义以及对购物是"少女"（girlie）消遣的典型看法。"女孩"（girl）一词在这里显然代表了一种市场定位，隐含了女性在童年期或青春期这两个阶段的身份，也同时消极映射出一种性别、阶级及种族阶层，这也是流行文化欲在"女孩力量"上重新赋予的意义（人们多认为这个词汇起源于"辣妹组合"这个女子流行乐团）（参见第十二章）。

因为女性气质的社会建构主要基于女性外貌，女性主义分析倾向于强调女性对外表与身体的关注在塑造性别与消费文化之间关系的作用。大多数研究关注消费文化呈现女性身体的方式与社会与文化规范的关系，而社会与文化规范同时掌控着女性的行为与外表。这个现象反映在美容与化妆业（Wolf，1990）、时尚业（Young，1990a）、体育与运动业（Bartky，1990），以及整容业。研究显示，整容的女孩及女青年越来越多（Davis，1995）。这些研究也强调，消费文化对女性气质的建构成为控制年轻女性行为的一种机制：不仅通过建立超标准的、理想化的女性气质来控制她们的外表，也利用美学标准来定义何谓女性气质（Russell and Tyler，2002）。

其他（更后现代）的女性主义观点在探讨性别身份及消费文化时，不仅并未批判女性及消费文化之间的关系，反而对其进行了颂扬（Nava，1992；McRobbie，1994；Ganetz，1995）。例如，Angela McRobbie（1994：175 – 178）主张我们要"重新评价女性气质带来的愉悦"。这类研究将年轻女性视为具有创造力的消费者，是消费文化的主体而非被动接受市场意识形态的客体。这一类的研究还认为，女性能够抵抗、挑战及重新利用消费品来塑造更时尚的身份。它们大多强调，年轻妇女有能力颠覆父权制度的规范、抵抗人们对女性气质（以及怎样看起来才具有女性气质）的定义。Mica Nava（1992）突出说明年轻妇女如何利用消费文化来创造自己的风格。她相信，女性并非男性凝视下的客体，"拥有将身体美学化的可能性基本上是女性自浪漫时期以来就开始拥有的特权"（Nava，1992：73）。从这种观点来看，消费文化是一种"创造性的空间"（creative space），可以让身处其中的女性发展象征性创造力及自我表现的潜力（Ganetz，1995：88）。

第三节　成年期

成年期主要与在社会中拥有完整的地位相关，包括性关系、婚姻、生育、从事全职工作、独立生活等。但同样的，这种观点并不普遍适用。成年期的概念因历史与地域而异，而且成年期的经验就像童年期及青春期一样会受到性别、社会阶级、种族及族群、失能问题及全球权力关系等因素的影响。在大多数西方社会中，成年与公民地位有关：享有投票、贷款或签订法律合约的权利。但在印度等社会，女性只有在生出儿子后才会被当作成人。不像传统的非西方社会那样只要经过了"成人仪式"（rites of passage）就算进入成年期，大部分西方国家社会认为成年期与"仪式里程碑"（ritual markers）息息相关。"仪式里程碑"总共有三种形式：私人领域的里程碑（例如第一次月经、第一次性交、第一次喝酒）和公共领域的里程碑（例如结婚或毕业、举办 18 岁或 21 岁的生日派对），以及法定的里程碑（例如拥有投票权）。

一　成年期与性别差异

这些仪式以不同的方式举行，而且对女人及男人的意义也不同。年轻女性通常因为一般较早结婚、较早开始性行为等，比年轻男性早几年进入成人社会。对年轻妇女（尤其是那些在发展中及后殖民国家的年轻女性）来说，这些生命历程的转变时常加速进行，工人阶级的女性尤其如此。相比之下，中产阶级的年轻女性的生命转变期常常延长。这种现象也依各种西方文化而异。例如，德国或丹麦的年轻人一般都比英国人要晚结婚成家。

这些生命历程的改变对不同的性别具有不同的意义。例如，对年轻男性而言，开始拥有性行为可以带来极大的欢愉和自豪感。但对年轻女性来说，这则是一个难以协商的领域，充满着一系列权衡利弊的复杂过程，有时甚至会涉及强迫或身体暴力。她们一方面担心被当作性冷淡的"死鱼"（drag），另一方面，又怕被当作私生活混乱的"婊子"（slag）（Cowie and Lees，198；Halson，1991；Holland et al.，1994）。结婚、生育、为人父母对男人与女人的意义也不同。女性在这些事情上必须承担更多的责任，也时常为了照顾小孩而不得不中断职业。在西方社会，有越来越多的女性会至少在某段时间在没有男性配偶的情形下养育子女。如前文所述，大多数（有90%）单亲家庭的户主是女性（参见第六章）。

二　成人期与身体

虽然男人与女人的身体都会随着生命历程的进展而产生变化。但是，和男人相比，人们更常以生物学及生殖周期等特征来理解女人的生命。人们认为，男人都是理性的人，他们的状态由他们在劳动力市场及公共领域的表现与行为来界定。他们的生殖功能与身体却鲜少被提及，也往往不被当作问题。另一方面，女人的身体与生殖功能却不断被探讨，而且时常以各种方式决定她们的生命（Ussher，1989）。

Ussher 指出，在 19 世纪时，妇女被视为子宫引发的歇斯底里症的受害者，人们认为歇斯底里症是一种直接由子宫造成的疾病。妇女还容易受到神经衰弱症等疾病的侵扰。要改善这些病症，妇女必须持续休息及接受特定的饮食。然而，即使到了 21 世纪初期，人们仍然认为妇女深受各种生理过程之苦。因为月经，她们便被认为是"疯狂荷尔蒙"（raging hormones）的受害者，无论是"经期"初始、"经前紧张"，或者在更年期时的荷尔蒙激素水平下降。人们经常认为，上述每一种情形都会造成妇女暂时处于精神失常的边缘。例如，经前紧张就常被认为是妇女闷闷不乐或工作状态不佳的原因。

为了研究这些生物学上的"问题"，妇女的生命历程常被医疗干预或被视为某种疾病（参见第七章）。荷尔蒙替代疗法或者子宫切除术经常被建议用来解决妇女的更年期问题。人们也常为了解决妇女的经前紧张或经期不规律等问题，而给予她们荷尔蒙治疗或特别的饮食。这些因生命历程的转变所带来的许多问题，也可以追溯到社会及心理方面的问题。但它们却因人们急于找出医学上的解释及"疗法"（cures）而备受忽视。例如，Ussher（1989）发现，妇女所经历的经前症候非常多样，并没有固定的模式。对某些妇女而言，经前症候是愉悦的，但对其他妇女而言，可能是悲惨的经验。有些妇女甚至未注意到它的存在。经前症候的体验在很大程度上取决于当时她们的生活中发生了其他什么事情。但是，经前紧张这个"问题"时常受到医疗的诊断及干预。

Nelly Oudshoorn（1994）指出，为了控制妇女的性欲与身体，科学以各种方式建构出一个被荷尔蒙控制的女性身体，并大量制造生产各种药物（尤其是避孕药）。"被荷尔蒙控制"（hormonally controlled）的身体这个概念出现后，荷尔蒙疗法被认为可以治愈许多"女性问题"（female problems）或"妇女的麻烦"（women's troubles）人们觉得可以借此控制女性的身体，从她们月经来的那一刻到更年期为止。经前紧张、意外受孕、潮热等"妇女问题"（women's problems）可以通过医疗得到控制。男性主宰的科学知识控制了女性的自然之身，而在这样的过程中，女性的生命转而受到父权制度下的医疗科学越来越严密的监督。女性不同于男性且次于男性、她们需要由男性科学地控制的概念也自然而然受到强化。

> 想象一下，若这个世界是以不同的文化及不同的道德态度来看待性别以及家庭计划与养儿育女的责任，将会发生什么事情？不难想象，最后我们将有男性避孕药、诊断男性更年期的医疗方式、以及一个多重性别的分类体系。
>
> （Oudshoorn，1994：151）

对生活在社会中的妇女来说，老龄化过程的定义本身也有问题。女性老龄化的定义主要与身体有关，而身体是否具吸引力也是女性气质的特征。失去了吸引力常成为女性焦虑的主要来源。各种广告也不断告诫女性要借由面霜、药剂、节食运动甚至外科整形来控制她们的身体。虽然有越来越多的男性消费这些商品与服务，但大部分广告直接诉诸的往往是女性的焦虑。

人们认为已经度过更年期的妇女不再具有任何生殖功用，对性也漠不关心。医生时常建议她们切除子宫，并认为性对她们而言已经不再重要。医学教科书形容她们的卵巢和生殖器官是"干枯的"或"衰老的"，影射它们已被使用殆尽、毫无功用。相比之下，虽然男人随着年岁老去也会经历生理上的转变，但他们的性器官永远不会被套上那样的形容词。当男人变老时，人们绝对不会建议他们切除性器官，但是同样年老的妇女被建议做子宫切除术，因为人们认为她们的性器官变得毫无功用（Martin，1987）。

女性的一生被划分成年轻时的"经前期"（premenstrual）、30 余岁时的"前更年期"（pre-monopausal）、40 余岁的"更年期"（menopausal），以及 50 余岁的"后更年期"（post-menopausal），好像她们生命的意义取决于生殖器官的状况，所以可以用这种分类体系来划分她们。更年期在某种程度上被认为是女性生殖器官失去功用、衰竭的阶段。但是近年来，许多女性开始重新定义这个阶段，转而将它视为一个新的开始，一个可以让她们的生命更加成长的全新阶段。有研究者指出，这个阶段妇女不会对性失去兴趣，有些妇女的性欲反而变得更强（Ussher，1989）。

三　妇女与母职

同样地，妇女有了孩子后，人们便时常以母亲及照顾者的角色来定义她们（参见第六、第七章）。一旦怀孕，她们的身体就会受到医学专家们持续的检查与监督。分娩经验也逐渐被科技及遥远的医生控制，而不受妇女自身控制。虽然近年来有许多社会开始努力宣扬属于女性的分娩，例如助产士主导的妇产中心（birthing centres）分娩。然而生产的时间及地点仍多由医生而非女性自身决定。另外，没有孩子的妇女时常被认为是挫败的，在某种角度来讲是不完整的人，饱受谴责并被迫过着被边缘化的生活。即使妇女在人生生命中可能还拥有其他什么成就，人们仍认为生育孩子是她们的终极目标。没有孩子常被认为出了某些"问题"（problem）：如心理上不健全、生理上有"缺陷"（failure）、缺乏女性特质，或者被视为缺乏母性的"职业妇女"（career women）。现今的妇女越来越容易拥有自身的事业，他们因献身于事业而非养儿育女而常常被批评自私。男人则无需面对这些问题，不管他们是否已为人父。

我们可以将这些女性本质论视为以特定方式建构女性的意识形态及论述方式，它们以带有贬义的观点来看待女性并认为女性的生理状况是可掌控的。它们也为医疗控制与干预女性身体提供了正当性：人们依据生物学来解释并对待女性身体问题，哪怕这些问题是由诸多原因造成的。这个情况强化了我们在第一章提到的观点：男人进行分析，女人则成为被分析和解释的"他者"（Other）。需要被"解释"的是她们的身体为何与被当作标准的男性身体不同。这些围绕女性身体进行的生物学论述阻止了人们以其他方式来解释女性的性欲特质及生殖周期。这些解释虽然看似科学，但事实上反映出来的是男性的世界观（Sayers，1986）。

第四节　老年期

从广义上来说，社会学者已发展出三种独特的观点来探讨老年期。第一种是功能主义式的分析。该分析利用帕森斯（Talcott Parsons）的概念，主张当老龄化扰乱了社会秩序时，社会的回应是通过逐渐将老年人的角色及地位转交给下一代来使其脱离社会。这样的话，老年人对社会任务运作的影响可以减至最小。就像生病的人扮演了"生病角色"（sick role）后，人们会因为他们"病了"（sick）而免除他/她们通常的社会责任一样（参见第七章）。老年人也可以得到更多的自由，这样他/她们一些不被社会接受或反常的行为才会被认为是无伤大雅的怪癖（Cumming and Henry，1961）。功能主义的老龄化观点，也叫作脱离理论（Disengagement Theory），它强调要维系社会秩序，就必须让老人脱离社会角色与责任，并将这些角色与责任转交给下一代。

近几年来，大多数社会学家都反对脱离理论的解释。Macionis 和 Plummer（2002：336）总结出了它的四大弱点：第一，有许多人因为经济缘故不能从有酬工作中脱离。第二，很多老年人不想脱离已建立起来的社会角色。第三，并没有证据表明脱离带来的益处多于它的代价——在一个老龄化的社会，太高比例的脱离可能使社会无法运转。我们将在下文中对此进行讨论。第四，脱离理论视老年人为老龄化过程中消极的"受害者"（victims），但近年来的社会学研究强调事实并非如此。

第二个论点在以象征互动论（Symbolic Interactionist Perspective）探讨老龄化的社会学研究中得到清楚表达。正如 Macionis 和 Plummer 所指出的，这种研究方法几乎算是功能主义分析所反射出来的"镜像"（mirror image）。这是因为互动论者不以脱离理论来理解何谓老龄化，反而重视老年人如何主动建构变"老"（old）的意义及经验。互动论又被叫作"行动理论"（activity theory），认为"变老"所代表的意义（包括老年人自身对它的看法）是由社会建构出来的。他们指出：

> 因此，行动理论将分析的焦点从社会的需要（如脱离理论所述），转换成老年人自身的需要。后者凸显了老年人之间的社会多样性。
>
> （Macionis and Plummer，2002：336）

第三种社会学老龄化观点，即知名的"批判性老年学"（critical gerontology）也有助于接下去相关论点的发展。批判性老年学学者特别重视老龄化与不平等之间的关系（Atchley，1982；Phillipson，1982）。这类研究汲取马克思主义的想法与概念，强调不同年龄群体如何互相竞争社会与经济资源，以及这种竞争如何导致年龄分层。在大多数西方社会中，中年人拥有最多的社会权力与地位，但老年人（和儿童）拥有的较少，因此较容易遭受社会剥夺及面临贫穷的风险。为了降低成本，雇主们经常解雇年纪较大的员工，雇用年轻（因而较廉价）的员工。批判性老年学或新马克思主义老年学的学者指出，年龄分层对资本主义社会的维系非常重要。因为利润是资本主义最念兹在兹的事情，所以那些不具生产力的社会群体被视为次等公民。批判性老年学学者强调冲突理论学派所谓的"结构化依赖"（structured dependency）的重要性：这个过程让一些人只能获得有限的社会、政治及经济资源，而这是生产关系导致的结果（Vincent，1996）。批判性老年学学者也关注老年生活的社会多样性。

一　女性主义的老年期观点

女性主义者强调，年龄分层中含有性别不平等，所以女童及老年妇女处于双重的不利地位（Arber and Ginn，1995）。他们也特别指出，妇女在生命历程中经历到的不平等，例如在教育、劳动力市场、家庭及家户、政治领域，进一步恶化了妇女在老年生活中的不利地位，让越来越多的女性被迫处于贫穷、受虐待并遭受社会隔离及剥夺。女性在不断增多的老年人口中比例极高，使得这个问题更加严重。

西方社会的老年人口越来越多。据估计，到了 2007 年，英国可领养老金的人口将超过儿童人数。[①] 世界上许多地方的人都越来越长寿，但儿童出生率却日渐下降。这对女性来说尤其是个问题，因为多数老年人是女性。在包括英国在内的大部分西方社会中，65 岁以上老年人口的绝对人数与其占总人口的比例仍在持续增长。人口年龄结构的转变不仅会对整个社会造成影响，也会影响社会组织的模式。女性老年人口多于男性，并且年龄越大、差距越明显：70 - 74 岁的老年人口中，女性与男性的比例大约是

---

① 资料来源：www.nso.gov.uk

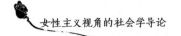

4：3；80 到 84 岁的这一比例是 2：1；到了 95 岁，这一比例变成 3：1（Walker and Maltby，1997）。

二　老龄化的人口

老龄化人口是"人口的定时炸弹"（demographic time bomb），因为儿童依赖的人口相较于适龄劳动的人口，即抚养比例（the dependency ratio）在逐渐增加。人们预测，21 世纪的变化包括抚养比例大幅上升。这是因为随着生活水平的提升、医疗技术的进步与供给的增加，人们越来越长寿。健康护理体系是关注的一大问题，而它的需求也可能日渐增加。其他与人口老龄化有关的社会议题及其具有的涵义（Macionis and Plummer，2002：328）包括：

- **各种形式的失能发生率越来越高**，对健康与社会服务、经济援助的需求也在日益增加。

- **人们有必要重新思考退休的意义**及它如何改变生命历程的形式，老年人新的工作模式及休闲型态、老年人收入的变化。

- **贫困日渐普遍**，有些社会群体中的老年人因长寿而经济越来越拮据。

- **家庭的变迁**，当"较年轻的老年人"（young old）负责照顾"较老的老年人"（old old）的时候，我们必须重新思考家庭中的角色扮演及人们对它的期望。辅助受孕技术的发展也意味着老年人也可能拥有子女。

- 孤单、丧失亲人等**社会心理的议题**，增加了对老年生活赋予新意以及社群支持的必要性。

- **政治议题**，如"银发投票"（grey vote）及压力团体等问题。一种全新的老年政治学可能正开始兴起。

- **对老年人的文化再现**需要被重新思考，因为人们已逐渐认识到老龄化是一种越来越多变的社会经验。

- **社群的概念**需要表现出社会现象的转变，例如退休聚居地的发展（像棕榈泉地区的同性恋社区或佛罗里达州及美国其他地区的封闭式住宅小区）。

社会学者指出，就像生命历程的早期阶段是由社会建构出来一样，晚期阶段也是如此。例如，阶级差异对退休就很重要。工人阶级退休时，时常无法拥有"主动的退休权"（active concept of retirement）。然而，中产阶级退休时能够拥有较好的资源，以至于不断扩张的消费市场与消费文化以吸引"银发财力"（grey pound）为目标（Blaikie，1999；Hockey and James，2002）。

我们若观察不同的历史阶段及不同文化如何以不同的方式对待老年人就可以发现，老年所代表的意义与经验具有社会差异。在非洲说文达语的族群中，老人具有特别的权威，因为人们认为他/她们接近灵魂世界：灰白的头发被视为身份地位的积极标志，而非负面象征（Hockey and James，1993）。在大部分社会中，老年男人的地位与权力都比老年妇女来得高。

我们自己的社会对待老年的方式，也随着时间的推移发生了很大的变化。Giarchi（2000）认为我们的社会主要经历了三个历史阶段：前现代、现代（或称福特时代）、后现代（或称后福特时代）。在前现代时期，老年带有负面的意义，但它并不代表某个特定的年龄阶段。它代表的是身体的衰退，但有时也象征着智慧与权力。老年人的身体有时会令人生厌，而老年妇女的身体尤其令人厌恶，因为漂亮与爱只和年轻的身体有关。举例来说，伊拉斯谟①就曾经如此描述上了年纪的妇女："这些身体衰弱的老女人，这些身体发出恶臭的行尸走肉。她们露出下垂、令人作呕的奶子，而且有时还会发出颤抖的叫喊声，试图让她们的爱人感到兴奋。"（转引自Giarchi，2000）

在与工业资本主义息息相关的现代期发生了许多改变（Giarchi，2000）：

● **老年期被医疗化**：虽然大部分老人仍身强体健，但人们依然认为老年期是一个需要医疗干预及控制的阶段。

● **老人的身体被视为机械**：这个机械的很多部件已经磨损或者开始衰退。这个衰退的、失去劳动力的身体就这样被丢弃了，或者不再为工业过程所用。老年人的地位在每个生活层面中都被贬低（当然，人们也认为妇

---

① Desiderius Erasmus，1466—1536，荷兰神学家、人道主义者。——译者注

女在更年期后，身体不再具有生产力。她们比男人更早被当作不具生产力的过气劳工）。

● **福利国家的发展**。根据法定退休年龄标准来定义老年期（大部分的欧洲国家社会是 60—70 岁，尽管像美国等社会未规定正式的退休年龄），并提供养老金及其他福利。虽然多数女人可能比男人长寿，但大部分国家常逼迫她们提早退休，因此她们会拥有较长的退休期。伴随着福利国家发展而来的庞大照顾体系，进一步贬低了老人的地位。他/她们被视为负担、需要帮助，而且代表劳动人口的流失。但是，许多女性退休后，往往自己照顾自己，也常受雇于照顾体系，为别人提供照顾。老年妇女同时身兼照顾者及被照顾者的角色。

● 其他的**文化变迁**还包括家庭生活本质的改变，让脱离家庭生活的老人日渐增加（60 岁以上的女性中有 50% 的人独居）。这种向年轻时尚且有能力参与消费的文化转变，使收入较少的老年人被边缘化。

这些现象造成老人逐渐被"幼儿化"（infantilised）。人们以对待儿童的方式来对待他/她们。他/她们权力小、地位低、不能替自己做决定，而且也成为不适合拥有性行为的人群。这点尤其被性别化。因为人们通常认为，性对老年妇女是个累赘，而男人只要和年轻女人在一起，他们的性欲就被正当化。

Giarchi（2000）继续指出，在后现代化时期的第三阶段中，生命历程被解构了。当人们活得越久，划分各种人生阶段的清楚界限便开始消失，不管是提早或延后退休都变得很普遍。在这个阶段（西方富裕社会相对特权的部门中），老年期开始具有另类的、多样的涵义。他/她们可参与的活动增加，包括接受继续教育。然而 Giarchi 认为，那些与现代及福特主义有关的连续性概念，经常减缓了后现代时期的解放速度。

老年人口日益增加，地位也不断改变，这引发人们开始探究老人的地位。"灰豹党"（Grey Panthers）这种捍卫老年人权利的社团组织因此得以组成。"灰豹党"的领导者 Margaret Kuhn 说，"我们这个压迫的父权制社会嫌老年人碍手碍脚，所以希望他/她们一直玩宾果及沙狐球就好……我们并不是顺从的人，我们非常生气"（引自 Giarchi，2000）。因此，许多老年人，特别是属于西方社会特权群体的老年人，开始挑战那些认为老年人依赖、孤独、健康不佳、脑子糊涂或精神错乱的看法。Arber 和 Ginn（1991）认为，关心这些议题的老年人可能会逐渐发展出政治意识。许多和老年人有关的疾病可以被追溯到污染等环境问题，而非老龄化本身造成的。这些环境问题引起的疾病会侵袭老年人，同样也会使年轻人患病。

然而，老龄化的经验有很大的差异。虽然对许多人而言，生命历程中的退休阶段代表拥有越来越多的休闲时间与自由；但对另一些人而言，它代表的可能是剥夺与排斥。尤其老龄化的问题还与性别差异（即男性与女性之间的差异）息息相关。事实上，女人在老年受到的不平等待遇比年轻时更严重，这与性别、阶级、种族与年龄等因素有关（参见 The Black Report，1978；Whitehead，1987）。自第二次世界大战后，所有西方社会中的独居老人比例几乎都急剧上升。在大多数国家，老年人口多半是女性，这是不同性别死亡率差异所导致的。英国在 1990 年制定并于 1993 年实施的《国家健康服务与社区照顾法案》（The National Health Service and Community Care Act 1990）重申了让老人尽可能在自己家中养老的目标，因为这样才能降低需要住在养老院或受机构照顾的老年人比例。其他的欧洲国家像瑞士、荷兰等，其实施的相关法案目标也很明确，即希望减少机构照顾的人数。在美国，老人进入养老机构的情形也在减少，部分原因是家庭照顾的比例在增加。政府制定出全新的住房计划，内含各种"辅助生活"（assisted living）的设施（Tomassini et al.，2004）。但是在英国，住在公共机构中的人当中有一半以上是生活在养老院及疗养院的妇女，而且她们大多（87%）超过可以领取养老金的年龄。根据 2001 年的人口普查报告，住在养老院及疗养院的女性是男性的 2.5 倍。[1]

年老的妇女尤其需面对贫穷的问题。第一，她们可能活得比男人长久，并且发现自己在老年人口中属于穷困的一群。第二，因为她们在劳动力市场中被中断的事业与地位（她们大多从事低薪、低社会地位的工作），也不大可能得到职业退休金（Groves，1992；Walker，1992）。年纪大的妇

---

① 资料来源：www. statistics. gov. uk。

女也比男人更可能独居。英国 310 万个单人户中，有将近一半为领取退休金的老人，而其中 3/4 是独居的妇女（在较年轻的群体中，男性独居的人数超过女性，比例是 3∶2）。单人户不大可能拥有中央供暖或个人卫浴等家庭设备。在领取退休金的单人户中，有超过 1/8 的人没有中央供暖，21000 多人没有个人卫浴。失能问题也改变着老年人的生活经验。根据 2001 年的人口普查报告，在只由领取退休金老人构成的家庭中，有 60.4% 的家中住有一位因长期疾病或失能而不良于行的病患。①

在所有的社会中，老人处于贫穷的可能性比其他年龄群体高，而老年妇女更容易贫困交加（Storey-Gibson，1985）。

> 除了收入及家庭资源具有性别不平等之外，老年妇女一般来说比男人更容易处于不利的地位……她们独居的人数是男性的三倍，其中只有一半拥有配偶。据研究显示，老年妇女较容易生病及具有长期的健康问题，也比男人更常去看医生……她们也比男人更容易遭受心理问题，例如孤单、焦虑等，精神面貌更差，生活满意度更低。
>
> （Walker，1992∶181）

在西方社会的传统中，经历退休过渡期的男人比女人多。然而，随着离开家庭从事有酬工作的妇女越来越多，这种模式也正在改变。但社会学者指出，女人"退休"的方式和男人不同，而且当男性配偶退休后，她们的工作负担常因此大增（Arber and Ginn，1995）。

许多社会都特别看重青少年，老人（特别是老年妇女）因此常遭受年龄歧视和不公平对待。年龄歧视就像其他形式的歧视一样，可以很直接（例如，认为某人"太老"而不用他/她），也可以是更狡猾或隐蔽的形式，但是它绝对是种普遍情况（例如，人们可能以居高临下的口气来和老人说话，仿佛他/她们是小孩一样）。自由女性主义者 Betty Friedan 在她 1993 年出版的《生命之泉》（*The Fountain of Age*）一书中认为，年龄歧视是西方文化的重要组成部分，女人尤其深受其苦，因为她们被认为"太老"的年

---

① 资料来源：www. statistics. gov. uk。

纪通常比男人要早。Friedan 认为，老年妇女在大众媒体中明显缺席，只有很少数的电视节目中才会出现 60 岁以上的女性角色。除此之外，媒体通常以负面形式来呈现老人。于是，大众便认为变老即是进入一个"生病、退化、衰竭"的阶段。

总而言之，老龄化经验受到各种转变的影响。有些转变可能主要和个体相关，比如说身体衰退带来的变化。但还有一些问题，如贫穷、社会隔离及年龄歧视等，都属于社会因素。虽然老龄化的意义依时、依地不同，但对许多人（特别对妇女）来说，变老是一种逐渐处于社会不利地位、逐渐被孤立的经验。女性主义者指出，妇女的老年生活涵盖了她们在生命历程中所经历的许多不同形式的压迫。

第五节 结 语

本章审视了生命历程中儿童期、青春期、成年期及老年期中男性—女性的动态关系。我们也探讨了许多议题，包括性欲特质与母职、劳动力市场、教育、消费文化、身体，以及老龄化社会带来的影响等。本章还通过社会分层及不平等、全球权力体系的政治与经济等脉络来讨论这些议题，同时思考这些因素如何塑造儿童、青少年、成人或老年人的社会意义与生活经验。这里所讨论到的各种不平等议题并未流于泛泛之谈，而是镶嵌在社会结构、文化价值观、生产与再生产的关系、家庭责任及有酬工作的脉络中。

世界上有些地方为女孩与年轻妇女提供了更多的社会机会，这提高了她们对工作及家庭生活中享有平等的期望。但是，劳动力市场的真实经验及男性的行为使他们感到挫败。这使得西方的年轻妇女必须设法化解劳动力市场及母职之间的冲突，而这两者的目标通常无法兼容。在英国等社会，性别对一个人的生命机会影响较小，但在发展中及后殖民的社会则不然。甚至在较富裕的社会中，持有较低社会经济地位或者来自某个特定种族、国籍的年轻妇女所拥有的机会仍然相对有限。

男人与女人之间的不平等阻碍了社会发展及摆脱贫穷的前景。研究显示，与压迫较小的社会相比，那些歧视女孩及妇女的社会更容易处于贫困之中，经济发展速度缓慢且生活质量低下。一份联合国关注女孩及年轻妇女处境的报告总结道：

> 世界正在目睹各种重大的转变，其中有许多转变都让女孩及年轻妇女的弱势处境更加恶化。抑郁、饮食障碍、自杀意图及其他心理疾病在发展中国家日渐普遍，对正处于建立成人女性身份过程中的女孩及年轻女性产生威胁。发展中国家的女孩及年轻女性较容易遭受健康风险，这与饮食及医疗服务不足有关。

（United Nations，2003：266）

许多文化认为男孩（在他们出生后或甚至出生前）比女孩更有价值，而且这个看法贯穿了整个生命历程。人们仍以父权制度的标准来定义年轻女性、成人女性及年老的女性，并多以男性的需求来建构女性气质。社会学研究强调，人们时常根据年龄阶段来定义女性的生命意义，而且认为这是"自然而然"的事。女性生命历程的每个阶段都被认为受到生理尤其是荷尔蒙的控制。女性主义者挑战了这种观点，并认为女性生命中的各个阶段都是被社会建构出来的，男性也一样。男性主流理论并未挑战这种以生物学来解释女性的观点，反倒建构出"科学的"知识让人们持续相信女性是被自身的生理所控制。女性主义者认为，男人借由科学知识之名来巩固他们在医疗及健康服务等领域中对女人的控制，男性建构出来的女性知识（包括社会科学知识）被用来控制与支配她们。

在世界上许多地方，尤其是西方社会，男人与女人的生命历程模式会趋于一致。例如，他/她们的教育经验与学业成绩、工作与职业机会，以及生活方式等可能会趋于相同。然而，那些生活质量较差的女孩及年轻或老年的妇女，往往更容易处于贫困、暴力与受虐的处境中。在西方社会，移民及少数族裔妇女受到的影响最严重。而在世界上其他地方，来自不同社会背景的女性在整个生命历程中也持续受到各种压迫及不平等对待。

摘　要

1. 生命历程中的主要阶段，即童年期、青春期、成年期及老年期会因社会、文化及历史而变，而且受到身份其他方面的塑造，包括社会阶级、失能问题、全球权力关系及性别差异等。

2. 女性在整个生命历程中都在遭受各种压迫与不平等对待。

3. 与男性相比，人们更常以女人的身体以及她们的身体属性来定义她们。

4. 老年对妇女而言尤其成问题，因为她们占老年人口的大多数，且大部分贫困老人也是妇女。

5. 老年人（尤其老年妇女）的人口比例正逐渐增加。

6. 另一方面，欧洲社会的福利体系危机意味着，在将来对老年人照顾的范围会越来越窄，而且人们开始关心以后要如何支付养老金的问题。然而"后现代化"（postmodernising）的趋势也可能带来老人的解放。

延伸阅读

Arber, S. and Ginn, J. (eds) (1995) *Connecting Gender and Ageing: A Sociological Approach.* Buckingham: Open University Press.

该书特别关注老龄化所具有的性别意义以及经验，并思考它如何影响男人与女人的社会角色、关系以及身份。

Hockey, J. and James, A. (2002) *Social Identities Across The Life Course.* London: Palgrave.

该书援引社会学、人类学以及社会政策等观点来分析生命历程。它也讨论了后现代关于童年期、青春期、成年期及老年期等不同阶段中有关自我与身份的议题，并特别关注性欲特质、消费文化及身体等主题。

James, A. Jenks, C. and Prout, A. (1998) *Theorising Childhood*. Cambridge: Polity.

这是一本"童年社会学"的重要教科书，不但提纲挈领地描述了各种社会学对童年期的观点，也思考了身为儿童的各种意义与经验。

United Nations (2003) *World Youth Report. Vienna: United Nations.* （ www. un. org/esa/socdev/wyr/index. html)

这份报告关注全球权力关系结构下的青少年男性与女性的处境，对女孩与年轻妇女的探讨尤其详细。

第六章

家庭与住户

　　家庭这个概念以某种形式为我们所有人所熟悉，大多数人都会认为自己是属于一个或多个家庭的成员，而且我们所归属的家庭形式可能是各种各样，不尽相同的。我们所认知的家庭在共居形式、经济关系、家庭角色与责任、性取向和再生产等诸多方面存在很大的差异。显然，家庭是一个动态的社会现象，依历史、地理和文化而异。

　　然而，至少在市场社会中，我们可谓不断受到某种特定家庭形象的狂轰猛炸，人类学家埃德蒙·利奇（1967）将其称作"麦片包装上的家庭"①——浮现在我们眼前的是一个面带微笑的妻子将挣钱养家的丈夫和家中孩子们照顾得无微不至的画面。于是，我们认为这是一种标准、自然且必然的家庭形态，但事实却并非如此。在当代英国，每20个家庭中仅有一个家庭属于上述类型，即由一位从事有酬工作的丈夫、一位依附丈夫的妻子和两个孩子所组成的家庭。

　　若想对家庭生活的复杂性有所了解，首先我们有必要区别以下两个概念：家庭（family）和住户（household）。家庭是个亲属团体，住户则更像是一个技术术语，用来描述生活在同一住所的人，他们可能有亲属关系，也可能没有。核心家庭（形式可表现为前述"麦片包装上的家庭"）通常成为广告、房地产和社会政策预设的家庭形态，它也正是我们在此探讨的

---

①　麦片包装上的家庭（the cereal-packet family），是一个功能主义概念，认为家庭的理想化版本是母亲、父亲和两个孩子的核心家庭。——译者注

主要对象。但是，很重要的一点是，从一开始我们就要强调说明这只是一个理想类型，该理想类型不一定与现实完全相符。因此人们在描述它时带有价值判断，而非客观中性。有观点认为，核心家庭是执行个人和社会的基本功能的普遍机制，戴安娜·吉腾斯对此提出质疑，并指出：

> 社会所认可的婚姻与亲子关系，显然与社会的定义和婚姻的习俗密不可分。尽管婚姻习俗和法律规则千变万化，但人们时常假设并普遍认为，婚姻代表一个男人和一个女人之间的约束关系。据估计，全球范围内仅有百分之十的婚姻为真正的一夫一妻制。一夫多妻和一妻多夫在许多社会中都很普遍，就像我们社会中日益增多的"连续性的一夫一妻制"一样。而且婚姻也并非总是异性恋关系。努尔人（Nuer）当中知名的"鬼婚"（ghost marriage）习俗即为一例，即如果一个未婚或无后的男子去世了，那么他的其中一位亲属会"以他的名义"娶一个女子或他的妻子，由此结合所生出的子女就被看作该逝者的子嗣，并以他的名字命名。

（Gittens，1992：69）

社会学家往往假定，现代西方人的家庭观念，特别是中产阶级白人的家庭观念，即便事实上不是标准，那么也应该被看作到处适用的标准。这种类型的家庭预设了一种性别化的劳动分工，男子主要负责挣钱养家，而妇女即使她也在外工作仍是负责照顾家庭的一方。这种家庭观点被广泛地看作一种理想类型。因此，尽管如单亲家庭、同性伴侣家庭、大家庭和重组家庭等其他类型的家庭在英国及其他社会中日益普遍，但是这些类型的家庭并不被看作正常的或可取的。没有父亲管控的家庭通常会被看作导致犯罪、青少年犯罪和福利依赖等社会问题的原因所在，至少在西方社会人们是这样认为的。

第一节　社会学的家庭观

社会学传统上通常将家庭看作一个建立在亲属关系基础之上的社会制

度，此处亲属关系是指一种基于血缘、婚姻或领养的社会联系，它将个体团结为亲密的社会群体和网络。21 世纪来，大卫·摩根等社会学家开始主张，家庭最好应当被理解为一系列实践（而非一个制度），即不是把家庭看作我们的"置身之处"，而是看作我们的"所作所为"，这样才更加合情合理。它能够反映的是：我们的社会经验不仅受社会结构的影响，也受能动性（我们的行动能力）的影响（见第一章）。放眼世界，家庭往往是建立在婚姻之上。西方文化长久以来相信，（异性恋）婚姻是最适合繁衍后代的体制，这可以从英文单词中得到证明。的确，正如麦休尼斯和普卢默指出，在拉丁语单词中的"matrimony"（婚姻生活）的含义就是"母职的状态"（Macionis and Plummer，2002）。传统上，婚姻之外出生的孩子被称作"私生子"。但是，（至少）在西方社会中，家庭与婚姻及生育间的文化关联已经开始弱化（如果家庭意识形态并未改变，那么至少现实生活是如此），日益多样化的家庭及生育相关的生活经验已经成为现实。

比如，在瑞典，20% 的成人独自生活，而且许多成人（约 25%）选择婚外同居。另外，一半瑞典儿童由未涉入婚姻关系的父母所生育（整个欧洲该比例约为 1/3）。瑞典平均家庭人数为 2.2，是全球家庭人数最少的国家（Macionis and Plummer，2002）。然而，就算在瑞典（妇女的劳动参与率最高，达 77%，相较之下欧洲这一比例一般为 59%），尽管与前几代人生活的社会或更加保守的社会相比，当前社会中家庭的形式更加多样化，但是浏览一下宜家（IKEA）产品目录（据说全球阅读量超过了《圣经》）中的理想型家庭生活画面，你会发现，家庭在瑞典社会仍占有重要的地位。接下来，让我们来看看社会学家对于"家庭作为一种社会制度"是怎样理解的。

一　功能主义视角

社会学家称，家庭是重要且必要的社会制度。结构功能主义学派的社会学家大多延续帕森斯的论述，认为家庭具有各种各样的功能。比如，帕森斯和贝尔斯对家庭持如下观点。

1. 家庭是社会化的首要中介机制：虽然人在每段生命历程中都会经历

社会化的过程，但就观念而言，通常是由父母来教育子女如何很好地适应社会、成为社会的积极贡献者。

2. **家庭规范了性活动**：主要目的在于维系亲属关系模式和财产的所有权。尽管严格意义上的亲属界限不尽相同，但"乱伦禁忌"仍是普遍适用的性规范。

3. **家庭维护社会地位**：有些身份与生俱来，比如生理性别、种族等，但是有些身份是后天获得的，比如社会性别、族群和宗教信仰，这些很大程度上是在家庭中通过后天学习获得（见第1条）。因此，家庭维系着社会地位、继承权利和社会传承。

4. **家庭可提供物质与情感上的安全感**：对于很多人来说，家庭是人身保护、情感支持和经济资助的重要场所，这一点在很多英语谚语中都有体现，比如"心之所在即为家"（home is where the heart is），或者认为家庭是"无情世界里的天堂"（a heaven in a heartless world）"血浓于水"（blood is thicker than water）等。

功能主义学派的观点倾向于假设，具有性别分工的同居型核心家庭最适合工业社会的需求，在这种背景下，家庭关系也较和谐、具有共识。在帕森斯和贝尔斯看来，这种家庭形式是"社会的支柱"——是有助于整体社会利益的一种机制（Parsons and Bales, 1955）。

二　冲突论的视角

更具批判性的（冲突论）理论将注意力转向了家庭内部不平等的延续，以及家庭本身带来的不平等。马克思主义者对功能主义社会学家所描绘的玫瑰色的乐观图景提出了质疑，指出家庭满足的并不是整个社会的需求，而是特别地满足资本主义的需求，尤其主要服务于统治阶级的利益。另外，马克思主义者还强调，核心家庭通过劳动力的再生产及消费资本主义经济所生产的商品与服务，服务于资本主义的利益（见第二章）。

然而，两种视角都倾向于将家庭劳动分工看作理所当然的，这主要是因为马克思主义家庭理论和功能主义家庭理论往往只关注家庭与社会之间的关系，但未深入检视家庭中的内部关系，也未认识到，这些内部关系如何结构外在的社会、经济及性别差异（作为社会主体的男女之间的差异，见第二章）所形塑的权力关系，同时也被这些外部的社会、经济及权力关系所结构化。因此，家务领域在很大程度上往往被看作（直到近来才有所改变）一个私人领域，不仅处于公共关注之外，而且也不在社会学家的关注之内（或者认为这个问题不重要）。相反地，女性主义社会学家强调妇女在家庭中的地位，认为家庭是妇女遭受压迫的主要场所之一。

三　对称家庭

英国的威尔莫特和杨于20世纪60年代开展的研究是社会学中最具影响力的家庭研究之一（Young and Willmott，1973），这份研究以他们于20世纪50年代对伦敦家庭的研究为基础（Willmott and Young，1957）。他们在英国实施房屋安置政策（Rehousing Policies）且日渐富裕的时代背景下开展研究，这意味着，当时大多数年轻人结婚后能够在外独立成家。同时，增强的地域流动性意味着他们通常远离其亲属居住。人们认为，一方面是上述现象带来的结果，另一方面是因为越来越多的已婚妇女（包括育有子女者）开始从事有酬工作，因此，家务领域中男女劳动分工的现状开始发生改变。威尔莫特和杨预言，男子将承担更多的家庭劳动，妇女将更有可能外出工作，并且他们还认为家庭将更加民主，伴侣双方将共享决策权和经济资源。他们还认为，分离的夫妻角色（夫妻因在家中承担不同的工作而扮演各自的配偶角色，拥有各自的活动或朋友）将日渐减少，一起度过共同的闲暇时间并拥有共同的朋友的夫妻将日渐增加。威尔莫特和杨的研究的主要结论是，英国家庭正逐渐变得富有对称性，即丈夫和妻子的角色越来越具有相似性，最终将变得完全相同。他们谨慎地提出，这是一种浮现（emergent）的家庭形式（正在发展之中，并非已确定），但也肯定英国的家庭形式正沿着这个方向发展。

第二节　女性主义视角的家庭研究

针对家庭变得日益平等和对称的观点，女性主义者持质疑态度。相反，他们认为，家庭是一个不平等的场所，妇女在其中处于从属地位。之所以出现这种情况，一方面是因为妇女扮演了妻子和母亲的角色；另一方面可能是家庭中的社会化过程让子女内化了父权制思想，并将它们传递给下一代，从而固化了男性统治和女性从属的现象。

女性主义者认为，妇女在家庭中的妻子或母亲角色导致她们处于男子或父亲的从属地位，原因主要有两方面：一方面是由于妇女的经济依赖性，另一方面是广泛的家庭意识形态。虽然马克思女性主义者强调妇女在家庭中被剥削有助于资本主义发展，但是激进女性主义者认为，这种剥削其实有助于男子获得利益（在父权制体系下，男子从妇女的无偿劳动中获益）。但是，他们也同意，家庭压迫了妇女，并且妇女处于被剥削状态和从属地位。因此，女性主义者不仅质疑社会学中的家庭预设，也质疑相关的家庭常识。社会学家克里斯蒂娜·德尔菲和戴安娜·莱昂纳德指出，家庭是一种经济体系，男子从妇女的家务劳动中获益（在许多国家和文化中，儿童工作也有助于男子获益），并且家庭成员实质上都是在为一家之主（男子）工作，因此，男子既能够从妇女的市场劳动中获益，又能从她们（无偿的）家庭劳动中获益（Delphy and Leonard，1992）。

巴里·索恩（1982）认为，女性主义者对传统家庭社会学带来四个不同主题的挑战。

1. **家庭结构和功能的假设**：女性主义挑战"带有性别分工的共住核心家庭是唯一自然、合法的家庭形式"这种意识形态，并且反对"任何特定的家庭形式都是与生俱来的"这一观点，而认为它是基于生物学的一种解释。

2. **女性主义者力图将家庭看作一个分析领域**：此举挑战了男性主流社会学中基于社会性别分类的分析范畴（见第一章）。

3. **女性主义者认为，不同家庭成员以不同的方式经历着家庭生活**。他们主张，妇女的母职经历和家庭生活经验显示家庭具有权力关系。家庭中体现的权力关系能够且确实导致了冲突、暴力，以及家务工作和各种资源方面的不平等分配。

4. **女性主义者质疑将家庭看作私人领域的假设**。虽然妇女和儿童（在较为传统的社会中尤为如此）被以宗教和文化的名义切断了与外界的联系，但是女性主义者指出，大部分社会中的家庭形式都深受经济与社会政策的影响，而且，家庭会（而且应该）受到外界干预。

对于家庭本质的常识性观念，剥夺了妇女参与更广泛社会的机会，以及获得男女平等的机会。我们也可借此解释为什么妇女会被排斥在劳动市场之外，或她们为何在其中处于弱势地位。同时，它也可以用来解释妇女在青少年文化、政治生活和社会生活其他领域所遭受的相对边缘化的对待。本书中的其他篇章对此都有讨论。

第三节　工业化与家庭工资的起源

女性主义者检视家庭的生活史及变迁史后指出，家庭是被建构起来的，在工业社会中尤其如此。对于妇女在家庭中是否总处于被剥削状态或从属地位，以及这是不是资本主义增长和发展的结果，女性主义者并未达成共识。激进女性主义者认为，父权制生产模式（家庭）中的父权制度（男子掌控妇女）在资本主义发展形成之前就已存在。而马克思主义女性主义者则认为，妇女对男子的经济依赖致使她们在家庭中处于被统治、被剥削的状态，而这是工业资本主义增长的结果。此外，双元体系女性主义者则认为，虽然父权制意识形态早于资本主义，但是妇女在工业化社会中被剥削、被统治，是这种意识形态与资本主义社会中的物质生产关系（商品和服务的生产方式以及劳动者与生产资料所有者之间的关系）相互作用的结果。女性主义批判论者则强调，妇女在家庭中的角色，让强调再生产工作的马克思主义"生产"范畴问题化。此外，近年来，黑人与后殖民女性主义者开始批判西方女性主义者在分析妇女家庭经验时带有的民族中心主义心态。

对于工业化社会中的妇女来说，自17世纪以来，家庭中发生的最大变化在于"家庭主妇和母亲"角色的制度化。正如恩格斯在其著作《家庭、私有制和国家的起源》（于1884年首次出版）中指出，在工业化之前，劳动的产物被看作家庭的共同财产，而非进行分配的个人财产（Engels，1972）。家庭全部成员共同劳动生产家庭所需，不存在生产与消费之分。

随着工业化的产生，家庭逐渐与劳动场所分离，消费与生产也逐渐分离。久而久之，妇女变得与家庭领域关联起来，即照顾家庭和子女，而男子则变得与公共领域联系起来，即争取工资和参与政治。所有这些变化都是逐渐产生的，并且在不同时期对不同阶级产生影响。

在英国，大多数中产阶级妇女于19世纪初接受了家庭主妇的角色，并且在1850年以后，经官方认可处于雇佣状态（人口普查结果）的工人阶级妇女的数量呈现快速下降趋势。罗伯特的研究表明，截至1900年，尽管不同地区间存在差异，但是大多数工人阶级妇女认为，在理想状态下，妇女就应该待在家中照顾丈夫与子女（Roberts，1982）。

妇女所从事的工作类型和工作环境并未因工业革命的到来而有太大的变化。妇女在经济层面上变得依赖其丈夫的工资，并且不再直接掌控任何经济资源。妇女依旧在法律上从属于男子；妇女的财产权受到限制，而且她们参与公共生活的能力也受到相对限制。在1884年以前，英国已婚妇女无权拥有属于自己的财产，她们的财产将由她们的父亲传递给她们的丈夫，另外她们也没有子女抚养权或探视权。直到1928年《夫妻诉讼法案》通过，妇女才与其丈夫享有同样的离婚权益；直到1882年通过相应法案，妇女才获得在合法分居情况下免受其丈夫侵害的权益，即使如此，也仅仅建立在其丈夫曾对她犯过严重的人身攻击罪的前提下。

工业革命促进了城镇发展，实现了人口大量增加（尤其是城市地区），催生了新型且更便利的运输方式（公路、水运和铁路），并且带来了由兴起的工人阶级（工厂工人）、中产阶级（办事员、行政人员和专业人员）和上层阶级（工厂和土地所有者）组成的新型阶级关系。在上述发展背景以及新型社会、经济和政治结构的大环境下，男子与妇女、丈夫与妻子以及父母与子女之间的关系都发生了变化。

在前工业时期，中产阶级妇女辅助她们的丈夫从事生产，英国的一个典型例子就是伯明翰地区的吉百利家族（Cadbury family）。在19世纪以前，吉百利家族的所有成员都居住在巧克力工厂中，而且吉百利家族的妻子们和女儿们也都参与到商业活动中。但是，随着该城镇的发展，吉百利家族迁移至郊区，男子继续到商店工作，而妇女则待在家中。家族中的妻子们和女儿们从事家务，并监管佣人，同时女儿们还要学习女性如何变得优雅的课程。特别的是，她们逐渐参与宗教和慈善活动。吉百利家族想过一种不同的生活。随着家庭财富的积累，他们不再需要家庭成员中的女性劳动力，而且有资本雇佣劳动力。同时，他们也重视新兴的居家理想典范，即将家庭看作抽身工作后的休息寓所，并且认为妇女是纤弱的，需要保护她们免受外面的工作劳苦，认为这些工作场所充满危险与罪恶。吉百利家族其实不需要搬离工厂，但是在其他中产阶级家庭看来，新的生产方法意味着需要将工厂与家庭分离开来，而妇女变得理所当然（理想上）必须待在代表私人领域的家庭。

但是，对于工人阶级来说，所产生的变化完全不同。在前工业时期的英国，家庭曾是生产单元，并且存在性别分工。虽然男子普遍被看作处于统治地位，但是妇女并不被看作男子的经济依附者。在工业化初期，男子、妇女和儿童都一起在工厂工作。一般来说，男子常被确保从事那些最具技术性的职位，并因此获得最高的报酬。在19世纪，妇女和儿童逐渐被排斥出工厂职位，并且在经济上越来越依赖男子。工人阶级开始和中产阶级共享同一种家庭意识形态，并认为妻子不工作才是理想状态，这样妻子可以照顾好她的丈夫和子女，并为他们提供一个温暖的家。出现这种变化的原因非常复杂，而且女性主义者之间也未能达成准确共识，但是如下两个因素确实发挥了重要作用。

1. **中产阶级慈善家们试图形塑工人阶级的生活，以便符合他们主张的家庭生活理念**，并且他们还对政府施加压力，要求实施改革来强化这些理念。比如，1834年的《济贫法》认为，妇女是男子的依附者。"保护性"的工厂立法限制了妇女和儿童的工作时长，削弱了他们作为雇员的价值，认为妇女主要应当负责照顾她们的丈夫和孩子，而且中产阶级妇女开始传授照顾经验给工人阶级妇女，以"保护"她们免于进入市场劳动。

2. 自19世纪中期，部分**男性工人阶级**（透过工会运动）**开始主张，男子应当被支付足够的工资来养活妻子和子女**，这样才无须他的妻子和孩子从事雇佣劳动。多数女性主义者认为，"**家庭工资**"原则进一步将妇女排斥出雇佣劳动，并且强化了妇女对男子的经济依赖性，也因此赋予男子更多掌控其妻子的权力。从此，妇女需要承担家务及其他家庭职责，来换得丈夫对她们的经济支援。

米歇尔·巴雷特和玛丽·麦金托什认为，男子应当负责赚取家庭工资的理念日益盛行，使得妇女更处于弱势地位，并让资本家和组织化的男性工人阶级都会从中获益（Barrett and Mcintosh，1980）。资本家之所以能够获益，是因为在家照顾丈夫和孩子的妇女有助于生育和照顾健康、有活力的劳动力，而工人阶级则获益于他们妻子提供的无偿服务，同时他们在家中还能拥有经济权力和社会权力。在米歇尔和玛丽看来，这种家庭工资意识形态依然具有强大的影响力，构成了妇女不平等的一个重要方面，因为已婚男子不仅被假定必须抚养妻子和孩子，而且只有男子被看作有资格赚取"家庭工资"，妇女没有。因此，这种理念使"妇女的工作"（见第九章）只能获得低工资的现象合理化，并且限制了妇女的职业选择，降低了她们在婚姻中的经济地位。

中东欧国家在加入社会主义阵营之前，工业化同样导致妇女被排斥出雇佣劳动（Voronina，1994）。后来的共产主义政府出台了平等权利立法，并且大多数妇女开始获得全职的有酬工作。尽管如此，从事全职工作并未将妇女从家庭劳动中解放出来（Khotkina，1994）。事实上，这一时期这些社会主义社会中的妇女从事家庭劳动的时长很可能超过了西欧社会中的妇女（Einhorn，1993）。卓雅·科特吉娜表示，尽管当时的宪法规定了平等权，但是从现实日常生活来看，它们仍是父权制社会（Khotkina，1994）。不管在过去还是现在，妇女都被期望承担大多数的家庭劳动，她们的职业选择也因此一直受到限制（Voronina，1994）。

第四节 多样性的家庭形式与实践

尽管"理想家庭"模式（成员包括一个具有经济依赖性、负责照顾工作的妇女、孩子和一个从事经济活动的男子）在众多社会中成了道德规范或意识形态标准，但现实情况却是，全球范围内存在着各种各样的生活形式和亲属体系（Therborn，2004）。即使在当代英国，家庭形式以及家庭内部成员角色的组织方式也相当具有多样性。社会学家朱迪斯·斯泰西认为，我们所谓的"家庭"现在已指涉各种广泛的经验，让我们对"后现代的家庭情境"（postmodern family condition）的探讨显得合乎常理。

> 后现代的家庭情境并非像现代家庭一样是新型的家庭生活模式，它也不是家庭历史有序进展中的下一个阶段出现的家庭形式。相反，后现代的家庭情境暗示着，我们对这种合乎逻辑的历史进展阶段的信念已然失效……后现代的家庭情境同时融入了实验及怀旧的维度，它步履蹒跚、跌跌撞撞地走向不确定的未来。
>
> （Stacy，1996：8）

然而，无论我们如何试图概念化或提出解释，英国及其他地区的研究表明，越来越多的家庭都不再遵循家庭意识形态中的传统规范或"理想"核心家庭概念。当前，住户规模及结构、婚姻、同居、离婚、子女养育和工作模式都发生了变化，这些变化表明，家庭形式越来越呈现多样化的特点，至少在西方社会是这种情况。

一　住户规模及结构

进入 21 世纪的头几年间，众多社会中的住户和家庭的规模及结构都发生了实质性的变化。自 20 世纪 70 年代以来，住户规模显著缩减，主要原因在于生育率下降、离婚率上升、移民模式、预期寿命增加（众多老年人，尤其是老年妇女处于独自生活状态，见第五章）以及家庭形式变化，比如独居户、同居伴侣和单亲家庭的比例持续增加。英国 2002 年综合住户统计调查表明，30% 的英国住户（650 万）是独居户，而该数据在 1991 年为 26%。其中，只有将近 1/2（310 万）的住户为拥有养老金的住户，其中独居的妇女占 3/4。独居户（尤其是女性住户）的家中很少有中央供暖空调、独立浴缸（浴室）和卫生间等便利设施。超过 1/8 的独居户并未安装中央供暖空调。[1] 这意味着，独居户中的老年妇女尤其面临着贫穷和社

---

[1]　资料来源：www. statistics. gov. uk。

会剥夺的风险，很大程度上是由于其人生历程一直处于弱势地位的累积效应（见第五章）。

二 同居与婚姻

正如泰尔朋指出，婚姻"是一种社会 – 性别制度，是更广泛、复杂的家庭制度的一部分"，因此，他认为大多数人类社会都具有"普遍的婚姻规则"（Therborn，2004：131）。然而，他又指出，"婚姻通常是错综复杂的"。自20世纪60年代以来，"我们见证了人类结合模式中的巨大变化"，泰尔朋将其称为"西方社会内部及之间变化万千的现象"（Therborn，2004：193）。西方社会中越来越多的伴侣开始同居（生活在一起，但不是正式婚姻关系），数目超过了以往任何时候，对于大多数年轻人来说，同居俨然已经成为婚姻殿堂的标准序曲，更有甚者，将同居看作婚姻的替代品（Therborn，2004）。20世纪80年代以来，同居在英国及其他地区呈现急剧增长态势（见表6 – 1）。就像婚姻一样，妇女开始同居的年龄往往低于男子（16—24岁的妇女同居的可能性是男子的两倍），然而，若超过25岁，男子比同龄妇女更有可能选择同居。

表6 – 1 英国同居形式的性别与关系形态（2002年）

单位：%

	单身	鳏寡	离婚	分居
男子				
同居	22	18	34	22
未同居	78	82	66	78
男子总计	100	100	100	100
妇女				
同居	29	8	30	12
未同居	71	92	70	88
妇女总计	100	100	100	100

资料来源：www. statistics. gov. uk。

然而，从某些方面来说，婚姻变得比以往更受欢迎，而且与很多人观点相反的是，现今，诸多欧洲西方国家社会的结婚率比100年前还高（见表6-2）。因此，这意味着，大部分欧洲社会中的成年妇女皆已结婚（见表6-3）。针对结婚年龄而言，存在着社会性别差异和阶级差异，工人阶级平均结婚年龄小于中产阶级。2002年，妇女首次结婚平均年龄为28岁，男子为30岁，而且人们多次结婚的状况越来越多。另外，随着离婚率的增加，再婚率也呈现上升趋势。2002年，英国所有的结婚夫妇中，双方均为再婚的比例为18%。[①]

表6-2　欧洲西方国家里45—49岁未婚妇女比例（1900年，2000年）

单位：%

	1900 年	2000 年
奥地利	13	17
比利时	17	12
丹麦	13	16
芬兰	15	18
法国	12	14
德国	10	13
爱尔兰	17	13
意大利	11	6
荷兰	14	12
挪威	18	14
葡萄牙	20	4
西班牙	10	13
瑞典	19	27
瑞士	17	20
英国	17	8
未加权平均值	**15**	**14**

资料来源：Therborn, 2004：182。

---

① 资料来源：www. statistics. gov. uk。

表 6 – 3　欧盟国家妇女的家庭状况（16 岁及以上妇女）（1996 年）

单位：%

	单身	已婚	同居	离婚	寡居
奥地利	23	48	4	10	16
比利时	18	61	6	7	9
丹麦	22	43	17	7	12
芬兰	21	42	10	13	14
法国	22	43	12	11	13
东德	16	62	4	7	11
西德	19	55	2	8	17
希腊	19	65	0	2	14
爱尔兰	32	51	3	2	13
意大利	37	49	2	2	10
荷兰	22	54	7	8	9
葡萄牙	24	59	1	4	13
西班牙	28	57	2	2	12
瑞典	27	41	15	7	10
英国	23	54	4	8	12
平均值	**24**	**52**	**5**	**6**	**13**

资料来源：Therborn，2004：203。

再婚通常会产生麦休尼斯和普卢默所谓的"混合家庭"（blended fami-lies），由孩子、其中一方的生身父母和继父母（继父母有可能成为子女的收养父母）组成。然而，在英国，大多数再婚家庭包括一对父母和母方在前次婚姻中所生的一个或多个孩子。这反映出，很多孩子在父母离婚后都跟着母亲生活。在英国的再婚家庭中，子女来自父方之前家庭的比例只有不到 1/10（Macionis and Plummer，2002：451）。[①]

三　离婚

1961—1971 年，英国离婚数量增长了两倍，1971—1981 年增长了一倍，但是 1981—1991 年仅增长了 11%。[②] 离婚率的增长与法律变化息息相

①　资料来源：www. statistics. gov. uk。

②　资料来源：www. nso. gov. uk。

关。现今的法律对诉诸离婚的条件比较宽松，使得离婚变得更加容易。大部分人离婚后多随即选择再婚或同居。

英国妇女最常见的被准予离婚的依据是其丈夫做出了"不合理行为"，而男子获得离婚准许的依据是"征得同意后，分居两年"。① 英国大多数的离婚多由妇女提出（2002 年该比例高达 70%）。针对英国等社会中出现的高离婚率，人们提出了各种各样的解释说明。从法律角度而言，和前几代人相比，如今离婚变得更加容易。过去，人们因配偶早逝而多次结婚，但如今，人们因离婚而多次结婚，这是人口统计学上的改变（Macionis and Plummer，2002）。个人主义意识形态日益盛行，因此，男子和妇女都渴望对其生活拥有更多的选择权、控制权和平等权（Beck and Beck-Gernsheim，1995）。浪漫爱情的意识形态意味着，当激情逐渐退去，伴侣比过去更有可能因偏爱另一段感情而结束彼此的关系。当代众多婚姻关系充满着压力，特别是，父母外出工作的可能性均日益增加，即便有孩子的家庭也是如此。如今，社会越来越能够接受离婚（离婚不再像过去一样带有负面的社会污名标签，虽然在一个世纪之前，一些世俗社会的确如此看待离婚），妇女在经济上也不像过去那样依赖男子。

然而，因为离婚后通常是母亲获得子女监护权，但是父亲一般收入更高，所以子女的健康生活通常依赖法庭要求父亲支付的子女抚养费。那些以"不合理的行为"为理由而与丈夫离婚的妇女有可能仍然在经济上依赖男子，尤其是在她有子女的情况下。在这种情况下，可以说，这是"家庭工资"意识形态不利于妇女的又一个例子。

四　非婚生子女

在包括英国在内的大多数西方社会中，未婚生育的情况越来越多。1961 年，英国非婚生孕的比例仅为 6%，但是到 1991 年，该数据为 32%。截至 2001 年，英国高达 40% 的婴儿是在非婚情形下出生的（尽管其中 64% 的婴儿是由居住在同一地址的父母共同登记的）。

---

① 资料来源：www.nso.gov.uk。

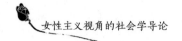

五 单亲父母

如表 6-4 所示，近年来，单身母亲的数量也有明显增长。事实上，英国在 20 世纪 70 年代至 21 世纪初的 30 年里，单亲母亲的数量增长了两倍多。单亲家庭（源自分居、离婚、非婚生和极少量的鳏寡）在许多西方国家日益普遍。正如我们在前文离婚章节写道，在大多数国家，妇女比男子更有可能获得监护权。离婚后，单身母亲成了家庭的唯一支持者，致使她们处于相对弱势的地位（这是各种影响因素导致的结果，包括"家庭工资"带来的冲击、有限的儿童照顾资源和就业机会等），因此大量离婚妇女及其子女更容易处于贫穷。联合国儿童基金会指出，对于那些相对年轻的母亲来说，她们的情况更是如此。在欧洲，分娩年龄小于 20 岁的母亲不到 4%，但是在其他地区，这一数据要高出很多。比如在摩尔多瓦和乌克兰等中东欧国家，青少年生育的比例约为 18%。①

表 6-4 英国家庭形态与单亲母亲的婚姻状况（1971—2001 年）

单位：%

	1971 年	1981 年	1991 年	2001 年
已婚/同居	92	87	81	75
单亲母亲	7	11	18	22
单身	1	2	6	10
守寡	2	2	1	1
离婚	2	4	6	7
分居	2	2	4	4
单亲父亲	1	2	1	3
所有单亲父母	8	13	19	25
总和	100	100	100	100

资料来源：www. statistics. gov. uk。

---

① 资料来源：www. unece. org。

六　职业母亲

在英国，与那些没有子女需要抚养的劳动年龄的妇女（76%）相比，有子女需要抚养的劳动年龄的妇女（68%）参与经济活动的可能性较小。母亲的经济活动受最小一个孩子的年龄的影响。拥有 5 岁以下子女的劳动年龄妇女，劳动参与率为 55%；相反，同那些没有子女需要抚养的劳动年龄的男子相比，有子女需要抚养的劳动年龄的男子更有可能参与经济活动，并且其子女的年龄不会对他们产生任何影响。在这些有子女需要抚养的男子当中，约 93% 参与经济活动。相对于男子而言，妇女更有可能从事兼职工作，[①] 当她们有子女需要抚养时，情况尤其如此。有子女需要抚养的妇女当中，近 40% 从事着兼职工作，而无子女需要抚养的妇女当中，这一数据仅为 23%，针对男子而言，上述两个数据分别为 4% 和 9%。

不管工作状态如何，妇女往往会比男子花费更多的时间用于照顾子女。2003 年，在工作日，拥有配偶且从事全职工作的妇女平均每天有 4.5 个小时用于子女照顾及陪伴（针对男子而言，这一数据为 3.5 小时）。周末，全职工作的父母陪伴子女的时间均超过 6.5 个小时，这表明，和过去相比，男子和妇女在子女养育上比以往更具平等性。但是，男子和妇女陪伴子女的方式往往不尽相同：妇女在周末陪伴子女时，还要花费 2 个小时兼做家务，而男子约为 1 小时 20 分钟。相反，男子花费 1 小时 20 分钟与孩子一起看电视，而妇女如此做的时间约为 50 分钟。[②]

许多人会认为，此处引用的种种趋势表明家庭已经处于崩塌状态。然而，这些当代的家庭模式是传统核心家庭和性忠诚的镜子（Therborn，2004）。尽管当前很大比例的孩子为非婚所生，但是通常情况下这些孩子的父母随后就会结婚。母亲的传统角色往往保持相对不变，如今单身母亲生育的孩子更有可能由其亲生母亲抚养长大，而非像过去那样放弃权利让他人收养。然而，离婚率和未婚生子率日益增长的结果就是，越来越多的孩

---

① 资料来源：www. nso. gov. uk。

② 资料来源：《2003 年春季的劳动力调查》（*Labour Force Survey，Spring 2003*），转引自 EOC，2004。

子（至少在童年时）是在单亲家庭中成长，而且几乎都是由单亲母亲抚养。

平等、选择和多样性已经成为当代众多家庭形式的重要特征，比如，现在许多西方社会已正式认可和接受男同性恋与女同性恋登记结婚。但是，遭受贫穷和被剥夺社会福利的风险依然存在，对单亲母亲家庭来说尤其如此。这种多样性强烈地冲击了只存在一种"理想"家庭模式的观点。有些社会学家宣称，即使社会想维系这个"理想"概念，这个已太过复杂的世界也不可能让此事成真。正如贝克和贝克－格恩斯海姆在著作《爱情的正常性混乱》（*The Normal Chaos of Love*）中写道，我们的社会日渐关注个体及他（她）对其生活方式的选择，因此：

> 人们不再可能以某种约束性的方式来断定什么是家庭、婚姻、为人父母、性和爱，他们应该是什么或者可能是什么。相反，在不同个体间、不同关系间，它们的本质、期望、规范和道德都依人、依关系而异，不尽相同。

> (Beck and Beck-Gernsheim, 1995: 5)

第五节　家庭意识形态

尽管（或者因为）家庭已呈现多样化的形式并发生着剧烈的变迁（在当代的西方社会中尤为如此），但是社会学家所谓的"家庭意识形态"（有关如何组织家庭内部角色与责任的主导观念）依然存在。维拉妮卡·比奇指出，家庭意识形态由两项假设构成，亦即：

> 共住的核心家庭和性别化的劳动分工形式都是被大众普遍认可的，它让妇女扮演妻子和母亲的角色，主要负责家庭的私人领域，而男子扮演赚取工资和养家糊口的角色，主要负责雇佣劳动的公共领域。

> (Beechey, 1986: 99)

比奇认为，家庭意识形态预设了家庭是由生物性决定的，并且只有特定的一些家庭形式才是"自然的"。西方社会的社会与法律制度因此再生

产出父权制的家庭形式。因为它假定这既是人们的实际生活的方式（do
live their lives），也是他们应该采用的生活方式（should live their lives）。比
如，关于家庭的假设也决定了学校教育、劳动力市场和社会保障体系的架
构，另外，住房形态也时常因此被分为私人领域和公共领域。家庭意识形
态的假设具有三重性。

1. 将家庭主妇和母亲的角色看作妇女正常、自然的生活方式。

2. 宣称这样的生活方式可以满足妇女的天性，并且她们应该对此生活
方式感到满足。

3. 责怪那些无法对这种生活方式感到满足的妇女个体。

换句话说，同其他任何意识形态一样，家庭意识形态将统治集团的利
益转化为从属群体的自身利益，并且迫使被统治群体承担随后产生的任何
后果。在这种情况下，它将人们一系列的不满个体化，这些不满原可能成
为对抗结构性压力的集体力量，但却因意识形态的影响而转移成为个人的
失败。与单身母亲相关联的青少年犯罪问题、职业伦理的丧失、福利依赖
以及"底层阶级"（underclass）的出现，皆为其例。

男孩和女孩，男子和妇女均理所当然地认为，男子身强力壮，应当成
为"养家糊口者"，而妇女顺从温柔，应当照顾男子和孩子。即使当男子
和妇女的生活经验并不符合这种理想模式时，他们往往依然认为应当按照
理想模式行事。而且，这种家庭形式被看作能够最有效地满足个体成员以
及整体社会需求。女性主义者对"这种特定的生活安排具有天然性和普遍
性，而且这种生活方式必然能够最有效地满足妇女及全体社会的需求"的
假设提出了质疑，相反，他们强调，各种性别化的家庭生活经验让妇女不断
遭受压迫和剥削，实际上却符合男子或资本主义的利益，或者同时符合两者
的利益。特别地，女性主义者更关心性别化的权力关系、家庭内部的经济不
平等、家庭暴力、家庭劳动分工以及男子与妇女不同的亲职经验等议题。

第六节　性别化的家庭生活经验

要深刻了解女性主义者对家庭意识形态的批判，有必要审视一下家庭

生活意识形态与母职经验之间的脱节与不一致。贝蒂·弗里丹将美国中产阶级母亲于 20 世纪 60 年代经历的各种压力称为"无名的问题",① 然而莉丝·斯坦利和苏·怀斯则认为,许多妇女将家庭区分为作为"制度"的家庭与自己的家庭,她们认为前者是可取的,然而她们在后者的经历却问题重重(Friedan, 1963; Stanley and Wise, 1983)。

在成长的过程中,许多女孩期待并渴望结婚,并将婚礼看作一生中最重要的时刻。显然,大众媒体和流行文化在固化"梦幻婚礼"和"幸福婚姻"的理想中扮演了重要角色。然而,现实往往与梦想大相径庭,对于那些不幸惨遭家庭虐待和暴力的妇女来说尤为如此。杰西·伯纳德表明,在异性恋配偶中存在着"她的"婚姻和"他的"婚姻两种截然不同的现实,男子通常能够比妇女从婚姻中获得更多的益处(Bernard, 1973)。已婚妇女比单身妇女或单身男子更有可能罹患精神疾病,而已婚男子则几乎不会遭遇此类问题。单身妇女更时常被认为需要得到男子的保护。媒体文化也时常让人们认为,如果成年妇女还未结婚,她一定有"问题",这构成了另一种婚姻的压力。正好相反的是,男子从婚姻中同时获得经济和社会利益:他们会得到照顾,享受妻子"无偿性"家庭劳动以及妻子在他们的雇佣工作或家庭企业方面提供的"无偿性"帮助。很多妇女会通过款待同事和客户、承担无偿性文职工作(比如提供接电话服务)来"帮助"她们的丈夫,而且在一些情况下,妻子被看作男子履行工作职责时必不可少或几乎必不可少的角色(Finch, 1983)。大多数妻子被期望根据其丈夫的工作需求来组织安排她们自己的生活——比如准备饭菜或从事其他活动,以配合伴侣的工作时间——并适时调整以适应他们的"需求"。

据估计,如果必须按照市场价格给予报酬的话,家庭劳动值不少钱。1987 年,英国法通保险公司估计,一位"依附丈夫"的妻子一年的家务工

---

① 贝蒂·弗里丹(Betty Friedan)在《女性的奥秘》(*The Feminine Mystique*)一书中探讨了"无名的问题",指的是在 20 世纪 50—60 年代的时候,美国郊区的中上层社会的妇女普遍经历着对生活的不满,以及对一些家务以外的新鲜事物的向往和追求。她们生活无忧,却找不到自我存在的意义。她们求助于心理学家,却既不能准确地描叙自己的问题所在,也无法从医生那里得到确切的答案。因此,将这种心理状态称为"无名的问题"。——译者注

作值 19253 英镑的薪资。① 该公司在电脑中输入一位"普通"家庭主妇的资料：一个 37 岁名叫罗萨琳德·哈里斯的妇女，是两个孩子的母亲。调查发现，她的工作从周一早上 7 点准备早餐开始，一直忙碌到晚上 9 点（一天工作 14 个小时）。她每周从事的工作包括购物者、门窗清洁工、护士、司机、清洁工、厨师和保育员。她一周的工作时长为 92 个小时（这还不包括孩子睡觉后，她们随时"待命"的时间）。

女性主义者给出了众多理由，来解释为什么婚后的真实生活与理想状态相去甚远。安·奥克利（Oakley，1982）指出，妇女会经历家庭生活中的四个冲突领域。

1. **性别化的劳动分工**意味着妇女被期望负责家庭劳动和儿童照顾，这意味着妇女在经济上要依赖男子，并且没有（或受到限制）获得家中金钱的机会。

2. 男子和妇女**不同的情感需求**所带来的冲突。妇女被期望处理丈夫和孩子所遭受的挫折和怨气，但是他们自己却无处倾诉（研究表明，妇女在家庭中承担大量的"情感工作"）。

3. 丈夫和妻子之间在**经济和身体上的权力差异**意味着，妇女可能不具备管控财政资源的权力，也无法参与社会活动，甚至还会遭受来自丈夫的身体暴力。

4. **男子对性和生育的控制**意味着，男子的需求被看作最重要的。妇女被期望"取悦"她们的丈夫，屈服于他们的性需求，并为他们生育、养育子女。

事实上，无论是在她们自己眼中还是别人眼中，已婚妇女都没有一个独立的身份。另外，她们通常需要将家庭成员的需求放在她们自身需求之上，并且依赖于其丈夫和子女来确定自己的身份。在英国，已婚妇女普遍需要采用其丈夫的姓氏，并被看作其丈夫或子女的一个附属物，比如"约翰·史密斯的妻子"或"简和比利·史密斯的母亲"，她们没有自己单独的社会身份。这种与家庭相关联的身份通常还体现在雇佣工作中（见第九章）。此外，男子往往因其工作而获得他们的主要身份。妻子经常会被问

---

① 引自《星期日泰晤士报》1987 年 3 月 29 日。

及她们的丈夫从事什么工作，好像这就是她们身份的主要来源，但是从来不会被问及她们自己从事什么。

媒体文化以狭隘的方式来建构与再现妇女的角色，并强调她们为人妻、为人母的面向来巩固妇女的刻板印象。这在广告和流行肥皂剧中尤为突出（见第十二章）。去思考媒体未以哪些角色来描绘妇女，或哪些角色对她们而言是特殊的，也同样重要。就算是《X 档案》《吸血鬼猎人巴菲》等电视剧中的"强悍"妇女也常常有个男性上司或男性领导，而且还经常被刻画成家庭或照顾者的角色。同样的，儿童读物和阅读计划大纲也通常将男子和妇女或男孩和女孩相应地刻画成阳刚角色和阴柔角色（见第四章）。

一 权力关系和金钱

社会性别角色意识形态决定了针对谁在家中工作（谁待在家里照顾孩子及家庭）。然而，劳动力市场也进一步强化了上述做法：由于男子挣取的薪资一般都比妇女高，因此通常情况就是，男子从事雇佣工作，而妇女负责养育子女。这种现象迫使妇女在经济上依赖男子。妇女的工作必须要配合其家庭责任，因为在一般情况下，报酬远远不能确保妇女获得经济独立。另外，大多数妇女认为她们无法全权管控"家庭工资"的花销。即便是已婚妇女从事全职雇佣工作成为常态，劳动力市场存在的种种横向、纵向隔离（见第九章）仍意味着，妻子挣取的工资依旧比其丈夫少得多。

人们认为，家庭工资的数额至少应该足以养活一位男子及其妻子和孩子。工会也常利用男子必须养家的理由来与雇主交涉，而一位妻子的收入通常被看作家庭工资的补充部分，可用于购买一些奢侈品。亨特发现，丈夫的收入通常花费在必需品上，而妻子的收入则用于"额外花费"，因此男子的工作被看作必需的，而妇女的工作在必要情况下可以被舍弃（Hunt，1980）。然而，并不是全部有家庭的已婚男子都挣取"家庭工资"，而且如果没有已婚妇女挣取工资的话，毫无疑问，贫困家庭的数量将会增加。诚然，许多不用担负家庭责任的男子及部分妇女确实也能得到一份"家庭工资"相当多的工作。

必须谨记的是，"家庭工资"并非支付给家庭，而是支付给（男性）

薪酬赚取者。怎样在家庭内部分配这笔钱依赖于男子和妇女的权力关系，即谁有权决定如何花费这笔钱以及花费在什么地方。这也凸显了男性主流社会学研究中将家庭作为阶级分析单位，及基于男性户主的阶级地位来确定妇女阶级地位时存在的问题（见第三章）。

简·帕尔曾描述夫妻在家庭收入管理上的几种不同方式。在有些案例中，丈夫选择交出工资袋，而妻子则会给他一些"零花钱"；在其他一些案例中，丈夫选择给他妻子一部分"家用钱"；在第三种案例中，夫妻双方结合彼此的收入共同决定开支（Pahl，1980）。在双薪家庭中，越来越多的男女开始选择各自持有各自的收入。而且，研究表明，所有资源在家庭内部使用时并不平等共享。格拉哈姆和帕尔发现，对于那些婚姻破裂并且带有小孩的妇女来说，她们有时会发现，自己依靠政府福利生活时反而比同她们的丈夫在一起时过得还要好（Graham，1984；Pahl，1983）。

妇女往往会把她们丈夫和孩子放在第一位，而把她们自己的需求放在最后一位。当经济拮据时，妇女通常会节衣缩食。另外，她们很少像男子那样在自己身上花钱，如果将钱花费在自己身上的话，她们通常会感觉自己是在剥夺孩子的权利。因此，普遍来说，男子和孩子对于家里的资源具有优先使用权，比如电脑。对在那些拥有一辆汽车的家庭中，往往是男子拥有主要使用权，即便妇女会开车，通常负责开车的还是男子，尤其在家庭旅行时。如果说汽车或电脑是工作的一大"好处"时，妻子或许会感觉她在任何情况下都不具备直接占有权。

许多妇女可能会因为她们不是主要的养家糊口者而接受自己拥有较少管控权的处境。显然，妇女缺乏经济资源的管控权，不仅与男女角色的刻板印象有关，而且也与现实生活中谁被认为在挣钱，谁被认为"没在工作"有关。妇女的家庭劳动并不被看作"真正"的工作，因为它并不会带来金钱收入，妇女不会因此获得报酬。因此，为了获得她们的家庭劳动，丈夫实质上需要负责养活已婚妇女。然而，由于男子对经济资源享有管控权，所以他们在婚姻中拥有相对较大的主动权，致使一位妻子很难离开她的丈夫，即使丈夫对她施加精神暴力和身体暴力，或者她在婚姻中过得不幸福。如果她选择离开，那么，她将找到什么工作（尤其在带有孩子的情形下），再一次影响了她们的抉择。

在发展中国家和后殖民社会中，包办婚姻及关于妇女传统角色的文化信仰——在亚洲社会和非洲社会中尤为如此，这些社会的传统是妇女在婚后要搬去与夫家同住——加剧了妇女在家庭内部的经济依赖性。

二　包办婚姻与父权制家庭形式

在全球许多地方，包办婚姻（arranged marriage）的原则和实践同时广泛受到不同文化的挑战及捍卫。正如戈兰·泰尔朋指出：

> 放眼全球，父权制最显著的表现之一就是父亲或父母可以控制子女的婚姻。这是人一生中最为重要的决策之一，因此最能彰显一个人拥有的自主性和他律性的差异。所有可得的证据皆表明，在 20 世纪，人们拥有越来越多的婚姻自主权。尽管如此，在亚洲半数或大半数人口当中、在非洲大部分地区、在欧洲的一些小国（并不只出现在新近移民中）及美洲的印第安人当中，父母在其子女婚姻上依然具有重大的话语权，也在成年子女的婚姻生活及婚后家庭模式上扮演着重要的角色。
>
> （Therborn，2004：107）

对于众多妇女来说，这意味着她们在婚姻和家庭内部的自由是受到限制的。正如杰拉米和勒奈雷在关于家庭的研究中写道，针对所谓的"父权制原教旨主义"（patriarchal fundamentalism）的抵抗存在各种各样的形式，妇女不仅组织了集体的力量，而且也发挥了妇女个体的能动性（Gerami and Lehnerer，2001）。通过一系列叙述访谈，他们讨论了伊朗妇女在应对父权制家庭实践（比如父母家庭的居住安排）和包办婚姻时采用的四种策略。研究发现，伊朗妇女会使用合作、默许、笼络和颠覆等方式来激发自己的能动性，并借这些策略来回应家庭和国家的各种诉求。从访谈叙述中可以看到，一些妇女是如何与伊朗革命所导致的经济困境和性别压迫进行交涉，以及这些交涉行为如何影响妇女在家庭中的地位，当她们这类交涉行为是透过伊斯兰教的文化规范得以展现，往往会使西方女性主义者在讨论父权制原教旨主义时经常出现的"受害者"叙述显得大有问题（尤其是涉及父权制度与婚姻、家庭和住户的关系时）。然而，他们研究中的大多数妇女在经济上依然依赖她们自己或丈夫的家庭，其中一些妇女声称她们在家庭中遭到了暴力与恐吓（Saul，2003）。

三　家庭中的暴力

虽然理想的家庭可能是无情世界的避风港，但对于众多妇女和孩子，甚至对部分男子来说，现实中的家庭可能是一个极其危险且充满暴力的地方。研究表明，同任何其他社会环境相比，妇女更有可能在自己家中遭受到来自熟人（可能是生物学上的亲属，也可能是婚姻或同居的伴侣）的谋杀、伤害或身体攻击（Macionis and Plummer，2002）。俄罗斯社会学家加琳娜·西拉斯特报告称，每年有 15000 名俄罗斯妇女死于家庭暴力（Sillaste，2004）。美国政府统计数据报告同样指出，美国被谋杀致死的妇女案件中，近 30% 是被现任伴侣或前任伴侣杀害（相对而言，该数据在男子中仅为 3%）。

虽然大多数美国的州和欧洲国家在 20 世纪 90 年代中期都已出台婚内强奸法，但到了 2001 年，全球仍只有 30 个国家承认"婚内非意愿性行为"是犯法的（Macionis and Plummer，2002）。因此，在许多国家，即便夫妻处于分居状态，丈夫强奸妻子也不会被指控。正如泰尔朋指出，在全球许多地方，丈夫不仅掌控着全部重大家庭决定，而且还决定着他们的妻子可否外出：针对女孩和妇女的特殊性别献祭和制度化的暴力仍未消失（Therborn，2004）。尽管针对妇女的暴力在亚洲和非洲已经成为一个严重问题，但许多社会环境中仍认为殴打妻子是合法的（Therborn，2004：107）。更重要的是，不仅男子认为针对妇女的暴力是正当的，而且妇女也这样认为，并且已经内化了这种观点。比如，最近在埃及开展的一项研究表明，90% 的妇女认为，如果妇女"顶嘴"，那么殴打她是正当合理的；70% 的妇女认为，如果妇女"拒绝性行为"，那么殴打她是正当合理的；64% 的妇女认为，如果妇女"与其他男子说话"，那么殴打她也是正当合理的。在被调查的已婚妇女中，有超过半数的人承认在过去一年遭受过丈夫的殴打（Zanaty-el et al.，1996）。

在此我们显然可以问一个问题，尤其是在相对平等的西方社会中，"为什么遭受家庭暴力的妇女不选择逃离"？女性主义研究表明，大多数遭受身体虐待、精神虐待和性虐待的妇女，尤其是有了小孩的妇女，几乎没有什么选择，因为她们在经济上依赖男子。有些妇女可能会将她们遭受暴力的原因归咎于自身，认为是自己让伴侣动粗；一些成长于暴力家庭中的妇女或许已经将暴力看作家庭生活的正常部分（Leonard，1982）。有些社会学家指出，众多妇女除了为其丈夫和孩子提供情感呵护，还要承担自身的"情绪工作"，并说服自己相信她们的家庭生活是幸福的，这意味着她们往往"复制自己的虚假意识"（Duncombe and Marsden，1995：150）。

在过去，国家往往把家庭暴力看作私事，但是如今即便是没有分居或离婚，妇女也可以向法院申请寻求保护，免受暴力伴侣或亲属的侵害。当前，很多国家都出台了反跟踪法（Anti-stalking legislation），比如英国1997年出台的《反骚扰法案》。欧洲及世界其他地方的社区纷纷为因暴力被赶出家门的妇女及儿童提供收容和庇护的场所。英国首家妇女庇护所（Chisuick Women's Aid）由艾琳于1972年在伦敦的奇斯威克（Chiswick）设立，如今英国境内几乎所有的大型城镇都拥有一个妇女收容所或避难所。一方面，此类避难所的广泛建立表明家庭内部暴力持续存在；另一方面，这在一定程度上证明，女性主义运动成功转变了社会对家庭暴力的态度，如今家庭暴力主要被看作一种社会问题（而非个人问题）。正如激进女性主义者长期以来一直主张"个人即政治"。然而，对于众多妇女和儿童来说，家庭暴力仍每天在实际生活中上演，"麦片包装上的家庭"只是理想。然而，尽管据报道，大多数家庭暴力的施暴者为男子，但是父权制意识形态通常意味着，当男子确实成为虐待的受害者时，他们往往并不会信服，甚至会被嘲笑。这突显了女性主义中存在的一个富有争议观点，即男子也可能成为父权制意识形态及压迫的受害者。

四　家务劳动分工

为了理解家庭内的劳动分工情况，我们不仅有必要检视谁做了什么，而且还要检视谁被认为需要负责某项特定的工作，同时我们有必要质疑

"男子作为养家糊口者"和"妇女作为顾家养育者"成为家庭平等分工的常识性假设。另外，我们还要考虑到，不同的文化如何建构出妇女的"权利"。正如一位生活在保守的印度北方邦的高种姓拉贾普特（Rajputs）年轻妇女描述道：

> "如今，我可以在其他人面前与我的丈夫谈话，但是在我小的时候，我母亲却不可以与她的丈夫谈话……尽管到目前为止我从未在我丈夫面前吃过饭，但是只要我想，我便可以与他商谈……但是我母亲当时却不能为她的丈夫料理三餐（因为考虑到怕"玷污"他们）……如今我却可以自己服侍我丈夫。"

> （Minturn，1993：84）

在这位妇女看来，能够亲自服侍其丈夫用餐即被看作性别平等进步的标准，但是西方妇女往往认为，"服侍"丈夫是导致妇女在家庭内外处于相对弱势地位的主要原因之一。

家庭劳动分工不平衡的原因：一方面是（至少在西方社会如此）越来越多的妇女在承担家务的同时开始从事雇佣工作；另一方面是（在西方国家社会及其他国家社会中）做家务、做饭及照顾孩子通常比从事雇佣工作需要更多的时间，承担更大的责任。正如女性主义者认为，家务劳动是一种体力和情感要求都很高的工作，但是家庭劳动却很少得到认可（甚至也没有得到妇女自身的认可）。女性主义者经常指出，普遍而言，妇女往往负责一些必要的、定期重复的例行工作，而男子往往从事那些富有创造性的、并且可以等他们方便时再做的工作。这种分工的基础是，男子和妇女各自从事其天生擅长的工作，而后者通常被看作天生擅长清洁、缝补、洗刷、购物、洗涤、照顾孩子、做饭等工作。

安·奥克利是首个从社会学的角度审视家庭劳动分工，并将家务劳动看作工作的女性主义社会学家。她质疑"妇女有一个她们自己主宰和决策的私人领域"的观点。事实上，她认为，随着男子花费在家中的时间变长，对照顾孩子有更多的兴趣以及与妻子共同参加更多的活动，妇女的家庭权力被削弱了（Oakley，1974a；1974b）。杨和威尔莫特在20世纪70年代的研究中指出，英国的男子和妇女已能共担照顾子女、家务劳动的责任，以及"养家糊口"的角色，并且共同做决定，但是安·奥克利认为，即使男子和妇女共担夫妻责任，男子通常仍被认为在"帮助"他们的妻子。如果某些必要的家务未完成，妇女通常要承担责任；而男子通常只有在妻子不在家时才"勉为其难"（make do）地做饭，或者妻子通常不得不预做安排（Young and Willmott, 1973; Oakley, 1982）。这意味着妇女倾向承担杜塞所谓的家务劳动的"情绪责任"（emotional responsibility）（Doucet, 2001）。史提夫·艾德格认为，妻子通常只是需要做一些比较小的决定，比如做饭和购买子女衣物，而搬家等重大决策往往由丈夫负责（Edgell, 1980）。然而，即便是在较小的决策领域，丈夫的愿望也发挥着重要作用。波琳·亨特表明，在准备一日三餐时，妇女通常会考虑丈夫或孩子的喜好，而很少顾及自己的偏好（Hunt, 1980）。其他国家的研究也呈现非常类似的情况（Einhorn, 1993; Uoronina, 1994; Khotkina, 1994）。

即便妇女从事了雇佣工作，她们仍然会承担大部分家庭劳动，即承担女性主义社会学家所谓的"双重角色"（the dual role）。近年来，女性主义者认识到，事实上，很多妇女承担着"三班制工作"（triple shift）：不仅要外出工作及承担家庭劳动，而且还要照顾、帮助年老或无法独立的家庭成员。在英国，一直以来大多数为别人提供（无偿性）照顾或帮助的人员为妇女（见第七章）。

显而易见，男子并没有同等地与他们的妻子或伴侣分担家务（或照顾）工作，即使他们的妻子或伴侣从事着全职工作，而且更为明显的是，他们在家务方面也未承担相同的责任。男子所做的工作（如自己动手型的事务①）通常具有持久、明显的产出，而妇女通常负责的是一些日复一日、重复且似乎永无尽头的日常工作。然而，男子和妇女都将这种分工看作符合"天性的"。同样很明显的是，即使随着一些所谓的"省时省力的装置"的耐用消费品的问世和增加，妇女花费在家庭劳动及其他家务上的时间并

---

① 自己动手型的事务（do-it-yourself），指在家庭事务中部分或全部维修、维护及建筑类可以自己动手搞定的工作。——译者注

未实质性地减少。社会学家露丝·马迪根和莫伊拉·门罗认为，"家"承载着厚重的意识形态，渗透在家庭消费和劳动之中（Munro，1996）。正如他们所说，"风格、设计及品味方面的问题显然会引起焦虑，但是它们在很大程度上仍成为家庭价值观（一个放松、舒适的港湾）及人们希望保持'体面'的一部分，人们因此不断以高标准来看待家务"（Munro，1996：41）。后者尤为适用于子女养育方面。

五 子女养育

众多女性主义者认为，生育子女固化了妇女所遭受的从属与剥削。波伏娃在其著作《第二性》中表示，母职是让妇女处于从属地位的主要原因，该身份构成了男子支配妇女的基础，并因此将妇女置于男子的统治与保护之下（Beauvoir，1988［1949］）。子女养育（parenting）的意识形态显然是性别化的，比如，可以思考一下如下两个表达之间的不同文化内涵："她像母亲般关怀或照管他"（she mothered him）和"他生育了一个孩子"（he fathered a child）。前者（在英语中至少如此）的角色涉及养育和抚育，而后者为纯粹的繁殖（生物学上的）行为。"母职的理想化"意味着，男子被排斥出了新生儿及幼儿的养育和照顾（使他们想参与其中）。为了应对这种局面，北欧国家（比如瑞典和挪威）出台了一个月的陪产假以及一系列政策倡议，旨在鼓励男子在儿童保育方面发挥更加积极的作用。

激进女性主义者舒拉米思·费尔斯通主张，只有当妇女从再生产的负担中解放出来时，她们才能摆脱男子的统治（Firestone，1974）。但是，并非所有的女性主义者都认为这种生物学论断能够充分解释妇女所遭受的从属与压迫。许多女性主义者指出，有必要区分生物学上的生育能力与社会学上的养育角色的不同。在许多社会中都存在这样的观点：因为妇女生了孩子，所以她们要照顾他们。但是，正如米里亚姆·大卫指出，母职是一个社会概念，父职却几乎不被提及（David，1985）。"当个父亲"（to father a child）（如前文解释）仅仅是一种生殖行为（David，1985：32）。母职往往被看作妇女的天职和主要身份，但母职不仅仅是一种社会建构，而且还是一种特定的历史和文化概念。在英国，母职这个概念是工业革命期间在中产阶级中发展出来的，是家庭生活（domesticity）和女人气质（womanhood）意识形态的一部分。到19世纪末，妇女的主要职责被看作生育、照顾子女。

母职通常被看作妇女的天职（vocation）。事实上，在前社会主义国家当中，人们的确认为妇女待在家中照顾子女是一种爱国行为，因为俄罗斯开展的人口统计学研究表明，俄罗斯的人口每年减少约100万，而出生率已经降至平均每户2.6个孩子（Therborn，2004）。因此，媒体的潜台词认为，俄罗斯人口的缩减应当归咎于妇女。

在大多数社会中，母职被看作妇女天生擅长的事情，并且她们能够从中获得巨大的情感满足。妇女被看作应当负责照顾、管控她们的孩子。当出现差错时（比如出现健康问题或社会问题），通常会归咎于母亲，认为是她照顾不周或疏忽大意。在20世纪初期的英国，婴儿高死亡率及幼儿健康问题被归咎于妇女。尽管大量证据表明，真正的原因在于简陋的居住条件，贫穷、恶劣的环境条件，但妇女却被指责在家中不注意卫生并且未能给其子女提供充足的营养。第二次世界大战后，温尼科特和鲍尔比等精神分析学家提出的一些理论开始广受欢迎，他们强调母亲应当全职照顾学龄前子女，并且认为，如果母亲未能这样做，那么她们有可能养育出少年罪犯和行为偏差的子女。尽管大量证据表明，真正重要的是照顾质量，而非照顾时间或提供照顾者的生物学特性，而且小孩子能够通过与各种各样的成人和小孩建立情感联结而获益，但是上述思想仍然具有广泛的吸引力。有趣的是，有些上层阶级的父母选择为其孩子雇佣保姆，并在孩子很小的时候便将其送至寄宿学校，相应地，有些工人阶级的母亲或单身母亲必须外出工作，但后者往往会被指责忽视子女照顾，而前者却几乎没有受到类似的指责。

理想的母职是一份全职工作，这种概念形塑了我们对妇女和母爱的看法。人们通常认为，妻子和母亲是妇女的主要身份，扮演这些角色能够满足她们的情感需求。然而，正如我们前文写道的，女性主义者指出，理想与现实之间存在着一个巨大的鸿沟。养育子女是一份苦差事，因为子女需要源源不断的照顾与关注，而且子女养育普遍是在孤立状态下开展的。安·奥克利研究发现，相对于她们的其他工作而言，家庭主妇们更享受照顾养育工作（Oakley，1974a）。尽管如此，许多家庭主妇仍会感到孤立无援，并且渴望其他成人的陪伴。奥克利表示，考虑到理想与现实之间脱节的情况，我们不应当惊讶为什么有那么多妇女会经历产后抑郁，相反，我们应当惊讶其数量之少。

布朗和哈里斯开展的研究发现，那些在家照顾学前子女的妇女患有临床抑郁症的风险最高，主要是因为"她们充当了家庭中其他成员发泄压力的缓冲器和垃圾桶"。他们指出，妇女往往通过自我内化来应对压力，不向外求助（Brown and Harris，1978）。希拉里·格拉哈姆认为，同样地，那些需要照顾小孩的工人阶级母亲则将抽烟作为一种缓解压力的方式，坐下来抽支烟她们能够获得平静（Graham，1984）。尽管存在种种不利证据，但"母职是妇女普遍满意和满足的角色"这种迷思依然存在。海伦·罗伯茨发现，一般的全科医师都无法理解为什么向他们诉说抑郁症状的已婚妇女会对自己的生活不满。他们想不通如果一位已婚妇女拥有一位尽职忠贞的丈夫、可爱听话的孩子和舒适温暖的家，为什么仍会感到不幸福（Roberts，1985）。

人们对妇女角色的性别化预设，不仅建构了妇女的家庭生活，而且也形塑了她们在学习和工作世界中的生活。妇女之所以被看作"天生"的照顾者，是因为她们扮演着实际母亲或潜在母亲的角色（见第九章）。由于雇主们认为，相对于职业而言，母职才是妇女生活的中心部分，所以她们的就业机会通常会受到限制。这影响着全部妇女，而且事实上，正是有限的就业机会和妇女所获得的低工资迫使她们选择走进婚姻、当个母亲（Walby，1986；1990）。安·奥克利发现，在她采访的家庭主妇当中，很大一部分称，结婚后她们会想生个孩子以便逃离枯燥的工作（有趣的是，她们当中的多数发现，作为一名家庭主妇甚至更加枯燥，并迫不及待地想回到工作当中）（Oakley，1974a）。或许还存在这样的观点：因为大多数妇女必须要结婚及获得生活工资（living wage），所以生孩子是她们为此付出的代价。另一方面，其他妇女可能会认为，婚姻是她们为拥有孩子而必须付出的代价。

母职总被描述成妇女的天生且想要扮演的角色，因此，终止意外怀孕通常被看作不合情理的，甚至是令人毛骨悚然的行为。在大多数西方社会中，采用避孕措施相对比较普遍，但是在转型社会或发展中社会（比如中欧、东欧、撒哈拉以南非洲、西非），避孕措施非常有限，因此意外怀孕（尤其在年轻妇女中）的比例仍然很高。① 20 世纪 90 年代初期，这些社会中的妇女堕胎率居世界首位，堕胎数相当于（在某些地区甚至高于）出生婴儿数。20 世纪 90 年代，随着避孕措施日渐普遍，大多数国家的堕胎数量开始下降。比如，1990—1999 年，哈萨克斯坦的堕胎率由 60.7‰下降至32‰，这主要得益于各种生殖健康促进运动。② 多年来，英国和美国的女性主义者为了捍卫她们的堕胎权一直在开展运动，但是已婚妇女依然相对很难实现堕胎，因为她们通常被认为是想要孩子的。

同样地，那些成为商业代孕母亲的妇女，往往要么被看作是遭受剥削的受害者，要么是违反自然、不近人情的谋利者。露丝玛丽·童在其有关代孕母亲的论述中写道，当一位妇女同意成为一名商业代孕母亲时，我们必须在考虑她的经济条件的背景下来理解所谓的"自由"选择。露丝玛丽·童写道：

> 大多数代孕母亲，与卖淫者一样，都比购买她们服务的群体贫穷得多。由于无法获得一份像样的工作，而肉体是她唯一所拥有的，且有人愿意购买的话，那么她或许会被迫将其出售。但是，如果说一位妇女"选择"这样做，还不如说，当她被迫在遭受贫穷和遭受剥削之间进行选择时，她或许会选择不那么罪恶的后者，即选择被剥削。
>
> （Tong，1997：200 – 201）

近年来一个有趣的发展趋势（尤其在西方社会中）是人们倾向于推迟生育年龄，或者根本就不生育。比如，在英国，2002 年，妇女的平均生育年龄为 29.3 岁（并且首次生育年龄为 27.3 岁）。当前，在伦敦和英国东南部，妇女在三十几岁时的生育率高于二十几岁时的生育率。③ 同那些选

---

① 资料来源：www.un.org。

② 资料来源：www.unece.org。

③ 资料来源：www.statistics.gov.uk。

择终止意外怀孕的妇女一样，选择不生育子女的妇女往往也会被贴上不正常、有缺陷、自私自利或悲惨不幸等负面标签。更讽刺的是，那些为了先建立个人事业而选择推迟生育计划（西方社会中越来越多的妇女正在这样做），结果生殖能力下降的妇女，往往被看作"双重不正常者"（doubly deviant）。在这种背景下，随着近年来医疗科技的进步，妇女在生育能力下降或无法自然受孕时，日益借助各种各样的辅助生殖方法来帮助其怀孕生子。她们借此拥有自己的孩子，或者与女同性恋伴侣一起拥有孩子，或者帮助别人（比如男同性恋伴侣）拥有属于自己的孩子（女性主义者对母职及辅助生殖工具等相关议题的讨论，可参见 Wallbank，2001）。

第七节　结　语

女性主义者认为，家庭意识形态将资本主义核心家庭建构成具有天然性和必然性的家庭模式。尽管有些女性主义者已指出妇女在家庭中处于从属地位的原因，但是其他女性主义者认为，更广泛的社会经济过程和结构影响了妇女结婚生子的决定。妇女的家庭生活经验受到她们在父权制、种族主义、资本主义社会以及全球权力关系中所处位置的综合影响。尽管在 20 世纪 70 年代以来发生了显著的社会经济变化，但是社会性别分化依然是家庭的普遍性特征，即妇女继续负责大部分家务劳动，整体而言，在经济上她们仍然对男性伴侣存在一定程度的依赖性。

进入 20 世纪前的几十年里，世界上许多地方的家庭和住户都经历了巨大的变化。这些变革引起了相当大的争议，一方是传统"家庭价值"的倡导者，另一方是家庭新形式和多样性生活方式的支持者。社会学家朱迪斯·斯泰西倡导反对传统的家庭形式和价值观，认为这种家庭延续强化了各种各样的社会不平等。她指出，家庭在维护一系列基于社会阶级（将财富及文化资本由一代传递给下一代）、社会性别（许多家庭具有父权制色彩，将妇女和儿童置于男子的权威之下）和性（家庭意识形态固化了异性恋具有规范性和天然性的思想，见第八章）等因素造成的社会分化和不平等方面扮演了重要的角色。因此，斯泰西对传统家庭（"麦片包装上的家庭"

规范）开始出现瓦解的迹象欢欣不已，并认为这是衡量社会进步的标记。

不管个人在家庭中处于什么地位，也不管家庭形态的变化会产生什么样的影响，变化似乎必然会继续下去，因为家庭历来都是一种动态的社会现象，我们在本章开头就如是写道。麦休尼斯和普卢默（Macionis and Plummer，2002：457 - 458）对未来的家庭生活提出五项预测，具体如下：

1. 离婚率有可能依然居高不下。

2. 家庭生活将处于高度变化之中。

3. 男子有可能在子女养育方面发挥更加积极的作用。

4. 经济变迁将继续改变婚姻和家庭。

5. 新生殖技术的重要性将进一步提升。

摘　要

1. 以男性为主导的主流社会学者强调家庭是如何有助于整体性社会（功能主义学派的观点）或资本主义（马克思主义学派的观点）的利益的，但是女性主义者认为，家庭是妇女遭受压迫的主要场所之一，无论是资本主义，还是作为一个阶级的男性，或两者都能够从中获益。

2. 女性主义者审视了与妇女家庭地位相关联的各种因素：婚姻、家庭暴力、家务劳动分工、妇女相对的经济依赖性，以及子女养育中的社会性别关系。

3. 妇女经历了形式各样的家庭生活安排，并且女性主义者对这些安排予以支持。然而，强大的家庭意识形态仍通过国家立法、媒体文化和制度结构的综合影响得到强化。这种意识形态将父权制核心家庭看作一种自然、正常的生活方式。

4. 但是，有一些证据表明，在众多社会中，这种家庭意识形态的力量开始逐渐减弱，各种多样化的家庭形式正逐渐兴起。

延伸阅读

Silva, E. and Smart, C. (eds) *The New Family?* London: Sage.

　　这本编著同时收录了当代许多社会学家以多元视角来分析家庭的经验和理论的文章，并特别关注当下的家庭变迁。它批评了家庭意识形态，同时凸显了基于"家庭应当如何运作"的国家政策与实际生活之间的差异之处。家庭生活中的社会性别不平等，是始终贯穿于整本书的一个主题。

Therborn, G. (2004) *Between Sex and Power: Family in the World, 1900 – 2000.* London: Routledge.

　　这本综合性著作以亲女性主义（pro-feminist)的视角，纵览了 20 世纪历程中家庭变迁的方式。实际上，它称得上是一部家庭世界史和家庭社会学，关注点包括男子作为父亲和丈夫的各种权利与权力，婚姻、同居、婚外性行为及生殖等。从理论和实践两个面向来探讨世界上主流家庭体系的形成和发展方式，并且预测了家庭在 21 世纪可能面临的变化。

Wallbank, J. A. (2001) *Challenging Motherhood(s)* . London: Prentice Hall.

　　通过参考西方（尤其是英国）社会学中对家庭讨论的批评，该书批判性地审视了当代的社会和法律对母职的建构。本书包含众多主题，如家庭生活的规范、子女抚养等性别议题、单身父母的政治表征和媒体表征等。同时，该书还涉及母职的论述，探讨这些论述如何根据西方特定的、理想的母职概念而发展（母亲可以或者应该承担什么）。另外，它也反映出妇女挑战强势话语的能力。

第七章

健康、疾病与照顾

　　健康议题是妇女的核心关切领域。大多数从事健康照顾的工作者是妇女，妇女在家庭中负责确保家人的健康，并且她们也是正式健康照顾的主要消费者。但是，在女性主义社会学形成之前，人们几乎从未将性别看作了解健康状况的一个关键变量。女性主义者再次回顾了女性医疗者的历史，探索妇女在健康照顾体系中所发挥的作用，分析健康不平等影响妇女的方式，并且指出医学力量是如何被用于管控妇女的，医生是如何从妇女手中剥夺其怀孕和分娩控制权的，并如何将妇女所认知的自然过程医学化的。最近，女性主义者开始专注于妇女所承担的非正式健康照顾工作，并指出，妇女在家庭领域所承担的众多照顾工作都是旨在促进家庭成员的健康。另外，妇女在非专业转诊系统（lay referral system，一个人决定是否需要看医生或者需要采取其他措施的体系）中也发挥了关键作用。在强调妇女作为无偿健康照顾工作者的过程当中，女性主义者还将人们的注意力转向了如下两个方面：一是非正式健康照顾工作者与有偿性健康照顾工作者之间产生冲突的方式；二是有偿性健康照顾工作者在多大程度上忽视了无偿健康照顾工作者的需求。通常情况下，无偿健康照顾工作者总是处于无形之中。比如，由于关注焦点在患者身上，当一名妇女每天24小时照顾一位患病亲属或残疾亲属时，她的需求往往会被忽视（Lewis，2003）。此处的重点在于，有偿性健康照顾工作者通常为妇女，但是由于她们在一个主流的医疗范式内工作，因此未能对无偿健康照顾工作者感同身受，并认为无偿健康照顾工作者已经准备好、愿意且有能力应付所有的工作。然而，事实上，妇女是"被迫"承担起照顾工作的。英国 1990 年出台的《国民健康服务和社区护理法案》强化了妇女作为照顾工作者的观点，并且强调非正式照顾的角色。

此外，国家对社区照顾的重视度进一步提高，这意味着，医疗资源正逐渐集中于非居家照顾工作者。除此之外，医学技术的进步以及患者被要求提早出院的现象，使得非正式健康照顾工作者的需求量大大增加，而且大部分非正式健康照顾工作者都是妇女，为了成为照顾工作者，很多人放弃了她们的雇佣工作或者至少在一定程度上牺牲了她们的赚钱机会或能力。虽然法律措辞上可能会强调对非正式健康照顾工作者的支持，但是现实却是她们无法获得这些资源（Ackers and Abbott，1996；Land，2003；Baldock，2003）。

妇女承担的多重角色对她们的身体健康和心理健康都产生了不利影响。现实中，男子和妇女具有不同的健康需求，男子在年轻的时候可能更有可能遭受意外事故，但是只有妇女会碰到和生育相关的健康问题。大多数探讨工作与疾病的研究主要关注以男子为主导的职业，几乎没有关注妇女主导型的工作所带来的健康危害，针对家庭主妇工作健康的关注度甚至更低。同样地，有关健康不平等的研究主要关注不同社会阶级间的差异，或贫穷户与非贫穷户间的差异，却很少有人关注男女在健康经验中的差异性，也没有考虑资源在家庭内部分配的方式，这通常意味着，有些家庭成员被剥夺了资源，有些家庭成员未被剥夺。事实上，那些需要抚养子女的贫穷妇女尤其要面对沉重的负担（Lahelma et al.，2002；Bradshaw，2003；Graham，1993），这往往会对她们的健康产生不良影响。珍妮·波派和吉尔·琼斯曾指出，相对于那些与丈夫共同抚养子女的母亲而言，那些独自抚养子女的单亲母亲通常会遭受更糟糕的健康问题（Jones，1990）。有证据表明，当家庭资源匮乏时，妇女自己会选择凑合一下，以确保其丈夫和子女能够获得充足资源。同时，布朗和哈里斯表示，需要在家抚养子女的妇女比其他人群更有可能罹患临床抑郁症（Brown and Harris，1978）。

家庭内部的性别不平等往往被忽视的其中一个原因，可能在于应对这些不平等时存在着难以抉择的困境。正如莱斯利·多亚尔指出，在健康资源匮乏的情况下，如果将更多的资源分配给妇女，那么，必须以牺牲男子的资源为代价，并且努力解决妇女的高患病率，势必会导致男子面临更高的患病率（甚至是死亡率）。另外，类似的权衡考虑同样适用于全部物质资源。比如，如果处于贫困的男子必须将收入与妻子均等分享，那么他们很可能难以维持生命（Doyal，2000：937）。目前还不能证明，男子在应对这种资源再分配时，除了公平感之外，内心还会有什么动机。

有关健康的论述假设，当家庭成员身体不适时，妇女将会照顾他们，并且将妇女在家庭领域提供的健康照顾服务看作理所当然、天经地义的行为。这些论述还假设，母亲们会将其子女的需求放在首位，即将其置于她们自己的需求之上，而且如果必要的话，她们还会选择为其子女牺牲自己（全职照顾工作者常如此做而不自知：据相关研究，在发达的工业社会中，与全职家庭照顾工作者相比，那些既具有全职工作又承担各种家庭"职责"的妇女自称拥有更健康的身体和更健康的心理）。然而，自相矛盾的是，该论述仅仅把由政府及有偿医疗机构所提供的正式医疗健康照顾服务定义为健康照顾。因此，健康照顾被看作由医生、护士、卫生随访员等提供的服务，妇女在家提供的健康照顾则不在此列，这种照顾被认为妇女在家庭中所扮演的照顾角色的必要组成部分（Land，2003）。

第一节 妇女与医学

19—20 世纪，医学开始主导西方社会的健康照顾领域，并且医生拥有很高的社会地位及相当大的权力。在英国，英国国家医疗服务体系（NHS，National Health Service）向全体公民提供免费的健康照顾服务，而且我们普遍将其看作一件"好事"。我们将医学看作好东西，它能够促进国民健康、减轻病痛与苦难。我们往往想要更多：更多医院、更多医生、更多护士、更多研究等，然后我们的健康状况就会取得改善。然而，从历史的角度来说，健康改善通常源自提高生活水平、改变生活方式、医疗卫生的改革，而非具体医学知识的进步。比如，简·刘易斯（Jane Leuis，1980）表示，英国产妇死亡率能在 20 世纪 30—40 年代下降很多，孕妇饮食的改善与医学进步一样功不可没（Lewis，1980）。又例如，近年来，妇女肝癌死亡率下降很大程度上可能是与妇女戒烟和生活压力减小有关，而不能仅仅归功于医学进步。当然，这并不是否认医学进步在改善健康和降低死亡率（死亡）以及发病率（疾病）方面所取得的成就，但就长期而言，预防性措施通常比治疗措施更有效，而且费用也更低。

一般认为，西方医学科学具有客观性和价值中立性，并且医生被看作医学科学家，他们客观地对待其患者，就像其他科学家对待他们的研究题材一样。医学通过借用科学方法（试验以及特别是随机对照试验）实现发展，进而打破某些原本客观且不可挑战的事实，并获得独自存在、不具价值偏见的知识体系。然而，这种科学观点存在一些问题，社会学家对此观点提出了质疑，尤其是在医学方面。社会学家认为，所有的科学活动都不可避免地受到其所在社会的影响，并且科学家往往在解释和最后正当化社会是如何组织的各个方面都发挥着重要作用。

再者，女性主义者认为，医学知识具有很浓厚的性别色彩并且充当了维持社会中性别分工的部分方式，即现代医学扮演着父权制统治妇女的一种形式。医学不仅反映出针对妇女的歧视性观点，而且还进一步发展了这些观点，具体方式为，积极地统治那些偏离这些观点的妇女，并对她们产生偏见。比如，19世纪，医学行业认为妇女孱弱并需要长久的休养，进而将她们排斥出高等教育。最近，美国激进女性主义者玛丽·戴莉认为，现代医学实际上使妇女遭受着更严格的控制，并因此让女性主义的发展受到"反冲"。她指出：

> 医生在如下手术中给妇女造成了不必要的残缺和危害：乳房完全切除手术、子宫切除术、可能会致癌的激素疗法、精神科外科手术、灵魂扼杀式的精神病治疗以及其他形式的精神治疗，完全有理由将上述行为看作与20世纪激进女性主义的崛起直接相关。
>
> （Daly，1978：228）

妇女经历的健康照顾体系时常具有父权制色彩，她们自己的经历和知识常被忽视或贬低。这一点在怀孕和分娩领域表现尤为突出，而且在避孕方面也是如此。身为非正式健康照顾工作者的妇女，她们自身对患者的了解以及认识经常被看作无关紧要的。女性主义者认为，医疗干预带来的害处往往大于益处，而且在其他情况下也仅仅是减轻痛苦而非治愈伤病。针对分娩而言，我们不难发现，很多已经例行化的程序，比如常规的会阴切开术对母亲和孩子的益处也值得怀疑。另外，最近出现了大量有关为更年期妇女进行荷尔蒙替代疗法（HRT）的辩论，如今荷尔蒙替代疗法被看作更年期妇女的一种灵丹妙药。绝经原本是一件自然的事情，不存在任何问题，但是在医学文献中，更年期已从一个不是问题的自然现象，变成一个带有缺陷的疾病，且可利用荷尔蒙替代疗法"治愈"（Foster，1995）。虽然有大量的临床及患者证据可以证明荷尔蒙替代疗法能够缓解妇女绝经期的身体症状，但是几乎没有证据显示它有助于应对更年期的心理问题。另外，虽然有观点宣称，荷尔蒙替代疗法能够降低老年妇女患心脏病、中风和骨质疏松的概率，但很少强调潜在的长期性严重副作用，比如增加患子宫内膜癌和乳腺癌的风险，最直接的影响是导致水肿、体重增加、乳房胀痛、腹部绞痛、易怒烦躁、恶心呕吐等（Kahn and Holt，1989）。佩吉·福斯特的结论是：

> 我们绝对可以且合理地说，荷尔蒙替代疗法可以用来治疗一些更年期导致的较严重的身体不适，但不能将其看作一种灵丹妙药，来应对与妇女衰老相关的全部问题，比如容颜逝去。

（Foster，1995：82）

同样地，医生为那些患有抑郁症的家庭主妇提供镇静剂，只能缓解症状，但是根本不会消除诱发抑郁症的根本原因。

一 妇女与健康不平等

当前，女性主义者强调，国家提供的健康照顾带有性别不平等，而且妇女特殊的健康需求往往被忽视。比如，国家往往专注于解释男性死亡率，却未审视数以百万计的妇女常常仅因为她们是妇女而早逝的事实。比如，家庭暴力、堕胎意外、新娘因嫁妆不够而被焚死、男女之间资源分配不均而导致的死亡等（Freedman and Maine，1993）。女性主义者还强调，用于改善妇女健康的医疗干预同样是在增加医生的权力和声望，但是这些医疗干预究竟为其接受者带来了多少益处却是值得怀疑的。马克思主义女性主义者强调健康照顾带有性别不平等，而且医疗保健服务体系的目的是在于满足资本主义社会的需求。"文化批判"研究则对医学作为一门科学具有其客观性和价值中立性的观点进行了质疑；也不认为作为职业人员，所有的医生皆具有渊博的知识，并且专注于随时满足病患的健康照顾需求，以及医疗干预一定有益于其患者；更不认为过去数百年来，工业国家实现了疾病显著减少和健康普遍改善，以及目前的这些成就都得益于医学知识的进步。因此，女性主义者不仅陈述了妇女的健康需求备受忽视，或是医学具有性别歧视的事实，更指出了现代医学本身或许根本没有其宣称的那样富有价值。因此，我们必须仔细审视医生的实际医术能力和现代医学的实际水平。同时，女性主义者认为，医生在众多方面表现得很无知，比如生育控制、月经、母乳喂养、分娩处理、绝经、阴道感染等（Foster，1995；Doyal，1995）。

探讨英国健康不平等的《布莱克报告》（Black Report，1978），激发人们开始研究针对健康不平等现象的存在、程度及其原因。结果表明，英国南部与北部地区之间健康不平等的原因在于贫穷和权利的剥夺。《布莱克报告》所揭示的是，在一个富裕社会内部，虽然可以获得国民医疗服务制度提供的免费医疗健康服务，但是不同社会阶级之间在死亡率上依然存在着巨大的系统性差异。社会学家提出了唯物主义学说和结构主义学说来解释这些现象，并认为健康不平等产生的主要原因在于物质不平等。工人阶级表现出高死亡率和高患病率的原因在于物质匮乏。21世纪以来，社会学家专注于探索物质环境与健康状况之间的联系，当前主要存在如下三大立场：

1. **结构主义解释**认为，健康好坏（或者死亡率的高低）主要是物质条件直接影响的结果，尤其是与福利体制相关的资源分配不平等有关。

2. **"行动理论"视角**则将社会资本看作主要中介变量，尤其强调人们因不平等以及欠缺相应的社会支持和凝聚力所引发的社会心理式解释。

3. **"健康生活方式"** 视角认为，物质匮乏的群体拥有不健康的生活方式，这是受他们共有的社会化与生活经验的文化实践所影响，也受到物质环境的形塑。(Abbott，2004)

然而，此类研究优先探讨的重点在于研究男子的健康（尤其是死亡率）以及他们常遭受的职业伤害，但是很少有人关注妇女在从事有酬工作和无偿性工作时所碰到的健康危害。比如，针对冠心病病因的研究主要关注男子，他们比妇女更有可能早逝于此病，然而现实却是更多的妇女死于此循环系统疾病（2001 年，平均每 100000 名妇女中死于此类疾病的人数为 409.5 人，相应男子的数据为 394.8 人）。许多研究人员非常关注因心脏病及其他外因导致的中年男子死亡激增现象，但是，1991 年苏联解体后，却选择忽视妇女糟糕的健康状况（或将其看作自然现象）(Abbott，2004)。

许多研究已证实，男子和妇女确实有着不同的健康经验，但是在检视健康和疾病的模式时，却很少考虑生理性别或社会性别因素。因此，研究并未能解释如下现象：尽管男子平均死亡年龄低于妇女，但是妇女似乎比男子遭受了更多健康问题。男子比较容易因感染疾病或遭受创伤而死亡，然而妇女则是"带着病痛活着"。

针对平均寿命（life expectancy）而言，不同阶层妇女之间存在相应差异。相对于嫁给专业人员或管理人员的妇女来说，那些嫁给半技能或非技能工人的妇女遭受早逝的风险要高出 70%。此外，尽管整体而言妇女往往比男子长寿，但是处于底层阶级妇女会比处于上层阶级男子的死亡率更高。对妇女的自我健康评价状况产生主要影响的因素在于其家庭生活环境是富裕抑或贫穷（Arber，1997），而不是依她们自己的职业阶层地位决定的。健康方面的阶级差异不仅与当下的经验有关，而且还与贯穿一生的经历有关，比如童年遭受的资源匮乏也会影响成年时期的健康。阶层已经被刻进我们的身体里，并决定了我们在健康方面的社会经济梯度（Graham，2002）。

已有足够的证据表明，在西方国家，妇女的多重角色（通常同时扮演妻子、母亲和员工）会对其健康产生保护作用（Lahelma et al.，2002）。在后苏联社会中，尽管人们的健康自评受家庭经济状况的影响，但是并没有证据表明多重角色会对健康产生任何积极或消极影响（Abbott，2004）。

在所有社会中都可以发现性别化的健康模式。尽管男女在平均寿命上的差距因国家而异，但是，一般而言，妇女平均寿命比男子长，而且不同社会阶级的妇女也存在寿命长短的差异。比较有趣的是，在苏联，男女的死亡率差距出现了显著扩大，导致现在的俄罗斯变成全球男女平均寿命差距最大的国家，约为 14 年。这与一些东南亚国家及部分中非、西非地区形成了鲜明对比，这些地区的差距都要小很多，甚至已经不存在差距，主要原因是女性幼童不受重视（见第五章）。然而，英国的研究指出，妇女的自我评价健康状况要差于男子的自我评价健康状况（Whitehead，1987），并且在后苏联社会也是同样情况（Abbott，2004）。因此，尽管妇女预期寿命较长，但是她们却报告称比男子更易身体不适与生病。当前存在着相当多的争辩，然而妇女一生中的健康状况是否都比男子糟糕，或妇女更为糟糕的健康状况是否与其较长的预期寿命有关。英国数据分析表明，尽管妇女一生中都报告称，她们比男子遭受了更为糟糕的社会心理健康状况，但实际情况是，仅最高年龄群体的妇女遭受了更为糟糕的身体健康状况。同时，其他西方国家也提出了类似分析。但是，在苏联，妇女确实报告称，她们一生中都遭受了糟糕的身体健康和心理健康（Abbott，2004）。

在所有社会阶层中，妇女通常比男子更为频繁地咨询其全科医生，服用更多的药物，占用的急性病床也稍微多一些，并且更多的入住精神病科（Kane，1991）。妇女向全科医师咨询抑郁症的概率是男子的三倍。[1] 在英国，年龄在 25—74 岁的妇女中，5% 会向其全科医师咨询情感问题，而男子的这一数据为 2%。在众多发达国家中，妇女使用镇静剂的概率是男子的两倍（Ashton，1991），而且在俄罗斯、东欧及中亚国家当中，妇女报告有心理问题的比例明显高于男子（Abbott，2004）。但就此方面而言，同样存在社会阶级差异。相对于嫁给最高社会阶层男子的妇女而言，那些嫁给最低社会阶层男子的妇女罹患慢性疾病的概率是前者的三倍。

但是，我们并不能从她们咨询医生的次数或利用医疗健康服务的数量

---

[1] 资料来源：Royal College of General Practitioners（英国皇家全科医师学会），1990。

来断定不同群体的健康经验。举例来说，社会底层的妇女利用医疗健康服务的次数比中、上阶层的妇女多，但就她们的健康程度而言，她们求诊的次数实际上应该更少（LeGrand，1982）。那些用来预防妇女最常罹患的疾病的医疗健康服务，实际上却最少被这些社会底层的妇女所使用（Doyal，1987）。此方面一个很好的例子就是宫颈癌筛查。相对于嫁给上层阶级男子的妇女而言，那些嫁给底层阶层男子的妇女死于宫颈癌的概率是前者的四倍，但是她们利用筛查服务设施的次数比中产阶级妇女要少得多。工人阶级妇女与中产阶级妇女死亡率的差异，无法光靠预防性医疗健康服务的使用差异得到充分解释，还与生育控制相关服务的利用情况有关，并且呈现显著的社会阶层梯度。相对于嫁给工人阶级的妇女而言，那些嫁给中产阶级男子的妇女更可能利用家庭计划诊所，或者与其全科医师讨论节育。另外，堕胎同样存在着明显的不平等现象。虽然工人阶级妇女和黑人妇女指出，她们经常被迫堕胎，相反，其他妇女若要在国民医疗服务体系下堕胎则难如登天。事实上，英国大多数堕胎手术都是在国民医疗服务体系外的场所进行的。

有必要考虑的是，如果妇女使用医疗健康服务较多表明她们比男子更容易生病，那么为什么工人阶级妇女使用预防性健康服务的次数比中产阶级妇女少，而且，为什么工人阶级妇女使用医疗健康服务的次数比她们实际健康问题所需的次数少。有些女性主义者表示，妇女的生命经验显示，她们比男子遭受了更多的健康问题。其他女性主义者则认为，这是一种假象——妇女使用较多的医疗健康服务源于多个因素，而不是因为她们比男子遭受了更多的健康问题。然而，如我们先前所指出的，整体而言，虽然妇女总体报告称她们比男子的身体健康和心理健康更糟糕，但是并没有证据表明妇女比男子更有可能报告小病小痛（Adamson et al.，2003）。对妇女多拥有的不同生活经验，已有以下几种解释：

1. **生物学的解释**：因生殖功能不同，妇女比男子的健康问题更多（Kane，1991）；

2. **妇女孤单地**从事无偿性家庭劳动，似乎与妇女的抑郁症发病率高度相关（Brown and Harris，1978；Ussher，1989）；

3. **生活方式**：妇女的生活方式比男子健康，尤其是她们饮食更合理、饮酒更少，并且较少像男人一样"酗酒"。

佩吉·福斯特（Peggy Foster）指出，妇女需要健康照顾的生物学及女性主义解释模式，都预设依赖健康照顾提供者的人是妇女。她认为：

> 至少在一定程度上来说，妇女和医疗健康服务提供者之间的依赖关系是相反的……所有从事医疗制造业及健康照顾贸易行业的人员，都需要妇女来购买他们的产品和服务，其程度（如果没有较高的话）就和妇女对各种健康产品及健康服务的需求一样多。
>
> （Foster，1995：3）

那些强调这种差异是一种假象的人表示：

1. 通常情况下，妇女是代表他人去看医生，尤其是儿童（Graham，1984）。

2. 妇女在西方文化中所经历的社会化，让她们较能接受"病秧子"的角色，或者也可以说，男子的社会化使得男子较无法接受这个角色。

3. 妇女受制于"医疗化"的标准分娩程序（Lesson and Gray，1978；Oakley，1980）。

4. 妇女比男子寿命更长（75 岁以上女性人口与男性人口的比例为2∶1，该数值还在持续增长），并且老年人往往比年轻人的健康问题更多。

其他研究表明，医生咨询率不是一个反映社区内患病状况的好指标，并且妇女比男子更有可能选择"默默忍受病痛"。Graham Scambler 和 Annette Scambler（1984）发现，当妇女身体不舒服时，她们并不一定去看医生。Helen Roberts（1985）发现，妇女在看医生时的身体不适程度存在差异，并把她们分为"经常看病者"和"不常看病者"。她并没有发现后者比前者的健康问题更少，但是两者在关于何时应当咨询医生方面存在分歧。"不常看病者"认为，只有在必要时才应当去咨询医生，而"经常看病者"认为，当人感到身体不舒适时，就应当去咨询医生，以防问题变得更严重。虽然两者都是在考虑不浪费医生的时间，但是前者认为，这意味着只有非去不可时，才去咨询，而后者认为，当疾病一出现迹象时，就应当去咨询，以防将来要花费更多的时间来治疗已经恶化的疾病。

Graham Scambler 和 Annette Scambler 还发现，妇女对什么疾病需要去看医生或者该采用其他疗法的看法也不一样。因此，妇女虽然常常遭受痛苦，却不觉得自己患病。1939 年，一项有关工人阶级妇女生活的《工人健康调查》（Workers' Health Enquiry）就发现了如下类似情况：

> "你是否经常感到健康及安好？"众多妇女回答"是的"；当被问及"你因什么小病而困扰？"时，同一批妇女洋洋洒洒列出一长串问题，包括贫血、头痛、便秘、风湿病、子宫脱垂、蛀牙和静脉曲张。
>
> （Spring-Rice，1981［1939］：69）

正如当今的实际情况一样，妇女势必受到某些"小病"困扰，但是她们"能够很好地坚持下去"。妇女的家庭角色和护理角色意味着她们不能生病，因为她们必须照顾家庭。Williams（1987）发现，在苏格兰亚伯丁郡，疲劳和虚弱并不代表"疾病"，并且"健康"就是指能够工作。Jocelyn Cornwell（1984）曾在伦敦贝思纳尔格林区（Bethnal Green）开展过研究，并且也发现，如果妇女能够"坚持下去"，那么她们则认为自己"没病"。Pill 和 Stott（1986）在研究了英国卡地夫（Cardiff）地区的 204 名妇女后指出，工人阶级妇女对健康的期望较低，她们并不特别习惯于考虑自身健康问题。她们也时常是决定丈夫和孩子是否生病、何时扮演生病角色的那个人（Locker，1981）。

另外，需要思考的是，当我们考虑到工人阶级妇女和中产阶级妇女两者间的健康需求时，为什么前者比后者利用的医疗保健资源和预防性服务都要少。当前存在一种责备工人阶级妇女的趋势，怪罪她们不大能够认识到健康服务（尤其是预防性服务）的益处。但是，女性主义者则表示，有必要将问题反过来问：提供健康服务的方式出现了什么问题？他们认为，通常情况下，国家提供的健康服务并没有满足妇女的需求，妇女看病时，也没有托育设施的安排，以照顾她们必须随身带着的孩子。另外，工人阶级妇女发现她们很难与中产阶级的专业人员进行交流，而且妇女们意识到，那些导致她们健康出现问题的主要原因（孩子、住房条件、缺钱等）

并不属于医疗专业服务的范围，而且也不在她们自己的控制范围之内（Pill and Stott，1986；Blaxter，1985；Cornwell，1984）。工人阶级妇女和黑人妇女较常遭受医学专业人员的控制，一个极端的例子是她们在还未同意的情况下就被迫堕胎或被强制注射甲羟孕酮避孕针（Depo-Provera，一种长期控制生育的药物，具有严重副作用，在美国禁用）。女性主义者认为，所有妇女都遭受着医学意识形态的控制。一个典型的例子当属男性医生对妇女怀孕和分娩的方式的控制（Oakley，1980，1984a）。

激进女性主义者强调妇女如何遭受男性医学意识形态的控制，并且美国女性主义者尤其猛烈抨击了美国医疗健康服务体系的剥削本质。同时，马克思主义女性主义者则指出，不同社会阶级和种族的妇女之间存在着健康不平等，以及国家是如何利用医疗健康服务体系来满足资本主义社会需求的问题。Lesley Doyal（1987）表示，英国国家医疗服务体系（NHS）是一个有效的社会控制机制，因为它不仅满足工人阶级的需求，而且也通过确保健康的劳动力来保证资产阶级的利益（尽管她也批评了男性医生的父权制、性别主义态度，）。然而，尽管英国国家医疗服务体系已经实施了五十多年，但是不同社会阶级妇女之间依然存在着健康不平等；虽然妇女整体健康得到了改善，但是相对不平等的本质依然存在，甚至还有某些程度的恶化。事实上，可以说英国国家医疗服务体系未能满足妇女的特殊需求，因为它提供服务的方式并没有让妇女充分享受到。缺少照顾小孩子的托育设施、可供预约的时间、服务供应的单一化、医学专业人员的态度，都被看作妇女没有充分享受这些服务的原因。

第二节　医源性医学

数据显示，有些医疗干预具有医源性（iatrogenic），即医疗干预带来的害处大于益处，该治疗本身带来的病症和副作用比初始疾病还要严重。我们先前提到的造成众多副作用的荷尔蒙替代疗法就是一例，更年期妇女常被指定接受此治疗。另外一个适当的例子是一种用于治疗关节炎的特定药物，它能够缓解关节疼痛，但其产生的副作用（比如无法忍受日光）会严重影响健康状况。然而，我们还注意到一些和妇女健康相关的问题，有些医生为了防止妇女怀孕（而非治疗疾病）基于惯例开具的药物或处方却被发现会引发医源性疾病。比如，发现"避孕环"会导致一些妇女月经期出血过量和下腰痛。然而，人们最担忧的是避孕药带来的副作用，因为这是大多数妇女能够获得的最为可靠的避孕方法。

避孕药于 1960 年在美国问世，随后被全球数百万妇女使用，曾被看作一种具有现代性、科学性、有效性的生育控制方法，医生们可以自由地为育龄女性开具此药物。然而，到了 20 世纪 60 年代中期，人们开始怀疑，避孕药与宫颈癌及冠心病之间存在关联。评估该怀疑真实性的尝试表明，避孕药物的测试存在着严重不足。结果发现，这些药物并没有在妇女身上进行完整生命周期的测试，因此服用这些药物 20 年或 30 年后，会产生什么样的影响还不得而知。英国皇家全科医师学会于 1974 年开展了一项研究，发现那些服用口服避孕药物的妇女死于循环系统疾病的风险比没有服用避孕药物的妇女高出 4 倍，而且那些服用避孕药时长在 5 年及以上、年龄在 35 岁以上的妇女，和抽烟的妇女一样处在最大风险之中。另外，研究还发现，该药物会导致大量副作用，比如抑郁症、力比多（性欲）减退、头痛、恶心和过度肥胖，但是很少有研究对此进行分析。此外，妇女的个人经验和感受常被男性医学专业人员看作无关紧要或"不真实"的。事实上，研究表明，一般医生最喜欢建议妇女（尤其是年轻妇女）使用避孕药来避孕，整个医疗行业对其安全性似乎不存在任何怀疑（Reid，1985），并且认为妇女完全没有必要对此担忧（Tindall，1987）。同样地，整个医疗行业对于甲羟孕酮和子宫内避孕器（IUD）也是深信不疑（Wilson，1985；Guillebaud and Low，1987；《柳叶刀》社论，1992 年 3 月 28 日）。然而，在美国，大多数制药公司差不多在 15 年前就停止了避孕药物方面的研发与生产，一方是因为产品测试成本日益上升，另一方面是因为需要购买高额保险来保护他们免遭来自其产品副作用的受害者的起诉（Lincoln and Kaeser，1988）。

避孕药和避孕环等避孕设施的普及，造成一般人普遍认为节育应当由妇女负责，若避孕失败，也应该由妇女来承担后果（但是，因为艾滋病带来的风险，再加上人们开始强调使用避孕套和防护霜的好处，让现在的情形有些微改变。然而，这些方法的避孕效果不佳，但对预防 HIV 及其他传染病的传播则比较有效）。

如果男子成为这些避孕措施的使用者，那么通常所谓的避孕的"副作用"就不大可能那么轻易地被忽视掉。我们比较感兴趣的是，到底有多少男子愿意使用下面这则恶搞笑话中的 Sophie Merkin 医生所说的 IPD（"阴茎内避孕器"）。

　　最近，美国妇女中心披露了男性避孕工具的最新进展。Merkin 诊所的 Sophie Merkin 医生公布了一项研究的初步发现，研究对象为一所大型中西部大学的 763 名本科生。Merkin 医生宣称，最新避孕措施，即"阴茎内避孕器"，是划时代的男性避孕发明，将以 Umbrelly 的名字面世。

　　IPD（阴茎内避孕器）很像一个卷紧的伞状物，通过龟头插进去，并且借助于一个类似活塞的装置将其推进阴囊。阴囊上会产生一个穿孔，但男子不会有所感觉，因为男子身体的这片区域几乎没有神经末梢。这个伞状物（umbrella）的下面含有 100% 有效杀精的胶状物（jelly），因此将其命名为 Umbrelly。

　　研究人员在 1000 头生活在大陆架的白鲸（据说它们的生殖器官与男性的生殖器官最为相似）身上试验，结果表明，IPD 在预防精子产生方面 100% 有效，并且也能让雌性白鲸得到极大的满足感，因为 IPD 并不会干扰其发情期的快感。

　　Merkin 博士医生，统计数据表明 Umbrelly 用于男性避孕具有安全性，并报告称，763 名测试该装置的本科生中，仅有 2 人死于阴囊感染，20 人出现睾丸肿胀，以及 13 人因太过压抑而无法勃起。她还声明，被试者最常出现的抱怨有出现痉挛、出血及急性腹痛等，并且强调，这些症状仅仅表明男子的身体还没有适应该装置，而且这些症状很有可能在一年内会消失。Merkin 医生简单地提及 IPD 导致的一个并发症，该被试者因重度阴囊感染而被迫进行外科睾丸移除手术，但是这是一个罕见情况，罕见得没有统计学意义，她补充道。Merkin 医生

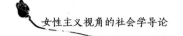

与女性外科医学院的其他知名人士一致认为，对于任何男子来说，IPD 带来的益处远远超过风险。

(Outcome Magazin，the *East Bay Men's Center Hewsletter*，and *The Periodical Lunch* published by Andrew Rock，Ann Arbor，Michigan，WSA)

当然以上内容只是一篇恶搞文，事实上当前并没有发明出此类避孕工具。上述看似荒诞的内容是为了证明，大多数男子并不希望像众多装了子宫内避孕器（IUD）的妇女那样，经历大出血、头痛和阴道感染等症状。实际上，鉴于几乎没有任何在新型男性避孕措施的研发与销售方面的尝试，这类发明也的确不太可能面世（Bruce，1987）。

尽管妇女可以选择采用哪种避孕措施，但是她们的选择常受到限制。现代避孕方法确实能够帮助妇女控制自己的生育情况，而不是依赖其伴侣或冒险实施堕胎，但是其选择受到医药公司高管、医生、研究人员及其他人员所做决定的限制，因为他们决定了研发什么样的避孕工具及是否生产此避孕工具。另外，鉴于大多数方法都有其自身的问题，因此相应的选择也具有消极性。妇女只能选择对她们影响最小的避孕方式，如妇女选择避孕药来避孕，可能是因为子宫内避孕器（IUD）会导致大出血，其他妇女则可能因为避孕药会导致过度肥胖而做相反的选择。众多新型生育控制方法意味着，在相关建议方面，妇女需要依赖她们的医生做判断，而后者在这些领域的培训普遍不够充分。大多数妇女必须依据医生的建议进行判断，但如果女性患者质疑医生的建议或表示她们自己在此方面懂得更多，医生通常会大发雷霆。医生们往往期望女性患者认为他们最了解情况，然而他们很少与患者详细讨论节育的细节，并倾向无视患者的个人经验，并且依据他们认为的科学判断来提供相应建议。另一种限制妇女选择何种避孕方法的因素为她们伴侣的偏好。比如，Pollack（1985）发现，众多男子更喜欢他们的伴侣选择药物，而不愿意牺牲自己的快感而使用安全套。

然而，医生拥有的与医学无关的价值观也会影响妇女对绝育手术和堕胎的决定，以及她们如何看待较不激烈的避孕方法（Hawkes，1995）。虽然中产阶级白人妇女已拥有选择绝育或堕胎的权利，但工人阶级妇女和黑人妇女通常是在违背她们意愿的情况下接受堕胎或绝育。另一方面，Rose Shapiro 指出：

> 让家庭计划机构和医生来避免怀孕的需求是如此的强烈，以至于它本身几乎成了一种非理性的恐惧。它塑造出意外怀孕是最糟糕的事情（所以最好不要发生在妇女身上），而堕胎则是一种绝对性灾难。
>
> （Shapiro，1987：41）

然而，在全球其他地区，堕胎可能是妇女所能得到的主要或唯一控制生育的方法。Lesley Doyal（1995）指出，继妇女绝育、子宫内避孕器和避孕药物之后，堕胎已经成为全球第四大控制生育的方法。在俄罗斯和其他传统社会中，堕胎被看作主要的控制生育方法（United Nations，2003）

毋庸置疑的是，虽然众多妇女从现代避孕的方法中获益良多，这些方法帮助她们避免了大量意外怀孕，但与此同时，它们也是对妇女的一种广泛的医学和社会控制手段。当前，避孕药物和避孕设施在全球市场中可以带来高达数十亿美元的利润，而且跨国公司也为了自身的利益鼓励医疗专业人员建议妇女使用高科技的避孕方法。因此，妇女控制自身生育的能力受到了限制，并且处于医疗专业人员和跨国制药公司的控制之下。

第三节 社会性别、权力和医学

男性医疗人员"建构"妇女的方式，是他们能控制女性患者的有力因素。19 世纪，医生宣称妇女体质虚弱；到了 20 世纪，他们则表示，妇女在心智方面不够健全，并且容易对其家庭角色产生不满。毫无疑问，妇女的医学形象受到了医学教育方式和教学内容的强化。长期以来，女性医学学生以及女性医生（Eisner，1986）都指出，医学训练具有浓厚的性别主义色彩，妇女经常成为（男性）讲师嘲笑的对象。男子被看作正常的，比较之下，妇女（尤其是妇女的身体）则是反常的（见第五章）。

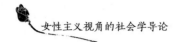

一 医学上的妇女形象

针对医学教材的分析表明，它们写入的一些关于妇女的"事实"，完全属于偏见。这些教科书强调，相对于妇女自身掌握的主观经验而言，医生的客观知识和临床经验具有优越性和可信性（就算妇女的经验已接受过检验亦然），除非是涉及怀孕和分娩的问题，医学课程几乎不关注妇女健康出现的特异性问题。因此，妇女常见的一些问题，比如膀胱炎（膀胱受到感染）或阴道感染，并不会被认真对待，而且也很少有关注妇女失禁及与骨质疏松相关的基础研究。即便是月经周期也尚未得到广泛研究（Koblinsky et al.，1993）。妇科医生和产科医生是治疗妇女疾病的专业医疗人员，但专精这两门学科的往往是男子（见第九章），他们对妇女行使较大的权力，并且拥有能够定义"正常女性特质"和"正常的性欲特质"的权威。通常情况下，他们很少有人接受过有关妇女性欲特质的课程训练，并且 Scully 和 Bart（1978）对主要妇科教材进行的分析表明，大部分妇科教科书都已过时。他们发现，尽管许多研究已揭露妇女的性欲特质是个迷思，但这些教科书仍视谬误为事实。Lesley Doyal（1995）进一步指出，当健康问题确实对男子和妇女产生影响时，可能存在的性别差异从未被探讨过。比如，相对男子而言，妇女患冠心病更为普遍，但是相关研究仅仅以男子为样本。

医生倾向认为妇女的医疗问题与情感和心理有关，而非身体问题。Susan Penfold 和 Gilliam Walker（1984）回顾了大量案例后发现，被诊断患有精神疾病的女性病例，其实是生理出现了问题。除此之外，人们也常假设妇女患抑郁症与她们天生体质孱弱有关，因为她们无法同时应对家庭需求、家庭劳动的孤单性、雇佣工作和护理责任等。然而，Brown 和 Harris（1978）的研究表明，妇女患抑郁症主要与她们所处的生活环境有关，但是美国女性主义者 Jessie Bernard（1973）则认为，扮演家庭主妇的角色之所以致使妇女患病，是因为她们由此变得抑郁，同时她还表示，雇佣工作则能保护妇女免于抑郁症。然而，Arber（1985）认为，如果 40 岁以下的已婚妇女在抚养孩子的同时还从事全职工作，那么她们有可能患更多的身体疾病。Maggie Eisner 则将问题指向了男性全科医师的态度，并表示，因为妇女必须要应对家庭中的各种问题，所以她们转向全科医生寻求精神支持。

> 某位演讲者说，相对于男子而言，妇女会向她们的全科医师寻求更多的情感支持，这表明，妇女比男子脆弱，所以她们需要更多此类支持。我需要指出的是，妇女花费大量时间为其生活中的很多人提供情感支持，但是除医生之外，其他人很少能在情感上支持她们。
>
> （Maggie Eisner，1996：121）

Scully 和 Bart（1978）指出，医生时常"指责"妇女的情绪性行为和歇斯底里的现象，并将原因"归咎"于妇女的生殖系统，19 世纪尤其如此。19 世纪的医生认为，妇女被她们的生理所控制。他们认为，妇女完全受制于她们的生殖器官，因此，医生为此事实提供了一个"科学"解释：子宫机能失常会导致疾病传播，并遍及全身，从而出现歇斯底里的现象。有些维多利亚时期的医生们还认为，妇女没有性欲，相反男子却有强烈的性冲动。因此，妇女被看作没有性冲动，而是拥有强烈的母职本能（见第八章），并且母职是她们生活中最重要的职责。

尤其是上层阶级的妇女被刻画得体弱多病，并且她们娇弱的神经系统就像她们病弱的身体一样需要被保护。中层和上层阶级的妇女则被鼓励进行长期休息，尤其是在月经期间。另外，对妇女来说，从事智力活动被看作最具危险性的活动。高等教育被视为一大危险，认为教育会对妇女的健康和女性特质带来危险，因此，妇女被排斥在大学之外。当时有观点还宣称，如果妇女欲开发"男性特质"，那么必然会损害她们的"女性特质"，并致使她们的生育能力和母职能力受到伤害。中层和上层阶级的妇女被鼓励要无所事事，但是工人阶级的妇女却被期望努力工作，而且分派给她们的工作都是粗重的体力劳动。因此，妇女天生的劣势被用来支持维多利亚时期英国出现的两种截然不同的生活方式：中层和上层阶级妇女生活方式和工人阶级妇女生活方式。

维多利亚时期的上层和中层阶级妇女是孱弱不堪的，这样的观点更促使人们相信：男子应该有能力负担得起悠闲的生活，能够雇佣得起家仆被看作社会地位的象征。有些维多利亚时期的妻子奋起反抗，但是绝大多数都百依百顺，因为她们的生活完全依赖于其丈夫/父亲。上层阶级妇女百无聊赖和封闭的环境导致的臆想病，尤其是歇斯底里现象的出现，医生们认为，这种病源自子宫病态，它开始于青春期，结束于更年期。医学干预被认为是对此病症的个人控制及社会控制的必要手段。"治疗"方法包括子宫切除术、阴蒂切除术、卵巢切除术以及其他形式的生殖器割除。虽然大多数妇女并没有被施以外科手术，进行"治疗"，但是她们确实向医生进行了咨询，并且将自己看作先天性病态的人。人们认为歇斯底里是一种接触性传染病，将这些妇女与其他妇女隔离被看作最好的治疗方式，这种观点更强化了妇女认为自己本身就有病的观念。

妇女，尤其是上层和中层阶级妇女，被刻画成先天性病态，为医生创造了更多工作，并提高了那些担任富家妇女医生的人的社会地位和收入。另外，这些加剧了医生反对助产士的运动，因为前者宣称，妇女的所有不适（包括怀孕）都是疾病，并且需要医生来治疗。这不但符合医生的利益，而且还维持了他们的主张与观点，即医生具有治疗患者的专有权；妇女不仅比男子虚弱，而且还具有先天性病态。同时，这还合理化了将妇女排斥出教育、商业和政治等公共领域的做法，并且强调，妇女的角色就是待在家庭，妇女的成就在于扮演好母亲的角色。时至今日，孕期及分娩期的妇女被医疗专业人员控制的现象仍不断上演。

二　妇女、医学与生育

Lesley Doyal 认为：

> 如果妇女想实现其健康权和自主权最大化，她们必须能够决定过着再生产角色的生活的本质……必须能够控制她们的生育情况，而不至于遭受任何不愉快的或危险的副作用，并且必须能够安全地度过孕期和分娩期。

（Doyal，1995：93）

医学中有三个领域涉及再生产：

1. 避孕——避免非意愿的怀孕；

2. 怀孕和分娩；

3. 各种被设计来帮助妇女受孕的生殖技术，她们不借助这些科技就无法自然怀孕。

虽然女性主义者对在这些领域的医学干预持批判态度，但很重要的是，我们不可否认，这些医学干预确实具有一些积极影响。19 世纪和 20 世纪早期，妇女在分娩中确实面临不少极端危险，众多妇女（包括上层妇女在内）都出现了因怀孕和分娩引发的严重并发症，并导致长期性的健康问题，比如子宫脱垂、永久性盆腔撕裂等。对于母亲和孩子来说，医学发展使得怀孕与分娩的危险大大降低。但也并非一切都归功于医学，饮食和卫生条件的改善，以及生活水平普遍提高都在降低母婴死亡率和发病率方面发挥了重要作用。

然而，医学控制了妇女生活的这些领域，这意味着，妇女在很大程度上是由医生控制的，她们需要医生给予其相应的建议与信息。比如，人们以"仿佛"哪里即将出错为理由要求孕妇定期进行产前检查，并且迫于医疗压力，她们需要在医院进行生产，这样的话，医生可以控制、管理阵痛与分娩过程。正如 Ann Oakley（1987）指出，母职已成为一个被医疗化的领域。

女性主义的主要观点并不是医学干预在怀孕和分娩期间没有发挥积极作用，而是医生接管了孕妇所有的控制权，致使妇女无法对其生命做出任何知情决策。这点在温迪·萨瓦吉的案例中展现的一览无余。她是一名会诊产科医生，因遭到反对她医疗行为的男性同事指控，说其不称职（最终她获得平反）而被停职（Savage, 1986）。从支援她的运动及后续调查衍生出一个重要议题：怀孕和分娩过程应该如何被控管。Savage 认为，在怀孕和分娩期间，妇女应当有知情选择权，产前照顾服务应当由孕妇住所附近的诊所来提供，并且如果孕妇想在家生产的话，那么，她们该有这样的权利。医生的角色在于辅助妇女，而非控制她们及为她们做决策。

女性主义者认为，妇女不仅无法控制她们的怀孕和分娩，而且几乎也没有明确的证据足以证明如下观点的正确性：分娩期的技术干预有益于母亲或孩子。Ann Oakley（1982）在其 1975 年的研究中发现，针对初为人母的妇女而言，其中 69% 觉得自己没能实现对自身及分娩状况的控制。她还引述了一篇在威尔士进行的研究指出，越来越被广为使用的催生技术（一种人工诱导分娩的方式）并没有降低围产儿死亡率（新生儿在产后的前两个月内死亡），反倒增加了体重过轻婴儿的数量。人工诱导分娩给母婴健康带来了风险，比如母亲会阴撕裂、助产钳的使用导致相关风险的增加等。当前，剖宫产案例越来越多，但是并没有证据表明这会改善母婴的健康状况。另外，其他一些例行程序，比如新生儿心脏监测和例行的会阴切开术（切开会阴预防撕裂）具有什么益处也值得怀疑。

女性主义者认为，针对怀孕与分娩而言，妇女和医生持有截然不同的观点。在怀孕期间，医生将母亲看作胎儿的生命维持系统，强调婴儿的需求和健康，而非母亲的需求和健康。并且他们认为自己是怀孕与分娩方面的专家。医学实践基于如下假设：医生掌握了有关分娩的科学知识体系，但实际情况却是他们主要和疾病打交道，并且倾向将怀孕看作病患进行治疗。这意味着，医生在利用技术或在给予妇女医学建议时，他们更加感兴趣的是病态，而非常态。

Graham 和 Oakley（1981）认为，尽管医生将怀孕看作医疗问题，但是妇女却将其看作自然现象。对医生来说，怀孕与分娩是起始于诊断、结束于终止医学监督的系列医学事件；但对妇女来说，怀孕与分娩是被整合到其他社会角色的过程之一。对母亲而言，伴随怀孕及分娩而来的是地位的改变，以及强加在妇女生命中的那些永久且宽泛的义务和责任。对于医生来说，怀孕与分娩成功的衡量标准是低围产儿死亡率、低产妇死亡率以及意外的低发生率，并且产后母婴均处于健康状态。但对于母亲来说，成功的衡量标准是健康的婴儿、满意的个人生产分娩过程、与婴儿建立起良好的关系，以及将母职的需求融入她的生活方式。虽然医生认为自己是专家，拥有丰富的医学知识，并且妇女处于他们控制之中，但是母亲也认为自己深谙怀孕之道，并且知晓婴儿的感觉与需求。然而，在 Graham 和 Oakley 的研究中，这些母亲并没有感觉到她们自己处于医生控制中。孕妇谈及了她们与其医生交流过程中产生的问题——自己无法问问题以及被当作无知的人来看待。另外，孕妇也不喜欢每次就诊时由不同的医生负责，并抱怨感觉自己像是机械化饲养的母鸡——宛如工厂生产系统中的一个无关紧要的物件。

女性主义者不仅认为，医生已将分娩医疗化并且在此过程中剥夺了妇女的控制权，而且还指出，医学控制还体现在生育的其他方面。医生控制着最有效的避孕方法：避孕药、避孕环和绝育手术。妇女若想利用这些方法来控制自身生育，她们必须听取医学建议。1968 年的堕胎改革法令使得基于医疗的堕胎合法化并且变得更容易实现了，但是妇女是否能够堕胎仍必须由医生决定。另外，医生还控制着有助于妇女怀孕生子的新型生殖技术。通常情况下，医生时常拒绝为年轻已婚妇女提供绝育手术和堕胎，但却主动鼓励单身妇女以及少数民族妇女接受堕胎。同时，医生还决定着哪些妇女能够利用生殖技术受孕，而且该决定往往是以道德判断为依据而非医学判断（例如，许多英国健康机构碰到女同性恋伴侣寻求生殖技术辅助时，往往会将她们的申请表送往国家卫生局的伦理委员会审查）。另外，人们的支付能力也决定了他们能否获得生殖技术辅助和被允许堕胎。英国国家卫生局提供的服务往往供不应求，众多妇女不得不转向私人医师。然而，最终仅仅是有钱人能够负担得起该项服务的费用。一方面，科学和医疗科技在生殖领域上的进步，为妇女提供了做决定的可能，即是否、何时以及在什么情况下要孩子；但是，另一方面，大部分的生殖科技都掌握在专业医疗人员手中，加之国家赋予医生的权利，使得医生有能力掌控妇女的健康状况。

20 世纪 70 年代晚期出现的体外人工授精技术（*in vitro* fertilization）被看作"奇迹疗法"，促使女性主义者将注意力转向所谓的"新型"生殖技术上——不孕不育的医疗化。这些技术种类繁多，不仅可以帮助原本无法生育人群实现做父母的愿望，还能被用于产前遗传异常、染色体异常的诊断，以及婴儿性别检测。女性主义者和支持失能人士权利者开始讨论这些发展所带来的伦理问题（Hughes，2000）。从传统上来讲，不孕被看作一种惩罚或不受神宠的象征，因此，不孕的人被看作是有污点的。试管授精技术为无法生育的夫妻带来了希望（尽管很多接受治疗的夫妻仍未能怀孕）。然而，医疗化的生物基因学将身体看作一台机器，因此在妇女行使能动性以及医疗强制生育一个完美婴儿这两者之间便产生了落差（Ettore，2002）。

在一些女性主义者关注英国国家卫生局服务的可获得性，以及医疗专业人员是如何控制这些服务获取的同时，其他一些女性主义者则提出了这些服务如何影响妇女生活的问题。使用不孕治疗的渠道是有限制的，而且大多数接受试管授精等技术治疗的妇女依然未能怀孕生子，这一比例高达90%。甚至有女性主义者表示，这些新技术进一步助长了男子对妇女的控制与剥削。比如，羊膜穿刺术可以并且已经被用于检测未出生胎儿的性别，如果不是原本想要的性别（通常是男性），妇女将被迫接受堕胎。单身妇女很难获得试管授精的服务，这更巩固了父权制意识形态下的异性恋核心家庭体制（事实上，已有证据显示，有些重男轻女的国家，如在印度，确实会使用这些新技术来决定要生下什么性别的孩子，相关讨论可见Therborn，2004）。

其他女性主义者，如 Michele Stanworth（1987）则认为，我们需要秉持更为谨慎的态度。她承认，的确有一些妇女有想生孩子的强烈愿望，而且也会通过新技术实现愿望。但是，Stanworth 表示，技术的安全性、妇女健康以及她们做出知情决策的权利尚未得到足够的重视。另外，必须认识到，生殖技术包含的范围广泛，不是只有各种"新"生殖技术才可以成为大众的焦点。虽然许多生殖技术存在缺陷且其安全性也值得怀疑，但无疑地，这些技术仍提供各种资源，供妇女各取所需。对于妇女来说，重要的是能够获得有关这些技术的知情权，以便她们更好地做出知情决策。虽然科学可能有益妇女，但是其控制权往往不在妇女手中，而是在医生手中。

超声波（一种能够帮助医生和患者在屏幕上看到胎儿影像的方法）的使用也具有这些问题。医生可以采用超声波来检测胎儿是否正常，以及精确地确定怀孕日期（医生通常认为妇女自己记录的怀孕日期是不准确的，因为有些妇女无法给出她们上一次月经第一天的准确时间——该时间被用于确定怀孕日期）。虽然用超声波检查胎儿的方式有益于妇女（Petchesky，1987），但是 Ann Oakley（1987）指出，超声波的使用并不一定绝对安全，或许它会对孕妇或胎儿的健康带来一些危害。

三　妇女、健康与家庭暴力

若将家庭暴力看作一种健康问题，女性主义者对待医学专业及医疗干预的矛盾态度将更加明显。女性主义者强调家庭暴力是一个严重的问题，而且很可能是导致妇女遭受外伤的唯一共通的原因，尽管（至少英国的）健康专业人员似乎并不这么认为。医生致力于治疗身体上的伤痛而非找到导致妇女受伤害的原因——妇女处于一种受虐状态（Pahl，1995）。医生不认为家庭暴力属于医疗干预的范围，正如 Mildred Dealey Payclaw 指出，"医师通常会说，我不是执法人员，我也不是社会工作者，我在这里的目的是治疗身体上的疾病，而她需要看的是一位精神科医师"引自（*Journal of the American Medical Association*，1990）。

正如 Jan Pahl（1995：127）指出，这问题其实就是"健康服务专业人员能做些什么来帮助妇女？"她认为，健康专业人员必须重视妇女的说法，从中了解相关信息，认真进行伤情记录，并且安排时间帮助妇女。在美国，人们建立了《需求评估档案》（Needs Assessment Profile）来帮助那些被医生或其他健康照顾工作者怀疑是否遭受过虐待的妇女（Jezierski，1992；Lazzaro and McFarlane，1991；Flitcraft et al.，1992）。

> 如果虐待可以预防，就可以中断暴力循环，妇女就能得到健康和幸福。无论在任何情境中，护士在每次（产前检查）探访期间，都必须积极主动评估妇女是否遭受虐待，并提供教育、咨询和转诊服务。
>
> （Lazzaro and McFarlane，1991：28）

虽然健康专业人员能够对妇女进行即时治疗，但是他们无法给予长期帮助。针对家庭虐待的长期解决方案就是个人或集体赋予妇女更多的权利。

> 妇女被暴力相向是妇女处于从属地位的结果。短期的治疗可能会产生短期效果……但我们可以确定，除非那些让妇女在婚姻及广泛社

会中处于从属地位的社会与经济结构出现根本的转变，否则任何长期的措施都必然不会成功。

（United Nations，1989：108）

健康专业人员将家庭暴力医疗化是件危险的事：他们会将暴力根源归咎于女性受害者，并且忽视暴力的实施者以及暴力发生的背景。因此，一方面，女性主义者承认健康专业人员完全有能力为那些遭受伴侣虐待的妇女提供帮助与支持；另一方面，他们也担心这些专业人员，能够在多大程度上抛开父权制对家庭及家庭暴力根源的预设。

第四节　作为健康照顾提供者的妇女

不管是在正式或非正式的健康照顾领域，健康照顾工作者大多是妇女。在英国，超过75%的雇佣性健康照顾工作者为妇女。她们多集中从事一些低报酬、低地位的工作。90%的护士为妇女，但是仅25%的医生为妇女。另外，大多数清洁工和厨房员工也是妇女。黑人妇女往往从事那些报酬最低、地位最低的工作。因此，在健康服务领域，既存在横向的职业分化，也存在纵向的职业隔离。在西方社会，大多数医生为男子，该职业呈现性别隔离和性别分层的特点（见第九章），男性医生往往专精那些更具声望的领域（Lorber and Moore，2002）。

另外，妇女成了家庭无偿性健康照顾服务的主要提供者。撇开照顾幼童不论，在家中照顾老年人和残疾人的成人当中，约75%为妇女（Arber and Ginn，1991）。大多数健康教育培训对象是针对妇女的，人们常假设她们负责照顾家庭内的其他成员。20世纪初期发展的"健康探访"的特别目的，就是要教导母亲学会如何照顾家中的婴幼儿。女孩在学校接受的教育成了母职训练的一部分。丈夫及孩子糟糕的健康状况归咎于孩子母亲。母职教育也被看作改善国民健康的一种方式。通常情况下，人们都选择忽略妇女是在糟糕的物质环境和经济环境下照顾家人的，而且将儿童糟糕的健康状况归咎于母亲的无知，而非贫穷。

一　女性治疗者及男性专业员

女性主义者重新找寻历史中的女性医疗者的角色，并指出直到 18 世纪之前，医治一直是妇女的工作，但是之后，男子开始在医学领域发挥主导作用。然而，在那之前，有很长一段时间，男子就已试图阻止妇女从事医疗工作，并且自 18 世纪以来，他们便不断质疑妇女自主从事助产工作的权利。

虽然有证据表明，中古欧洲时期就有妇女从事医疗工作（Verslusyen，1980），但是英国于 1421 年出台了一部法案，禁止妇女从事医学相关工作。男性医生的施压是这个法案通过的原因，而天主教的信念——认为妇女是劣等的并且本性邪恶——是他们的靠山（Daly，1978）。然而，就像现今的情况一样，妇女提供的健康照顾远远超过了专业工作的范围。妇女照顾家庭及社群中的患病成员，并且在生育上扮演重要的角色，在 17 世纪之前，这些都被看作妇女的专有职责。妇女从同一社群中其他掌握特殊技能和专业知识的妇女那里学习如何照顾患者及分娩的妇女。因此，尽管妇女被禁止在正规机构中接受教育，但是她们仍可通过彼此学习相关知识（Ehrenreich and English，1979）。事实上，在 19 世纪之前，穷人几乎没有渠道可以获得正式的医疗照顾。资料显示，妇女那时仍通过彼此学习一些与生育控制和堕胎相关的非正式知识，这种情况一直持续到 20 世纪出现了越来越多的私立医院后才有了转变。

女性主义者关注的一个关键问题是，男子是如何篡夺了传统上妇女所扮演的医疗者的角色，原因似乎不可能是男子拥有更好的技能和知识。因为几乎没有证据表明，尽管有些患者可能会相信男性医生宣称的他们技能较好的说法，但在 20 世纪之前，合格的医生们所提供的治疗方法其实都不会太有效。同时，有能力支付医生所收取的高额费用，也许是中产阶级取得并维持其地位的一种方式。

Ehrenreich 和 English（1979）认为，欧洲在 14 世纪至 17 世纪之间出现的猎杀女巫运动，与压迫女性医疗者之间存在某种关联。他们指出，当时的女性医疗者被当作女巫隔离并处死，并且乡村数以千计的女性医疗者也被看作具有颠覆性社会运动的一分子，会威胁到教会、君主、贵族和少数接受大学教育的医生等阶层的（男性）权威。虽然，并没有明显的证据表明，全部或大多数的女性医疗者在这个时期都被看作女巫，但有大量证据表明，女巫迫害运动终止后，仍有不少不受认可的女性医疗者继续在英国各地行医。

其他女性主义者认为，伴随工业革命而来的各种变迁是男子在医学执业方面获得主导及控制地位的关键因素。Alice Clark（1982［1919］）认为，由合格的医学协会（英国皇家学院的前身）取代女性医疗者的地位，是技术工作者由家庭转入市场，并排斥非技术和不合格工作者的过程之一。另外，Margaret Verslusyen（1980）指出，医院的发展也是原因之一。在18世纪之前，医生仅仅在富人家中为他们治疗。但到18世纪末，医院开始出现在日益发展的城镇当中。这些医院大都由富人捐钱修建，并且专门服务于工人阶级患者。在这些医院，医生也的确像做"慈善"一样治疗这些"劣等群体"患者的疾病。因此，医生能够基于这些患者进行研发及测试新设想。同时，中产阶级数量的增长意味着，越来越多患者可以在家中接受医生的付费治疗。顾客人数的增加以及新兴科学知识的主张，为医生奠定了基础，促使有资质的医生力主禁止那些不合格的女性对手行医。

Anne Witz（1992）的新韦伯主义分析也指出，医生竭力创建并维持性别隔离分工，此举很好地体现了社会封闭（social closure）和社会标定（social demarcation）①，并且他们也受到国家的协助来实施这种封闭。社会封闭显示了妇女被排斥出医学执业；社会标定显示了医生定义何谓医疗工作（男性医疗人员因此受到保护）以及女性护士和助产士可以从事什么辅助性质的工作。1858年制定的《医学法》（The Medical Act）确定了男子的专有特权，并且规定只有如下人员才有资格行医：获得英国大学学位的合格医师、获得执业许可的人员、医疗机构成员。虽然该法案并未言明对妇女的排斥，但当时的妇女既无法进入大学读书，也不可能成为医疗机构的成员。

---

① 社会标定理论是指将某些特定的个体及其行为归入某一类别，并予以定性或界说。该理论认为，在一定的情况下，如果用一语词名称或标签来标定人们的自我形象，往往会使他们按照所给予的标签做出相符行为。——译者注

排斥妇女从事医疗工作的现象，受到那些长期争取进入医疗事业的妇女的挑战。Elizabeth Blackwell[①] 是英国首位合格的执业女医师，她于 1849 年在美国一所医学院获得从医资格。1865 年，Elizabeth Garrett Anderson[②] 也取得了药剂师学会的资格，该协会是当时唯一一家不那么明显排斥妇女的医疗机构。但是，该协会随后立即修改规则，以防止此类事件再次发生。

妇女开始发起运动，争取可以获得行医资格。19 世纪的女性主义者也基于主流的自由政治哲学概念提出共同的要求。妇女主张，妇女和儿童有权利让女性医生来治疗。但是，若想出台相应法案，她们必须得到男性国会议员的支持。1875 年，英国通过《授权法案》（Enabling Bill），开始允许大学和医疗机构招收妇女，但是并不强迫他们这样做（1899 年，国会法案废除了所有禁止妇女接受医学训练的法律条文，因此，理论上她们必须被录取并获得医学训练，但实际上，相应障碍依然存在）。18 世纪 70 年代后期，Sophia Jex-Blake 联合其他妇女共同创建了伦敦女子医学院。事实上，即使妇女接受医学训练并成为合格医师，她们也几乎只能在妇女创建的医院或诊疗所内为妇女和儿童提供医疗服务，或者扮演医学传教士的角色。

虽然妇女取得了医师资格及行医的权利，但是医生仍然是一项由男子主导的职业。当前，接受医师资格训练及就读医学院的妇女人数日渐增长，但是那些高地位的职位仍然由男性医生担任（见第九章）。许多女性全科医师表示，虽然她们也想和一般的医生一样可以诊断所有不同类型的病人、处理各种医疗疾病，但人们却经常期望她们负责照顾妇女和儿童。

二　护士、助产士与男性医疗人员

健康照顾的一个主要特征就是，医生对于辅助医务者（包括助产士和

---

① Elizabeth Blackwell，伊丽莎白·布莱克威尔（1821—1910），她是西方第一位成为医生的女性，是第一位医学女博士，是美国女子医学教育界的先锋。30 岁在美国开第一家女子诊所，47 岁成立自己的女子医学院。她还在女权运动中做出了突出贡献。——译者注

② Elizabeth Garrett Anderson，伊丽莎白·加勒特·安德森（1836—1917），英国女医生。第一个要求进入医学院学习的女生。遭到拒绝后自学成才，于 1865 年获得行医执照。在伦敦帮助创办了妇幼医院，并开办女子医学院。后医院以其名命名。1908 年当选为奥尔德堡市第一任女市长。——译者注

护士）的支配与控制，这是一个受政府支持得以维持的职位（Johnson，1972；Larkin，1983）。护理是为了辅助医学而设立的一门专业（Gamarni-kow，1978）。1902 年颁布的《助产士法》（The Midwives Act 1902）明文规定，只有国家注册在案的助产士才能获得执业允许，助产士于是也终于处在医疗控制之下。Jeff Hearn（1982）认为，职业化的过程其实就是男性对女性工作控制的过程。因此，在男性医生获得职业地位的同时，他们不仅排挤女性医疗者，而且还掌控其他在医疗劳动分工中处于从属地位的女性工作者。

女性医疗者掌控分娩领域的历史要比她们治疗其他一般疾病的历史更久远。然而，她们从 1660 年代便开始掌控的助产角色，在后来却遭到男性助产士（产科医生）的挑战。男性助产士的产生可能与产钳的发明有关，或者更简单地说，这只不过是另一个例子，显示男性试图攻占原本由妇女主导的领域。但是，男性助产士受到了如下三种声音的反对：（1）来自一般大众的反对，他们认为男性担任助产士是不得体的；（2）来自女性助产士的反对，因为男性助产士威胁了她们的生计；（3）来自男性医生的反对，因为他们觉得助产工作的地位低下，是低等的女性工作，而且根本不属于医学。

毫无疑问，产钳的发明的确是一项重大"突破"。在产钳问世之前，分娩延迟（缓产）常导致母亲死亡以及/或者婴儿死亡。产钳只有外科医生才能使用，因此，也就限定了只有男性才有使用它的权力。使用产钳成功帮助孕妇生产的案例很少，并且由此导致的感染风险和死亡风险很大。产科医院的增加在男性助产士地位的崛起中也发挥积极作用，因为这些医院多由男性助产士负责为孕妇接生，妇女则因不具备男性助产士所谓的科学知识不得其门而入。或许更重要的一个事实是，自 17 世纪以来，富人阶层使用男性助产士的风尚逐渐流行，因为男性助产士宣称他们相较于女性助产士拥有更丰富的知识。这种现象还受到另一种观点的强化，即出现并发症时，只有男性助产士可以进行外科手术的规定。这也提高了他们的地位。

19 世纪末，医生们终于确定助产工作应当由男子承担及控制。在整个 19 世纪，英国皇家内、外科医学院都同时反对医生参与助产工作，但到了

1850 年，许多英国医学院开始教授助产课程；1866 年，熟练助产成了合格全科医师的必要条件。"妇女的分娩需交由医生控制"的主张，其背后预设了男性医生拥有更丰富的知识。到了 1880 年：

> 助产科学和助产技术都取得重大进展，这主要得益于男性医生的介入，他们当中的很大一部分都知识丰富，并致力于解剖学——这是产科学的根基。

> （Spencer，1927：175）

但是，这种主张并不具有医学依据。19 世纪，住院分娩妇女中有 1/4 死于产褥热。而那些在家生产的妇女，如果是男性医生而非女性助产士负责接生，那么他们更有可能遭受感染（产褥热发生的原因是医生将在别处尤其是死尸上沾染的病菌传染给了分娩中的妇女）。然而，助产工作仍旧掌控在男性医生手中，他们也决定了女性助产士的具体角色——在他们自己与女性助产士之间建立起劳动分工。因此，男性医生在划定界限、指定哪些领域属于他们工作范围的同时，也巩固了自身的医学特权。自 17 世纪以来，医生与女性助产士之间的纷争开始体现在分娩辅助与分娩干预之间的区别上，即正常分娩和异常分娩之间的区别。只有男性医生（合格医生）被准许使用产钳和实施外科手术干预。

20 世纪初出台的《助产士注册法案》使得助产士的登记与教育处在医生的控制之下，而且孕妇在分娩时出现任何状况，都必须呼叫医生到场。医生没有完全剥夺助产士权利的一个主要原因是，他们意识到自己无法单独完成所有工作。19 世纪末，7/9 的分娩由女性助产士负责。另外，有许多医生不愿为贫穷的孕妇接生。因此，医生试图让助产士的工作去技能化，当女性助产士继续帮助那些贫穷的孕妇接生时，医生则只为富人服务。我们发现 21 世纪初期，医疗仍有控制分娩的情形，而且控制程度进一步加深，因为大多数分娩都发生在医院，并且处于医生的（官方）控制之下，另一个原因是医学技术使用的增加。虽然大多数孕妇是由（女性）助产士负责接生的，但是最终控制权依然掌握在产科医生（普遍为男性）的手中。

在医学分工当中，护士同样处于从属地位。护理领域向来是由妇女主导的。在家庭领域，身为无偿照顾者的她们当然也承担了大多数的护理工作。过去，尽管各个机构当中均存在患者护理工作，但是直到 19 世纪中期，护理才逐渐成为一个独立的职业。在此之前，医院护理被看作家务工作的一种形式，几乎不需要太多的特殊培训就可上手，并且通常由已婚妇女承担，她们在医院护理患者与在家护理家人的方式几乎没有差别。护士与患者之间的界限十分模糊，康复中且活动自如的患者常被期望能够帮助护士分担一些病房工作。弗洛伦斯·南丁格尔（Florence Nightingale）表示，19世纪中期，护理工作主要由那些"太老、太弱、太爱酗酒、太肮脏、太卑鄙或太恶劣而无法从事其他工作"的人负责（引自 Abel-Smith，1960：53）。护士需要接受培训并得到医生的认可，患者需要接受监视的观点，在南丁格尔进行改革之前就已形成。然而，南丁格尔的确试图将护理变成一个专业，并且希望征募中产阶级妇女前来受训。这些改革都发生在慈善医院之中，而且直到 19 世纪晚期，英国济贫院医院的护士才开始接受培训。

虽然南丁格尔认识到了护士受训的必要性，但她却训练她们懂得服从，因此在护士与医生的分工之中，护士被看作并且她们也将自己看作医生的下属以及处于医学控制之下。但是，南丁格尔并没有质疑妇女特质与护理之间的关系。Eve Gamarnikow（1978）指出，在南丁格尔的模式中，护士仍旧需要负责清洁病房以及照顾患者。她认为，这种医生与护士之间的关系类似于维多利亚时代家庭中丈夫与妻子的关系。护士负责照顾病人的身体与情绪，而医生决定什么是真正重要的工作以及如何开展该项工作。因此，一个优秀的护士就是一个好母亲，要时时专注于关心她的患者（家人）。

20 世纪和 21 世纪初期，虽然护士不再将自己看作医生的"女仆"，但是她们依然处于从属地位；她们的角色仍然是提供照顾，而医生的角色则是提供治疗。英国在 1918 年，引入了护士登记制度。1943 年的《护士法》（The Nurses Ac 1943》则确立了国家登记与国家注册护士的制度，但这两种护士都不具有独立开业的资格。Ann Oakley（1984b）坦承道：

> 以社会学家身份研究医疗服务的这 15 年来，我要承认，我此前一直对护士在健康照顾领域所做的贡献一无所知。事实上，我在伦敦的

一家大型医院中用数个月进行观察，在这期间我确实几乎从未注意到护士的存在，并将她们的存在视为理所当然的（我猜想，医生及患者应该也是这样的）。

（Oakley，1984b：24）

21 世纪初，护理普遍被看作一项低报酬的女性职业，但是护理中也呈现了明显的种族分化和阶级界限。当前越来越强调针对虚弱老人的社区护理，也导致家庭要负担起个人照顾的工作，从而催生了承担照顾工作的家务女帮工，这进一步扩大了从事有酬照顾工作的妇女与负责监督她们工作的妇女之间的界限（Abbott，1995）。在享有盛誉的教学医院中，工人阶级妇女及少数民族妇女大多属于助理等级，中产阶级白人妇女则大多属于注册等级。此外，越来越多的男子开始进入护理领域，尽管他们的人数较少，但 20 世纪70 年代引入的新型管理结构导致众多男子占据管理岗位，其数量甚至超过合理比例（Evans，2004）。自 1943 年以来，虽然才开始有男性成为普通护士，但是越来越多的男子在这门以前被视为完全由妇女从事和管理的行业中升迁至一些高级职位，照顾病人的责任离他们越来越远。其他西方国家在此方面的情况与英国极为相似（Lorber and Moore，2002）。有趣的是，医疗行业在俄罗斯是一个由妇女主导的行业，但是报酬微薄且地位低下。

三　妇女、母职与"非正式"照顾

人们认为妇女应该为家庭成员的健康负主要责任，同时，作为非正式、无酬照顾者，她们在照顾患者、失能者、老年人及其他依赖群体方面发挥了重要作用。Hilary Graham（1987）认为，妇女是家庭经济中非正式健康照顾服务的提供者，妇女的照顾者角色受到性别分工的形塑，比如男子被看作经济提供者，妇女被看作照顾者；同时这一角色还受到空间上的劳动分工的影响，如当地社区被看作提供常规健康照顾的服务场所，而重要的医疗机构则提供专业的医疗技术。Graham 表示，妇女负责三个方面的健康工作：

- 健康服务的**提供者**
- 健康知识的**教育者**

● 在危机时刻，是专业工作的**中介者**

因此，她认为，很多常规家庭劳动和照顾工作都涉及健康问题，妇女必须负责对子女进行健康教育，以及她们决定是否有必要去看医生。

福利国家成立的假设基础是：传统核心家庭是一种规范，其中妇女负责照顾家庭成员，并提供相应服务。正如在第六章已指出，近来，越来越多的社区照顾政策所依据的假设是：妇女已准备好照顾其家庭（包括更广泛的大家庭）中需要照顾的成员。通常情况下，健康促进运动也是针对妇女的，认为照顾并关怀丈夫和孩子是她们的责任。

当家庭成员出现健康问题时，妇女常因此受到责怪。人们认为她们应该负责养育出健康的子女，并照顾好丈夫。健康访视员、社会工作者及其他政府专业人员共同"监督"家庭，确保妇女完成她们的照顾工作。自20世纪初期以来，母职已成为医疗控制的领域，她们不仅在产前检查及分娩时被控制，也被监督着要负责养育健康的子女。20世纪初期，工人阶级糟糕的健康状况引起了公众的普遍担忧，之所以被公众发现，是因为该阶层的志愿军在布尔战争中暴露了其糟糕的健康状况，人们将责任归咎于粗心大意的母亲们，认为妇女应该将家人的健康放在首位，放弃有酬工作，并学习家务和儿童照顾的技巧。英国政府主张地方政府雇用受过训练的专业健康访视员，并接受行政区卫生官员的管控，这是在仿效19世纪的志愿运动，目的在于访视那些有幼小孩童需要抚养的工人阶级家庭。但人们很少关注工人阶级妇女在抚养其子女过程中遭受的贫穷和恶劣的生活条件，并且她们自身的健康状况也比较糟糕。已有证据显示，现今的妇女确实将家人的需要和需求放在首位，几乎不考虑自身的需要。

人们往往将有酬的健康工作者看作健康照顾服务的主要提供者，但是妇女提供的大多数健康照顾服务局限于家庭内部，很少得到官方认可。妇女在家庭领域中提供大量的、无酬的、不受认可的、覆盖面广的健康照顾服务。福利国家假设妇女可以承担这些工作，并且天生愿意照顾她们的伴侣和孩子。

女性主义者指出，男性医疗人员篡夺了妇女在公共领域中的医疗者角色，虽然这样的观点是正确的，但是在私人领域，她们仍然持续扮演主要的角色。然而，在医疗劳动分工的情况之下，不论她们是公共领域的有酬工作者，还是家庭领域的无偿照顾者，都处在医疗的支配与控管之下。

第五节　结　语

妇女在健康照顾体系中扮演着很重要的角色，她们既是照顾的提供者，同时也是患者。在家庭领域，妇女肩负着为其丈夫、子女及其他依赖者提供健康照顾服务的重大责任。在正式健康照顾体系中，妇女也是主要的工作者，但他们主要集中于那些无声誉也无权力的职位，如护士、初级医生、护理助理及家庭护理帮工。黑人妇女异乎寻常地集中在那些最不具声誉的职位，即那些经常属于兼职工作的报酬最低的工作，并且缺乏保障。医学知识一直扮演很具影响力的角色，它普遍地将妇女建构成为"劣于"男子，并且受身体主宰的形象。

摘　要

1. 妇女构成了健康服务领域的主要工作者。医疗服务被高度性别化，比如护士等职业与女性的社会角色息息相关；照顾、护理、家庭劳动等工作，与女性工作者密不可分。然而，特定专业的高地位职位，如顾问医师，则与男性专业人员密切相关。

2. 妇女是健康服务的主要消费者，因为：

- 她们负责家庭成员的健康，又常代表家人去看医生
- 妇女自身容易患各种各样的小病痛
- 妇女的平均寿命比男子更长

3. 西方医学是根据男性的健康—疾病模式进行定义的，它专注于疾病的治疗，而非个体的身心健康与幸福。

4. 妇女更有可能成为非正式的照顾者，并且在正式的服务以外提供健康照顾服务，比如，照料家中生病的成员。

延伸阅读

Annandale, E. and Hunt, K. (eds) (2000) *Gender Inequalities in Health*. Buc-king-ham: Open University Press.

这本著作所收录的内容相当全面，深入思考了女性主义者如何探究健康及健康照顾中的性别不平等，同时也为未来的研究注入新的议题。本书观点广泛，并收录了众多不同视角的专业学者的文章，他/她们深刻影响了性别化的健康研究的发展方向。

Barry, A-M. and Yuill, C. (2002) *Understanding Health: A Sociological Introduction*. London: Sage.

这本著作主题为健康和疾病社会学导论，内容全面且易于理解，涉及对"医学模式"的批判，也探讨健康及健康照顾背后的社会环境、健康照顾专业人员的角色，以及健康照顾服务的结构性限制等问题。每一章都讨论不同的议题，还有性别、认同及不平等有关的理论论辩。

Doyal, L. (ed.) (1998) *Women and Health Services: An Agenda for Change*. Buckingham: Open University Press.

这本实务导向的著作探讨健康照顾服务中的性别不平等，并关注近年来妇女的健康关怀如何提升健康服务议题的重要性。本书内容主要聚焦于英国。

第八章

性欲特质

性欲特质（sexuality）通常指代身体欲望的社会经验与表达，这些欲望可以是真实的或想象的，也可以是由他人或自身引发的。它包括各种情欲、身份和实践。虽然性欲特质似乎是我们生活中最私密的一部分，然而社会学者认为它在根本上是由社会与政治建构而成的，这是因为人们在权力与交换关系中体验与表达性欲特质。我们对性的定义因不同的历史、文化和社会背景而异。因此，社会学者指出，没有任何一种人类的性行为或性实践可以脱离它所发生的社会与政治背景以及它所处的社会关系。这意味着，个体的性行为（如手淫或其他形式的自体性欲）也是社会行为。因为我们对这些性行为的看法以及对它们赋予的意义，都受到了社会上各种价值观、态度、规范及约束的塑造。然而，与社会阶级或大众媒体等议题相比，性欲特质在社会学领域仍然是一个备受忽视的主题，并且直到最近才成为一个社会学议题。通过女性主义社会学者及政治活动家的努力，性欲特质目前已经成为社会学领域名正言顺的焦点。然而，在许多西方社会中出现的"新右派运动"通过强调家庭的神圣、敌视同性恋情欲及各种"性异常"（sexual deviance），产生了不容小觑的政治力量。正如 Jeff Weeks（1991：12）指出的，"这对女性主义的成功而言，是一种极具讽刺意味的赞美"。

性欲特质成为女性主义理论及女性主义政治的主要关怀，不仅是因为女性主义者将性欲特质视为一种男人控制妇女并维系父权制度的主要社会控制机制。女性主义者还注意到社会如何通过宗教、国家及各种医疗矫正行为来控制妇女的性欲特质。女性主义者特别重视性欲特质在巩固父权制度权力关系上所扮演的角色，强调色情、性暴力、阴蒂切除术、堕胎及"强制异性恋"（compulsory heterosexuality，即社会强迫每个人成为异性恋者）等议题的重要性（Rich，1980）。在性欲特质及性身体（sexual body）等议题的理论化上，女性主义者也做出了巨大的贡献。同时他/她们也强调，人们忽略了社会失能模式中的性身份（Lloyd，2001）。许多人认为，所谓的"性革命"（sexual revolution）只是用来加强与合理化男人在妇女身上获得性满足的权利。而另一些人强调，性可以成为妇女挑战及抵抗压迫的工具。女性主义者的贡献还在于，他们注意到所谓的科学观点（包括那些由社会科学学者发展出来的观点）也被用来维系妇女所受到的性压迫。

一般说来，社会科学研究常常使用以下两种观点之一将性欲特质概念化：要么认为性欲特质是生物或者心理的本质，因此是一种前社会的现象；要么认为性欲特质是由社会建构、具有意义的产物，而这些意义来自某些形式的社会与身体互动。这两种观点都基于相同的假设，即认为性欲特质具有某种生物、心理或社会本质：在我们的生理、心理或社会身份中，它属于较稳定的方面。近年来，受后现代主义及后结构主义概念的影响，人们不再以生物或社会本质论来看待性欲特质，转而认为它属于身份中的"表演"（performance），不断在各种权力关系及语言背景下被表演及协商。

第一节　本质论的性欲特质观点

本质论者秉持着性欲特质是一种生物或心理本质的观点来探讨性欲特质。直到最近，这类观点仍是社会科学、法律、道德、宗教、医学等领域对性欲特质与性关系论述的主流。他们认为性欲特质属于"前社会"或本质论的观点具有四大基本前提：

- 是人类基本的驱力或力量，在社会生活出现之前已经存在。
- 由人类的生物或心理构造决定。

- 生存或存在于人类身体中。

- 是个人本质上的"特性"（property），在我们整个生命中发挥作用。

根据这个观点，人类的性身份由生物或心理本质所决定，是稳定不变的。随即这类观点被大部分西方社会尊奉为性交行为。法律定义的五种基本预设基础：

- 性是天性（natural）。

- 只有异性恋才符合"天性"。

- 生理性别是首要且决定性的因素。

- 有生殖器的插入才算是"真正的"（true）性交。

- 发生性行为的理想时期是处于婚姻状态或者至少是处于长期关系中。

这种实证主义观点将特定性行为的社会分类视为理所当然。在这些社会分类中，有些形式的性行为被认为是天生且正常的，有些则被视为是异常或有偏差的。人们时常需要解释为什么偏差的性行为会发生。相比之下，反实证主义或者社会建构论取向（我们将在下文提到）的研究者则关心，特定的性行为如何在各种社会历史过程中被建构成正常与天生的，并探讨其中的权力关系。

在 20 世纪时，至少在西方社会中，探讨性欲特质的精神分析理论的影响力逐渐超过生物学理论。其中，又以弗洛伊德的研究最为出名。弗洛伊德主张性欲特质是人类的基本驱力，他的理念在 20 世纪初逐渐成为性学——性"科学"（science）发展的基础。精神分析理论以简化的形式强调童年期的经验在很大程度上决定了成人期包括性欲特质在内的身份认同。因此，不正常性行为被认为是源自早期的童年经验或者因为原欲发展（libidinal development）受到了阻碍。"恋母情节"（mother fixation）因此成为女同性恋者的特征，男同性恋者则来自母亲强势、父亲懦弱或缺失的家庭。这类理论大多被认为是"常识"（common sense），并左右社会政策与政治理论的关注点。例如，它影响了人们如何看待单亲家庭，以及同性伴侣是否可以养育和收养孩子等议题。

社会学者针对生物学及精神分析的性欲特质理论已经提出了诸多批

评。第一，性欲特质是否具有生物本质仍有讨论的空间。第二，社会心理学者的研究发现，同性恋者与异性恋者的养育方式并无不同之处，两者的性格差异也与性倾向无关。第三，实证主义研究往往假设成人的性倾向是固定且易于分类的：人要么是同性恋者，要么就是异性恋者（或者双性恋者）。

性学发展成一套专业知识，借由"专家们"（experts）核准及传播。例如，Havelock Ellis、Alfred Kinsey、William Masters 和 Virginia Johnson 等学者宣称，他们致力于利用科学来证明何谓正常及天生的性认同与性行为。一方面，虽然性学这门学科具有成为激进社会运动的潜力：让性欲特质摆脱它与宗教和道德教条的紧密关系（宗教道德和集权规范在科学论证过程中被削弱了），将关注点放在对性欲特质的"科学的"（scientific）研究；另一方面，性学也赋予本质论者科学的信度光环。正如女性主义者所强调的，这类科学知识在定义何谓"正常的"（normal）性欲特质时，往往极具父权制度思想。异性恋（交媾）、一夫一妻制、生殖（具有重要的合法意味）等被定义为"正常的"性欲特质。性学是一门极具性别化的科学，基本上认为女人在性行为上是被动的，而拥有强烈性驱力的男人则天性主动。女性主义者指出，这类"科学"洞见帮助巩固与维系男人与女人之间的双重性别标准。

英国在第一次世界大战后数十年间，许多医生、性学家、心理学家以及来自精神分析、精神疗法等新领域的其他专家学者均以科学的眼光来审视性及男性与女性的性欲本质。他们的观点也通过许多作者出版的婚姻手册、婚姻指南等书籍而得到普及。其中最有名的作者是 Marie Stopes，她最有名的作品是《婚姻之爱》（*Married Love*）。这本书初版于 1918 年，截至 1930 年已经出版了十八个版次（其中第一年就出版了七个版次），售出 690000 册，被翻译成十种语言。随后，她推出了此书的姐妹篇《贤明的父母》（*Wise Parenthood*）、《光辉的母性》（*Radiant Motherhood*），以及《持久的激情》（*Enduring Passions*）。

Stopes 在她的著作中明确指出，男人与女人都应该尽早结婚。她提出了一个高度理想化的设想：互相爱慕的伴侣结合在一起并享有终身的性满足。她相信，任何一个"正常的"人都可以实现这个目标。虽然，婚姻的理想化本身并不是一个新话题，但是 Stopes 同时强调了男人与女人得到性满足的重要性，以及相互间的愉悦与婚姻的和谐，这一点启发了公众的想象。Susan Kinsley Kent（1993）等女性主义者认为，Stopes 和其他人在两次世界大战之间所提出的建议标志着性别关系的转变：开始史无前例地强调男人与女人之间相互的性愉悦。但是，从女性主义视角来看，Stopes 的建议中最有问题的是，她坚持认为性满足对于已婚的男人与女人而言是正常的、有益的，因而是非常重要的；但是与此同时，她否认单身者也同样能从性满足中受益。当然，她采取这个立场的原因也非常明显。因为她的主要目标是促进生育节制，她必须保护自己，以免他人（例如教会成员）指控她的著作是不道德、邪恶的。正如 June Rose（1992）指出的，如果《婚姻之爱》一书明确提出单身者也可以从本书的内容中获益，这本书就会被禁。当 Stopes 描述婚姻在 20 世纪初期占有的霸权地位以及这种制度所处的压力时，婚姻之外的性爱必然是问题多多的。然而，直到 20 世纪 60 年代避孕药被广泛使用、堕胎和同性恋合法的法案被通过时，性与婚姻之间的紧密关系才逐渐松绑（参见第五章）。然而，时至今日，英国《淘气男人》（*Men Behaving Badly*）等电视节目以及美国畅销小说与同名电影《BJ 单身日记》（*Bridge Jones's Diary*）的大受欢迎证实了，即使是与虚幻的幸福婚姻标准模式相比，单身男人与单身女人的性关系仍然被视为大有问题。

　　Margaret Jackson（1987）强调，性学的发展意味着那些被女性主义者视为受社会与政治因素影响的女性性欲特质以及异性恋特征被重新认定为是天性使然。同时，在此基础上建构"科学的"模式将性欲特质有效地从政治领域移除出去。因此，通过将性欲特质归入天性的范畴，性学家（多数为男性）"尽力保护性欲特质不受女性主义者的挑战"（Jackson，1987：56）。Jackson 认为，性欲特质的科学模式使得男性性欲至上被通用化，因此：

　　　　男性的性欲特质被通用化（universalized）并被作为人类性欲特质的标准模式。此外，通过将人类的性欲与性交指令（即生物学上的性交驱动力）画上等号，"性"最终被简化成只具有生殖功能，并明显带有"只有异性恋的性关系才是真正'自然的'（natural）性"的意涵。

（Jackson，1987：73）

她又进一步指出，"性无能"（impotent）一词意谓无权力，暗示了无法与妇女性交的男人同样也无法向她施展权力，因为他的阴茎是（或应该是）展现男性权力的"工具"（tool）。因此，性学家建构出来的性欲特质的科学模式：

> 反映出男性至上的价值观，并通过以男性观点为主的性定义来宣扬男性的利益。因此，它有助于强制异性恋体制下男人通过特定的异性恋实践对女人进行性控制与政治控制。

（Jackson，1987：74）

Jackson 总结到，西方妇女自 19 世纪以来（其他社会的妇女或早或迟）被逐渐性化（sexualisation）的现象不应该被视为一种解放，它的实质是将妇女受压迫的现状进行色情化，并且企图用标榜科学及现代主义的话语特别是"现代主义的性欲特质"（modernist sexuality）这一话语将其合理化。

一　现代主义的性欲特质

社会学者 Gail Hawkes（1996）指出，"现代主义的性欲特质"是性学的支柱，它包含性欲特质的现代化（modernization）等一系列广泛的社会过程。对 Hawkes 而言，现代主义的性欲特质主要由以下三种因素塑造而成：

1. 将性欲特质与"天性"（nature）做联结。

2. 性主体的"科学"（scientific）分类或"性形态"（sexual types）的兴起。

3. 异性恋的优越性。

社会学者认为，在建构健康的、符合道德的且是与生俱来的性欲特质的过程中，异性恋的特权始终存在（并且被保持）。Hawkes 认为，这种

"现代化"过程导致以下结果：

> 那些被认为对维护资产阶级的男权霸权有消极影响的欲望表现都被边缘化了，例如，妇女的性自主、同性欲望、青少年性欲表现及自体性欲等，而且甚至被判定为是非法的。
>
> （Hawkes，1996：3）

异性恋的重要地位因此同时被维系及巩固，因为"上帝命定的事物被科学家们证实了"（Hawkes：72）。就这个方面来看，性学研究也同样给社会性别及性欲特质之间的前现代性（大多是宗教的或迷信的）联系提供了科学信度，并以此作为"证据"（evidence）来证明女人天生性被动，而男人天生拥有更强烈的性驱力。正如 Holland 等人指出的：

> 就医学及常识观点来看，男人具有无法控制的性冲动，但女人并不拥有这样的特性。因此，"正常的性"是主动的男人借由让被动的女人得到满足来满足自身"天生的"欲望。而女人的性欲特质被定义为在满足男人需求的同时，自己也得到了满足。
>
> （Holland et al.，1994：29）

女性主义者主张，大部分的性学研究都是在 20 世纪初期到中期完成的，不仅不科学，反而代表了父权制度的利益。它们生产出"证据"（evidence）好让双重性别标准的维系显得可信，并让妇女被客体化，让男女同性恋者及单身者被边缘化（Jackson，1987）。Sheila Jeffreys（1985）指出，"女同性恋者"（lesbian）这个分类出现在 19 世纪晚期，人们借此对女性之间的性亲密与社会亲密进行控制并使其边缘化。

本质论的观点也塑造了我们如何看待性欲特质、种族及阶级之间的关系。例如，本质论者即借"科学"之名来让人们误以为工人阶级及黑人的性生活泛滥、伤风败俗、相对无法控制自己的性"冲动"（urges）。种族歧视更给人们以本质论的观点来理解黑人妇女与亚洲妇女的性欲特质提供了另一种维度。带有种族歧视意识形态的人常认为黑人妇女（特别是非洲与加勒比海地区的）性欲"高涨"（bursting）。她们无法自制、欲求无度，因此需要白人对她们"文明化"（civilization）（Hooks，1992）。人们同时也将亚洲妇女当成被动的受害者、具有异国风情的性存在（sexual beings）。黑人妇女的性欲特质常被建构成与她们的"天性"相关。因此，正如 Jean Carabine（1992）指出的，社会政策也通过种族歧视、异性恋、家庭主义及母职等意识形态来再生产与强调各种与性欲特质有关的价值规范。

我们必须承认当代人性欲特质的理解并非来自社会学者，而是大多来自生物学者、医学研究者及性学家们的研究，而这些学者关注的是荷尔蒙、大脑结构、驱力及本能等。因此，大部分探讨性欲特质的研究主要考量性欲特质的生物基础。Macionis 和 Plummer（2002：306）认为，基于常识，人们大都假设性欲特质只是一种"天性"。但是，当我们回顾第一章内容时可以发现，社会学者向来喜欢挑战社会世界的常识及那些被视为理所当然的观点。他们同时关注为什么有些被认为是与生俱来以及前社会的事物，实际上是由社会建构及权力关系塑造的。因此，社会学者联结起了性欲特质与更广泛的社会分层及不平等模式之间的关系（参见第三章）。

第二节　社会学的性欲特质观点

更多基于社会学视角的性欲特质的讨论发展于 20 世纪 60 年代。这些研究试图扭转将性欲特质概念化为生物或心理本质的论述，转而关注性欲特质是如何被社会所建构的（Gagnon and Simon，1973；Caplan，1987；Weeks，1991）。William Simon 和 John Gagnon 可以说是以社会建构论研究性欲特质的开创者。20 世纪 60 年代，他们均在金赛性行为研究中心（Kinsey Institute for Sexual Behaviour）工作，他们也一致认为要更多地利用社会学理论来解释他们在实证研究方面的发现。他们利用戏剧隐喻（drama metaphor）发展出**性脚本**（sexual script）这个概念，并借此理解各种社会规则、规范及角色是如何被用来指导人们的性行为。他们概括了三种主要的性脚本。

1. 存在于我们大脑里的**个人脚本**，例如告诉我们是什么引发了我们的性快感。

2. 存在于性关系中的**互动脚本**，例如出现在伴侣及群体之间，告诉我们要扮演什么角色。

3. 存在于文化与社会中的**历史文化脚本**，告诉我们任何一个既定的社会对我们怀有什么样的性期待。

Jeff Weeks（1986）以历史来说明西方社会如何建构性欲特质。他指出，西方历史中有三段重要的时期特别关注性倾向，尤其是同性恋的污名化。第一段时期是公元 1 世纪，这个时期的人目睹了社会如何逐渐不允许纯粹为了享乐的纵欲。第二段时期是在 12 世纪，这段时期见证了基督教传统性欲观及婚姻观的胜利，人们相信只有结婚后的夫妻为了生殖而进行的性行为才能被道德所允许。第三段时期开始于 18 世纪，这时候的社会开始明显地将异性恋建构成"正常的"（normal）性倾向，而其他形式的性欲特质被建构成是异常的或邪恶的（也可参见 Hawkes，1996）。

社会建构论研究的基本概念是：性欲特质并非不变的实体，而是身份与经验中一个非常复杂、由互动而来的方面。它由个体与外在广泛社会、经济及政治背景之间互动塑造而成。这个社会建构论的主要观点是，我们认为的"性"，虽然它相对稳定，但它并未具有前社会、生物学上的本质，而是某些行为被赋予共同意义的产物。举例来说，去性化（de-sexaulisation）的妇科检查专业规范就代表了性欲特质是通过与社会的特定互动产生相关意义来建构的。这类观点否定了本质论者认为的性欲特质是既定的、前社会的主张，强调它是由社会建构出来的。因此，这个观点也强调了"我们……在思考性欲特质时，不能不顾及社会性别"（Weeks，1986：45）。

各种社会学观点也时常强调，所有的文化都有组织性欲特质的机制，而且没有一个社会允许"绝对自由"（free for all）。Macionis 和 Plummer 指出（2002：307）："人类的性欲特质是通过法律、宗教、亲属关系与家庭体系等社会机制，以及各种经济与社会组织建构出来的。"然而，这些机制在本质与控制程度上各不相同。

Jean Carabine（1992）在解释女性的性欲特质及社会政策之间的关系

时强调，社会政策的角色是在维系异性恋规范。她指出，在西方社会中，强制异性恋体制是社会政策中一个主要的意识形态，并与家庭、母职等意识形态相互配合。其他的女性主义者及拥护女性主义的社会学者则联结起异性恋霸权及公民权概念之间的关系。他/她们指出，在历史上，男女同性恋者及其他性"少数人群"（minorities）的公民身份及权利常被人们（特别是异性恋男性）剥夺（Evans，1993；Richardson，1998）。

性欲特质是根据社会各种规则与规范体系建构而成的，与这一看法相关的概念是"性等级"（hierarchy of sex）。性等级这个概念由女性主义社会学者 Gayle Rubin（1984）提出，代表社会根据等级制度对性欲特质进行分类，导致有些性欲特质受到重视（这些处于她所谓的人们观念上的"舒适带"），而另一些则不被重视。Rubin 于 20 世纪 80 年代早期设计了这套性等级，关注它随后发生的变化则更有趣（见表 8 - 1）。

表 8 - 1　Rubin 的性等级分类

"好"的性	争议的领域	"坏"的性
正常的	未婚的异性恋伴侣	反常的
天生的	滥交的异性恋者	变态的
健康的	手淫	病态
神圣的	长期、固定的男女同性恋伴侣	有罪的
异性恋的	滥交的男同性恋者	超出常规的（way out）
已婚的		异装癖的
一夫一妻的		变性人
生殖的		恋物癖的/SM
在家中的		商业性行为，乱伦的

资料来源：Rubin，1984。

这类社会学的研究不只强调性欲特质的社会建构，也很重视与其相关的社会背景。Macionis 和 Plummer 指出：

> 我们对性的使用，经常是为了达到社会目的，而非满足生殖功能等生物学上的目的。性不只是生物性的，我们会为了各种理由来使用它：它是一种爱情的表现、一种建立人际关系的手段、一种厘清我们

的男性气质或女性气质或检测我们是否成人的方式。它也可以用来展示人们的侵略行为（例如，强奸），或者拿来打发我们的无聊，或者成为一种嗜好。它可以是一种表演、表现、权力，以及一种工作形式。

（Macionis and Plummer, 2002：309）

本质论和社会建构论在性欲特质的观点上有一个共同之处，即它们都相信，性欲特质是一种较稳定的社会身份，并且它以一种（生物的或社会的）固定且持续的方式贯穿我们整个生命历程。通过生理或心理的发展，经由社会化和阶层化的过程，我们得到较稳定的"真正的"（true）性身份。女性主义者指出，这两种理论皆未充分注意到权力关系是如何塑造性欲特质的社会表现或社会建构。近来的社会学研究开始以第三个角度来探讨性欲特质的社会背景与权力关系之间的联系。

第三节　后现代的性欲特质

认为性欲特质只是一种不具有生物或社会本质的"表演"（performance）的观点，主要是受到了后结构主义的影响，尤其是受到了福柯（Fucault，1979）及后续朱迪斯·巴特勒（Judith Butler，1990）探讨社会性别（gender）与性欲特质的研究影响。它同时受到经验主义论点的影响，认为我们这个后现代或晚期现代的时代中，社会身份由日益增多的生活方式选择所塑造（Giddens，1992）。性欲特质是一种表演的概念基于以下观点：性欲特质是身份的其中一个方面，即一种存在模式，并且只在被呈现或者表现出来的时候才存在。换言之，除了它的表演状态之外，性欲特质并不具有任何稳定的生物或社会本质。

后现代观点的学者通常认为社会及社会身份（包括性欲特质）是话语（discourse）的结果。他/她们强调，那些拥有较多权力的人（如异性恋者）有能力将那些具有较少权力的人（如同性恋者）定义为变态、反常等。举例来说，探讨同性恋的话语常将同性恋视为一种疾病［美国精神医学学会直到1973年才将同性恋从心理"失常"（disorder）的清单中划掉，然后重新给它贴上性倾向"混乱"（disturbance）的标签]。同样的，在恐同症的话语中，他们常将男同性恋建构成娘娘腔、性欲过剩、滥交、传播疾病的猥亵儿童者；女同性恋则被贴上男人婆、厌男、咄咄逼人等标签。许多男女同性恋者会理所当然地认为自己的形象符合这些论述，并因此将这些标签的负面意涵内化。1984 年，"伦敦男女同性恋者研究计划"在探访 416 位小于 21 岁的同性恋者或双性恋者时发现，有 1/5 的人曾经想要自杀。

当然，这些主流的论述也会受到挑战与抵抗。实际上，自 20 世纪 60 年代晚期开始，西方社会的男女同性恋者发起了各种反抗运动。1989 年，英国的"石墙"（Stonewall）组织试图通过政治立法渠道来改变社会与法律，并倡导男、女同性恋者的权利。1990 年创建的"愤怒"（OutRage!）倾向采取更直接、激进的方法。同性恋的权利运动也使得学术研究者将研究兴趣从同性恋的"起因与治疗"（causes and cures）转向恐同症（homo-phobia）。从狭义上说，恐同症原本代表对同性恋的恐惧，现在则泛指所有针对男、女同性恋者的敌意。

我们在第二章中指出，福柯关注对世界的思考、谈论与写作（他称之为话语）如何建构了我们的自我意识以及我们对社会世界和他人的认识。他认为，主体性是当下时间里流传于社会的主流话语带来的结果。这些论述塑造了社会意义，人们借由这些意义来看待自己及他人的身份与行动——即他/她们的"知识"来建构这个社会世界（what they "know" to exist in the social world）。然而，对福柯而言，话语不只代表了认知方式，它还定义了这个世界应该如何被分类、组织。换言之，话语不仅向我们描述这个世界是（is）什么样子，更让我们觉得这个世界应该（ought）是什么样子。福柯在《性史》（The History of Sexuality）（1979）中指出，西方社会自 18 世纪起采纳的，他称为"生物权力"（bio power）的人口控制措施意味着性欲特质及性关系无可避免地会受到当时的主流社会与政治话语影响。例如，与同性恋相关的话语将它定义为一种性倒错。

虽然福柯（1979）本人很少关注社会性别，并且认为对妇女性欲特质的控制只是社会控制的其中一个方面。但女性主义者发现他的研究极为有用，特别是他认为性欲特质是由社会建构且会通过复杂的，甚至自相矛盾的方式经由话语再建构。的确，福柯拒绝接受"压抑假说"，即本质性的性欲特质被各种宗教、社会、道德与医学力量所限制与控制。他偏好的分析重点专注于性欲特质如何被各种权力关系建构。一些女性主义者认为这种分析方式在政治上极其解放，可以允许人们以女性主义（而非父权制）的观点来重新建构及协商性欲特质。

对巴特勒（Butler，1990）来说，性欲特质是被创造且通过人们的表演而展现出来的，它并不具有任何与生俱来的属性，也不是一个稳定的社会分类。巴特勒以变装皇后（drag queen）为例来说明她的论点。变装皇后的观众们认为在男性的"扮演"（act）背后，存在着一个"真实"（true）性别及性身份。但巴特勒认为，人们假设的变装皇后具有的"真实"身份其实只是穿上异性服装所呈现的表演。她声称，事实上我们所有人都在"舞台上"（on stage），我们只是在不同环境下表演出来的多种身份，而这并不是真正的自我。这种观点强调，异性恋只是许多潜在表演形式中的一种，并不像许多生物本质论者或者社会建构论者主张的那样是正常或与生俱来的。正如巴特勒（Butler，1990：31）指出的，同性恋与异性恋之间并不是复制与原型的关系，而是复制和再复制的关系。这个论点对异性恋霸权带来两大挑战。第一，它揭示了代表正常与天性的异性恋是通过何种机制由社会建构而成的；第二，它切割了生理性别、社会性别及性欲特质之间被赋予的关联（Butler，1990），并强调异性恋只是被"自然化"为"原型"。梅尔（Meredith Meyer，1994：2-3）也认为："酷儿（queer）并不能被归类为一种新的性主体类型……它反而是一种自我的概念。这个自我是一种表演和即兴创作，它是不连续的、过程性的，由不断反复的风格化扮演所建构而成"。

众人所知的酷儿理论立足于重新挪用恐同症话语中的负面意涵，特别是"性欲特质是一种表演"这个概念。它还强调，虽然西方社会发展出各种粗糙的分类来划分人们的性欲特质，但这些类目永远无法包罗万象，因为存在于这个世界上的性实践、欲望及身份千变万化。Eve Kosofsky Sedgwick（1990）为了挑战主流的分类（异性恋、男同性恋、女同性恋等），

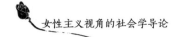

基于以下几个观点提出来一系列性形态及性分类：

- 对不同的人而言，就算是同一种生殖性行为也可能代表着不同的意义。

- 有些人整天想着性，有些人不怎么想。

- 有些人享受性爱，有些人则不那么喜欢，甚至完全不喜欢。

- 许多人对没有发生的性行为或不想发生性行为也仍然会投入相当多的精神/情感。

- 对有些人来说，糟糕的性爱的可能性就会让他/她完全回避性行为，有些人则不然。

- 有些人喜欢在自然而然、未刻意营造的情形下进行性行为，有些人则热爱精心安排过的性行为，其他人则偏好看似自然、但其实完全在意料之中的性行为。

- 自体性欲带来的快感塑造了一部分人的性倾向，但对有些人来说，自体性欲是次要的，或者不存在的。

- 有些人的性欲特质牢固地镶嵌在生理性别—社会性别矩阵中，有些人则不然。

Sedgwick 的性身份概念认为，性欲特质的分布并不建立在既定的同性恋/异性恋/双性恋等分类上，这些性身份只是一种表演或者角色。这一概念成为酷儿理论的特征。

这种深受后结构主义启发且认为性欲特质是一种"表演"（performative）的观点，其最主要的特征是它否定了本质论认为的性欲特质要么由生物本质决定，要么由社会所建构。取而代之，比较偏后现代的相关研究认为，由 Gail Hawkes（1996）提出的"性的现代化"，即所谓的将性从宗教、道德教诲及科学位置中"解放"（liberation）出来，实际上是有效地将性"自然化"及分类化，因此离解放相去甚远（Foucault，1979）。William Simon（1996：30）在他的著作中表示，在许多社会中，"性的后现代化"被理解为"性的去自然化"（the de-naturalization of sex），它包含传统社会结构的分解、世俗力量凌驾于宗教之上，以及近来性欲特质与生殖逐渐分离等过程。

在这个后现代或晚期现代的时代，人们逐渐把性欲特质当作是生活方式选择的多样化。它不再代表本质，也不再具有稳定性和连贯性。Simon（1996）在 Gagnon 和自己 1973 年提出的"性脚本"概念的基础上，进一步指出，我们最好把当代的性欲特质理解成为一种戏剧。异性恋则被建构成为一种特定的性风格、一种约定俗成的表演。他还认为，随着后现代社会的兴起，由于生活方式的选择变得更加丰富多彩，性欲特质也变得越来越流动，越来越碎片化，越来越弥散化。

这种研究方法认为所谓的"性欲特质的科学研究"并不可信，它同时也不相信性身份是人们在成功地经历发育过程或社会化过程等必经重要阶段后所形成的结果。正如 Plummer（1996：xv）等后现代主义者指出的，在当代存有各种经验与身份的背景之下，"弥漫在我们周围的是宛如超级市场般应有尽有、具有各种可能的性欲特质"。就这层意义来看，犹如许多人会引用的一个特别象征意符，性欲特质的表演在后现代社会最可能带来的改变是"异性恋不再是个固定的范畴"。避孕领域的科技创新当然也加速了性与生殖的分离。如同我们在第七章提到的，避孕药于 1960 年出现在美国，于 1964 年出现在欧洲，子宫内避孕器也随即出现于 20 世纪 60 年代晚期。

Therborn（2004）指出，无论是从统计数据还是道德层面（可能程度不如统计数据明显）来看，性革命已让人们对长期的婚前性行为以及一生中拥有多位性伴侣习以为常。然而，Therborn（2004）也强调，性革命带来的影响并非普遍通行。举例来说，虽然在近数十年来，南亚、西非及北非等地区在整体上已经放松了原先对性的严格管控；但是，在欧洲西北部及美国等地发生的性规范的剧烈改变，并未在世界上其他国家发生。因此，后现代的性欲特质观点来自特定的参照点：现代性规范及性伦理—宗教、科学、异性恋、一夫一妻制等（参见 Hawkes，1996）；而西方社会的这类观点在 20 世纪下半叶受到了巨大的挑战，从而也形成了性选择及性身份的扩大化（Giddens，1992）。尤其是吉登斯主张，晚期现代性已经将性欲特质从单一的（异性恋）霸权中解放出来，取而代之的是"性的多元主义"（sexual pluralism），即通过各种个人生活方式的选择和相对的性别平等来定义及建构的性身份。他继而推断，这意味着以往被视为"反常的"

（perverse）行为将会逐渐被接受，变成性的多样性的一部分或者成为他所谓的"可塑造的性欲特质"（plastic sexuality）——只为愉悦、不求生殖的性欲特质。这点尤其和他的"纯粹关系"（pure relationship）的概念息息相关。这个概念意味着与前几代人的经历相比，性关系将具有更开放的沟通空间，并更为平等。因此，人们将拥有更广泛的感情经历与性经历。正如社会学者 Zygmunt Bauman（1998：24）指出的："在后现代的背景下，性活动只关注它的感官效用；无论是出于何种实际意图与目的，后现代的性即性高潮。"

然而，Plummer 也指出，这种后结构及后现代观点下的性欲特质最终将丧失它的政治功能，因为它们不重视各种使我们的性"表演"或生活方式选择受到局限的物质因素，也常倾向于完全放弃追求性解放或性启蒙的进步（就像一般的后现代主义一样，参见第二章）。这些理论也可能受到实证资料的误导，如表 8 - 2 所示，即使在英国，社会上许多人仍无法接受同性恋、婚外情及未成年性行为。

表 8 - 2　对性关系的态度（1998）

单位：%

	1 永远是错的	2 大多时候是错的	3 有时是错的	4 很少是错的	5 完全没有错	其他	总和
男女在婚前有性行为	8	8	12	10	58	5	100
已婚男性有婚外性行为	52	29	13	1	2	4	100
16 岁以下的男孩与女孩有性行为	56	24	11	3	3	3	100
两个成年同性有性行为	39	12	11	8	23	8	100

注：18 岁及以上的人被询问他们是否认为某些类型的性关系是错误的。使用五分量表：（1）永远是错的；（2）大多时候是错的；（3）有时是错的；（4）很少是错的；（5）完全没有错。"其他"包括那些未回答及回答"不知道"及"因人而异""视情况而定"的答案。

资料来源：*Social Trends*，1998：30。

《社会趋势 1998》（*Social Trends*，1998）在研究人们对性关系的社会态度方面发现，和老一辈的人比起来，青年人对同性性关系更具有容忍度，这个发现也许并不让人感到意外。调查表明，年龄在 65 岁及以上的老年人当中，有将近三分之二的人认为两个同性成人之间的性关系永远是错的。相比之下，18—24 岁的青少年当中，持有这种看法的比例不到五分之一。就整体而言，有五分之二的人认为同性性关系永远都是错的，有五分之一的人则认为完全没有错。另外，有五分之四的人认为，一个已婚人士与非伴侣发生性关系，永远或通常是不对的。也有相近比例的人认为，小于 16 岁的男孩及女孩发生性行为永远或通常是不对的。

第四节　女性主义的性欲特质观点

女性主义者大多遵循 Ann Oakley（1992）对生理性别（sex）、社会性别（gender）与性欲特质（sexuality）之间的区分，他/她们认为虽然社会性别与性欲特质在概念上是可区分的，但在我们的实际生活经验中，这两者紧密交织；我们在了解其中一个概念时，很难不参照另一个概念。的确，正如 Jackson 和 Scott（1996：3）指出的："这两者之间的关系让性欲特质成为女性主义的重要议题。"此外，女性主义者也认为，性欲特质镶嵌在权力关系中，而这些权力关系又（至少一部分）受到社会性别及其他身份面向的塑造：如社会阶级、种族及族群、全球权力关系、年龄、失能等。就如 Jackson 和 Scott 所说的："因此，我们每个人都是在不同的社会位置中实践我们的性欲特质。"（Jackson and Scott，1996：3）女性主义者也对所谓的性欲特质的科学研究大加批判。他/她们认为，这些研究对女性的定义相互矛盾，因为它们认为女性缺乏性欲的同时又表示她们性欲饱满（Poovey，1989）。

激进的女性主义者强调，一般来说，虐待、骚扰及强奸女人的是男人。购买使用色情品的是男人、购买商业性行为的是男人、成为性犯罪者及性杀手的也是男人。对于激进女性主义者而言，男人主要通过控制女人的身体与性欲特质来维系她们的从属地位。Catharine MacKinnon（1982）提出的论点最能解释性欲特质如何让女性持续受到压迫。她认为，就像劳动剥削是阶级关系的重点一样，性剥削也是她所谓的"性阶级体系"（sex class system）的根本。MacKinnon（1987）进一步指出，色情作品是男性主宰女性的基础。因为它用"非人化"的方式来描述妇女，让她们成为奉承男人的玩物。这塑造了男人（作为一个群体）如何看待女人（作为一个群体），以及女人如何看待自我及看待彼此。另一个相关的指控是，色情作品同时也宣传并煽动性暴力。激进女性主义者认为，色情作品就像其他形式的男性性欲特质一样，在贬低及虐待妇女。男人控制女人的权力被色情化，并且成为一种宣扬对妇女施暴的意识形态。正如 Rebecca Huntley 指出的：

> 激进女性主义者特别憎恶……那些聚焦身体缺陷的恋物癖的色情作品，例如，被截肢者及失能者的身体。激进女性主义者抨击它们是最差劲的色情作品，这可能是因为以"非典型"的身体为特征的色情作品向来强调一个事实：色情就是将"独一无二的身体"（the body）作为性客体。同样的，刊载怀孕妇女的色情作品也被大肆批评。
>
> （Huntley，2000：352）

更多的自由主义女性主义者则认为，社会上任何一种审查形式都被社会厌恶，并且最终都对妇女的权益不利。而且，审查制度也限制了女性主义及女同性恋情色作品（erotica）的传播渠道。其他的女性主义者则主张，从广义上来说由于人们对性议题的热衷，色情作品引起的争论已抢走其他重要的女性主义议题应受到的关注。

因此，不难理解为何性欲特质会成为女性主义理论与政治的重点。正如 Jackson 和 Scott 指出的：

> 从历史上看，人们花费极大的心力来控制女性的性欲特质（从贞洁带的发明到财产法的制定），并通过一夫一妻制的异性恋婚姻关系让她们从属于某个男人。道德的双重标准赋予男性各种性自由，却拒绝给予女人相同的自由。妇女也因而被划分成两类：体面可敬的圣母及声名狼藉的荡妇。女性的性欲特质被控制及管理，男性则不然：遭受污名化及处罚的是卖淫的妇女，而不是嫖娼的男人。女人在异性恋性活动中向来承受较大的风险，因为它会让妇女失去"名声"（repu-

tation），意外怀孕，或者染上可能导致无法生育的疾病。妇女也较容易遭受男性的性暴力及胁迫；然而，却常要同时为她们自己以及攻击者的行为负责。

（Jackson and Scott，1996：3）

所有这些都招致了女性主义者的批判。他们批评，自 20 世纪 70 年代起，世界小姐之类的选美竞赛、色情作品就将女性的性欲特质客体化，将从事卖淫行业的女性商品化并且使女性屈从于性暴力。女性主义者的确试图凸显女性的性客体化及她们易受性暴力两者之间的关系——有些人认为两者有直接的关系（色情作品是理论，强奸是实践），有些人则觉得"色情作品有助于文化建构出特定形式的男性特质与性欲望，它们让强奸成为可能，并让男性付诸实践"（Jackson and Scott，1996：23）。这类批判大都从根本上来批判异性恋的性实践，并最终将矛头指向强制异性恋体制本身。

Sheilla Jeffreys（1990）等女性主义者强调，女性被强制异性恋体制收编，是一种父权制度力量的展现。而"发生性行为"这句话背后所蕴含的社会假设也多半带有父权制度和强制异性恋体制的意涵。Jeffreys 对"性革命是争取妇女性解放的里程碑"这个预设进行了批判，并强调从很多方面来看，所谓的性解放实际上和女性主义格格不入。它不仅未给妇女带来更多的性自由，反倒将女性所遭受的压迫色情化。Jeffreys 还认为，性学家"就像位高权重的神父，架构起人们对男性权力的崇拜"（Jeffreys，1990：1），并加固了强制异性恋体制的地位。

Adrienne Rich（1980）在思考强制异性恋体制与女同性恋的存在问题时，同样将焦点放在"强制异性恋"的制度化上，认为它不管是天生的还是社会选择的，都是被强加在妇女身上的。社会学者随即利用这个概念来描述异性恋及恐同症如何在法律、教育、宗教及语言等领域中被制度化。世界上有超过 70 个国家认为同性恋行为是非法的，[①] 其中的一些国家（例如，伊朗、阿富汗、沙特阿拉伯等国）对男性同性性交者处以死刑（Am-

---

① 截至本书第三版出版时间（2005 年）。——译者注

nesty International，2001）。

女性主义者认为异性恋是一种体制，男性借此占用妇女的身体及她们的劳动。有些人，尤其是 20 世纪 70 年代的"政治上的女同性恋者"（political lesbians）指出，女人对男人怀抱的浪漫情感只会导致她们被剥削。对许多女性主义者来说，他/她们对异性恋的批判意谓着："女同性恋主义已开始成为一种可行的选择、同时也是一种抵抗父权统治的形式"（Jackson and Scott，1996：12）。Jackson 和 Scott（1996）还指出，激进的"分离主义"（separatist）女性主义者及其他女性主义者之间剑拔弩张，让女性主义政治在 20 世纪 70 年代末濒临分裂，并且在一定程度上，"让原本团结的女性运动越来越难以持续下去"（Jackson and Scott，1996：14）。的确，和异性恋及女同性恋主义相关的辩论已成为女性主义理论与政治处于紧张关系的主要原因。Jackson 和 Scott 认为，其中的一些辩论已经成为分裂女性运动的主要破坏性力量；另一些辩论则促使女性主义者将妇女多元的性经验及态度进行理论化，使其具有更充分的解释力。

第五节　女性的性经验及态度

Marie Stopes 在《婚姻之爱》中强调，必须在妇女初尝性爱的时候就唤醒她们的情欲，必须要让男女双方都得到满意的性高潮。Lesley Hall（2000）在分析二十世纪妇女的性态度时提到，Stopes 实际上已经成为以妇女为中心的新型的性建议的一面旗帜。但是，Stopes 并不是在该领域笔耕的唯一女性。Isabel Hutton 这位女医生也在她 1923 年出版的《婚姻卫生学》（*The Hygiene of Marriage*）中强调了妇女性高潮的重要性。她认为有必要唤起女性情欲、让她们可以享受性爱（引述自 Hall，2000）。另一位女医生 Helena Wright 在 1930 年出版了一本名为《婚姻中的性元素》（*The Sex Factor in Marriage*）的女性性爱简明指南，并于 1947 年出版了续本《更多和婚姻中的性元素有关的事》（*More About the Sex Factor in Marriage*）。她也高度重视妇女享受性快感、得到性满足的权利。Wright 坚称，对许多妇女来说，阴茎—阴道这种性行为模式无法让她们得到完全的满足，因此极力提倡妇女要更熟悉她们的生殖器官，找出刺激自己感观的方法。在第二本书中，Wright（1947）描述仍有许多妇女不知道如何从婚姻的性关系中获得满足。她提到，当她向一位女病人询问是否因为性生活而不满时，那位女病人反问她："医生，为什么这么问？性爱有什么乐趣呢？"其他探讨妇女及性欲特质的作家也都提到同样的女性性态度。例如，Slater 和 Woodside（1951：5）发现，丈夫在性欲特质方面受到的评价与他们的表现相反——"他很好，他不会一直烦我"。对接受 Slater 和 Woodside 访谈的妇女来说，性成为一种义务，需要靠忍耐才能承受，他们也不期待能从中得到任何特别的满足。

后来的相关著作，如 Chesser 在 1956 年出版的《英国女性的性、婚姻与家庭关系》（*The Sexual*, *Marital and Family Relationships of the English Woman*）一书中提到，当妇女真正体验到性快感时，她们发现那种感觉难以用语言来形容。他写道，"许多妇女难以描述她们对性的感觉、无法定义她们的性快感，并且对要如何界定她们的性体验深感困惑"（Chesser，1956：421，引述自 Hall，2000：4）。他也发现，许多妇女羞于承认她们没有达到性高潮。显然，人们日渐重视夫妻双方是否在婚姻中得到性满足，这本身也带来各种问题与压力。事实上，就是这样的现象促发 Wright 扩展她之前的研究。她承认，虽然许多提供妇女性建议的指导书籍在一定程度上提高了性满足，但必须承认的是，人们焦虑的仍是性的表现，而非知识上的愚昧。因此，"由于缺乏与性、婚姻的直接信息，再加上浪漫小说、电影以及流行音乐的误导"，许多女性在发现婚姻中的性体验与理想相差甚远时，感到痛苦不堪（引述自 Hall，2000：6）。

Shere Hite 于 1976 年提出的首份报告在很多方面都证实了先前这些作家们的洞见。实际上，她也引述了 Helena Wright 那本认为妇女需要熟悉自己的身体与性潜力的著作（Hite，1976）。Hite 在第二份研究报告中强调，一般人仍认为插入的性交模式才算"真正的"（real）的性行为，而且，妇女自身对性的感觉与她在异性恋关系中拥有的性快感经验出现了鸿沟。她还指出，媒体关于妇女性存在（sexual being）的形象也大多由男人的性幻想来定义。

女性主义研究者也开始思考 Hite 在她第二份研究报告中探讨的议题，并特别关注年轻妇女和性健康的倡导。例如，Sue Lees 在 1997 年出现的《统治欲望》（*Ruling Passioms*）中就指出，"名声"仍然影响着妇女的性经验。不管在日常生活中（例如学校）还是在法院抑或是福利或执法机构中，人们仍然会在很大程度上以此评判妇女。最近一份探讨青春期女孩的研究发现，她们非常害怕会被（男孩及其他女孩）贴上"荡妇"（slag）或"婊子"（slut）等标签，这有效地促使她们遏抑及控制自己的性表现及性行为（对 Lees 在 1986 年、1993 年等较早期研究的讨论，可参见第五章）。Lees 发现，在性教育中，女孩不会以一个欲望主体或性接触的发起者身份出现，她们常常成为性的受害者，必须保护自己免受染病、怀孕及"被利用"（used）的威胁。

相同的结论也出现在《浮现在脑海中的男人：青少年、异性恋及权力》（*The Male in the Head*：*Young People*，*Heterosexuality and Power*）。这本书是"妇女、风险及辅助项目"的研究者根据对伦敦与曼彻斯特的年轻妇女的访谈内容写成的（Holland et al.，1998）。Holland 及她的同事在这本书中认为，年轻妇女一直未能拥有性的能动性。参与研究的年轻男女都认为女性主动的性需求几乎是不可接受的。他们发现，即使那些对自己的性欲拥有清醒意识的年轻妇女也处在较大的压力之下，不得不控制自己的性欲并专注于发展稳定的异性恋关系。借用福柯（1979）将性欲特质视为话语的结果进行的分析，他们在解释中强调：

> 采用不同的语言来描述性与爱是异性恋体制内社会性别构成的关键机制。年轻人对所使用的语言的选择以及他们采取的话语受到了既有的权力关系的塑造和约束，并且拥有强大影响力的。尽管年轻人作为个体，可能意识到这些过程并对其进行反抗，但是，他们也共同参与了对这些分歧的再生产。

> （Holland et al.，1998：89）

例如，他们特别注意到"年轻男人在男性同龄团体中谈论他们的经验时，战斗与征服这类的暗喻是非常重要的"（Holland et al.，1998：87）；而年轻妇女在讨论性接触时使用的语言则强调关系与浪漫。Jackson 和 Cram (2003) 在新西兰开展的类似研究强调，尽管年轻妇女对性关系和性经验的讨论试图以各种方式打破这样的双重标准，这些说到底只是个人的抵抗行为，而非集体抵抗行为；因此双重标准仍然相对稳定。他们认为，尽管在过去的几十年间，社会领域发生了重大的变化，年轻妇女对于异性恋性行为的协商仍然受到了性欲双重标准的主导，即男人积极渴求的性欲特质得到了肯定，而女人的性欲特质则被贴上负面的标签，受到了诋毁与管制。

因此，关于妇女性经验及性态度的研究指明，在 Marie Stopes《婚姻之爱》出版之后发生了一些明显的变化。在大多数族群中，人们不再假定妇女在结婚时还是处女，也不再认为她们未来的丈夫是她们唯一的性伴侣。许多妇女在同性恋或异性恋关系中同居而没有结婚，或是干脆保持单身。尽管性病和性暴力、卖淫与色情仍然是重要的议题，生育控制及堕胎与以往相比变得更加普及和可靠。性方面的名声以及害怕失去名声的恐惧，仍然有力地约束着社会关系，这种情况在司法和福利制度中也可以见到。在 Gail Hawkes (1995) 对英国的年轻妇女与"计划生育"的讨论中也强调了后面这个主题。她指出，计划生育实践中的监管内容，专门且直接针对"那些被认为生活方式'不负责任'（irresponsible）的年轻妇女，因此，这些年轻妇女被认为是不合格的计划生育者"。

第六节　性欲特质与权力关系

正如 Therborn (2004：1) 所指出的，性与权力是密切相关的——"性可以借诱惑带来权力。权力也是获得性的基础，无论是通过暴力或是通过金钱来购买"。

一　性欲特质与压迫

许多女性主义者已经发展出批判的观点来分析性暴力、色情书刊及卖淫等议题，并强调，女性的性被挪用成为一种社会控制的机制。这类的研究大部分都在处理一个重要的主题，即：异性恋权力关系与性暴力之间的关系。Liz Kelly（1988）等女性主义者主张，理解性暴力最好的方式是把它当作一段连贯性的东西：一端是妇女日常生活中面对的无数性别歧视，另一端是妇女与女孩被男性谋杀的事件。她以"压迫的性"（pressurized sex）来形容女人在男人要求之下与他们发生性关系，即使有时她们并不情愿。Jackson 和 Scott（1996：17 - 18）指出，"在主流的文化话语中，男人扮演的是积极的性活动发起者，女人则是被动接受男人殷勤的角色。人们认为男人的性冲动无法控制，而女人则非常矛盾地既要获得满足，又要约束自己"。

性暴力是女性主义者的主要关注点，也是女性主义政治行动的重要领域。性暴力似乎是一个可以团结所有女性主义者的议题，无论她们的性倾向、社会阶级、种族、年龄如何，也无论她们残障与否，所有的妇女都可能遭受暴力。各种形式的压迫相互交错，意味着不同妇女的实际暴力经历和潜在暴力威胁都存在着千差万别。例如，Jackson 和 Scott 在思考种族及性暴力之间的关系时指出：

> 性暴力对黑人妇女的意义非常特别，因为妇女遭受例行的性剥削、压迫及虐待在很大程度上就是奴役与殖民史的一部分。这使得黑人妇女遭受的性暴力与种族歧视密不可分：被奴役、被殖民的妇女遭受了特定种族化的父权压迫及性压迫。这种情况变得更为复杂，因为殖民及奴役政权下的黑人的男子气质被构建成为一种对白人妇女的威胁。

> （Jackson and Scott, 1996：18）

Bell Hooks（1982）指出，白人女性主义者时常仅将女奴被强奸的现象视为历史上发生的性暴力，因此没有意识到黑人妇女遭受的虐待仍然被置于遗留下来的殖民论述及权力关系的框架中。例如，白人妇女被黑人男性强奸的恐惧被夸大、黑人男性与女性的形象被过度性欲化，以及一些关于跨族群性关系的种族歧视及性别歧视的意识形态，都可以作为证明。她还指出，所有这些都造成黑人女性气质（womanhood）被不断地贬低及性化。

　　女性主义者强调我们应该从权力关系而非性关系的视角来理解强奸，认为性暴力是男性权力的施展。妇女经常遭受男性性暴力导致一些女性主义者开始强调大众与媒体文化如何将女性遭受的压迫色情化。他/她们认为，强奸及性暴力是更广义文化现象的极端体现。

　　从这个层面来看，色情作品成为女性主义者另一个关切的议题，人们对其持有的各种观点也让问题更加复杂。有些女性主义者认为色情作品与妇女遭受的压迫息息相关，因此发起运动抵制；其他女性主义者则强烈反对与任何审查形式及道德保守主义结盟的女性主义。然而，也有一些女性主义者希望可以继续出版专属女性主义者的色情作品，因为它们具有瓦解既有规范的政治潜能（Mcintosh，1992）。其他女性主义者则强调色情作品的物质方面，强调色情作品并不仅仅是一种再现，因为它雇用了真实的妇女来担当模特及主角，而且包括了许多相关的职业，例如从事脱衣舞、舞蹈及担任女招待等。从后者这个我们所有作者都同意的观点来看，对卖淫及色情作品最恰当的理解方式是将它们当作"性产业"（sex industry）的一部分，并利用性交易或"性工作"（sex work）等相关概念来进行解释。这个观点强调，性交易不应该仅仅包括卖淫，还应该包括色情作品的制作与消费、目前研究较少的其他行业（例如，电话性爱、"应召女郎"或伴游服务），以及俱乐部的钢管女郎（Weitzer，2000）。尤其是随着电话客服中心及因特网等通信科技的发展，这些原本属于外围的性工作变得日渐普及。这说明 Karen Shape（1998）描述的"卖淫问题"（即如何管控卖淫的问题）仍是个永久性的议题。有些女性主义者强调，只有进行根本性的社会重组，才能解决对性交易的需求问题；其他女性主义者的态度则偏向改良主义，认为卖淫不应该被视为犯罪。其中最常见的策略就主张卖淫应该在国家登记备案的妓院中进行。然而，正如 Sharpe（1998：160）所指出的，激进女性主义者尤其认为，这个策略只是"代表国家批准了人们将妇女的身体当作商品来使用"。其他女性主义者则指出，卖淫的合法化可能会为男人创造出"完全不受控制的性自由"（sexual free for all）（Wilson，1983：24）。

　　反卖淫的女性主义活动家和 Kathlee Barry（1995）等女性主义者指出，

自 20 世纪 60 年代以来，世界上许多地方的卖淫都经历了产业化过程。随着卖淫变得日渐合法化和标准化，在西方社会卖淫的女人、男人与儿童在这一过程中逐渐受到大企业的控制。国际劳工组织在《性行业》（*The Sex Sector*）这份探讨东南亚卖淫的报告中指出，卖淫对东南亚国家的经济非常重要，因此才会出现要认可卖淫并使其合法化的强烈主张：

> 卖淫的规模大到我们可以合理地说，性交易部门已成为这些国家经济、社会与政治生活的一部分。性产业已经具有产业的各种特性，并且常常直接或间接地对就业、国家收入及经济成长做出较大的贡献。

> （Lim，1998：vi）

卖淫是"被迫"还是一种"自由"——这个问题背后的概念是认为成年妇女可以依照个体的自由意志来"选择"（choose）或"同意"（consent）卖淫。不同的女性主义团体不管是理论者还是行动者对此有不同的立场，这也是区别他们最根本的方式。Graham Scambler 和 Annette Scambler（1997）的《反思卖淫》（*Rethinking Prostitution*）是一本由学者、行动者及"英国性工作者联盟"（English Collective of Prostitutes）① 的成员共同撰写的文集，旨在倡导人们将卖淫当作一种性工作来理解并思考。这本书的编著者们并不宣称"所有性工作中的雇佣关系都是在自由及被充分告知的基础上做出的选择。"他们认为，所有从女性主义角度对卖淫行为的分析，其出发点都应该"归因于可敬的能动性"（Scambler and Scambler，1997：xv）。

然而，Sheila Jeffreys（1997，1998）等反卖淫的活动家对"选择"这个概念持批判态度。他们认为，经济胁迫及其他环境约束（例如，社会性别意识形态）都对妇女的生活产生影响，并让任何和自由选择相关的概念显得一派胡言。Jeffreys 等女性主义者主张，"女性并不是自由的能动者。她们并非基于卖淫带来的好处而在众多的职业中理性地选择了这一个"

---

① 成立于1975年，是一个由性工作者组成的自助组织，致力于开展卖淫合法化以保障性工作者的权利和安全，并为有意愿脱离性工作的人提供支持资源。——译者注

（Jeffreys，1998：69）。Carole Pateman（1988）称既定的性别不平等模式表现为"性契约"（sexual contract），这实际上塑造了妇女的选择，并限制了妇女在这方面行使能动性的能力。因此，反卖淫的女性主义者反对卖淫是自由选择的概念。他/她们强调，妇女构成了一个受压迫的性阶级。从历史上看，她们被当作性与生殖的奴仆在男人之间交易，即是她们受男人支配的一大明证（Dworkin，1981）。Sheila Jeffreys（1998：69）在著作中指出："只有那些心怀叵测故意忽略男人与女人物质权力差异的人、那些信奉泛滥的个人主义的人，才会使用'选择'（choice）这个论点。"

对 Jeffreys（1998：70）而言，"男人的嫖娼行为才是问题"。有观点认为男人嫖娼是出于生理需求。他们无法控制自己不可避免的性欲，因此需要借助"无害的"（harmless）渠道来发泄。这种想法更是大有问题。这种意识形态反映出地上述性欲特质的"生物本质"（biological essences）模式，是 Jeffreys 等女性主义者大加批判的：

> 事实上，男性的嫖娼行为并非"天生的"（natural），而是认为凌虐妇女与儿童有益男性健康、妇女乐在其中且这是男人的权力这些想法产生的结果。嫖娼的合理化，即男人可以花钱购买其他弱势者的身体来忍受他们将阳具插入。这不是合理且与生俱来的权利，而是后天习得的。

> （Jeffreys，1998：70）

Jeffreys 认为，因为西方社会认同卖淫，所以卖淫观光业才会兴起。她指出：

> 西方与东方都有大量的文化教导男孩与男人可以不顾妇女与儿童的愉悦与人格而与其发生性行为，并宣称这是男性与生俱来的权利。这导致了性观光者及嫖娼者的出现。

> （Jeffreys，1998：70）

Julia O'Connell Davidson（1998）也关注了拉丁美洲、加勒比海地区、

印度、泰国及南非等地的性观光产业。她指出，性观光客（sex tourist）有三种类型：

1. "**沉迷于色情的大男子**"（Macho lads in pornutopia）他们被社会化后开始相信，以权力制伏其他男人与女人的身体才能展现"真正的"男性特质。"一部分原因是嫖娼很便宜，另外也可能因为社会上提供大批商品化的性服务，还有部分原因是他们的种族歧视让他们把'他者'（others）妇女及儿童的意义降格，等同于性。"

2. "**憎恨女性者**"（Women-haters）他们被社会化后开始相信，男人需要插入女人的身体是与生俱来的生物需求，所以"有些男人会把自己想象成生理冲动的受害者，而不得不发生性行为"（Davidson，1998：26）。因此，这些男性认为妇女控制了对男性身体与心理健康至关重要的资源（即她们的身体）。种族歧视再次在这些无法控制自己的男人身上扮演了重要的角色。

3. "**情境式的嫖娼者**"（Situational prostitute users）他们在自己的国家中并不嫖娼却成为性观光客，"部分原因是因为他们认为，在非正式的卖淫部门嫖娼并不算嫖娼"。另外，一部分也是因为他们接受了高度性欲化的种族歧视（Davidson，1998：29）。

至关重要的是，性观光产业也常利用掺杂了种族歧视的性别意识形态来呈现广告，使其具有"异国风情"（exotic）及"色情意味"（erotic）。

反色情运动的活动家大多主要关注涉及性产业的各个方面如何贬低及剥削女性。其他女性主义者则对只将女性视为商业性行为的受害者持审慎态度，他/她们更关心的是承认并改善性工作者的工作环境（Alexander，1988）。鉴于性工作在不同的社会、经济和地理背景下呈现各种不同的形式，并且在各种媒体上呈现的形式也不同，这些显然是复杂至极的问题。例如，网络上的性直播节目越来越流行，这使得传统上对色情和卖淫的区分出现了问题（这是女性主义者向来批判的）。考虑到这些复杂性，Jackson 和 Scott（1996：24）认为，"女性主义视角应该同时涵盖塑造了女性在性产业中所处地位的经济关系，以及使这种特殊形式的剥削成为可能的父权关系"。当然，卖淫业的经济状况不仅受到当地劳动力市场的影响，还受到全球劳动力分工和后殖民时代权力关系的影响。因此，后殖民时期的女性被性观光业构建为充满异域风情、温顺又殷勤的样子。也有研究表明，在受雇于当地性产业的妇女中，贫穷是促使妇女从事性工作的一个主要因素。

反色情的女性主义活动家 Andrea Dworkin（1981）也注意到色情及卖淫在语源学上的关联。她提醒我们，"色情品"（pornography）代表了"一种将妇女当作肮脏妓女的图解"，她们存在的唯一目的是要满足男人的性需求。她认为，男人只有在父权制度主宰的环境下才会想象出妓女这个角色，妇女在其中沦为性客体的地位。

当然，不管是卖淫还是色情，它们都为妇女提供了工作，并引发了人们思考妇女在劳动力市场中的相关位置、以及这群特殊的妇女所工作的环境等普遍问题。女性被迫投身性产业，与她们缺乏经济机会、贫穷和社会排斥的脆弱性有直接关系。对女性主义者来说，存在的一大问题是反对色情和卖淫的女性主义活动家经常被认为是属于道德右派，与那些捍卫传统道德权利，特别是那些父权制家庭和认为妇女是性被动的捍卫者同流合污。例如，Judith Walkowitz（1980）揭示，女性主义运动家们经常发现自己的主张被道德保守主义者所劫持，这些人主张"保护"妇女，而不是促进妇女的性权利。相反，女性主义者对商业性性交易的批评则主要关注妇女身体的性物化，以及受雇于性产业的妇女的工作环境。

虽然卖淫是一种经济交换，但女性主义者指出，它和其他的雇佣关系截然不同。虽然在世界上许多国家，性产业很繁荣，它并没有成为劳动力市场中的"主流"（mainstream）部门。而且一般来说，只有当卖淫这个问题与社会控制及公共卫生相关时，政府或其他基金机构才会对它感兴趣。对于社会学来说，在研究卖淫时，没有把它当作一种经济交换形式，而是把它视为一种会给公共卫生带来风险的问题。因此，相关的实证研究主要关注街头性工作（最常见，也似乎是最无法控制的一种性交易）。所以，现有的研究卖淫问题的实证证据往往只反映出人们对卖淫者个体的特性及实践的关注（例如，她们的健康、心理、性历史、犯罪行为以及毒品的使用等），而相对忽视了卖淫的社会及组织方面、整个性产业中的权力关系、顾客与卖淫者之间的权力关系，对卖淫需求的问题也视而不见。正如 Julia O'Connell Davidson（1997：777）指出的，"对那些在理论、政治或政策领域中对卖淫问题争论不休的人来说，这才真的是个问题"。然而，近年来女性主义研究已开始探讨这个问题并进行一些民族志研究，关注各种形式的卖淫及卖淫者本身的工作经验。

这项研究指出，妓女往往在危险和屈辱的环境下工作，甚少或完全没有得到国家、雇主或医疗专业人士的保护。举例来说，McKeganey 和 Barnard（1996：70）进行了历时三年的对街头卖淫现象的研究，其基于对妓女及嫖客的访谈，以及在一个红灯区的观察性研究。尽管许多学者批评该研究未将卖淫与艾滋病毒/艾滋病、毒品使用和公共卫生等议题间的关系问题化，但该研究的确记录下了卖淫妇女在与嫖客谈判时所面临的风险，以及她们易遭受暴力伤害的情况。正如其中一位受访者所说，"在这一行中，如果你不懂得斗智斗勇，你就完蛋了"。Whittaker 和 Hart（1996）也进行了一项研究，强调了在公寓内卖淫的性工作者如何采用各种保护性策略，例如与女佣共同工作，以保护自己免受客户的暴力威胁。

一些研究表明，妓女之间存在着紧密的互相支持。例如，Downe（1999）的研究就指出了哥斯达黎加的性工作者如何将幽默作为一种抵抗方式来重新塑造自身的创伤经验，化解她们遭受的痛苦、羞辱以及对暴力的恐惧。Sanders（2004）在她对英国卖淫者的研究中也提到类似的职业戏谑文化。在 Sanders 的研究中，关于妓女的论述和身份最重要的是，她们把自己视为职业性工作者：

> 她们沿用了"快乐的妓女"（happy hooker）这一刻板印象以及"娼妓"（the prostitute）的美学特征，遵照文化对女性气质的规范行事，并以此作为吸引并维持顾客人数的策略。让身体外貌、服装、化妆、发型风格及各种可见的个人特质符合男性的期望，也通常是她们的策略之一。有少数受访者认为，为了更好地扮演性提供者的角色，她们也会考虑整容及隆胸手术等投入。

> （Sanders，2004：282）

Sanders 尤其强调在性产业中工作的妇女之间互相团结的重要性：

> 黛比与露易丝两个人都工作了近 20 年，大多数时间是在一起的。
> 在我前往她们工作场所进行的 12 次拜访当中，她们常常在嬉笑、打趣
> 及闲逛。她们对此的解释是，这些行为是必须的，但并不代表她们乐
> 于从事性工作。露易丝说过："如果我们不开怀大笑，我们就忍不住
> 要哭了"。她们坚信，她们彼此之间的友谊、团结及共同面对的力量
> 是她们得以从卖淫生涯中生存下来的唯一原因。黛比提到，"我们在
> 很久之前就学会了笑着面对，这让一切都变得不那么真实，也让我们
> 不再痛恨我们为什么必须来这里"。

（Sanders，2004：284）

从更全球化的层面来看，女性主义团体也强调，妇女与儿童较容易被
拐卖从事非法性交易，在中欧与东欧等国家则更为常见（Therborn，2004）。
然而，拐卖不仅非法，还时常与有组织的暴力及贿赂网络相关，这也意味
着这方面的研究证据仍非常有限（如果不是完全不能获得的话）。据联合
国估计，人口贩卖是一个价值数亿元的全球性产业，并受到高度组织化的
（以男人为主的）犯罪集团操控。而且，世界上许多发展中及转型中的国
家，也常因为经济拮据、移民障碍、军事冲突等问题而导致人口贩卖情况
大幅增加。① 虽然，人口贩卖方式日新月异，但方向大致相同，即将妇女
及儿童从较贫困国家贩卖到较富裕的国家。Doezema（2002）在批评《联
合国防止人口贩卖议定书》（UN Trafficking Protocol）时指出，目前出现的
"自愿"（consent）概念反映出这份议定书的矛盾之处，而且不足以让人们
将其作为政治策略的基础来保护性工作者及移民的权利，因为它的主要观
点认为妇女在性方面"比男人更有道德，同时也更加危险"。另外，它也
未考虑到妇女在提供"自愿"（consent）服务时处于何种物质环境中。

性拐卖及性观光产业也已成为东南亚妇女及女孩必须面对的一个特别
问题。例如，Macionis 和 Plummer（2002：297）的报告指出，曼谷已成为

---

① 资料来源：www.unece.org。

世界的性观光首府，在大约 80 万的妓女中有将近一半的人不满 18 岁。她们还指出，在一些案例中，父母将女婴卖至性行业中，这些女婴会被中介抚养，直到她们有能力从事卖淫工作、在色情酒吧中拉客或在现场色情秀中表演。中介会向她们提供衣服及住宿，但是那些东西的价格远远超过她们赚到的钱，所以这些妇女实际上成了性奴隶（就像传统的艺伎是债务奴隶一样）。Macionis 和 Plummer 利用 Dempadoo 和 Doesema（1998）以及 O'Connell Davidson（1998）的研究来推断 20 世纪末期从事相关产业的妇女及女孩人数有急剧增加的态势：他们认为，大约有 8% 的泰国女性人口从事性产业，其中估计约有 40% 的人为 HIV 阳性。除此之外，在许多东南亚国家（尤其在泰国）的中上层阶级中，"纳妾"仍然是一个非常盛行的社会现象。

然而，大部分的西方学者在研究东南亚卖淫问题时，时常只是在复制早期与卖淫定义相关的问题。正如泰国妇女基金会（The Foundation for Women in Bangkok）的 Siriporn Skrobanek 指出的：

> 泰国的妇女被视为"她者的妇女"（the other woman），她们的地位被认为要比西方妇女低……但是，既然性交易是由外国观光客与泰国妇女双方共同建立的，为什么只有其中一方（即泰国妇女及她们所处的社会）成为研究的对象，另一方（性观光客）却未被详加审视呢？
>
> （引述自 Seabrook，1996：vii）

二　性欲特质、快感及抵抗

女性主义者也强调，就像人们会利用性欲特质来压迫及剥削妇女一样，它也可以成为一种挑战及抵抗性别压迫的文化资源。举例来说，Holland 等人（1994：34）就认为，性欲特质可以建构出一个私密且具有社会性的空间。在这样的空间中，男人的权利可能会被颠覆或抵抗，而"如果妇女可以认识并占领这个空间，那么她们就可与男人交换彼此之间的关系，反转性别阶层，并因此可能撼动社会"。这类的观点强调性欲特质的权力，而非作用于性欲特质之上的权力。就这个方面而言，性欲特质被视为是一处可以抵抗霸权的场所，人们可以在此竞逐性别关系。它同时也是一个享乐的场所，正如女性主义者 Anne Koedt（1972）用激进女性主义观点在她那颇具影响力的讨论中所强调的，妇女应该拥有在性欲特质中获得快感的权利。Amber Hollibaugh（1989）也同样主张，女性主义者应该像关注性威胁一样来关注妇女的性快感。这意味着我们必须发展出能够表达性快感的女性主义话语，承认性关系中的权力可以同时成为性快感以及抵抗性别压迫的来源。

研究者也强调我们可以利用一些方式来挑战及抵抗赋权制度的压迫及异性恋霸权。在这里我们将提出三个范例：

1. **妇女滥交**（Female promiscuity）可以用来挑战社会上认为妇女是被动的主流概念，也可以用来抵抗父权制对妇女的性控制。

2. **坎普**（Camp）可用来抵抗、嘲讽掌握霸权的男性特质以及朱迪斯·巴特勒（Judith Butler，1990）所描述的"异性恋模型"（heterosexual matrix），这个概念模型认为"正常的"（normal）男人是阳刚的，且在性关系上是主动的；而"正常的"妇女则是阴柔的，在性关系中扮演顺从的角色。"异性恋模型"这个概念也让生理性别、社会性别及性欲特质三者之间特别的架构关系被认为是与生俱来的。坎普也能用来抵抗、颠覆性别秩序。

3. 所谓**同志村**（gay village）**的兴起**，同志村是都市地区中一个独特的社会（及商业）空间，具有挑战男、女同性恋者被边缘化及被排斥的处境，以及社会主流的"强迫异性恋体制"（compulsory heterosexuality）的潜力（Rich，1980）。

（一）妇女滥交

女性主义者时常引用女性滥交这个有趣的例子来说明如何挑战性别关系霸权。如上所述，因为社会上具有双重性别标准，而这些标准被性欲特质具有生物本质的这类"科学"（scientific）观点所强化，所以人们传统上都认为妇女在性关系中的被动是与生俱来的，而男人则天生主动。女性滥交，即参与多重且频繁的性关系，经常（尤其在医疗及道德论述中）被认为是年轻妇女的一种精神失常。人们也经常引述年轻妇女的滥交情形来反对普及的学校性教育。社会工作及保护性的社会福利的话语中则常常将她们描述为深陷道德危机或"失控"（out of control）的人。医疗工作者也经常认为女性滥交会传播疱疹、子宫颈癌及 HIV 病毒（虽然可能性较小）。

因此，有些女性主义者主张，我们应该将滥交当作一种解放策略，借此反抗"正常的"女性气质所带来的局限及规定。例如，Naomi Wolf（1997）在她的《滥交》（*Promiscuities*）一书中主张，"滥交并不意味着羞耻与脆弱，它可以成为快感及力量的源泉"。然而，其他女性主义者则认为，这是一个具有种族中心主义的狭隘观点，它并未考虑黑人及亚洲妇女的经验，因她们经常在殖民意识形态及权力关系下被同时性化、种族化及性别化（Hooks，1992）。其他的女性主义者则更进一步指出，将妇女塑造成性相关（primarily sexual）的文化重现，只是巩固而非颠覆了既有父权制将妇女视为性客体的概念。这个概念经常被用来合理化妇女所遭受的性暴力及性骚扰。也有女性主义者认为，就如在广告或流行音乐视频中呈现的那样，将妇女视为性客体的文化只是在维系父权制社会中人们对男人及女人的性欲特质的刻板印象。

（二）坎普①

在任何一种文化中，性关系都会被各种正式与非正式的社会规范所限制，它们决定了什么样的人之间才能拥有性关系，以及这些关系应该如何进行。正如 Jeff Weeks（1986）所指出的，在大部分的西方文化中，同性恋都"承载了沉重的禁忌遗产"。但并非每一种文化都如此，也不是所有历史阶段都相同。例如，在古希腊时期，两个男人之间的爱情被认为是比一男一女之间的爱情还要"高级的"（higher）一种亲密形式。然而，正如我们在前文所叙述的，在许多当代社会（例如许多非洲国家）中，同性恋不仅被污名化，还被视为一种违法行为。许多国家并没有设立关于女同性恋的法律条款，但是在一些国家（例如巴基斯坦），它是非法的。有些国

---

① "坎普"为单词"Camp"的音译，引申自一条法国俚语"Se Camper"，即"以夸张的方式展现"。《牛津英语词典》对该词汇的解释为"豪华铺张的、夸张的、装模作样的、戏剧化的"。坎普常常与先锋艺术、摇滚乐、刻奇服饰等元素联系在一起，也与酷儿等亚文化议题始终伴生。——译者注

家，一直到最近才开始正式承认男同性恋与女同性恋的存在。然而，大部分欧洲社会的法律都比较宽容。英国最近立法规定了同性恋与异性恋具有相同的性同意的合法年龄，并引进对同性恋的法律保护，使他/她们不因自己的性倾向而受到歧视。但仍有许多同性恋者因为害怕招致敌意而隐藏他/她们的性欲特质，这种情形在工作场所中特别常见（Hall，1989；Adkins，2000）。朱迪斯·巴特勒（1990）等女性主义者认为，破除恐同症及异性恋特权的方式之一就是以讽刺的方式去模仿这些情况。例如，以"坎普"（camp）的性别表演来创造出她所谓的"性别麻烦"（gender trouble）。

苏珊·桑塔格在她的《坎普札记》（Notes on Camp）一文中指出，"坎普的本质在于它对反常的爱好：在于它的巧妙与夸张"。桑塔格强调，在众多用"坎普"来定义的通常与男同性恋的男性特质文化有关的主题中，坎普"尤其代表了一种可以将严肃转化成戏谑的感觉"（1984：276）。因此，坎普是愉悦的、反严肃的，可以使人联想到无法控制、压抑不住的感觉的"溢出作用"（spilling over）。巴特勒（Butler，1990）等当代女性主义者认为，这种无法抑制的感觉是一种文化抵抗形式，可用来对抗性别与权力关系。这个观点呼应了桑塔格早期的主张：坎普可以当作一种文化防御机制来理解，它是在庆祝脱离主流的性欲特质与文化，而非指责。巴特勒指出，就这个观点来看，坎普具有激进、跨越的潜能。正如文化理论学者理查德·戴尔（Richard Dyer，1992：136）指出的："让异性恋社会中存在着认同与团结、风趣与智慧、自我保护与眼中钉——这些都是坎普的好处"。坎普这个概念也否定了任何本质的生理性别、社会性别或性欲特质的存在。它更像是后现代主义者采用的性欲特质的（及女性主义的，参见第二章）观点，尤其是酷儿理论，它强调以上三者是表演而非本质。

然而作为一种文化现象，坎普也备受批评。那些宣扬男同性恋权力的活动家尤其不满它的政治立场，或者批判它缺乏政治立场。戴尔（1992）对此的注解是，坎普只是发现了以"同性恋平权运动"（CHE）以及"男同性恋解放阵线"（GLF）为表现形式的性政治"太沉闷"（too dull）。Melly（1984；引述自 Meyer，1994：22）也指出，许多男同性恋活动家时常认为，坎普只是对"柜子"（closet，认为同性恋应该隐藏起来的概念）

的矫揉造作的反应，展现出不合时宜的尴尬。这种尴尬如同火上浇油般巩固了人们对男同性恋的刻板印象，并加固了异性恋霸权体制对男同性恋社群的文化认知。因此，坎普被认为既象征着压迫，又象征着对文化压迫的接受，但同时也是一种代表抵抗压迫形式的文化风格。

（三）同性恋者的空间与聚落

研究者指出，互联网上的虚拟同性恋社群也是另一个具有抵抗性压迫潜力的例子（Hanmer，2003）。世界上许多主要的城市都有"同志村"，尤其以纽约、悉尼、曼彻斯特的"同志村"最为著名。社会学者将这种情况解读为同性恋者试图通过"空间"（space）来进行抵抗。虽然这些空间属于一种地理、社会空间，但同样也是商业空间。大概过去十年间，房地产从业者、销售员及休闲业者绝对不会放慢发展的脚步，赚取所谓的"粉红英镑"或"粉红美元"。女性主义作家 Suzanne Moore（1988）认为，"消费资本主义必须依靠不断生产新颖的事物和新奇的形象来刺激欲望，而且它经常在被边缘化的社区中企图寻找到它们"。因此，"同志村"对异性恋者的吸引力，仍如 Suzanne Moore（1998）所描述的，在于它是一种"性别观光"（gender tourism）：异性恋的"观光客"（tourists）进行的是同性恋文化及社会空间的"团队旅游"（package trips）；她进一步指出，关键的问题在于异性恋的观光客们并不一定认同同性恋行为或同性恋政治。所以，它的影响更多地体现在商业及文化方面，而与政治无关。

从这个方面来看，曼彻斯特的"同志村"是一个很有意思的例证。它近几年来的发展证明了那些跟随福柯脚步的女性主义者及其他的社会学者所主张的概念：性欲特质的塑造受到了权力与抵抗之间的互相影响。正如女性主义作家 Beatrix Campbell 最近指出的：

> 当大曼彻斯特地区的前任警察局长 James Anderton，在 1987 年指控这个城市的同性恋人口在"他/她们自己所制造出来的人类粪坑中盘桓"时，他不会想到后来他竟然成为其中的一位煽动者，促使曼彻斯特变成英国同性恋最出名的城市，也可能是欧洲最成功的"同志村"。名列其中的还包括撒切尔夫人（Margaret Thatcher），她恶名昭彰

的"第 28 条款"（section 28），即英国在 1988 年通过的《地方政府法》（*Local Government Act*）中的一个条款激起人们组成一个蔚为壮观的联盟，从剧院经理到图书馆员等都起而捍卫自己的同性恋生活权利。他们完全无法预料到自己所发起的"征讨运动"会如此召唤出"酷儿选区"。

（Campbell，2004：30）

20 世纪 80 年代，曼彻斯特的运河街（Canal Street）附近还是一处被严格监管的红灯区，警方突袭男同性恋夜总会是家常便饭的事。而正如 Campbell 在她的文章《聚落居民》（Village People）中所写的，这种情况带来的后果是激活了曼彻斯特的男同性恋社群。他们与市议会结成同盟，作为交换，后者给予同志生意（gay business）以支持。当现任警察局长带领大队男同性恋同事出现在 2003 年的"欧洲骄傲节"（EuroPride，在繁荣的"同志村"举办的历时 10 天的狂欢节）时，"Anderton 的'鬼魂'终于得到安息"，Campbell 如此写道："现在这个地方是如此成功，以至于它同时欢迎又担心成群而来的异性恋者"（Campbell，2004：30）。

但在性别政治也带来一个主要的问题。曼彻斯特的同志村很快就吸引了大批的异性恋女性造访（她们很多人是为了举办告别单身派对而来），她们在这里感到安全、免受骚扰。然而如众人所料，许多异性恋"小伙"（lads）也随即成群结队而来，企业化的啤酒厂林立，这导致出现 Campbell 所描述的在商业与文化方面，"同志村的异性恋化"（straightening of the village）。然而，原有的男同性恋社群感受到异性恋者是在剥削而非投资"同志村"后，开始拒绝异性恋及纯商业性化的酒吧进驻，这些酒吧最终从这个地区撤退。正如 Campell 引述一位支持者所形容的："这个地方再次变得更同性恋（gayer）了。"

以上所有的例子都凸显出权力关系的复杂与矛盾之处。这样的权力关系不仅塑造了社会性别与性欲特质之间的关系（其塑造又受到了权力与对抗的影响），也影响了结构与能动性之间的关系。我们也可以借此来说明性欲特质如何受到种族及族群的塑造。

第七节　种族、族群与性欲特质

许多黑人女性主义者指出，女性主义者在争论与性欲特质有关的议题时，经常未考虑到女性中存在的与性倾向无关的各种分歧。黑人女性主义者批判白人女性主义者将妇女这个分类同质化，并且也认为他们未能挑战被社会建构出来的黑人与亚洲妇女的性欲特质刻板印象。Patricia Hill Collins 和 Bell Hooks 等女性主义者也主张，对社会性别、性欲特质与种族之间相互作用的关注，揭示了女人与男人之间的性关系对黑人与白人妇女来说可能具有不同的意味。

白人男性时常认为黑人妇女与亚洲妇女具有异国风情的性吸引力。卖各种产品与服务的广告进一步加深了这种想象，从冰淇淋（Nayak，1997）到航空公司的广告都是如此。人们常常认为后殖民妇女比西方妇女更服从、柔顺，并具有女性气质。因此，妇女被种族化了。她们的性欲特质经常被各种种族歧视的预设所塑造。因此，"种族歧视会时常成为色情的一大特征并不是偶然，它是黑人妇女被双重客体化的结果，黑人妇女由此成为白人主人所使用的物品"（Jackson and Scott，1996：22）。因此，Patricia Hill Collins（1990）等女性主义者认为，女性主义者在理解色情作品及卖淫等问题时，种族歧视的分析非常重要。因为种族歧视不只和性别歧视密不可分，它还让某些形式的性客体化成为可能。她特别指出，黑人妇女的性欲特质被描述成为动物性是由生物学上的种族理论及后殖民意识形态在背后作为支撑基础。

最近，Anoop Nayak（1997）在分析哈根达斯冰淇淋广告中的种族与性欲特质形象时，揭露了其中具有的刻板印象。他指出，在这些主流广告的身体形象中，黑人的身体常被当作是获得性欲与满足的来源，是"带来极致体验的异于寻常的保证"（Nayak，1997：52）。他认为，不管是在广告还是在媒体或流行文化中，"都将黑人的性欲特质建构成是具有威胁的、危险的、需要被控管的"（Nayak，1997：52）。他认为，广告不仅划出了黑人与白人之间可见的种族二元对立，还试图通过跨种族的性关系暗示来"混合"（blend）这些对立"融合"（blend）。于是，正如 Bell Hooks（1990：

57）所描述的，黑人妇女的身体被性欲化成为"一个汇集了种族歧视及性欲望的表演场所"。Hooks 在她的《贩卖热情猫咪》（*Selling Hot Pussy*）一书中指出，媒体文化在描绘黑人妇女的性欲特质时，不再基于白人至上主义的假设（坚持"金发女郎带来更多的乐趣"），而是兼具种族歧视及性别歧视：

> "真正的乐趣"（real fun）来自浮出表面的、潜意识中对"他者"（Other）接触的"下流"（nasty）幻想及渴望，这份乐趣镶嵌在白人至上主义隐秘（但又不那么隐秘）的深层结构中。

（Hooks，1992：21 – 22）

第八节　性欲特质与 HIV/艾滋病

人们日渐关注 HIV 与艾滋病，以及它们与某些特定的性实践（通常来自特定的性认同及性欲望）之间可能具有的危险关系。我们以下要讨论的许多话题就发生在此种背景下。Sara Delamont（2003：55）指出，"人们对HIV/艾滋病的恐慌促使性欲特质变成社会学的主流议题"。人们对 HIV 传播的恐惧，似乎结束了潜在的性愉悦。但一些女性主义者认为，特别是在异性恋环境下，更安全的性行为往往是更好的性。虽然在倡导健康的论述中，安全的性行为往往意味着使用避孕套的插入式性行为，但 Ros Coward（1987）等女性主义者则试图拓展更广泛的性行为，例如，对异性恋妇女来说，更安全的性行为（插入式性行为不再是首选）可能会增强而不是限制潜在的性快感和更平等的性关系。然而，Jackson 和 Scott（1996：19）指出，（异性恋）性关系中的权力平衡，"再加上男人与女人利用的更广泛的文化论述及性脚本，都影响了妇女如何协商出更安全的性"。研究显示，当年轻女人与男人发生性行为时，她们时常面临着难以与男人达成使用避孕套协议的问题。而且在异性恋制度下，性别权力关系时常以妇女的性快感及安全为代价来满足男人的性"需求"，因此往往让妇女想要拥有安全性行为的努力化为乌有，而这也和妇女很难表达出自己的性需求与性欲望息息相关（Holland et al.，1990）。Jackie West（1999）指出，年轻妇女仍羞于探索自己的性欲，除了她们受到的道德规范约束以及地位正处于转变之中等因素外，性别化的权力关系也让社会无法接受她们的性需求与性欲望。

然而，其他女性主义者如 Fiona Stewart（1999）也指出，异性恋的定义与实践正在发生转变，这代表将年轻妇女置于相对被动无助位置的异性恋模式也可能正在改变。她在澳大利亚开展的研究发现了一系列可以印证此种改变的相关因素，包括年轻妇女的性启蒙经验、拟定的失贞计划、设定的性关系条件、对随意性行为的参与、努力确保及创造自己的性快感、拒绝进行不想要的性行为，以及坚持使用避孕套等。她认为，"在上述的每个领域中，传统的性别规范都受到了挑战，而被性别化的男性与女性行为也不再绝对必然"（Stewart，1999：77）。Stewart 认为，她的研究揭露了妇女"对被动的、传统的女性气质的否定"，以及与霸权或制度性异性恋制度现状重新谈判的能力。

妇女（尤其是那些身处后殖民及发展中国家的妇女）赋权对 HIV/艾滋病预防极其重要，反之亦然。这也是阻止艾滋病在中非及西非地区蔓延最重要的策略之一（Therborn，2004）。然而，在告诫年轻妇女要减少从事具有 HIV/艾滋病风险的性行为时，相关的研究与政策都忽略了她们不同的生活背景，以及她们面临的不同困难。例如，Augustine Ankomah（1999）强调，在加纳，许多妇女会以物质为目的与男人发生性行为，而年轻妇女根本无力对抗这样的婚前性交换关系。Ankomah 认为，妇女时常因经济之故而必须从事特别的"性交易"（即为了经济目的而提供性服务），唯有提升妇女的经济地位，改变支持性交易的当代社会规范，才能缓和妇女处境的恶化。

第九节　结　语

对女性主义者而言，性欲特质是一种重要的政治与理论议题，也是造成分化的主要原因。关于"女性是否在异性恋行为中遭受压迫"以及"女性主义者对异性恋制度的批判是否可以站得住脚"这些争论仍沸沸扬扬。女性主义者强调，异性恋对男人与女人而言，代表着不同的意涵。因此，才会出现一些和性愉悦及性权力相关的问题。

在这一章中，我们主要以三种方式将性欲特质与社会之间的关系脉络化。一般而言，这三种观点本身就在一定程度上代表了社会学探讨性欲特质这个议题的历史变迁。然而，必须指明的是，在社会学概念的发展过程中，虽然生物本质论在很大程度上已经被社会建构论及后结构主义论述所取代，但"性欲特质"是前社会的、生物性的概念不仅仍是社会科学的主流思想，在医疗、宗教、道德、法律及媒体论述领域也普遍持有此种观点。因此，女性主义者强调，区分性欲特质的生物性与社会性方面依然存在很多问题。

"家庭是发生性关系的天然与正常场所"，这个观点与异性恋关系享有特权，并让其他反常的性关系只能在家庭之外发生。虽然现今已有许多人可以接受婚前性行为，并认为它是正常的，但这也意味着男女之间的追求被性别化了，巩固了被浪漫爱情故事神圣化的男女性行为"规范"。英国的妇女在维多利亚时期完全不能表现出来对性的享受，且人们认为只有男人才具有无法控制的性驱力，因此他们才会去找娼妓。从 20 世纪 20 年代开始，"性学家们"开始主张，性满足对婚姻中男女双方来说都很重要，人们也因此觉得"理想的婚姻"应该包含一段令人满足的性伴侣关系。然而，人们是以男性标准为基础来定义这个和谐的性关系：认为妇女应该可以从男性的插入性行为中得到享受。如果她们不行，那么她们就是"性冷淡"。此外，这整个论述都强化了以下这个概念：异性恋性关系是与生俱来的，且由生物特质决定的一种人际关系。

一般来说，性欲特质的定义仍持续以男性为标准。女人的身体常常被认为传递了一种性承诺。充满欲望的女性身体被用于销售从香烟到汽车零件的各种商品。我们一直被灌输一种观念，即妇女在性的方面是被动的。男人则以性主动及掠夺者的形象出现。而只有慈悲地让他们插入女性的身体（不管她们愿意与否），他们那"无法控制的欲望"才能得到满足。激进女性主义者指出，男性强行逼迫女性性交，已经构成强奸，而我们的社会常对它宽容以待，并使其制度化。妇女与女孩在家中遭受性虐待，同样也和人们认为男人拥有无法控制的性欲相关，妇女成为受害者，因为大部分的施暴者都是男人，而大部分的受害者是女人。

Jackson 和 Scott 也指出，性关系在西方社会中"特别的"地位塑造了

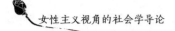
女性主义者对性欲特质的论辩：

> 传统上，性欲特质被视为生活中的一个"特别的"领域：它被以各种方式浪漫化、禁忌化，并被认为是对文明的威胁或是通往社会革命的道路、让人堕落的源泉或者使人成长的手段……人们恐惧性欲特质会带来肮脏、疾病和堕落，但同时又把它尊崇为通往狂喜、启蒙及解放的神圣入口。

> (Jackson and Scott，1996：26)

我们赞同 Jackson 和 Scott 的论述，并认为女性主义者必须以批判的态度来反省这种对性欲特质的"文化迷恋"（cultural obsession），也要反思它如何塑造了女性主义的性欲特质观点，尤其是那些涉及本质论与民族中心主义的观点。

摘　要

1. 社会学者认为，性欲特质或许是我们生活中最为私密的层面，但它同时也是一种社会与政治现象（镶嵌在权力关系中）。而且，性欲特质的意涵随着历史、社会、文化而异。

2. 社会科学中有三种广泛的视角来讨论性欲特质：本质论、社会建构论，以及后现代主义。

3. 女性主义者认为，性欲特质是父权制的权力关系得以维系的重心；他/她们还认为性欲特质可以成为男人或女人的权力来源，用以挑战和抵抗父权制度的意识形态及强制异性恋体制。"性欲特质作为一种抵抗"的观念可以从以下三个例子中体现出来：女性滥交、坎普以及"同志村"的发展。

4. 黑人女性主义者和后殖民女性主义者认为，白人女性主义者和西方女性主义者忽视了妇女之间的人种及族群差异，并且未能挑战人们对黑人妇女与亚洲妇女的性欲特质带有种族歧视的刻板印象。

延伸阅读

Giddens, A. (1992) *The Transformation of Intimacy: Sexuality, Love and Eroticism in Modern Societies*. Cambridge: Polity.

这部充满争议的著作试图反省西方社会中所谓"性革命"的意义及影响，并思考性欲特质与社会性别等其他方面的社会认同之间的关系。吉登斯认为，妇女在亲密关系的变迁中扮演了主要角色，这种变迁使得对个人领域进行激进的民主化改革成为可能。

Hawkes, G. (1996) *A Sociology of Sex and Sexuality*. Buckingham: Open University Press.

该书借第一手和第二手的历史和理论资料对性欲表达的观点进行了历史学的、社会学的分析。该书的主要关注点是性欲特质与现代化。

Jackson, S. and Scott, S. (eds) (1996) *Feminism and Sexuality: A Reader*. Edinburgh: Edinburgh University Press.

该读本综合全面地选取了女性主义在性理论和政治学方面做出的贡献。该书首先对女性主义的争论与冲突做了一个出色的全面回顾，然后思考了女性主义者对于本质论和社会建构论、性认同和分类的观点，以及权力、享乐、商业性行为等议题。它涵盖了一系列经典的和当代的各种女性主义视角的阅读材料。

Weeks. J. (1986) *Sexuality*. London: Routledge.

该书是一本优秀的入门书籍，它简要介绍了性欲特质的概念，以及政治与理论论辩如何塑造了性欲特质的相关研究，尤其是社会学领域内的相关研究。它还讨论了女性主义理论和政治的贡献。

第九章

工作与组织

社会学者倾向将人们的生活分成三个部分：工作（有酬雇用）、闲暇（人们能自由支配时间去做他们想做的事情）以及必要时间（obligation time，睡觉、吃饭以及从事其他必要活动的时间）。女性主义者指出，这个模式是从男性视角出发的，且并不一定符合大部分妇女的经验。这是由于没有酬劳的家务活儿并不被认为是工作——它是"隐形"劳动；另一个原因是许多妇女很少参与家庭之外的休闲活动。正如我们在第六章中也提到过，这是由于负担家务劳动的人主要是女人和女孩。虽然受雇工作的男子比妇女多，但他们也拥有更多的闲暇时间。不光工作组织是被性别化的，与有酬工作和家务劳动联系在一起的文化价值观也一样被性别化；有酬工作和工作场所经常被看作是男子的领域，家庭则是妇女的领域。罗斯玛丽·普林格（Rosemary Pringle）总结了上述问题并指出：

> 虽然家庭和私人领域的生活可能被浪漫化，但是它们总是被认为是代表私人的、情感的、具体的、特殊的、与家庭和性相关的"女性"世界。与工作相关的公共领域则与这些事物截然相反：它是理性的、抽象的、有序的、关心一般原则的，而且，当然也是充满男性特质的。对于男人来说，家庭和工作是对立的也是互补的。对妇女来说，家并不是一个工作之外可以喘息的空间，而是另一个工作场所。对于有些妇女来说，工作才是家庭之外一处可以喘息的地方。
>
> （Pringle，1989：214 – 215）

　　大部分关于有酬工作的经典社会学研究是研究男子的，如煤矿工、流水线工人、男性办事员以及销售员。直到最近，这些研究的发现才在实证数据的基础上建立了关于所有工人的态度和经验的社会学理论。即使妇女被纳入抽样样本，但在过去（有时甚至是现在）却将妇女的态度和行为与男子一概而论，或假定已婚妇女是为了赚零花钱（pin money）而工作；对妇女而言，有酬工作者相对于她们的家庭角色是次级角色。

　　然而，这些假设受到了一些女性主义者与亲女性主义者的研究的质疑，并为社会学者提供了更为详细的观点来理解关于性别、工作与组织这三者之间的关系，尤其是男子和妇女工作经验上的差异。女性主义者反驳道，家务劳动也是一种工作，而且应该被看作是工作。他们也指出，大部分妇女不是为了零花钱来做有酬劳的工作，而是出于必要，有酬劳的工作对许多妇女来说满足了她们情感和身份认同上的需求。然而，这些并不表示妇女的有酬工作经验与男子等同，而女性主义者们也强调了许多工作是被性别化的。

　　举例而言，在英国，劳动力市场中有46%是妇女。然而，44%的妇女是兼职，而只有10%的男子是兼职的。与那些全职工作的男子相比，做全职工作的妇女平均每小时少赚18%，做兼职工作的妇女平均少赚40%。对正在抚养5岁以下孩子的母亲来说，有52%是在职就业的；而有5岁以下孩子的父亲，有91%都是在职就业的。无论是在全日制的照料中心，还是在校外机构中，在登记的机构中，平均一个儿童护理员需要照顾4.5名8岁以下的儿童。当代美发业、早期照顾和教育行业的学徒主要是妇女。然而，学建造、工程和管道工程的主要是男子。大部分妇女从事行政管理和秘书（80%），以及与个人服务相关的职业（84%）。然而，需要技术的贸易行业（92%），在工厂操作机器的工作（85%）则大部分是男子（EOC，2004）。女性主义社会学者们试图提出一系列概念去解释上述趋势，其中尤其以性别化的劳动分工（sexual division of labour）这个概念最为重要。

第一节　性别意识形态和性别化的劳动分工

　　所有的社会似乎都存在以性别为基础来划分的劳动分工——有被视为

是适合妇女的工作和被视为是适合男子的工作；工作是被性别化的。但是，哪些工作的本质（the nature of the work）属于男子或妇女，因社会而异，且随着历史长河而发生变化。显然，性别化的劳动分工不仅根植于性别差异的关系（男女之间的关系），还根植于种族和民族差异、全球权力关系、年龄阶层、社会阶级等。在几乎所有的社会中，去照顾婴儿和孩童竟被视作是妇女的工作。但是，在其他一些社会，由男子负责照顾年轻的男孩子，一些社会由年长的孩子来照顾年幼的孩子，还有一些社会中，由年长的妇女来照顾小孩。做饭也通常被视作女人的工作，而准备盛宴和庆典的食物则是例外，这通常被看作是男子的工作。在许多但不是所有的社会中，狩猎和捕鱼都被认为是男人的工作（在一些社会中则被认为是男人的休闲活动），但是妇女经常独自承担或和男子一起承担种植和收割的工作。在许多社会中，妇女有责任照顾好家畜。安·奥克利（Ann Oakley，1982）提出，性别化的劳动分工是社会所构建出来的，而不是基于天生的生物差异。哪些工作属于男子或女性是逐渐变成的，然后，社会才开始宣称男子和妇女从事属于他/她们的工作是因为基于天生的生物差异。

在西方社会中，随着工业化的进程，工作和家庭逐渐分开。在公共领域的工作——有酬工作——逐渐比家务领域的无酬工作更有价值。妇女被认为天生擅长家务和照顾工作，男子则被认为是家庭生计的提供者——在公共领域从事有酬工作。男性工会会员、雇主以及政府能够限制妇女从事有薪酬的工作，并将她们排除在某些职业之外。因此，男人能够定义游戏的条件和规则，因此，妇女要想在男性主导的有酬工作世界中取得成功，就必须遵守同样的规则。例如，通常，为了有一份事业，为了被认为值得被雇、培训或晋升，妇女必须做好全职工作的准备，并且在职业生涯中没有更多时间来建立家庭或养育孩子。即使这样，妇女也可能被排除在一些工作场所文化或一些更非正式的规定之外。从事有酬工作的妇女也通常要承担家务劳动，形成"双班倒"（double shift）的状态。对于那些还需负责照顾老人或生活不能自理的亲戚的妇女，可能还会面临"三班倒"（参见第五章）。研究表明，在英国每六个人当中就有一个需要照顾年老或生活不能自理的人，而妇女比男子更有可能是那位照顾提供者。其中，在这些妇女中还有26%的人尚需要照顾嗷嗷待哺的幼儿（EOC，2004）。因此，有酬工作的工作结构和文化，都不利于妇女。女性主义者长久以来一直强调，妇女承担有报酬的工作是为了得到一定程度上的独立。然而，在劳动力市场中，妇女往往被排除在接受培训的机会之外，或者被聘用时，人们就先假设她们将享受更长的职业休息时间（因为她们的主要角色是妻子和母亲），这些都让全职工作的定义持续变成一种规范。"技能"在体力劳动中是一个被社会建构的、带有性别化的话语，因此，与男性特质相关的工作（比如驾驶）被认为比需要灵敏等女性特质相关的工作（比如缝纫）更有技能。

不论男子和妇女都经常认为，工作对男子而言更加重要，而且男子应该有更高的工资和更稳固的工作，因为他们有责任支撑起家庭。男子被视为养家糊口的人，而妇女则被视为是照看家庭的人。女性主义者反驳道，没有任何天生的、前社会的理由认为男主外女主内。男子和妇女可以平等地承担起一个家庭的经济来源、必要的家庭劳务和照顾孩子的事务。"妇女的职责在家庭"这样的意识形态与许多从事有酬工作的妇女的现实状况毫不相符。然而，这样的意识形态仍对不少妇女产生影响，特别是有小孩的已婚妇女。大部分妇女，包括她们的丈夫、雇主以及国家都认为，就算她们有一份有酬工作，她们仍然是唯一或主要负责大部分的家务劳动和照顾孩子的那一方。这种意识形态是如此普遍，大部分人视其为理所当然的假定，以至于这种意识形态很少被质疑或挑战（即使它可能在电视广告或情景喜剧中被恶搞）。

性别意识形态对有小孩的妇女想要找的和被提供的工作种类有着极大的影响。性别意识形态也影响着刚步入社会去全职工作的年轻女孩的工作选择，在选择工作时，她们不止考虑自己的志向，还要面对就业顾问、她们的父母、学校和雇主对她们适合那些工作的期望（参见第四章）。在以前的一些社会主义国家的社会里也是如此，已婚妇女就算拥有全职工作，仍被期望去做大部分的无酬家务劳动，且总是在做比男子工资低的工作（Einhorn，1993；Khotkina，1994；Voronina，1994）。

雇主们通常对什么是合适妇女的工作有自己的看法，且妇女们也时常加以认同。许多"女性"的职业被视为利用了妇女在家务劳动中所需要的、被认为是"天生"的能力——照顾小孩、看护、准备食物与服侍上菜等等。在许多西方社会，兼职工作大幅增长，大部分是为了满足担负着家庭责任的妇女对有酬工作的需求，就算薪酬低、工作环境差，她们仍在从事这些工作。女性主义者指出，支持性别化劳动分工的许多假设，不单单建立在不利于妇女的结构性不平等之上，还建立在妇女"天性"与生活方式有关的文化假定之上，但这些其实和经验现象不相符合。并不是所有的妇女都结婚，也并不是所有结了婚的妇女都有孩子。并不是所有有小孩的妇女都结了婚。许多妇女（包括一些结婚的妇女和有孩子的妇女）不一定终生致力于有酬工作。有些妇女工作是出于经济需要，因为若没有她们额外的收入，她们的家庭会陷入贫困。

第二节　工业化和性别化的工作组织

关于性别和工作的历史分析揭露了在家工作与在劳动市场工作之间的复杂关系。在前工业社会时期，并没有明显的工作和家庭的划分；经济发展中的生产活动也并不集中在工厂、办公室和其他就业场所。大部分人在家里或在家附近工作。生产性工作和非生产性工作之间也没有性别化的区分。所有工作都被视为是有益于维持一个家庭的持续运作，虽然有些工作被视为是男子的任务，有些工作则被视为是属于妇女的。然而，随着工业改革，有酬工作逐渐从家庭中脱离，工作场所变成在工厂、办公室等地。生产和消费、生产性和非生产性（家庭）工作分离开来，渐渐地，男子开始与前者有关，妇女则与后者联系在一起。妇女在很大程度上被排除在有酬工作之外，而且人们逐渐认为妇女，或者至少是已婚妇女的"天性"是留在家里照看孩子和丈夫，且是理所应当的（许多 19 世纪和一些 20 世纪早期的女性主义者接受了这一观点，并主张妇女应该拥有选择权——在有酬工作和婚姻之间做出选择）。在 19 世纪引起关注的议题并不是妇女是否应该工作——妇女在家务领域或家庭之内的工作则更少受到关注。有酬工作的职业妇女，她们呈现在公共领域的形象引发了具有敌意的评论。那些穷困家庭的妻子和母亲出外工作被视为是违反天性的、不道德的以及冷漠的，她们还被指责从男性手中抢走工作。

18 世纪后期到 19 世纪早期，巩固此种现象并逐渐发展起来的家庭意识形态在中产阶级中成形，这些意识形态渐渐地蔓延至所有阶级和两性中去（参见第六章）。这样的意识形态主张这个世界可被划分为两个独立的领域——公共领域和私人领域。男人应该参与工作和政治的公共领域，去赚钱养家（Davidoff et al.，1976）。妇女则应该留在家中的私人领域去照顾孩子和丈夫，且依赖于丈夫的经济支撑。

虽然许多单身的甚至已婚的工人阶级妇女不得不工作，但直到 19 世纪末，她们都还不被指望成为终身工作者，并普遍认同中产阶级的家庭理想。已婚妇女相信，她们的主要任务是照顾家庭，只有在必要时才去工作以维持家庭运作。根据 1851 年的人口调查，25% 的已婚妇女出外工作，然而在 1901 年，这一比率下降至 10%。然而，贫困确实促使许多已婚妇女从事有酬工作。据估计，在 1890 年至 1940 年，人口普查记录有 10% 的已婚妇女在工作，40% 的人在婚后生活的某个阶段出去工作。但也有可能，人口普查低估了女性就业，一部分原因可能是由于妇女工作的性质，如家庭帮佣、清洗衣物不被认为是工作；另一部分原因则是因为男子的地位日益提高，赚的钱足以支持他的妻子和孩子，所以男子可能不愿意在人口普查时登记他们的妻子在工作。然而，女性在劳动力市场的参与度相当高，因为大多数的单身女性都在工作，而且在 19 世纪的某个阶段，每四个女性就有一个单身未婚。1871 年，年龄在 10 岁以上的妇女中有 31% 就业，在 1931 年，14 岁以上的妇女中有 34% 就业（她们在 1871 年离校时年龄为 10 岁，在 1931 年为 14 岁）。

工业化对性别化的工作组织主要有两个影响。第一，出现社会领域的分歧，将以工作为主的公共领域和家庭为主的私人领域分隔开来。性别意识形态的影响就是让公共领域成为男子的领域，私人领域成为妇女的领域。第二，性别意识形态建立起劳动力市场的区隔模式，将从事有酬工作的妇女集中在相对狭窄的职业范围内，并处于职业等级的较低水平。到 19 世纪末，妇女可以选择的行业更少，已被隔离到一些低薪、低地位的职业中去。在这个时候，妇女的低薪在一定程度上可以解释为妇女工作者相对年轻的缘故，因为大部分妇女走入婚姻时必须放弃工作（这甚至是许多工作的正式要求，比如教书）。男性主导的工会组织也会阻止妇女获得高收入的工作，并为男性的家庭工资（family wages）而斗争，即一份足以养活一个没有工作的妻子和孩子的家庭工资。因此，父权制度下的工会组织，特别是那些要维持家庭工资的工会，阻断了妇女在劳动力市场中的工作机会（Witz，1992）。即使妇女和男子做同样的工作，她们也得不到同工同酬。例如，直到1962年，男女教师的同工同酬才得以落实。国家也扮演了制造工作隔离的角色，使男子更受到雇主的青睐。据称旨在保护妇女的限制性立法也将她们排除在某些特定的职业之外，并限制她们的工作时间。例如，1884年的《矿务法》（The Mines Act）就禁止妇女在地下工作，但却同意妇女仍然可以在地面上当一位"井口姑娘"（pit-brow girls）。但是，法律所提供的保护并没有延续至家务劳动，也不包括家庭佣工，以防止她们从事一些脏活和险活（例如，在农业劳作时）。

大多数男子把职业妇女，特别是已婚的工作妇女视为是对自己有酬工作和养家糊口者地位的威胁。他们认为，有酬工作的量是固定的，如果妇女被允许去工作，那么有些家庭将会没有任何工资来源。妇女也被认为同时拉低了妇女和男子的工资水平，因为她们的工资比男子低。因此，他们主张，妇女应该被排除在有酬工作之外，或被限制在低地位、低报酬的工作中——属于"女性的工作"。但是女性的工作不仅仅是只适合妇女做的工作；它还涉及妇女被认为天生应该擅长的工作，如烹饪、清洁和缝纫。因此，性别意识形态在区隔劳动力市场时，不仅是通过将妇女驱逐出特定类型的工作，还通过将她们拉入某些工作（尤其是低薪、低技能的"服务性"工作）以实现区隔。

历史上大多数工会都是由男性主导的，并延续至今。因此，他们往往只关心保护男子的工资和工作条件。直到最近，妇女仍被禁止或被劝阻参加工会组织。许多妇女因而认为所有的工会并不关心代表她们的利益。因此，人们或许可以说，保护性法规的目的是保护男性工人不受女性竞争的侵害，同时也是保护妇女不受严酷的工作环境的侵害。然而，并非所有妇女都不加批判地接受这种看法。

到了 20 世纪初，不管任何阶级的妇女都开始为争取与男子平等参与有偿就业的权利而斗争。例如，这些妇女开始争取上大学和获得医生资格的权利。妇女还组建了她们自己的工会组织，对抗那些不利她们的就业条件。最著名的例子就是所谓的"火柴女工大罢工"（Match Girl's Strike）①。然而，整体来说，男人、工会和国家成功地创造了一个隔离的劳动力市场。在 19 世纪末，家庭意识形态基本被所有社会阶层的男人和女人普遍接受。虽然在第一次世界大战期间，工作的妇女不在少数，但她们也认同战后男子应优先进入劳动力市场。许多雇主（包括银行和政府）会设下婚姻门槛（marriage bar），因此女性不得不在结婚后放弃工作；直到 1944 年的《教育法》（Education Act）才取消了对女教师的婚姻限制。自二战以来，越来越多的女性从事有酬工作，尤其是已婚女性（尽管这很可能是因为战后的家庭意识形态和消费文化而起的现象）。

然而，尽管政府制定了同工同酬和机会均等的法律，但区隔化的劳动力市场仍然存在。家庭意识形态也依然弥漫在英国和其他西方社会。更有甚者，在人们的期望之下，妇女开始承担有酬工作和家务劳动的"双重负担"（见第六章）。

第三节　性别化的家务劳动分工

女性主义者指出，理解妇女作为无酬家庭劳动者的角色，对于更广泛地理解她们的社会地位，尤其是她们在劳动力市场中的角色至关重要。然而，直到最近，家务工作（housework）才成为严肃的学术话题。功能主义社会学者指出，在复杂的工业化社会中，妇女有必要为男子与孩童提供身体和精神上的服务，而根据性别倾向将男女划分为家庭主妇和养家糊口者的角色是符合社会功能的。马克思主义者同样认为，分工在资本主义社会

---

① 1888 年，伦敦的百瑞梅火柴公司发生女工大罢工，是英国首次由女工发起的罢工活动。——译者注

是必要的：妇女负责劳动力的再生产、消费资本主义经济生产出来的商品和服务。虽然马克思主义者和功能主义者都认为家庭劳动是一种私人的"爱的劳动"（labor of love），但马克思主义者还提出，它也确保了社会能够源源不断地持续供应具备良好服务的工作者，以满足资本主义的需求。

许多人都普遍认同家务劳动是妇女的责任这个看法，尽管这种看法可能正在缓慢改变中。欧洲的一项比较研究（Deshormes LaValle，1987）发现，41%的受访者认为男人和女人不管在家庭和有偿就业中的角色都应该平等，47%的已婚男人说他们更喜欢有工作的妻子。当然，丈夫想要一个有酬工作的妻子，并不一定意味着他们愿意分担家务。尽管男人越来越多地参与家务劳动，但妇女仍然承担大部分家务劳动的责任（参见第六章）。

女性主义者曾研究了家庭主妇到底在做些什么，并据此提出理论来解释家务工作与社会结构和经济之间的关系。大部分女性主义者都认为，做家务是一项艰苦的体力劳动，而"只是一个家庭主妇"（just a housewife）的印象被建立起来，是因为家务工作被隐藏在公众视线之外，出发点是出于情感和责任，而不是为了报酬。至关重要的是，女性主义者检视了家庭领域内性别化的劳动分工，并将女性在家中的无偿活动定义为是工作的一种。汉娜·加芙隆（Hannah Gavron，1966）、安·奥克利（Ann Oakley，1974a，1974b）和 Jan Pahl（1980）等人的研究，都以很严肃的方式来分析妇女在家庭领域内做了哪些工作？为谁做了哪些工作？什么人从中得到利益？什么人又因此付出代价？

这些研究发现，大多数的"家庭主妇"是妇女。家务工作通常被视为是妇女的工作，人们认为妇女如果住在家里就会做家务。这些研究还发现，一般的假设是，妇女有做家务的天赋，而男子没有。此外，奥克利（Oakley，1974a）认为，人们拒绝承认家务是工作，这既是妇女普遍社会地位低下的反映，也是造成此现象的原因之一。她指出，家务在很大程度上被低估了，没有得到承认，没有报酬的工作并不被认为是"真正的"工作。然而，家务劳动需要耗费的工作时间并不短。在奥克利的样本中，在1971 年，妇女平均每周要做 77 小时的家务，最低时长是 48 小时，多是进行全职工作妇女承担的家务时间，最高时长多达 105 小时（Oakley，

1974a）。

因此，女性主义者认为家务活儿也是真正的工作。女性主义者还认为，家务劳动的需求，以及在什么经济和个人条件下从事家务劳动，都不利于妇女形成团结意识。家务劳动是一项孤独的工作，而爱和认同这两条纽带将妇女们和家务工作捆绑在一起。妇女同样喜欢享受她们将家务工作做得很好的感觉，在缺少明确的标准或没有雇主可赞扬的情况下，妇女往往倾向于以其他妇女为标准，以竞争的方式衡量自己的表现。因此，家务往往使妇女分化，而不是团结起来。正如女性主义者所主张的那样，这对妇女在劳动力市场中所扮演的角色有着重要的影响。

一　家庭劳动分工的解释

女性主义者认为，所有男子都从妇女将从事家务劳动的预期中获益。性别意识形态强化了这样一种信念：男子是为了养家糊口而工作，他们不仅希望从工作中获得收入，还希望从妻子（或母亲）那里享受个人化的服务，但他们获得这些服务所需的成本低于所提供的商品和服务的市场价值。克里斯汀·德尔菲（Christine Delphy，1984）从唯物主义（源自马克思主义）的观点出发指出，性别不平等造成丈夫以各种方式来取得他们妻子的劳动力。妻子却没有从她提供的家务劳动和照顾孩子的服务中得到公平的回报。德尔菲认为，家务劳动不仅和在工厂劳动一样是工作，而且它还提供了一种独特的生产模式——家庭模式。在家庭生产模式下，丈夫占有妻子的劳动力，作为丈夫提供经济支持的回报，妻子被指望提供家庭服务。她认为，婚姻契约是一份劳动契约，当妻子这一方未能履行自己的义务时，婚姻契约是劳动契约的意义更加明显。

根据激进女性主义者的观点，男子从妇女在家庭领域的无偿劳动中获益，因此他们极愿维持性别化的劳动分工。故此，男子抵制平等机会的立法，支持保护男子在劳动力市场的特权地位的政策，虽然也允许他们的妻子工作，但仍然要求她们负责家务和照顾孩子。因此，在父权意识形态的支撑下，家务劳动分工的主要受益者是男子（不论就个人和群体而言）。马克思主义女性主义者认为，正是资本主义制度从女性无偿的家务劳动中获益。妇女的家务劳动不仅再生产了生产关系，而且有助于男子维持他们的生活标准，并因此可能减弱带来彻底改变的政治力量。在"家政学"（domestic science）与"好管家"（good housekeeping）等意识形态的维持和鼓励之下，妇女被期望在扩大家庭收入和维持家庭生活水准方面投注相当大的努力和精力。

然而，女性主义者在看待家庭劳动上仍存有几个问题。马克思主义理论最大的问题是一方面它没有考虑到男子为何希望妇女永远扮演家务劳动者的角色。马克思理论也不能解释为什么在非资本主义社会中，妇女仍然是主要的家务劳动者。而且，家庭意识形态与家务的劳动分工要早于资本主义。另一方面，激进女性主义者倾向忽略资本主义从妇女家务劳动中所得到的好处，而且他们的论调总是描述性的而不是解释性的；父权制（pa-triarchy）被化约为家庭劳动分工的描述和解释因素（Pollert，1996）。激进女性主义的观点也是相对静态的，并且无法解释人们分担与组织家务责任的社会变迁。例如，要改变家务劳动分工的本质虽然进程缓慢，但很多社会中性别分工正在逐渐变得平等，特别是在瑞典和丹麦等国家，在这些地方大量的妇女可以投身全职工作（work full-time），并且幼儿看护措施也相对完善。激进女性主义者往往倾向假设只有男子能从妇女的无酬劳动中获得好处，但是其他群体（大体上是整个社会）也从妇女提供的无薪、照顾工作中得到更大的利益。

二　照顾与支持工作

许多妇女不只被期待要照顾自己的老公和孩子，她们还要照顾其他无法独立生活的人，并以自愿的方式为社区中的人们服务。人们也时常认为，妇女是丈夫工作角色中不可或缺的必要条件。正如珍妮特·芬奇（Janet Finch，1983）所指出的，经理和商人的妻子往往被期望要代表丈夫来招待客人，虽然这已经超出了她们的家务劳动范畴。许多职业男性都"需要"一个妻子，而雇主则从她们的劳动中受益。芬奇还指出，在许多职业中，妇女通常在她们丈夫的工作周边支持或代替他们的角色（如牧师、政治家等）。Goffee 和 Scase（1985）则认为，妻子在帮助个体经营的丈夫方面扮演着重要的角色，这些丈夫往往严重依赖于妻子承担的（无酬的）文职和行政工作。妻子们总是被迫放弃自己的事业，去资助那些"白手起家"的男人。此外，由于自雇男性通常工作时间很长，许多妻子不得不独自承担孩子和家庭责任。Sallie Westwood 和 Parminder Bhachu（1988）也指出，女性的（无酬）劳动对英国的黑人和亚裔商业社区的重要性，尽管他们也强调，创业可能是夫妻的共同战略。

妇女也被期望去照顾长辈或生活不能自理的亲属（参见第六章与第七章）。正如我们在第三章所说，一些女性主义者对"照顾"（care）这个概念提出了批评。她们认为这一概念诋毁了许多照顾关系里的互惠本质（reciprocal nature）。其他女性主义者则注意到，自 1950 年代起，"社区照顾"（与机构照顾相对）的政策一直以来被政府所提倡。这些政策未能提供或开放大型的居家照顾措施，还经常假设妇女为担负照顾的责任做好了准备。研究表明，至今绝大部分照看年老或生活不能自理的亲属，特别是对此提供长时间照顾的人是妇女。虽然一般认为，整个"家庭"应该尽可能一起来照顾，但事实上，这时常意味着，家庭中的妇女才是提供照顾的人。人们经常假定照顾是妇女的职责以及妇女是天生的照顾者。

Sally Baldwin 和 Julie Twigg（1991）总结了女性主义研究者关于照顾工作（caring work）研究的主要发现，并指出"非正式"照顾方面的工作有以下几个特点：

- 照顾未婚且生活不能自理的人的责任，主要是落在妇女身上。
- 其他亲属、一些合法或志愿机构都未能分担这个责任。
- 照顾工作所带来的负担和物质损失，这是导致男女不平等的重要根源之一。
- 尽管如此，许多妇女接受了非正式照顾者的角色，并从中得到了满足感。
- 造成这种状况的原因与男性和女性身份的建构密切相关，也可能影响人们如何在文化中去定义何谓适宜的两性行为。

当妇女（或男子）承担起家务劳动的责任，或是提供无酬（而且时常不被认可）的照顾后，他们在劳动市场上扮演的角色也因此受到严重的影响。这些影响不仅危及他们潜在的收益、社会地位或者整个市场所需的劳动力（尽管在照顾他人上花的时间和承担的义务比全职工作的还要多），还造成许多妇女因而被困于家庭领域的事实。珍妮特·芬奇和达尔西·格罗夫斯（Dulcie Groves）指出，家庭意识形态和社区照顾政策与提出妇女要享有同等机会的诉求不相符，因为家庭的照顾者角色本身需要全心全意的奉献（Finch and Groves，1980）。劳动力市场在进行区隔的过程中，让许多妇女不能赚取与她们的丈夫同等的薪水，男子为了养家也不可能放弃工作，或者，让妇女挣取的报酬只够用来支付照看孩子、居家看顾或临时看护的费用。女性主义者强调妇女在家庭领域的角色对劳动力市场中的性别关系造成了严重影响。

女性主义者同时将注意力转移至另一种家务劳动。这类家务劳动被视为一项工作，虽然有酬劳，但待遇不高。通常是中产阶级的男人或妇女雇用其他（通常是）妇女来完成家务劳动。研究表明，工人阶级、年长的或者黑人或亚裔妇女通常担当私人家庭领域中的打扫与其他的家务工作（Ehrenreich and Hochschild，2003）。布丽姬特·安德森（Bridget Anderson，2000）在对五个欧洲国家的移民家务工作者的研究中发现，这类工作不光工资低还花费大量时间，并且还可能形成某种程度的"奴役"。来自贫穷国家的妇女经常被指使去完成不可能完成的任务；她们被期望照顾孩子和其他家人，很少有时间离开她们工作的家庭，而且受尽各种委屈。通常，她们往往很难脱离"买下"她们的中产阶级家庭，进入主流劳动力市场。

第四节　男子、妇女和劳动力市场

20世纪期间，大部分西方社会的妇女参与劳动力市场的比例皆有所增加。家庭意识形态认为妇女的主要角色是妻子和母亲，但是大部分妇女（包括已婚妇女）在她们可工作的年龄期间都拥有一份有薪酬的工作。然而，正如上文所述，随着工业化的进程，劳动力市场已变得高度性别区隔化，并持续维持这种状态。

一 职业的区隔

女性主义者指出，劳动力市场的区隔化同时呈现出横向及纵向分层两个面向。**横向区隔**（Horizontal segmentation），是指劳动力市场中的妇女受到区隔后可选择的职业范围较为狭窄。**纵向区隔**（Vertical segmentation），是指妇女集中在低工资、低地位的工作中。两种形态的区隔化将妇女集中在选择余地小、低地位的工作上，尤其是非劳力、低技能的、女性（所有种族）比例集中的服务工作中。女性主义者指出，在横向区隔的模式中，工作的分层化往往意味着在同一个部门中，男人与女人时常在不同工作岗位上工作，而这些工作又有着不同的功能（甚至在同一个工作中），即功能的区隔化。普林格尔（Rosemary Pringle，1989，1993）在她的秘书工作研究中也指出，这类工作在过程中会出现**文化区隔**，亦即，就算男人与女人做着同一份工作，因为性别的不同、文化含义的不同，这份工作的感知度也有差别。在她的研究中，女秘书时常被认为是"办公室妻子"（office wives），她们被期望去打字、泡茶、取干洗的衣物、为她们的老板记住相关的生日和纪念日。而从事秘书工作的男子（只有相对较少的男性会从事秘书工作）则往往被认为是（实际上也常如此做）"私人助理"或"行程管理员"。

甚至，人们也认为妇女做的工作没有像男子那样需要技术（Philips and Taylor，1980）。一部分因为可能是妇女在工作上的必要能力，常被认为是源于其女性本质，或和她们的社会化的性别经验有关。女性主义者指出，有些"女性工作"（women's work）**很本质化**（essentialised）——如护理、学前教育老师这类工作，很符合社会依据女性生物特质而替她们建构出来的犹如（或实际上）母亲的角色；又或者，有些工作是依据妇女身体的功能而创造出来的，例如妇女被认为天生擅长缝纫和打字，因为她们有灵活的手指。很多这些工作都充斥着种族歧视或种族中心主义者的假设。例如，航空公司在宣传远东航班时，经常强调马来西亚或泰国空中小姐具有"天生"的恭顺和殷勤（在性观光产业中也体现出类似的假设，参见第八章）。其他类型的工作则被女性化（feminized），这是根据妇女被社会化的特征来下定义的。例如，这是由社会化和教育的性别经验所导致的，或是她们扮演的社会角色导致的。秘书就属于女性化的工作之一。因为做秘书工作的妇女必须有组织、管理能力，且能同时执行多项任务——要能有效地扮演好老板的"办公室妻子"的角色（Pringle，1989）。女性主义者的研究还强调一些种类的工作还被性欲化（sexualized）了，这类工作主要根据异性恋的意识形态而来，从事这类工作的女性常被期望和鼓励与她们的顾客和男性同事进行某种程度的性互动，这也是她们需要扮演的工作角色的一部分。丽萨·阿德金（Lisa Adkin）对英国酒店业的研究，以及黛安·柯克比（Diane Krikby）关于澳大利亚酒吧女招待的研究，都是性欲化工作的例子。后面这个例子强调了被性欲化的酒吧女招待是怎样的情况：

> 成为享乐文化的一部分，并让工作者所需的工作技能显得神秘和暧昧，同时，这又使她们的工作场所成为带有性暗示的邂逅场所，她们既心有厌恶，但又同时在散发吸引力。

> （Krikby，1997：205）

如表 9-1 所示，英国的男子与妇女可以选择的职业范围集中在某些领域。这个现象在很多国家中也很常见。从这些数字中，我们可以观察到妇女的工作选择范围比男子的更狭窄，特别集中在服务行业中那些半技能性的或非技能性的非劳力工作，或者照顾性质的工作。大部分清洁工和家政工人、零售收银员和收银操作员、普通办公室助理及职员、小学和幼儿园教师、护理员及家庭看护、美发师和理发师、护士和接待员中，妇女占大多数。男子的职业范围相对更广，出租车司机、保安、软件专业人员、ICT 经理、警官及警察、市场和销售经理以及 IT 技术人员，大部分为男子。大多数医疗和法律专业人员也是男子，尽管这一差距正在缩小。在护理工作中，男性的比例明显偏低，他们主要从事被认为需要高水平培训和技能的工作，以及涉及对他人行使权威的工作。男子集中从事的大多数工作，或者是全日工作，或者是涉及轮班工作的工作领域（轮班工作往往有较高的工资），而妇女所涉的许多职业的工资相对较低，她们的地位相对较低，往往不涉及雇主对培训的投资或明确的升职结构，且经常是兼职工作。

表 9-1　雇员与个体经营者的职业区隔（16 岁及以上）（英国，2003）

职业选择	妇女		男子	
	数量（千人）	职业比例（%）	数量（千人）	职业比例（%）
出租车司机	14	8	168	92
保安人员	18	12	134	88
软件专业人员	38	14	241	86
ICT 经理	40	16	207	84
警官及警察	34	22	123	78
市场和销售经理	122	25	359	75
IT 运营技术人员	36	32	77	68
医生	60	39	95	61
律师、法官和法医	49	42	69	58
理货员	73	48	80	52
主厨与厨师	115	49	117	51
中学教师	197	55	161	45
销售助理	905	73	343	27
服务员	143	73	54	27
清洁工和家政工人	469	79	121	21
零售收银员和收银操作员	238	82	52	18
普通办公室助理及职员	495	83	102	17
小学和幼儿园教师	289	86	48	14
护理员及家庭看护	480	88	86	12
美发师和理发师	133	89	17	11
护士	418	89	50	11
接待员	255	96	12	4

注：ICT，Information and Communication Technology，指信息与通信技术。
资料来源：劳动人口调查，引自 EOC，2004。

除了集中在一些范围相对狭窄的服务性质的职业之外，妇女也多从事兼职工作。纵向区隔意味着妇女的身影在特定职业的最高职位中比例也较低。在英国，高级公职人员中妇女仅占 36%，公务员的高层管理职位中妇女只占 23%，大学副校长中只有 12% 是妇女，担任资深警察的妇女只有

7%，军队中资深的高级军官只有 1% 是妇女（EOC，2004）。

二　性别化的工作模式

有更多的妇女参与到劳动力市场中去不表明妇女的工作经验就等同于男子，也不意味着他们的工作模式是一样的。母亲们在雇佣关系中能够选择的行业与种类比一般妇女更为狭窄，这个模式在世界上许多国家也是如此。工作的类型、工作的时间和她们从劳动中获得的报酬都不同于男子。就算妇女跟男子做同一份工作、拿同样的工资，她们从中得到的工作体验仍跟男子不同。然而，妇女跟男子经常做不同的工作，而且经常是男子监督和控制妇女。妇女经常做兼职的工作，在英国，44% 的工作妇女从事兼职工作，与此同时大部分的工作男子（90%）从事全职工作。男子在他们的工作生涯中会做兼职工作往往是在很年轻或很老的时候：在英国，46% 从事兼职的男子年龄在 16—24 岁，28% 从事兼职的男子年龄在 55 岁及以上。然而，有 49% 的兼职工作者是年龄介于 35—54 岁的妇女（EOC，2004）。正如表 9 - 2 所示，各个年龄组中，从事兼职工作的妇女人数都不在少数。

表 9 - 2　兼职员工（16 岁及以上，与全职雇员的比例）（英国，2003）

年龄	妇女		男子	
	数量（千人）	比例（%）	数量（千人）	比例（%）
16—24 岁	790	45	534	29
25—34 岁	861	33	115	4
35—44 岁	1408	47	86	3
45—54 岁	1067	42	106	4
55—64 岁	758	56	199	13
65 岁及以上	123	89	123	69
所有年龄群体	5007	44	1163	10

资料来源：EOC，2004。

由于妇女多集中在兼职工作，因而妇女时常享受不到与男子一样的待遇，甚至还享受不到雇佣法律法规的保护。兼职的妇女不光得不到相关福利，她们还常常由于缺少资历（seniority）而不容易升迁。对于兼职专业人员、管理人员和底层员工来说，情况都是如此。除此之外，妇女比男子更容易从事"家庭代工"（homework），即在家中制造工业产品，按件计酬，且工资经常很低。虽然人们预估英国有 50 万余名以上的家庭代工者，但其实去估计准确的数字几乎不可能，因为大部分工作是被分包或被隐藏的。

妇女参与劳动力市场显然受到她们家庭责任的影响。结婚后是否有不能独立生活的孩子需要抚养，促使了性别化的工作模式（gendered patterns of work）。在所有种族及行业的职业群体中，生育子女对妇女在劳动力市场的地位有相当大的影响。许多有年幼子女的妇女会倾向暂时退出劳动力市场，等到孩子到了上学年龄后重返兼职工作（part-time）；等孩子更大一些，她们才开始从事全职工作。然而，现在不光有高比例的妇女在生完孩子之后重返有酬就业岗位，而且不少妇女在各胎之间的空当重返工作岗位，因分娩和育儿而退出劳动力市场的妇女正逐渐减少。妇女在其一生中就业的阶段比例越来越大，尽管相较之下，她们仍因家庭责任而较少从事持续的全职工作。

在英国，最小的孩子不满 5 岁的妇女中从事全职工作的比例相比于其他妇女要低得多。大约 3 成（32%）的有 0—4 岁孩子的妇女从事全职工作，相较之下，孩子年龄较大的已婚妇女中 42% 的妇女从事全职工作，没有孩子的已婚妇女则有 58% 的人在从事全职工作（见表 9 - 3）。

表 9 - 3　从事全职或兼职工作的男、女员工比例（英国，2003）

单位：%

	全职	兼职	总和
单身男子	87	13	100
已婚男子	94	6	100
没有孩子	92	8	100
有 0—4 岁孩子*	97	3	100
有 5 岁及以上孩子*	97	3	100
单身女子	67	33	100
已婚妇女	48	52	100

	全职	兼职	总和
没有孩子	58	42	100
有 0—4 岁孩子 *	32	68	100
有 5 岁及以上孩子 *	42	58	100

注：* 以最小孩子的年龄来计算。
资料来源：EOC，2004。

研究表明，男子与妇女选择兼职工作的原因深受性别的影响（见表 9 - 4）。妇女最常见的原因总跟她们的家庭和家庭状况有关。根据 2003 年春季的劳动力调查报告（Labor Force Survey，引自 EOC，2004）总共有 54％ 的妇女兼职工作者表示她们希望花更多的时间在家庭上，对家务的奉献也让她们不能从事全职工作，或者她们觉得可用的儿童看护机构不足。而只有 5％ 的男性兼职人员表示他们兼职的原因跟家庭和家务有关。取而代之，最常见的理由是因为他们在求学（44％）其他常见的回答是他们找不到全职工作（17％），或者他们没必要做全职工作（14％）。我们可以从另外一种方式来解读这些数据，即回头去计算受访者中有多少回答者是妇女（表格的最后一列会显示百分比）（EOC，2004）。虽然五分之四以上（82％）从事兼职者是妇女，而以家庭或家务为理由而选择兼职工作的几乎都是妇女（98％），但是因为是学生而选择兼职工作者当中却只有 55％ 的人是妇女。并且，选择兼职工作的理由是因生病或失能（60％），或者找不到全职工作（63％）均有将近三分之二的是妇女。

表 9 - 4　兼职工作者（16 岁及以上）选择从事兼职工作的原因划分（英国，2003）

原因	妇女		男子		此类原因样本中妇女所占的比例（%）
	数量（千人）	占所有妇女的比例（%）	数量（千人）	占所有男子的比例（%）	
求学	602	12	499	44	55
生病或失能	67	1	44	4	60
无法找到全职工作	319	6	189	17	63
不想从事全职工作：					
不需要做全职	536	11	158	14	77

原因	妇女		男子		此类原因样本中妇女所占的比例（%）
	数量（千人）	占所有妇女的比例（%）	数量（千人）	占所有男子的比例（%）	
家庭及家务原因	2679	54	55	5	98
其他原因	802	16	181	16	82
所有兼职工作者人数	5005	100	1126	100	82

资料来源：EOC，2004。

同样地，共享工作（job share）与从事学期工作（term-time working）的人也大部分是妇女。共享工作是一种兼职工作，即一份全职工作被拆开由（通常）两个人分担。共享工作者多在不同的时间工作，工作时间可能不断转换。学期工作则是在学校或大学的学期期间工作，虽然他们的工资可能在一年内平均分配到每个月，但在学校放假时，他们也同时享有带薪或无薪假期（通常两者兼而有之）。在英国，妇女从事共享工作或做学期工作的人数远远多于男性。总的来说，91%的共享工作者和84%的学期工作者是妇女（EOC，2004）。然而，尽管如此，也只有一小部分妇女（分别为1.6%和8.2%）从事共享工作或有学期工作安排。相比较而言，男子从事这类工作的人数要少得多。在英国，只有1.4%的男性员工有学期工作安排，从事共享工作的男子仅占0.2%（EOC，2004）。

在欧洲社会中，妇女整个生命周期的有酬就业模式都在改变，但各国之间存在明显的差异。丹麦和葡萄牙是妇女就业率与"倒U型"曲线最接近的两个国家，即大多数妇女没有"离职长假"（career breaks），不过丹麦的妇女就业率更高。在法国、英国、德国和荷兰等地，妇女的活动模式最明显地类似于"M型"曲线，有职业暂休的女性比例很高，但荷兰40—50岁妇女的参与率高于其他三个国家。在其他国家，如意大利、西班牙、希腊、爱尔兰和比利时，尽管妇女的经济参与率有所上升，但妇女就业率在25岁左右达到高峰，此后便开始下降。

尽管妇女是否可以获得托儿服务（以及对小学适龄儿童的校外照顾）是解释妇女参与有酬工作在比例上有所不同的原因之一，但它本身不是一个充分解释。举例而言，爱尔兰和荷兰显然比英国有更多的公共学前儿童看顾措施与场所，但是相较英国，这两个国家在 25—49 岁之间的妇女就业率却比较低（爱尔兰和荷兰分别为 45% 和 58%，相比较 1992 年英国有73% 的妇女就业率）（Maruani，1992）。然而，是否可以获得幼童照顾服务的确是妇女能否参与劳动力市场中的重要因素之一。例如，在法国，普惠可及的学前公费托儿服务，再加上孩子们在校时间较长，使得全职工作的法国母亲比例很高。相比之下，在英国，学前幼童的照顾措施相对较少，孩子在校时间也较短，这至少在一定程度上解释了妇女就业率持续呈现"M 型"曲线的原因之一，也解释了为什么有孩子的妇女兼职就业率较高的原因。国家是否提供托儿服务，也可能与对已婚妇女或有子女的妇女是否应参加有酬就业的文化态度相互作用。例如，爱尔兰已婚妇女的低就业率，似乎就深受文化因素和性别意识形态的严重影响。结构和文化因素的结合也解释了性别薪酬鸿沟的持续存在。

三　性别薪酬差距

自 1970 年设立的《平等报酬法案》（Equal Pay Act）实施以来（以及随后于 1980 年加入了"同工同酬"修正案），英国的性别薪酬差距（the gender pay gap，男女的收入不平等）并未因此显著缩小。事实上，自 1990 年代中期以来，全职工作的性别薪酬差距几乎没有变化（EOC，2004）。2003 年，英国全职女性的收入占全职男子平均收入的 81%，这意味着每小时的收入差距是 19%（见表 9－5）。兼职妇女的时薪仅为全职男性的59%，自 1975 年以来，这一平均差距 41% 的性别薪酬差距几乎没有任何改变（EOC，2004）。

在周薪上，全职工作的性别薪酬差距甚至更明显（25%），在年薪上更是如此（28%）。这是因为男子的平均工作时间比妇女长，因此更有可能获得额外的报酬，比如轮班工资及奖金。男子也比妇女更有可能超时工作。性别薪酬差距在管理者和行政人员上特别明显（30%），销售行业之间的差距也很大（28%），而文职和秘书工作的薪酬差距最小（2%）。然而，有明确的证据表明，即使从事相同的职业，工作时间相似，妇女挣得

表 9 - 5　　性别薪酬差距① （英国，2003）

单位：%

	时薪	周薪	年薪
全职妇女与全职男子	18.8	25.4	27.8
兼职妇女与兼职男子	15.9	13.0	19.9
兼职妇女与全职男子	41.1	72.0	72.3
所有妇女与所有男子	23.9	41.4	43.8

资料来源：EOC，2004。

也比男子少，这即是"性别的溢价"（gender premium）。有子女需要抚养的员工（31%）与没有子女的员工（18%）的薪酬差距更大。失能妇女面对的薪酬鸿沟更为明显，无论她们是全职还是兼职，平均收入都低于男子。

男子和妇女之间的工资差距随着年龄增长而愈加明显，部分原因是因为男子的平均工资一般在 50 来岁时才达到顶峰，而妇女工资却是在 30 多岁时达到顶峰（EOC，2004）。尽管在每一种教育程度的工作者（包括大学毕业生）中都存在巨大的性别薪酬差距，但年轻妇女的教育程度往往比年长妇女的高，也可能是其中一部分原因。事实上，然而大学毕业的年轻男女年龄组（20—24 岁）中，女毕业生和男毕业生的平均年收入也有相当大的差距，平等就业机会委员会的相关研究表明，在 2002—2003 年，该年龄段男子的收入平均比妇女高 15%（EOC，2004）。

在年长者的生活中，性别收入差距似乎更加严重。大约 61% 的男性雇员享有一个或多个公司的、个人的或合伙的养老金计划（pension schemes），但女性雇员中只有 53% 的人有此情况。与男子相比，妇女不太可能定期储存养老金。在 2003 年，年龄介于 25—59 岁的在职者中，44% 的男子在过去 10 年里每年都缴纳了养老金，而妇女的这一比例只有 26%（EOC，2004）。再加上人口老龄化的因素（见第五章），意味着妇女在晚年生活中可能面临越来越大的贫困风险，妇女的晚年生活正反映出她们在整个职业生涯中

① 性别薪酬差距的计算方法是取妇女平均工资与男性平均工资的比例，再用 1 减去该比值所得的差数。——译者注

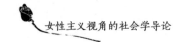

都处于劳动力市场的劣势地位。

英国平等就业机会委员会（EOC, 2001）在一项回顾研究中强调，妇女可选择的职业范围极为狭窄以及经常从事兼职工作，是造成性别薪酬差距持续存在的两个主要因素。这份报告同时还强调，与其他工业化国家相比，英国妇女在一生中会遭受高度的收入损失，尤其是那些为了抚养孩子而放弃工作的女性，"高母职惩罚反映出产假和育婴假权利的不足，以及儿童照顾机构的匮乏。这限制了就业机会的连续性，特别对那些低薪和低技能的母亲而言，更是无以为继"。

四　妇女的工作态度

尽管大多数女性主义者认为，解释妇女在劳动力市场中的地位和性别化工作模式的主要因素是由结构决定的，但凯瑟琳·哈基姆（Catherine Hakim, 1995, 1996）却认为，人们对妇女为何倾向选择有酬工作以及她们对这些工作的承诺没有给予足够的重视。在探讨劳动力市场参与的性别化模式时，她指出以下三种女性群体：

1. **以家庭为中心**（home-centred）的妇女（占妇女总数的15%至30%）更倾向不工作，孩子和家庭是她们的生活重心。

2. **灵活适应**（adaptive）的妇女（占40%至80%）是一个多样化的群体，其中包括希望兼顾工作和家庭的妇女，以及那些想要一份有酬工作但却不愿完全投身于事业的妇女。

3. **以工作为中心**（work-centred）的妇女（占妇女的10%至30%），这些妇女大部分都没有子女，以事业为重心。

她以此建立了所谓的偏好理论（Preference Theory），认为现在的妇女已可选择是否需要工作。她认为，大多数想兼顾家庭与工作（未"献身"）的妇女会去寻求兼职工作，尽管她们知道兼职工作的地位不高，而且报酬不如其他工作。相较于女性主义社会学家会认为妇女的工作模式是限制妇女选择范围的结构性因素、男子行使的排他性策略以及性别意识形态导致的结果，哈基姆（Hakim）认为，妇女是自动选择低薪、低地位的兼职工作，因为这些工作与她们扮演的家务与家庭角色相符合，而这些角色才是她们的生活重心。

　　然而，克朗普顿和勒·菲弗（Crompton and Le Feuvre，1996）则认为，并没有足够的经验证据可以证明我们可以就工作承诺这一因素将妇女清楚划分为这三个类别。她们通过对英国和法国从事银行和制药行业的妇女的研究得出了这一结论，并指出，即使这些专业妇女从事的是兼职工作，也没有证据表明她们并未全身投入在兼职工作上。马丁和罗伯茨（Martin and Roberts，1984）在一项更早的研究中指出，尽管许多妇女发现很难同时应对工作和家庭中时常冲突的需求，但这并不意味着她们对这两者的投入有所不同。他们的研究还指出，工作类型、就业条件和工作态度之间的关系才是更关键的因素。沃尔什（Walsh，1999）在对澳大利亚兼职女工的研究中对哈基姆的描述做了进一步的批判。沃尔什认为，兼职工作的妇女在性格或工作态度上并不相同，而且妇女寻求兼职工作的原因也是多种多样的。虽然在她的样本中，大多数妇女对自己的工作环境感到满意，但也有相当一部分人希望在可行的情况下尽快重返全职工作。她对哈基姆认为大部分女性员工不想投入工作的观点提出了质疑，并认为，不同群体和不同生命历程对劳动力市场的投入程度是不同的。克朗普顿（Rosemary Crompton，1986）在她早期关于服务工作的研究中强调了后一点，即生命历程的确形塑了妇女的工作态度。

　　最后，我们要记住的重要的一点是，当妇女"选择"兼顾无酬的家务劳动和有酬工作时，她们做出的选择和她们呈现的工作态度，都取决于相对狭窄的预期选择范围以及社会建构出来的对女性角色和责任的期望。此外，还受到社会阶级的不平等、种族与族群的权力关系、失能等重要因素的影响。例如，从事管理和专业工作的高教育程度的妇女，通常可以挣到足够的钱来支付高质量的托儿和家政服务，以避免直接遭受到那些针对职业妻子和母亲的批评，而其他妇女则无能为力。她们在工作态度上的不同，只部分解释了为什么后者可能从事兼职工作或什么工作都不做释。因此，更多对妇女工作模式和工作态度的社会学解释强调，探索结构和行动者之间相互联系的方式，是理解社会如何建构（和限制）妇女的"选择"的重要因素。

五　性别与失业

根据劳动力调查（EOC，2004），在英国有 4% 的经济活动女性人口（年龄在 16 岁及以上并可工作的妇女）和 6% 的经济活动男性人口处于失业状态。传统社会学向来不认为失业会对妇女构成问题，或者，至少对大多数已婚妇女来说是这样。这是因为，人们认为妇女的工资是微不足道的，对家庭来说并不是必不可少的，妇女的主要身份和地位来自她们作为妻子和母亲的角色，妇女可以随时"返回"到她们的主要家庭角色。妇女的失业情况也是"隐而未显"的，因为寻求就业的妇女中有很大比例没有登记为失业。

然而，女性主义研究对这一观点提出了挑战，并认为，工作和工作身份是许多妇女生活的中心，且女性挣的钱也是必不可少的。安吉拉·科伊尔（Angela Coyle，1984）在一项针对 76 名因冗员而被裁的妇女的研究中发现，只有 3 名妇女（其中 2 名怀孕，1 名接近退休年龄）借机停止工作，其他所有的妇女都重新寻找另一份工作，而且后来找到的工作，往往需要的技能都比前一份更低，工作条件更差，薪水也不如以前。这些妇女说，她们需要工作是因为男主人的工资不足以满足她们的家庭需要，另一个原因则是因为她们重视从有酬就业和拥有自己的收入中获得的独立感。她的结论是，带薪工作对这些妇女的生活至关重要，解雇被视为她们工作生活中不受欢迎的干扰因素。

失业原因因性别而大不相同。在英国，根据 2001 年的人口普查，妇女未能成为经济活动人口的主要原因是他们从事的是无报酬的工作（照顾一个家族或家庭）。男子的主要原因则是他们被解雇、正在接受全日制教育或培训，或者刚好结束一份临时性的工作，仅有 4% 的男子是由于照顾家庭或家。[①]　当然，失业问题也往往与教育程度、失能和种族等其他因素有关。

与此同时，妇女的参与率（尽管主要是兼职工作）在许多社会中都不

---

① 资料来源：www.nso.org。

断攀升，而男子的参与率却在下降。这部分原因可能是由于男子的高失业率（特别是在欧洲），一部分原因也可能是有越来越多的男子因病而长期休假（尤其是在他们五十或六十几岁时），或提前退休，或被解雇。然而据预测，就业活动中的性别差距（随着专为妇女创造的就业机会多于男子）将继续扩大（Macionis and Plummer，2002）。

男子和妇女在失业期间从事的活动以及他们寻找新工作的方式也存在性别差异。例如，几个欧洲国家的调查显示，在失业后，妇女比男子更难找到新工作，而且她们更有可能依赖政府服务来寻找新工作，而男子则可以利用如个人渠道和网络①等更有效的方法。因此，正如许多女性主义者研究职场时所揭示的，无论是在职还是失业，各种非正式的工作面向似乎都对妇女不利。

第五节　关于职场的女性主义研究

许多经典的女性主义的工作研究都集中在工厂工人身上（试图纠正男性主流社会学在研究工作时对妇女的忽视），但后来，人们逐渐倾向于关注劳动力市场中妇女比例过高的领域，尤其是护理工作和服务行业工作。这些研究强调，性别以各种方式形塑了男子和妇女从事有酬工作的经验。

一　工厂工作的女性主义研究

安娜·波勒特（Anna Pollert，1981）和莎莉·韦斯特伍德（Sallie Westwood，1984）的研究表明，妇女和男子通常从事不同性质的行业：男子从事的工作被归类为技术性质的工作，而妇女的工作则被归类为半技术性质或非技术性质的工作，并且收入大大低于男子。她们都赞成，"技术"是社会构建的概念，被视为男子的工作特征，而不是妇女的工作特征。露丝·卡文迪什（Ruth Cavendish，1982）在描述伦敦的一家工厂时指出，生产线女工在工作时所需掌握的复杂技能，让她们所需花费的工作时间实际

---

① 资料来源：www.unece.org。

上要比男性技术工人更久。她生动地描述了在工厂里从事非技术的工作是什么样子。她工作的工厂雇用了大约 1800 人，其中有 800 人在工厂现场工作。几乎所有的女性员工都是移民工人，其中 70% 是爱尔兰人，20% 是加勒比黑人，10% 是亚洲人（主要来自印度的古吉拉特邦）。她指出，男子享有的工作条件明显好于妇女，他们的工作能让他们可以偶尔停下来抽根烟、四处走动，就算工作速度变慢也不会受到经济上的惩罚，而工厂女工则被绑定在生产线上。男子主导的工会和管理制度共同维护了男性工人的利益。男人和男性利益有效地控制了妇女，她们常常受到男子的监督。

几乎所有的妇女都是半技术性质的装配工，很少有例外。相反的，男子则被分散在各个层级，而且各自的技能和薪酬都不同。即使男工和女工同在一个机械车间做相同的工作，男子的工资也比妇女高，因为他们能提起沉重的金属线圈，而妇女则不能。年轻男子被培养成领班，而年轻女子却不能。妇女的晋升机会远比男子小。

这些妇女受控于流水线和奖金制度。工厂在引进新设计和新机器时，从不征求女工的意见。这些女工在工作时没有机会移动或思考，也没有时间可以小憩，而且一旦她们跟不上生产线的速度，就会被解雇。在工作中，妇女受到男子的控制和庇护，但其他女工的态度通常是支持和友善的。妇女生活中最重要的似乎是家庭和家族，单身妇女则盼望着婚姻和家庭生活。所有的妇女都热衷于家庭生活。

安娜·波勒特（Anna Pollert, 1981）在她关于英国布里斯托尔（Bristol）一家烟草工厂的研究中也发现了类似的情况，即女工在工厂的工作是循规蹈矩的、重复的、低级的工作，而这些工作通常不会由男子负责。女工认为她们的工资应该比男工低，因为她们还要结婚生子、养儿育女，而男子则要养家糊口。妇女还认为她们的工作不如男子那样需要技术，对整个生产过程也不那么重要。此外，如果她们的工资与男性相同，她们认为自己就会因价格过高而失去工作。

因此，这些妇女接受了她们报酬较低的处境，一部分原因是她们将其与其他妇女的工资进行了比较。虽然她们不认为自己应该待在家里，但她们认为自己需要依赖男人，认为自己的工资也不该比男人高——尽管三分之二的女性员工本身既年轻又是单身。她们把婚姻和家庭视为自己的"事业"，认为自己在阶层和性别上都处于劳动力市场的最底层。未婚女孩把婚姻看作是摆脱这个地位低下且单调乏味的工作的一种方式（尽管她们与已婚妇女一起工作，且事实证明实际并非如此）。波勒特（Pollert）的受访者之一瓦尔（Val）很好地表达了这一观点。

> 要结婚（笑声）。做任何事情都比在这里工作要好。当然了，大多数女人都会结婚，不是吗？并不是所有妇女都像男人一样工作一辈子。这么说吧，我结婚后就不想工作了。我真的不相信已婚妇女还要工作。恩，因为反正也不是有那么多工作可做，她们应该让出一条路来给那些准备过属于自己生活的人。

> （Pollert，1981：101）

在车间里，女人们的谈话中充满了异性言情氛围。外貌、求爱和婚姻这类话题主导着这些谈话，工作反倒像是被视为暂时性的过程而已。在已婚且所有都是"双班轮替"（既做家庭主妇又做有酬工作）的妇女中，她们也都认同自己的主要身份是家庭主妇。

二 照顾工作的女性主义研究

个人性的照顾工作，如看顾助理和家庭帮工等，主要由妇女承担。一般来说，这类工作也的确都是为女性工作者而创造的，并常被假设妇女"天生"就能够应付这类工作需求。从事家庭帮佣、辅助护理、看顾助理等工作的妇女，常受雇于女性"外围"劳动力市场上——从事地位低下、就业条件差和不安全的工作。她们通常受到其他女性工作者的监督和管控，这些女性工作者则时常位于"核心"的劳动力市场，地位较受到保障（Abbott，1995）。

她们的客户群体主要是老年人（在大多数西方社会中，老年人的数量越来越多，见第五章）。护理人员经常跨越亲密的身体界限，她们的工作经常是单调重复、耗费情感的，而且也需要很多体力。虽然从事这类工作的许多妇女对此持积极态度（Abbott，1995），但女性主义者往往认为这是一种剥削，因此将从事这类工作的妇女视为受资本主义和父权社会结构剥削的受害者。然而，希拉里·格雷厄姆（Hilary Graham, 1991）指出，女性主义者往往在无意中倾向于采纳决策者对照顾的定义，并将其等同于在家庭中照顾亲戚和家人所做的工作，包括爱和亲情的义务。正如她所指出的，这意味着她们忽视了阶级和种族等因素对照顾和护理工作的影响力，也看不见发生在私人家庭中的有酬家务劳动如何模糊了家庭领域和公共领域之间的界限。女性主义者也往往忽略了社会服务机构中的带薪照顾工作，未看到在这类机构中的工作如何被建构，而且也未理解到这类工作代表的意义是，它也模糊了公共领域与私人领域的边界，而仅仅是将妇女在家庭中的照顾角色转移到她们在公共领域的工作上。

不管是在私人领域还是公共领域，照顾工作向来主要是妇女的工作。这不仅是因为主要是妇女在从事这项工作，还因为妇女常被视为天生就适合这一工作（这些工作所涉及的技能在文化上与常被视为与妇女自然相关，且往往不受到认可）。贝弗利·斯基格斯（Beverley Skeggs, 1997）利用布迪厄提出的某些特定的职业需要特定形式的文化资本的概念而指出，对于那些想要从事含有照顾性质工作的妇女来说，女性气质可能是她们在劳动力市场上的一项资产。然而，这意味着照顾他人的工作通常不会像技术工作一样可以得到报酬（见 Abbott, 1995）。它也被视为只适合妇女从事的工作，主要因为它涉及体力劳动和情绪劳动，要同时关心被照顾者的卫生和健康问题。换句话说，它经常涉及与他人身体的亲密接触。将照顾工作称为"女性的工作"，适用于大多数妇女从事的其他工作，不管是家庭中或是劳动力市场上的工作。而正如女性主义者指出的，这是理解妇女在公、私人领域所做工作之间关系的关键，尤其适用于服务业和文职工作中的妇女。

三　文职工作的女性主义研究

在文职工作中，妇女通常从事报酬相对较低的工作，几乎没有职业前景和福利。妇女往往在她们不会得到晋升的基础上而被征聘，然而男子则是在他们会得到晋升的条件下被征聘。和男子相比，妇女更不可能获得完整的工作经验，也没有学习机会以使她们能够晋升，或具有晋升资格。例如，凯特·波伊尔（Kate Boyer，2004）的一项研究就发现，金融服务行业会创建出她所谓的"男子自由流动，而妇女则被禁锢"的工作系统（第201页）。随着文职工作地位的逐年下降，再加上其所涉及的工作内容越来越标准化、琐碎化和固定化，越来越多的妇女被招进办公室工作。对于男子来说，去技术化的办公室工作提高了其被升职的可能性。当妇女被招募来做这些低职、低薪的工作，且一旦怀孕离职就会被其他更年轻的妇女所取代时，男子的地位却是可流动的，可以让他们远离文职工作。

自第二次世界大战以来，男性主流社会学关于社会阶级研究的主要争论之一在于：从事文职工作的人是否算无产阶级化？也就是说，文职工作的报酬、工作条件和工作性质是否可以和体力劳动相提并论。英国的社会学者遵循韦伯的阶级分析取向（见第三章），审视了男性文职工作者所处的市场状况、工作环境和社会地位后指出，他们属于中产阶级，因为他们享有优越的工作环境，而且他们不认为自己是工人阶级，社会也视其为中产阶级（参见 Lockwood，1958；Goldthorpe et al.，1969）。然而，布雷弗曼（Braverman，1974）却认为，文职工作者已经无产阶级化，而且文职工作的女性化即是这一无产化过程中的一部分。克朗普顿和琼斯（Crompton and Jones，1984）回顾这个争论后指出，虽然从事文职工作的妇女被无产化，但男子却并不完全如此，因为男性文职工作者拥有从文职工作中向上流动的可能性。他们认为，随着越来越多的妇女寻求并被视为升职的潜在候选人，这种情况可能会改变。然而，只有将女性文员与男性体力劳动者进行比较之后，她们属于无产阶级这样的观点才能够成立。然而马丁和罗伯茨（Martin and Roberts，1984），以及希斯和布里顿（Heath and Britten，1984）却指出，女性文员认为她们享有的薪酬和工作条件更接近于从事专业和管理工作的妇女，而非从事体力劳动的妇女——这些体力劳动一般不需要任何特殊技能。

罗斯玛丽·普林格尔（Rosemary Pringle，1989）的《秘书话谈》（Secretaries Talk）是研究文职工作最重要的社会学著作之一，该研究基于对澳大利亚各类公司的近500名办公室职员的访谈。她的分析集中在老板和秘书的关系上，并强调这种关系是如何被性别化的权力关系所形塑的。普林格尔大量采用福柯的观点，审视了秘书们如何与这种权力结构周旋，被性别和阶级所形塑，并生动刻画了秘书们不断变化的角色和身份认同——从"办公室妻子"（office wife）到"性感秘书"（sexy secretary）到"职业妇女"（career woman），以及这些角色是如何反映技术变革的。她的结论是，虽然她们有各种权力和抵抗的策略可供选择，但性别和性别特质仍是打造一位秘书的极为重要的元素（Pringle，1989：26）。

四　服务工作的女性主义研究

至少在西方社会，性别化的职业区隔模式意味着，到目前为止，大多数从事有酬工作的妇女都受雇于服务业，且主要是例行化的、非劳力的互动服务性质工作或叫作"妇女的工作"。女性主义关于服务工作的研究涉及各种行业，在这些工作中，与女性相关的技能、特质和审美都被商品化了，例如，护理工作（James，1989）、服务员和酒吧工作（Hall，1993a，1993b；Adkins，1995）、航空业（Hochschild，1983；Tyler and Abbott，1998；Tyler and Taylor，1998；Williams，2003）、博彩行业（Filby，1992）。举例来说，伊莱恩·霍尔（Elaine Hall，1993a，1993b）对女招待的研究中强调她们表现出来的服务风格是性别化的，而且服务员被定义为典型的"女性的工作"是因为做这样工作的大多是妇女，还有人认为这些工作的内容很"女性化"（feminine）（1993a：329）。她的研究发现，人们会期望男服务员在餐桌边服务时采取"正式"的服务风格，而妇女则被要求表现出"像家人般"的态度，而这些期望上的差异可以归因于工作本身的性别化建构。她所描述的职业地位的性别分层，很大程度上是由三个因素造成的：服务意义的性别化、工作头衔的性别化和工作制服的性别化。这些因素综合起来，意味着女性化是"提供优质服务"的重要因素（1993b：452）。

迈克·菲尔比（Mike Filby，1992）对三家博彩商店的民族志研究，也强调了性别和性欲特质之间的关系对服务行业中妇女的工作经验的形塑，特别是雇主和顾客的期望是如何形塑这种关系的。菲尔比认为，顾客对女性员工的"身段、性格和屁股"是否满意，很大程度上决定了他们对优质服务的感知。他还强调，管理层和顾客都期望女员工的工作职责之一，是与顾客开些带有性暗示的玩笑，如此一来，贩卖服务和贩卖性感之间的界限变得非常模糊（Filbg，1992：37）。就这方面而言，他的结论是："这个研究……表明，那些不言而喻的技巧以及被设定的性欲化的、性别化的能力，如何深刻地决定了工作场所的运作以及商品和服务的生产（Filbg，1992：38）。"

加雷斯·摩根和大卫·奈特（Gareth Morgan and David Knights，1991）对一家中型保险公司内的"销售工作的性别化"的研究（1991：183）进一步明确了男性特质和女性特质之间的关系。他们的研究强调，妇女之所以被排除在地区销售代表的工作之外，一部分原因是"保护性的家长主义"（protective paternalism）的影响（推销员必须独自出差，并且拜访各种潜在的顾客），另一部分原因则是妇女被认为无法耐得住"销售的孤独"，还有部分原因是人们认为她们不像男性一样更有弹性，就像研究中所形容的，她们"同情心太强"而又不像男性一样"够有野心"。此外，管理者也意识到销售团队中存在一种基于共同性别认同的团队精神，并认为妇女的加入可能会破坏这种精神。他们还发现，销售代表的角色在很大程度上是根据与男性特质相关的特定术语来构建的。这种阳刚话语强调进攻性和高绩效是定义这项工作的特质，而（男性）管理者和（男性）销售代表和（他们假设的）潜在客户，是不会把这些特质同妇女联系起来的。因此，鉴于种种原因，……销售这个任务本身就与销售者的男性特质联系在一起（1991：188）。这意味着内部销售（在银行和大楼内推销）被女性化，而外部销售则主要由男性主导。凯特·波伊尔（Kate Boyer，2004）对加拿大金融服务业的研究也得出了类似的结论。

在警察工作中的研究，也可以发现这些服务工作本质中的性别差异，以及根据性别意识形态构建特定角色的方式。苏珊·马丁（Susan Martin，1999）在美国警察的研究中发现，警察的工作涉及大量的情感互动，因此警察也必须控制自己的情绪表达以及与他们接触的公众的情绪，因为这些人可能会受伤、心烦、愤怒或被怀疑。她指出，警察工作通常被认为是充满男性特质的工作，因为工作内容涉及各种打斗，但它也包含了照顾有关的内容，而警察往往鄙视这类工作，戏谑其为"这些工作中较娘们儿的一面"。她的分析也强调，性别如何以各种方式被构建成为工作、特定职业和工作组织文化的一部分。

罗宾·莱德纳（Robin Leidner, 1993）在她的《快餐快语》（*Fast food, Fast talk*）这篇新韦伯主义分析的研究中也得出了类似的结论，这一研究以联合保险公司和麦当劳为例，探讨例行化的服务工作。她指出，就性别和互动服务工作而言，最令人震惊的地方在于，性别构建的完成会创造出这样一种印象，即认为人们在个性、兴趣、特质、外貌、举止和能力上的性别差异都是天生的。因此，工作区隔的性别化强化了这种天性的表象（Leidner, 1993：194）。她强调，性别被构建成为工作的一部分，然而：

> 对公众和工作人员来说，服务工作中的性别隔离造成了通常的感知，人们因而普遍认为，男女社会地位的差异是他/她们的天性和能力差异的直接反映。
>
> （Leidner, 1993：211）

服务行业的许多女性工作，显然被认为是在利用妇女在私人领域的能力：照顾、准备和提供食物、护理、预测和回应他人的需求，等等。简而言之，美国社会学家阿莉·罗塞尔·霍赫希尔德（Arlie Russell Hochschild, 1983）在其著作《心灵的整饰》（*The Managed Heart*）中认为，这些工作大部分涉及情感劳动（emotional labor），即与情绪商品化有关的工作，这类工作主要与妇女提供服务和照料的能力有关。

五　从事"女性工作"的男人

女性主义研究还强调，"男性工作"和"女性工作"的文化，有助于工作区隔化和劳动力市场性别化等结构的构建。琼·埃文斯（Joan Evans）在她对男护士的研究中就曾指出过：

　　　男性参与护理工作，揭示了对男性特质的一般定义已成为男子跨越性别鸿沟、进入护理行业的巨大障碍。在战争或护理资源严重短缺等特殊时期，性别界限是可以协商的。对于那些跨出界限、进入护理行业的男子来说，从男护士往往负责心理健康相关的护理工作，且多由他们取得和男性特质画上等号的管理权和专业职位来看，这些不均衡表现证明了性别化的劳动分工的存在。

（Evans，2004：321）

　　正如我们已经指出的，女性工作往往与低工资、低地位相关，自主性也不如男性工作。部分原因是工作结构和工作文化之间的相互关系，以及工作所需的技能和女性的本质或性别有关。大多数的人类学研究，要么关注妇女如何被排除在传统上由男性主导的工作领域之外，要么就是关注妇女集中的劳动部门。从事非传统职业的男子相比之下则是被忽视的群体，这一现象直到最近才有所改变。然而，在过去20年以来，妇女进入男性占主导地位的工作领域的比例开始增加，但男子进入女性工作领域的人数却未有同样的现象。克里斯汀·威廉姆斯（Christine Williams，1993）在《做"女性工作"》（*Doing 'Women's Work'*）中探讨了为什么男人不愿意进入与女性工作相关的劳动力市场？以及那些从事女性工作的男人在工作经验方面会发生什么改变？她的研究是在以下四类工作场所中进行的：小学，秘书工作、无报酬的照顾工作和脱衣舞俱乐部。她发现，做女性工作的男子往往要么倾向排斥（方法是通过强调自身的男性特质和远离主流女性工作文化），要么倾向强调和嘲讽（比如嘲笑他们自身的性欲特质），并且变得"超女性化"（hyper-feminine）。她认为，当妇女从事男性工作时，她们要么强调自己的女性特质（并因此被贬低），要么接受男性的价值观（比如，当她们在工作中表现出色且有升职的机会时）。她的结论是，不管男子和妇女，都倾向于强调与女性气质保持距离以得到更多的报酬。因此，大多数女性都会受到不公平的对待。她认为，工作文化以及女性气质的被贬低，在一定程度上解释了为何性别化的薪酬差距会持续存在，以及为什么男子能够在劳动力市场上继续保持相对于女性的优势，即使他们

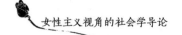

"跨越"界限、进入女性的工作领域，他们仍是既得利益者。

哈里特·布拉德利（Harriet Bradley，1993）在同一本合集中也指出，大多数男子（甚至包括失业的男子）不愿从事妇女的工作领域，因为这些工作报酬低、地位低。她的研究审视了男子进入女性工作的模式和影响他们退出的因素。她发现，男子进入女性工作的策略有如下三种：接管（takeover），通过接管将女性的工作变成男性的工作，如烘焙和酿造业、乳制和纺织业等；入侵（invasion），例如男性通过入侵接管工作中更具技术性、地位更高的部分，如产科、人事和社会工作等；渗透（infiltration），这种是最难追踪、量化和分析的（Bradley，1993：21），这类的男性雇员并未特意驱逐妇女，也并不想改变工作的本质，且在同时似乎又拒绝抵制男性特质的霸权。她总结说，影响男子"跨越"界线、进入女性工作的有三个因素：经济原因（比如高失业率）、男性特质的变化和技术变革。

西蒙·克罗斯和芭芭拉·巴吉尔霍尔（Simon Cross and Barbara Bagil-hole，2002）关于10位从事不同"女性工作"的男子的民族志研究中也有类似的发现，研究强调他们在各种渠道、各种方式中体验到的自身男性特质所面临的挑战。他们发现，男性要么试图通过疏远女同事来保持传统的男性特质，要么通过将自己与非传统的男性工作紧密结合部分重建另一种的男性认同。他们得出的结论是，即使是在从事传统上被归类为女性的工作时，男子的回应仍持续让男性特质成为主宰的性别特征。

其他的研究则强调，当男子进入女性工作时，他们通常是把它当成一份暂时性的或过渡性的工作这样做的。例如，英格兰和赫伯特（England and Herbert，1993）就认为，男子通过"旋转门"（revolving door）进入女性的工作，而男性特质的文化让他们很少能在此类工作上做得长久，因为"男子做女性主导的工作有损其声誉"（England and Herbert，1993：50）。

威廉姆斯和维尔米尔（Williams and Villemel，1993）也提出了类似的观点，他们认为，一些男性是通过"天窗"（trap door）进入女性工作的，这意味着他们打算从事传统上属于男性的职业，但最终却（暂时地）从事女性的工作。"天窗"这个隐喻的目的是要传达这样一种信息：男子做女性的工作岗位"只是暂时地，而且当他们离开时，往往会向上流动"

（Williams and Villemel，1993：72）。艾伦（Allan，1993）对男性小学教师的研究强调，男子从事女性工作时，往往不得不重新调整他们的男性气质，并有意识地扮演好他们的性别身份，以克服明显的矛盾。艾伦认为，这种性别扮演"本身就是一种未被认可的工作"（Allan，1993：115）。罗斯玛丽·普林格尔（Rosemary Pringle，1993）在对男秘书的研究中拓展了这一研究方法，她采用了福柯式的方法来关注性别化的职业话语本质（某项特定职业用来定义"真实"的语言，塑造了人们对这种职业的认知和体验）。她认为，职业头衔和性别标签都无法描述出一个既定的真实，唯有论述本身才能主动建构真实（Pringle，1993：130）。因此，她得出结论，男子感知和体验女性工作的方式，与妇女不同。正如我们上面所提到的，这不仅受到职业（水平与垂直）区隔化结构模式的影响，也受到文化区隔的影响。由于男子和妇女对同一职业的体验（和感知）是不同的，因此，工作文化会随着工作是男子还是妇女来做而改变。

因此，鉴于性别的缘由，从事秘书工作的男子不被视为是秘书，反而往往被当作"个人助理"。职业话语的重要性意味着，我们对秘书工作的看法不是由秘书的工作决定的，而是由秘书是什么人决定的，以及这是如何与性别差异的认知相关并嵌入其中所决定。

阿普尔盖特和凯（Applegate and Kaye，1993）在对男性照顾工作者的研究中也提出了类似的观点，研究发现，男子在无报酬的照顾工作中会变得"女性化"，而且开始采用一些传统上被认为属于女性的工作技能和个性特质。然而，对这些男性研究对象来说，父权制的意识形态以及男性特质和女性气质的各种论述都意味着照顾工作仍然被视为是女性的工作。他们总结道，这份研究暗示了性别意识形态以及男子和妇女表现出来的工作话语是很有弹性的。

第六节　性别与专业

妇女往往集中于从事一些"女性"专属的半专业化职业中，而无法进入男性占主导的职业领域。半专业化的职业比专业职业拥有更少的自由度、更低的地位和更少的薪水。妇女通常被视为"天生"就适合从照顾性质的工作，例如小学教师、护士和社会工作者等。然而，即使在这些职业中，妇女往往集中在较低的等级，并且时常受到男子的监督。虽然近年来情况有所改善，但仍有相当多的证据表明，许多专业领域中仍然存在性别刻板印象和性别歧视（EOC，2004）。到20世纪末，年轻妇女的专业资格已逐渐与男子基本持平，然而老一代妇女的专业资格普遍不如男子。因此，进入某些专业领域（例如高等教育和法律等）的妇女比例已经有了很大的变化。然而，即使是在那些与男性能力相当的职业中，妇女在高级职位中所占的比例仍然相对较低（这种模式部分可以用年龄差异来解释）（EOC，2004）。

在一些专业工作或和专业相关的工作中，性别化的区隔仍然很严重（表9－6）。例如，男子仍然占据着90%以上的工程岗位，甚至在软件工程领域也是如此。然而，妇女在小学和幼儿园教师中占80%以上，但在大学教师中只占38%，在技术学院教师中也仅过半数。在护理、社会福利以及人事和劳资关系管理等这类"照顾"工作中，妇女占多数，而在法律和金融等职业中，男子占多数。男子也是勘测员、规划师和建筑师的主体。在所有协理专业工作中，以女性为主的两个职业（健康和社会福利方面的协理工作）的兼职员工比例也是最高的（EOC，2004）。

表 9－6　1990 年英国专业及协理专业工作就业情况的性别比例

单位：%

	女	男	合计
所有的专业工作	40	60	100
自然科学家	35	65	100
工程师和技术人员	6	94	100
软件工程师	8	92	100
健康卫生专业人员	40	60	100
医疗从业人员	38	62	100
药剂师/药理学家	61	39	100
教学专业人士	64	36	100
大学	38	62	100

续表

	女	男	合计
技术学院	54	46	100
中学	53	47	100
小学/幼儿园	86	14	100
法律专业人士	32	68	100
律师	33	67	100
商业和金融专业人士	30	70	100
注册会计师	26	74	100
管理顾问和商业分析师	34	66	100
建筑师、城市规划师和勘测员	13	87	100
所有的协理专业工作	51	49	100
科学技术人员	24	76	100
绘图员、量化和其他调查员	19	81	100
计算机分析师和程序员	21	79	100
健康方面的协理专业工作	87	13	100
护士	90	10	100
商业和金融专业人士	37	63	100
保险商、索赔评估人、经纪人、分析师	30	70	100
人事和劳资关系管理者	79	21	100
社会福利方面的协理专业人士	76	24	100
福利、社区及青少年工作者	73	27	100
文学、艺术及体育专业人士	38	62	100

资料来源：劳动力调查报告（2000年春），引自 EOC，2004。

正如我们上文所指出的，近年来，进入一些既定的专业工作领域的妇女人数有所增加，但这不必然表示她们在较高级别的任职人数有所增加。在大多数社会中，医学是女性比例最高的职业。例如，根据医疗委员会总会（General Medical Council）的登记资料，1976年，在英国，23%的医生是女性。而且，进入医学院的女生比例，从第二次世界大战到1968年之间的22%—25%，增加到1978年的37.8%（Elston，1980）、1985年的46%（Allen，1988），以及1990年代的50%以上（Horkey，1993）。然而，尽管医学毕业生中，在1960年代有25%是妇女，甚至在1980年代几乎一半是妇女，但在医疗专业领域中，位居高层的妇女少之又少（在2000年，只有21%的医院专科主治医生①及5%的外科主治医生是妇女）。妇女多集中于一些特定的医学领域，一般而言，多在学校保健服务、精神卫生，尤其是儿科等部门（在2000年，儿科的女性主治医生是比例最高的，占了将近40%）。被社会建构的属于"女性"的医疗领域，以及女性在家庭和工作之间出现的真实或潜在的冲突，是此种专业化倾向出现的原因。这些医学领域在男子中也不太受欢迎（女性也往往集中在移民男性医生所在的医学领域）。

2000年，英国全科医生中约34%为妇女，而1990年这一比例仅为25%。增长的原因之一是与医疗专业工作的其他领域相比，全科医生可以容许妇女做兼职或轮班。到了1999年，41%的女性全科医生签订了只做半日或四分之三天的工作合同，或者可以轮班。相比之下，93.5%的男性全科医生是全职合同工（EOC，2004）。很有趣的是，只有一小部分妇女成为产科医生或妇科医生（自20世纪70年代以来，妇女从事的比例一直稳定保持在大约12%—15%）。

人们常常认为，妇女缺乏职业前景的原因主要是因此她们要承担家庭责任，因为她们要从职业生涯中抽出时间来生儿育女。当她们回归职场时，往往选择兼职工作，而且并没有像男子那样"真正"将自己全身心投入到工作中去。然而，我们也可以说，妇女在专业工作中屈居弱势群体，因为所有的培训和升职机会都提供给不间断的、全职的工作者。实际上，只有很少数的专业工作可以容许兼职。人们对晋升者的期望是他/她们必须具有特定的经验，并且能够在特定的年龄达到一定的水准。而所有这些标准，对于一个曾有过职业生涯中断或需要在特定时期内兼职的女性来说，都是困难的。

伊莎贝尔·艾伦（Isobel Allen，1988）发现，从进入医学院到成为医院专科主治医生，女医生常面临性别歧视的态度、必须与掌握职位任命权

---

① 专科主治医生，相当于国内的主任医师级别。——译者注

的"老男孩网络"竞争、在面试时被问及性别歧视性的问题（例如，在她的研究中指出，几乎所有女医生都会被问到育儿安排，但有些女医生甚至还没有孩子）。芭芭拉·劳伦斯（Barbara Lawrence，1987）在一项针对女性全科医生的研究中也发现了类似的情况，许多女医生为了避免被男性合伙人控制而决定建立自己的诊所。她们还发现，在一个性别混合的团队中，女医生的报酬总比她们的男同事要少，而且她们也常被期望负责所有在耐心等候名单上的女性和儿童病患。

　　类似的模式也存在于法律工作中。在英格兰和威尔士，目前持有执业证书（PCs）的律师中，女性律师约占 35%。1989 年，这一比例仅为 21%。每年，进入律师候选名单的大多数都是妇女，而在 2000 年，她们占新进入律师行业的人数的 53%。然而，妇女仍然集中在这一职业的最低层。2000 年，有执业证明且私人执业的合伙人中，男性占 82%，而助理律师中女性占多数。总体而言，超过一半的男性律师是合伙人，但女性律师是合伙人的比例却只有不到四分之一。年龄，是导致上述现象的原因之一。2000 年，有执业证明的女性律师平均年龄为 36 岁（相比之下男性的平均年龄为 43 岁），而在 30 岁及以下就拿到执业证明的人当中，女性律师占了大多数。2000 年，在英格兰和威尔士执业的律师中，26% 是女性，而 1990 年只有 18%。2000 年获得律师资格的人中，女性多达 46%。然而，她们仅占英国王室法律顾问（Queen's Counsel）的 8%，在英格兰和威尔士地区人们公认担任此职位的律师是法律专业工作的行业领袖（EOC，2004）。

　　与专业工作多由男子主导相反，从事女性化程度高、半专业工作的人中妇女则占大多数。护理和教学等工作被认为是适合妇女的工作，这归因于这类工作的工作时长、对人际交往技能的需求，以及相对稳定的职业前景。然而，这些职业欠缺其他专业工作所享有的自主性，在这些职业中工作的妇女又通常受到男子的管控：例如，女护士受到男医生和男顾问医师的管控，女教师受到男校长的支配。2000 年，英格兰和威尔士地区的 70% 的中学校长是男子（EOC，2004）。虽然这些职业的薪酬与从事一般工作的妇女相比要高，但相较于那些担任"男性"专业工作而享有高薪酬的人，妇女的薪酬则显得贫乏。不管从事护理还是教学工作，就整个行业中的男女比例而言，担任高层职位的妇女比例明显较低（EOC，2004）。

因此，不管是专业还是半专业的工作领域中，妇女都以各种方式被边缘化。在大多数专业和半专业的职业中，她们的地位较低，薪酬较低，并且人们对于男女分别适合做什么工作又做出了性别化的假设，再加上妇女担负家务责任的影响，都持续形塑着专业工作的性别化分工。

戴维斯（Davies，1996）在对性别和专业工作的新韦伯式分析中强调，专业工作的排除性"封闭"（exclusionary 'closure'）有两种方式：排斥妇女或让妇女觉得不舒服的组织文化和非正式网络，以及技能的社会构建。她在讨论医疗以及和医疗相关的专业工作时特别强调后者的重要性，并且强调"专业主义"的社会建构本身就是性别化的，因为它依赖的价值观如公正、客观等，传统上都与男子有关，而非妇女，而且妇女从事的情感工作和支持工作（男子借由这些工作则能够保持一种超然的假象）也常不被承认。例如，男医生被认为是专业的（超然客观的、科学的等等），部分原因是有被认为较适合从事情感和支持工作的女护士在旁边。由此，戴维斯得出结论，一个关键的社会学问题不仅仅是妇女被排斥在专业工作之外，而是她们如何因其本质特征而被包含在内。探讨妇女在管理工作中的角色，也有类似的主张（Gherardi，1995）。

第七节　管理工作

自 20 世纪 90 年代中期以来，妇女在公司管理者和董事中的比例分别增加了一倍和两倍（见表 9 - 7）。与此同时，从事管理工作的妇女人数总体上有所增加（虽然 1990 年代管理者总人数大幅增加，管理工作仍然只占女性就业的 9%，但占男性就业的 14%）。然而，存在于其他工作领域中的职业区隔化，在管理工作中也能发现。女性执行主管仍不到四分之一，而且仅占公司董事的十分之一；在大多数管理部门中，男性人数均多于女性，行政经理（66%）、健康和社会服务性质的工作（73%）则是两大例外。相反，男性占公司经理的 79% 和生产经理的 94%（EOC，2004）。相比于私营企业，在公共部门的女性管理人员更多；妇女在管理岗位上的比例也因行业而异。例如，在健康和社会工作领域中，女性管理者占三分之二，但在建筑领域，女性管理者仅占十分之一。虽然如上文所述，妇女多从事人事和劳资关系方面的工作，但她们只占人事和人力资源经理的57%（大多数是在"行政办事员"层级）。

表9-7 管理职位中的女性占比（英国，1974—2001）

单位：%

	1974	1990	1995	2000	2001
董事	0.6	1.6	3.0	9.6	9.9
总监	0.4	4.2	5.8	15.0	15.8
部门经理	2.1	7.2	9.7	19.0	25.5
部门主管	2.4	11.8	14.2	26.5	28.9
所有管理者	1.8	7.9	10.7	22.1	24.1

资料来源：国家管理人员薪酬调查，引自EOC，2004。

一些管理学者所谓的"玻璃天花板"（glass ceiling）（Davidson and Cooper，1992）指的是，妇女常常可以看到高层职位，但却不能达到或突破似乎无形的藩篱，以获得高层职位，因此阻碍了她们的职业发展。这类现象似乎仍然存在于许多组织。对于妇女在管理层中任职比例持续偏低的现象，人们提出了几种解释。首先，与大多数职业一样，某些类型的管理工作往往与男性或女性有关；换句话说，管理工作是由性别术语来构建的。例如，虽然妇女在人事管理和公共部门中的人数比较多，但男子在生产管理以及信息和通信技术管理方面仍然占主导地位。其次，在管理类工作中，兼职的机会相对有限，在英国，长时间工作的文化很盛行，只有6%的管理者和高级官员（其中四分之三是女性）是兼职（EOC，2004）。同样，在各个组织中，在高层进行弹性工作的（正式）机会也很少。平等机会委员会（EOC，2004）的报告显示，管理工作的兼职比例最低。不管哪一个行业，有相当高比例（2001年为22%）的管理者工作时间高于任何其他职业类别的员工，通常每周工作超过50小时。男性管理者（27%）这样做的可能性是女性管理者（10%）的两倍多（EOC，2004）。此外，女性管理者单身或离婚的比例也高于男性管理者。与男性管理者相比，女

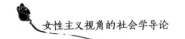

性管理者抚养子女的可能性也要小得多，尤其是年幼的子女。

举例来说，一项探讨银行机构220名管理者的研究发现，女性管理者结婚或生孩子的可能性显然要低得多，因此推断得出，"为了延续她们的事业，妇女需要面对男子不需要面对的抉择"。这一项研究也同时发现，男性管理者的受访者报告了比女性管理者更高水平的压力，这些压力多源于工作环境以及下级和上级之间的管理关系。而女性管理者则认为她们相当高的压力源于工作中所感受到的性别不平等，并且需经常担心如何平衡她们的工作和家庭责任（Granleese，2004：219）。

在许多组织和管理行业，长时间工作的文化意味着，那些有家庭责任的妇女处于特别不利的地位。更糟糕的是，她们还常被排除在组织内部的非正式网络之外（这些非正式网络大部分是由男性主导的），而权力关系（比如晋升机会）往往是在这些非正式网络中协商的。即使妇女冲破玻璃天花板进入高层管理岗位，她们的薪酬也往往低于男性。

许多关于管理工作的学术文献都聚焦于妇女在组织中面临的障碍，尤其是关于玻璃天花板带来的效应。虽然早期（大部分为自由主义的）女性主义者的研究，如罗莎贝丝·莫斯·坎特（Rosabeth Moss Kanter，1977）的《企业男女》（*Men and Women of the Corporation*）全面审视了妇女面对的各种障碍，并提供了相关解决方案（如制定平等机会的政策和法规）。近来许多和管理有关的研究则关注组织如何从雇佣女性管理者之中受益。这些被称为"管理中的妇女"（women in management）的文献基于对集中从事照顾与服务工作的妇女所存在的性别化差异的反思，把研究重点聚焦于管理风格的性别化差异上，认为妇女的管理方式特别适合于当代的工作组织，并且妇女在多任务处理和人际沟通上的技能，非常适合管理工作。朱迪·罗森尔（Judy Rosener，1990）是这一领域的一位很重要的管理学者，她在《哈佛商业评论》上发表的一篇文章，聚焦于男女管理者在管理风格上的差异，认为女性管理风格正日益适应当代职场的动荡和不确定性。她认为，妇女采用的是基于培养、赋能和授权的变革型管理风格（a 'transformational' style），而男子则更喜欢将领导力与指挥和控制联系起来的维持型管理方式（a 'transactional' approach）。纳内特·方达（Nanette

Fondas，1997）在一篇类似的文章中也倡导女性化的管理方式，她指出，当代作家在对管理工作的描述文本中提出许多与女性相关的文化特质，而这些文本正是将女性风格传达给实践管理者的媒介和载体（Fondas，1997：257）。她还认为，受到当代管理学作者推崇的管理工作的女性化，与以下三种正在发展中的主题息息相关，而这些主题也和女性特质紧密相关。它们是：放弃控制权，转向责任共享；通过培养（而非控制）的管理风格来帮助和发展其他员工；以及建立一个相互联系的人际关系网络。

通过强调这些主题，"管理中的女性"这一主题的研究，将妇女置于管理工作分析的中心，并试图强调妇女在家庭领域的角色相关的技能对组织的价值。许多研究从工作/家庭冲突和照顾责任（Davidson & Cooper，1992）、"老男孩"网络（Coe，1992；Ibarra，1993），以及从关于工作取向和工作承诺中各种性别差异的父权制假设（Sturges，1999）等视角审视了妇女在组织中面临的困难。然而，许多这样的分析是建立在男女的"天性"或角色是普遍且本质性的假设之上。而且，它们主要关心的是组织如何从妇女贡献出来的天性或技能中受益，而不是如何促进妇女的权利。因此，这类分析主要关注的是性别差异的商品化与管理，而不是推进女性主义者关于减少女性群体所经历的不平等的议程。

有些管理研究也指出，许多工作组织支持内部形成一种竞争性的、霸权性的男性特质文化，这种男性特质不仅维持和再生产各种控制性的、工具性的和目标导向的行为，并将妇女和女性气质排斥在外（Calas and Smircich，1991），或削弱女性管理者之间的团结（Kerfoot and Knights，1998）。西尔维亚·盖拉尔迪（Silvia Gherardi，1995）注意到组织如何透过象征主义和公司文化而将妇女排除在外的问题。她认为，性别差异既是一种组织原则，也是组织工作的结果。正如她所说，"性别是一种组织原则，也是组织带来的结果。性别特质是被预先假定、并强加于人的，并被用于高效产出，动态的组织创造了这一切"（Gherardi，1995：185）。

朱迪·瓦西曼（Judy Wajcman，2002）在对五家跨国公司的女性管理者的研究中，重点关注了私人领域内的性别关系是如何适应管理职位的。她的分析显示，"男性与女性高级管理人员，为生活所需而做的各种必要的家庭安排，是非常不同的"（Wajcman，2002：609）。她的结论是，在所有旨在促进平等机会的组织措施中，仍假设管理职位"在很大程度上仍然依赖于一位在家服务的妻子，或者需要一名以有酬的形式来取代无酬家务劳动的家庭主妇"（Wajcman，2002：609）。

其他的研究，如菲奥娜·威尔逊（Fiona Wilson，1995）也注意到，女性管理者如何因为在工作场所的性骚扰经历和性别权力关系而被控制和边缘化。

第八节　性欲特质与工作

除了性别化的劳动（参见上文），女性主义者对工作场所的研究还强调，男性权力和性欲特质在工作组织中以各种显而易见的方式呈现。例如，性骚扰即是男子在工作中支配和控制女性的方式之一（Collinson and Collinson，1996；MacKinnon，1987；Stanko，1988；Ramazanoglu，1987），而且性权力关系也以各种方式渗透进组织文化中（Brewis and Linstead，2000）。实际上，女性主义者如考克伯恩（Cockburn，1990）认为，男子的确会主动使用包括性骚扰在内的一系列策略，来抵制工作组织中实现性别平等的行动。性欲特质，特别是"强迫性的异性恋"意识形态（参见第八章），也深深植根于许多工作组织的文化中（Hall，1989）。这些和自我认同等其他面向相关的因素（例如，年龄）在许多方面影响了妇女在劳动力市场上的地位及她们在工作场所中的体验。外貌是妇女最常受到评价的地方，她们的服装和举止也常常与从事相同职业的男性有所区隔。例如，泰勒和阿伯特（Tyler and Abbott，1998）的研究发现，女性空乘人员比她们的男性同事更受严格的外貌规范的约束。女性也常常被商品化，以使她们的公司、或其产品或服务更有市场。克拉拉·格里德（Clara Greed，1994）引用了她采访的男性调查者经常评论的一句话："有吸引力的女人使没有吸引力的房产看起来更有吸引力。"盖拉尔迪（Gherardi，1995）也同样强调了雇佣关系的性别化如何在员工与组织外部环境交互的边界角色中显而易见。她强调，女性经常被用来控制各种关系，抑制关系中的敌意，并确保社会的控制。

社会主义和自由主义女性主义者认为，性别关系的不平等是由男女权力的不平等决定的，而激进和后结构主义女性主义者则认为，性别关系不仅反映了权力的不平等，而且也决定了权力的不平等。例如，男孩和青少年在社会化的过程中，会把异性恋看作阳刚气概或一个"真正的男人"的组成部分，并认为与此相关的特权、地位和奖赏都是理所当然的。他们也通常被社会化为相信男人有权利和女人发生性关系，并且常以有色眼光来看待女人的身体。因此，在各种职业环境中，妇女的身体被物化（例如，广告和色情行业，以及卖淫行业）。相反地，女孩和年轻女子经常在社会化的过程中认为女性就该在各种公、私人领域中为男性提供服务和乐趣；她们被社会化成为服务性的角色，而且主要是为男性服务。然而，劳动力市场中的各种性别关系（例如，参与劳动力市场的模式、职业的区隔化，以及男子和妇女的工作经验等），在很大程度上是结合供给、需求和性别化的意识形态等因素来解释的。在资本主义生产模式下的利润追求过程中，男子的力量和男性特质都被视为是重点。

第九节　劳动力市场性别化的解释

像社会学的许多其他领域一样，女性主义者对男性主流社会学中的工作和组织理论做出了批判。正如佩塔·坦克雷德（Peta Tancred，1995）所指出的，女性主义者关于家庭劳动、居家办公、生产和再生产之间的联系、工作组织中的性欲特质、性别化的技能本质以及服务工作的性别化等主题的研究，对男性主流社会学关于工作和技能的错误定义以及工作组织的相关理论提出了质疑和挑战。正如她所说，就工作社会学领域而言……从女性主义者视角来看，关键的一点是，它分析的基本范畴没有从性别的角度加以考虑（Tancred，1995：12）。这意味着，社会学未能处理的问题"不仅是妇女的工作问题，还有仍问题重重、处于不断变化中的男性工作"（Tancred，1995：11）。

男性主流社会学中大多数关于工作和组织的理论均源于马克思或韦伯

的理论，它们要么关注资本主义和劳动过程的本质，要么关注组织、权力关系和劳动力市场中的官僚模式。近来，后现代主义和后结构主义思想，特别是福柯、利奥塔和德里达等人（参见 Hancock and Tyler，2001）以及后殖民主义理论的影响，已经开始塑造组织理论的发展。就像我们在第一章中提到的，直到最近，女性主义者的著作才开始对工作和组织的社会学理论产生重大的冲击。

然而，在组织研究中，对工作的关注往往局限于有报酬的工作上，而且主要集中在正式的工作组织领域，因而忽视了妇女在非正式经济中或者在家务劳动和照料工作中所从事的许多工作。同样，假定的生产和再生产的分离也还未受到太大的批评。正如坦克雷德（Tancred，1995：13）所说，研究这两个领域之间不断变化的关系，会更有启发性。然而，大部分的工作和组织社会学，仍将其批判的注意力主要集中在有酬劳动和正式的工作组织中。同样的，尽管布雷弗曼（Braverman，1974）在《劳动和垄断资本》（*Labour and Monopoly Capital*）中提出了具有影响力的"工作降级"（degradation of work）概念，并且引发了人们对去技术化的批判和辩论，但工作社会学仍对技术的性别化视而不见。女性主义和亲女性主义的著作强调了技术的本质是被社会构建出来的，并认为工作被定义为是否具有技术，更多地取决于工人的性别，而不是工作本身的性质（Phillips and Taylor，1980）。女性主义的研究，尤其是对女性照顾和服务工作相关的研究，强调了妇女在女性较为集中的职业中所投入的各种"隐性"或"不可见的"技术，并认为，将这些技术归咎于性别或妇女的"天性"，为持续存在的职业区隔模式、妇女集中从事兼职与低地位的工作，以及性别化的薪酬差距等现象提供了意识形态上的解释。

为了解释男性和女性在劳动力市场上的地位，以及分析男性主流工作社会学理论所忽视的许多问题，许多女性主义者认为，我们必须要理解父权制和资本主义是如何共同运作来支配和剥削妇女的。简单来说，一些女性主义者，如西尔维娅·沃尔比（Sylvia Walby，1990）在她的《父权制度的理论化》（*Theorizing Patriarchy*）中指出，父权制关心的是如何支配妇女来为男性的需要服务，包括他们的性需求。而资本主义则利用妇女各种被商品化的、"天生的"技术来确保市场上可以提供灵活的、廉价的劳动力，并为了追求利益而加以剥削。虽然让妇女留在家里可能更符合父权制的利益，但让妇女从事（低层的）有酬工作，资本主义才有利可图。让父权制度与资本主义的利益达成相互妥协的方式之一，就是让妇女多集中从事兼职工作。

根据沃尔比（Walby，1990）的研究，许多西方社会都经历过一项转变：从19世纪和20世纪早期的"私父权制"（包括不允许妇女进入公共领域）——转向"公父权制"，在这种制度下，妇女虽然没有被排斥在公共领域之外，却处于不利的地位，而且被剥削、被边缘。在就业方面，这意味着，父权制的策略从旨在把妇女排除在有酬工作之外（例如，通过保护性的立法政策）转向隔离主义式、支配式的策略（例如，强化职业的区隔化，或阻挠妇女进入工会和专业团体，使其代表性不足）。这意味着，许多妇女同时在私人领域（如妻子、母亲和女儿的角色）与公共领域中（满足资本主义对廉价、弹性劳动力的需求）都受到男子的剥削和支配。资本主义和父权制之间的关系被认为是动态的，因此一方变化，必然会导致另一方的变化。而且，它们所带来的影响，也依不同的群体和不同的社会而不同。

因而，女性主义者认为，父权制和资本主义有相互竞争的利益，但却能达成相互的妥协。因此，男子（作为父亲、合伙人和丈夫的角色）受益于妇女工作所带来的额外收入，尤其是研究表明，多数妇女仍然承担着大部分照顾孩子和家务劳动的责任（特别是当她们的工资相对低于男子的时候）。雇主因而能够通过剥削妇女的"照顾"天性、她们的人际交往技能和性欲特质来销售商品和服务。

后结构主义强调的权力关系和话语所扮演的角色，对工作和组织的性别化本质提供了另一种解释。运用这一研究方法最著名的一个例子是西尔维亚·盖拉尔迪（Silvia Gherardi，1996），她将工作组织中的妇女形容为"男性世界中的旅行者"（travellers in a male world）。她认为，这种"旅行者"论述假定了一个由男性宰制的领域的存在，该领域被那些同属于一个组织或职业的成员的女性闯入其中，但她们必须在该领域注意自己的位置。这个被她称为性别定位（gender positioning）的过程是一种转变性的过程。她认为，工作组织和劳动力市场中的性别关系因此可以被视为一种

"男女都要学习和表演的、因地制宜的文化表演"（Gherardi，1996：187）。

第十节 转变中的工作本质

麦休尼斯和普卢默（Macionis and Plummer，2002）在关于工作与工作组织在本质上的关键转变的论述中，描述了18世纪的工业革命给西方社会经济带来的五个显著变化：新形式的能源、工厂工作的集中化、制造业的扩张和大规模生产、劳动分工和专业化的出现，以及有薪劳动的确立。然而，到了20世纪中叶，生产的本质发生了巨大的变化，大多数的西方国家又再次因许多学者描述的"信息革命"而改变，发展成"后工业社会"。正如麦休尼斯和普卢默（Macionis and Plummer，2002：349）所指出的，自动化机器降低了人力劳动在生产中的作用，而科层主义也同时扩大了文员和管理人员等阶层。公共关系、健康照护、旅行和旅游业、教育、大众传媒、广告、银行和销售等服务业不管在金融上或就业上都开始占据整个经济社会结构的主导地位。丹尼尔·贝尔（Bell，1999）等评论家认为，20世纪70年代的后工业时代，可以通过从工业性质的劳动转向服务性质的工作来区分。伴随着这一社会结构重组过程的，还有媒体和通信技术的扩张，最明显的例子是计算机的出现，以及社会学家曼纽尔·卡斯特（Manuel Castells，1989，1996）所称的"网络社会"的兴起。这在很大程度上改变了工作经验的本质，就像两个多世纪前工厂生产方式所带来的深刻影响一样。麦休尼斯和普卢默（Macionis and Plummer，2002）概述了信息革命所带来的三个关键变化，以及所谓的后工业社会的转变。

1. 从有形商品到理念的转变。工业时代以商品生产为特征，而后工业社会的经济是由概念和服务之间的交换来塑造的，因此，工作越来越多地围绕着符号或经验的创造和操作（广告商、建筑师、设计顾问等）。

2. 从机械技能到沟通技能的转变。工业革命下的工作场所需要机械技能和科技技术，而后工业时代的劳动力市场要求工作者具备有效的说话、写作和沟通能力，计算机技能也日渐重要。

3. 工作的去中心化。正如工业技术导致城市化进程的出现将工人及其家庭吸引到城镇和城市一样，而如今的计算机和移动通信技术则正以各种方式逆转这一趋势。它也使长时间工作的文化得以维持（和我们前文所述的管理工作），在这种文化中几乎没有人可以"逃离"工作。

资本主义显然是一个动态系统，并不断改变其形式。近年来，其最主要的一个变化即为生产的弹性化，从福特主义转变为后福特主义。福特主义的概念与汽车制造商亨利·福特有关。在 20 世纪初，亨利·福特开发了装配线的生产技术来制造便宜大众负担得起的汽车。这种生产体系以及与此相关的大众对标准产品的消费，被称为所谓的福特主义。它依赖于精细的机器和工具、因高度专业化的任务分工而集中的各种非技术或半技术化的劳动力，以及大量低成本的标准商品的生产制度。休·贝农（Huw Beynon，1973）在 20 世纪 60 年代后期对利物浦的一家福特工厂的研究记录表明，这项工作很乏味，但生产线上的传送带制造出无休止的压力，而且这样的组织模式特别僵化。

虽然福特主义的生产技术在几乎整个 20 世纪中得以延续，但其他的组织模式也开始逐渐发展（特别是在日本和东南亚），它们的生产系统较有弹性且对时间的运用也更有弹性（例如使用临时和自雇工人）、将劳动力分散到较小的生产单位、稳定性和工作保障较差的"临时工化""及时"的快速生产和配送、生产系统转向以市场为导向（以及增加消费者的选择）、逐步用细分营销取代大众行销和广告；以及带来新的国际化劳动分工。这种全球化的劳动分工意味着世界上每个地区都专门负责特定类型的经济活动。在低收入国家，农业仍占劳动力的 70% 以上。工业生产则多集中在中、高收入国家，而目前最富裕的经济体（包括欧洲地区）主要专注于服务业，许多国家已将污染严重的工业生产和制造业以低廉的成本"外包"给较贫穷的国家。许多研究者指出，这一种趋势提醒我们，全球化的劳动分工标志着一种新殖民主义的兴起。

当代工作组织的趋势可能在许多方面对妇女产生影响，特别是在性别化的薪酬鸿沟上影响深远（EOC，2001）。第一，组织分散化的趋势可能会不断阻碍同工同酬的立法行动。在大多数国家，同工同酬是基于为同一雇主所做的工作来比较的。现在越来越多的人不再为单一雇主工作（如工作被分包、特许经营、合资公司或合伙关系，或可能利用派遣雇佣制度），因此，较无法直接比较员工薪资和工作条件上的不同。通过外包服务，英国和其他地区的公共部门进一步碎片化，可能会进一步扩大薪酬差距，并且让妇女本就不利的工作环境更加恶化。第二，组织内部传统职业道路的瓦解，可能会扩大男女之间一生所得的差距。这也可能意味着，雇主可能不再有能力或意愿帮助低层次员工积累技能、提供培训。强调跨组织的职业流动性也可能对妇女不利，尤其不利于那些有孩子或负有其他照顾责任的妇女。第三，随着许多工作组织的薪酬体系从集体协商，转向更多地使用基于个人表现与个人合同的绩效制度，妇女可能会进一步处于不利地位。对个人竞争的强调可能会导致人们更加重视领导技能，而这一技能（正如我们在前文提到的）在文化上通常与男性特质有关，也可能导致人们在不断增加的压力之下长时间工作（EOC，2004）。

全球化的劳动分工

世界经济结构的重大改变，如快速的全球化和科技发展，以各种方式形塑了男子和妇女在现实生活中所经历的经济体验。许多全球组织或跨国企业（TNEs）根据全球化的劳动分工来运作，涉及将一些功能"外包"（如服装制造业，或近来的呼叫中心）给世界上相对贫穷的地区，这些地区工资低、工作条件相对不受监管。

妇女在几乎所有世界区域的劳动力中所占的比例越来越大，在许多国家，正如许多早期的女性主义者所预期的那样，这样的现象让男女之间的关系在社会、政治和经济资源分配方面更加平等。然而，即使在这些社会中（和其他地方一样），妇女的经济状况一般仍比男子差，尽管这样的情况会根据不同国家和区域而定。在大多数国家，男子和妇女分别集中在劳动力市场的不同部门，这往往是由于他们（实际的或被预设的）家庭责任的影响，以及关于什么是最适合妇女的工作（通常是劳动力市场中地位低、报酬少的工作）这一性别意识形态的结果。在世界上大多数国家中，男子比妇女更可能成为雇主或自雇者。男性在技工和贸易中占主导地位，而妇女则集中在服务和照顾行业。① 妇女往往是无薪的家庭工人，从事临时或兼职的工作，或在没有工作保障的非正式部门工作。与妇女相比，男子通常拥有更高的地位，也更多地受聘于高级管理或专业职位。这些现象均对女性个体及其家庭的经济和社会保障造成影响，通常对妇女带来损伤。当就业机会短缺时，妇女往往最先受到影响，并且当失业时，她们也往往比男子更难找到工作。

正如我们在第三章所指出的，在世界上最贫穷的一些地区，相对于男子，经济发展可能会同时缓解或加剧妇女的劣势处境。近几十年来，在撒哈拉以南非洲和西非这些经常发生大型的国内流动的地区，许多被遗留下来的妇女和她们的孩子根本没有任何谋生手段，因此她们更容易受到贫穷的影响。在世界其他地方，例如东南亚，经济发展伴随着性产业的扩张，大量的妇女（和儿童）因而被剥削（见第八章）。

第十一节 结 语

随着工业化的进程，工作和家庭之间的界限越来越清晰，而大部分妇女主要集中出现在家庭中，这主要是因为人们预设照顾家庭是妇女"天生"的职责。除了公私人领域的分化，工业化也导致了劳动力市场的区隔化。尽管许多早期的自由主义和社会主义女性主义者主张争取妇女从事有酬工作的权利——假设如此一来便能带来解放和自由——而且许多当代马克思主义女性主义者（包括来自苏联的女性主义者）也如此响应，但可以发现，工作不一定必然会带来妇女解放。妇女在劳动力市场从事的工作往往是在强化她们原本在家庭中所扮演的传统角色，而像许多女权主义者指出的，她们的角色往往决定了她们的工作。因此，妇女往往集中在狭窄的职业范围内，而在这些职业中妇女往往也从事等级最低的工作；妇女也常从事兼职工作和服务工作。这些模式也反映在专业和管理工作上的性别化，以及在工作场所中对女性性欲特质的掌控并将其商品化。事实上，西

---

① 资料来源：www.unece.org。

方社会近年来在劳动力市场上发生的许多变化，通过将妇女"天生的"技术进一步商品化，更加剧了女性在有酬工作中相对弱势的地位。女性主义者对妇女在有酬工作中被边缘化和被剥削提出了解释，认为大多与父权制和资本主义之间的动态关系相关。一些女性主义者如沃尔比（Walby，1990）就认为，父权制度大概在20世纪开始从"私"领域转向"公"领域，因此让许多妇女不再被排除在有酬工作之外，而是在其中成为被剥削的一员。

摘 要

1. 女性主义者对男性主流社会学中关于"工作"和"休闲"的定义进行了批判，认为这种区分并未反映出多数妇女的工作体验，最主要的原因是它忽视了家务劳动的角色。

2. 在工业革命之前，工作和家庭并没有明确的界限，而工业化将这些领域一分为二，并确立了劳动力市场区隔化的模式。家庭意识形态与保护性的立法政策，以及"家庭工资"的观念，逐渐将大多数妇女排除在有酬工作之外。

3. 尽管越来越多的妇女从事有酬工作，但她们仍担负着家务劳动（包括照顾孩子），也多只能集中从事一些相对低薪、低地位的工作和兼职工作。

4. 女性主义者进行了一系列的工作研究，包括对工厂工作、照顾工作、文职工作、服务工作、专业和管理工作的研究等，并认为，人们以各种方式将这些工作性别化。女性主义者还强调，妇女的性欲特质也在有酬工作中受到控制并被商品化。

5. 女性主义者认为，"技术"被用来证明妇女工资相对较低是合理的，且将某些工作本质化。有些工作被女性化，有些则被性别化。

6. 西方社会近年来在劳动力市场上的一些变化，如服务业的扩张等，都在加强妇女的角色。

延伸阅读

Alvesson, M. and Due Billing, Y. (1997) *Understanding Gender and Organizations.* London: Sage.

这本亲女性主义的著作，探讨了一系列有关性别和工作的理论和经验研究，并避免将性别仅仅等同于关注女性。它关注工作组织中的性别化过程，并提醒读者不要对性别"过于敏感"（亦即，不要认为在分析工作和组织时，性别这一分析范畴的重要性要凌驾于所有议题之上）。然而，此书的写作风格相当晦涩难懂，因此先从介绍性的概述入门，可能较有助于初学者。

Blackwell (2003) *The Blackwell Reader in Gender, Work and Organization.* Oxford: Blackwell.

正如标题所提示，这本合集探讨的是时下历年里关于性别和工作的社会学分析中的一些核心主题。该书主体多元，并且收录了一系列女性主义者（和亲女性主义者）的观点。

第十章

犯罪、暴力与刑事司法

我们都想要解释或者弄清楚犯罪行为：理解那些对我们来说是违反常理、不可思议的行为。当然，与一些行为相比，某些行为的问题更加严重。例如，我们很容易就可以理解为什么单亲母亲会因为贴补家用而去偷窃超市里的食物；但是，要弄明白为什么我们隔壁的邻居会殴打他的妻子，就困难得多了。我们往往会利用一些单因动机或特性来分类——疾病、嫉妒、憎恨、贪婪、过度放纵、缺乏社会（尤其是父母的）控制等，来试图解释犯罪行为。我们往往假设，一个人的犯罪行为可以通过他/她的个人特性或生活经验得到解释。社会学者及其他犯罪学者则认为，非专业的解释或常识般的理论都太过简化，不足以提供充分的解释。尽管如此，常识与社会科学的解释两者之间存在着共通之处。

第一节　解释犯罪——犯罪的妇女

许多犯罪看起来很不可思议，我们完全无法理解为何有人会犯下这样的罪行。当我们听闻某些犯罪细节，简直难以置信，认为那些犯罪者禽兽不如。19 世纪末，意大利犯罪学者 Lombroso 及其他退化学说的理论者开创了视犯罪行为是天性（由基因/生物决定）使然的理论。这些学者认为，犯罪行为肇因于个体的生物或精神特性；有些生理因素可能使人陷入犯罪生活。Lombroso 认为，犯罪是一种返祖现象——其基因可以追溯到人类祖先。虽然人们已经不再相信 Lombroso 的理论，但这类生物学理论仍具有一定的影响力。例如，心理学者 Han Eysenck（1917）指出，由于生物学上的原因（即神经组织的差异所导致的行为结果），性格外向的人更可能犯罪。Katarina Dalton（1961）也认为，有些女性犯罪是因为月经时荷尔蒙改变（如经期综合征）所造成的。

我们还试图通过另一种方式来解释那些令人完全无法理解的行为：认为犯罪者有精神疾病。他/她发疯了，因此不用为自己的行为负责。有些犯罪学理论认为，某些犯罪行为是由严重的心理病变造成，或至少是情绪困扰导致的结果。人们常常使用这一类观点来解释女性犯罪，我们将在下文详述。在这里要指出的是，我们必须认识到，不是只有违法者才有精神困扰的问题，许多未违法者也深受其苦。

认为犯罪行为是犯罪者居住的社会环境或者个人的生命经验所导致的结果，是对犯罪行为更为深刻的解释方法。我们经常会碰到以下这两种解释方式：一种是"责备"（blame）家庭或个体的社会化，另一种观点则认为当前"恶劣的"（bad）社会环境才是原因。因此，人们在解释丈夫的殴妻行为时，时常会参考这位违法者在家庭中的社会化过程：他的母亲是否挨打，或者自己是否也曾经被暴力对待。人们也经常使用类似的方式来解释虐待儿童的行为，有时家庭目前的生活条件也会被认为是原因之一，例如家庭贫困到全家人只能住在一个房间里。

20 世纪 60 年代，一些社会学者开始挑战这一类观点。他/她们质疑社会行为是否能够像自然科学那样找到一切事物的成因。实证主义式的分析模式认为，人们可以像建立物理定律一样来发掘犯罪行为的起因，而且可以不做价值评判、客观地看待这个社会世界（参见第十三章）。这些逐渐广为人知的"新"（new）犯罪学者认为，打着不做价值评判的旗号，社会学者在进行研究时，通常只关注社会中具有权势一方的观点，而忽略了弱势者的观点。他们还进一步指出，因为犯罪学太过关注违法行为本身，因此对整个法律体系视而不见，并且贬低了人类意识的地位以及犯罪活动对违法者的意义。

新犯罪学者有意审视法律与犯罪之间的关系、法律体系的目的及功能，以及犯罪者的个体意义、选择与意志力在其犯罪行为中所起到的相对自主的作用。标签理论学者认为，如果犯罪者与非犯罪者的社会特性的确存在差异，这并不是导致他/她们违法犯罪的原因，而是因为社会为犯罪者贴上这些特性标签并忽视他/她们其他的社会特性。Maureen Cain（1973）及 Steven Box（1971）指出，和中产阶级男子相比，警察更容易怀疑及逮捕工人阶级的男子，黑人年轻男子也比白人年轻男子更容易遭受这样的对待［Hall et al.，1978；也可参见《劳伦斯事件调查——麦克弗森报告》（*Stephen Lawrence Inquiry*：*Macpherson Report*），1999］。此外也有人认为，犯罪者与非犯罪者唯一的不同之处在于前者被卷入了司法体系。于是，社会学者开始关心司法体系是如何通过法律的制定与执行，以及社会的反应完成了犯罪的社会建构的这个重要的机制。

　　一些秉持所谓左派现实主义立场（可参见 Matthews and Young，1986）的社会学者随即指出，新犯罪学过于理想化，它对犯罪进行了美化。他/她们指出，深受犯罪行为伤害的人其实是工人阶级群体。我们也可对此稍做补充：新犯罪学和大部分旧的理论一样，对妇女与犯罪之间的关系视而不见。妇女比较弱势，然而，社会学者甚少注意到她们。再者，不管是在家庭内部或公共领域，妇女都经常是受到男子虐待的受害者。虽然新兴的偏差理论学者开始质疑人们是否真的可能建立起男子违法的动机模式，但他/她们仍未能在分析时将妇女纳入考量。这意味着，人们会持续以生物学及病理学来解释女性的违法行为。

第二节　男人、妇女及犯罪

　　妇女似乎很少犯罪，这也是社会学领域忽视"妇女与犯罪"（women and crime）的一个原因。除了当商店扒手及卖淫者之外，犯罪的妇女被视为特例，她们被认为极度偏离了法律或女性特质（即可被接受的女性行为）。部分原因可能是，与男子比起来，妇女成为犯罪者的人数少得多，但这其实也和人们眼中女人拥有什么样的行为才切合时宜息息相关。许多男性的偏差行为往往与所谓的当个"男子汉"（a man）有关——暴力偷窃、帮派混战、足球流氓等皆为其例。

英国犯罪统计数据（The British Crime Statistics）（每年由英国内政部出版）提供了一些和违法定罪相关的信息。这些资料依据年龄、性别及犯罪类型来划分，但未加入社会阶级或种族等分类。我们针对这些统计提出三个问题，并借此判断妇女的犯罪是否真的少于男子，女性的犯罪性（criminality）和男性又有何不同。

1. 男人与女人在犯罪的数量上有何差异？

2. 男人与女人在犯罪的类型上有何差异？

3. 男人与女人在犯罪数量与犯罪类型最近发生变化了吗？

2002 年的英格兰及威尔士犯罪统计数据显示（英国内政部，2003），妇女犯罪的比例远低于男子，在较严重（须起诉）或较轻微（案情简述即可）的罪行皆是如此。须起诉的犯罪行为代表那些犯罪者在进入刑事法庭（Crown Court）的陪审团审判程序之前，拥有（或必须）要求受审的权利；简易程序罪行则只要在治安法庭（Magistrate's Court）中接受审判即可。表 10－1 显示，在 2002 年，犯下须起诉罪行的人当中有 85% 是男子，只有 15% 是妇女。如果我们把"警告"（caution）也纳入比较数据（因为与男子相比，妇女更容易受到"警告"，而非被起诉），妇女的比例就会相应增加一点（18.5%）。但即使是这样，男子仍占大多数。据现有证据显示，犯罪行为中的性别差异是个普遍的现象：在各个司法领域，与男子相比，妇女较少被定罪；一般来说，妇女也很少在轻微的罪行中被判决有罪（Walklate，2004）；Walklate 还指出，男子成为惯犯的可能性比妇女高。在 2002 年英格兰与威尔士地区的犯罪统计数据中，似乎所有的年龄层都符合这个模式。同样遭到警察逮捕，妇女和女孩仅仅受到警告的可能性要高于男子和男孩。这个差别会随着年龄的增加，愈加明显。

表 10－1 犯罪者被判刑及警告的性别、年龄比较（英格兰与威尔士地区，2002）

年龄	犯罪人数（千人）			警告（%）		判刑（%）	
	男性	女性	总和	男性	女性	男性	女性
10—14 岁以下	25.5	9.9	35.4	65	85	85	15
14—17 岁以下	56.9	13.4	70.3	49	62	85	15

年龄	犯罪人数（千人）			警告（%）		判刑（%）	
	男性	女性	总和	男性	女性	男性	女性
17—21 岁以下	65.1	11.7	76.8	29	41	87	13
21 岁及以上	242.5	53.4	295.9	19	32	84	16
合计	390.0	88.4	478.4	–	–	85	15

资料来源：英国内政部，2003。

妇女在每一种犯罪类型中都可能被定罪，但男子在每一种犯罪类型中所占的比例都比妇女高出许多（见表 10 - 2）。只有在"偷窃及销赃"与"欺诈及伪造"这两种犯罪类型中，男性犯罪的比例低于85%。犯下"偷窃及销赃"罪行的男性与女性，被定罪的可能性都很高。但是，犯下此罪的人当中，有79%是男性，女性只有21%。此外，其他证据显示，这一类型的犯罪中，大多数妇女会以"商店行窃"这个罪名被定罪。但是犯下此罪的绝大多数为男子，以商店行窃定罪的男子人数远远超过妇女。

表 10 - 2　各法庭因可起诉罪行定罪的犯罪者的犯罪类型
（性别百分比）（英格兰与威尔士，2002）

罪行	男性		女性	
	犯罪人数（千人）	%	犯罪人数（千人）	%
对别人施暴	33.9	89.9	3.8	10.1
性犯罪	4.3	97.7	0.1	2.3
盗窃	25.4	95.1	1.3	4.9
抢劫	6.9	89.6	0.8	10.4
偷窃及销赃	100.7	79.1	26.6	20.9
欺诈及伪造	12.9	70.9	5.3	29.1
伤害罪	9.8	89.1	1.2	10.9
吸毒	44.3	90.4	4.7	9.6
其他（不包括行车违法）	42.1	87.7	5.9	12.3
行车违法	7.8	95.1	0.4	4.9
合计	288.1	85.2	50.1	12.8

资料来源：英国内政部，2003。

和判决有关的统计数字也显示，男人与女人犯罪类型同样具有性别差异。和男子/男孩相比，妇女/女孩更有可能只受到警察的警告：2002 年，在所有的被判刑（sentenced）或警告（cautioned）判罚中，妇女被警告的比例占到了判决的44%；相比之下，男人被警告的比例只有28%。因犯下可起诉罪行而被法庭宣判无条件或有条件释放的人当中，妇女占了23%，男人只有13%（虽然我们将所有种类的罪行纳入考虑之后，数字会变得比较平均），且妇女也很少被立即拘禁（见表 10 - 3）。男子被判定的监禁时间也比妇女长（见表 10 - 4）。自 1992 年起的 10 年间，犯罪比例及平均监禁时间都在逐渐上升，女性的增长趋势大于男子，尽管妇女在这几个方面的数据仍低于男子。

表 10 - 3　判决的性别比例（英国，2002）

单位：%

判决	起诉的罪行		所有罪行	
	男性	女性	男性	女性
无条件或有条件释放	13.2	22.9	9.6	9.6
罚款	24.2	17.9	67.3	74.2
社区服务	31.8	39.2	13.6	11.0
缓刑	0.5	1.0	0.2	0.2
立即监禁	27.0	15.7	8.9	3.4
合计数量（千人）	286.9	49.8	1161.0	258.6

资料来源：英国内政部，2003。

表 10 - 4　立即监禁的判决比例与平均监禁时间（以性别及法庭类型区分）（英国，2002）

	男性		女性	
被判立即监禁比例				
法庭类型				
治安法庭（%）	18	(5)	12	(2)
刑事法庭（%）	66	(47)	44	(24)
平均监禁时间（以月为单位）				
法院类型				

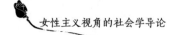

续表

	男性		女性	
治安法庭（月）	2.5	（2.7）	2.3	（2.2）
刑事法庭（月）	27.8	（21.1）	24.7	（17.7）

注：括号内的数字为1992年的资料。
资料来源：英国内政部，2003。

最后一个问题关心的是妇女行为的变化：近年来妇女被宣判有罪的数量有变化吗？和男子相比情况如何？犯罪的数量每年都在变动，因此我们很难对趋势做出判断。然而，英格兰及威尔士地区在1977—1986这十年间，被判有罪的妇女人数从1977年的20.7万人稳步上升到1986年的27.7万人，随后在1993年，人数下降到25.1万人；而且自那时起，人数就一直稳定下来（Walklate，2004）。换个角度来看，男性与女性的罪犯比例从1955年的7.1比1降至1975年的5.2比1。但自1975年以后，该比例也稳定下来（Tarling，1993）。自1977年以来的犯罪趋势与变动也可参见表10－5。

表10－5　英格兰及威尔士所有法庭的被定罪者：按性别与犯罪
类型划分（1977—2001年）

		1977	1981	1985	1989	1993	1997	2001
男性（数字代表犯罪人数，以万人为单位）	施暴	3.9	4.7	4.4	5.1	3.6	3.1	3.2
	性犯罪	0.7	0.7	0.6	0.7	0.4	0.4	0.4
	盗窃	6.8	7.4	6.4	4.2	3.9	2.8	2.4
	抢劫	0.3	0.4	0.4	0.4	0.5	0.5	0.5
	偷窃及销赃	18.0	18.4	17.4	10.8	10.0	10.5	10.1
	欺诈及伪造	1.6	2.0	2.0	1.8	1.4	1.5	1.3
	伤害罪	0.8	1.1	1.1	0.9	0.9	1.0	1.0
	吸毒	*	1.3	1.7	2.0	2.0	4.4	4.1
	其他	1.4	1.2	1.7	2.6	3.6	4.2	3.9
	行车违法	2.3	2.7	2.8	1.1	1.0	0.8	0.7
	上述指标合计	35.8	39.9	38.5	29.6	27.3	29.2	27.6
	其余合计	138.6	146.6	127.8	101.6	90.4	89.6	87.4
	合计	174.4	186.5	166.3	131.2	117.7	118.8	115

续表

		1977	1981	1985	1989	1993	1997	2001
女性（数字代表犯罪人数，以千人为单位）	施暴	3.5	4.0	3.6	4.4	3.4	3.6	3.4
	性犯罪	<0.1	0.1	0.1	0.1	0.1	0.1	0.0
	盗窃	2.4	2.6	2.2	1.3	1.0	1.1	1.1
	抢劫	0.2	0.2	0.2	0.2	0.3	0.4	0.6
	偷窃及销赃	54.0	48.2	42.2	26.6	22.1	26.1	25.8
	欺骗及伪造	4.5	5.5	5.4	4.7	3.9	5.6	5.2
	伤害罪	0.6	0.8	0.8	0.7	0.8	1.0	1.0
	吸毒	*	1.9	2.3	2.4	2.0	5.2	4.5
	其他	1.7	1.3	1.1	2.1	3.6	5.5	5.3
	行车违法	0.8	0.9	0.9	0.4	0.5	0.5	0.4
	上述指标合计	67.7	65.5	58.8	42.9	37.7	49.1	47.3
	其余合计	139.7	175.6	189.3	179.2	213.3	171.0	208.7
	合计	207.4	241.1	248.1	222.1	251.0	220.1	256.0

注：＊代表无纪录。

数据来源：英国内政部，1994，2003。

官方提供的判决统计数据的主要问题是，它们只告诉我们被逮捕的人数及被判罪的人数。然而，有许多犯罪悬而未决，而我们对谁犯下了这些罪行一无所知。警察记录在案的许多犯罪行为，有很多将永远不会"水落石出"（cleared up），这意味着还没有人因此被定罪。此外，自陈报告（self-report）及受害者调查也显示，有大量的犯罪行为从未报告给警察。因此，我们无法得知这些被隐藏起来的罪行数量及分布。那些已知的罪行就像冰山一角，只是可见的一部分。研究显示，和那些被隐藏、大多发生在私人领域的罪行相比，看得见的罪行更可能被报告给警察并且被记录在案。例如，抢劫被告发的可能性比攻击妻子要高。警察及大众也常认为某些人的犯罪嫌疑比其他人大：与中产阶级白人男子相比，工人阶级男子与少数族群的男子更容易遭到怀疑及逮捕（Box，1971；Chapman，1968）。因此，犯罪统计数据并未呈现出"真正"（real）的犯罪数量；被定罪的人也并没有包括所有犯法的人。

所以我们可以这么问，男人与女人的定罪率是否可以反映出他/她们犯罪情况的真实差异？还是说它只是反映出一个事实，即女性更擅长隐藏她们的罪行以及相对不太可能成为犯罪嫌疑人（也就是说，她们不符合人们对罪犯的刻板印象）。Pollack（1950）认为妇女并不会比男子犯罪少。他指出，妇女天生擅长隐藏她们的作为，她们也天生更善于隐瞒，因为她们不得不隐瞒月经。他认为，妇女犯了许多罪，尤其是虐待儿童及谋杀配偶，但这些罪行仍隐而未彰。然而，就算他的观点属实，妇女的犯罪率似乎也无法因此高到与男子相提并论，特别是因为男子的未被发现的犯罪也比比皆是［例如，男性的中产阶级犯罪（middle‐class crime）、虐待妻子与孩子，以及其他在私人领域犯下的罪行］。对自陈报告的研究指出，妇女的确比男子少犯罪（Naffine，1987）。Mawby（1980）发现，谢菲尔德地区的年轻男子与年轻妇女（自我）承认的罪行总量比官方统计的要多，但是男性与女性的犯罪比例与官方统计一致。女性主义者认为，在权衡这些既有的证据后，我们可以断定，妇女的确比男子更少犯罪，而且罪行也通常更轻微。虽然在某个时期，犯罪的妇女的数量的确有所增加，但是那些大多是非常轻微的罪行，而且男子在同一时期的犯罪率也有所增加（Box and Hale，1983）。因此，没有证据显示，随着妇女的解放，她们会逐渐发展出和男子相同的犯罪模式。

第三节　女性主义理论的必要性

女性主义者认为，我们在理解妇女及犯罪的相关议题时，必须思考两个重要的问题：

1. 为什么很少有妇女犯罪？

2. 犯罪的妇女为什么要这么做？

有些女性主义者还指出，男性主流的理论要么未能处理这些问题，要么就是无法提供充分的答案。

因此，以心理实证主义（生物学/心理学）理论来分析妇女的犯罪行为，是将妇女刻板印象化了，并且无法提出充分的解释。然而，这些理论仍然被继续大量用于解释女性犯罪，虽然长期以来人们甚至都在严重质疑这些理论是否能够充分解释男性犯罪。因此，Hilary Allen（1987）指出，和那些犯下类似罪行的男子相比，被控犯下严重暴力罪行的妇女往往在法庭报告中留下具有心理问题的记录，暗示她们无法为自己的行为负责。此外，妇女也较常被判定为精神失常或者不需要负全责；如果被定罪的话，被判决以心理治疗来取代刑罚的可能性也高于男性。"经前综合征"（PMT）是一个例子。妇女在为自己的罪行指控辩护时，时常宣称她们在犯罪时正承受着经前综合征，也常因此不用负全部责任。女性主义者认为，这种申辩之所以能成功，除了和专家的目击证据有关外，与法庭早已准备好要相信这种证据也有关系，因为它符合了一般人对女性犯罪的刻板印象。这种刻板印象早就（至少某部分）存在于心理实证立场的犯罪理论中。这派理论相信，女性犯罪者要不就是生理上的某些部分和一般女性不同，要不就是丧失了理智（心理有问题），因此无法为自己的行为负责。

另一方面，除了个别例外，传统的（男性主流）社会学理论也忽视了女性的存在。他们并不认为性别是一个重要的解释变量，并假设那些根据男性样本及男性世界观而来的理论可以一般化到女性身上。就一些例子来看，他们也多少接受了生物学的观点。涂尔干（1897）的自杀研究就是其中一个例子。涂尔干赞同妇女比男子更不可能自杀的观点，因为他相信从生物学角度来讲女性的发展阶段低于男性，因此较不容易受到那些会导致人们自杀的社会力量的影响。即使是传统犯罪学的主要批评家也未提到妇女及犯罪的议题（例如，Taylor et al.，1975）。

第四节　女性主义的犯罪理论

女性主义者认为，范式的转变是必要的。性别可以被视为一个重要的解释变量，来帮助人们理解为什么有些妇女会成为违法者。女性的经验受到性别、种族、阶级关系等影响。女性主义者也一致同意，父权制关系、女性气质的意识形态，以及妇女在家庭中被分派的角色，都具有重要的影响力。虽然个体可以自由地塑造自己的行动、命运及意识，但他/她们无法控制经济、意识形态及政治环境。再者我们也必须认识到，探讨女性犯罪者的实证研究的重要性，因为这样我们才能判断妇女是在什么样的情境下才会违法。对妇女犯罪行为以及司法体系如何处理女性犯罪者之间的关系进行分析也是很重要的。最后，虽然妇女遭受阶级、种族及性别体系等多重控制的理由也许可以用来解释为什么大部分妇女不会违法，但我们仍须发展出理论来解释为什么有些妇女会违法。

女性气质的意识形态以很特别的方式来建构女孩及妇女。人们因此认为，女性生来要扮演妻子与母亲的角色。女孩与妇女也天生需要被保护及照顾。因此，比起她们的兄弟，年轻女孩受到更多的控制，也比较没有自由。保护女孩的贞操也成为人们格外关心的一个问题（在西方社会以外的国家更是如此，参见 Therborn，2004；United Nations，2003）。人们预期男孩会"放荡不羁"（sow their wild oats），却希望女孩直到结婚都能保有贞节，或至少拥有"稳定"（steady）的关系。在青少年司法体系出庭处理的年轻男子一般都是因为犯了罪，而年轻妇女出庭大多是因为需要被照顾及保护，包括防范她们个人不再滥交——这些属于在法律范围内依照"违法者"年龄判定的"身份罪"（status offences）。就算年轻妇女真的犯罪，人们认为她们需要被照顾及保护的想法仍未改变。

这提醒我们需要注意一个重要的事实：正常与反常之间的界限是有弹性的。这意味着，有些对男子来说是正常的事物，对妇女而言却是反常的，更遑论阶级、种族带来的差异。犯罪及偏差的定义并非永恒不变，会因历史及文化而异。某个行为是否算犯罪/偏差，往往要取决于该行为的背景以及实施该行为的个体。人们对犯罪秉持的刻板印象——认为犯罪者大多为工人阶级及男性，以及女性犯罪者大多存在心理问题——不仅影响了社会学犯罪理论的发展，也左右了参与司法体系管理的人以及我们对妇女本质的常识性观点。

然而，许多探讨被定罪以及被监禁妇女的研究（如 Dobash et al.，1986；Carlen，1983；Carlen et al.，1985；Mandaraka – Sheppard，1986）都证实了女性主义对传统犯罪学的主要批判。这些研究强调女性犯罪者具有四大特征：

1. 涉及财产犯罪的妇女，其动机多出于经济因素。也就是说，她们偷东西是因为她们需要或想要那些东西。

2. 妇女也会犯各种罪行。

3. 女性犯罪者的确害怕并能感受到"罪犯"这个标签带来的耻辱。

4. 女性犯罪者被视为**双重偏差者**：违反社会规范，以及行为有违女性气质而被认为"不像女性（unfeminine）""不正常（unnatural）"。

女性主义者指出，我们需要做的是，发展出可以同时理解及充分解释男性及女性犯罪行为的理论。但这并不代表女性主义者期待发展出一个一般化的理论来解释所有情境下的所有犯罪行为，用相同的方式来解释所有的犯罪行为也是非常不合理的。我们需要一个将性别、种族及阶级区分纳入考量的犯罪理论，也需要在更广泛的道德、政治、经济及性别领域中进行犯罪研究，因为它们影响了男子与妇女在社会中的身份与地位。正如 Carol Smart（1976）指出的，我们必须开展以妇女为研究对象的研究，只有这样才能让妇女被看见，并且另辟蹊径来将这个社会世界概念化。如此一来，妇女的利益及关怀才会被提及与涵盖，才不会被忽视。

然而，有些女性主义者主张，我们可以继续发展既有的犯罪理论，使其达到充分解释女性犯罪者的程度。他/她们认为，解释女性犯罪的方法并没有理由一定要不同于解释男性犯罪的方法。例如，Morris（1987）认为，解组理论（disorganisation theory）和差别接触（differential association）理论加以延伸后都可用来解释女性犯罪。Leonard（1978）也指出，我们可以重新发展一个具有批判理论元素的标签理论。Shaklady Smith（1978）就曾利用标签理论来解释未成年女性的犯罪行为。

近来，有些女性主义者提出研究妇女与犯罪的一些困难（参见 Walklate，2004）并认为生物本质论（生理性别）已经被社会本质论（社会性别）所取代。他/她们主张，我们必须将男性特质及犯罪之间的关系视为问题，并发展出性别化的理解方式来解释犯罪及犯罪行为，而非只聚焦于男性或女性。

一　解组理论

Cloward 和 Ohlin（1961）认为，犯罪之所以会发生是因为不是每个人都能通过合法的手段（努力工作），尤其是通过获得教育资质，来实现社会认可的目标（经济上的成功）。他们还表示，只要工人阶级的青少年被怂恿接纳各种社会认可的经济及物质渴望，但又不得其门而入——即他/她们因未能取得展开职业生涯的必要资质而无法以合法手段实现经济上的成功时，犯罪行为就会发生。于是，大多数可能成为罪犯的青少年发展出青少年犯罪团伙作为另类的权威来挑战国家权威。

妇女要比男子更容易遭受到不平等对待，这可能是女性犯罪的理由之一。照理来说，妇女获得的机会比男性少，她们的犯罪率应该比男性高。但事实却不然，原因可能和她们无法获得参加非法活动的机会有关。

然而，这样的论点有个很大的问题。它假设每个人都有一致认同的社会目标，且都借由同样的手段来达到目的。同时，它也假设大多数的犯罪行为来自工人阶级。再者，虽然这样的论点认识到每个人达成目标的途径会依性别、阶级的不同而有所差异，但它却未认识到人们使用的手段也会有所不同。更重要的是，它未考虑到另一个重要的事实：男人与女人拥有不同的社会目标。经历社会化后的女孩时常进入一个视婚姻、孩子与家庭为主要目标的世界（参见第四至第六章）。那些拒绝以社会认可的女性气质行事，且因此难以实现这些社会目标的女孩会被认为是不正常的（Lees, 1986）。

二 差别接触理论

社会学的犯罪理论将犯罪视为一种属于男性工人阶级的现象，Sutherland 在批判这样的社会学的犯罪理论时发展出他的差别接触理论（参见Sutherland and Cressey, 1996）。Sutherland 指出，官方统计中，中产阶级犯罪率不高的原因与他/她们的违法多交由民事法庭（而非刑事法庭）处理有关。他/她们甚至根本不用出庭，而是交由雇主、俱乐部及私人机构的"私下司法"（private justice）处理。他认为，犯罪行为不是贫穷或不充分的社会化所导致的结果，而是与人们所接触的他人有关。我们的行为、价值观与正当性（justification）都是在和别人接触的过程中形成的。犯罪者较常与那些认为违法无妨的人接触，较少与反对违法的人往来。他也认为，这个观点同时适用于妇女与男子。然而，他的理论无法解释为什么犯罪的男子会多于妇女，也没有解释为什么犯罪的是兄弟而非姐妹，以及为什么男性犯罪者的妻子不会成为罪犯等问题。

三　批判（马克思主义）犯罪学

批判犯罪学试图了解资本主义社会中的社会不平等及权力关系等犯罪基础。它发掘出犯罪的阶级层面，并阐述了具有差别待遇的刑法是你如何对弱势阶级"选择性执行"的。然而，这类理论很难解释妇女的情况。因为妇女虽然属于资本主义社会中的弱势群体，但她们却很少犯罪。因此，即使妇女处于被支配的社会及经济位置，并受到男子的剥削及支配，她们在犯罪统计数据中的比例往往低于男性。

Leonard（1978）及 Gregory（1986）主张，我们必须重新塑造马克思理论，如此才能同时思考社会性别及阶级位置对犯罪的重大影响。他/她们认为，"双系统"（dual – systems）理论（参见第二章）就是我们需要的。它可以帮助我们充分理解妇女及犯罪。这个理论能够让我们了解为什么妇女较少涉入非法活动，也可以帮忙解释妇女特殊的犯罪模式如何受到社会结构因素的影响。我们需要用它来理解男子与妇女如何以合法与非法的手段来实现社会重视的目标，以及妇女的差别接触所带给她的影响与男子的差别接触有何不同。我们必须思考在资本主义社会中，财富及权力的分配如何影响妇女，又如何影响了她们的犯罪。我们还必须思考，为什么相对弱势的妇女却较少被贴上犯罪者的标签。最后，我们必须思考以下问题：妇女在这个阶级社会中扮演什么角色？工人阶级的妇女与工人阶级的男子所受到的压迫有何不同？法律体系以及社会如何控制及对待女性？

Dee Cook（1987）使用双系统观点来分析那些犯下欺诈罪、骗取补助津贴的妇女。她指出，大部分申请补助津贴的妇女是单亲母亲。社会认为她们不正常，因为她们的家庭不符合资本主义社会中正常家庭的概念（参见第六章）。经济需求，是这些妇女诈取补助津贴的主要原因。当她们因诈骗行为被抓时，引起人们的负面反应的不仅仅是她们的犯罪行为，也是因为她们异常的个人状态（personal status）。我们在思考妇女诈取社会保险的问题时，必须将她们的阶级地位及父权制度意识形态纳入考量的框架中。

四　标签理论

Leonard（1978）认为，标签理论具有帮助我们理解女性犯罪的潜力与价值。标签理论能让我们看见法律固有的偏差与相对性，以及法律执行的不同方式。通过标签理论的框架，我们也可以审视社会对女性犯罪者的反应，以及这些反应如何影响她们的自我定义。

标签理论发展于 20 世纪 60 年代，原是为了回应实证主义犯罪学而兴起。标签理论学者主张，构成犯罪的因素有很多，不可能仅靠几个犯罪者的样本就将概念一般化。他/她们还认为，偏差理论学者应该专注于研究社会对犯罪及犯罪者的反应，并分析被贴上"局外人"（outsiders）的标签会如何影响人们的自我定义。标签理论学者也主张犯罪与偏差息息相关，而这两个类目的意义并非普遍适用。最后，标签理论学者拒绝接受中立的社会科学研究是可行的观点，并主张强调从弱势者的视角来观看事物的重要性。

人们批评标签理论学者对女性偏差及女性犯罪视而不见。Milkman（1976）认为，虽然标签理论学者对男性异常者具备同情心，却未能对女性持有同样的态度。例如，当标签理论学描述妓女时常以"顾客及皮条客"的眼光来进行刻板形象化的分析，而非以她们自己的感知为基础。

然而，女性主义者也利用标签理论来研究青少年。Sue Lees（1986）在研究青春期女孩时指出，青少年男女替青春期女孩贴标签的行为是一种有力的社会控制机制（参见第四、第五章）。Shaklady Smith（1978）在她那篇少女民族志研究中也主张，我们可以利用标签理论来了解青春期少女的违法行为模式。她在 1970 年使用开放式访谈的方法研究了布里斯托地区的三组年轻妇女：30 位被处以缓刑的少女、15 位混少年帮派的女成员，以及 30 位从来没有被青少年犯罪的司法机构定罪过的女孩，尽管她们所犯的罪与第一组很相似。她发现，女孩们犯下的所有犯罪类型通常都有年轻男孩的参与，而不是与年轻女孩有关。举例来说，缓刑组当中有 67% 的少女曾经犯下故意损毁物品的罪行，帮派组的比例则是73%（参见表10－6）。在分析了帮派组及缓刑组的受访者反应后可以发现，她们大多数人犯下的大部分罪行，往往就是青少年被带去少年法庭时所犯下的罪。然而，分析法庭记录后我们可以看到，少女被带去少年法庭前，常是因为被认为需要保护与照顾，而非因为犯罪而被起诉。若她们被宣判，也常被判以羁留。

Smith 的数据显示，少女往往不是很顺从就是非常叛逆。她指出，不良少女们常被她们的父母、老师及其他守法的女孩贴上不像女生的标签而被嫌弃。然而，别人给她们贴上不像女生的标签并没有导致她们进一步的身份丧失，也没有让她们变得滥交。她们反倒以更有攻击性的行为来回应，在同侪团体中也依然受欢迎。然而，这些少女确实因违法及不具女性气质（她们认为自己强悍、举足轻重、男性化）而遭受双重否定。

表 10 - 6 女孩行为不端与犯罪的自陈报告

单位：%

犯罪类型	控制组	缓刑组	帮派组
	总人数 30（人）	总人数 30（人）	总人数 15（人）
逃学	63.3	90.0	93.3
商店行窃	36.7	90.0	80.0
非法进入	10.0	33.3	26.7
非法侵入车辆	16.7	60.0	60.0
故意损坏物品	26.7	66.7	73.3
离家出走	3.3	76.0	53.3
未成年的性行为	13.3	70.0	73.3
吸毒	3.3	10.0	33.2
斗殴	23	63.3	73.3

资料来源：Shaklady Smith, 1978。

一旦被贴上标签，这些女孩就会开始与她们那些正常的同辈群体疏离。那些守法女孩的父母们也会禁止女儿与她们接触，她们因此越来越向青少年犯罪团体聚拢：

社会对青少女不良行为的定义没有使她们否定自己的女性气质而企图成为男性角色，她们拒绝的是女性气质中几个被认为过于束缚的符合刻板印象的特定元素。

（Shaklady Smith，1978：84）

贴标签将不良少女推往不良行为的极端。Shaklady Smith 认为，缓刑犯监督员、社会工作者及其他机构所持有的保护态度，同样矛盾地导致她们的行为被贴上"正常"或"不端庄"的标签。未成年女性犯罪者在被送往少年法庭之前，早就"一直经历着被人们定义成不像女生的过程"。

Carlen 等人（1985）也让我们看到贴标签如何影响女性的犯罪模式，以及女性犯罪者如何被贴上不像女性的标签。然而，标签理论从一开始就无法解释为什么人们会成为罪犯，也没有充分考虑各种社会群体之间以及不同社会背景之下的权力关系。

五　社会控制理论

Heidensohn（1986）认为，比起质问为什么有些妇女会犯罪，我们更应该要问为什么妇女的犯罪率如此之低。换言之，我们应该解释为什么妇女不成为犯罪者。她认为，原因出在妇女被控制的方式。一般来说，妇女在家庭及社会中都遭受控制。她指出，社会控制理论有两种类型。有些理论强调社会通过共享的价值体系来巩固对妇女的控制。这些价值观或意识形态借由媒体、教育制度、家庭、法庭、警察等广泛传播。第二种类型的社会控制理论则强调人们与家庭、同侪团体以及学校的密切关系，人们也因此受到社会规范及价值观的约束。所以，规定了妇女的得体行为的意识形态和她们在家庭中扮演的角色都对妇女产生控制。

然而，Carlen 和 Worrall（1987）指出，控制理论的问题在于它无法解释为什么有些妇女最后成了犯罪者。于是，Carlen 试图发展出女性主义控制理论来解决这个问题。她认为：

1. 妇女通常会顺从，是因为她们觉得这样做是值得的。她们会盘算犯罪行为所带来的成本及利益。

2. 工人阶级的妇女在工作场所及家庭这两个领域中遭受控制，这意味着她们遭受着双重控制。因此，她们必须进行"阶级交易"（class deal）（接受工作所得的薪资）以及"性别交易"（gender deal）（表现出具有女性气质的行为）。

3. 大部分工人阶级妇女会同意进行阶级交易与性别交易，是因为家庭意识形态模糊了这两种交易具有的剥削本质。而且，妇女在一起工作所形成的共同体，让可敬的工人阶级女性规范（womanhood）散发着（想象中的）吸引力。

4. 在父亲负责养家、母亲负责照护的家庭形态下成长的女孩们，对可敬的工人阶级女性规范最为信奉；尽管女孩们也可以从大众媒体中学会合宜的女性行为，尤其是妇女杂志及流行歌曲善于将婚姻（再搭配一份有酬工作）描述得让年轻妇女觉得应该对它产生憧憬。因此，最可能成为犯罪者的妇女是那些被社会救助机构抚养成人，或者在青春期时被送进去的妇女。

5. 就算违法时被逮到，大部分妇女都不会被当作罪犯。只要她们仍在家中扮演女儿或妻子的角色，就会被认为是在进行性别交易。只有未被同化的妇女——那些被救助的妇女或者拒绝"正常"（normal）家庭生活的妇女——才会被认为是屡教不改的违法者。

6. 那些认为自己被边缘化因而没什么好失去的妇女更有可能犯法，因为她们认为这比贫穷或遭受社会隔离要好一些。

社会控制理论强调女孩及妇女在公、私人领域受到何种控制，以及她们如何因此变得比男性更顺从。了解妇女以及她们所扮演角色的刻板印象，非常有助于我们解释人们如何完成对妇女的控制。法律核准的性行为、社会福利体系、健康访员的介入，以及司法体系如何管理及处置女性犯罪者都以这些假设为基础。正常的妇女被认为是扮演妻子及母亲、需要被保护的角色，而异常的妇女则需要接受家务事及照顾小孩的训练。然而，我们显然需要开展更多的研究，以回答以下这些与妇女及犯罪相关的关键性问题：如何解释妇女的犯罪模式？如何解释女性犯罪与男性犯罪的截然不同？如何评估性别差异对犯罪的影响有多深以及它与阶级、年龄、

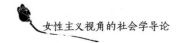

种族又有何关联？

但是，认为女性犯罪是个体妇女的失败，即她们自身无法接纳人们对其预设的、与生俱来的生物学角色所导致的结果显然不够充分且会产生误解。我们需要参考社会构成对妇女的剥削及限制，从而解释妇女（合法或非法）的行为。再者，我们也必须意识到，当处于特定经济条件及意识形态之下的妇女意识到社会强加于她们的社会角色及社会身份之上的限制时，她们的犯罪是对其理性合理的反应。

六　激进女性主义者的犯罪观

激进女性主义者比较关心的不是女性犯罪的问题，而是妇女如何成为犯罪的受害者。因此，他们比较关注的是男性权力的表现，尤其重视家庭暴力、强奸、色情、卖淫等议题。然而，激进女性主义者在审视女性犯罪行为时，一定会特别强调父权制的权力关系，以及妇女在社会中被剥削及支配的位置，并会强调性欲特质是男性权力的核心所在。

Sue Edwards（1987）对妇女与卖淫问题进行了研究。她指出，对妇女为什么会成为卖淫者的解释，是对妇女为什么在父权制度社会中遭受压迫及剥削的一个延伸解释。她认为，女孩与年轻妇女是因为没有足够的赚钱能力、工作机会减少、社会福利削减等原因才会卖淫。Edwards 还指出，卖淫的妇女若在街头拉客，会被警察骚扰；若不独立做街头生意，就会被皮条客控制。卖淫的妇女不管在法律或经济结构上都处于弱势地位，当她们冒着被起诉及被剥削的高风险而卖淫时，从她们卖淫中获利的皮条客、顾客及其他人却相对拥有较多的自由可以来剥削她们。

总而言之，大部分偏差理论的发展，都是用来解释男性的犯罪及偏差行为。官方的犯罪统计数据较少出现妇女的资料。数据也显示，女性事实上的确较少犯罪。妇女的犯罪本质及模式都迥异于男子。女性主义者试图扩展男性主流的偏差理论（如标签理论），使其可适用于解释女性的犯罪，然而也强调，我们在理解妇女犯罪时还必须考虑到其他元素的重要性，例如，妇女的经济地位以及她们在家庭中扮演的角色。

第五节　暴力、恐惧及社会控制

探讨犯罪的受害者以及对犯罪活动的恐惧的研究指出，虽然年轻男子最有可能成为犯罪的受害者，但对犯罪活动最怀恐惧的人是年轻妇女。大体看来，不管哪一个年龄层的妇女，她们对犯罪活动的恐惧都比男子来得高（参见表 10 - 7 到表 10 - 9）。犯罪学者表示，虽然妇女对犯罪活动的恐惧可能过于夸张，但年轻男子要么忽视要么没有意识到他们面临的危险。然而，女性主义者指出，妇女害怕的是性暴力，而且她们有充分的理由感到恐惧。不管面对的是陌生人还是熟识者，不管是在公共领域还是私人领域，妇女都可能遭受性侵害。妇女处于各种危险之中：性骚扰、陌生人的强奸、约会强奸、伴侣强奸、家庭暴力、谋杀妻子及行凶抢劫等。妇女对她们在公、私人领域的行为会导致什么样的结果非常清楚，因此会想方设法降低她们被暴力/性攻击的可能性。于是，她们监管自身的行为：去什么地方、穿什么衣服、做出什么样的行为以及如何应对男性（Walklate，2004）。

表 10 - 7　对犯罪活动的恐惧[1]：性别、年龄与犯罪类型

单位：%

	男性				女性			
	16—29 岁	30—59 岁	60 岁及以上	全体	16—29 岁	30—59 岁	60 岁及以上	全体
偷车[2]	22	18	10	10	27	21	21	22
偷窃车内物品	19	16	15	16	18	15	15	16
盗窃	17	16	15	16	23	21	22	22
抢劫	12	19	12	11	24	21	25	23
人身攻击	11	8	8	9	33	26	23	27
强奸	12	7	4	7	37	29	24	29

注：①自我描述为"非常担心"。

　　②只针对有车者。

资料来源：英国犯罪调查，2002 年 3 月。

表 10 - 8   夜间感到不安全的比例（按地区划分）

单位：%

	独自在家		独自走路	
	男性	女性	男性	女性
英格兰	-	2	5	21
威尔士	1	2	3	17
苏格兰	-	2	4	16
北爱尔兰	-	2	5	16

资料来源：英国犯罪调查，2002 年 3 月。

表 10 - 9   暴力犯罪的客观风险（按特定年龄范围划分）

单位：%

年龄范围	男性	女性
16—24 岁	15.1	6.9
45—64 岁	2.7	2.0
75 岁及以上	0.4	0.6

资料来源：英国犯罪调查，2002 年 3 月。

第六节　针对妇女的犯罪活动

不管是哪一种犯罪类型，妇女都较可能成为受害者，而她们尤其容易遭受男子的暴力攻击（不管是性或身体上的攻击）。而且，不管是一起生活的熟识者还是不认识的陌生男性，都可能对她们施加暴力。问题不仅在于妇女是男性暴力的受害者，她们对犯罪活动的强烈恐惧更导致了她们的生活处处受到控制。各种研究也不断告诉我们，针对妇女的暴力行为是这个世界上最普遍的人权侵犯。

妇女经历了三种形式的男性暴力：性骚扰（在街头或在工作场所中，对妇女的性别歧视及带有贬义的闲话或玩笑）、不想要的性关注（未经许可的性评论及/或性接触等），以及性强迫（包括各种形式被迫的性行为或者其他身体攻击：强奸、谋杀、被迫卖淫、阴蒂切除术等）。

据估计，世界上总共有 1.3 亿名妇女及女孩经历过阴蒂切除术之苦，它被设计用来帮助男子分辨他的新娘是否为处女。人们也估算大概有 70 万—

400 万位女性被贩卖去从事性工作，每年带来约 7600 万元的利润（United Nation，2003；也可参见 Therborn，2004）。在 1994 年卢旺达爆发的种族大屠杀中，许多妇女及女童被 HIV 呈阳性的男子强奸。在亚洲一些偏爱男婴的国家，也经常进行胎儿性别检测，杀女婴的事件更时有所闻。印度的妇女也常因为娘家无法满足需索无度的嫁妆要求而被丈夫杀死（Therborn，2004）。48 份来自世界各地的调查显示，有 10%—69% 的妇女曾经在生命中的某个时刻遭受她们男性伴侣的身体攻击①。

在英国，有 25% 的暴力犯罪与"殴妻"（wife assault）有关（Home Office，1999）。Stanko 等人（1997）的调查显示，每九位妇女中就有一位在过去一年中曾经遭受家庭暴力。英国犯罪调查报告也估计，有 25% 的妇女将会在生命的某个时刻被她们的男性伴侣攻击。英国所有被谋杀的女性受害者中，有 45% 是被现任或之前的男性伴侣所害。相比之下，有相同遭遇的男子只占 8%。和大家普遍的看法不同，妇女并非自己招来暴力，她们反而经常约束自己的行为，以降低被暴力攻击的可能性。她们经常会责怪自己。举例来说，英国所有被强奸的女性受害者中，只有不到三分之二的女性愿意承认自己遭受了强奸（Myhill and Allen，2002），她们更倾向把这种遭遇定性为"备受压力的性行为"（pressured sex），而非"强迫的性行为"（coerced sex）（Walklate，2004）。男子仍然相信妇女是他们的财产。英国的研究发现，年龄介于 14—21 岁的年轻男子中，有一半认为在某些情况下，殴打妇女或强迫她们性交是可被接受的行为（ESRC，2002）。

女性主义者不仅有意解释为什么男子会对妇女施暴，也试图揭露司法体系及福利机构如何对待那些遭受男子攻击的妇女。（无论身体或性）遭受攻击的妇女，最后经常会觉得自己才应该受到责怪。的确，人们在解释妇女为什么被攻击时，经常会认为那是"她活该"。例如，人们会指责强奸的受害者在深夜独自外出；被丈夫殴打的妻子则是因为未尽好做妻子的责任；被近亲强奸的女孩则是因为与父亲或兄弟调情，才会出现乱伦。

Sue Lees（1989）曾经分析过一些男子因谋杀妻子、情人或者前任情

---

① 资料来源：www.who.org。

人而受到审判时却以遭受挑衅为理由申请从宽处理的案例［如果以遭受挑衅为理由抗辩成功的话，陪审团会以过失杀人定罪，而非谋杀。谋杀罪必须强制终身监禁，但若以过失杀人定罪，陪审团可视情境提出任何宣判，可能有条件或者（在理论上）完全无条件地撤销无期徒刑］。Lees 引述一些案例发现，有些以遭受挑衅为理由提出抗辩的男性凶手，的确让陪审团在以过失杀人的有罪基础下判处较轻的刑责。她指出，被用来作为遭受挑衅之证据的，通常是被告或其友人未经证实的说词。而且，就算有证据证明被告是预谋杀人，陪审团仍常以过失杀人（非预谋的杀人）定罪。若一个男子发现自己的妻子与其他男子在床上时杀掉她，那么他极有可能以遭受挑衅来抗辩成功，并以过失杀人定罪，她认为：

> 挑衅这个概念基于三个具有极大问题的假设。第一，它假设一个理性的男子会被一些不顺从的行为——例如，不贞、未做好家事、拒绝提供性服务甚至唠叨——激怒到动手杀人。法律让男子在面对反抗行为或婚姻破裂时，可以合法地用暴力回应。如果被告可以成功宣称受害者做出不体面的行为、疏于妻子的责任，那么他们遭受挑衅的抗辩通常就会被接受。第二，很少有人认为妇女也会被同样地激怒，即使她们被殴打或强奸。这本可以是对强奸犯或虐妻者的"杀人许可证"。第三，虽然人们常以是否为预谋杀人来分辨谋杀及过失杀人之间的不同［若有"预谋不轨"（malice aforethought）或者杀人意图，就是谋杀；但如果是出自意外、不小心，或者遭受挑衅，就是过失杀人］，但实际上，提出遭受挑衅因而"丧失自我控制"的抗辩方式，时常可以轻易推翻预谋的证据。

> (Lees, 1989: 2-3)

人们主要以三种方式来解释针对妇女的暴力行为。前两种来自男性主流理论，第三种由女性主义者提出的方式则根据对男性主流理论的批判而来，因此是一种可供替代的、女性主义的观点：

1. 传统的观点认为强奸及攻击妻子等犯罪是罕见行为。虽然不是所有的妇女都被视为引发暴力的原因，但的确有许多妇女被如此看待。因此，人们会说是强奸的受害者诱使或"导致"（caused）男性产生无法控制的性冲动。她们要不就是在公共场所中做出引人图谋不轨的行为，要不就是她们"诱导"（lead on）并鼓励同行的男子对性有期待。有些受害者会被认为是无辜的，但她们必须证明自己的确抵抗了男性的攻击行为，并提出身体伤害的重要证据。

人们也常认为那些未尽到妻子责任的妇女被殴打是她们自作自受，并假设男子要承担起控制他们妻子的责任。实际上，直到 19 世纪，英国辩论的问题仍不是丈夫**是否可以**殴妻，而是他们可以殴打妻子**到何种程度**。直到 19 世纪末，对妻子施暴才成为非法行为。就传统的观点来看，正如同大家对强奸的态度一样：有些男子的确在没有任何合理理由的情形下殴打妻子；但人们认为，只有少数人会这么做。

2. 自由主义/精神病学的观点承认针对妇女的暴力是一个社会问题，但认为它不是一个重要的问题。这类观点认为男性犯罪者是因为生了病或心神不宁才会施暴，要不就是女性受害者自己招来暴力。因此，这类观点认为强奸女性的男性犯罪者心理有问题，或者无法适应社会，而女性受害者则有可能是受虐狂。同样的，殴妻的男子要不被认为是因为他们从小在家里被暴力相向，要不就是因为喝了酒才会殴打妻子，而妻子则是一副想讨打的模样。从这个观点来看，男性会对女性施暴是因为他们病态并需要治疗，或者是由女性"受害者"（victims）自己招来暴力。

3. 女性主义的观点从妇女相对于男子的从属地位这个更宽泛的背景来探讨男性对女性的施暴。在 20 世纪 70 年代，女性主义者认为，强奸及殴打妻子即是男性对女性施行暴力的强力证明。然而，近来女性主义者扩展了这个论点，并认为我们必须在女性行为受到男性控制这个背景下来探讨任何与妇女被威胁或恐吓有关的问题。因此，妇女对犯罪活动的恐惧控制了她们的行为，她们也会因而约束及限制自己的举止。而如果妇女要在夜晚外出，她们也一定会寻求男子的保护。再者，若某个地区发生妇女被强奸的事件，人们便会建议当地的妇女不要出门。但男子从来不会被建议留在家中，以便妇女可以安心出门。女性主义者在意的问题不再是如何解释男性的暴力，而是越来越关心要如何以研究来揭露女性被男性施暴的经历，以及女性对遭受男性强奸及攻击的恐惧如何使她们自我约束。女性主义研究也证明了那些以帮助遭受男性施暴的妇女为目标的法律改革之不足，以及负责处理这些男性犯罪者的警察及法庭的失败。

男性对女性的伤害这个问题隐而不彰，一直到 20 世纪 70 年代才有所改善（参见第十一章，与这些议题相关的 19 世纪女性主义运动）。随着第二波女性主义运动的兴起，殴打妻子、强奸、儿童受到的性虐待等问题才逐渐受人重视。妇女越来越有勇气告发那些对她们施暴的男子。而且更重要的是，福利机构、警察及法庭也越来越相信妇女及儿童。然而，女性主义者指出，人们仍严重低估这类犯罪，而且司法制度也依旧不愿承认妇女及儿童被施暴的情形有多么普遍，以此好好处理犯罪者的问题。女性主义者认为，强奸及殴打妻子都是严重的罪行，也理当被严肃处理。犯下这些罪行的加害者应该就像其他犯下严重罪行的人一样，受到控告及惩罚。

一 强奸

女性主义者指出：

> 所有妇女都害怕被强奸。对强奸的恐惧让她们约束自己的行为、限制自己的自由，并影响了她们的穿着、工作的时间，以及行走的道路。这种恐惧并非平白无故，因为没有任何妇女能够免于被强奸的危险。

（Clarke and Lewis，1977：23）

一直到 1994 年，英国依然在法律上将强奸定义为不合法的性交合（即阴茎插入阴道），因此也只有妇女才会被强奸。然而，1994 年的《刑事及公共秩序法案》（The Criminal Justice and Public Order Act 1994）放宽了这个定义，将未取得双方同意的肛交也纳入强奸的定义。因此，男子如果出现以下行为，便是强奸：

1. 他与某个人性交（不管是肛交或插入阴道）时未取得对方同意；

2. 他知道与他性交的那个人并非出于自愿，或者他毫不在意对方是否同意与其性交。

2003 年的《性犯罪法案》（Sexual Offences Act）进一步扩展了对强奸的定义。该法案认为，如果某个人（A）出现以下行为，即犯下了强奸罪：

1. A 故意将他的阴茎插入另一个人（B）的阴道、肛门或嘴；

2. B 不是自愿接受上述的插入性交行为；

3. A 没有"合理的理由相信"（reasonably believe）B 是自愿的。

A 在进行任何步骤前是否已获得 B 的同意等各种相关情形，都可以用来确定 A "合理的理由相信"是否成立。

1990 年以前的英国，丈夫不能被控告强奸了妻子，因为法律认定婚姻契约赋予他与妻子性交的权利（虽然现在的法律仍未认定这个行为触犯了刑法，但它可以在法庭中以判例法定罪）。

女性主义者关心以下三个议题：第一，他/她们想问，为什么强奸会发生？什么样的态度与信念在支撑这种行为？第二，他/她们试图审视社会与法律如何限制妇女获得她应有的法律权利。第三，他/她们试图理解强奸受害者的经历。

人们通常认为强奸是男性的性驱力所导致的结果，而男性的性冲动无法控制。然而 Barbara Toner（1977）指出，人类学的证据显示，男性性驱力的强弱因文化态度及文化价值观而异。例如，强奸对新几内亚的阿拉佩什人（Arapesh）来说是闻所未闻，但在肯尼亚的古西人（Gusii）中，强奸是男子对妇女的主要社会控制形式。

女性主义者认为，强奸是一种暴力与宰制行为，贬低了受害者，使其非人化。激进女性主义者 Susan Brownmiller（1976）认为，男性是天生的掠夺者，女性则生来要成为他们的猎物。男子能够强奸妇女，但妇女却不能以同样手段进行报复。她指出，男子利用强奸来让所有的妇女心生恐惧，这是一种有意识的威胁。她还指出，男子通过强奸的威胁来持续支配妇女。妇女唯有完全融入国家机器，制定并强制实施反强奸的法规，才能克服这种被支配的处境。这样，国家才能够保护妇女免于被强奸。这类观点认为男性本身的性欲是导致女性被强奸的唯一原因，而有些人宣称，政治女同性恋主义（political lesbianism）是唯一的解决之道（女性主义者对政治女同性恋主义的论辩，以及对男性性暴力的抵抗，参见 Jackson and

Scott, 1996)。

然而, 许多女性主义者拒绝从生物学角度来解释强奸。他/她们指出, 父权制度意识形态及父权关系才是让强奸被正当化并得以维系的理由。例如, Lynne Segal (1997) 认为, 男性特质是问题所在: 男性的性暴力和社会角色及性别有关, 与本质上的生物特征 (即暴力天性以及/或者无法控制的性冲动) 无关。人们发现, 被定罪的强奸罪犯具有各种动机, 从希望控制妇女, 到单纯想要获得性带来的刺激 (Scully and Marolla, 1993)。这也揭示出对待性与侵犯的心态的文化根源已经深嵌在男性特质之中。女性主义者认为, 父权制度意识形态要不将妇女定义为一位倍受尊敬的母亲, 要不就将其定义为只为了满足男性愉悦的性客体。男性想要拥有女性的性, 并且对它加以控制以达到自身目的。女性主义者还指出, 虽然父权制度意识形态表面上谴责强奸这种行为, 但暗地里却认定它是一种正常的行为, 并因而使其正常化。强奸犯以受害者 "自己想要" (asked for it) 的借口而成功脱罪的例子在法庭上屡见不鲜。此外, 女性主义者认为, 强奸法看似保护妇女的名誉, 但它其实是为了保护男子的利益。它将强奸视为侵犯别人财产 (女儿与妻子) 的一种犯罪; 亦即, 父亲/丈夫的财产受到了损害。他/她们指出, 强奸是一种夺走女性自主权、使她们无法自由对待自己身体的政治行动。强奸也是一种攻击行为, 因为它可能会置妇女于死地。强奸的受害者是被随机挑上的, 因此没有任何一位妇女可以免于受到强奸的威胁。强奸教导所有妇女她们是被男性支配的, 并且让她们持续处于恐惧的状态, 它因此成为一种有效控制妇女、限制她们自由的方式。

但是, Joni Lovenduski 和 Vicky Randall (1993) 指出, 英国利兹的妇女拒绝因为 "约克郡开膛手" (the Yorkshire Ripper) 谋杀案而让警察及他人控制她们的行为。她们认为, 虽然 "许多妇女的行为被这位 '开膛手' 控制: 她们放弃了工作及夜间课程, 女大学生因而离开校园, 回到位于其他地区的家中", 但还有一些妇女采取了不一样的行动。她们 "安排彼此的生活, 并将看门狗借给彼此。她们没有囿于受困心态 (siege mentality), 反倒发展出一种集体的力量、一种共享的经验" (Lovenduslci and Randall, 1993: 331 – 332)。

女性主义者认为，强奸的受害者经常受到法庭程序的"审判"（put on trial），而且会被责怪是由她们自己引发犯罪。如果受害者是一位性生活活跃的妇女，或者她的行为（例如在晚上搭别人的便车）被认为是"导致"强奸的原因时，这种状况就更加明显。近来，法律发生了变化，规定法庭不能主动审问妇女的性生活。但这种变化并未能够保护妇女免受审问，因为在实践中，大多数法官仍会允许律师盘问她们的性史（Edwards，1984）。王室法律顾问 Helen Kennedy 指出：

> 在审判强奸案时，妇女会被问各种与强奸案无关且不得体的问题，但这种情况却从来不会发生在男子身上。出庭律师将矛头对准她们的生活作风，想要证明是她们鼓励别人强奸她的。

> （引述自 Bouquet，1995：46）

Sue Lees 就此指出，"鼓足勇气将自己的案件上诉至法庭上的妇女，在那里又被司法强奸了一次。她们承受无情的人身攻击及羞辱"（引述自 Bouquet，1995：46）。

Carol Smart（1995）认为，参与强奸审判的人员对性都拥有相同的看法，即都重视插入及性交的快感。他/她们假设，强奸也许带给妇女快感，因为它是一种插入的性交行为。人们在审判强奸案时，时常聚焦于"不"（no）这个字的意义。Smart 指出，法庭上的所有人员都认为妇女对性的态度捉摸不定，有时候她们嘴巴上说"不"，但其实是"好"的意思。于是，问题变成，妇女说"不"的时候是否真的代表"不"。这个问题显然与所谓的"约会"（date）强奸及与其对立的"陌生人"（stranger）强奸息息相关。人们经常认为前者代表妇女"真的"想要拥有性行为，因此虽然她清楚地说出"不"这个字，但事实上是愿意的。

在强奸案的审判中，关于证物的规定也起到了很关键的作用。1994 年的《刑事司法法案》（the Criminal Justice Act）规定法官必须警告陪审团，若只凭原告未经证实的证据就将被告定罪是很危险的事，但若陪审团确信那些证据是真的，他/她们仍可以这么做。根据未经证实的证据而做出不公的判决，是所有的审判都可能面临的风险。但是，只有在审判强奸案、叛国罪，或者证据是由儿童或共犯提出时，法律才会要求法官必须对陪审团提出警告。就强奸而言，这种规定暗示了被强奸的受害者就像儿童或共犯一样，都不是太可靠的目击者。法庭还会告知陪审团，就许多经验来看，有很多妇女是蓄意控告男子强奸，因此必须保护无辜的男子不会被这类不诚实的指控波及。但是，强奸案很少有目击者，而且原告与被告对当时是否在同意的情形下进行性交时常各执一词，因此除非出现确凿的证据（例如，受害者受伤），否则强奸案很难被定罪。英国内政部的研究也确实显示，除非受害者完全没有性经验，或者是被陌生人强奸而且有伤害证据，否则很少有强奸犯会被定罪、坐牢（Bouquet，1995）。

在强奸案进入审判程序之前，妇女通常已经经历了好长一段被贬低及被怀疑的时间。被强奸的妇女不愿在第一时间报案，往往是因为警察的询问方式以及医学检查进行的方式。而警察也确实比较不相信某些妇女提出的强奸指控。例如，Ann Burges 和 Linda Holmstrom（1979）研究了美国146位通报至医院急诊室（急诊服务处）受到强奸的妇女及女孩的案例后指出，警察往往对强奸具有刻板印象，并会根据这种刻板印象来判断是否要受理这些案子。妇女如果在被强奸之前仍是处女，或者看起来没有精神问题，或者强奸犯是陌生人，又或者强奸犯使用或威胁要使用武器，那么警察就会调查这个案子。但是，受害者如果是自愿与强奸犯出去、如果她未婚又具有性经验、如果她有情绪问题、如果她在做笔录时心情平静，又或者如果她认识强奸犯，那么，她的案子便会被置之不理。

Barbara Toner（1977）发现，英国的警察对强奸也持有类似的刻板印象。如果被强奸的妇女在事发后随即报案、看起来心烦意乱、不认识强奸犯，并且显示出挣扎过的痕迹，警察就会较严肃看待她的案子（然而女性主义者认为，妇女并不想被揍，而且被强奸的受害者也常常说她们太害怕了以至于不敢抵抗，同时也担心进行抵抗后会被杀死）。Toner 指出，报案的受强奸妇女通常会觉得警察太没有同情心，而且她们在进行医疗检查时常受到羞辱的、例行公事般的对待。牛津布鲁克斯大学（Oxford Brookes University）在 1994 年为泰晤士河谷警方（Thames Valley Police）所做的一份研究显示，只有五分之一的强奸受害者会向警方报案。有超过一半以上的受害者不相信法庭会做出公平的判决（Bouquet，1995）。Catharine Mackinnon（1987）也指出，被强奸的妇女选择不报案或不提出指控，主要和她们之后被法庭要求提供的证据类型有关。

女性主义者对以下这些与强奸有关的迷思大加质疑：

1. 许多人相信强奸永远不会发生。人们认为，妇女总是可以通过逃跑、抵抗或回击来避免遭受强奸。这个看法忽视了恐惧造成的影响。妇女的确会害怕到无法逃跑，并且也会担心她们抵抗后会出现什么后果。

2. 人们相信，被强奸的妇女会乐在其中。然而，研究被强奸妇女的报告指出，她们只觉得羞辱及害怕。而且，男子也从这种认为妇女想要性交的看法中受惠。

3. 人们相信，强奸很罕见。然而，探讨强奸受害者的研究以及强奸危机处理中心的经验告诉我们，只有很少数的受害者会向警察报案。Ruth Hall（1985）发现，在英国公布的发案率报告中，强奸的发案率有17%，强奸未遂（attempted rape）的发案率有20%。

4. 人们相信，强奸犯多是陌生人。但统计显示，强奸犯是受害者熟人的比例和陌生人一样高。而且，在室内发生的强奸案比例也不亚于户外。例如，Amir（1971）发现，有57%的强奸犯是受害者认识的人。

5. 人们相信，只有精神病患才会犯下强奸罪。然而研究显示，被定罪的强奸犯当中，很少人是精神失常。Carol 和 Barry Smart（1978）指出，司法体系处理强奸犯的方式并未与其他罪犯不同，他们被宣判的刑期一般也较短，而且其中也很少人会以精神健康法规来处理。此外，强奸犯的犯罪记录通常显示，除了性犯罪，也犯过与性无关的罪。

6. 人们相信，强奸与冲动有关，是由无法控制的性冲动在意外中导致的结果。人们也觉得，女性是"导致"男性出现无法控制的性冲动的原因。然而研究显示，许多强奸是有预谋的。例如，Amir（1971）指出，有70%的强奸是精心策划的结果，11%是部分经过计划的结果，只有16%是被他称为"爆发性"（explosive）的强奸。

7. 人们相信，强奸是下层阶级的问题。然而，不管是什么年龄、什么社会阶级、什么种族的男子，都会攻击及强奸妇女。

二 攻击妻子及伴侣

在 20 世纪 70 年代早期，妇女解放团体开始主张必须为那些离开施暴丈夫的妇女成立收容所时，妻子遭受丈夫暴力攻击的事件才逐渐浮上台面（参见第六章）。正如 Rebecca Dobash 和 Russell Dobash（1980）所观察到的：

> 在 1971 年，妇女遭受攻击的事件几乎前所未闻。那些被殴打的女性只会对亲戚、朋友、牧师、社会工作者、医生及律师吐露心事。有许多人不相信这种行为真实存在，即使清楚这种情况的人也大多认为只有少数妇女受到了如此对待或者认为情况并不严重，无须引起大众的注意。

> （Dobash and Dobash，1980：2）

不管是哪一个社会阶级、哪一种家庭环境、哪一个地方，都会发生家庭暴力（Mirrlees – Black，1999）。英国警方大约每一分钟就接到一通因遭受家庭暴力而求助的电话，其中只有 5% 的受害者是男性（ESRC，2002）。

英国每年大概有 1.2 万名女性住在收容所（Lovenduski and Randall，1999）。前往收容所的女性通常已经被同居的男性暴力殴打许多年。许多人都多次尝试顺利离开丈夫或伴侣，但均未成功。她们常因无法找到住处、无法养活自己和孩子，而被迫重新回到暴力家庭中。她们认为福利机构、警察部门及法庭完全无法帮上忙，甚至有时还差劲地建议她们"将就点"（make the best of it）。

发生上述情况，至少有部分原因是因为家庭中的暴力一直都被认为是私事，应该由丈夫及妻子自己来解决，无需福利机构、警察及法院的干预。警察也经常认为这类事件是家务事，不会将它们作为严重的攻击行为。此外，将家庭暴力称为家务事，让原本应该由丈夫负责的事情变成了由丈夫与妻子共同承担，并且将其正常化为家庭生活的一部分。警方对虐妻问题的不作为可以通过警察很少控诉施暴的丈夫或将他们送至法庭的事实来证明。他们辩解说这是因为妻子常常拒绝作证，并且最后都会原谅丈夫。然而，来自美国各州的证据并无法支持这个论点（美国规定警察一定要起诉那些对妻子施暴的丈夫），英国的研究也从未审视它的"样本流失率"（attrition rate）。在英国，对家庭纠纷"不予以定罪"（no criming）的惯例已逐渐被抛弃（Edwards，1989；Bourlet，1990）。然而，事实上人们必须不断接受训练才能支撑这样的改变（Walklate，2004）。英国内政部曾经在1983—1990年发给警察部门一系列备忘录，指示警察必须严肃看待家庭暴力。1991年，内政部更命令警察要为那些承受危险的女性设立资料库。各地警察局对此回应不一，有些警察局取得了很好的成效，而有些显然在原地踏步。有些警察局仍未设立家暴中心，有些不仅设立了中心，而且把针对妇女的家庭暴力视为是和攻击陌生人一样的严重罪行（Lovenduski and Randall，1993；Walklate，2004）。

在美国，人们估计，每天被同居男子攻击的妇女人数大概在200万—400万人，最多可能达800万人（Sassetti，1993）。这可能是妇女遭受的单因素伤害中最严重的一种，比因车祸、抢劫及强奸等受伤的妇女人数加起来还多。根据美国每年的调查，所有被谋杀的女性受害者当中，有30%—40%的人是因为遭受家庭暴力（参见第六章）。英国所有的暴力攻击行为当中，也有25%与妇女在家庭中遭受的暴力有关。在伦敦，因家庭暴力而打电话向警方报案的女性，每星期都有1000位以上（Lovenduski and Randall，1993）。每五位被谋杀致死的人当中，就有一位是被伴侣或前任伴侣杀害的妇女（Smith，1989）。关于家庭暴力的研究也显示，在压倒多数的案例中，男子是加害者、妇女是受害者（Smith，1989），无论在哪个种族及文化中都是如此。Mama指出，"黑人妇女遭受暴力的普遍性，完全说明了她们受到了种族、阶级及性别的三重压迫"（Mama，1989：vii）。和"绍索尔黑姐妹"（Southall Black Sisters）① 一样（Sahgal，1989），Mama也批判那些加诸黑人妇女身上的压力如何让她们噤若寒蝉，迟迟不敢说出被男子暴力攻击的经历。她指出，因为对抗警察暴力才是人们的焦点，所以"要花很久的时间才能表达出一个事实：黑人妇女受到男性伴侣攻击的

① Southall Black Sisters，一个关注少数族裔和女性移民权利的机构。——译者注

可能性大于她们受到种族歧视者攻击的可能性"（Mama，1989：16）。

大部分探讨妻子遭受家庭暴力的研究都会探访收容所的妇女，而且大多由学者开展。人们因此批判英国的健康与社会安全部（The Department of Health and Social Security）往往委任学者来研究家暴问题，而不是那些参与收容所运动的妇女。人们指出，英国的健康与社会安全部花费大量预算用于研究，这些钱原本可以用来帮助被虐待的受害者（Hanmer and Leonard，1984）。人们认为，这些研究发现并不会增加我们对收容所中妇女的了解。

女性主义者拒绝将家庭暴力归咎于个人原因。他/她们开展过的规模最大的一份相关研究是 Rebecca Dobash 与 Russell Dobash（1980）在苏格兰开展的殴妻研究。他们指出，妇女遭受的暴力问题，追根究底是与父权家庭制度有关的社会问题。因为这个让丈夫可以控制妻子的制度不仅创造出特殊的婚姻权力关系，还使妻子与母亲处于被支配的位置。他们还指出，男性的权力比女性大，并且剥削了已婚妇女的劳动：即，妇女被要求服侍丈夫，为丈夫提供家庭服务。他们认为，丈夫会对妻子施暴的主要原因，经常是因为他们不满意妻子的服务，觉得她们没有尽心尽力地履行妻子的责任：例如，她们未将家里打扫干净、没有准备好三餐，或者被怀疑出轨等。Jan Pahl（1985）在她的研究中也发现，会殴打妻子的丈夫时常企图控制她们的行为，并且要求她们待在家中，哪里都不能去。Henrietta Morre（1995）指出，人与人之间的暴力行为总是代表了为了维系权力而做的努力—— 家暴则是男子对妇女进行控制的权力的维系。

女性主义研究者也试图弄清楚为什么妇女难以离开施暴的男子。他们指出，经济、社会、意识形态及法律等因素相互作用，让妇女难以离开施暴的男子。就经济层面来看，妇女离家后很难养活自己及孩子，而找到栖身之所则是更紧迫的问题（Walklate，2004）。事实上，Jan Pahl 指出，她所访谈的妇女经常会很惊讶地发现，她们离家后，靠着福利补助，经济上反而比与丈夫同住时更宽裕了（Pahl，1985）。因此，没有栖身之所是最主要的问题。以前，离家的妇女常因无法找到适当的容身之地而被迫回家。收容所为前来求助的遭受殴打的妻子们提供了一个温暖、友善的环境，但它并不适合久居。

就社会层面来看，被家暴的妇女往往觉得她们无法承认自己婚姻失败。她们会责怪自己，并认为这样的情况是单独案例。同样的，女方的亲属及朋友也可能会告诉她，她之所以陷于这样的处境，肯定是自己的责任，并常常建议她要忍耐（Homer et al.，1984）。

Mama（1989）及 Maguire（1988）指出，黑人妇女要离开施暴的伴侣时还会碰到其他问题。举例来说，在 Mama 的记录中，有些黑人妇女会在大家庭集体施压的情形之下而无法离家。Maguire 也发现，那些嫁到英国的妇女若要回到她们的祖国，还会面临被驱逐出境、被污名化等问题。

父权制度及家庭意识形态也影响了福利机构对受虐妇女的回应方式。Johnson（1985）指出，社会工作者通常没有接受过如何处理妇女家暴问题的训练；而且他们缺乏资源来帮助这些受害者，最多只能介绍她们去住旅社。有一大部分受虐妇女需要医疗帮助。例如，在 Rebecca Dobash 及 Russell Dobash（1980）的样本中，有80%曾经求助医生，在 Jan Pahl（1985）访谈的妇女中则有64%看过医生，虽然她们很少向医生提及自己受到了丈夫的殴打。医生往往认为，婚姻的问题与他们无关，因为它不属于"真正的"（real）医疗问题（参见第七章）。在许多研究中，妇女们批评医生在自己求助时做出的回应，她们尤其不满医生通过开镇静剂药方来解决她们的问题（Dobash and Doabsh，1980；Pahl，1985）。有时候受虐妇女也会听到一些医疗之外的建议，一般是建议她们离开那个男的，但这对实际的问题没有任何帮助。在这些研究中，受虐妇女也对警察大加批判。她们指出，警察经常不愿介入家庭纠纷，而且也很少起诉男性（Dobash and Dobash，1980；Edwards，1989；Bourlet，1990）。这是个严重的问题，因为受虐妇女最常求助的对象就是警察。虽然英国想改进警察对此的处理态度（如前文所述），但成效非常缓慢而且水平参差不齐（Johnson，1995）。

在20世纪70年代，英国政府为了保护受虐妻子所做的最重要的回应是修改法规，好保护她们远离施暴的男性，并让她们可以较容易地离开他们。女性主义者指出，分析这些法律改革所带来的实际影响，可以让我们同时看到改革的局限，以及父权制度意识形态如何影响司法决策。

英国在 20 世纪 70 年代通过了三个法案，它们皆被设计用来帮助那些受丈夫攻击的妇女，分别是：《1976 年家庭暴力及婚姻诉讼法案》（Domestic Violence and Matrimonial Proceedings Act 1976）、《1978 年家庭诉讼法及治安法庭法案》（Domestic Proceedings and Magistrates' Courts Act 1978），以及《1977 年住房（无家可归者）法案》［the Housing（Homeless persons）Act 1977］。《1977 年住房（无家可归者）法案》规定，地方政府有责任帮助特定类型的人员（主要是家庭）重新定居，只要这些人不是蓄意让自己无家可归。该法案明确指出，遭受丈夫家暴而离家的妇女不能被视为蓄意让自己无家可归，只要她们有小孩待抚养，政府就必须为其提供住处。但是，许多地方政府并未落实这个法案。此外，就算这些受虐妇女被认定为无家可归，问题仍然没有得到解决。有时候她们和孩子不得不先在专门为无家可归者安排的住处住上一段时间，而且只能接受政府给她们提供的永久住所，不得挑挑拣拣。但是，她们往往会发现这些住所的条件很差。然而，如果受虐妇女居无定所，丈夫就可能取得孩子的监护权；如果她仍住在婚姻居所，丈夫也可能以此说服法院他能为孩子提供较好的生长环境。一旦受虐妇女失去孩子的监护权，她也就没有资格住在地方政府所提供的住所。

《家庭暴力及婚姻诉讼法案》以及《家庭诉讼法及治安法庭法案》都是为了给受虐妇女提供更多保护所设立的法案。《家庭暴力及婚姻诉讼法案》适用于地方法庭，允许它们在案件进入法庭审判前发布"禁止骚扰令"（non-molestation）及"限制令"（exclusion injunctions）。限制令可用于紧急时，而且还赋予地方法庭逮捕的权限。若男子违反限制令，就可将他送去监禁。另外，不管受虐妇女是已婚还是与人同居，都可获得救济金。《家庭诉讼法及治安法庭法案》也赋予治安法庭类似的权力。这意味着若妇女遭受家暴，她们可以在当地以较少的花费、简单又快速地获得救济金。然而，这个法规只适用于已婚女性，治安法庭也无权禁止男子进入某些地方。而且只有在丈夫实际造成妻子的身体伤害时，才能逮捕他们。

然而，这些法案在实践中对保护妇女起不了太大的作用。判例法已经确立了法律先例，表明法官及治安官都不大愿意发布禁止男性进入其房产的命令。显然，法庭认为孩子是否受到保护才是最重要的问题。法院也不大愿意动用紧急权限，所发出的限制令经常不具有逮捕的权限，这意味着警察无法强制男性遵守。除此之外，就算限制令具有逮捕权限，警察也往往不愿介入。

因此我们可以推断，目前英国的相关家庭暴力法规制度虽然可以提供所有必要的补救措施，但在实际运作时，却无法给予女性应有的完全保护，使她们仍然处于弱势地位中。然而我们需谨记在心的是，受虐妇女不仅是受害者，她们还是幸存者。Hoff（1990）在她的研究中形容她们"更像是危机处理者，而并非无助的受害者"（Hoff，1990：56）。Rebecca Dobash 及 Russell Dobash（1992）也否认受虐妇女最终会变成习得性无助（learned helplessness）的受害者。

第七节　妇女、暴力与男性权力

一些女性主义者指出，太过关注妻子被强奸及攻击的问题，会让大家看不清楚男子对妇女施暴的真实程度。他们认为，所有的妇女都受到了男性暴力的影响，而犯罪统计数据和官方对受害者及她们自述的研究均严重低估了男子对妇女的施暴程度。暴力是一种强而有力的社会控制机制，女性运动的发展常因女性运动者的个人经历及对男性暴力的恐惧而受到严重的限制。人们认为，暴力的范围不应只限于身体上的攻击，还应该包括男性用来控制、胁迫女性的所有行为。当我们将性骚扰、猥亵电话、露阴癖及其他男性用来控制女性的行为纳入暴力范围后，就能清楚发现男性对女性的控制之广。Liz Kelly 对性暴力进行了以下的定义：

> （性暴力）包含所有身体上、视觉上、言语上或性关系上会让妇女或女孩觉得自己受到威胁的行为，不管是当下还是之后，也不管它是胁迫、恐吓还是攻击。这种行为可能会导致她受伤或者被贬低，并且/或者夺走她控制亲密接触的能力。

（Kelly，1988：4）

Jalna Hanmer 和 Susan Saunder（1984），以及 Jill Radford（1987）的研究也发现，妇女在家庭中以及公共场所对男子的恐惧限制了她们的行为。妇女不会夜间出门或者前往某些场所，这不仅是因为她们害怕受到攻击，也因为与她们同居的男子试图不让她们单独外出。他们也发现，妇女遭受了大量的男性暴力行为，但有许多都被隐藏起来——她们未向警方报案，也未向英国犯罪调查等调查研究吐露自己遭受暴力的经历。这些研究者认为，这是因为妇女不愿揭露男性对她们施暴的程度。既然她们不愿向警方报案，同样也就不可能会对犯罪调查透露自己的经历。这些研究者会事先对她们坦承自己的研究动机，并让她们自己为暴力下定义。研究者认为，他们的研究发现能够更准确地反映出这些受虐妇女的经历以及她们对暴力的感觉。

Jacqui Halson（1989）指出，她在研究 14 岁的女生在男女同校的学校中的经历后证实，性骚扰的确是年轻妇女在学校内外普遍遭受的一种性暴力。这样的性骚扰既来自男老师也来自男同学。Halson 认为，学校对此放手不管的结果是让男性与女性之间既定的不平衡权力关系得以继续复制。女学生对男老师的行为感到不舒服及感受到威胁，但老师们却被视为"真正的情圣"（a right Casanova①）。男孩对女孩不怀好意，即使他们大多数的行为尚未构成强奸，他们依然言语骚扰或者身体攻击她们。通常一位女孩被一群年轻男孩性骚扰后，她的无力感会加重。这意味着，女孩会开始监督自己的行为，不让自己单独与一群男孩见面。女孩从来不觉得男孩的这种行为是种奉承，反倒感觉被侵犯及羞辱，更不可能认为她们所经历的这种行为是"友善的"（friendly）、"无害的"（inoffensive），或者"只是个玩笑"（just teasing）。这也不是一种相互的行为，因此不能认为它只是一个善意的玩笑，或者是种讨好双方的举止。女孩无力对男孩提出挑战，因为学校认为这种行为无伤大雅，并不是个严重的问题，而且学校也未制定任何校规禁止这种行为。

---

① 18 世纪的贾科莫·卡萨诺瓦（Giacomo Casanova）因其许多的风流韵事留传于后世，"卡萨诺瓦"（Casanova）这个词逐渐成为"情圣""风流才子"的代称。

Halson 以一个事件为例来揭露学校当局未能理解女孩将性骚扰看得有多严重。有人在学校画上"玛丽是个贱货"的涂鸦。这个女生极为苦恼，她的母亲也来到学校，扬言要采取行动。然而，学校某位资深人士却认为这位母亲太小题大做，因为"贱货"（slag）是常见的用来辱骂女孩的词汇。这正好说明这位资深人士漏掉了该词的关键含义："贱货"这个词被用来贬低、羞辱妇女，并让男性能够控制她们。

Carol Ramazanoglu（1987）指出，女性学者也难以对抗男性学者的性骚扰，而在其他情况下，女性没有体力与男性抗争。其他研究者则认为，从妇女的角度来看，她们对暴力的回应是极为合理的。被强奸或者遭遇露阴癖的妇女诉说她们害怕被杀害，而这样的恐惧制约了她们的反应。遭受暴力攻击的妇女未向警方报案是因为她们知道自己会得到什么样父权制式的反应。男性暴力之下的女性受害者也常认为自己才是应该被责怪的对象。女性主义者意识到，法律上的改革以及要求男性改变行为虽然都很重要，但是可能都不会带来太大的变化。因此他们认为，妇女应该组织起来进行自救，要求政府设立更多由妇女运作及掌管的收容所，设立强奸危机处理中心，并教授妇女更多自我防卫的技巧。

另外很重要的一点是，我们要挑战人们认为殴打妻子及强奸这些罪行和其他暴力犯罪从某种意义上来说并不一样的看法。当然，它们都代表了男性使用暴力来维系或确立他们控制女性的权力，但殴打妻子及强奸这类罪行的严重性不亚于其他暴力犯罪。我们还必须质疑那类常识般的观点，使一般人不再认为这个罪行是属于家庭领域的私事，因而不需要警察及司法制度的介入。同时，我们也要挑战人们认为强奸是男性天生性冲动导致的性犯罪的观点。

第八节 结 语

我们在这一章中探讨女性主义犯罪研究的两大方面。在前半部分，我们讨论了女性主义者对妇女及犯罪的研究；在后半部分，我们探讨了男性对女性的施暴。这两个部分反映出非常不同的女性主义研究倾向。女性主义者对妇女及犯罪研究深具学术倾向。研究者要不就是关心如何将妇女纳入既有的犯罪理论，要不就主张我们必须重新构建社会学研究方法，使其能够更充分地解释以下这两个问题：为什么妇女较少成为犯罪者？违法妇女的行为是怎样的？

探讨妇女及暴力的研究者大多是激进女性主义者（更多详情参见第二章）。他们不仅关心男性对女性施暴的问题，也试图发展出各种策略来解决这个问题。他们指出，所有女性无论她们的年纪、种族或社会阶级如何，都可能会遭受男性的暴力攻击。他们还认为，这是男子在父权制社会中控制妇女的主要方法之一。我们之所以在这一章中纳入这类资料，是因为我们想要揭示，不光男性主流社会学会忽视或边缘化男性对女性施暴的问题，法律体系也会将这个问题边缘化、平常化，并掩饰妇女成为受害者的事实。同时，人们也常指责受害者。在街上受到攻击的男子并不会被建议不应该出门，但人们常常如此要求有相同遭遇的妇女。男子若遭到殴打，人们不会觉得那与他的举止有关，但是妇女则常被如此认为。男子不会被建议夜间不要独自外出或者前往某些特定场所，但是妇女则常常收到如此建议。男子控制妇女的行为不仅得到了媒体、警察及法庭的支持，也得到了其他妇女的帮助。在理解妇女的行为时（诸如，为什么妇女会/不会违法，为什么她们会被男性攻击、殴打及虐待），妇女如何被控制是其中一个很重要的方面。

摘　要

1. 女性主义者强调，目前为止，某些方面的犯罪，例如强奸、殴打妻子、性骚扰等问题，要么就被忽视，要么就被视为是"正常的"。

2. 女性主义者认为，我们必须在男性掌控权力的背景下来解释这些问题，并思考为什么在社会中，男子的暴力行为会被认为是"正常的"，妇女的则不然。

延伸阅读

Heidensohn, F. (2000) *Sexual Politics and Social Control*. Buckingham: Open University Press.

    这是一本有趣又语言平实的书，主要关注社会性别与社会控制之间的关系。它探讨了全球化、性别化的风险政治学等议题，同时也思考这些议题如何塑造男子与妇女的行为。

Less, S. (1997) *Ruling Passions: Sexual Violence, Reputation and the Law*. Buckingham: Open University Press.

    这本有趣又发人深省的书主要在探讨妇女在被规训的过程中，她们的生命如何与特定的性欲特质产生紧密的连结。这本书特别关注性别化及性欲化的论述如何支配妇女，并使她们自我监督并督促其他妇女进行自我监督，也探讨了和司法公正相关的一些制度与社会实践如何被性别化。

Naffine, N. (1996) *Feminism and Criminology*. Cambridge: Polity.

    这本语言平实又引人入胜的著作以各种观点回顾了女性主义者对犯罪学的批判及贡献。

第十一章

政治

　　包括英国在内的多数社会中，在通常被视为"政治"的领域内，看不到妇女的形象。1997 年，在工党上台时，"布莱尔的宝贝"——新当选的女性工党议员们，一定程度弥合了这种缺席。然而，就整个国家情况而言，英国政治仍由男人支配。多数内阁大臣是男性，多数下院议员也是男性。尽管保守党原主席撒切尔夫人曾在 1979 至 1991 年担任首相，但在英国担任其他要职的女性依旧很少。很少有妇女担任工会领导人，也很少有妇女担任议员（尽管在地方政府政务会委员中，妇女的人数有所增长）。妇女被认为在处理政治事务时不及男人能干，且对政治兴趣较少。引人关注的是，苏联解体后，随着各种社会机构越来越接近西方模式，居于政治权力要职上的妇女人数竟然减少了。同时，某些国家（如卢旺达）议会中女性议员的比例达到了 50%——尽管，这一比例是通过设计一种确保它的实现的配额制来实现的。

　　在过去，对于妇女与政治的关系，政治社会学倾向接受一种常识性的看法，并给予它以"科学的"说服力。在男性主流政治社会学中，妇女往往被视为与政治不相干，或即使被提到，也被认为其表现方式不像男人那样是属于真正的政治的。女性主义对政治社会学特别是选举议题研究中对妇女的曲解提出了批评。女性主义还对妇女的政治活动进行了研究，同时，分析了性别政治，其不但审视了妇女的政治活动，还审视了来自父权制的阻抗——即在女性主义与父权制之间的力量斗争，对于国家在建立和维持核心家庭的作用以及妇女作为妻子和母亲的角色也都做了分析。在本章中，我们将详细检视对男性主流政治社会学的女性主义批评和对妇女政治活动的女性主义研究，探讨上述每一个不同议题。

第一节　男人、妇女和选举研究

男性主流研究认为，妇女对政治活动的参与少于男人，妇女的政治关注和诉求是道德或家庭义务的反映，而不是真正的政治立场。比如，男人被说成是关心工作报酬和工作时间，而妇女则被认为更关心工作环境。这类研究著述夸大了男女之间在政治行为上的差异，并且，认为妇女的政治行为受到私人领域的影响时，却低估了私人领域对男人政治行为的影响。在选举行为方面，男性主流研究声称妇女参与投票的少于男人、妇女天然地比男人保守、妇女比男人易变，以及妇女更多地受人格因素所影响。但是，女性主义者对这类著述和研究结果重新加以审视和研究后发现，这些结论的依据实在是站不住脚的。

苏珊·布尔克（Susan Bourque）和琼·格罗斯霍尔茨（Jean Grosshaltz）在1974年指出，男性主流研究总是以"符合"（fit in）他们对妇女政治行为的成见的方式去解释数据和做出假设。第一，布尔克和格罗斯霍尔茨指出，这种"虚构的脚注"使得对关于妇女的政治取向的陈述不是缺乏参考资料的支持，就是形成了对实际情况的误导性简化。第二，她们认为，存在着一种倾向，即事先假定妇女的政治主张和行为是受到男人（特别是丈夫）的影响的，而不是相反——尤其是在选举方面。第三，存在着一种未受质疑的假设，即认为，男人所特有的政治态度、偏好和特别表现出来的参与风格构成成熟的政治行为的定义。而妇女的行为，如果与此相异，就被定义为是不成熟的。第四，人们假设妇女对政治的关切源于她们的母亲角色，并由此限制了对妇女政治潜力的认知。同样地，关于妇女比男人保守的观点常被一些数据加以证明，而这些数据事实上只显现出很小的性别差异。

我们可以对这样一种观点发起类似的挑战——这种观点认为，妇女的政治参与表明了她们与男人相比，政治意识较弱、兴趣较低。有证据表明，许多政党、工会以及政治参与的准则往往没有反映出众多妇女的关注、需要和机会。工会和政党举行会议的日期往往使忙于家务的妇女难以出席和参加。男人时常认为，相对于男人所关注的议题来说，妇女主要关注的中心议题显得较不重要或较缺少"政治性"。确实，某些对妇女来说十分重要的议题往往被视为只与她们的天然角色相关，而根本不应该列入政治议程。按这种看法来解释的政治议题包括工作场所的一些议题，比如带薪产假、要求提供工作场所托儿、学校假期儿童游戏活动计划（school holiday play-schemes）和照看有病儿童的短期带薪假，等等。就国家层面而言，"母职资奉"（the endowment of motherhood）这种认为妇女为国家利益而抚养儿童，因此国家应向她们付钱以给予长期保障的观点背后也是同样的考量。欧盟的一项裁定准许了照看有病或残疾丈夫的已婚妇女提出的领取照看者补助金的要求（补助金提供给那些照看严重失能的成年人和儿童的人）。妇女必须经过斗争才能使诸如堕胎权、避孕、男女同工同酬等议题被视为重要的政治议题。除此之外，再加上很少有妇女能成为全国性的或工会选举的候选人这一事实，妇女的政治参与状况与男人并不相同是不足为奇的。

然而，一项精心的研究已经表明，性别差异不是影响选举行为的重要因素，诸如社会阶级和年龄等却是更重要的可据以预测的因素。比如，有人认为妇女不大可能像男人那样去进行投票，这个看法被用来证明妇女对政治缺少兴趣。可是，据统计显示，年长者也不像年轻人那样热心于选举，其中投票的老年妇女人数又多于老年男子，当考虑到年龄时，这一显著的差异实际上就消失了。常有人认为，妇女如何投票受到其丈夫偏好的影响（参见 Lazarsfeld et al., 1968）。然而，从这种情况得出的最佳结论是：夫妻间的影响是相互的（Weiner, 1978；Prandy, 1986）。

政治学家们一般并不非常关注妇女的政治行为，他们普遍认为妇女之所以对政治议题缺乏兴趣是因为她们的主要兴趣在于家庭范围内。但是，公共领域和私人领域（或家庭领域）间的分歧本身就是一个政治议题。声称对工作条件、儿童教育、可否堕胎等议题的关注是道德的而不是政治的，实际上是非常可能的——妇女的经验有别于男人，因而决定了两者之间选举行为的不同。当在教育、健康和社区护理提供等方面的公共支出削减时，妇女可能比男人受到更多的影响，或至少更能意识到这些政策的结果。就如，多罗西·史密斯（Dorothy Smith）在 1979 年指出的，生活境况的影响促使妇女较少地投入"抽象模式"的概念讨论，而更多地投入具体的、实际情况的讨论，而那正是概念讨论的基础。男人可能在谈论教育或健康保健的理念，但是，妇女却是把孩子送往学校和送去就医的人。因此，较之男人，工作时间、托育机构的条件、产前护理等诸如此类议题对妇女来说更具吸引力。这些都是政治议题，若忽视它们或将之贬入家庭领域就忽视了许多妇女赖以做出政治选择的基础。如果有人说妇女比男人缺少对公共政治的兴趣——这种主张的经验主义证据并不强大，那么很可能是在实际生活中妇女在政治上较难产生影响力，而这正是由于政治议事日程或政治进程掌握在男人手中。

因此，一些女性主义者总结说：政治社会学中一些关于性别差异的男性主流假设是不恰当的。这些假设具有以下这些后果：

1. 由于强调那种被视为"男性的"或"女性的"特点，研究中把男人和妇女看成是均质的社会群体，于是，男人与男人间、妇女与妇女间差异的重要性就被贬低了。比如，"职业模型"（job model）认为男人的政治态度和行为是由工作经历决定的，被认为适用于男人，而"社会性别模型"（gender model）被认为适用于妇女。

2. 家庭领域的角色被看作是导致妇女，而且仅仅是妇女投票行为的主要因素。有人认为，妇女投票支持某些候选人是由于被选者的人格特质，然而没有人认为男人投票给撒切尔夫人是由于她的魅力或作为妻子的品质。

3. 这些研究假设政党和工会等组织是性别平等的，妇女之所以缺乏积极参与是由于她们缺乏兴趣，这样的假设忽略了男人对这些组织的支配和控制。确实，近年来，男女之间在工会会员人数上的差距缩小了，但这主要是工业改组，也是妇女在诸如教育、看护和社会工作这些建有工会的职业中集中的一个结果（CSO，1995）。

然而，女性主义者并未热衷于认为妇女的政治行动应与男人相同。她们指出，由男性主流研究和由男人支配的工会、政党对那种被看作是政治的事物持有一种想当然的定义。这种定义排除了许多妇女的专业知识和政治上的关切。女性主义者对妇女与公共生活的关系提出了另一种解释，论证了"以男人为准则"的法则，如何在对妇女的政治和社会分析中发挥作用，强调已有政治社会学划分"政治的"与"社会的"或"道德的"之间界限的方式是基于一种武断的、非性别相关联的准则。例如，格林斯坦（Greenstein，1965）发现，在所测试的"公民责任"（citizen duty）和"政治效能"（political efficacy）方面，女孩得分高于男孩。但是，用不同的标准就可以把它们归因于是道德而不是政治。女性主义者认为必须赋予妇女的政治活动以新的含义。比如，不参加投票实际上可能是选举活动的低效率的反映，既然妇女在政治上的关切并未被反映于政治，那么我们要问的问题就是为什么妇女应该去投票，而不是为什么她们不去投票。最后，女性主义者认为，需要重新评价，所谓的妇女能力，而其对政治生活所具有的意义也必须被恰当地加以认识。女性主义者还指出，妇女从家庭领域中衍生的优先考虑事项、技能和议题也有助于政治学的扩展。比如，妇女为争取改善工作条件所做的斗争就是这方面的一个例子。

第二节 女性主义政治学的定义

女性主义者指出，妇女的确从事着通常所说的政治活动。正如我们在前文所看到的，妇女的选举行为与男人十分相似；妇女也的确是工会成员；妇女中有着工会和政党活动的积极分子、女地方议员、女国会议员、工会女首席秘书长，等等。在政治上，妇女的确是活跃的，尽管其从事政治活动的人数远远少于男人。然而，女性主义者还指出，在由男人支配和控制的各种组织中，妇女往往被排除在外或被疏离，妇女的政治活动和政治关切是被边缘化的，而且"被历史掩蔽"。她们提出，何谓政治需要被重新定义。于是她们主张，女性主义本身是政治的，它所关心的是妇女争取自由和解放的斗争。比如，女性主义者必须重新回顾第一波女性主义者的政治活动，那常常被描绘成只是一群为选举权而斗争的中产阶级妇女的运动。她们所从事的其他活动和19世纪其他女性主义者的著作常常被忽视或被再次解释为是关于道德的/个人的议题。但"个人的就是政治的"已成为女性主义的一贯主张，这就是说，既然政治关注的是社会中权力关系的发展变迁，那么，就必然也应关注男女之间的权力关系。然而，事实上，人们常常忽视男人在公共领域内对妇女行使的权力，男人在家庭领域中的支配地位则更少被人论及。

凯特·米利特（Kate Millet, 1977: 23）在《性政治》（*Sexual Politics*）一书中将政治界定为"权力结构的关系和安排，由此，一群人被另一群人控制"。女性主义者对政治所下的定义不但关注男人和妇女在个人层面上的权力关系，也重视父权制意识形态对控制妇女生活的重要性。这样，诸如认为在决定是否承担家务劳动这一问题上，妇女可以进行自由选择的传统观念就受到了挑战。女性主义者还指出，将公共事务与私人事务进行特别区分就是一种将妇女和妇女的关切排除在政治之外的父权制观念。妇女被排除在政治参与和公共生活之外，以致国家将家庭认作是一种私人的——国家干预范围之外的设置。以这种方式，在个人自由和隐私的名义下，妇女最受剥削和处于从属的领域之一，即家庭，免于政治的干预。公共领域和私人领域之间的分割，使得在公共领域中可以制定妇女平等的法律，而实际存在于私人领域的差异却被忽略了。更有甚者，公私人领域的分割使得妇女的价值观被排除于公共领域之外成为可能。一些激进的女性主义者更认为（参见第二章），由于母亲角色的担负，妇女比男人具有更深厚的谦卑、照料、社群的意识，以及归属感和无私精神。同时，由于在家庭领域中所具有的或被指派的责任，因此，在公共领域中，妇女难以与男人平分秋色，而男人则常难以在家中承担照看者的角色。

女性主义者指出，这一公共领域与私人领域之间的概念上的划分甚至并不符合男人和妇女在社会和政治中的生活经验。有人认为，国家的确实际上"创造"并维持了作为制度的家庭，以及妇女在其中的从属地位。在社会保险、收入补贴等方面的法律也已假定妇女确是并且应该同她在经济上所依靠的男人住在一起。另一方面，在公共领域中出现的议题被归为是私人领域的，比如，性骚扰、避孕和堕胎的相关立法都被说成是私人的/道德的议题，与政治无关。

第三节　女性主义的政治行动主义

妇女历史的重新发现是女性主义学术研究在近年来取得的一项重大成就。第一波女性主义作为一种政治运动（至少在西方）是"她史"（herstory）的一部分，其意义已经被重新发掘。后殖民主义时期女性主义著作也被放在了显著的地位。

妇女，特别是已婚妇女，在19世纪几乎没有什么权利。为了争得与男人相同的权利，妇女们的斗争贯穿了整个世纪。这些妇女中有许多是白人、中产阶级等。她们寻求拥有与中产阶级男人同样的教育、选举、工作等权利。然而，她们很少关注工人阶级妇女或黑人妇女，以及其他国家的妇女。那些妇女被迫工作很长时间，所拥有的权利比她们的中产阶级姐妹更少。但是，工人阶级妇女和黑人妇女在政治上十分活跃，特别是在接近19世纪末的时候，她们建立了属于自己的工会，并参加了争取选举权的运动。

卡罗琳·诺顿（Caroline Norton）为已婚妇女所经历的缺乏权利的处境提供了一个生动的例子。她嫁给了一个男人，这个男人时常殴打她并且靠她写作挣来的钱为生。当她最终决定不再忍受下去要离开他时，她发现，自己没有权利接近自己的孩子、没有权利控制甚至包括她的首饰和衣物在内的财产、没有权利分配她自己的收入。如果没有亲戚的收留和供养，与丈夫离婚是不可能的事情。在19世纪，妇女在法律上是次一等的，她们不被视为是受到法律保护的人。英国妇女在1839年以前，没有监护幼儿子女的权利；在1882年以前，没有控制自己财产的权利；在1928年以前，没有与男人相同的基本的选举权；在1934年以前，没有以与男人相同的理由获准离婚的权利。

朱丽叶·米切尔（Juliet Mitchell，1986）追溯了女性主义运动起源时关于平等和平等权利的概念，认为这最初是在17世纪的英国革命中被提出来的，又在18世纪的启蒙运动和法国大革命中得到了进一步发展。女性主义的最早表述建立在平等概念基础上——男人与妇女应该被平等地对待。

这是那些看到自己作为一个社会群体却被完全排除在英国革命后发展起来的"新"社会宗旨和原则之外的妇女们提出的要求。18 世纪的女性主义者是中产阶级的妇女，她们认为，自己的境况应与正在发生的经济变化一样发生变化。当时，新出现的资产阶级正在寻求社会中的自由与平等，她们提出，除了男人，这些新的自由与平等也应该被扩展到中产阶级的妇女。1700 年，玛丽·阿斯特尔（Mary Astell）在一本论述婚姻的著作中问道：

> 如果所有男人都是生来自由的，那么是不是所有的妇女都是生来即是奴隶？如果她们一直屈从于男人反复无常的、不可靠的、未知的、武断的意志，处在一种地道的奴役状态，那么，她们肯定是，她们必定就是奴隶了。
>
> （转引自 Mitchell，1986：71）

18 世纪的女性主义者反对关于妇女天生不同于男人的观点，据理反对男人以其享有的社会权利来排斥妇女，并阻止妇女取得与男人一样的平等。

正如可提出证据加以证明的那样，玛丽·沃斯通克拉夫特（Mary Wollstonecraft）对第一波女性主义者具有重要影响。她在 1792 年出版了《女权的辩护》（*A Vindication of the Right of Women*）一书。她坚持认为，男女之间的不平等并非是自然的（生物学的）差异所造成的后果，而是由环境所造成的，特别是受到妇女被排除于教育之外这一事实的影响。她指出，妇女和整个社会都将因妇女处于低下的社会地位而普遍受到损害。因此，必须一方面教育妇女，一方面改变社会，以使男人和妇女都获得平等的了解和对待。第一波女性主义运动的另一重要影响来自约翰·斯图尔特·米尔（John Stuart Mill）和哈里特·泰勒·米尔（Harriet Taylor Mill）在 1869 年出版的《妇女的屈从地位》（*The Subjection of Women*）。此书写于维多利亚时代妇女那一被压制的顶峰时期，却提出了清晰的平等权利论点——男人和女人在法律上应该享有同样的权利。

19 世纪女性主义主要关注的是妇女享有与男人相同的法律权利。与性和性别政治议题相关的斗争运动一直被忽视或被视为右翼运动。因为，这些妇女关心的议题是反对性解放的（Jeffreys，1985）。她们认为：性解放受到男人的拥护而对妇女是一种剥削。为此，在 1885 年，她们提出，将少女的性行为同意权（sexual consent）的年龄从 13 岁提高到 16 岁。女性主义者为之斗争的另一个议题是撤销《传染病法案》，它是在 19 世纪 60 年代为减少军队男人中性病的传播而制定的。这一法案被运用于许多驻军城镇，使得警察可以拦住被他们怀疑为娼妓的任何妇女，并让她们去做性病检查。如果发现某妇女患有性病，便可将她带到"管制医院"进行强制治疗（Walkowitz, 1980）。

在整个 19 世纪，人们认为妇女本身对性不感兴趣，性关系纯粹是为了男人的享乐。男性同性恋是违反法律的，但是，却没有任何反对女性同性恋的法律，因为人们认为它是不存在的。妇女之所以被明确视为家庭和社会中的一种道德力量，就是因为她们会抵抗肉体的享乐，比如性、饮酒，等等。因此，早期的女性主义者认为要保护妇女免于受到寻欢作乐的男人的剥削。

> 她们尤感愤慨的是根据男性性行为而把妇女划分为"纯洁的"和"堕落的"，以阻止"妇女的姐妹情谊"的形成。她们坚持认为，男人应对卖淫现象负责，终止这种伤害妇女的途径就是通过强制男人保持贞洁来制止他们对妓女的需求，而不是惩罚那些提供者。她们把同样的观点运用于反对其他那些她们认为同样会对妇女造成伤害的男性性行为。例如对儿童的性虐待、乱伦、强奸和在街头性骚扰。
>
> （Jeffreys, 1985：8）

她们反对乱伦的斗争取得了胜利，1908 年通过了有关的法律。但是，她们试图使关于"婚内强奸"的法律得到改变的努力却并不那么成功——男人与妻子发生性行为的权利是载入英国普通法（Common Law）的。然而，1884 年的《婚姻诉讼法案》（the Matrimonial Causes Art）终止了丈夫对拒绝履行夫妻同居权的妻子进行监禁的权利。到了 20 世纪后期，婚内强奸已成为普通法认定的一项刑事犯罪行为（详见第十章）。

换言之，19 世纪后期和 20 世纪初期的一些女性主义者认为，男人可以通过性关系来剥削和虐待妇女，这是成年男性对权利的一种滥用。20 世纪后期的女性主义者，特别是激进的女性主义者，也提出了与此十分相似的观点，并且针对男人利用性关系作为一种控制和轻视妇女的工具这种情形展开了斗争。由于具有这样一些观点，早期女性主义者招来了嘲笑和憎恶。性关系是一个"禁忌"的话题，女性主义者围绕与性关系有关的议题展开的系列斗争由于将人们避免谈及的话题公开化，而使她们自身的名誉受到了损害（Walkowitz，1980）。

在19世纪甚至20世纪早期，尽管妇女未能取得与男人相同的平等权利，但是在20世纪70年代，在英国，随着《性别歧视法》（Sex Discrimination Act）的通过和《平等报酬法案》（Equal Pay Act）的实施，妇女赢得了这些平等权利中的大部分权利。然而，当代女性主义者指出，仅在形式上具有平等权利的条款是不够的，在妇女受制于性别秩序并屈服于父权制的权力与意识形态时，她们不可能（与男人，或相互间）取得平等（Irigaray，1993）。

第二波女性主义运动力图使妇女意识到，所有的妇女都受到控制和限制，这不是妇女的个案。该运动的一个主要组成部分是意识的提升——妇女聚集于小组中分享她们作为女人的共同经历。该运动拒绝接受传统的政治组织，试图将自己建成一个无领导、无代言人、无特权成分的运动——在20世纪70年代，一个特别关键的概念"姐妹情谊"（sisterhood）被提出。尽管，该运动曾因中产阶级、年轻人、受过教育的人和白人妇女在其中居于优势地位而受到指责，但是，它仍在许多重要议题上，特别是在涉及性关系的议题上，成功地进行了斗争，开展了工作。这一妇女运动主要的责任是揭露大量妇女在身体上受到丈夫殴打以及国家缺乏对这些妇女进行保护的现象。在全国各地，妇女团体为受虐待的妇女及其子女建立了庇护性的旅社。强奸是该运动进行斗争的另一个议题。妇女团体不但形成了要求改变社会态度和法律的压力，而且还在调查后发现，大多数被强奸的妇女并不报警，妇女团体为此建立了强奸危机秘密投诉热线，以帮助那些已经遭受强奸或性虐待的妇女。妇女运动积极地开展反对工作场所性骚扰的斗争，并且使工会和政治组织进一步意识到提高这一妇女所经历的与男人相关的问题。她们还积极关注避孕和堕胎议题。最初，该运动主张根据需求允许免费堕胎，但是后来发展出的主张是妇女有权决定是否进行堕胎。这种变化的出现是由于中产阶级的白人妇女意识到，其他一些妇女，尤其是黑人妇女和工人阶级妇女是迫于压力而进行堕胎的。女性主义者还关注这种选择所应该考虑到实际情况——也就是说，决定要孩子的妇女应该具有经济和其他必要的支持，以使自己能抚养孩子。最初，她们的斗争是争取变革堕胎法律，后来，这一斗争转变为防止这一法律的变革转变为一种对妇女堕胎途径的特别限制。

就全球范围而言，妇女们一直在为反对女性割礼和包办婚姻而进行斗争，以及要求立法干预"嫁妆谋杀"（dowry death，是指女方嫁妆未达到男方要求，婚后被虐待甚至焚杀的情况，多发生于印度社会）和童婚等陋习。她们一直积极进行着一系列争取妇女权利的政治斗争，向那些迫使妇女处于从属地位的法律和机构提出挑战。在政治运动和活动中，妇女一直处于重要地位（例如英国的绿党就是一个例子，参见 Roseneil，1995），她们组织并参加政治示威，投身于一系列诸如动物权利和环境政治等的运动。在保护残疾人运动中，她们已经扮演了一个重要角色。并且，突出了女性主义与残疾人政治相重合的重要领域——例如，挑战了父权制关于身体的观点（Hughes，2000）。当代女性主义认识到，法律是必要的，但对妇女的解放来说并不是充分的，而且女性主义是一种不断前进中的政治斗争（尽管后女性主义者并不如此认为，参见第二章）。法律力量的有限，较难改变人们的态度以及改造一个基本上由男子支配的社会秩序（特别是在诸如东南亚或印度部分地区和非洲社会，在那里，"平等权利"的论述与男性文化霸权是完全背道而驰的）。正如我们在第二章中已经看到的，尽管不同的女性主义者在目标和主要关注的议题上各不相同（如，性别差异、阶级、种族、残疾、年龄、全球权力关系，等等），但是，所有的女性主义者都要求解放妇女。

第四节　妇女与国家

一些女性主义者认为，建构和维持中产阶级核心家庭以及认为这种类型的家庭是正常的和自然的这一意识形态上，国家扮演了重要的角色（Abbott and Wallace，1992）。她们确认，国家的"福利"机制在这方面具有特别的作用。这里所说的"国家"（state）是指政府和其他所有参与社会管理的机构：行政部门、地方政府、法院、警察机关，等等。国家不仅仅只是一套机制，它更是权力行使和社会控制的机构，如果有必要，还可以支持行使武力。在理论上，国家的权力是无限制的，但实际上，不干涉"公民社会和家庭领域"的观念使国家权力受到限制。我们或其他许多女性主义者要指出的是，在建构和维持私人/家庭方面，国家事实上扮演了重要的角色，从而，在使妇女继续处于从属和被剥削地位起了决定性的作用。我们要牢记，妇女在家庭领域的角色限制了她们在公共领域中能够或被设想能够担当哪些角色。正如我们在第九章中提到过的，女性主义者论证过社会为已婚妇女"创建"的工作及就业机会是有限的，受到她们是作为妻子和母亲这一角色的假定的限制。英国这个福利国家是建立在"男人养家糊口"模式基础上的，这种假设认为男人从事有工资的职业，已婚妇女在家庭领域中提供照料，主要或完全依赖她们的丈夫为生。

一　妇女、家庭和照料

在第六章和第九章中我们看到，女性主义者已经表明，男性行业工会和国家之间的联合是如何导致人们接受这样的观念：男人应该挣得"家庭工资"（family wage）——一份足以维持不就业的妻子和子女生活的工资。这种观念由于对妇女和儿童的工作时间和工作种类进行限制的保护性立法而得到强化，有效地造成了妻子们被排除于有工资的职业之外这种状况，并且接受应该在家中照看其丈夫和孩子的观念。同样地，义务制的学校也假定有一位家长（母亲）可以接送孩子：若父母亲都从事全日制工作，学校的上学和放学时间对学童是不适宜的。还有，国家没有提供足够的托育机构，也没有关于育儿假的规定，类似这些情况都使母亲们难以被雇佣就业。

正是有关为母之道和妇女的角色观念的互相作用，经由国家政策的进一步强化，使得妇女被局限于家庭范围内，或至少使妇女，特别是已婚妇女，很难与男人一起参与到劳动力市场和政治组织中去。这就是为什么关于平等机会的立法不能产生这样的结果：妇女实际上能在公共领域中以与男人平等的条件参与竞争，这也是为什么男人在家庭领域中承担责任同样是件难事的原因。通常的假设是妇女的责任是照看她们的丈夫和孩子，男人的责任是为家庭提供经济支持，福利国家政策正是在这种假定基础上发展起来的，这样的假定也告诉了人们怎么做和应该如何生活。

在19世纪后期的英国，妇女（尤其是工人阶级的妇女）作为母亲角色的意识形态得到了发展。而布尔战争时期，围绕工人阶级健康所进行的争论又强化了这样的观点：有孩子的妇女不应外出工作，而应在家全天照看孩子，妇女（而不是男人）应该学会干家务活的技能，国家对家庭的干预合法地确保了母亲们可以充分地履行她们的职责（后来心理学者介入的关于受近代母亲的有关讨论）（参见 Sapsford，1993）。

国家借由福利供给控制了相关的接受者。一种不只强调人们就是依照这种特定的家庭形式生活着，并强调人们应该如此生活的意识形态，也加强了这一控制手段——这样，在某种生活方式获得了特权的同时，其他替代性的社会组织模式却处于了不利地位。20世纪40年代，英国引进了福利国家的法律，并清晰而明确地假设妇女在失业、生病和年老期间的收入维持依靠男人，因而不需要全额支付。

在20世纪70和80年代，部分地由于来自欧洲人权法庭（European Court of Human Rights）的压力，福利和税收款政策出现了一些变化，消除了某些方面的歧视。近来，英国政府也被迫采取有利于家庭生活的政策。比如，在照看年幼孩子期间可以要求获得弹性工作时间的权利和得到父亲假的可能。多数妇女，包括已婚妇女，在就业期间被支付了全额国民保险金，并在照看受抚养的幼年子女或亲属期间，有资格获得这种保险金。目前，已婚妇女有权申领照看津贴，并与丈夫分开纳税。然而，几乎没有一项政策措施与如何让已婚妇女更易获得有酬工作有关——尽管工党政府通过在1998年颁布的《国家儿童战略》（the National Children Strategy）来支持双职工的家庭。可是许多妇女在实际生活中面对的是，人们开始期望她们承担家务劳动和有酬劳动的双重责任，而她们往往还要承担第三重责任：照看年长的老年人及受抚养的亲属（参见第六章和第七章）。

认为妇女的职责是在家中照看其子女与丈夫这样的意识形态主张仍然是一种广泛被接受和未受质疑的主张。确实，随着1991年的苏联解体，在原苏联东欧地区各国，家庭意识复苏，有关妇女不应进入有酬工作，不应从事政治活动的主张开始重新出现。有趣的是，即使在社会主义制度下，尽管强调工作权利的平等，妇女仍被视为应对家庭负责，被期望照看其丈夫、孩子和其他受抚养的亲属。不过，当时国家的确提供了支持，特别表现在提供托育服务支持方面上，而目前这些已几乎没有了。

在英国，撒切尔政府曾试图通过演讲和出版物来强化那种假设已婚妇女依赖于家庭经济的家庭意识形态。社区护理等政策——在1990年的《全民医疗服务和社区护理法案》（National Health Service and Community Care Act）中被进一步强调——假设妇女已准备好可以并愿意照看受抚养和年长亲属，妇女们能够承担这些负担，并天然地有能力提供照料。政府坚持认为：疏忽的母亲和外出工作的母亲是当代许多社会问题出现的主要根源。从1997年起，工党政府开始转移关注点，采用支持双职工家庭的一些措施。但是，认为妇女应提供照料的假设并未受到认真的挑战。妇女仍被期望承担双重的，在某些情况下是三重的负担。

二 妇女与贫困

国家福利政策和家庭意识形态还意味着妇女比男人更可能陷入贫困境地。一项对当代英国最可能陷于贫困的群体以及家庭内收入分配情况的分析使我们看到：妇女比男人更可能陷于贫困之中。家户分析掩盖了妇女凭其低薪工作使家庭免受贫困之苦或减轻贫困对家庭其他成员影响的事实。认为多数妇女能够依靠男人的工资免于贫困的假设掩盖了女性工人的低工资和妇女所掌握的稀缺资源。因此，妇女才不得不在经济上依赖男人。官方目前的统计的确正在谈论"低收入家户"（households on law incomes）。在实施男女同酬法案后的30年以来，性别工资差距一直保持在19%左右，很少有变化（参见第九章）。

当前英国主要的贫困群体有：

- 依靠低收入度日者;

- 失业者;

- 长期患病或伤残者;

- 单亲家长;

- 超过退休年龄者。

然而,这些因素中的任何一项本身都不足以造成贫困。这些群体中的多数人依靠国家的救济金维持生活。由于国家的救济金太少,不足以将受助者的生活水平提高到贫困线以上,所以,他们会一直陷于贫困中。而政府也并不讳言,救济金是为维持收入而设计的,以提供一个基本的生活水平标准。在上列所有群体中,妇女都占据了较高的比例。此外,还有两个原因可以说明为什么妇女更可能陷于贫困之中:

- 妇女是病人、残疾或年长者亲属的无报酬的照料者;

- 妇女是负责养家的男性的依赖者,而男性的那份工资只能维持贫困的生活水平,或者那个男人不能在家庭中平等地与家人分享他的资源。

卡罗琳·格伦丁宁和简·米勒(Caroline Glendinning and Jane Millar, 1992)发现有两种类型的家户最可能陷入贫困(即生活在社会救济水平线的140%及以下):单独生活的老年妇女(其中贫困者占60%)和单亲母亲(其中贫困者占61%)家户。两者合计占贫困户的32%,但只占全部家户的15%。

女性主义者认为,妇女的贫困必须从妇女在劳动力市场中的边缘化地位和人们所假设的妇女对男人的经济依赖这样的背景中去观察。后面的这个假设被收入支持制度(尽管近年来有较小的变动)和"家庭工资"的意识形态所利用。这个假设不仅使劳动力出现性别区隔:男性是经济来源的提供者,而妇女则是从事照料的人,也维系和影响到那些由于单身、离婚或丧偶等原因而不与男人生活在一起的妇女的经济处境。妇女在劳动力市场的地位意味着她们不像男人那样易于挣得一份维持生活的工资,且集中于低报酬的工作(参见第九章)。正是这种妇女依赖于男人的假设在历史上被用来提高男人的工资("家庭工资"),并且反映在福利国家的立法上。妇女在劳动力市场所处的不利地位也导致了单亲母亲的贫困。一个依靠自己力量抚养孩子的妇女即使认为她能承担有薪的职业，也会发现那样做并无经济上的好处。她可能会找到一份低薪工作，但是，去除工作中的花销和雇人照看孩子的费用，大多数单身母亲的境况不会比领取救济金来得好些。

最后，妇女被期望首先承担起照料孩子、老人和其他受抚养者的责任，但是当她们担当起这样的角色，她们就将处于陷入贫困的危险。对于许多有孩子或负有其他照料责任的已婚妇女来说，贫困将是个主要问题。

妇女的低工资、参与劳动力市场的断断续续和在一段时间内的兼职工作都影响到她们在经济上拮据时获取生活所需的收入补助的权利。妇女，不论结婚与否，都被假定为依赖于和她们一起生活的男人，而且还假定这些男人将为他们自己和妻子年老时提供生活所需的收入。这样的假设已反映在立法中。尽管近年来，社会保障方面的法律有了某些变化，但是，妇女的处境却没有明显改变。在本书写就期间，按照英国实行的社会保障法规，如果一个妇女的男性朋友每周与她同居超过 3 个夜晚，那么，这个妇女就被认为可向该男人要求经济上的支助，她的福利就会被削减。如果她还为他洗衣做饭，那就更加如此地被认为了。显然，这些社会保障法规认同了妇女应该提供性和家务服务而换取男人的经济报酬。"同居法则"（Cohabitation Rule）虽然也适用于男性的女性来访者，但实际上，这是很少被用起的。

照料儿童的妇女并没有得到维持生活所需的收入，尽管照料无自理能力的成年人的妇女有权获得照料补贴，然而，这并不能补偿工资的损失，因为不论什么情况下，照料补贴总是低于社会保险（也称贡献给付），如失业保险金或疾病保险。只有当她们已经缴足税并且达到了失业登记的标准（也就是说，她们是可以工作的）时，失业的妇女才有权得到失业补贴。若她们的工作时间不够长或工作时间太少以致不能支付税款，她们就无权获得失业补贴。如果她们不能令人满意地说明她们具有担负全日制工作的能力（因为她们有幼小的孩子），或者她们不能声明愿意前去国内的任何地方就业，她们也就可能没有资格进行失业登记，领取失业补贴。同样地，许多已婚妇女无权申领缴费型病残津贴，而又极难达到非缴费补助的"家务劳动测试"（housework test）要求。收入援助（政府给的额外津贴的替代项目）是支付给家户的，评估的原则是家户的需要。女性主义者指出，家户收入的分享常常是不平等的，即使是在一个相对富裕的家庭中，如果津贴和工资全部都流向男人，那么妇女仍可能是贫困的（Graham, 1984）。

由此，女性主义者断定，妇女的贫困只有放在贯穿于整个生命过程的性别不平等这样的背景下才能得到理解。妇女"天然的"能力和"天然的"角色这样的意识形态构建了妇女承担有酬工作的机会以及提供给她们的职业类型。换言之，由这些意识形态和国家政策所建构的妇女的现实生活限制了她们的就业机会以及她们所能胜任的职业领域和种类。此外，男人供养了妻子的假设也意味着许多妇女的贫困被掩盖了。妇女被期望管理钱财、精打细算、把钱花在刀刃上。她们也许不得不充当让孩子们不断失望的人，因为她们不得不拒绝孩子们认为该有的聚餐、买衣服、短途旅游以及其他各种活动的要求。妇女还不得不过承受过多的压力、缺少自我实现的机会和忍受随贫困而来的不安全感。而且，妇女的身心健康也因贫困而受到损害。尤其是，她们可能会缺乏适当的饮食，那是因为她们总是把满足家庭其他成员的需要放在自己的需要之前。

第五节 结 语

综上所述，关于公共的和私人的观念，以及将妇女排除在公共领域之外的事实都是政治过程，即政府立法和国家政策的结果。将妇女作为妻子和母亲放入家庭领域的家庭意识形态经由立法、政党的宣传被强化了。为此，无论是在当代社会还是在历史上，妇女都（集体地和个体地）以多种方式进行了抗争。这包括西方的第一波和第二波女性主义运动、对公共政策施加影响的压力团体的各种活动，以及各种形式的政治激进主义和抵抗运动。

摘　要

1. 在关于政治行为的传统解释中，妇女已被定型为对政治不感兴趣、政治上保守和受其丈夫观点的左右。而所有这些刻板印象都被证明是站不住脚的。

2. 传统的政治学反映的是男人关注的问题，有效地排除了妇女。因此，妇女在公共政治中被隐匿了。

3. 福利国家和福利政策构建并强化了妇女作为妻子和母亲的传统地位。

4. 女性主义者一直在那些影响妇女的议题上进行斗争。尤其在 19 世纪，他们争取妇女的财产权和对孩子的监护权；在 20 世纪，他们则争取妇女堕胎、男女同工同酬和妇女享有保育服务的权利。此外，女性主义者围绕个人斗争和公共运动重新界定了政治概念。

延伸阅读

Colgan, F. & Ledwith, S. (2003) *Negotiating Gender Democracy: New Trade Union A-gendas.* London: Palgrave.

性别议题是这部有关工会政治研究著作的核心，该研究探讨了种族、民族与再现、领导力、社会运动和残疾人政治等议题，多是在有关工会的男性主流研究所忽视的议题。

Nash, K. (1999) *Contemporary Political Sociology: Globalization, Politics and Power.* Oxford: Blackwell.

本书全面评论了近年来政治社会学的著作，注意到了女性主义者所做的批评和贡献。书中特别以社会学领域中的后现代论辩观点展开了对全球化、新社会运动、公民身份等议题的探讨。

Roseneil, S. (1995) *Disarming Patriarchy: Feminism and Political Action at Greenham.* Buckingham: Open University Press.

　　本书引人入胜地描述了妇女在格林汉姆公地（Greenham Common）的政治活动，以及妇女在男性主流的政治体制外对缩减军备运动的贡献。

Waylen, G. (1996) *Gender in Third World Politics.* Buckingham: Open University Press.

　　本书发展了女性主义对第三世界政治的分析，着重探讨了性别与发展之间的关系。它也检视了组织政治和政治机构，以及"草根"社会运动，尤为关注妇女组织。

第十二章

大众媒体与流行文化

　　文化是社会学分析中的一个主要概念，它在个人与社会之间提供了一个重要的连接环节。它一直是女性主义社会学一个至关重要的关注点。正如米歇尔·巴雷特（Michele Barrett）所指出的，"对女性主义来说，文化的政治活动是特别重要的，因为它们包含着一些关于意义的争论"（Barrett，1982：27）。尽管世界各地的文化，甚至同样的社会和社会背景中的文化，都在许多方面各不相同，但是，正如麦休尼斯和普卢默所概括（Macionis and Plummer，2002：100－107）并被社会学家们所认可的，"文化"包括以下五大要素：

　　1. **符号**（symbols）：传递着共享同一文化的人们所认同、具有特定意义的任何事物。

　　2. **语言**（languages）：一种使一个社会的诸多成员能够互相交流的思想符号系统。

　　3. **价值观**（values）：人们关于好与坏的信念。

　　4. **规范**（norms）：指导人们行为的社会规则和期望。

　　5. **物质文化**（material culture）：被社会学家称为"人造物品"（artefacts）的有形物体。

　　在本章中，我们将着重讨论女性主义和社会学有关文化角色的各种论辩及其如何形塑社会性别关系，特别是在再现社会性别不平等关系中的争论。大多数女性主义社会学家认为，社会性别是由社会建构的，即在我们的认同中，经过学习和商议而形成的一个面向。如果我们同意这一观点，我们就需要考虑社会性别从何而来，我们如何习得及它的实践行为何会有不同的形式。对此，重要的是要考虑文化的作用，特别是作为社会性别社会化一种中介的大众媒体在我们生命历程中的作用。

社会性别与媒体文化之间的关系一直是女性主义者的一个重要议题。如，女性主义者仍在色情影视对妇女的再现是否与性暴力相关（参见第八章）这一议题上持有不同的立场。大致而言，女性主义者有关性别、大众媒体和流行文化的观点可明显分为两派。尽管多数女性主义者同意媒体形塑身份认同是一种有作用力的途径，但也有一些女性主义者却提出，媒体实际上向我们传递的性别认同使妇女只能表现或认同一些相对狭隘的角色。这一派的女性主义者往往强调所谓的妇女的"符号性灭绝"（symbolic annihilation of women）（Tuchman，1981）。采取这一观点的马什门特（Marshment，1993）提出，再现是一个具有高度政治性的议题，而媒体对男人和妇女"自然性"的再现方式，证明了父权制度意识形态的力量。她如此写道：

> 从小学的阅读策划到好莱坞的电影，从广告到戏剧，从竞赛节目到艺术展，通过描述，妇女被定义了身为一名妇女在这个社会中的意义、妇女（自然的）形象、她们应该做什么、她们能够做什么和不能做什么，她们在社会中扮演什么角色，以及如何与男人不同。

> （Marshment，1993：124）

娜奥米·沃尔夫（Naomi Wolf，1990）在其所著的《美貌的迷思》（*The Beauty Myth*）一书中也有类似的观点。她指出，资本主义、父权制与强制性的异性恋体制相互作用，形成一种粗暴的意识形态，凸显在《风月俏佳人》（*Pretty Women*）这类电影的再现中，最为典型地传达了这样的信息："要漂亮些以得到一个男人，要完美些以脱离贫困和苦难。"她所谓的"美貌的迷思"①，是一种媒体的意识形态，巩固了"如果妇女买的商品够

---

① 借用贝特·弗里丹早期的著作《女性的奥秘》（*Feminine Mystique*）一书中提出的有关妇女能在家务劳动中找到自我满足是一种迷思的概念，参见第二章。

多，就能符合父权制理想中的美丽与性感"这样的观点。沃尔夫接着指出，美貌迷思在视觉上对妇女的定义有两种：一是它定义了什么是妇女"理想"的外貌，虽然在不同的文化和历史阶段妇女有不同的理想外貌，但它至少包括（至少在西方社会如此）一定的身高并且苗条、白皙。因此，人们是用一套有关美丽的标准来定义或评判妇女的。二是美貌迷思强调女性气质本身是一种审美现象。换句话说，所谓拥有女性气质，在很大程度上意味着看起来像女性。这表明，不管男人还是女人都要学会将女性气质首先视为一种视角身份。沃尔夫指出，这一迹象也清楚地显现在规模巨大的美容与化妆业、妇女杂志、电影与音乐录像、运动与休闲中，也反映在饮食失调者人数的性别差异上。她把美貌迷思对妇女生命的影响比喻为"铁处女"（Iron Maiden）——中世纪一种十分残酷的刑具，内部钉有铁钉的面具将妇女的脸包裹住，呈现在外部的则是一张美丽女子的脸，且常常带着微笑。沃尔夫强调，一旦妇女在政治或经济上取得成就，人们对妇女的美的想象就更为严苛。因此也就强化了父权制意识形态，并认为妇女喜欢处于父权制的意识形态中（就像"铁处女"的外部表情一样）。她指出，现在杂志对"美丽工作"的强调甚于对"家务工作"的强调。

> 妇女所突破的法律和物质上的阻碍越多，加诸妇女身上的那种对妇女的美的想象就越严苛、强烈和残酷……当妇女把自己从有关家务的女性的奥秘中解脱出来，美貌迷思接管了有关家务的女性奥秘所失去的领地，并加以扩展，以便实行社会控制。
>
> （Wolf，1990：10）

沃尔夫的论点与早期女性主义者有关媒体文化研究的观点相呼应。如，蒂拉·莫尔维（Laura Mulvey，1975）在其1970年代所著的《视觉愉悦与电影叙事》（*Visual Pleasure and Narrative Cinema*）一书中，针对好莱坞经典影片中的柔焦镜头特写指出，这些特写将妇女建构成一个消极的、供男子观看的客体，给他们窥视妇女的欲望带去了满足的乐趣。她认为，"男性凝视"（male gage）有以下三种运作方式：

1. 摄影机通常以男性的观点来凝视女性（时常被性欲化）的身体。

2. 男性在电影叙事中借由女性的身体来表现男性特征与身份。

3. 男性观众凝视着银幕上女性的身体。

然而，莫尔维（Mulvey，1981）所持有的这一立场本身就具有本质决定论的意涵，因此，也遭受到很多的批评。这些批评一般多认为她既忽视了妇女有可能翻转男性的凝视，或与之进行商议，也忽视了流行文化向妇女提供了凝视妇女和男人的机会。此外，人们还批评了这一本质决定论的视角将所有的权力关系都简化为性别关系，从而忽略了诸如阶级、种族、残疾与性等其他权力关系对父权制关系的影响。由此，其他的女性主义者力求将其整合到他们的分析框架中。

其他女性主义者所采取的另一种视角，不是强调媒体文化的权力，而是取而代之地强调妇女在媒体文化中享受到逃离和认同的愉悦。这一视角不符合莫尔维的"主动/观看/男性"与"被动/被观看/女性"的模式，而是将妇女视为媒体文化主动的阅读者和消费者，并且这类著作中常常以这样的提问（Macdonald，1995：11）来开始相关的分析："为什么过时的女性气质迷思依然对我们具有强大的吸引力？为什么批评那些以我们为目标的媒体，会比解释它们的吸引力更容易？"

那些强调妇女能从诸如杂志和肥皂剧之类的各种形式的媒体中得到愉悦的女性主义者们往往不再认为媒体可以支配我们的社会性别认同，反而凸显了媒体业各种可获得的身份之中所扮演的协商的角色。诸如罗斯·科沃德（Ros Coward）、杰基·斯塔西（Jackie Stacey）及安吉拉·麦可罗贝（Angela McRobbie）等也都强调了媒体文化向妇女提供了众多的选择。这些研究者的著作尤其强调我们并不一定得接受媒体所提供的表象，而是带着讽刺和调侃、有所选择地消费那些媒体所再现的事物。杰基·斯塔西（Stacey，1994）在她的《明星凝视》（*Star Gazing*）一书中就强调，大众传媒是一个可以进行意义协商、抵抗和挑战父权制意识形态的场所。她认为，媒体提供了逃避、认同和消费的机会，这既可能是赋权（empowering）的，也可能是剥削的，由此她反对大部分研究媒体文化的女性主义者所持有的普遍主义和文本决定论立场。她在论述中也强调，好莱坞明星的形象可以成为角色、范本，而且，媒体再现与生活中的社会性别现实这两者之间关系更为复杂，观众并非只是被动地接受刻板印象。

在这两种均为女性主义视角的争论中，关键之处在于许多媒体对于社会性别的再现是否简单地只是维系父权制意识形态的方式。后者认为，前者的观点完全无视那些从阅读妇女杂志或观看肥皂剧中得到乐趣的上百万妇女（和男人），将他/她们视为与对其的压迫共谋的文化傀儡。不管是女性主义者还是非女性主义者，妇女都可以从时尚、浪漫、占星、肥皂剧、烹饪节目、杂志等中得到快乐。莫德莱斯基（Modleski，1982）是采取另一种立场的女性主义者之一。她认为，我们不应该谴责这些文化形式本身，或者乐在其中的男人和女人（从而不理会他/她们发自内心的快乐），而是要讨伐使这些现象成为可以且必需的环境（如，使观看肥皂剧或阅读杂志成为一种"逃避"），以及妇女如何只能在有限的休闲活动选择中进行"选择"（参见第九章）。正如她所指出的，要为这些吸引妇女的大众文化形式承担责任的，是妇女生活中面临的种种矛盾，而非因这些矛盾而存在的文化形式（Modleski，1982：57）。

像贝尔·胡克斯一样的黑人女性主义者更是对再现了源于奴隶制和殖民社会的刻板印象的白人、种族中心主义的媒体大加批评。胡克斯尤其批判了麦当娜之类的白人女"流量明星"，因为其对"黑人文化的挪用，根本上不过是把它当作一种时尚表现的标记"（Hooks，1992：157）。她接着提出，"对黑人风格既迷恋又妒忌，麦当娜以戏谑的模仿和破坏的方式利用了黑人文化，造就了吸人眼球的'她'"（Hooks，1992：161）。

黑人与亚洲女性主义者也注意到，即使是女性主义艺术与文化批评，其在对被种族化了的妇女的再现方面也是狭隘的。例如，A. S. 拉金（Lakin，1988）强调在文字、绘画这两种文化形式以及人类学有关文化的科学研究这两方面，都存在种族中心主义：

> 洛杉矶妇女大楼（Women's Building）一项有关女英雄的女性主义艺术项目中，一位白人妇女选择了史前时代的"露西"（Lucy）作为她的女主角。"露西"体形瘦小，3英尺高，60磅重，年纪为350万岁。"露西"是迄今为止，人们已发现的最古老、骨骸最完整、直立

的人类祖先。我不禁要提出以下这些问题：为什么一位史前时代的埃塞俄比亚（Ethiopian）妇女的骨骸会被称为"露西"？白人世界难道没有想到"露西"不是一个非洲人的名字？埃塞俄比亚人不会叫她"露西"……

公共广播系统（PBS, Public Broadcasting System）曾播出过"露西"被发现的纪录片，观众被引导到非洲一处聚集着人类学家的工作现场，这个节目的内容还包括一段运用动画技术使古人类看起来栩栩如生的画面。那些古人类并不是黑人，美术工作者让他们变白了。于是，这些古人类看上去并不是那个地方的埃塞俄比亚人，而是像那群白人人类学家。

作为一位黑人女制片人，若是我，我会特别拍摄有关当代埃塞俄比亚妇女的画面作为这部纪录片的一部分；我会让埃塞俄比亚的男男女女来谈论"露西"。更重要的是，我不会像纪录片中的那位叫作唐纳德·约翰逊（Donald Johnson）的西方人类学家那样，从自己的文化出发，以披头士（Beatles）那首流行歌曲《钻石天空下的露西》（Lucy in the Sky With Diamonds）中的"露西"一名来命名这位埃塞俄比亚古人类妇女。我想我会像她的埃塞俄比亚孩子们一样，称她"了不起"（Wonderful）。

（Larkin, 1988：167 - 168）

各种有关文化的定义也形塑了有关媒体文化的角色和带来的冲击，以及文化的建构和再现方式的争论，而文化的定义以及学术研究中对文化的使用方式确实也在不同的年代发生了很大的变化。

第一节 文化：概念简史

正如雷蒙·威廉斯（Raymond Williams, 1968）所指出的，"文化"是世界上最难定义的一个词。它被用来阐释一系列不尽相同但又互相关联的现象，其意涵也通常因时间的更替而发生很大的改变。在 15 世纪的西方社会，"文化"作为一个动词，是一个与照料农作物和动物有关的词（意为栽培和养殖的过程），它仍保留在今天英文的"农业"（agriculture）一词中。"文化"也被作为一个名词来使用，指称一种原来是自然的实体如何借由人为方式而成长或发展。到了 16 世纪，这个词的使用范围扩大到开始指称人类的生活，"文化"也被用来形容文明程度的最高层次。到了 18 世纪中期左右，"文化"转而与社会阶级相关联，人们所谓的"有文化"的，即意味着有教养的上层人士的活动和品味——人类文明与艺术感知的高级表现。例如，那些人能够欣赏伟大的文学作品、古典音乐或精致的艺术品，即当今社会学家们所说的"高级文化"（High Culture）。麦休尼斯与普卢默（Macionis and Plummer，2002：109）指出，"高级文化"是一种简称，它实际上指涉的是"区隔和分辨出上层人士的文化模式"。布迪厄（1984）在其有关探讨高级文化及特定的特权集团如何以此生产"优异"以与他人相区隔时，曾使用了"文化资本"（cultural capital）一词来同时表述物质财富及与特定社会集团相符的权力地位（虽然物质财富与权力、地位这两者本来就是相关联的），人们因为本身的受教育程度（文凭）、文化自觉和艺术感知而拥有文化的权力和地位。因此，通过把那些被认为比别人"更有文化"的人区隔开来，文化资本再生产了阶级和其他差异（因此，他/她们就得以长期拥有"自身品位与生活方式高人一等"的观念）。

麦休尼斯和普卢默（Macionis and Plummer，2002：109）还指出，"高级文化"也被认为来源于"高雅者"（highbrow）这个直译为"高眉骨"的日常词汇，直接受到颅相学的影响（颅相学认为人的性格可以从其头颅形状加以识别，这一观点在 19 世纪十分流行），表明在 19 世纪人们认为，"高眉骨"者的个性和品位较"低眉骨"者高尚。

在 18 世纪，"文化"这个词也开始被归结为一种"生活方式"，以及将人们联结在一起（以国家或家教的方式）的相关的价值观、态度、需求与期望。这就是类似威廉斯（Williams，1986）这样的文化人类学家和历史学家定义"文化"的方式，也是社会学家所谓的"活生生的文化"（lived culture）或"流行文化"（popular culture），从字面看，意为民众的文化。对文化的理解成为人类学和社会学这些新兴学科关注的中心领域。

到了 20 世纪初，"文化"开始被用来形容具有上述特质的象征表现——它们在语言、印刷品、声音、视觉影像等媒介中被再现的方式，这些就是我们现在时常指称的"文化形式"或"物质文化"。其中一些文化形式，就是我们现在所谓的"文化制品"（culture artefacts）——文化的物质表现形式或文化意涵。许多社会学家指出，当代社会中的这些文化形式大批量生产出来，并在广大无差异的受众中广为传播，因此，被称为"大众文化"（mass culture）是最好的写照。大部分文化形式都是后来被形容为"文化工业"（culture industries）的全球跨国公司所生产、销售和分配的（Adorno，1991），全球跨国公司还生产了我们所谓的"大众媒体"（mass media）中的大多数文化形式——以大众的、无差别的规模加以生产和消费的文化形式。

有关社会学家指出，因为我们在日常生活中遇到的大多数文化形式就是由大众媒体所生产，或者至少深受其影响，再加上我们大部分的社会互动在很大程度上是通过中介（mediated）进行的，所以，我们更难辨识社会与大众媒体之间的界限，至少西方社会被认为是最典型的"媒体文化"社会。如，道格拉斯·凯尔纳（Douglas Kellner，1995）就认为，我们生活在媒体文化之中，其程度已到了认为只有媒体生产与传播的文化才是唯一存在的文化的地步：

> "展现在影像、声音和精彩表演中的媒体文化，有助于日常生活的建构，并且与他的休闲时间形塑了人们的政治观点和社会行为，还为人们在已有的身份认同之外建立各种认同提供了材料。"

> （Kellner，1995：1）

其他的社会学家与文化理论家，比如多米尼克·斯特里纳蒂（Dominic Strinati）也同样指出，大众文化的成长意味着其他那些赚不了钱、无法为大众市场而大批量生产的文化，如艺术与民间文化的生存空间日益缩减。这些观点也受到（较为乐观的）评论家的反驳。如约翰·费斯克（John Fiske，1989）虽然接受大众媒体已日益强大的观点，但他指出，流行文化本身仍然是人们日常生活和经验的表现，因此，也具有抵抗媒体巨大力量的潜力。

第二节　文化社会学与文化研究的兴起

我们如今所说的"文化研究"是 1950 年代在英国兴起的一门学科，广泛受到文学批评家 F. R. 利维斯（F. R. Lewis）和马修·阿诺德（Matthew Arnold）著述的影响。这两位学者都相信，高级文化（特别是以文学形式出现的）可以对那些受到新兴的大众文化威胁的人们产生一种文明教化的作用。当阿诺德提出"文化是人们所思考和言说的最佳事物"时，他同时也为有关"文化"的观点下了结论。他认为，文化表达了人类感知的最高价值。20 世纪 50 年代和 60 年代，高级文化和大众文化之间的这种区隔为教育提供了依据，当时人们认为学校里只应该讲授古典文学，以资提升和教化工人阶级及其子女。

另一种对文化的概念化的方法，可从理查德·霍加特（Richard Hoggart）在 1957 年所著的《识字的用途》（*The Uses of Literacy*）一书中看到。他在该书中发展出更为激进的有关文化的观点。霍加特指出，当我们认为高级文化是重要且应加以保护时，劳工阶级的文化实践和传统也应被认为具有同样重要的意义且应对其加以保护。这两种文化类型——高级文化和流行文化（或称民间文化）——都应该加以保护，使其不受到被上升的商业动机驱使的、大规模生产的文化的影响，因为后者所关注的只是利润最大化，而不是教育或者文化的表现。

由此，霍加特在高级文化、流行文化和大众文化之间进行了一种具有社会学意义的区隔。遵循霍加特的观点，大多数社会学家一方面将流行文化定义为普通百姓来自日常生活和经验的价值观与实践。它不是同质的，而是建立在多样化的地方和地区的传统、生活方式基础之上；另一方面他们也认为，通过各种各样主要的商业途径，大众文化将其再现的价值观和观念强加于人们，其中又以大众媒体最为显著（就各种各样主要的商业途径而言，公共传播部门也许是最明显的一个例外）。显然，这一区隔具有政治（与批评）意涵。在霍加特看来，高层次的文化是精英性的，因为它强迫其他群体接受中产阶级的价值观与趣味。面对大规模生产的文化，流行或民间文化也必须得到保护，因为大规模生产的文化只服务于资本积累，就其本质而言，与作为文化消费者的人们格格不入。

就像文化具有这些不同的定义，文化和大众媒体的研究也具有一系列的理论视角和传统，包括了马克思主义、语言学、结构主义、后现代主义和女性主义。它们虽以各自不同的方式思考文化，但有着一个共同点，即都认为要认识当代社会中的文化，我们必须考虑它的产生、传播、扩散与接受。大众媒体在每一阶段都扮演着越来越重要的角色，但其他形式的传播技术如互联网也日显重要，许多人已借由互联网来逃避或破坏全球媒体集团的资本积累指令，可用来进行音乐资料交流的网站就是其中最著名的例子。像"广告克星"（Adbuster）① 之类的团体也已利用互联网来挑战全球品牌和广告的霸权力量。

就广义而言，大众媒体这一术语与各种能对大众进行传播的传播技术有关。大众媒体包括报纸（小报和大报）、广播、杂志、书籍、网站等，对信息的传播可以是为了销售、通告或娱乐大众（虽然这些目的常常难以加以区别）。例如，在杂志上已越来越多地出现"社论式广告"（advertorials），在指点读者诸如如何护肤之类、提供相关建议的同时，也力图销售特定的商品。"大众媒体"的社会意涵也随着这一术语被使用方式的变化而展现出来。"大众媒体"（mass media）从技术细节上讲，是一个复数名词（media，即意味着一系列的传播方式和机制），但现在常被以单数使用（The mass media），这表明媒体作为一种相关的同质性社会机制的出现。

也许，最令大多数社会学家感兴趣的是"大众"这一术语，它指涉多样化的传播技术达至广大受众的能力，而大众媒体具有这种能力显然也为世界"收缩"（shrunk）了这一观念的形成贡献了自己的力量。其中，"可口可乐"（Coca-Cola）和"麦当劳"（McDonald's）这两个词也许是最著名

---

① 广告克星媒体基金会（Adbusters Media Foundatiom，简称 Adbusters），创立于 1989 年，是一家致力于宣传反消费主义和环保主义的加拿大非营利组织，出版以反讽广告、抵制消费主义为主题的杂志《广告克星》。——译者注

的例子，它们不仅成为全球性品牌，也已成为被世界上每一种语言都普遍知晓和认知的传播形式。这表明，大众文化已导致文化同质化的过程，因而有评论家指出，近几十年来，世界已出现了"麦当劳化"（McDonaldization）。这一逐渐广为人知的"麦当劳命题"（McDonaldization thesis）断言，地方性的各种流行文化已陷于麦当劳式的全球性大众文化的泥沼中，并开始被吞没（Ritzer，1996）。

于是，文化研究关注起文化的历史及社会意义，高级文化、流行文化与大众文化之间的区别，大众媒体扮演的角色和所谓的"媒体文化"的浮现等也已成为文化研究讨论的重点。这些讨论大多以大众文化与流行文化之间的区别为基础，有的社会学家和文化理论家指出，流行文化已经过时，或已被这个大众媒体时代所排除。然而，也有一些人认为，一系列不同的大众文化形式和表现仍具有发展空间及实实在在的批判潜力。

第三节　作为意识形态研究的文化研究

有关媒体文化是在生产和传播价值观和信念，而非反映日常生活中的文化实践与传统的认知已取代了流行文化的观念，它大量地吸收了马克思主义的观点。这一认知取向强调，社会（包括生产大众媒体的文化工业）是由少数社会阶级的利益运作的，这些人拥有这个社会的大部分财富，并由此对整个社会行使自己的权力。这一观点虽然受到其他观点的挑战，但也许是文化研究中最有影响力的观点。

如同我们已在第一章中论及的，"意识形态"这一术语用于社会科学时主要有两种路径。一是作为标准化的解释，字典将意识形态定义为：一套用来作为社会或政治行动基础的观念与信念。这一术语也被用来指称针对那些观念的科学研究，而一般常识则强调"意识形态"就是"观念"。二是一种更激进的、来自马克思主义的定义认为，意识形态是特定群体或个人利益的表现（如，父权制的意识形态），这些群体或个人把自己当作整个社会的代表。这一定义假设了权力关系的不对称及一个社会分层体系的存在（参见第三章）。我们在社会科学，特别是在社会学及文化研究中常遇见的就

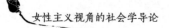

是这一定义，其重点在于特定观念所提供的利益，而非只是观念本身。

一　有关意识形态的马克思主义理论

在马克思看来，那些拥有和控制物质生产工具的人（统治阶级）也拥有和控制了观念的生产和传播。马克思认为，这些支配性的观念有助于维系经济体系（资本主义生产模式）的存在。意识形态代表着一种被扭曲的知识形式，它不只是谎言，还指涉马克思所相信的那些被用来遮蔽社会与经济生活中各种矛盾的观念，而正是资本主义组建了这样的生活。意识形态有助于那些拥有和控制了生产工具的人继续、保持掌控的地位。就如我们所提到的，这种形式的意识形态通常采取将这一特定群体的利益描绘成整个社会的利益的形式。对此，马克思概括为：在每个时代，统治阶级的观念都是居于统治地位的——掌控着社会的物质力量的阶级同时也掌控着知识力量。马克思撰写这段话时，正处于努力工作、荣誉、诚实与守时等原则被宣扬成为全人类的普遍价值观的时期。就如韦伯所强调的，这些原则背后常常有着家教意识形态的支持，以确保劳动人民能固守自己的位置。

二　葛兰西与霸权

马克思主义关于意识形态的一种理论建立在这样的观念基础上：普通人相信地位高于自己的人所告诉他们的话。这导致了一种非常单一坚固的权力观，否认人们有"识破"意识形态的能力。意大利的马克思主义者安东尼奥·葛兰西（Antonito Gramsci）在 1920 年代和 1930 年代的著述中谈到了这个问题。葛兰西聚焦于个体在维系社会不平等中所扮演的角色。他指出，意识形态只有在它以某种方式与人们的日常生活经验发生共鸣时，才能发挥作用。就此而言，意识形态并不表明对这个世界错误想象的显现，而是人们以特定偏见试图解释生活的一种观念。

葛兰西坚称，意识形态之所以有效，不是因为它简单地具有强制性，而是在于它具有商议力。处于统治地位的群体通过取得对道德和知识的领导权来维持自身的权力地位，而不仅仅简单地用威力来迫使他人接受自己的意愿。接受葛兰西这一观点的人们因而主张，大众媒体已成为进行这一

"协商"的最主要的场所。这种通过支配性观念而取得的对知识和道德的领导权，就是葛兰西所谓的"霸权"（hegemony）：它描述了这样一种权力类型——通过支配性观念推动协商和赞同而非通过威力达成和维持对知识和道德的领导权。

三　结构主义与意识形态

葛兰西关注的是个体在维持社会不平等中的角色，而法国哲学家路易斯·阿尔都塞（Louis Althusser）在 1950 年代和 1960 年代的著作虽然也受到葛兰西的影响，但就本质而言，却恰恰是马克思主义意识形态理论的发展，从而走向了葛兰西的对立面。阿尔都塞更多地关注社会结构在维持意识形态，以及也维持了社会不平等中的角色。他认为，意识形态通过他所谓的意识形态国家机器（ideological state apparatuses，ISAs）得以传播。

阿尔都塞从两个维度对资本主义国家机器进行了区分：一是压制性国家机器（repressive state apparatuses，RSAs），它包括警察、政府、军队等（那些依靠/使用强权来维持控制的国家机器）；二是意识形态国家机器（ISAs），它包括家教、教育、家庭和大众媒体那些我们确认为具有社会化功能，并且依靠观念来说服和压迫而非依靠强权使人们顺从的机构。那些居于意识形态国家机器的机构被认为赋予我们某种意识形态，而我们又必须借由这一意识形态才能在资本主义所组织的生产关系中发挥作用。比如，教育教导我们要守时和顺从，广告教导我们应该努力工作以有更多收获，以及我们应该通过物质财富的多寡来评价自身的价值，等等。

在社会科学领域，人们以不同方式理解意识形态，而文化研究对意识形态的概念化倾向于以马克思主义有关意识形态的理论，尤其是葛兰西通过马克思主义发展出来的霸权概念和阿尔都塞对意识形态国家机器的关注为依据。马克思的一种观点认为，意识形态的功能是通过将权力神化来服务于有权者的利益。换句话说，这些有权者通过让自己拥有更具权力的地位以及不平等地享有这个社会的大部分财富一事看似是天经地义或不可变更的，来诱导我们安于现状（至少其中的某些方面），尽管大多数人的权力被剥夺了。马克思主义视角是文化社会学中一种文化批判取向的基础，

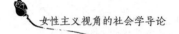

它强调对媒体图像并非中立或公正，而是为特定利益服务并传播特定信息这一点具有警觉性是重要的。由此，社会学家一直特别关心如何揭示这些时常被隐匿或"被编码"（coded）的意义和信息。

第四节　媒体文化研究

社会学家在进行媒体和文化再现的分析时，有两种主要的方法，即内容分析和符号学。虽然这听起来较为简单，但社会学研究方法的选择通常非常复杂（参见第十三章）。我们在此不会过深地钻研方法论上的哲学争辩，这一部分的细节内容可见第十三章。在此，我们将特别关注于社会学家是如何设计出诸多方法以进行文化类型研究的。

一　内容分析

媒体文本分析方法中最流行一种方法——内容分析（content analysis）大多数是对所收集的数据进行定量分析。这意味着，这一对媒体文化的内容分析主要关注的是可以用于统计分析的资料的收集。内容分析是一种对某一项目（如图像或词汇）在一个特定的文本中出现的次数进行统计的研究技巧。它主要的长处在于它能够产生通常较易于分析的定量数据。虽然大规模的或跨年代的内容分析包括了复杂的资料收集与数据分析系统。内容分析的过程从这样的假设开始：某个特定项目（如一个洗餐具的妇女）在一个媒体文本（如，肥皂剧）中出现的频率与它通过观众带给社会的具有较大普遍性的冲击力之间具有一种关联性。

因此，内容分析包括了对既定文本中特定项目（事件、字词、图像、关系）的出现频率、那些项目在这一文本中的显著性或凸显性，以及这一项目出现时有多少次表现出正面或负面的含义（如，一部电影中，有多少次黑人男子作为"坏家伙"出现，而白人男子则作为"英雄"出现）的一种关注。内容分析关注的不只是媒体文本的内容，还有它们的来龙去脉。它被运用于许多对较早时期的媒体再现的研究中，特别是对那些杂志、浪漫小说和广告中的性别再现的研究。

内容分析的长处是提供了一种用以证明一般观察的有用的工具，它产出了易于定量分析的数据，实施起来也较方便和易行。然而，单凭内容分析进行的社会学研究一直受到批评，因为这样的研究只认可显而易见的或直接的意义（并由此导致了对许多媒体图像，特别如广告的象征本质的忽略）。如同其他许多社会学研究方法一样，内容分析也是极具主观性的一种研究方法，它依赖于研究者对什么是重要的、什么是不重要的阐释。更重要的是，内容分析忽略了宏观的经济、政治结构和文化的力量，而且缺少能够说明诸如性别角色刻板印象如何产生的理论解释，这也被认为是一个主要的弱点（Strinati，1995）。所以，虽然内容分析法是分析媒体再现的一种有效方法（在社会学领域，它仍是被最普遍使用的方法之一），但它也有一些重大的局限性。由此，一种更具深度的分析取向——符号学，也成为一种被普遍使用于媒体文化研究的方法，以及被女性主义者广泛使用的一种研究方法。

二　符号学

符号研究（Semiotics）或符号学（Semiology）是对符号的研究，其包括"来自仪式、传统或大众娱乐中的图像、示意性动作、音乐声音、物体及所有与这些相关的复杂事物"（Barthes，1967：9）。符号学家认为，符号没有本质或固定的意义，而是相反，符号的意义随人而异，并来自与其相关的其他字词或符号。换句话说，符号的意义拥有一个重要的文化参照点。符号学（以及产生了符号学的结构主义）都对大众媒体或流行文化的研究产生了一种重要的影响。

符号学起源于瑞士语言学家费迪南德·索绪尔（Ferdinand de Saussure）出版于19世纪末、20世纪初的一部著作。他在《普通语言学教程》（*Course in General Linguistics*）这本最初以英文出版于1959年的书中，区隔出了一个语言符号的两个重要元素（Saussure，1974）：能指（signifier）和所指（signified）。根据索绪尔所言，任何一个语言符号，比如一个词或一个短语，都可以分割为这两个元素。在语言符号中，"能指"是"音像"（sound image）——人们实际写下或说出的，"所指"是概念——被指涉的物体或想法。索绪尔称，特定的语言符号所具有的意义并不是由字（词）面决定的，而是来自它们所处的整个环境的语言结构中的位置（他称之为语言，langue）。因为特定的语言符号所具有的意义尚未被完全确定，所以，能指与所指之间的关系完全是一种随意的关系。这是由于并没有任何一个本质的、自然的或实质的理由可以用来断定为什么某一个特定的概念应该与某个而不是另一个声音或图像联结在一起。比如，我们所想到的"桌子"（有关"桌子"的所指或想法）也可以同样轻易地冠之以"狗"这样的词（如能指），只要这个词成为"语言"（langue）或符号运作于其中的语言结构的一部分。因此，符号一旦被置于某个具有普遍性的语言结构中，它们就不再是随意变化的，而是具有了较为稳定的意义。

索绪尔的著作强调指出，可以将语言视为一种表达思想的符号的符号学体系来进行研究，后来著名的"结构语言学"（Structural Linguistics）便是采纳了这一取向。并且正如斯特里纳蒂（Strinati）在1995年所指出的，这一取向为近来一些试图扩展结构主义和符号学的分析潜力，将其运用到其他意义体系的研究，如媒体和流行文化的研究奠定了基础。

在进行大众媒体和流行文化研究时，符号学将媒体形式或文本作为一个符号体系，关注于对相关内容进行分析。这通常包括厘清特定的互相关联的符号所具有的更广泛的文化意义——或意涵，以便不仅在其以自己所在的语言（如结构语言学）为基础的意义模式上，而且在更广阔的普遍文化的意义上对符号进行识别。法国社会人类学家列维·斯特劳斯（Lèvi Strauss）所闻名于世的，就是将结构主义的概念与方法引入到社会学对文化的研究之中，并运用符号学对流传于工业社会之前的神话进行研究。

然而正如斯特里纳蒂（Strinati，1995）同时指出的，对于流行文化的符号学研究也许应归功于罗兰·巴特（Roland Barthes），尤其是他的《神话学》（*Mythologies*）一书（该书最早出版于1957年）。在该书中，巴特发展出了这样一个观点，即神话的功能是"将历史转化为一种自然状态"（Barthes，1975：140）。在巴特看来，"神话"是一种基于社会关系的沟通交流系统或者表意模式。因此，在保留了结构语言学对于区隔的分析价值的同时，巴特也建议，在研究神话时，应更倾向于将"能指"视为一种文化形式（culture form），将"所指"视为概念（content），并把符号视为一种文化表意系统（system of culture signification）。运用这些概念，巴特指出，神话是通过形式、概念和表意之间的各种特定的关系而运作的。他指出，有些符号（它们的形式与概念）是偶像性的（它们的意义较具普遍性）。而其他的符号则属于特定的文化，并建立在以传达文化联想为目标的一系列文化意涵基础之上。

　　且不论符号学作为一种文化分析方法的重要性如何——朱迪斯·威廉姆森（Judith Williamson）在 1978 年所著的《广告解码》（*Decoding Advertisements*）一书是用符号学方法研究媒体的一个最著名的例子。与符号分析相关联的主要问题之一是无法"客观地"识别一个特定文本中的意涵。符号学总是有可能引发武断、随意的观点。就如斯特里纳蒂（1995：123）所指出的，符号学最大的问题之一在于"经验性的认可"（empirical validation）——我们如何在那些解释中间进行分辨？

　　对这一批评的回应之一是声称文本包含着不同的信息，它们是多义性的。来自这一视角的符号学并不力图以科学的方式来揭示那特定的（the）被隐匿的意涵，而是尝试揭示解释一个特定文本的一系列被隐匿的其他方法。然而，正如斯特里纳蒂（1995）还指出的，这有可能会损害符号学作为一种方法的可信度，在他看来，仍需要建立科学的标准，以便确定能够定位各种意涵和解释的界限。

第五节　社会学的媒体文化观点

　　社会学家们已发展出各种概念和方法以思考大众媒体和流行文化。例如，他们将注意力引导至大众媒体的"政治经济学"，强调主要交流工具是如何落入少数几个全球公司手中，被集中拥有和掌控的。社会学家们指出，这些强有力的经济利益体不断排斥那些缺乏经济或文化权力的群体（Murdock and Golding，1977）。不过，这只是其中的一种观点。社会学家们还设想出一系列理论观点，试图厘清前文已讨论过的、被命名的"高级文化"（high culture）、"流行文化"（popular culture）或"民间文化"

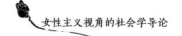

（folk culture）这三者的组成与媒体文化之间的关系，以及当代媒体文化对社会关系和身份认同的冲击。"当代"这一词在此间会让人略有误解，因为最有影响力的研究取向之一是基于1930—1960年代的著作。然而，许多社会学家和文化理论家都认为，这一著作中的大部分内容对媒体文化的社会学分析仍具有深刻的影响力，并关系密切。

一　法兰克福学派与媒体文化批评

著名的法兰克福学派被称为是与一个知识分子和学者群体的著作相关联的思想学派，而这一群体的成员都是成立于1923年的法兰克福大学社会研究所的成员或与其相关者。核心成员有马克斯·霍克海默（Max Horkheimer）、赫伯特·马尔库塞（Herbert Marcuse）、西奥多·阿多诺（Theodor Ador-no）、瓦尔特·本雅明（Walter Marcuse）和利奥·洛文塔尔（Leo Lo-wenthal）。重要的是必须强调，不是与这一群体相关的所有个体都认同彼此的观点，而是相反，他们大部分最重要的见解都来自对彼此观点的不赞同。然而，他们分享许多关注点，而且来自共同的知识传承。他们在本质上都很关心为什么马克思的革命预言从未得到实现；为什么尽管资本主义作为一种经济体系持续处于不稳定状态并造成千百万人民的悲惨生活，但马克思主义的革命从未发生。相反，欧洲却见证了集权主义政权在苏联的斯大林时代、纳粹德国和意大利法西斯时期的兴起。作为一群生活在1920—1930年代德国的马克思主义犹太裔知识分子，他们特别热衷于理解为什么在社会主义似乎已经失败的国家，法西斯主义取得了成功，尤其是关注理解文化的角色，特别是迅速扩张的大众媒体在保持大众长期驯服和顺从中的作用。

也许对文化的最重要的分析产自于阿多诺和霍克海默这两位法兰克福学派的领导成员所著的《文化工业》（*The Culture Industry*，原作出版于1944年）。在该文中他们指出，事实上，流行文化是工业资本主义为维持其所依赖的压迫式的生产关系而生产出来的。电影、出版人、广告商、音像公司及类似者组成了他们所说的"文化工业"（culture industry），而按照他们所言，文化工业的一个首要功能是欺骗大众。因此，他们认为，文

化工业让大众变得顺从，消费则使他们无法区分"自己真正需要的"与
"被告之想要的"（和"应该有的"）之间的差异，导致人们相信那些标准
化、同质化、大批量生产的文化产品是原创的、独一无二的。

阿多诺和霍克海默特别批判了文化工业中那些标榜促进个性、新奇和文
化表现的商品生产、行销和服务。就他们看来，这是一种假象，而且文化工
业生产出来的商品实际上都是标准化的、可预见的和被高度调控的，它们阻
滞而非激发了创造性，这确保了文化工业商品消费保持稳定且不受异议。

这一观点非常明显地出现在阿多诺有关1930年代和1940年代流行爵
士乐的研究著作中。他指出，这个时期的爵士乐极其标准化和公式化（很
像今天的男孩/女孩乐队或流行偶像/流行明星的风格，音乐核心结构的模
块是相同的，但在表层上会有足够的差异，借此维持每一首音乐都具有新
颖性、原创性的观点）。阿多诺认为，就在这一意义上，爵士乐可以被隔
离于拒绝被大众文化收编的古典音乐之外。

然而，法兰克福学派并非只是一种文化精英主义（虽然他们曾被如此
指责）——他们的批评根本上是政治性的。在阿多诺看来，文化工业产品
最基本的问题是它们推进了人们的消极和顺从。以爵士乐和流行文化为参
考，阿多诺认为，它们是一种"退化的倾听"（regressive listening），制造
出一种让听者维持几乎儿童般的状态，使其无法面对任何会对他或她的已
有秩序和预料中的事物出现的挑战。就如阿多诺在论及文化工业（1991：9）
时所说："它通过狡猾地鼓励人们对垃圾的需求，开始了全面的和谐之旅。"

赫伯特·马尔库塞也在所著《单向度的人》（*One Dimensional Man*，
1964年首版）一书中探讨了媒体文化在资本主义社会中的角色。马尔库塞
也同意阿多诺所说的，文化工业充其量只是一种压迫大众的工具。它提供
自由选择的假象，却同时关闭了人们真正自由思考和行动的机会。马尔库
塞对他术语化了的"真正的需要"和"虚假的需要"进行了区分。"真正
的需要"是人类基本的需要，例如自立、创造力和自由；"虚假的需要"
则是那些被文化工业所定义的必要的且大部分是消费品，如汽车、电视
等——那些以我们出售自己的劳动力所得去购买的物品，借以达到马尔库
塞所说的虚假的满足。虚假的需要就是如此被文化工业定义为真正的需

要。他在《爱欲与文明》（*Eros and Civilization*，1972/1955）一书中指出，甚至我们生活最私密部分，即性关系也已经被商品化和商业化了。就如我们在第八章中已提到的，无论是轮胎还是冰淇凌，一系列的商品都利用"性"来进行销售。在马尔库塞看来，因为大众文化的扩张，社会已变成单维度的了。然而，与阿多诺不同，马尔库塞并不认为高级文化可以"拯救"我们，而是认为高级文化也越来越商业化。相反，他希望在那些排斥物质文化的人，尤其是在学生中能展开一场革命运动。

法兰克福学派的相关观念一直备受社会学家和文化理论家的批评。举例来说，斯特里纳蒂（Strinati，1995）就指出，他们的分析缺少经验性证据，他们的著作基于一种文化精英主义，且用需具备很高的智力要求才能理解的术语加以表述。马尔库塞有关"真实"与"虚假"需求的区分也是有问题的——谁来定义何为真实的需求、何为虚假的需求？如果一个人需要整形手术来改善他或她的心理健康状况，那么，这是"真实"的还是"虚假"的需要？如果一个家庭需要一台洗衣机来保持孩子们衣物的清洁，那么，这又是"真实"的还是"虚假"的需要？

法兰克福学派的著述对有关文化的社会学研究视角产生了广泛的影响，尤其在有关大众与流行文化、批量生产与文化传播及其如何作用于我们的思考和行动方面。他们的著述在社会学领域有效地奠定了对大众文化的批判立场的基础，这一立场后来以多种方式得到了发展，其中之一就是乔治·瑞泽尔（George Ritzer）的麦当劳化命题（McDonaldization thesis）。

二 麦当劳化命题

乔治·瑞泽尔的麦当劳化命题的源头可追溯到韦伯对理性化的批判。韦伯在其写于 19 世纪（一个快速现代化的时代）的著作中指出，理性化的过程是所定义的现代社会的一个特征。在他的著作中，理性化指的是工具理性谋算的不断增长，以及经济、社会和文化生活中的各方面对效率的追求。理性化意味着必须以可获得效率和效果的最大可能性去做每一件事，效率和效果成为具有优先地位的重要的关注点。这一观念构成了瑞泽尔的命题基础。

出版于 1992 年的《社会的麦当劳化》（*The McDonaldization of Society*）表现出瑞泽尔对这个日益令人不抱幻想的世界的某种悲观的看法：韦伯所担心的那个被规矩和规则紧紧束缚住的世界已成为现实。在瑞泽尔看来，工具理性的胜利体现在麦当劳快餐连锁的做法和程序上。实际上，瑞泽尔的"麦当劳化"这一术语就是韦伯的"理性化"这一术语的当代版本。

瑞泽尔认为，麦当劳化建立在以下四项关键性原则的基础之上：

1. 效率（efficiency），食物不是现场准备，而且只有很小的选择范围；

2. 可计算性（calculability），准备或服务所应该花费的时间是被具体化了的；

3. 可预期性（predictability），不论你在世界上任何地方，开心乐园餐和巨无霸套餐①都是一样的，没有差异；

4. 控制（control），各种非人化技术支配了生产和消费的节奏。

麦当劳化的概念不只是一种比喻，瑞泽尔指出工具性逻辑（instrumental logic）已使得麦当劳成为当代资本主义社会随处可见的营利机构，尤其是通过瑞泽尔所谓的不断出现的"新消费手段"（new means of consumption）促进了它的发展。

瑞泽尔指出，新消费手段的不断出现对人们的休闲时间和金钱的运用产生了深刻影响。他所谓的"新消费手段"是指那些由技术驱动的标准化的消费模式，包括快餐店、居家购物电视频道、网上购物网站、信用卡和商店的消费卡等。与此相关的是各种娱乐消费的迅猛发展。例如，迪斯尼主题公园和迪斯尼世界表面上是游乐场所，但同时，它们也是为迪斯尼产品设立的巨大的购物商场。就这一意义而言，瑞泽尔认为，麦当劳化所代表的这一过程影响了我们生活的方方面面，尤其影响了我们有关文化的消费方式。在许多方面，这一观点与法兰克福学派的取向（瑞泽尔引用了他们的著述）异曲同工，因为这一观点认为，提供给我们的各种文化产品，如音乐、电影、旅游套餐等，在形式上大多枯燥乏味、被标准化（依据商

---

① 开心乐园餐和巨无霸套餐是麦当劳餐厅出售的两类食物套餐的名称，此处代指麦当劳餐厅提供的所有食物。——译者注

业化的模式生产）。

如果麦当劳化提供了我们之所需，那么，我们为什么还要加以关注？依据韦伯和法兰克福学派的著述，瑞泽尔对此所采取的立场是：就长期而言，麦当劳化在如上简述的各方面从根本上来说对人类社会是有害的。他指出，那些宣称理性化过程的核心其实存在着非理性——否认了人性中的创造力、想象力和自主性（那些被许多人认为我们之所以成为"人类"的最本质的特质）。大众文化的批判者认为，由此，人类被有效地简化为一个生产不出任何对人类社会具有真正价值产品的巨大机器上的一个小小的齿轮。遵循这一观点，流行文化的批判者指出，流行文化已成为一个过时的术语，因为麦当劳化已经把我们设计出属于自己的文化形式和文化实践的机会全部吞没了，以至于一切都被商业化地生产、研发和推进。

所以，麦当劳化命题是一个更为传统的社会学理论的当代翻版，其大部分来自韦伯对理性化的批判，而至少对大众文化的批判而言，则与法兰克福学派探讨文化工业（基于马克思主义有关意识形态的理论）的著述中所发展的概念相关。我们将在多大程度上认真看待这一反乌托邦的想象力，取决于我们如何采纳这一命题或基于瑞泽尔这一命题的许多观点，以及其他的一般性大众文化批判的观点。

更重要的是，这些取向倾向于强调这一观点：媒体对我们的作用——向我们灌输由意识形态推动的概念和态度。然而，它们主要聚焦于文化文本的生产，而不是文化文本的消费和接受。如此一来，这些大多具有结构主义的取向便倾向于低估能动性的作用——作为才思、言说和行动主体的人类去认知（和影响）他们所处的社会环境的能力。伯明翰（Birmingham）当代文化研究中心（Centre for Contemporary Culture Studies，CCCS）的相关文化研究和格拉斯哥（Glasgow）媒介研究小组（Media Research Group）的受众接受研究，就是对立于法兰克福学派和瑞泽尔的麦当劳化命题，继而强调消费、接受和能动性（我们认知和回应媒体文化的方式）的有关大众媒体和流行文化的两种重要研究取向。

这两个研究团体极大地受到如前所述的葛兰西的霸权概念的影响，都聚焦于个体与群体如何同媒体再现和表现形式进行交涉。他们尤其强调在对传媒文化的理解中，不仅要重视文化生产，也要关注文化流传、散播和接受的意义。他们指出，我们需要比法兰克福学派更多地关注我们所有人在维系特定的意识形态的存在中所扮演的角色，以及我们在挑战与抗争这些意识形态中所起的作用。

三　伯明翰当代文化研究中心与反霸权

简要而言，葛兰西（在写于 1920 年代和 1930 年代的著作中）指出，意识形态之所以能得以维系，是因为它不是简单地强加于人，而是经过协商使人得以接受。居于支配地位的群体通过拥有道德和知识上的领导权——通过观念而非武力进行控制，而保持自己的权力地位。霸权这个术语由意大利文的"统治"（egemonia）这一意为"支配性"或"具有权力"概念的词汇衍生而来。葛兰西提出，意识形态不是强迫而是协商的结果。由此，人们可以说，大众媒体已成为此类协商发生的一个重要场所。

伯明翰当代文化研究中心（以下称伯明翰文化研究学派）[①] 和格拉斯哥媒介研究小组（以下称格拉斯哥媒介研究学派）[②] 的研究都把注意力集中于葛兰西著述中的反霸权（counter-hegemony）概念所具有的分析潜力。这指的是个体与群体有能力挑战、抵抗、再协商、再利用支配性的观念并进行再现，并且强调将文化置于斗争和论辩的场所，而非进行大众欺骗之地的地位。

伯明翰文化研究学派聚焦于他们所谓的文化文本"生产、流通和消费的线"上（Johnson，1986）。他们认为，如果我们只是站在这条循环线的某一特定点上，那么，我们就无法"看到"整体或这一循环线的其他部分，而看到整体或全体正是文化研究的职责所在。伯明翰文化研究学派对法兰克福学派（尤其是阿多诺）进行了批评，认为他们太过于注重文化形

[①]　伯明翰文化研究学派是以伯明翰大学的当代文化研究中心（Centre of Contemporary Cultural Studies）为载体，以大众文化为研究对象的学术群体。它融合文学、社会学与人类学等学科，开创并传播了文化研究这一新兴学科，成为战后英国学术界享有盛誉的"国际招牌"，堪与法兰克福学派相并称——译者注。

[②]　格拉斯哥媒介研究学派是由格拉斯哥大学社会学系下的一个媒介研究小组（Media Research Group）的成员组成，成立于 1974 年，关注媒体、社会和受众研究等方面。——译者注

式的生产，以至于未能充分关注到文化的接受与消费。他们指出，这种对文化生产的过度关注带来了两个特别的问题：第一，它暗示，文化形式一旦生产出来便被消费，而从未受到过排斥或再利用；第二，当代文化研究中心的研究者认为，大众文化理论历来忽视接受（reception）中的生产元素，没有认识到流行文化是一个具有创造力和抵抗力的场域。因此，伯明翰文化研究学派不再重视文化产品的标准化和同质化，而是关注文化形式在被消费过程中所具有的被创造的潜能。例如，他们的著作关注人们以反霸权的意义来消费大规模生产的商品，重新利用文化影像或颠覆支配性的意识形态等方面。

伯明翰文化研究学派与格拉斯哥媒介研究学派在思考人们如何接受和回应大众媒体所传播的信息时，使用的重要的分析范畴之一是"受众"。这一术语指的是"媒体工业所针对的且常常部分是'建构'起来的群体与个体"（Branston and Stafford，1996：309）。此间，需思考一个重要的术语——"建构"。这表明，所谓的"受众"，至少是其中的一部分，是被媒体定义出来的，是媒体在为它们的产品寻找市场时所设定的人口统计学上的特定人群。因此，这些可被识别的受众实际上是由商品"创造"出来的，这一商品吸引人们进入了生产与消费的关系。

就以1980年代兴起的所谓的"新男人"（new man）为例。这一特殊的媒体与营销的结构，与广告业宣传策略从产品向生活方式的转向相呼应。许多用了非常复杂的技术得出的市场研究结果都揭示，男性和女性的角色和期望正在发生变化。成年后的男子更有可能过着良好的单身生活（参见第六章），而且也会承担如购买食物之类的一系列的家务劳动。妇女也越来越多地走出家门参加工作，且不少人是全日制的全职工作（参见第九章）。"新男人"因此成为一种有效的广告主题。例如 Athena 公司①名为"孩子"（L'Enfant）的海报装饰画上，黑白影像描绘的是一个穿着紧身背心、几近赤裸的男子抱着一个新生婴儿。这张海报装饰画有可能是他们有史以来最畅销的招贴画。

---

① Athena 公司以 Athena Posters 而闻名，是英国国内标志性的艺术出版商和零售商。

研究大众媒体影响力的斯图尔特·霍尔（Stuart Hall）是伯明翰大学当代文化研究中心的创立者之一。霍尔对受众接受的分析，大部分以如前文所述的索绪尔和巴特的符号学见解为基础。他指出，媒体影像通常镶嵌或隐藏着特定的意识形态信息，他将此称之为"编码"（encoding）——在特定的文化形式（例如广告）中载入隐含意义的过程。霍尔也强调，受众常常有能力去识别这样的意识形态的内容，即有能力去"看穿"被编码的信息，因而能够抵制媒体的意识形态的作用，他将此称为"解码"（decoding）（Hall，1980）。所以，他认为大众媒体包含：

生产←→编码←→媒体文本/代码←→解码←→消费

霍尔指出，编码和解码的过程导致了三种受众接受类型：

1. **支配性的**（dominant）：读者认同所提供的推荐阅读文本。

2. **反对性的**（oppositional）：读者看出了所推荐的阅读文本的含义但加以拒绝。

3. **协商性的**（negotiated）：读者接受文本中的一些元素，但对其他元素加以拒绝或进行改善。

这一观点引发了一些提问：什么因素影响了接受？什么形塑了观众如何进行解码或解释媒体的象征性信息？霍尔指出，我们不仅必须理解文化产品的生产，也必须认知它们被接受和消费的条件。

格拉斯哥媒介研究学派也聚焦于受众对媒体报道的感知上，以一种与伯明翰文化研究学派相同的方式的著述得出的结论是：我们对于媒体信息的理解和信任是建立在（经过编码或具有编码意涵的）**文本之内**（within）的权力结构（那些被社会阶级、社会性别、种族和民族、全球权力关系等所形塑的）和**之外**（outside）的权力结构这两大基础之上的。

第六节　青少年文化与反叛

社会学家们所关注的媒体文化的另一个重要方面是青少年文化的作用，特别是他们所谓的亚文化或反文化（counterculture）。1960年代至21世纪初期的40多年里，对青年亚文化的研究一直是社会学分析大众媒体和流行文化的焦点。然而，青少年文化这一术语已丧失其与社会学的相关性。直至 21 世纪初期，以他们的服装、音乐、语言和文化代码等特殊风格为标志的青年亚文化群的出现和消失，才成为都市生活的一个重要特点。然而，今日的社会似乎出现了许多破碎分裂的生活风格，同时出现了青少年反叛和不满思想的衰退。社会学家们近年来一直试图反映产生这种情况的原因。

青年亚文化的概念，实际上是在第二次世界大战后才出现的，最先在美国，稍后出现于英国、欧洲和其他西方社会。这个术语意味着青少年逐渐共享一种相同的社会经济立场，因而具有相同的兴趣和关注。这个术语还表明，年轻人具有某种对立于前几代人的反叛。后者在 20 世纪 60 年代和 70 年代时，成为社会学和文化研究关注的重点，是伯明翰文化研究学派的著述中反复出现的一个主题。他们提出，青年亚文化的发展必须放在其社会经济背景中进行反思，且需把年轻人当作被建构的社会阶层，才能有效分析。

在许多西方社会，尤其是在英国，20 世纪 50 年代是一个战后繁荣、经济快速扩展和相对充分就业的年代，特别是当时的劳工阶层相对较为富裕。哈罗德·麦克米伦（Harold Macmillan）时期的保守党政府宣称，英国大多数人"从未有过这么好的生活"。如我们在第五章中指出的，1944 年《巴特勒教育法案》的实施和国民医疗保健制度（NHS, National Health Service）及福利国家的建立，给予年轻人更多接受教育和文化资源的机会，并让他们彻底免于很多与失业、生病相关联的烦恼。在这种背景下，年龄开始成为一种新的社会划分因素，而阶级似乎变得不那么重要（参见第四章）。人们开始谈到"代沟"（generation gap）。

年轻人具备了新的经济独立和获得较长时间教育的机会后，开始倾向且掌握各种手段来表达他们自己的兴趣、想法和价值观。他们为文化产业的商品建构出一个全新的受众类型与独特市场，那是一个过去未被文化产业所开发的市场。

然而，在一定程度上，所谓"从未有过这么好的生活"的说法只是一种政治神话。当然，不是每个人都是富裕的。社会学家彼得·汤森（Peter Townsend）在 20 世纪 60 年代的著作中强调指出，普遍的贫困持续地存在于英国。同样变得明显的是，信贷开始在消费文化的发展中发挥越来越大的作用。这意味着同质青少年文化的概念开始被认为是有问题的。斯图尔特·霍尔等社会学家还指出，青少年文化也受到种族和民族不平等的影响，这需要在战后移民模式的背景下加以理解。

20世纪60年代和70年代的许多社会学家开始把青年亚文化视为年轻人同社会主流价值观反抗的表现。社会学家保罗·威利斯（Paul Willis）在他1977年的著作《学做工》（*Learning to Labour*）中便提出，反抗是通过青少年亚文化进行的，但这种反抗很少具有自觉的政治意识，而是在风格或外貌层面上进行反抗的一种形式。

菲尔·科恩（Phil Cohen）考察了伦敦东部工人聚居区劳工阶层的青少年的状况后提出，他们陷入传统的劳工阶层同富裕的中产阶级价值观两者之间的紧张关系之中。因此亚文化是传统的（流行的）文化同大规模生产的消费文化间紧张关系的一种表现。比如，兴起中的光头族（skinhead）① 即被视为根据劳工阶层非常传统（且刻板印象化、夸张化的）的男性特质而形成的风格。他们的民族主义和种族主义倾向也可视为企图在快速变迁的时期恢复关于"共同体"（community）的观念的考虑不周的尝试。关于20世纪60年代的摩登族（MODs）② 和80年代相关的"摩登复兴"的著作，也提出了相似的论点，即这种风格共同表达了传统劳工阶层的认同和（其梦寐以求的）中产阶级的消费文化。

对青年亚文化中这种紧张关系的一项较复杂的分析是迪克·赫布迪格（Dick Hebdige，1979）吸取了葛兰西关于霸权的概念和法国人类学家罗兰·巴特（Roland Barthes）关于符号学的论述后提出的，他们认为青少年文化从主流文化中挪用了某些物品、人工制品和符号，并赋予它们新的、不同的含义。赫布迪格在对青少年文化的分析中使用了某些重要的概念。具体地说，他使用"同源性"（homology）这一术语来描述这种探讨特定风格、态度和符号（文化形式）且以此可以反映出特定群体所关怀的事物

---

① 光头族指特别仇视移民的流氓团伙成员。——译者注
② 摩登族指英国20世纪60年代出现的穿着整洁时髦常骑小轮摩托车的青少年帮派成员。——译者注

的研究（例如，一项探讨骑摩托车与玩滑板车的人之间有何文化差异的研究，会将重点放在每个群体在文化信仰、实践和形式上的同源性，并检视文化信仰、实践和形式如何联结这个群体）。在这样的背景下，赫布迪格的论述还强调了"重新阐释"（re-articulation）的重要意义。他以这个术语表示一种实践做法，它替某些特定的文化形式（词语、影像等）赋予某种特定（常是政治性的）意义，使其有别于之前与此形式相关联的、被公认的或支配性的（霸权）意义。这方面的例子可以包括：男子同性恋者称呼彼此为"酷儿"（Queers），黑人男子和妇女互称"黑鬼"（niggers），或者女生们互称"女孩们"（girls）。另外一个有关的术语是"拼贴"（brico-lage），最初是列维·斯特劳斯提出，后被赫布迪格采纳用于他关于青年亚文化的著作中。此词衍生于法语中的"自己动手"（DIY），字面意义是"重做安排"的拼贴，是指一种让事件、活动重新秩序化及重新脉络化的过程，以便传达全新的意义。这方面的例子可以包括：女性主义者穿上马丁靴以示具有男子力量，哥特族（Goths）[1] 成员戴十字架，或者就像我们最近在繁忙的购物区看到的那样，一位失能女子的电动代步车上嵌着哈雷摩托车的徽章。"拼贴"还常涉及空间的使用，例如特定群体在咖啡店和购物中心占用空间（在这些地方他们相对被边缘化或被剥夺权力），比如，摩登派成员将滨海区当作进行拼贴的重要场所。

赫布迪格（Hebdige，1979）在他的著作《亚文化：风格的意义》（*Subculture: The Meaning of Style*）中着重探讨了出生于英国的加勒比裔黑人年轻人中的青少年亚文化。他指出，这些青少年利用拉斯特法里教（Rastafarianism）[2] 一些相关的符号对居于支配地位的白人文化进行反抗。同样地，他也认为朋克是一种"符号学的游击战术"（semiological Querilla warfare），其利用英国国旗、女王和国歌等符号来表示对 20 世纪 70 年代居

---

[1] 哥特族（Goths）是一种非政治性、非宗教性，而是与潮流、生活方式有关的亚文化群体，他们将死亡、苦痛看作生命的一部分，哥特风格的音乐和衣饰等都追求阴郁、暗黑、神秘的旋律和外表。——译者注

[2] 拉斯特法里教是崇拜前埃塞俄比亚皇帝海尔·塞拉西（Haiele Selassie）为神并信奉黑人终将得到救赎重返非洲的牙买加黑人教派。——译者注

于支配地位的文化的疏远（"性手枪"乐队也许是最著名的伦敦朋克代表）。通过这种"拼贴"的技巧，朋克族坚定地宣称他们的认同不同于且反对主流社会。这种研究观点与社会学家们所说的"亚文化"及"反主流文化"之间，在概念上有着重要的差别。

亚文化群体的成员们认为他们共享一样的文化认同，而且因为一起远离主流文化而对彼此产生归属感，但他们也认为自己是主流的组成部分。这样群体常常共享那些反映着主流群体或文化的语言、实践、信念、传统和风格，却不反对它，而又同时与它保持距离。这就是说，亚文化群体的成员们可能对他们这种分裂的认同相当自觉，但也意识到他们需要符合亚文化所寄托的更大的群体的准则和价值观。

各种亚文化都具有重要的社会学意义，因为它们导致了社会和文化的多样性，还因为它们可能成为社会冲突和协商的重要场所（这部分地说明了伯明翰文化研究学派为什么对青年亚文化如此感兴趣——因为它们可以被视为抵抗霸权的重要场所）。联系到反主流文化，情况更是如此。

反主流文化是一些文化群体，其信念、实践、准则和价值观虽然来自更广泛的社会，但却与之不一致，甚至相反。实质上，是一种"反文化"（contraculture）（Macionis and Plummer, 2002：109）。因此，反主流文化被理解为作为冲突和反抗、反霸权的场所而存在，或斯图尔特·霍尔和伯明翰文化研究学派一般指称的"对抗的阐释"（oppositional readings）。反主流文化往往基于边缘化群体的挫折感，并对主流文化的不同程度的不顺从和反叛上。

关于社会学对青年亚文化和反主流文化所作论述的重点，尤其是伯明翰文化研究学派的著作，受到一些批评。首先，青少年文化是否真的那么激进是有疑问的（比如，英国朋克运动背后最有影响的人是中产阶级音乐家和设计师等）。安吉拉·麦克罗比（Angela McRobbie）提出，很少的青年亚文化成员是真正激进的，因为大多数人是拥护父权制的。青年亚文化的主要方面也是被高度商品化、商业化且去政治化的。然而，有些评论家提出，近来新传播技术促进了一系列的互动中介形式的发展，并让青少年亚文化的概念得以新生。互联网聊天室、移动电话、电脑游戏和为交换音像资料而设计的网站都可被认为是文化的新形式，围绕着它们，对抗的（比如，用来反抗集团资本主义）或至少让独特的青年认同的风格可以出现并盛行起来。有些社会学家提出，许多新媒体也可被理解为后现代主义的文化形式。

第七节　后现代主义的文化形式

在过去20年中，一群后现代主义社会和文化理论家——其中最知名的大概是让·鲍德里亚（Jean Baudrillard）①——开始强调大众媒体在我们生活中的重要地位。他们认为，媒体信息是一种新的现实形式，以一系列后现代主义的文化形式为特征。在鲍德里亚看来，当代社会主要关注符号的消费，并以他所称的"拟像"（simulacra）为特征。拟像是由媒体产生的符号和影像组成的世界（这一术语来自柏拉图，用以描述"非原创的仿制物"）。"拟像"的例子诸如迪斯尼主题乐园或主题酒吧，它们声称要再现一个历史学家们认为从未真正存在过的"过去的"时代，其形式就是这里所"描述"的。类似地，所谓的真人秀节目，如《老大哥》（*Big Brother*）和《幸存者》（*Survivor*），瓦解了现实和表象之间的区别；媒体不再为我们提供真实生活的摹本，它本身就是一个现实。

那种认为媒体或流行文化的某些形式属于后现代主义的看法建立在这样的前提之上：后现代主义以某些特殊类型的文化明白无误地存在于我们身边的世界中，按照斯特里纳蒂（Strinati）的看法（1995），这方面的例子包括电影、音乐、广告或电视。现代主义的影片往往是现实主义的（即声称它再现了外在的、客观的现实情况，或与其有关——参见第三章）。它们展开情节、叙述和人物性格发展的方式往往是线性的、有条理、合逻辑的。像《银翼杀手》（*Blade Runner*）、《低俗小说》（*Pulp Fiction*）或《穆赫兰道》（*Mulholland Drive*）这样的影片被描述为后现代主义的，因为

---

① 让·鲍德里亚（1929—2007），法国社会学家和文化批评家，支持后现代主义。其思想受到结构主义符号学的影响，并创造性地与马克思主义政治经济学和消费社会学相结合。——译者注

它们质疑现实，以影像来批判或讽刺进步的现代主义，以信息技术为主导，并且有质疑外部客观现实存在的情节或叙述（Lyon，1994）。比如，在《银翼杀手》中，故事的背景是一个后工业时代的城市荒原，充斥着四处游荡的黑帮。原来那些受人尊敬的居民并不离开他们这块失去了人性的荒地，而是利用无处不在的视频屏幕进行交流。后现代主义影片还被描述为"互文性的"（intertextual）。这意味着它们从其他媒体形式吸取了许多文化参照点。例如，《王牌大贱谍》（*Austin Powers*）和《怪物史莱克》（*Shrek*）系列电影中就有很多对其他电影的互文引用。

在音乐方面，后现代主义意指对高级文化同流行或大众文化形式（如前文所述）的合并。在20世纪80年代，英国朋克运动主要人物之一，马尔科姆·麦克拉伦（*Malcolm Maclaren*）推出一张名叫《蝴蝶夫人》（Madame Butterfly）的单曲唱片，在歌剧的歌咏中夹杂说唱乐，把普契尼①的原作歌词同新的歌词混合起来。同样地，许多人会说，足球比赛的开赛仪式上演奏歌剧音乐也表明不同文化形式的合并。后现代主义者会提出，当代音乐中还明显地表现了"作者消亡"的理念——而不再是"原创"艺术家演奏所作歌曲的翻唱版（cover version），许多音乐家现在把以前发行的一些音乐作品抽样杂拼成新的东西，以至于人们不再可能（或意义明确地）将某些音乐指定为"原创的"，而将其他某些音乐称为复刻版或"翻唱版"。因此，后现代主义音乐风格被视为兼容并蓄的、不完整的，其特点是持久不变的互文性的，或引用其他文化形式与产品的（Strinati，1995）。它们可以被认为是弗雷德里克·詹姆逊（Frederic Jameson，1991）所说的"混成曲"（pastiche）——从不同的来源拼凑成的文化形式，这些形式都不被认为是"原创的"。显然，技术发展，尤其是互联网的扩展已经显著地改变了音乐和音乐生产的性质，特别是在将电脑制造的声音整合为音乐形式方面更加明显。同样地，传播文化产业产品的机制已开始合并——例如，音乐电视就合并了一系列媒体形式和商品（Kellner，1995）。

---

① 普契尼（1858—1924）意大利歌剧作曲家，写实主义歌剧的代表，主要作品有《波西米亚人》《托斯卡》《蝴蝶夫人》等。——译者注

同样，许多评论家指出，标志着后现代主义时代出现的戏剧性变化也出现于广告之中。比如，许多当代的广告不直接甚至不间接提到产品本身，而是主要宣传市场商人所说的"生活方式的因素"。当代广告还倾向极大地依赖互文文本、模仿和讽刺。犹如斯特里纳蒂所说，现在的广告：

> 很少直接谈到产品，而是通过引用其他广告，使用取自流行文化的元素，或者有自我意识地凸显广告地位等方法来提升或嘲讽广告活动本身。

（Strinati，1995：232）

鲍德里亚在他的著作《美国》（*American*）中提出，"我们所消费的一切只是符号"，他借此欲表达的意思是，消费的行动本身，以及消费某一特定产品或品牌甚至包装，往往比拥有产品本身更重要。

认为"某些文化形式在某种程度上是后现代的"这种看法，最常受到的批评之一是，后现代派理论家的许多评论都是早前法兰克福学派提出过的（比如，高级文化同大众或流行文化的合并）。然而，尽管阿多诺、马尔库塞等人批评这个过程本质上是针对文化产业所制造的大众欺骗，但后现代主义理论家并不具有相同的政治关怀，而是强调后现代主义带来的选择和风格的扩散。他们不像法兰克福学派那样认为大众文化的消费者是"易受愚弄的人"，反而强调其创造、讽刺和反抗的潜力，也认为能够借此形成对消费文化的政治对抗和挑战——例如，以印有标语口号的 T 恤衫的形式，或以拼贴、再挪用等方式来实践。从这个意义上说，后现代主义理论家采纳并呼应了早期伯明翰文化研究学派著作中的一些深刻见解。

第八节　女性主义者对文化研究的批判

女性主义者从文化研究继承的遗产必须在文化研究作为一种学科的历史背景中去理解，并有两种截然不同的意识形态和制度来源。第一个方面源自探讨工人阶级流行文化的历史或民族志研究著作，最初是由理查德·霍加特（Richard Hoggart）和雷蒙·威廉斯（Raymond Willams）等研究者写作而成。这类著作最终影响了伯明翰文化研究学派。不过他们的著作主要着重于探讨阶级（且比较不重视种族，参见 CCCS，1982）和青年亚文化之类的议题。女性主义者则强调这些研究工作对性别差异（男子同妇女之间的差异）的忽视。

第二个方面是将与妇女日常生活相关的文化形式，如肥皂剧、通俗小说和杂志等，从由男性主流社会学家安排的大众文化领域中拯救出来。女性主义者倾向拒绝法兰克福学派关于大众文化思想中所固有的文化悲观主义和知识精英主义。按照一些女性主义者的看法，浪漫小说、肥皂剧和杂志并无操纵意识形态的过错，而是陈述了"妇女生活中最真切的问题和紧张状况"（Modleski，1982：14）。其他女性主义者则提出，这些媒体形式中固有的意识形态信息本质上是主张男权制度的，女性主义者需要对妇女在媒体中被构建和再现的方式进行持续的批判，而不是把它们视为无关紧要的社会问题。

因此，自 20 世纪 70 年代以来，女性主义者就对大众媒体在延续父权制度意识形态和维持性别压迫方面所扮演的角色进行了持续的批判。当然，这些批判都不是同质的，它们其中有些内容与观点还互相对立。

女性主义者对主要继承自马克思主义社会学者思想的文化研究所做的最主要的批判在其太关注阶级，并且质疑其对文化形式进行理论化的方式。他们指出，文化研究的理论化方式在分析上会将性别（在经验上则将妇女）边缘化或忽视，过分强调男子，尤其是男性工人阶级和青少年文化。比如，他们指出，伯明翰文化研究学派的理论模式和方法论，特别是《仪式抵抗》（*Resistance Through Rituals*）一书表现出对男子和阶级的关注，从而忽视了妇女。又比如，伯明翰文化研究学派对"阿飞族"、"光头族"和"摩登派"（参见第五章）的民族志研究就是在阶级分析的背景下，并参考了葛兰西关于以阶级为基础的霸权论的讨论而进行的。每一个研究例子的兴趣都在于理解亚文化群体如何抵抗居于支配地位的主流文化霸权，或与其进行协商的方式。因此，女性主义者提出，选择这些亚文化进行研究，有力地排除了工人阶级女孩和妇女的文化实践和政治身份。

安吉拉·麦克罗比（Angela McRobbie）和詹尼·加伯（Jenny Gerber）

是最早关注青年亚文化中的女孩角色的研究者，她们试图纠正以往研究工作中所谓的男性偏见。她们提出，亚文化中有女孩们的身影，但过往的社会学研究中却对她们视而不见。这是因为她们在亚文化中扮演不同的角色，组织方式也不同。她们认为，从女性主义研究中可以看到独特的女性亚文化的存在。此外，在她们的研究中，女孩的消费能力比男孩弱，这意味着她们大多留在家庭和婚姻之内，因而更少在街头被看到。

麦克罗比和加伯的著作与 20 世纪 70 年代的马克思主义女性主义的论点是一致的，因为其指出女孩在青少年亚文化中的边缘化地位，与家庭及家户（再生产的私人领域）对妇女的主要期望角色有关。她们认为，妇女和女孩因而比男子或男孩更少在公开活动中出现。不过，她们也指出，即使女孩们确实参与了青少年亚文化的活动，她们的角色和地位也往往反映出她们在社会中的从属位置。麦克罗比建议，社会学者们在街道以外的场所找寻女孩们的亚文化活动将是更合适的。根据她的看法，女孩们组织她们的文化生活的方式是不同的。在解释这一现象时，她引用了"卧室文化"（bedroom culture）这个概念，认为大多数女孩的社会生活是在她们的卧室里进行的，因为那是老师、男孩和家长不能进入的私人空间。然而，麦克罗比和加伯还指出（1976），不能像某些男性主导的青少年亚文化那样，将女孩们的卧室文化定义为对主流文化的抵抗，相反，她们推断，卧室文化反而高度依赖诸如男孩乐队这类被大量制造的、标准化的文化形式。

麦克罗比（McRobbie, 1978）在她的著作《女性主义与青少年文化》（*Feminism and Youth Culture*）中，运用了与保罗·威利斯（Paul Willis）的《学做工》（*Learning to Labour*）类似的民族志研究方法来研究劳工阶级女孩。在这本著作中，她更深刻地探索了更多女孩"反抗"宰制文化的方法。她观察和访谈了一家伯明翰青年俱乐部里的一群 14—15 岁女孩构成的团体后发现，尽管这些女孩接受了未来为人妻、为人母的角色，并沉浸于传统的"女性气质"的文化中，但仍有许多人表现出对跳舞等这类社会活动的兴趣，尤其喜欢和她们的友谊团体在一起。谈论婚姻、家庭、爱情、时装和美容，都是她们的女性文化及反学校文化的一部分。麦克罗比的结论认为，她所考察的这些女孩，很像威利斯（Willis）研究中所说的"小子们"（lads），并不是真的以任何有意义的方式在反对什么。她认为，她们不抵抗文化霸权和父权制度的意识形态，而是"温和地加以破坏"。麦克罗比据此推论，亚文化能够作为社会控制的有利因素而发挥作用，因为那些参与她们研究的女孩们最后还是遵循人们对她们的角色期望行事，即顺应了资本主义社会对她们的性别角色要求——追求爱情、婚姻和母职。

　　这些在 20 世纪 70 年代进行的早期研究工作使女性主义者持续分析大众媒体和流行文化中女性气质的重要性，并思考在各种文化形式中如何建构性别化的主体性。许多较明显关注女性气质而非阶级认同和反抗等概念的研究，也从文化研究的早期论述中得到许多启发。一个显著的例子是麦克罗比关于《杰姬》（*Jackie*）① 和其他女孩杂志的论述（McRobbie，1991），她试图探索这些文本所表达的暗藏意义或"关于女性气质的意识形态"。

　　麦克罗比指出，《杰姬》杂志以女性气质的父权制意识形态，为妇女描绘了人生的每一个阶段，从童年至成年直至老年。她利用葛兰西关于霸权的概念指出，一些少女杂志非常明显地企图要让女孩们心甘情愿地顺从居于支配地位的社会和文化秩序。在试图揭示这些杂志如何达到目的时，麦克罗比采用了符号学的分析方式，指出《杰姬》杂志用以吸引读者的四种"亚代码"（sub codes）或称策略，分别是：浪漫故事、家庭生活、时尚美容、流行音乐。

　　简言之，麦克罗比认为，《杰姬》这类杂志局限且形塑了女性气质。它们指导女孩们如何行动，并传达其他一些重要的人（如朋友、男友、家长）对她们的期望有多重要。按照麦克罗比的看法，不可将这些杂志的内容视为无害的废话，因为对年轻女孩而言，它们在 20 世纪 70 年代多年来每周一次所发挥的有效意识形态力量具有无比的威力——它们是宰制意识形态的一部分，影响着女孩未来必须扮演的妻子和母亲的角色。按照麦克罗比的分析，这意味着所有的读者都将不可避免地屈从于有性别偏见的意识形态的力量。

　　然而，麦克罗比在较后期的著作中（McRobbie，1994，1996）修正了

---

　　①　20 世纪 70 年代在英国创刊的，以女孩为销售对象的畅销杂志。——译者注

她早前对《杰姬》这样的杂志的理解，特别是她对那些杂志所包含的有关女性气质意识形态的看法。她的主要信息还是一样：父权制度和资本主义社会在对女孩和年轻妇女未来角色进行社会化的过程中，这些杂志扮演着非常重要的角色。她形容道，杂志"可能是最集中且不间断地构建合乎规范的女性气质的媒体景观"（McRobbie，1996：172）。不过，她还指出，这些杂志的内容已随时间有了很大的改变（McRobbie，2000）。

她指出，在20世纪80年代，女孩杂志的形式和内容都有了重要的变化。在内容方面，由传统的女性气质领域转向思想更为自由的版本。她还指出，青少女阅读杂志的方式也在改变，不再不加批判地认为它们能增长见识和富有教益，而是开始以"故意"嘲讽的姿态来阅读内容。更普遍的情况是，《杰姬》这类以强调浪漫爱情故事的杂志，已被《正值17岁》（*Just Seventeen*）和《更多！》（*More*！）等比较重视时尚、音乐、旅行和事业的杂志所取代，其他各种女孩和妇女杂志也是如此。她指出，最引人注目的是，"内容中有爱情，有性，还有男孩们，但是传统的对浪漫的元叙事……只能创造出一种神经质地依赖别人的女性主体，已经一去不复返"（McRobbie，1994：164）。

按照麦克罗比的看法，造成这种变化的原因是多样的。第一，对性别平等的更多认识，意味着女孩们开始拒绝关于女性是被动的概念，以及传统的性别刻板印象角色的陈旧说法。许多杂志编辑、广告人员和作者都认识到读者已更为自信，发现浪漫故事毫无意义且陈旧过时。第二，媒体、文化研究和社会学的发展开始（如前所述）将注意力更多地集中于读者群上，较少注意杂志等文化形式的生产，因而开始将注意力引向读者"协商意义"的程度。第三，这样的方法还强调人们越来越易受多种多样的媒体形式的影响，因而这些媒体形式更可能造成阅读的碎片化。换言之，杂志比以前更可能被人"在一瞥间"阅读，而不是逐页阅读。

麦克罗比推断，20世纪80年代人们所推崇的个性和个人风格展现，与传统女性气质的意识形态，特别是与20世纪70年代《杰姬》这类杂志中占据主导地位的浪漫故事形成鲜明对比。她提出，女性气质的意识形态仍普遍存在，但人们比以往更自信或更具嘲讽的态度来生产和消费这种意识形态。按照麦克罗比的看法，这种平等的代价是女孩更多地陷入狂热的消费主义循环中，或她所描述的，陷入"没完没了的购物欲望"中（McRobbie，1996：172）。

然而，至关重要的是，麦克罗比在"重新评价女性气质的愉悦"后还提出（McRobbie，1996：175），妇女对杂志的享受应该被认真对待，特别是应将它视为对媒体文化的男性分析的批判。在这一层面上，她强调有数以百万计的男子和妇女都非常享受生活时尚杂志、肥皂剧等，他们不应被视为文化产业下被动的愚昧群体，也不仅仅是父权意识形态的"受害者"。相反，社会学的分析应该聚焦于人们对媒体文本的消费以及对流行文化的生活经验。

麦克罗比的著作一直受到批评，特别（至少）在于她最初的分析基本上是符号学的分析方式，而符号学一直在方法论上受到批评（参见 Strinati，1995）。麦克罗比对"意识形态"这一术语的使用也受到一些批评。例如，弗雷泽（Frazer，1987）就提出，麦克罗比的分析往往假定只有居于支配地位的观念才能影响人们思想和行动的方式，却忽视了比如物质因素等形塑人们生命历程的其他因素。因此，弗雷泽断言麦克罗比的分析是过分简单化且过度决定论的。他还指出，如果文本是多种符号的，当然容许多种解释，如此一来，意识形态的作用就必然受到局限。麦克罗比的著作以及后来受到的批评（以及麦克罗比对这些批评的反思——参见 McRobbie，2000），所强调的皆是杂志之类的文化形式是各种性别化的思想互相角逐的重要场所，在那里居于支配地位的意识形态可能被传播，也可能受到干扰。其他女性社会学者则将注意力引向更广泛的媒体形式，在那里性别意识形态既得到加强，也受到质疑。

第九节　女性主义的媒体文化研究

一系列女性主义研究都检视了性别在各种媒体形式，如广告、妇女杂志、影片和肥皂剧中被建构和再现的方式。早期的女性主义者时常采用内容分析的研究方法来探讨媒体再现，并研究大众媒体中显而易见的性别刻

447

板印象。举例来说，这些研究注意到了广告中男子和妇女所承担的不同角色，并计算了这些既定的角色范例出现的次数。戴尔（Dyer，1982）发现，妇女在广告中被习惯性地描绘为娇柔的，或充当性客体，或充当家庭主妇和母亲，然而男子则被表现为处于凌驾于妇女之上的控制地位，承担着更广范围的社会角色。

推动早期大部分女性主义者去批判媒体对男子和妇女的再现方式的主要动机是，她们觉得妇女被再现出来的形象是不适切的，于是心生抱怨——"女人实际上并非如此"。因而，媒体被认为是犯了塑造性别刻板印象的错误，从而导致这种刻板印象在更广泛的社会中得到强化。换言之，媒体的罪恶在于其再现妇女的方式，它描绘了一个幻想世界，歪曲妇女的真实生活，而不是再现妇女实际的生活世界。尽管内容分析有助于提供静态图景让我们看到媒体如何再现妇女，但有些女性主义者开始提出，这些研究只是描述的，而非解释的。比如，关于性别刻板印象从何而来，或关于谁有权界定所谓媒体再现"客观真实"的权力，内容分析什么也没有告诉我们。某些女性主义者试图研究媒体本身在主动建构"真实"中的角色。女性主义媒体分析中的这个转变，反映出常常被称为社会科学和更广泛的人文学科中的"文化转向"（culture turn）的趋势，其特色在于看待社会世界的方式，从主流的实在论观点转向社会建构主义的取向（参见第二章）。因此，女性主义的分析脱离了那种认为大众媒体可以再现或歪曲妇女所处的"真正的"客观的社会真实的想法，转向相信真实本身，包括认为性别认同和性别关系是社会建构的，并强调大众媒体在其中所发挥的重要作用。

一　广告中的性别

几乎从女性主义运动开始之时起，女性主义者就对广告中描述的妇女形象（多数广告大多以作为主要家庭消费者的妇女为目标对象）。女性主义者贝蒂·弗里丹（Betty Friedan，1963）在《女性的奥秘》（*The Feminine Mystique*）这本以广告的内容分析为研究基础的著作中则指出，妇女被照例地描绘成家庭主妇和母亲，要不就是性客体。广告鼓励妇女把自己的身体视为客体，与她们的主体相脱离且比主体更重要，并让妇女觉得必须要持续警觉与改进自己的身体。沃尔夫（Wolf，1990）在《美貌的迷思》中指出，这意味着完美的身体需要通过购买和使用适当的商品来实现。女性主义者还指出，广告频繁地"象征性地肢解"妇女的身体，使她们的身体被割裂为不同的部分——妇女的脸、腿、胸、眼睛、头发等，全都成为消费的焦点。这表明，这种将妇女简化成她们身体某一部分的做法，是在贬低妇女，使其去人性化，并且使她们不再被视为一个完整的人，不再被视为一个思想着的、说话的、行动的"完整的"主体。

吉列安·戴尔（Gillan Dyer，1982）在她探讨广告的著作中（采用了内容分析方法）指出，男子更可能被描绘成独立的角色，妇女则是从属的，男子通常被表现出具有专业知识和权威（比如，对某些具体产品是客观而有见识的），而妇女则常常只是以消费者的身份出现。她还发现，在场景设定在家庭的广告中，大多数以妇女形象为主的影像都配以男子的旁白。在贩卖家庭用品、食品和美容用品的多数广告中，情况都是如此。戴尔据此得出结论：广告中对妇女的处理已达到塔奇曼（Tuchman，1981）所说的对妇女的"符号的灭绝"。换言之，广告反映的是男性旁白中所提示的居于支配地位的信念："除了在家里，妇女是不重要的，即使在家里，也是男子知道得最多"。

这些研究结果可以与康伯巴奇（Cumberbatch，1990）为英国广播标准委员会（Broadcasting Standards Council）所做研究的结果进行比较。这项研究发现，广告中出现的男子数量是妇女的两倍，但大多数广告（89%）仍使用男性旁白，即使广告中的主角是妇女。广告中的妇女总是比男子更年轻、更有吸引力。男子被塑造成拥有有酬工作的比例是妇女的两倍，而且工作常被描绘成对男子的生活至关重要，而人际关系则对妇女更重要，甚至对职业妇女也是如此。所研究的广告片中只有7%的广告显示妇女正在做家务的形象，但妇女洗碗或打扫卫生方面的画面大概是男性的两倍。与妇女相比，男子更有可能在特别时刻或需要展示特殊技能的场合来展露厨艺，妇女则比男子更有可能被展示在"日常"烹饪中。妇女被描述为已婚和接受性暗示的可能性是男子的两倍（尽管通常不是在同一个广告中）。

迈拉·麦克唐纳（Myra Macdonald，1995）在所著《再现妇女》（*Representeny Women*）一书中采用了葛兰西的霸权概念并指出，整个 20 世纪支配性的广告话语以三种表现方式来建构妇女的认同：能干的家务管理者、内疚的母亲，以及较后期出现的一种方式，即新女性——"爱玩的、放纵的、有性意识的和敢作敢为的"（Macdonald，1995：85）。她指出，后者以奉承而非强迫的方式来讨好妇女，促使她们购买消费品，特别是美容商品。麦克唐纳在探讨"新女性"（new woman）① 的论述中认为，20 世纪 80 和 90 年代的消费话语中，总共出现了三种吸收了女性主义观点和意识形态的形式：准（quasi）女性主义概念的挪用、改写"照顾"的意义使之更符合自我实现的意涵，以及承认女人的各种幻想。

于是，女性主义者指出，近年来广告建构性别的方式已在变化，因此需要比提出性别刻板印象的内容分析更深刻的研究方法。有些女性主义者指出，对妇女的再现，最明显的变化是从描绘以家庭为中心的妇女转向描绘取悦自己的妇女（特别多见于美容商品和护发用品的广告中）。这使得麦克唐纳（Macdonald，1995）和戈德曼（Goldman，1992）等人提出，"新女性"已在近年的广告中兴起。这类妇女通常被描述为"女超人"——事业成功，能把家里收拾得一尘不染，是好母亲也是好妻子，烧得一手美味可口的家常菜，当然，也是十分性感迷人的女人。在试图解释广告中为什么兴起女超人的原因时，戈德曼等学者不仅将注意力集中于广告本身，还开始关注更广泛的社会背景。比如，戈德曼指出，广告商被迫认识到随着越来越多的妇女投入劳动力市场，性别关系也日渐变化，于是广告商开始利用这个新市场，并将目标瞄准这一群特定类型的消费者——职业妇女。根据戈德曼的观点，市场营销策略力求吸收妇女解放这一概念并使之商品化。于是，戈德曼强调，广告商力求吸纳女性主义者思想，并因此消除了这些思想对广告的批判力。

戈德曼吸取了符号学和马克思主义消费理论后指出，把这种同化式的

---

① 新女性，在 19 世纪末首次被爱尔兰女作家 Sarah Grand 提出，指那些积极反抗传统势力，追求自由和男女平等的女子。——译者注

女性主义描述为"商品化的女性主义"（来自马克思主义"商品化的拜物教"这个概念的构想——这一概念的原意是说商品关系使行动着的主体的关系变为客体间的关系）。这意味着，根据广告商的观点，女性主义与其说是可能损害广告力量的一种具有特别的政治见解和意识形态的社会运动，不如说是可以通过消费某些特定商品而达成的"风格"。于是，女性主义被重新界定和重新包装，因此某些物品被宣称象征着女性主义的生活方式。戈德曼指出，女性主义因而被构建成为许多消费商品类目中的其中一种而已。在广告中，女性主义被认为是由一系列象征独立、参与有酬工作、个人自由和自我控制等意义的符号组成的。戈德曼暗示，在"商品化的女性主义"的广告中，妇女被描述为不再需要一个男子才能达到完整，而是需要某种特定的商品。这意味着社会变革不是通过抗议、罢工或对法律制度的挑战来实现的（参见第十一章），而是通过个性化的商品消费实现的。因此，消费文化的这一特殊面向常被与后女性主义联系在一起（参见第二章）。

总之，女性主义者指出，对广告的内容分析在某种程序上有助于我们了解大多数广告中固有的性别歧视，也让我们惊讶地看到广告对妇女角色的再现是如此停滞不前（Macdonald，1995）。但是内容分析首先不能解释为何广告影像具有性别主义，它也不能说明为什么会出现性别角色的刻板印象，以及这类的变化为什么是伴随着其他的社会变迁（例如妇女政治与经济环境的改变）而来的。举例来说，内容分析就无法解释广告中的传统女性形象为什么明显地变得更"自由"或更"讽刺"了。吉尔（Gill，1988）指出，一则广告借用了女性主义者在堕胎运动中提出的口号"妇女进行选择的权利"，把它用作年轻人要求休假的口号，若仅研究其内容就会将它判断为"女性主义"的。内容分析方法会将"自由"、"权利"或"表现自我"等词语解释为赞成女性主义的观点。因此，新近的研究开始借鉴源自马克思主义理论和符号学的概念提出，广告是被"制作"来（made to）表达某些意义，而其中所包含的意识形态与更广泛的社会背景产生共鸣。

二 妇女杂志

研究妇女杂志的女性主义者采用的方法更注重质性，而不是仅仅计算形象出现的次数。简言之，这些研究是将妇女杂志内容的分析放在更广泛的、对父权制度的批判脉络下来进行的。这类杂志具有悠久的历史，而且，正如贾尼斯·温希普（Janice Winship, 1987）指出的，妇女杂志提供了独特的关于女性角色和生活方式转变的流行或大众文本。

从历史上看，妇女杂志曾以家庭题材为中心。例如，《妇女与家庭》（*Woman and Home*）和《好当家》（*Good Housekeeping*）等英国杂志的名称，便反映出这种关注。在 19 世纪，这些杂志把妇女视为无差别的群体，随着 20 世纪后半期市场的扩展，"妇女"这一类别已被逐渐分裂，包含更复杂的各种身份类型。这就是说，这些杂志构建出更多种的妇女类型。例如，有些杂志的名称仍表明女性题材离不开家庭和婚姻等传统领域，大量关于结婚和育儿之道的杂志足以说明这一点。有一些专业杂志也会关心时尚和节食之类的特定主题。与此同时，标榜一般意义的"生活方式"类的杂志得到相当程度的扩展，形成蓬勃发展的青少年市场。莉莎·杜克和佩吉·克里谢尔（Lisa Duke and Peggy Kreshel, 1998）在关于年轻妇女和杂志的研究中强调指出，这些杂志的重要角色是在加强父权制女性气质标准（参见 Winship, 1987；McRobbie, 1991, 1994, 1996）。

尽管妇女杂志有很大发展，妇女的角色和身份也出现了明显的分裂，女性主义研究仍强调指出，某些特定的主题在构建和描绘妇女形象的方式上仍是相对不变的。例如，温希普（Winship, 1987）指出，家政、美容和人际关系等主题在整个 20 世纪的妇女杂志上居于主要地位。温希普指出，在这类杂志的写作体裁中，妇女一直被界定为在与男子、子女、家庭和友人的关系这一领域中的情感工作者。从而读者往往被界定为妻子、母亲并更普遍地被界定为情感工作者。

洪美恩（Ien Ang, 1989）指出，最近的一些杂志，如《新女性》（*New Woman*）和《她》（*She*）等杂志在强调妇女的独立性时往往利用女性主义者的戏码。不过，洪美恩提出，它们这样的做法未能顾及女性主义的多样性，因而反倒驱逐了最富裕的城市白人中产阶级妇女之外的其他妇女。特别是，它们呈现了一些诸如"成为一个独立的母亲"之类的矛盾幻想，却很少讨论"带着'需要抚养'的子女如何才能'独立'"的问题。

三 妇女和肥皂剧

犹如我们前文提到的，女性主义者的内容分析研究最初力求表明媒体对妇女的再现是脱离现实的。克里斯汀·杰拉蒂（Christine Geraghty, 1996）在她关于肥皂剧中的妇女的著述里指出，这种研究方法存在不少问题。第一，它意味着媒体的重要功能是再现"真实"。第二，它暗示再现都应该更准确地反映出妇女"实际上"是什么样子。第三，它意味着准确的再现要比那些被再现的事物还要重要，因为媒体再现反映了男子和妇女如何看待自己，以及别人如何看待他/她们。然而，杰拉蒂及其他研究者已提出，这种对现实主义的强调将不能识别真实的社会建构本质。犹如麦克唐纳（Macdonald, 1995）指出，这样的方法假设真实是"可知的"、可得的，不会因为我们个人的感知和信念而有所不同，因此才能以一种纯粹的、无中介的形式表现出来。

更多的建构主义女性主义研究者在研究媒体和文化形式时，把注意力转向节目（例如，肥皂剧）和叙事形式（如，浪漫小说），目的在于审视它们实际上如何建构女性气质，而不再只是看它们是否准确或错误地再现"真正的"女性生活。特别重要的是，她们尤其关注这些形式给妇女提供了什么，想找出妇女喜欢它们的缘由。简而言之，这种对享乐和主要由女性消费的文化形式的关注，极为明显是一种对上述法兰克福学派思想的反动，特别是他们将这些媒体形式贬低为是与"高级"文化相对立的、因此毫无价值的一种"大众"文化形式。女性主义者反对这种看法，提出：这种看法是男权主义偏见的产物——认为男子与"高雅"文化形式相关联，具有情感、被动的、消费的妇女则与"大众"文化相关联。犹如塔尼亚·莫德莱斯基（Tania Modleski, 1982）指出的，需要挑战的是这些分类和它们所暗示的等级制度，沉浸在特定文化形式的妇女所获得的乐趣，和男子（并被男性重视的）并无不同。在她看来，用来评价这些文化形式的术语是源自（并可回溯至）父权制度的意识形态。他们只是以牺牲女性气质为代价来换取男性的价值。

艾恩·安（1989）专门研究了20世纪80年代热播的美国肥皂剧《达

拉斯》（*Dallas*）并指出，尽管这部剧的幻想既不实际又远离观众的日常生活，但妇女观众依旧对几位女主角［尤其是苏·埃伦（Sue Ellen）］的情感问题产生认同。《达拉斯》表达情感的方式的确比限制重重的现实主义更直接、更有力。

同样地，杰拉蒂（Geraghty，1996）也指出，肥皂剧把妇女描述为妻子、母亲、女儿和女友的角色，许多故事都是围绕着这些关系所产生的情感劳动展开。然而，更重要的且能让妇女观众愉悦的是这些关系所表现出来的烦恼和强烈感情，以及这些肥皂剧赋予这些女性角色的价值观。杰拉蒂因此提出，肥皂剧以一种之前在男性主流文化形式下未被承认的方式，呈现了妇女各种可见的情感劳动。因此，肥皂剧为妇女提供了一个空间来讨论情感关系中的性别和权力，妇女的从属地位可以被妇女观众认同和讨论。

莫德莱斯基（Modleski，1982）在其所著《复仇之爱》（*Loving with a Vengeance*）一书中也提出相同的观点。她指出，肥皂剧可以容许再现妇女的坚强和报复。她坚持认为，她们常常受到惩罚和/或被限制在家庭之中的事实，并不会削弱她们表达愤怒、野心和对那些试图控制她们的人的蔑视情绪。因此，肥皂剧让观众认同的，与其说是真实的（个别的）妇女，不如说是妇女（集体的）社会地位受到支配的事实。莫德莱斯基认为，这可能会使她们认识到自己的社会地位，从而抵制男性统治和压迫性的表现模式。

女性主义关于肥皂剧的研究通过关注以往被忽略的这一主题，即妇女能从大众文化中获得乐趣，从而开启了社会学对媒体再现研究的视野。它把注意力引向男性特质和女性气质的建构如何影响我们理解媒体再现的方式。这得益于符号学的发展，因为它挑战了意义是一目了然的概念，并认为我们需要研究意义如何被表明，即事物是如何被赋予意义的。关于肥皂剧的研究还表明，媒体产品不是简单地强加于妇女的，而是大众文化的组成部分，女性主义者认为它们是来自"下层"的文化，因为它们可以支持妇女反抗男性统治，或者至少为女性提供一个讨论她们地位的共同基础。这项研究强调，媒体产品的意义和重要性取决于受众，而不仅仅取决于再现形式的生产者。

四　阅读浪漫小说

与她对肥皂剧的分析类似，莫德莱斯基（1982）也拒绝将浪漫小说视为某种形式的意识形态的操纵。相反，她强调，阅读浪漫小说是探索矛盾的一种方式——存在于对女性气质和家庭的文化再现和妇女在家中从事家务劳动经验的矛盾中。莫德莱斯基指出，读者在阅读浪漫小说时体会到自己不可能变成浪漫女主角的这种不可能性，是一种让读者协商各种认同以及让愿望与现实之间的张力取得平衡的方式。

罗斯·科沃德（Ros Coward，1984）在她的著作《女性欲望》（*Female Desire*）中同样地探索了一系列与"女性的"乐趣与追求相关的文化形式——占星术、肥皂剧、烹调节目、时尚、流行音乐、妇女杂志以及浪漫小说等。更特别的是，她就这些素材写作时，不是以"远观的批判者"的视角出发，而是以她自己爱好这些特别的文化形式，且从中得到愉悦与罪恶感的立场来分析。贾尼斯·温希普（Janice Winship，1987：Xiii）在《女性杂志真相》（*Inside Women's Magazines*）中也是同样的风格，且坦承自己是一名"密爱"的读者。因此，科沃德的方法（像温希普的方法一样）与阿多诺对文化工业的批判形成对比，她不像阿多诺一样是从"伟大的高处"来贬低各种大众的和流行文化形式，认为它们就像其他一样是令人失望的文化形式。相反地，科沃德是把杂志、肥皂剧和浪漫小说当作"我们的"（妇女的）文化来进行讨论。

更特别的是，她发现浪漫小说并不是以限制性的、常逼迫妇女接受的刻板印象来再现妇女，而是在发扬妇女的愉悦和欲望。根据科沃德的观点，媒体对妇女的再现是在创造并支持特定的女性立场或主体性。它们告知我们如何看待自己并在彼此面前表现自己。她指出，具有讽刺意味的是，女性主义的发展与浪漫小说的日渐流行是同步的，而这正是她力求解释的问题。科沃德认为，浪漫小说之所以流行，是因为它满足了妇女的一些基本需求。它提供了一些有力的幻想及证据来承诺妇女可以得到安全与保障，而不是压迫和剥削。

科沃德的分析引起了珍尼斯·拉德威（Janice Radway，1987）的共鸣，在其研究浪漫小说的专著《阅读浪漫小说》（*Reading the Romance*）中，拉德威采访了 42 位浪漫小说的读者，询问她们怎样选择和拒绝某些主题，按照这些读者的看法，理想的浪漫故事应该有一个聪敏的、独立的、有幽默感的女主角遇见一个聪敏的、温柔的、有幽默感的男主角，在历经许多怀疑和残酷后，被男主角的爱所征服。在这段关系中，这个男主角必须从一个不擅长情感表达的人被改造为能关心与呵护她的人。因此，她指出，浪漫小说所表现的，不是妇女渴望拥有一个独一无二的有趣伙伴，而是妇女希望得到关爱和呵护。拉德威说，正是一种"相互回报的幻想"维持着妇女对浪漫小说的兴趣，包括希望相信男子可以把妇女时常被期望给予男子的那种关爱和关注回过头来给予妇女。

在拉德威看来，浪漫小说所提供的幻想远不止这些，它还能令读者回想起以前享有强烈母爱关怀的时期。拉德威利用南希·乔多罗（参见 Tong, 1998）的概念提出，浪漫幻想是一种退化，把读者送回到以前备受母亲呵护的时期。阅读浪漫小说的妇女可以借此体验到情感上的安全感，而人们也期待她们不求回报地将这份安全感提供给其他人。拉德威以一种带有本质主义的思路指出，为了重新经历这种退化的情感满足，妇女有三种选择：成为女同性恋、与男子建立关系或者通过其他方式寻求满足。而恐同症和男性特质的本质使得妇女无法选择前两种选项，所以阅读浪漫小说可能成为妇女追求第三个选项的一个例子。拉德威推论：理想的浪漫小说是一种解决之道，并为妇女提供三重满足，即父爱般的保护、母爱般的关怀，以及充满激情的成人之爱。

拉德威还察看了阅读行动本身的意涵，发现阅读对妇女来说既重要又令人愉悦，因为它提供给她们一种具有双重意义的逃避现实的方法。第一，阅读是一种为自己争取时间的方式，远离家庭和家庭生活的需要，在她的研究中，妇女用于阅读的时间无异于一件礼物。第二，阅读有助于妇女本身的情感再生产，它是妇女情感上的支撑。尽管（如上所述）这种体验是从他人的经验中间接获得的，但它所带来的愉悦却是真实的。因此，拉德威的研究使她得出两点（显然互为矛盾的）结论。一方面，阅读浪漫小说可以被看作妇女的一种反抗行为，因为它可以让她们拒绝（尽管是暂时的）作为自我牺牲的照顾者的角色。但另一方面，如果妇女在意的重点是文本本身，在于浪漫小说的内容，而不是它的形式，那么，拉德威强调，这时妇女的愉悦是来自父权制度的意识形态，因为浪漫小说所虚构的故事常常暗示男人的冷漠或暴行实际上是爱的表达或者男性特质的本质表现，而只有留待合适的妇女才能完全解读。

第十节　男性特质与媒体文化

女性主义者提出，直至不久前，男子似乎才开始注意到他们作为男子的地位，男性特质是大多数男子认为理所当然而不易阐明的事物。如同我们在第一章中指出的，现在已有许多迅速发展的、与男子研究（Men's Studies）相关的文献开始思考男性特质的意义。大体上说，这是三种因素造成的结果。第一，女性主义者把男子与妇女的关系放在政治议事日程上，并提出性别差异（作为社会主体的男子与妇女之间的差异——参见第一和第二章）是由社会建构的。女性主义者关于父权制度的理论，实际上使男性特质问题化，并且（至少在西方文化中）也较为成功地促使男子去反省他们的角色如何让妇女持续受到压迫。第二，一些广泛发生在许多社会中的社会变迁，例如，社会结构的重构以及（特别是）服务行业的扩张，都使得越来越多的妇女进入劳动力市场（参见第九章），并使传统上由男子就业的许多领域大大缩减。再加上家庭生活的本质也在不断变化（参见第六章），这种种原因形成了一些社会学家所说的"男性特质的危机"，开始在某种程度上反省"当一个男子"的本质意义如何在转变（参见 Connell，1995，2002）。第三，同性恋权利运动的各种活动也挑战了人们对"真正的"男子的传统理解方式，并且质疑了可被社会接受的男性特质包括什么。因此，目前已有来自不同的学科和媒体的大量研究资料都把男性特质作为研究旨趣。

最早与男子研究相关的对男性特质的考虑往往重复霸权概念，提供的男子和男性特质的观点也比较单一或单维。犹如弗兰克·莫特（Frank Mort，1988）指出的，早先社会学关于男性青少年亚文化的很多研究对工人阶级的青少年的再现都是相对一致的、同质的形象。

新近的著作坚决主张男性特质是由社会建构的，会随时间和地点而改变，并且强调不同的男性特质能够同时并存。这些方法凸显了男性特质模式的不断变迁，以及在电影、杂志和广告等一系列文化形式中构建男性气概的各种方式。它们还凸显了媒体的角色如何形塑男性特质与性欲特质、种族和族群等其他认同之间的关系。朱利恩与默塞尔（Julien and Mercer, 1988）也注意到媒体在构建黑人和亚裔的男性特质时所用的形象是持有种族偏见或种族中心主义的，他们指出：

> 作为黑人男性，我们被拉入由白人男子对黑人的需要、要求和欲望所支配安排的同类刻板印象之中。黑人只能被限制在一套狭隘的类型系列中找到自身的定位——一面是性欲超级旺盛的"种马"、性感的"野蛮人"，另一面就是纤细、羸弱、有异域风情的"东方人"……黑人男子气概的强势主导形象，从温驯听话的"汤姆叔叔"（Uncle Tom）[1]、走路拖着脚的流浪艺人、危险的土著黑人，再到《黑街神探》（Shaft）中塑造的"超级黑人"（Superspade）形象[2]等，贯穿在奴隶制、殖民主义和帝国主义的历史中……这部历史的核心内容是，黑人男子如何融入"大男子气概"（macho）的行为准则的符码，以便在由白人奴隶主造成的无力和依附状况下挽回某种程度的权力。
>
> （Julien and Mercer, 1988: 133—136）

卢瑟福指出，20 世纪 80 年代乃至于今日的好莱坞影片中，一再出现他所谓的"复仇的男人"（Retributive Man）这类的男性特质形象（Rutherford and Chapman, 1988）。在他看来，这方面的典型人物是兰博（Rambo）[3]。

---

① Uncle Tom，汤姆叔叔是哈丽雅特·布里彻·斯托（Harriet Beecher Stowe）于 1852 年完成的小说《汤姆叔叔的小屋》（Uncle Tom's Cabin）中刻画的一位对主人忠心耿耿的黑奴形象。——译者注

② Superspade，用以描述在不同领域具有非凡能力的黑人，并为了得到认可与成功要不断超越白人。需注意的是此处的 Spade 是对黑人的一种略带有歧视性的代称。——译者注

③ 兰博，美国动作影星史泰龙在《第一滴血》等片中扮演的角色，后成为阳刚男子的代称。——译者注

"复仇的男人"代表了一种维护传统男性特质的努力——一个强悍、独立的权威者，进入流行文化后成为一个经久不衰的神话。这个形象所暗示的是：充满破坏性的、强有力的大男子气概是解决男子（和社会）的问题的办法。按照卢瑟福的看法，约翰·韦恩（John Wayne）①也是这类角色的代表，他扮演的角色猛烈回击一切威胁他的事物，他面对一个充满背叛者、懦夫和"娘娘腔的男人"的世界，只得依靠自己。卢瑟福强调指出，在20世纪80年代，英雄动作片中的许多男性特质形象，与强调个人主义和英雄主义的英国撒切尔主义的意识形态完美地共存。

与卢瑟福异曲同工的研究可见于美国的苏珊·杰弗德（Susan Jefford，1994）所著的《硬汉：里根时代好莱坞影片中的阳刚之气》（*Hard Bodies：Hollywood Masculinity in the Reagan Era*）。她把电影对"硬汉"的描述与里根执政时代的主流意识形态联系起来。简单说来，她认为经历了越南战争和尼克松辞职之后，美国经历了一次目的危机（crisis of purpose），随后便是一段充满不确定性和不安意识的时期。随着里根时代的到来，这种被认为是软弱的表现方式走到了尽头，一种以描绘强悍的、具有攻击性的阳刚气概的动作片主导的电影文化开始盛行。卢瑟福认为，这类电影反映了人们对何谓"男子"和"国家"应该是什么样的共同预设：自信、强硬，必要时使用暴力。简而言之，即要拥有"坚固之躯"。

弗兰克·莫特（Frank Mort，1988）和其他研究者则指出，20世纪90年代，这种类型的影片的受欢迎程度下降，原因是"新男人"②这一种新的男性认同开始兴起。如同莫特所指出的，这种新的男性特质的论述出现在20世纪80年代后期，至今仍在一系列媒体形式中一再出现，特别是在影片和广告中。他提出，所谓的"新男人"的兴起其实呼应了消费主义与广告的发展，以及（如上所述）劳动力市场、家庭与家户中更广泛的社会与人口结构的变迁。

莫特指出，在发展"新男人"市场的过程中，迅速发展的时尚媒体

---

① 韦恩，美国电影演员，一生拍摄影片250部，以擅长扮演"西部英雄"著称。——译者注
② 新男人，兼管子女培养及家务的模范型男人。——译者注

（参见 Nixton，1996）极大地帮助了广告商，尤其是男性生活方式杂志的发行。这些杂志提供了新颖的又为社会所接受的男性特质形象，并且通过工作、旅行或音乐等镜头聚焦于男性时尚之上，广告商也因此不费吹灰之力地将男子变成目标消费者。

正如查普曼（Chapman，1988）所指出的，消费文化在男子的"女性化"中起到了重要作用。"新男人"被构建为以家庭为导向，并更积极地培养、表现出父爱和情感。查普曼如此挖苦地描述"新男人"：

> 如果说旧式男人的特点是憎恶一切与女性相关的事物，那么新男人则因为热情地接受女性角色和女性特质而显得生机勃勃。他有生活常识判断力，会拉着孩子坐在腿上与之探讨棘手复杂的"亲子关系"。他刚柔并济，深谙床事，能做的不仅仅是拼写出"阴蒂"这个单词，从不会在性事上粗鲁地速战速决，事后还会给予伴侣长久的拥抱让爱意持续。他抛弃了有些男性毕生执信的"厕纸仙女"的神话幻想，① 会分担家务，也会熨烫自己的衬衫。当另一半不打招呼就把老板带回家吃饭时，他还能为很快就为这位"惊喜来客"额外准备好一份可口的鸡肉料理。

> （Chapman，1988：227—228）

然而，"新男人"不仅仅是一位会分担照顾责任的人，他也是性客体。查普曼继续指出，换句话说，自恋主义（Nacissism）的符码已经被添加到培育"新男人"的过程中。在李维斯（*Levis*）501 牛仔裤的广告宣传活动中，或在雅典娜（*Athena*）连锁店制作的海报装饰画（如前文所述）中，男子的身体都被性感化和商品化了。根据莫特（Mort，1996）的研究，这些男人的身体影像是在公开地吸引女人或其他男人的欲望凝视。他认为，杂志、时尚摄影、广告等对男子身体的这种色情化，意味着男性能够清晰地表达自己的性欲特质和身份认同，而这在 20 年前是不可能的。因此，他

---

① 原文为 the myth of the looroll fairy，指有些已婚男性将更换厕纸这一妻子日常劳作的结果认定为"厕纸仙女"的魔法，是一种对男性不参与家务劳动的戏谑说法。——译者注

认为，今日对男性特质的定义，不再是单一的主导信息，而是一种充满自我意识的风格组合。

也许，多少带点反讽意味的是，后面这一观点的证据可能还包括对更平等、更女性化的男性特质趋势的反应。所谓"混小子文化"（Lad culture）不仅排斥与拒绝意图解放的性别政治（sexual politics）①，并躲进了大男子沙文主义（chauvinism）和男子的社会排他性中。与"新男人"相反的是，混小子文化在媒体和流行文化中展示的男性特质，可能是一种对性别歧视的嘲讽。男性特质的刻板印象以及饮酒、观看足球比赛（参见King，1997）等男子消遣举动，不断出现在《富有》（Loaded）杂志，《坏男人》（Men Behaving Badly）和《梦幻足球》（Fantasy Football）等电视剧中，而且以讽刺及"心照不宣"的方式将女性变成可被支配的性客体（《富有》杂志的刊头是"给懂得什么比较好的男人"）。大部分形塑了这种文化的幽默都以具有讽刺意味的方式来重新利用那些传统上被用来压迫和将妇女客体化的语言，因此，大多数当代女性主义者对它持有怀疑态度，并特别关注语言与这类文化的关系，这不仅仅是因为女性主义政治的核心关注点之一是强调语言的重要性，无论是在延续性别压迫的过程中，还是在挑战性别压迫的过程中。

第十一节　女性主义的语言观点

社会学家们常常提出文化实践（流行风尚、舞蹈等）和文化再现（比如，媒体上的"新男人"形象）的区别。然而，语言（尤其是女性主义者关于性别、语言和权力间关系的论述）让我们发现这种区别是有问题的，因为语言既是一种文化实践，又是一种文化再现。想一想一对男女在一次异性婚姻典礼上被宣布为"丈夫和妻子"——这既是（对语言中的性别关系）一种再现，也是（透过语言而发生的）一种实践。

---

① 性别政治，源出当代美国女性运动领导人 Kate Miller 所著的 Sexual Politics 一书，意指一种性别的成员企图统治另一种性别成员的活动。——译者注

语言对于女性主义理论和政治都有具有特殊的意义，是因为它就如德博拉·卡梅伦（Deborah Cameron，1998）所说的，代表了"命名和界定的权力"，可从两个方面理解。首先，它可以指称居于支配地位的群体（男子、中产和上层阶层、白人、西方文化、身体健全者等），拥有为其他人的真实生活进行命名和界定的权力。其次，它也意味着被边缘化和受压迫的群体拥有为他们自己的真实生活进行重新命名和重新界定的能力。正如她形容的：

> 由于我们的生活和关系在很大程度上是通过语言进行的，由于我们对世界的知识是通过语言传播的，那么，进行命名和界定的权力是再生或挑战压迫性社会关系的重要场所。

> （Cameron，1998：148）

罗宾·拉柯夫（Robin Lackoff，1975）所著的《语言和妇女的地位》（*Language and Women's Place*）是最先以女性主义观点探索性别与语言的著作。她提出，妇女在她们所使用的语言中常常缺乏威信、严肃性、说服力和自信心。男子在使用语言中则更有力、更有效，常常说得比妇女明确、果断。对比起来，在语言的使用上，妇女更多地踌躇、犹豫，因而也比较找得出话中的"缺陷"。特别重要的是，她认为这不是由于生物学的性别差异，妇女在其说话模式上不是天生就有缺陷的。确切地说，是性别社会化、性别角色和权力关系造成的结果，而非妇女某种本质上的缺陷。

拉柯夫的研究虽是有影响力的，但是戴尔·斯彭德（Dale Spender，1990）指出，其研究受到"对说话角色具有性别歧视的一些预设"的局限。斯彭德认为，拉柯夫把男性的语言使用模式作为一种准则，从而认定妇女的言语模式是对这种准则的背离。斯彭德指出："在一个妇女被贬低的社会中，她们的语言同样也会被贬低是不足为奇的"（Spender，1990：10）。她认为，问题不在于妇女不像男子那样说话，而在于妇女的交流方式被贬低了价值，因为妇女本身被贬低了，也因为语言在本质上是"男性制造"（man-made）的。

一　"男性制造"的语言

男子制造的"语言"对关于性别和语言的分析的最重要的贡献也许是由斯彭德做出的（Spender，1990：12），她认为，"语言就字面上看是男子制造的，而且仍主要地处于男性控制之下"。她强调，语言支持男性统治，而且本质上就带有性别歧视，因为不管是语义学（字词的意义）还是语法（句子结构或用于表达意义的形式）都是受男性支配的。她指出，语言的这两个方面都是主张男性统治的，因为它们都偏向于支持男子因而有所偏颇。

斯彭德指出了男性支配语言的 3 种主要方式：

1. **语言学的性别歧视**（包括语法中的男子中心论和语义学对妇女的贬低）；

2. **男性家系**（the male line，妇女和儿童都采用男性的姓氏）；

3. **言语模式中的性别差异**。

她所说的"语言学的性别歧视"在两个层面上运作。"语法中的男子中心论"包括把"男子"当作一个通称，"他"（he）作为指称男子和妇女的通用代词。斯彭德提出，在大多数语言体系中，都有较多的词专属于男子或男性特质的事物，在罗曼语族①中这一情况尤为显著。它们把名词分为阳性或阴性，但总是有更多的阳性词。她还指出，通称在专门用于妇女时常常要被调整（比如，女主席 Chair woman，女乘务员 Stewardess、女侍者 Waitress，女市长 Mayoress，等等）。她指出，这样的做法凸显了男性版本是一种准则的意涵。

德博拉·卡梅伦（Cameron，1995）发展了关于语言学的性别歧视和句法中的男子中心论的观点，她提出，性别分歧不仅仅是"词汇化的"（被编码于词中），而且还"语法化"，就是"纳入了构成完整句子的规则"（Cameron，1995：151）。这常常包括赋予词和短语在句子结构中的男性意涵以优先地位。

---

①　罗曼语，自拉丁语衍生，主要有法语、意大利语、西班牙语、葡萄牙语、罗马尼亚语等。——译者注

在讨论语言学的性别歧视时，斯彭德（Spender，1990）还指出，语言在建构一系列二元论时，代表妇女的词经常具有负面意涵（尤其是那些带有性暗示的词），然而，语言学中没有足可说明出现这种情况的理由。对比之下，与男子和男性特质相关的词在引起的联想中往往含有更多的正面意义。她把这称为"语义学上的妇女诋毁"（semantic derogation of women），并且援引表示同样情况的词被用于男子和妇女时竟产生了正面和负面的不同含义的方式来说明这一点。比如，"种马"（stud）和"荡妇"（slag）这两个词分别指称性行为活跃的男人和女人，但前者几乎是称赞性的，而后者则具有强烈的贬低意味（参见 Lees，1986，1993）。关于"单身汉"（bachelor）和"老处女"（spinster）这两个词也可得出同样的观点，语言中的性别对立，代表妇女的意涵通常要比男子负面，妇女的性别表现也因此受限。当一些同样的词用于妇女时也会产生不同的（常是负面的）联想，例如，"她是个游民"（she's a tramp）所具有的性暗示（隐含她是个妓女），就不适用于形容一个男人"他是个游民"这句话。罗斯玛丽·普林格尔（Rosemary Pringle）在她所著《秘书话谈》（*Secretaries Talk*）一书中继续发展后者的观点并指出：

> 给异性恋男人贴上"贱"（bitches）的标签，要比形容他们"野"（sluts）或"轻浮"（tarts）还要难实现——虽然这三个词都被男同性恋者挪用过。人们可能会承认，男人也会"贱（bitch）"，因为我们不难发现男人也乐于搬弄是非、挑拨离间、发牢骚和散布流言蜚语。但是这个词不轻易地用于他们身上。这掩盖了男人的贱行为，或许更重要的是，掩盖了他们发牢骚的程度。这种显然让男人缺席的论述，有助于将男性特质表现为理性、抽象和自主；相比之下，妇女则被禁锢在琐碎和具体的事物中。

> （Pringle，1989：235）

其次，斯彭德（Spender，1990）提出，在她所说的"男性家系"中，姓的使用也是由男性掌控的，而且姓氏在此是一种符号，具有代表父权制度的作用，这常使人难以追溯妇女的系谱。它还加强了这样的看法：妇女是男子的财产，这一点特别表现于如"约翰·史密斯夫人"（Mrs John Smith）等正式称呼中，把一名已婚妇女表现为她丈夫的变体，而不是一个拥有独立存在意义的人。

与拉柯夫相同，斯彭德也强调了说话模式中的性别差异，指出性别差异可以接近和使用语言，使其成为一种文化表达方式。她认为，由于妇女的从属性社会地位，她们在使用言语时往往踌躇不决，尤其是在公众场合或男女共处的场合中，更是比较沉默寡言。戴维·格拉多尔（David Grad-dol）与琼·斯旺（Joan Swann）在《性别声音》（Gender Voices）一书中指出，男子常利用下列几种方式来主导男女同时参与的对话：

1. 他们常常**设定议题**（确定谈话主题及其发展方向）；

2. 他们常常比妇女**说得更多**、**说得响亮**；

3. 他们常常比妇女更多地**打断和反驳**别人的发言；

4. 他们常常比妇女容易**终止对话**。

斯彭德提出，主流语言学研究常常通过暗示男子对语言的使用比妇女"正经"（说妇女"喋喋不休"和"说长道短"——使用带有贬义的词来形容妇女的说话方式），也让人们持续相信妇女说话声调太高因而不适合长久聆听或认真对待（因此，直到不久前，被聘为新闻广播员或时事节目主持人的妇女仍非常少数），从而加强了上述各种性别差异。

德博拉·卡梅伦（Cameron，1990）在其所著《女性主义的语言批判》（*The Feminist Critique of Language*）一书及新近的著作中（Cameron，1995）指出，妇女是"无声的"，并且在公众场所和会议等正式场合被排除于支配的语言形式之外。如同我们在第八章所指出的，有些研究也发现，年轻妇女在使用语言时，很不情愿让语言与她们自身的性欲和期望（例如，与安全套使用相关的话题）有所关联，这同样凸显了"语言工作的性别分工"（gendered divi-sion of linguistic labor）如何诱使年轻人陷入关于异性恋的性别化语言模式中，并因此强化妇女负起性关系中情感表现的责任（Holland et at.，1998）。

二　女性主义对"男子制造的语言"的批判

然而，并非所有的女性主义者都相信斯彭德关于语言是男子制造的论点，她们的分析主要受到两点批评：第一，她认为语言体系是一个固定的而不是演化而来的体系。第二，与此相关联的是，它使语言使用者听起来很被动而不是主动地从事语言的生产、传播和消费。

珍妮特·霍姆斯（Janet Holmes，1997）就是其中一位批判者。她提出，尽管语言可能是压迫性的，但也可能是挑战压迫的一种重要机制。她的分析强调，被边缘化的群体，至少部分地，可以在语言中和通过语言重新挪用贬低性的词语，而且语言和权力之间的关系比斯彭德所说的更加复杂、更有争议。霍姆斯提出，语言是男子制造的论点不仅使妇女群体受到特殊待遇（并且同质化），使她们显得比其他受到"语言压迫"的群体还要重要，而且低估了语言挑战和损坏已有的权力关系的批评潜力。霍姆斯引用对"女孩"（girls）一词的使用为例以说明语言可被再挪用的方式。拉塞尔和泰勒（Russell and Tyler，2002：620）最近指出，"女孩这个词显然是一种身份标志，暗示处于孩子的定位，但又同时居于性别阶层中较顺服的位置，而'女孩力量'（girl power）则试图改变这样的关联"。

三　性别与语言学转向

近来有些女性主义者（尤其是那些受后结构主义影响的女性主义者）进一步发展这个观点，并依循社会科学中所谓的"语言学转向"（参见第二章）而强调，语言不只是反映既有的社会现实，它还能主动地建构现实。社会学家斯图尔特·霍尔（Stuart Hall）指出，这种方法以这样的假定为前提：

> 认同并不像我们可能想象的那么透明和不成问题。也许，我们不该再设想认同是一种已经完成的事实，可以透过文化实践表现出来。而是，我们应该将认同当作是一种"生产过程"，即永远不会完成、总在进行过程中、总是被再现所建构，而非外在于再现。
>
> （Hall，1990：222）

因此，性别不再只是受到社会结构的形塑，它也深受主流论述的影响——语言建构了一个男子或一个妇女应该具有的样子。持这种观点的女性主义者强调，在参与主流论述的过程中，男子和妇女积极地重建性别关系，使男性权力得以延续。这就是说男子和妇女把他们自己互相置于福柯所说的一种性别监督之下——使彼此都服从于某种形式的纪律和控制，比如，尤其是父权制度对妇女外貌定下的规范。正如桑德拉·李·巴特基（Sandra Lee Bartky，1990：72）就这一方面指出："在当代父权制文化中，大多数女性的意识中都存在着一位全景的（可以看到所有事物的）男性鉴赏家，她们长期处于他的注视之中，接受他的鉴定"。

巴特基（Bartky）这类的女性主义者呼应马尔维（Mulvey）早前的著作后提出，性别化的论述在控制和规范妇女行为上发挥着有力的作用。比如，人们通过论述来巩固性别的双重标准。然而，和马尔维早前的著作不同的是，她们还强调，语言是性别化的意义互相竞争和协商的场所。彰显这种复杂性的一个有趣的例子是在 350 万美国女孩和年轻妇女参与的啦啦队中的性别文化（Adam and Bettis，2003）。亚当和贝蒂斯以后结构女性主义的观点来解读啦啦队，把这种行为界定为"一种话语的实践，在过去的150 年左右的时间里发生了很大的变化，以适应不断的变迁与意义时常矛盾的女性气质规范"。她们认为，啦啦队是：

> 一种性别化的活动，在某些方面代表了一种重构规范女性特质的解放性转变，同时也巩固了女性特质规范，这种规范不会对女孩和妇女在社会上扮演什么角色的主流社会价值观和期望产生威胁。
>
> （Adam and Bettis，2003：73）

新近其他一些研究成果强调指出，各种媒体形式已开始革新并吸收女性主义观点，而不只是将其融入广告影像中（如前文所述）。例如，班尼特·韦塞（Banet weiser，2004）指出，电视行业专家和媒体学者都一致认可尼克频道（Nickelodeon）① 有线电视网对女孩和青少年的再现方式：将她们塑造为坚强、聪敏、有领导才能的角色。近年来，坚韧强大的女性电视角

---

① Nickelodeon，即尼克国际儿童频道，是美国知名的有线电视频道，主营儿童节目。——译者注

色中最引人注意的例子就是"吸血鬼猎人巴菲"（Buffy the Vampire Slayer），她总能制服敌人，常被年轻女孩们奉为积极正面的角色典范（Russell and Tyler, 2002）。威尔科克斯和威廉姆斯（Wilcox and Williams, 1996）也指出：在电视系列剧《X档案》中，穆德与史考莉（Mulder & Scully）两位探员之间的关系，代表了对传统性别角色的颠覆，因为"史考莉代表着通常与男子相关的理性主义世界观，而穆德却是一位依赖直觉、超自然解释的拥护者，而这个特性通常与妇女相关联"（Wilcox and Williams, 2002: 99）。

有些研究者也强调，媒体在挑战和推翻种族与性别等主流意识形态中的作用也被凸显出来，比如，宝莱坞①电影和新的音乐电视台就是这样的例子（Aftab, 2002; Kumar and Curtin, 2002; Srinivas, 2002）。某些女性主义者则提出，就近来媒体和传播技术的发展而言，媒体在挑战和颠覆传统性别角色上的作用将变得更加重要。

第十二节　新媒体科技与网络女性主义

莉莎·查利基（Liza Tsaliki, 2001）指出，妇女与技术之间的关系一直是一个令人不安的问题，因为，传统的科技知识是严重不利于妇女的。她说："有许多例子证明，人们再现科技时，都重复着把妇女视为技术上无知、无能的老调"（Tsaliki, 2001: 80）。这意味着，近年来媒体、信息与传播技术的发展对女性主义者来说既是挑战，又是潜在的机会。一方面，在日益重视科技或者信息科技高度发展的社会中，存在着妇女被进一步边缘化和失去权力的巨大危险（比如，信息技术的研究生和专业人员大多是男子，参见第九章）。另一方面，所谓的"网络女性主义"（cyberfeminism）的形成发展则强调科技拥有激进的潜力，犹如查利基所描述的"作为赋权的科技"（technology as empowerment）。然而，这样进退两难的境地不是最近才出现的。麦克唐纳（Macdonald, 1995）在她关于战后英国家务技术的讨论中指出，自动洗衣机和炊具的出现有力地使妇女摆脱了很多家

---

① 宝莱坞（Bollywood），位于孟买的印度电影业中心。——译者注

务劳动负担（特别是体力劳动），这一主题在当时的广告中占主导地位。然而，这类发明也提高了父权制度和商业社会对妇女的期望，而且在许多方面仅仅起着巩固妇女的家务角色的作用（比如，每一天都因而变成了"洗衣日"）。近年来，社会学对媒体和传播技术的发展的反应可以概括为"无法逃避"——比如，移动电话和电子邮件使雇主、家人和其他社会网络总能找到对方。

所谓的"网络空间"（当我们上网并浏览包括论坛、聊天室或多用户域名等各种网站时所处的社会空间），正成为从未见过面的人之间交流的一个日益重要的场所。移动电话和手机信息等其他形式的通信技术也开始在社会关系中发挥越来越重要的作用。赛迪·普朗特（Sadie Plant，1993）等文化理论家认为这是实验性别认同的令人兴奋的机会：男子采用女性角色，反之亦然。根据普朗特的看法，"网络女性主义是作为一种流动攻击的信息技术……它的流动打破了人与机器的界限……网络女性主义不过是承认父权制是注定要消亡的。"

在普朗特看来，网络女性主义代表一种不平等行为可以被根除的电脑文化，蔑视传统的性别关系和刻板印象。其他一些人则较悲观，提出结构上的不平等（不只限于男子和妇女间的不平等）已从"真实的"社会生活转移到我们在网上面对的"虚拟现实"。查利基指出：

> 人们在辩论全球化、电子民主和以信息远程通信等为基础的社会网络等议题时，似乎常常（乌托邦式地）暗示着人们都享有相同程度使用资讯科技的权力。事实是，由于数字技术不断提高的复杂性，网络空间的力量是基于专业知识之上，并只为技术熟练的用户所使用——这本身就导致了主要由男性支配的网络精英的产生。
>
> （Tsaliki，2001：88）

例如，网络上"流量"最多的是色情影像，而且，也有证据表明，妇女在网络上时常被性骚扰，被（并非毫无疑问地）描述为"网络强暴"（cyber-rape）。第八章已指出，我们在讨论网络女性主义和"网络色情"时很容易忘记互联网上的色情描写往往涉及真实的妇女，她们的参与仍然基于物质上的不平等。显然这些问题不但复杂而且不断演变。马克·波斯特（Mark Poster）就指出：

> 我们必须承认的一个事实是，在新技术条件下进行沟通并不能消除面对面、以印刷品和互动电子传播等沟通情境所建构的权力关系。然而，互联网社群的传播情境架构，也的确引起了对这些规定的反抗，并打破性别的决定因素。必须决定自己的性别（例如，参与 MUD 在线游戏时，通常需要假定一个用户角色身份）这一事实本身以一种新颖而引人注意的方式提出了个体认同这一议题。
>
> （Poster, 1997：212）

总之，拉柯夫、斯彭德和卡梅伦等语言社会学家和女性主义社会学家都指出，语言不但反映（再现），而且维系和巩固性别不平等的存在。尽管承认仅仅改变我们的语言并无法自动地解放父权制度下的妇女（和男子），斯彭德等女性主义者却提出，重新创造出新的词和新的意义可能是挑战男性支配的一种方式。其他女性主义者则批评这种观点，转而强调语言永远是被协商和变化发展的。近来各种传播科技的发展可能开始推动这种情况，至少增强了我们对性别与传播之间关系的认识。

世界银行曾发表评论称："全球经济正经历一场信息革命，其作用之显著将不亚于 19 世纪的工业革命"（引述自 Macionis and Plummer，2002：560）。不管这一说法是否成真，至少在某种程度上，这会不会引发一场女性主义革命还有待观察。事实上，信息和传播技术的发展，以及全球的"中介化"过程所具备的完整意涵，的确还不够清晰。麦休尼斯和普卢默（Macionis and Plummer，2002：565）提出，我们需要反问自身至少三个问题。第一，一旦家用多媒体的全部功能开始实现，我们用于公共空间和社会交流的时间是否将会变少（社会学家传统上是怎样来思考"社会"），而会将越来越多的时间用于虚拟空间吗（如鲍德里亚所说，我们将进入"超现实"吗）？第二，媒体世界似乎开始成为由大型跨国公司控制的日益商业化的全球性事业。这是否会如瑞泽尔所说的，代表文化麦当劳化的日渐蔓延？第三，使用互联网最多的国家大多集中在西方社会，全世界 200 多个国家中至少有 80% 的国家缺乏足够的传播科技，这个过程是不是将会带来更广泛的全球不平等的严重后果？尤其会加剧全世界的妇女所受到的不平等吗？

第十三节　结　语

社会学者强调文化是一个重要的分析概念，深刻影响了我们如何理解个人与社会之间的关系。然而，文化之所以难以界定，原因之一在于它的复杂发展史，而且社会学领域中，各种独立且时常矛盾的思想流派看待和使用文化的方式也大为不同。在 20 世纪，文化被用于指称"高级"文化、"流行"文化或生活文化、媒体文化。例如，高级文化代表艺术、文学和音乐中的人类文明的最高级表达方式，可以教化人类；也用于指称"流行"文化或生活文化——使群体联合起来构成一个共同体的生活方式；媒体文化则是由文化企业大规模生产和传播的文化。

在研究文化时，社会学家利用了一系列主要来自马克思主义关于意识形态的理论概念。特别是，葛兰西的霸权概念和阿尔都塞对"意识形态的国家机器"的分析，别具影响力。大众文化的批判者——多与法兰克福学派和近来瑞泽尔的麦当劳化论点相关联——则提出，大众文化是像任何其他产品一样被人消费的文化，其结果是在情趣、品质和价值上的传统差异被融入了一种同质化的文化，以消极态度来消费大众文化的个体，经过市场研究者们的组织后成为人口统计学群体中的一员。阿多诺和马尔库塞等大众文化的批评者也强调，传播媒体中的技术进步使个体获得了前所未有的机会，媒体创造出人们各种"虚假的需要"，而唯有消费文化工业的商品，人们才能得以满足。盲从的消费文化消除了政治抵抗、社会改变与个体表现认同的存在空间。

其他研究者，比如菲斯克，却坚决主张流行文化具有活力，而且个体能以各种各样的方式来"解读"主流文化形式，不落入这些文化形式的生产者与传播者的目的。菲斯克指出：

尽管法兰克福学派持有文化悲观主义，尽管意识形态具有在其主题内再现自己的力量，尽管居于支配地位的称霸阶层力量强大，但人们仍然可以创造出属于自己的意义，并且时常可以在文化产业所提供的文化产品中建构出属于自己的反抗文化。

（Fiske，1987：286）

女性主义之间的论辩，倾向在更广的社会学范围内将"大众文化/生产"与"流行文化/消费"的划分进行比较。女性主义方法注意到，文化研究倾向于排斥、边缘化或诋毁妇女的方式，并突出了媒体文化歪曲妇女的方式，或仅根据相对狭窄的角色和身份来建构女性特征。女性主义者还强调文化生产中相对缺乏妇女，以及理解妇女从消费一系列大众文化形式中寻求和获得乐趣的社会背景的重要性。女性主义社会学家和文化理论家研究了一系列媒体形式，包括广告、影片、电视（特别是肥皂剧）、浪漫小说、杂志，以及最近出现的媒体和传播技术的新形式。

摘 要

1. 文化这个词对社会学的分析十分重要，尽管它的意义在历史上发生着变化，并被文化研究中不同思想流派争论。社会学家往往对高级文化、流行文化和大众文化做出区别。某些社会学家提出，我们现在生活于一种麦当劳化的"媒体文化"中。

2. 文化研究主要关注大众媒体的意识形态效应，并在不同时期吸取了马克思主义关于意识形态的理论，葛兰西的霸权概念和阿尔都塞在理解大众媒体作用中的结构主义。两个主要的思想流派（主流的）包括法兰克福学派和伯明翰当代文化研究学派。

3. 两种主要的方法论支配了对媒体文化的社会学分析：内容分析和符号学。

4. 直至本书出版前（即2005年之前），对青年亚文化的大多数研究都主要关注白人、男性工人阶级的文化。

5. 女性主义者经过一系列媒体形式的研究，并各自以不同的方式聚焦于这些形式对性别的再现和构建。女性主义者研究了广告、妇女杂志、肥皂剧、浪漫小说以及语言等。

6. 尽管某些女性主义者为"网络女性主义"激进的潜力感到振奋，但其他女性主义者则持谨慎态度。

延伸阅读

Cameron, D. (ed.) (1998) *The Feminist Critique of Language: A Reader. Second edition.* London: Routledge.

这是一本收录了一系列女权主义者对理解性别和语言关系的研究贡献的精彩著作。它融合了经典的成果与当代的观点。

Strinati, D. (1995) *An Introduction to Theories of Popular Culture.* London: Routledge.

这本导读型专著涵盖了文化研究的一系列核心观点，并回顾了女权主义的一系列贡献。

第十三章

女性主义知识

　　本书讨论的要点是社会学一直以来忽视、歪曲女性和女性气质，或将其边缘化。这也是男性主流社会学理论系统性偏见和不足的一个结果，而不仅仅是经验研究中对女性的遗漏。社会学在提问和做研究时，不太愿意涉及与女性相关的议题，女性通常是被排除在样本之外的。而对女性样本进行的分析和研究，则往往从男性的立场出发，且以男子气质为常态标准。正如我们在第一章中所指出的，与马克思主义和功能主义一样，男性主流社会学理论常常认同那种认为男女生物学上的差异是以解释和证实性别的社会区隔和不平等的正当性的观点，而不是对其进行挑战。这可以解释为什么当一位女性主义作家听到其学生告之打算从结构功能主义的角度撰写有关阴蒂切割的学位论文时，会大吃一惊（Spivak，1987）。

　　不同于毫不质疑地接受男性主流社会学理论和"添加社会性别"，女性主义社会学家指出，有必要发展女性主义理论：这一理论能从女性的立场出发，并使我们能够将影响了女性的利益和价值的现实概念化，以女性自己的见解和经验来加以解释。近几十年来（并且首先是这些努力的一个结果），社会学开始认真接受女性主义的挑战，认识到女性不仅是社会学研究的对象，也是知识的拥有者。

　　由此，女性主义理论批判那些来自男性、掩盖了女性所受压迫的整体性范畴是如此抽象和无所不见。女性主义者认为，理论应该能够使我们提升对于生活的理解，并进一步使我们能将我们的经验与建构了自身生活的社会联系起来。个体的男性也许就是压迫的实施者，但在整个社会制度和社会实践中也存在着父权关系。女性主义理论也应该让我们理解我们是如何看待作为个体的我们——我们如何接受女人的角色只是在家中；女人只适合从事某种职业；女孩在数学和科学领域的表现比男孩要差；只有生育和养育过孩子的女人才是完整的女人，如此等等。这些理论也一定能让我们理解我们是如何在成为客体（妻子、母亲、护士、秘书）的同时，也臣服于有关女性承担这些角色是天经地义的这一观念。

　　当然，认识到不同的女性有着不同的现实经验是重要的，她们所处的从属地位也不尽相同。女性主义理论曾一直是那些工作于高等教育系统的白人中产阶级女性加以发展的。尽管所有女性都处于从属地位，但并不是所有女性的经验都是相同的。因此，白人中产阶级女性所发展出来的理论已被批判为将工人阶级女性的经验边缘化；具有种族歧视；将女性从属于全球权力关系；基于失能、年龄等原因将某一女性群体边缘化，等等，而这些批判是恰当的。为了以女性的立场充分呈现现实，女性主义理论必须强调女性经验的多样化。为了达到这一点，有必要找到能让所有的女性群体都能参与理论建设的方法——以确保女性主义理论能充分结合所有女性的经验。

　　正如我们在第二章中所指出的，女性主义理论也是政治的理论：它力图不仅解释社会，也要改造社会。通过理解父权关系是如何控制和约束女性，女性主义理论关注于有关女性能如何改造社会，以便不再处于从属地位的分析。所以，女性主义理论的充分性至少可以通过它的有用性来进行检验。即，它所提供的知识对女性有用和适用的程度如何。而女性主义社会学关注的是建设一种被 Dorothy Smith（1987）称为是为了妇女的社会学（sociology for women）的学科——这一社会学与女性相关联，能被女性所证实，女性能在其中认识到她们就是其中所说的主题，并帮助我们去理解我们的日常生活以及在男性主导的社会中被构造的方方面面。

　　就如女性主义者一直以来所指出的，为了妇女的社会学将引爆（empower）①女性的力量，因为知识就是力量。女性所生活的这个文化、政治和知识的

---

①　"empower"一词在大陆地区的翻译一般为"赋权"。但已有学者提出，这一译词暗含主/客体及强/弱者之分，即"谁给谁赋权"。而在中国台湾，众多的译法中有"引爆"这一译词，就"empower"一词为"使……有力量"的意义及肯定女性自身原本具有力量出发，译者认为"引爆"一词更接近"empower"一词的原意。——译者注

世界，是一个排斥女性的世界，女性在这个世界中被认为是微不足道的。包括社会学在内的男性主流科学知识，一向被用来论证将女性排除出文化、政治和知识制度的权力和权威地位的合理性。女性主义知识，包括社会学在内，则向这一知识的客观性和真理性（它貌似性别中立）发起了挑战，并去寻找具有替代性的更令人满意的知识，之所以会更令人满意，是因为它来自被压迫者的立场，并试图理解这种压迫。

一些激进女性主义者也许会说，我们不用力图发展新的女性主义理论，因为对理论的探寻本质上就是一种男性特质的工作方法：理论化被认为是精英们的一种责任，这些精英们贬低甚至否认不属精英之列的女性们的经验。他们指出，有些女性主义社会学家正在试图用另一种"真理"来替代一种"真理"，并且在这一替代中，没有考虑到所有女性经验的有效性。所以，他们建议，女性主义者的责任是运用所有女性的经验，以理解女性的生活和与压迫进行斗争。

当然，我们也会反驳说，所有的解释和研究本质上都是一种理论行动，不管这一理论是明晰的还是暗含的。"事实"，也就是我们的经验和观察本身不会自我言说，我们必须解释事实，即对其加以理论化。女性主义理论必须能让女性做到能够理解自身生活，以及身处的那个文化、政治和知识的世界。经验本身就是我们理论的一种产物，我们阐释并理解我们的生活中正在发生着什么。在过去，妇女不得不使用男性主流理论，而现在，正如我们在第二章中强调的，一系列的女性主义理论已开始取而代之。

有可能会有人说，尝试发展女性主义社会学是自我矛盾的（如同有人说马克思主义社会学是矛盾的）：在理解妇女的生活和使妇女能从压迫中获得自我解放的发展战略上，妇女运动和女性主义都有各自的关注点。女性主义者必须打破各个学科间人造的，尤其是由男人制造的各种障碍，去发展跨学科的学术研究，正是这一跨学科的学术研究认识到我们不能将知识分隔化或将妇女的生活划分成互不相关的领域。如，一门妇女学的教学大纲应包括妇女文学，妇女艺术，妇女史，女性主义生物学以及女性主义社会科学。课程不必以学科来划分，但可以依主题来开设。同样，女性主义理论也不受学科的限制。我们在这本书中使用的理论，以及我们在本章中进一步对细节进行检验的认识论立场都不限于社会学，它们不是社会学的理论和认识论的立足点，而是女性主义的理论。当然，对于社会学家关注的许多领域，女性主义者也是感兴趣的，许多女性社会学家也认为自己和自身所从事的工作是女性主义的。不过，女性主义者永远不会声称自己是世界的科学观察者，而是争辩说，没有一种知识是价值中立的；男性主流知识通常被用来控制妇女，而女性主义知识对于妇女的解放来说是一种帮助。

第一节　进行女性主义研究

理论是我们能认识这个世界的世界观：它们在什么是重要的、什么是与问题相关联的，以及如何解释正在发生的事情这些方面指导着我们。当然，要了解这个世界，收集证据——进行研究也是必要的。所谓研究方法，就是社会学家收集社会资料的方法。社会学所运用的主要研究方法通常可分为：定量研究方法，其中最典型的是调查和第二手数据的统计分析；"人类学"或定性研究方法，其中最典型的是参与观察、深入访谈，以及对第二手资料的定性分析。有人会认为，没有一种研究方法是明显的女性主义的方法，或是反女性主义的方法；这只是一种使研究得以进行的方法，如何解释研究结果的理论框架才决定了这一研究是否是女性主义的。不过，许多女性主义者已在抵制运用定量分析的方法进行数据收集和分析，这是因为他们认为，定量分析假设了一个重要的科学地位，这是社会学不能也不该力图达到的；并且还因为这些方法将人更多地看作是一个物件，就像自然科学家对待化学物品或岩石一样，而不是将人看作是人类主体。此外，就如鲍特（Porter，1995）所指出的，数据收集和分析的定量方法，尤其是定量调查方法已作为一种保持距离的技术手段得到极大的发展，成为研究诸如精神病患者、失业者、犯罪者、工厂工人和卖淫妇女等社会群体时合适的进入工具（以便在身体和情感上都能保持一定的距离）。而安·奥克利（Ann Oakley，1998）则赞成恢复定量分析方法的地位，并将一系列研究方法都整合到女性主义社会科学研究中去。他们的分

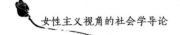

析基于以下要点：

已知的对于定量研究方法的反对是建立在一种合理拒绝基础上的，而它也视为男性气质，将经验作为一种女性气质加以接受。但这是一种本质主义的思想，它将它反对的观点变得非常似是而非了（Oakley，1988：725）。

女性主义研究一直在努力摆脱将社会学作为一门科学的实证主义的观点，并认为，这一研究应包括对于妇女解放职责的承担。当一些女性主义者主张女性主义研究应该由妇女来进行、为了妇女、与妇女站在一起时，另一些女性主义者则反驳说，这一研究的"相关主体"应同时包括，男人和女人，并应清晰地认识到和调查存在于所研究的社会中的性——社会性别体系。哈丁（Harding，1987b）认为，女性主义研究与男性主流研究最大的不同之处不在于方法，而是：

1. **不同的问题来源**——问题和议题的产生更多的是与妇女而不是男人相关。

2. 发展出**不同的解释假设**和所使用的证据。

3. **调查的目的**——为了推进对妇女世界观的理解和在女性解放中扮演一种角色。

4. 在研究者和调查对象之间有一种**天然的关系**。

她指出，有必要将方法、方法论和认识论加以区分。方法是一种收集证据的技术；方法论是研究该如何进行的理论，通常使用的是定量或定性研究；认识论是定义什么样的理论可称之为是有充分性的理论，如何对研究发现进行判断，即是什么使一个研究中的发现能较之同一领域中的其他研究发现更具有充分性。认识论的问题引发了以下议题：谁有可能成为知晓者（研究者）；所信之事必须通过什么样的检验才能被确定为具有合法性的知识；哪个阶级的事情有可能被知晓。

女性主义研究与众不同之处就是以其为基础的方法论和认识论。当然，并非所有的女性主义者都同意这一点，在女性主义者应承担的研究方面有许多对抗性的理论和争论。不过，在如何对抗男性主流研究方面，在相当程度上存在共识：

1. 以科学的名义，男性主流社会学有助于巩固那种支持继续将妇女置于从属地位的观念。

2. 妇女和妇女所关注的从未被作为这一研究的主要方面。当妇女被包括进研究中去时，她们被视为边缘的，并被从男性的视角加以考察。社会仍倾向于表现为视男人和男子气质为常态，妇女如不符合这一常态，那么她们就会被认为是越轨者。

3. 被研究者被作为研究对象来对待。研究者也运用自己的研究为研究目的服务，而不是符合被研究者的需求和愿望。女性主义者将此归结为"强奸式的研究"模式。Shalamit Reinharz 精彩地概括了这一批判：

> 以"强奸模式"为导向进行的研究，是一种"打了就跑"的研究。他们闯入被研究者的生活，搅乱他们的感知，利用假造的借口，操控与被研究者的关系，只施以小惠或什么都不给。当研究的需求满足后，他们便中断了与被研究者的关系。

> （Reinharz，1983：80）

女性主义者注重发展出一种将妇女结合进研究之中，并不把被研究者作为研究者可使用客体的研究战略。而对于如何做到这一点、什么是真正的女性主义研究、如何进行，女性主义者之间存在着分歧。刚开始时，许多女性主义学说和研究包含解构主义形态，即关注揭示现存社会学研究中男性中心的特征，指出这一研究忽视了妇女的经验和洞察力。在第二阶段，是妇女研究妇女。这一研究提出了新问题，关注提出以妇女为视角的新知识、发展理论，以提供对妇女经验的一种理解已被认识到是必须的。许多女性主义者尤其是激进女性主义者将此视为女性主义研究的主要领域。在第三阶段，有关只有同时研究男人和女人，但这一研究必须具有女性主义的视角，提供更完善和充分的知识，女性主义者才能发展出一种女性主义社会学的争论出现并扩展开来。

就女性主义立场的逻辑而言，研究似乎必须是非个人的合作研究。即，研究者帮助相关的妇女去进行自己的研究，以便研究者和被研究者共同决定研究主题，研究应该如何进行，以及如何使用研究发现。实际上，只有少数女性主义者使用了这一方法。这部分地是因为对研究者来说，不可能与被研究者分享她的知识和专长，而她正在这样做的暗示只不过隐匿了她与被研究者之间的权力关系，而不是超越了这一关系。更进一步看，大多数研究者是受过大学教育的中产阶级妇女，被研究者中的许多人则缺乏这一特权背景。不过，大多数女性主义者已提出，与其隐藏、剥削或假装超越了这一权力关系，女性主义（学术）研究者应该在运用她们有关的特权背景和地位方面使作为一个群体的妇女而不仅仅是单个的职业妇女获得好处。就如艾尔考夫和波特（Alcoff and Potter, 1993：14）所指出的，许多女性主义者认为"必须以在超过学术领域参考资料框架的更广泛领域中发生的现实政治斗争的实效来对女性主义方法论进行检验。"

如上所述，许多女性主义者提出，社会学的女性主义研究必须采用定性研究方法，以使作为研究对象的妇女（和男人）的声音能够被"听到"，以使从研究对象的立场出发去看，去理解这个世界能成为可能。他们也反对女性主义研究者可以成为价值无涉的客体中立者，因为作为研究者，他们也是被研究者的一部分。价值涉入被认为是必要的，也是必然的：必要是因为研究者必须界定和认同她所研究的妇女；必然是因为她是被研究的一部分——她身居其中。这意味着社会学家所谓的"反思"是基础——研究者必须不时意识到她的价值、态度和感知是如何影响了研究过程：从研究问题的制定开始，经过数据收集阶段，直至数据分析、解释和成果发布。

显然，对女性主义研究者来说，如何在自身思考和代言之间实现平衡是一个难题。盖尔·莱萨比（Gayle Letherby, 2002）在她有关"不孕"或"非自愿无子女"妇女的情感和医家经验的社会研究论述中指出，女性主义研究必须以展现和阐释研究对象的经验这两者为目标，与此同时，在一个更为广阔和整体性的知识背景，及对这一知识的理解中，将研究对象的经验意义化和理论化。尤其是因此（不同于研究对象个体），研究者不仅必须超越其知识分子的知识基础，而且必须超越本研究中所有研究对象的经验和思考。以此为基础，她划分出两个概念："描述性的思考"（这是对调查对象的呈现）和"分析性的思考"（这是研究者自己进行的思考）。

实际上，女性主义社会学家已发现，要使研究达到上述方法论要求的地步是困难的。这是因为进行女性主义研究绝对是困难的。因为大多数女性主义者的训练（和资助）是在男性主流理论假设中进行的，因为在研究中必然存在权力关系，因为研究的资助者对于什么才是"好的"研究有一套自己的看法，也因为女性主义社会学家是一个更大的学术团体中的一分子，他们必须向这一团体证明其研究活动和成果的正确性。还有，他们落入的陷阱之一主要是采取一种价值中立的姿态，以至有关研究是研究妇女的研究，询问的是与妇女利益相关的问题，也运用了定性研究的方法，但研究者仍试图退而远之，更多地保持与研究的分离，而不是成为研究过程的一部分，明确地作为妇女进行参与。安·奥克利（Ann Oakley，1982）在其早期的论著中指出，当她就与母职和生育相关的议题对妇女进行访谈时，就常常提醒自己这有多大的危险性，因为身为妇女和母亲，奥克利本人与所研究的妇女一样与这一主题有着某种利益相关性。由此，她把对妇女的访谈描述为具有"某种矛盾"，因为她所进行的访谈更像是交谈，而不是询问或"科学"观察。

女性主义社会学家也屡屡将研究成果出版发表，这对他们的职业提升有较大的帮助，如同对作为研究对象的妇女（和男人）的帮助那样——当然，虽然这些研究成果的出版能更广泛地对政策制定者和社会观念产生影响，能最终出现符合妇女生活需求的变化。这里的危险在于研究者不能把握其他人如何解释和使用这些研究成果。

许多女性主义者会反对有关研究者/科学家不必为研究成果如何被使用承担责任这一观点，但研究成果一旦被出版发表，研究者就失却了对其成果的有效控制。如杰尼特·芬奇（Janet Finch，1983）的研究发现，工人阶级母亲们认为难以为她们的孩子组织当前游戏群。这一观点既可以说明国家应该为工人阶级的儿童们安排学前教育，向他们提供相关设施，也可以说意味着工人阶级母亲们应该为她们的孩子缺乏学前教育承担责任。这并不是说我们反对女性主义研究或我们不必出版发表我们的研究成果，而是表明我们始终要对试图成为一个价值中立的科学家的危险和研究成果可能会受到反女性主义的歪曲性阐释的危险都保持警觉。

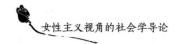

第二节　女性主义认识论

对社会学领域的女性主义者来说，主要的问题之一是他们的研究成果被正式认可，他们的研究成果的基础较之男性主流社会学的更好，更真实？此外，我们为何应相信每一项社会学研究的发现？所谓的真理主张，通常是基于某种特定立场的认识论，即一种结构知识体系以及如何正当化特定标准（以此区分各种相互竞争的真理主张）的理论。在社会科学领域，真理的声称所具有的最重要基础是研究的科学性——即研究者是客观的、价值无涉的，以及遵循被认可的过程进行研究——以一种科学方法。这一方法论通常被归为"实证主义"。虽然其他的社会学家较之女性主义社会学家对实证主义社会科学有更多的批判，但女性主义社会学家对权力和知识的联结性的理解方面有着显著的贡献。尤其是他们指出，对知识的确认本质上是与重要性和排他性紧密相连的。

一个较大的问题在于女性主义研究可能会被指责为"主观的"，因而是无价值的。而如果它被认为是主观的，那么，就无法表明较之其他人所做的研究，女性主义的结论如何会更好一些；女性主义的研究成果为什么优于男性主流研究成果。对此，有许多女性主义认识论的观点已被采纳，为女性主义所声称的真理提供了基础。而我们也必须意识到，正如利兹·斯坦利（Liz Stanley）和苏·威斯（Sue Wise）所指出的：

> "虽然都与女性主义认识论相关，但标记出它们不同的性质，如女性主义经验论、女性主义立场及后现代女性主义，还是有用的，只要这被认为是一种范式的生产，并由此对于现存的认识论的多样性进行简明（并非是精确/象征性的）的阐述是必要的。"
>
> （Stanley and Wise，1993：190）

斯坦利和威斯继续指出，女性主义者的实际工作中一向包含认识论观点的众多元素，并建议就女性主义认识论而言，应采纳以下五个概括性的原则（Stanley and Wise，1993：191）：

1. 在存在一系列的女性主义认识论的同时，实际上，不同的女性主义认识论也相互融入人们的研究中。

2. 女性主义认识论不同的观点有时会以各自的知识为基础相互争执，不同的认识产生了不同的认识论，并成为与之相适应者的基础。

3. 女性主义社会学家常常在自己的工作中综合许多认识论的元素。这显示，我们不仅能在矛盾中工作，而且，我们既不想小心翼翼地穿越我们工作的基础和我们所声称的目的，也不想穿越而是选择与"矛盾"的元素共同工作，因为社会现实就是矛盾的。

4. 没有"真正"的女性主义认识论——每一观点可以被认为是拥有明智的和似乎有理的目的和计划。

5. 我们可以挑战和质询其他的观点，但就不同的女性主义者而言，我们应该相互尊重，认识到多样性所具有的价值。

一 女性主义经验论

女性主义经验论是许多自由主义女性主义者所采取的一种立场，其之所以成为对男性主流研究的批判，是因为男性主流研究受到男性的支配。女性主义经验论者认为，女性主义者更有可能生产出适用的知识，因为女性主义者将妇女和妇女的经验纳入自己的研究中，作为研究的中心和常态，而并非微不足道的和偏离正轨的。就知识的积累而言，女性主义认识论者主要关注的是纠正"我们有失男人和女人（以及相关的性差异）知识中的偏见，而如此做的目的更多的是试图通过此确信我们对这个世界的理解更为科学，从而实实在在地反映出男人和妇女真实的生活状况。所以，这一取向的基础是现实主义的本体论（有关存在着一种外在的、客观现实的理念），以及一种认为研究的角色是生产有关现实的准确的、科学的、知识的观点（见第二章）"。

这一视角的逻辑目标是发展出一种非性别偏见（non-sexist）研究。玛格莉特·艾奇勒（Magrit Eichler, 1988）曾为这一历史事实制定了一个指南。她认为，非性别偏见的研究应该避免以下几点：

1. 标题的性别偏见：标题应该是明确的（如，"富裕工人"研究应重

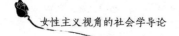

新题名为"男性富裕工人"研究）。

2. **语言的性别偏见**：所使用的语言应明晰地表明所指涉或相关的是男人还是妇女或男女两性。

3. **概念的性别偏见**：如，以户主的职业来界定家庭成员的阶级。

4. **研究设计的性别偏见**：以使与研究相关的男人和女人都能纳入研究中。

5. **研究方法的性别偏见**。

6. **数据解释的性别偏见**：对数据的解释只是出于男人或妇女的视角。

7. **政策评估的性别偏见**：以能倡导同时服务于男女两者需求的政策。

大多数女性主义者都会同意艾奇勒上述观点，但也会认为这一观点是不充分的。他们也会拒绝艾奇勒基于非性别偏见的方法所提出的实证研究立场，他们提出，只要权力关系存在于这个社会中，研究实践就会继续是男性主导的，且也只会是满足男人而非女人的需求，因为这样的研究并不挑战被当作真实的男性主流研究的基本假设。

对这一取向的批判主要聚焦于认为它保留了原有的价值观和二元论（一些所持有的认识论立场受到社会结构主义与后现代主义影响的女性主义者，尤其批判这种认为社会世界可独立于我们的知识之外的观念）。这些女性主义者的批判继续指出，我们应当怀疑表现为立场中立的科学家（研究者）们是否真的有才能（或者说能力）再现出客观和社会的真实。

女性主义者也进一步批判了类似于科学之类的超叙事（metal-narratives）在解放妇女方面的能力，因为它们所提供的知识生产结构大多是传统的，也大多是压迫妇女或将妇女客体化，使妇女的生活经验变得微不足道。此外，将人类作为研究的客体，也一直是女性主义经验论受到批判之处。许多基于其他认识论视角进行研究的女性主义者宣称，这一取向是不道德的，且违背了女性主义研究应持有的解放妇女的原则。

利兹·斯坦利和苏·威斯对女性主义经验论的批判（Stanley and Wise，1983）指出，女性主义经验论的研究所使用的是传统的社会学框架，不论是"实证主义"研究还是"非性别偏见"研究，都遵循以往已设定的框架——研究发现是从现实中抽象出来的，而且是依据既有的逻辑得出的。

呈现在读者面前的资料已经过组织，读者不能从所提供的资料中得知发生了什么、什么时候发生的、如何发生的，以及与之相关者（包括研究者）如何感受。他们还指出，虽然男性主流社会学认识到在研究过程中，依据规范的模式书写历史事实是必要的，但在实际研究中，这样的研究是罕见的。因此，我们认为，艾奇勒倡导的"非性别偏见"研究也会落入相同的陷阱中。这一倾向的研究无法检验经验、意识与理论三者之间的关系，因为它假设这些关系不重要或不存在，其中的研究者似乎是一位客观、中立、不带任何价值观、完全按照程序运作的技术人员。艾奇勒的研究实践只在于克服、取代她及其他许多女性主义者都反对的性别偏见倾向，却无法对其背后的结构或文化的不平等产生影响。大多数女性主义者也指出，按照传统的程序无法生产出女性主义知识，因为他们并不认为研究者的立场是中立的。女性主义者所挑战的，不仅是那些认为知识可以独立存在于生产者个人（或群体）的假设，还有那种认为知识生产者可以不受任何价值观或态度影响之下进行知识生产的观点。即，如果在我们的理解之外存在着真实，我们也无法不受任何影响地复制这一真实。然而，重要的是要记住，虽然女性主义经验论者致力于抽象出有关客观的、可知的世界的观念（现实主义本体论），但他们也坚定地进行为了妇女的研究，以及促进在女性主义政治和宣传中运用经验性知识（参见 Riley，1992）。我们在前文所提及的安·奥克利（Ann Oakley）近来也开始倡导有必要消除定量研究方法和定性研究方法之间的二元论，并且要吸纳女性主义经验论取向。因为"与其他取向相比，它更有可能促进'为了妇女'（for women）的相关政策研究"。不过，正如萨拉·德拉蒙特（Sara Delamont，2003：7）所指出的："这一观点假设所有的政策研究者都具有理性，但那些具有启蒙运动信念的非自由主义女性主义者并不分享这一假设。"

二　女性主义立场的认识论

正如桑德拉·哈丁（Sandra Harding，2004a：1）在她的《立场理论读本》（*The Standpoint Theory Reader*）一书的简介中所指出的："在其经历的近 30 年来，立场理论持续地同时吸引着热爱者和批判者"，它也开始演变成一种包含一系列视角的理论，对批判者的回应也不再僵硬。有关立场理论的介绍开始于 1970 年代，并对许多女性主义思考者产生影响，也是女性主义学术圈中不断争辩的焦点（Harding，2004b）。立场论女性主义者试图证明由于较之男性主流或其他女性主义更具优势，他们的研究发现更具适当性。大部分的认识论（standpoint epistemology）都与唯物主义女性主义相关——包括马克思主义女性主义、双元体系理论（dual-systems theory），以及批判主义女性主义理论等，参见第二章——并持有现实主义立场，即相信社会世界的结构是建立在一个物质现实基础之上的。作为立场论主要拥护者之一的南希·哈索克（Nancy Hartsock，1998：400）指出，立场认识论"是以马克思著作中的观点来理解知识与权力之间的关系，因此提供了重要的判断标准以判断什么可以作为较好的或具有优先性的知识"。哈索克在其有关立场认识论著作中，特别融合了马克思主义的被称为"辩证法"的方法——一种思考世界的方法。这一方法涵盖以对过程重要性以及在社会整体脉络下理解这些过程的强调替代了世界是由"事件"（things）组成的观点。采纳这一立场的女性主义者指出，男性主流理论视野中的现实是扭曲的和片面的，而且也忽视了形塑妇女生活的社会过程。而女性主义研究有能力对这些过程提供更好、更不片面的解释（如，在说明为什么若干工作类型被社会性别化方面）。

　　"立场"这一概念基于以下这一认识：我们的所为（我们的社会地位大多取决于马克思主义女性主义者所说的劳动的性别化分工）形塑了我们的所知（我们对社会世界的认识）。因此，"立场"是一种以我们的社会地位为基础的视角或观点。立场认识论概念源自马克思主义的主张，大多数与乔治·卢卡奇（Georg Lakács）著述相关，被称之为"无产阶级立场"。这一概念首先来自马克思的观点，他认为人类活动（物质生活）形塑了我们的意识（我们对这个世界的主观感受，以及我们如何生活于这个世界）。正如哈索克（1998：402）所指出的，马克思和卢卡奇两人都认识到，真理与权力紧紧地联结在一起。对真理的确认、获得真理的方法、评判的标准——所有这些都受到现存权力关系的深刻影响。

　　这一立场和实证主义一样，认同现实主义本体论，认为相较于其他人，受过训练的或受过良好教育的专业人士拥有更高程度的知识，也更知晓如何接受和解释现实。而与实证主义者不同的是立场认识论者也强调，知识生产也是一种行动性的政治。男性主流的研究者常常拒绝承认这一点，但却是女性主义研究者已经面临的一个问题。立场认识论者力图反对"所有知识都具有同等效力"的观点（相对主义），指出：我们必须能够证明较之其他的研究发现和理论解释，一些研究发现和理论解释确实更为恰当。如果不能做到这一点，那么就难以说服别人相信为什么女性主义的研究与发现和解释就应该被认为较男性主流的研究发现和解释更好或更真实。我们必须能够证明，较之其他的陈述，有些陈述确实能够更好地解释社会现实，虽然我们也认识到它们不可避免地存在着片面性。

所有的知识都是以经验为基础的，而立场论理论家们声称，他们的研究更具科学的可靠性，因为与男性主流研究相比，这一研究是以更为完善、也较少扭曲的经验加以组织和进行检验的。一般认为，人类的活动建构和设置了人类理解的界限，即我们的所为形塑和建构了我们的所能获知。然而，男子和妇女所建构和经历的人类活动是不同的，因为妇女是从属者。由于受压迫者能够看到真实的人与事物，所以，女性主义社会学家拥有接近真实的社会现实的优势。以多萝西·史密斯（Dorothy Smith，1987：99）的话来说，他们拥有"一个更广阔的视角，因为他们不仅可以以作为优势的男子，而且也可以以作为被压迫者的妇女的视角进行观看"。在此，他们对于权力有一个重要的结论：知识的权力和宣称真实知识的权力：当有些知识声称优于其他知识时，知识的生产也就被认为是一种政治过程了。

立场论理论家认为，男人的知识永远是不完整的，这不仅是因为被压迫者可以见的更多，而且也在于被压迫者的知识是通过对压迫的反抗而产生的——妇女的知识通过对男人的反抗而产生，而女性主义立场论者也力图以女性主义知识来取代由男人生产出来并被用以控制和支配妇女的被扭曲的知识。女性主义立场论是一种达致——它描述社会生活的观点来自生产了妇女的社会经验的活动，而不是从"居社会性别统治地位"（ruling gender）的男人的经验中所获得的那种片面且刚愎自用的视角。

立场论女性主义者认为，与男性主流相比，他们对于社会世界的解释较少片面性和扭曲性。女性主义科学能更好地反映这个世界的样貌，更有能力替代由男性主流社会学所生产的已被扭曲或正在扭曲中的解释，因而也促进了社会学知识的发展。这一观点基于这样的认知：存在着一个真实的世界，但我们对它的解释永远且不可避免地是片面的，而女性主义解释较之于男性主流的解释较少片面性和扭曲性。他们特别强调，劳动的性别化分工对妇女社会世界的知识所具有的决定性意义。对如南希·哈索克这类的女性主义者来说，男子和妇女不同的工作经验形塑了他们各自不同的对真实社会的认知。

使立场认识论变得略显复杂并特别对许多女性主义者来说存在的问题之处是：它声称被压迫者的立场提供了一种更清晰的视野——一种对现实更精准和客观的，因而也是最基本的和更具解放性的认知。这就是哈索克（引用马克思的）所称的"被压迫的意识"（oppositional consciousness），这一观点认为，推动社会世界的不是意识形态的持续，而是揭露客观现实"真相"的欲望。因未被维系相关权力地位的政治利益所扭曲，女性主义知识（由被压迫者生产的知识）于是就被确认为较少意识形态化，也更具有真实性。然而，就后者而言，有些立场认识论者（特别是那些被更精准地形容为女性主义批判理论家的而不是马克思主义女性主义者的人）倾向于否定"绝对的客观真理"（absolute objective truth）的概念，更偏好于"确实性"（certitude）这一概念。他们关注的是可信的知识的积累，即"好到足够"可用于行动的知识的积累（Benhabib，1992）。于是，对立场论女性主义而言，生产女性主义知识就不仅仅具有认识论意义，也是政治性的。

然而立场论女性主义也因忽视了妇女之间的差异性和对妇女有一种确定的普遍性的假设而受到批评。立场认识论倾向于假设受压迫具有某种单一性，或认为妇女首先以妇女而不是以其他被压迫者或社会中的利益集团成员的身份进行身份认同。差异，即种族、年龄、性倾向等的"添加"被不加思考地进行着，其假设中产阶级白人女性主义理论能运用于所有妇女的经历。同样的批评也许也可针对男性主流研究有关妇女分类的结论，它未考虑到阶级歧视、年龄歧视、异性歧视的过程导致了支配与被支配，而差异性正是这一过程的结果。

一些黑人女性主义者，如帕恰·黑尔·考林斯（Patricia Hill Colins）曾经指出，作为受压迫更重的一个群体，黑人妇女不仅立场不同于白人妇女，其视野也比白人妇女更为宽广。然而后来，她则对早期这一认为受压迫越重，对压迫的社会根源的分析就越"正确"的观点提出了疑问，转而提出黑人妇女对这个社会世界的解释与白人妇女不同，但并不必然较白人妇女更好。这一观点引发了有关另一问题的争论：我们如何选择有关现实的"最好的解释？"另一方面，也可以说，任何知识都是片面的，而基于不同立场提出的解释将增加我们的知识，增进我们对社会现实的理解。在本章结语部分，我们将回到这一点上。

三　女性主义建构主义

女性主义建构主义挑战了实证主义和立场认识论共同具有的基础主义（foundationalism），提出有关知识的社会建构论。基础主义是一种观点，它认为现实是单一的，在我们对它的理解之外独立存在（out there）的，以及专家在质疑和探索时可获得的——例如，专家们发现，资本主义和父权制是一种明显的客观事实。建构主义则反驳说，社会世界是由社会成员建构和形塑的——他们反对有关较之其他女性主义知识或非女性主义知识，有一种"真正的"知识可以确保一些女性主义知识更好的主张。

站在立场论对立面的女性主义建构主义认为，不可能存在女性主义科学，而那些倡导立场论的学院派女性主义者只是试图建立一种真理。这些女性主义者对普遍知识的论断深表怀疑，并指出，并不存在一个独立于我们的理解之外的社会世界或社会结构的建立等待着被知晓，存在的只是少许主观经验。"所有的女性主义者（或确实是任何）研究者所能做的，是去揭示不同的妇女所讲述的许多故事，展示她们所拥有的不同的知识"。（Stanley and Wise，1983：145－148）斯坦利和威斯在后来的著作中指出，所有知识都是人类经验的产品。"由此，无法走到经验之外去证明理论的'客观性'——除了社会生活。我们在社会生活中的位置以及我们对社会生活所有理解之外，别无他物。"（Stanley and Wise，1993：193）在该书的后半部分，他们提出为一种他们称之为"破裂的基础主义"（fractured foundationalism）的理论主张建立应有的地位。就这一理论而言，它不去争论真理和一种物质现实的存在，而是认识到对这些知识的所有评判总是与生产出这些知识的脉络相关联。这一视角强调，研究者的才智并不高于被研究者，而且研究者有责任同时就研究过程和研究发现提出反思性解释，以便读者进入研究者呈现和建构知识方法的过程。

此类女性主义者是男性主流研究的批判者，因为男性主流研究声称其研究是客观的，并声称男性主流研究的研究者们不卷入研究过程。这类女性主义者拒绝接受有关社会学家能够是一个不带任何感情的和不持任何批判态度的"科学"的观察者，并认为所有社会知识的生产过程中，主体的经验和情感处于中心之点。斯坦利和威斯在早期的著作（1983）中指出，在呈现其研究解释中，研究者时常"并不讲述这一研究的出现"，而是呈现一种研究如何遵循教科书的规定进行一种重现式的解释。这些解释不仅是错误的，也无法展示研究者所介入的研究过程。所以，他们认为，女性主义研究必须进行真诚的反省——也就是说，研究的解释必须使读者知晓研究者呈现的知识在生产过程中的路径，并且利用研究者的"知识分子自传"（intellectual autobiography）。在斯坦利和威斯的引导下，莱萨比（Letherby，2002）有关无子女妇女的研究解释就是女性主义研究中有关自传的著名例子。他们认为，同样重要的是不要否认一个人身为女性主义者的经验和情感，而是要运用它作为证明研究可信性过程的一部分，即，不应先去证明研究的可信性再去承认一个人身为女性主义者的经验和情感，我们应该相信我们自己身为妇女的经验可作为女性主义知识的基础。女性主义的充分性是建立在能使我们更好地理解自己作为妇女的处境并给予我们解放自己的资源的基础之上的。

这一立场反对女性主义宏大的理念，但认为，与那些遭受歧视的团体、女同性恋者和残障人士一样，妇女的确拥有相同的经验。它指出，这些社会/政治结构是系统地分配上下等级地位的基础。然而，对女性主义的理论化来说，也必须采纳在年龄、性状态、种族、残障等等基础之上的妇女多重、碎片化的受压迫的经验。它认为，就各种各样的女性主义认识论存在的有效性而言，连同"对有关女性主义与其他知识一样都具有脉络的特殊性的认知来说，研究者是谁，包括他们的性别、种族、阶级及性都会影响到相关的研究发现，这一认识对女性主义者来说是正确的，如同对其他任何研究者。"（Stanley and Wise，1993：228）

　　这一立场的主要问题是相对主义。虽然我们同意研究者必须反思、妇女必须为自己发声，以及研究发现应该有助于受压迫者，但我们也怀疑有关所有妇女提出的解释都一样能让人信服，且不存在一种对这些解释进行筛选的方法的观点。如果所有妇女的解释具有同等的信度，那么，一位女性主义研究者能如何宣称他的研究较之其他人更为"真实"？作为对这一问题所采取的一种回答，莱萨比（Letherby，2002）的回应是：虽然研究者所拥有的知识并不一定优于被研究者，但他们的确站在一个比较优越的知识位置上，这一位置为他们将被研究者的观点或经验进行诠释或梳理脉络，并同时声称这些诠释建构了这个社会世界的知识提供了基础。由此，莱萨比的立场（一个我们也赞同的立场）是，对女性主义知识可信性的声称并不必基于知识上的优势，而是基于"认知的特权"（epistemic privilege）。对那些针对非女性主义或反女性主义妇女进行研究的女性主义研究者来说，这一议题已成为具有特别的显著意义，因为他们所谓的较之其他妇女拥有"更好"的知识的声称将变得特别有问题。

　　麦伦（Millen，1997）曾讨论过英国的非女性主义者妇女所做的一些女性主义研究中的方法论和认识论议题。她指出，在界定女性主义研究时，必须取决于"它可能拥有何等价值，而非它可能具有何等使用技术。"她认为，研究者与作为研究对象的参与者在为那些社会性别化的经验建构意义中所发生的冲突是关键之所在。就像莱萨比一样，麦伦也试图同时运用女性主义立场的认识论和来自后现代女性主义的观点来解决存在于作为研究对象的参与者和研究者冲突中的认识论两难问题。与莱萨比有相同的倾向，麦伦也指出，研究者的角色是为经验赋予意义，并且将个体置于历史和社会脉络之中。对她而言：

　　　　研究者不仅可能（在我心中，甚至也不该希求）会否认相对于参
　　与者来说，其在所提出的议题上、在研究的理论框架上，以及对社会
　　整体生活而言，较拥有知识的优势。

（Millen，1997）

　　显然，这里有一些复杂的议题需要进一步探讨。于是，麦伦继续通过
下述观点来论证有关认识的特权（epistemic privilege）：

　　　　首先，有关对经验的分析必须意味着对参与者受伤害经验的一种
　　剥削，或假设研究者对参与者经验的再诠释会改变参与者经验原有意
　　涵的结构的假设，都是一种偏见。不管研究者在他或她出版的著作中
　　如何解释参与者的经验，参与者永远拥有对归她拥有的经验所自我建
　　构的意义。第二，研究者是在进行研究前，有目的地想发展出相关的
　　理论观念，并试图从经验中建构出知识者。特别需要有一些个体去从
　　事这项工作，否则，我们将永远不能拥有任何一点知识。

（Millen，1997）

　　因此，对莱萨比和麦伦两人而言，在他们试图指出与斯坦利和威斯的
"破裂的基础主义"相关的问题时，关键的议题是再现与反思性之间的关
系，以及在形塑认识的特权中，知识和权力之间的关系。尤其是知识和权
力之间的关系，这一主题，已成为那些认识论的视角大多数与后现代主义
和后结构主义理论观点密切相依的女性主义者的中心概念。

四　后现代女性主义认识论

　　后现代有关知识的视角倾向于在两个端点之间摇摆。这两个端点中的
一极认为，所有的知识都是相对的，而另一极则是后现代主义较温和的版
本（与斯坦利和威斯的"破裂的基础主义"并无不同），其论点的特征是
认为所有的知识都是社会环境性的和社会脉络性的。较之前者，后者（与
前者相比，我们也对此更有同感）更易被女性主义者（尤其是黑人与后殖
民主义女性主义者）发展为同盟，因为它强调什么才能成为被采纳的"真

理"（truth），以及对与不匀称地与权力型社会集团联系在一起的知识来说，什么被认为是具有可行性的论断。因此，这一取向大部分产生于福柯（Foucault，1982）有关权力与知识是不可分割的这一观点。

在认识论领域内，综合性地持有女性主义和后现代主义者十分强调现实的多重性、脉络性的特质。许多后现代女性主义者都指出，女性主义经验论和立场认识论中都具有本质主义的倾向，后现代女性主义者进一步强调，"真理"是社会建构的，并且受到许多因素的影响，而不少"真理"也无法以后来设置的叙述加以完整阐释。对于那些特别受到福柯和德里达（Derrida）影响的女性主义者（参见第二章）来说，我们所说的"真理"，大多来自话语的论述，而且，权力、知识与语言三者之间的相互关联与影响，也导致了"真理"的形成。对这些女性主义者来说，各种相互对立的认识论或"真理"，其实只是话语所构建的一个又一个的结果。

忽视建立一个不带性别歧视的，或具有女性主义立场的取向，后现代女性主义者意在推进建立一种不追求是否达致真理的理论——不管这一真理是由不带性别歧视的女性主义者通过经验性的研究所发现，抑或主要依据某些妇女的经验，抑或日常生活所构建。后现代女性主义者在批判立场认识论的思想的同时，也质疑立场认识论有关主体是一成不变的这一重要的概念（McLennan，1995：392）。以下这段话简述了麦克艾伦娜（McLennan，1995）对立场认识论的批判："不可能有一份研究能够提出有关这个世界的'真理'概念。由从僵化的启蒙时代遗留而来，知识是不完整的、世俗的、破碎不全的。我们要做的不是要达成一种具有一致性的认识论（虽然这一认识论包含了性别的差异性），而是要发展出一种思考这个社会世界的方法，而这样的认识论将有助于我们接纳真理具有多重性这一事实存在。"就如麦伦所指出的，后现代女性主义"尖锐地揭露了存在于女性主义研究要点中的紧张性。一方面，它象征和赋权一种可以批判性地审视认识论及其实践的工具，并提出其他的工具使我们得以探讨权力与知识之间的关系。它认为，权力不是单一的，并且，有的权力形态是依据其所处情境脉络而定或凝集……然而，从另一方面看，这一将妇女的经验及其社会性别化的经验都归因为知识的论述，将可能严重地损害女性主义研究所具有的政治角色。就实践层面而言，后现代主义的这一概念——有关理论和将其他获得知识的方法都排除在外的质疑和争辩的方法的地位的概念，能为女性主义计划带来政治上的成效吗？"（Millen，1997）

那些被称为后现代主义或后结构主义的各种不同的追寻知识、真理和事实的方法都有一个共同点，即真理是多重的，知识是相对的，且依据社会情境脉络与求知主体位置的不同而存在差异。对女性主义者而言，这一方法会是非常有用的，但也会带来问题。一方面，我们可以将其暗喻的知识的相对性理解为是一种反认识论的观点，例如，伊丽莎白·格鲁兹（Elizabeh Grosz，1995）曾指出，知识只不过是各种占据优越地位者所生产出来的各种看法而已。这使得一些女性主义者，尤其是倡导立场认识论的女性主义者，质疑后现代女性主义者。因为后现代女性主义者否定了有关"女性主义者可以认知现代社会世界是如何被结构起来的以压迫妇女这一社会群体"这一女性主义的政治断言。

另一方面，那些深受后现代女性主义影响，且将哲学及其与知识相关的理论作为批判对象的女性主义理论，一直以来视解构本身就是一种政治行动。由此出发，包含了解构的女性主义研究关注的是压迫和权力的双重关系是如何持续运作，进而形成了我们所谓的"知识"和"真理"。因此，后现代女性主义者指出，那种被认为是中立、与性别无关或具有普适性的"真理"，只是一种隐藏了男子的利益的"真理"，一种男子所认为的"真理"。

苏珊·贺克曼（Susan Hekman）是一位具有这一倾向的独特的女性主义者。就像当代许多思考者一样，她认为，当代西方思潮是以各种二元论为依据构建的结果。她特别关注以下三种二元论：理性—非理性、主体—客体、文化—自然。她在1990年的《社会性别与知识》（*Gender and Knowledge*）一书中，探讨了男子和女子气质与这三种二元论之间的关系，并指出，就如同许多女性主义者的研究成果所显示的那样，在上述每一种关系上，妇女要不就是被认为像多数男子一样，因为，男子气质是更具有优势的气质（例如，理性的一方）——提倡经验主义认识论的自由主义女性主义者即一例；要不就是认为女子气质较男子气质更占优势，例如立场认识论者的观点。苏珊·贺克曼反对这一划分，她认为，这一划分是以二分法为基础的划分，因为植根于性别二元论中的性别二分法具有等级的本质。由此，任何接受这一二元论的知识论，即使是无意的，也都是在维系而非解构男性的掌控。

法国女性主义者露西·伊利格瑞（Luce Irigaray，1993）在对社会对于知识的建构进行剖析时也指出，男子通常通过声称他们的兴趣爱好和观点具有普遍性和中立性来遮蔽他们的掌控，以及对这一掌控合理化。她认为，男人此举之所以能成功，是因为每种文化类型都经常以宣称真理所具有的普遍性为依据，将男子获取知识的方式与其"理智"联系在一起，而妇女则被认为与身体和"本能"或"直觉"相关联（以及因此是天生如此的、非理性的、缺乏理智的、主观性较强的）。她还指出，在向来把妇女与身体、男子与心智联结在一起甚至画上等号，而且较之妇女与身体，对男子与心智的联结更为重视的哲学传统中，男子才能建立和维持他们以下的身份：一个不陷于现实、具有普适性、"不带有成见"的知识主体。

持有这一观点的女性主义认识论所扮演的角色是揭露男子如何以他们所见、他们的经历来定义和描绘这个社会世界，并同时声称这就是真理（Beauvoir，1988/1949）。具有后现代主义倾向的女性主义者除了强调知识是社会建构的和真理的话语本质外，也非常重视凸显蕴含在真理中的多重性的重要性（并非单一地站在妇女立场上或男子立场上）。安娜·叶特曼（Anna Yeatman，1994）曾简明扼要地指出后现代认识论包含了：

1. 一种**用解构**来理解这个社会世界话语本质的**倾向**。

2. 一种**具有象征意义的批判**，以及对声称可以为这个社会世界提供普适性真理的质疑。

3. 一种关联性的、背景脉络性的理论，并认为**真理是复数的**（*truth as plural*）。

4. 一种对**知识具有的呈现性本质**的强调。

5. 一种有关**语言**的物质性、活跃性和生产的体系的概念。

所以，后现代女性主义者拒绝"对真理的追求"（will to truth），将其与启蒙时代联系在一起，并拒绝认同那种认为存在着一种真正的知识的观点，即那种认为女性主义知识较之男性主流知识更好、更真实的观点。由此，后现代女性主义者认为，立场论女性主义并未挑战那种认为真理具有正当性和普遍性的观点，所以是无法掌握真理的多重性和解构的概念的。

接受后现代主义认识论的卡罗·斯马特（Carol Smart）有关知识、权力、法律三者之间关系的分析，是最著名的女性主义解构分析。她指出：

> "力图用一种认识到法律具有一种让人失去资格或噤声的权力的方法来对法律进行分析，甚至不去追求假设有一种可作为挑战法律话语的主要战略的存在。"

> （Carol Smart，1995：78）

以强奸为例，她继续强调指出，接受真理的多重性的存在可以作为女性主义者的一个政治策略："我的要点是，有一种较之受害者援助资源更是一种反抗方式的'强奸概念'，它不同于法律对强奸解释。"然而，她不认为有任何一种解释会比另一种解释更为"真实"，或正确，并暗示，如有被强奸妇女提出与一般被强奸妇女常在法庭上提出的被强奸论述不同的论述时，她们就会有可能失去法律的保护。从另一方面看，这也意味着，社会学所做的就是"建构具有颠覆性的知识"（Carol Smart，1995：230）。

尽管后现代主义的许多概念对女性主义做出重要贡献，但它也受到不少批评，这包括：

1. 就哲学层面看，后现代主义的立场是自相矛盾的——它将"话语"之外无"真理"这一原则提高到外在于话语的普遍真理的地位（事实上，要想阐明一个其他人应该相信而不会付诸实践的普遍真理是不可能的）。

2. 它同时有效地废止了社会学和女性主义研究作为学术研究模式的地位——如果没有一个一般性的分类，那么，有关结构不平等或权力关系的研究也就不能进行，我们也不能去分析妇女受压迫的原因了。我们认同后现代主义对于各种因素之间特有的、细节性的差异认识的坚持，这一对于特有的细节性的差异会在"宏观理论"中被综合在一起，进而被消弭或隐匿不见，并受到后现代主义这一认识的影响，但我们仍然看到宏观理论的必需性，无论它的有效性有多么的不足，且无论如何，我们都要记住，一个集体成员的真理并不必然能解释其所有个体的行动和经验。可参见瑞坦丝（Rattansi，1995）试图消弭"后现代"及其理论之间的分化的论述。

3. 后现代主义显示出对政治的排斥：比如，它认为对妇女的分类是毫无意义的，那么，妇女（或其他群体）对于其压迫者的斗争也是毫无意义的了。

4. 最后，后现代主义坚定地认为主体是碎片化的，但很少论及主体作为一个联系在一起的整体，在行动和做出决定时具有的前后连贯性之意义。同时，我们也理解这一立场所具有的力量。然而，如果走向极端，它也是对伦理的否定，因这意味着没有任何自我来为这些行动承担责任。

不过，正如许多女性主义者近来所指出的那样，后现代主义观点可继续用来反思女性主义研究和社会性别面向在男性主流研究中的角色。如，有人就提出，应坚持运用后现代主义有关话语和真理多重性的概念，尤其是由唐娜·哈拉维（Donna Haraway，1991，2004）所提出的：所有的知识都是"地位化的"这一概念。

第三节　知识社群

结合了立场论认识论与后现代女性主义的基本元素后，有的女性主义者，如艾里森·阿塞特（Allison Assiter，1996）发展出了一种并非基于一种立场，而是基于多种立场的观点。阿塞特运用批判理论家尤尔根·哈贝马斯（Jurgen Habermas）的理论所发展出的理论认为，将作为女性主义者的妇女们置于能分享同一个认识论的立场上的，不是一种单一的社会观念或位置，而是共同享有政治利益与志向（意在解放）。由此，她所描述的不是妇女们，而是女性主义者作为一个"知识社群"（epistemic conmanties）共享的认识论立场。阿塞特指出：

> 一个知识社区……是由一群享有共同的、基本利益和志向、价值观和信念的个体所组成的一个群体。例如，这些个体都认为性别歧视是错误的，种族歧视是错误的，并且基于这一认识而进行抗争……因此，尽管在观点上不尽相同，但全世界的女性主义者在致力于改变和

消除那些基于性别的权力差异方面却是相同的……尽管在"性别"的含义是什么、"权力"的含义是什么，以及相关的差异如何会因性别而来等方面争论不休，但在宏观和普遍化的层面上，女性主义者的价值观体系是共同的……我认为，正是由此，女性主义者才结合成群成为世界性的"知识社群"。

(Assiter，1996：82－83)

这一观点使她发展出"知识社群"这一概念。这一概念的定义既非遵循普遍性的经验，也非根据更具有传统马克思主义意识的同质性身份认同，而是以脉络性的特征为依据。与基于立场论的假设不同，知识社群不是事先设定的，而是随着背景与脉络的不同有所不同，然而可以以相同的政治利益和志向联结在一起。就如阿塞特指出的："它的边界在不断变化中，而且可以就这样进进出出。"（Assiter，1996：95页）

虽然"知识社群"这一概念具有现实主义的倾向，但它并不是启蒙时期所假设的，认为只有具备"无立场的视角"（view from nowhere），才能揭示真理，而是强调"因所处的历史背景不同，知识社群的价值观不同，它们的信念和经历也就不尽相同。"然而，阿塞特又指出：

任何一个社群坚持自己的价值观的天性对于其他社群所声称的真理类似于一种颠覆。任何一个社群所声称的真理并非何时何地都代表着真理，而是不断地受到来自其他社群的修正。

(Assiter，1996：95)

由此，"知识社群"这一概念证明了现实主义和相对主义的合理性，尽管它在形式上是不断调整的，且根据所处地位而变化的。

桑德拉·哈丁（Sandra Harding，2004a，b）也发展出一种并无二致的倾向。在研究立场论认识论的著述中，她试图通过不仅是对后现代主义背景，而且是后殖民朝代的足够清晰的表述，来为立场论理论进行辩解，使之不再遭受后现代主义的批判。她所使用的概念包括贝尔·胡克斯（Hooks，1990）在著作中论及的"定位政治"（politics of location），查拉·桑道耶尔

（Chela Sandoyal，1990）所探讨的存在于发展中国家妇女中的"不同的反抗意识"（differential oppositional consciotisness）以及尤玛·纳拉岩（Uma Narayan，1989）对于全球权力关系具有认识论意义的学术探讨。

虽然对女性主义者中显然相互冲突的两种有关知识的理论（立场论认识论和后现代主义）进行相互关联的努力是有用的，但类似这些取向仍存在不少问题，因为至少后现代主义认识论认为，这些取向假设在女性主义者中有一种普遍的认同，并且拥有一个共同的"解放"的目标，尤其是体现在阿塞特有关女性主义者"知识社群"概念中。而在另一端，一个更具唯物主义的倾向则会指出，这些具有"多重立场"的取向仍具有一个相对主义的元素。所以，到目前为止，"谁才是最后的真理仲裁者"这一问题还有待于解答。

第四节　结　语

我们并非提出某一女性主义是正确的，而其他的是错误的（如，在我们批评后现代主义认识论的立场的同时，我们也不是没有受到它诸多的影响）。我们试图指出各种认识论的立场的不足，我们将此视为具有建设性而非破坏性意义，因为这让我们认识到各种认识论的无法解答之处，从而有助于我们发展出更完善的认识论。本书的主要意图在于指出男性主流社会学是不充分的，忽视、否定了妇女，将妇女边缘化。男性主流社会学之所以是不充分的，不仅因为它未关注到妇女，因为它所生产的知识是不完整的，极为部分性的；也因为它未将占人口一半的妇女列入计算之内。所以，妇女们经常会发现，男性主流社会学所生产的知识与她们的生活或她们的关注并不相关。

女性主义确实试图说出妇女的经历、以妇女的立场来理解事实、问一些与妇女的生活相关的问题，以及揭露男性主流知识体系的偏见和对妇女的歪曲。在本书中，我们尝试着展示女性主义学者对社会学所做的贡献，我们也已指出，这并不意味着我们只是能够在社会学主题下的目录中增加一个更完善的内容。更重要的是，我们要重新思考社会学知识及其生产方式，因为社会学忽视、歪曲妇女和将妇女边缘化，并非只是偶尔之举或疏忽的结果，而是这一学科整体性的理论和历史基础所造成的。直到最近，男性主流社会学也无法证实如下假设：妇女是天生的，妇女的身体是生物性特征决定的。因此，由社会学研究所发展出来的一些概念及其被认为有必要研究的议题经常忽视了妇女。为了发展出更为完善的社会学知识，我们有必要改革社会学概念和问题，以使妇女成为这门学科关注的中心。

然而，关键的问题是女性主义者是否拥有认识论的特质，即较之男性主流社会学，女性主义者是否能提供更适用的、更好的认识论解释。立场论女性主义者认为，将妇女视为一个受压迫群体就能较男性主流理论提供了更为适用和更好的论证。换句话说，立场论女性主义者认为，女性主义认识论更具有特权。但站在立场论认识论的对立面，斯坦利和威斯认为（Stanley and Wise，1993），女性主义认识论只是提供了一个也许更可取的、有关何谓"现实"的不同见解。她们认为，女性主义立场论是一种具有信服力的假设，因为它假设受压迫者的知识更具优势。然而，她们拒绝认同这是一种社会分层关系的观点，并提出：当我们将种族与民族、性、残疾、全球权力关系等等这些因素都考虑后，我们如何认定何种因素才能决定谁是更具知识特权的"受压迫者"？她们问道：由此，我们又如何声称这就是经裁定的占据优势的知识？她们反对将"妇女"类型化为受压迫者，反对让妇女经常遭受谁的知识更具优势的评估，认为：

> "在生产知识和厘清与之相关的问题时，没有任何基础性的立场可以用来评判任何受压迫者或受压迫群体的认识论具有先验优势。然而，从道德立场和政治立场出发，可以确定哪一种认识论更为合适……而合适与否又是基于/……它是否与倡导者的生活或生存经验或相应的理解相符合。"

（Stanley and Wise，1993：228）

对我们而言，向女性主义理论的转向能有助于我们增强对妇女生活的感知，有助于我们认识到社会是如何被性别差异（作为社会主体的男人和作为社会主体的女人之间的差异）所形塑——男性主流理论没有论及之处。不过，我们也认识到，迄今为止的女性主义理论自身也是片面和不完善的，它们主要是从白人、西方、中产阶级、身体健全的异性恋妇女的视角进行构建，故而，从立足于众多妇女（many women）的立场来看，女性主义理论是不完善的。然而，我们也确信，从性别角度看，由于性别差异，所有的妇女都拥有被剥削和处于从属地位的经历，这就为同一社群的形成提供了相应的基础，尽管我们也认识到，妇女之间存在着差异。进一步看，我们也认识到，类似认识论这样的理论的建构，需要在回应批判和承担起对不断变化的复杂"现实"进行解释（无论如何，我们将现实概念化）的责任这两方面同时得以发展。人们试图去体认的理论和这一社会世界之间的联系是动态的而非静止的。理论的修正和变化是社会学作为一门学科持续发展的组成部分，而也正如我们在导论中所介绍的，虽然从性别方面看，社会学如同它所追寻理解的这个社会世界一样是被社会性别化了的。但社会学终于也已开始关注到来自女性主义的批判和贡献。

摘　要

1. 研究方法不仅是一种学术工具，它所赋予研究的意义是所使用的理论和认识论。在研究方法光谱最终端的更强调定量研究方法的实证主义宣称其方法更具科学性和更为中立，并也由此遭到女性主义的抨击，认为它们事实上代表着一种男性主流的视角。

2. 女性主义者已较倾向将质性研究方法认为是有助于进行女性主义研究的更好的方法，因为它们揭示了研究者与被研究者之间的平等性。质性研究方法允许将被研究者的观点带入研究之中，而且，不将被研究者转化为碎片化的客体。

3. 我们在本章中描述了四种女性主义认识论的立场：经验主义、立场论、建构论，以及后现代主义。

4. 新近，女性主义者们发展出了"知识社群"这一概念，并强调了后殖民主义认识论的政治学。

延伸阅读

Delamont, S. (2003) *Feminist Sociology*. London: Sage.

较之本书所推介的其他教科书，该书更具社会学学科性，是理解女性主义对社会学的批判，以及如何生产女性主义知识的优秀入门书。它特别聚焦于社会学相关方法论的论辩，但也关注与认识论有关的议题，包括对立场认识论和后现代主义的简要思考，以及探讨了男性主流社会学对女性主义者在方法论和认识论上的辩驳所做的回应（见第二章）。

Harding, S. (ed.) (2004) *The Feminist Standpoint Theory Reader: Intellectual and Political Controversies*. London: Routledge.

这是第一本收录了有关女性主义认识论最重要论文的单篇论文合集。它包括了 1970 年代至 1980 年代的经典论述和系列批判论文，其中有著名理论家们最新的论文，但来自后殖民主义学者的论文则未被重视。

Kemp, S. and Squires, J. (1997) *Feminisms*. Oxford: Oxford University Press.

作为《牛津读者》系列丛书的组成部分，该论文集包括了"学术"和"认识论"两大部分，探讨了在本章中我们思考过的许多议题。同时，该书也广泛收录了大量的各种女性主义的观点，并不限于西方白人学院派女性主义。

参考文献

Abberley, P. 1997. "The Limits of Classical Social Theory in the Analysis and Transformation of Disablement, "in L. Barton and M. Oliver(eds.), *Disability Studies: Past, Present and Future*. Leeds: The Disability Press.

Abbott, P. 1995. "Conflict over the Grey Areas: District Nurses and Home Helps Providing Community Care, "*Journal of Gender Studies*, 3: 299 – 306.

Abbott, P. 2000. "Gender", in G. Payne(eds.), *Social Divisions*. London: Macmilian.

Abbott, P. 2004. "Place, Control and Health in Post-Soviet Societies, " paper presented to the World Congress of the International Institute of Sociology, Beijing, July.

Abbott, P. and Sapsford, R. 1987. *Women and Social Class*. London: Tavistock.

Abbott, P. and Tyler, M. 1995. "Ethnic Variation in the Fermale Labour Force: A Research Note, "*British Journal of Sociology*, 46: 339 – 353.

Abbott, P. and Wallace, C. 1992. *The Family and the New Right*. London: Pluto.

Abel-Smith, B. 1960. *A History of the Nursing Profession*. London: Heinemann.

Abrahams, J. 1995. *Divide and School: Gender and Class Dynamics in Comprehensive Education*. London: Falmer.

Abu-Habib, L. 1997. *Gender and Disability: Women's Experiences in the Middle East*. Oxford: Oxfam Publications.

Acker, J. 1973. "Women and Stratification, "*American Journal of Sociology*, 78: 2 –

48.

Acker, S. 1994. *Gendered Education*. Buckingham: Open University Press.

Ackers, L. and Abbott, P. 1996. *Social Policy for Nurses and the Caring Professions*. Buckingham: Open University Press.

Adams, N. and Bettis, P. 2003. "Commanding the Room in Short Skirts: Cheering as the Embodiment of Ideal Girlhood, "*Gender and Society*, 19(1): 73 – 91.

Adamson, J. , Ben-Schlomo, Y. Chaturvedi, N. and Donovan, J. 2003. "Ethnicity, Socioeconomic Position and Gender-Do They Affect Reported Health-Care Seeking Behaviour?"*Social Science and Medicine*, 57: 895 – 904.

Addkins, L. 1995. *Gendered Work: Sexuclity, Family and the Labour Market*. Buckingham: Open University Press.

Adkins, L. 1997. "Review Essay: Sex(Ad)dressed: Empiricism, Periodisations and Fetish, "*Sociology*, 31(2): 353 – 360.

Adkins, L. 2000. "Mobile Desire: Aesthetics, Sexuality and the ' Lesbian' at Work. "*Sexualities*3(2): 201 – 218.

Adomo, T. 1991. *The Culture Industry*. London: Routledge.

Aftab, K. 2002. "Brown: The New Black! Bollywood in Britain, "*Critical Quarterly*, 44(3): 88 – 98.

Alam, S. 1985. "Women and Poverty in Bangladesh, " *Women's Studies International Forum*, 8(4): 361 – 371.

Alcock, P. , Erskine, A. and May, M. 2003. *The Student's Compantion to Social Policy*. Oxford: Blackwell.

Alcoff, L. and Potter, E. 1993. "Introduction: When Feminism Intersect Epistemology", in L. Alcoff and E. Potter(eds.), *Feminist Epidemiologist*. London: Routledge: 1 – 14.

Alexander, P. 1988. "Prostitution: A Difficult Issue for Feminists", in S. Jackson and S. Scott(eds.), 1996. *Feminism and Sexuality: A Reader*. Edinburgh: Edinburgh University Press.

Allan, J. 1993. "Male Elementary Teachers: Experiences and Perspectives", in

C. Williams(eds.), *Doing "Women's Work"*. London: Sage.

Allen, H. 1987. *Justice Unbalanced*. Milton Keynes: Open University Press.

Allen, I. 1988. *Any Room at the Top? A Study of Doctors and Their Careers*. London: Policy Studies Institute.

Allen, S. 1982. "Gender Inequality and Class Formation", in A. Giddens and G. Mackenzie(eds.), *Social Class and the Division of Labour*. Cambridge: Cambridge University Press.

Allen, S. and Walkowitz, C. 1987. *Homeworking: Myths and Realities*. London: Macmillan.

Amir, M. 1971. *Patterns in Forcible Rape*. Chicago: University of Chicago Press.

Amnesty International. 2001. *Crimes of Hate, Conspiracy of Silence*. London: Amnesty International.

Amnesty International. 2002. *Equal Rights: A Brief to the UN Committee on the Elimination of Discrimination Against Women*. Ottawa: Amnesty International Canada.

Amos, V. and Parmar, P. 1981. "Resistance and Responses: The Experences of Black Girls in Britain", in A. McRobbie and T. McCabe(eds.), *Feminism for Girls: An Adventure Story*. London: Routledge and Kegan Paul.

Anderson, B. 2000. *Doing the Dirty Work: The Global Politics of Domestic Labour*. London: Zed Books.

Ang, I. 1989. *Watching Dallas*. London: Routledge.

Ankomah, A. 1999. "Sex, Love, Money and AIDS: The Dynamics of Premarital Sexual Relationships in Ghana, "*Sexualities*, 2(3) : 291 – 308.

Anthias, F. and Yuval-Davis, N. 1993. *Racialised Boundaries*. London: Routledge.

Applegate, J. and Kaye, L. 1993. "Male Elder Caregivers", in C. Williams(eds.), *Doing"Women's Work"*. London: Sage.

Arber, S. 1997. "Comparing Inequalities in Women's and Men's Health in Britain in the 1990s, "*Social Science and Medicine*, 48: 773 – 787.

Arber, S. and Ginn, J. 1991. *Gender and Later Life: A Sociological Analysis of Re-*

sources and Constraints. London: Sage.

Arber, S. and Ginn, J. 1995. *Connecting Gender and Ageing: A Sociological Approach.* Buckingham: Open University Press.

Arber, S. , Gibert, N. and Dale, A. 1985. "Paid Employment and Women's Health: A Benefit or a Source of Role Strain?"*Sociology of Health and Illness,* 7: 375 – 400.

Amot, M. 1989. "Crisis or Challenge: Equal Opportunities and the National Curriculum,"*NUT Education Review of Equal Opportunities in the NEW ERA,* 3 (Autumn).

ASE Educational Research Committee. 1990. *Gender Issues in Science Education.* Hatfield: ASE.

Ashton, H. 1991. "Psychotropic Drug Prescribing for Women,"*British Journal of Psychiatry,* 158(Supplement 10) : 30 – 35.

Assiter, A. 1996. *Enlightened Women: Modernist Feminism in a Postmodern Age.* London: Routledge.

Atchley, R. 1982. "Retirement as a Social Institution,"*Annual Review of Sociology,* Volume 8. Palo Alto, CA: Annual Reviews: 263 – 287.

Baldock, J. 2003. " The Personal Social Services and Community Care, " in P. Alcock et al. (eds.) , *The Student's Companion to Social Policy.* Oxford: Blackwell.

Baldwin, S. and Twigg, J. 1991. "Women and Community Care: Reflections on a Debate, " in M. Maclean and D. Groves (eds.) , *Women's Issues in Social Policy.* London: Routledge.

Ball, S. 1988. "A Comprehensive School in a Pluralist World: Divisions and Inequalities, "in B. O'Keeffe(eds.) , *School for Tomorrow.* Lewes: Falmer.

Banet-weiser, S. 2004. "Girls Rule! Gender, Feminism and Nickelodeon, "*Critical Studies in Media Communication,* 21(2) : 119 – 140.

Barkhatov, D. , Boukharov, A. , Vlasova, Y. , Ivanov, S. , Kotov, Y. , Snopova, S. and Shmeleva, Y. 2002. *In-Depth Analysis of the Situation of Working*

Street Children in Moscow. ILO/IPEC working paper, Moscow: International Labour Office.

Bames, C. , Mercer, G. and Shakespeare, T. 1999. *Exploring Disability: A Sociological Introduction.* Cambridge: Polity.

Barrett, M. 1980. *Women's Oppression Today.* London: Verso.

Barrett, M. 1982. "Feminism and the Definition of Cultural Politics", in R. Brunt and C. Rowan(eds.) , *Feminism, Culture and Politics.* London: Lawrence and Wishart.

Barrett, M. and McIntosh, M. 1980. *The Antisocial Family.* London: Verso.

Barry, k. 1995. *The Prostitution of Sexuality.* New York: New York University Press.

Barthes, R. 1967. *Writing Degree Zero.* First Published 1953. London: Cape.

Barthes, R. 1973. *Mythologies.* First Published 1957. London: Paladin.

Bartky, S. L. 1990. *Feminism and Domination: Studies in the Phenomenology of Oppression.* London: Routledge.

Bates, I. 1993. "A Job Which is Right For Me?" in I. Bates and G. Risborough (eds.) , *Youth and Inequality.* Buckingham: Open University Press.

Baudrillard, J. 1988. *America.* London: Verso.

Bauman, Z. 1998. "On Postmodem Uses of Sex, "*Theory, Culture and Society*, 15 (3/4) : 19 – 33.

Beasley, C. 1999. *What is Feminism? An Introduction to Feminist Theory.* London: Sage.

Beck, U. and Beck-Gernsheim, E. 1995. *The Normal Chaos of Love.* Cambridge: Polity.

Beechey, V. 1986. "Familial Ideology", in V. Beechey and J. Donald(eds.) , *Subjectivity and Social Relations.* Buckingham: Open University Press.

Beechet, V. 1987. *Unequal Work.* London: Verso.

Begum, N. 1992. "Disabled Women and the Feminist Agenda, "*Feminist Review*, 40: 70 – 84.

Bell, D. 1999. *The Coming of Post-Industrial Society*, Second edition (first published 1973). New York: Basic Books.

Benhabib, S. 1992. *Situating the Self: Gender, Community and Postmodernism in Contemporary Ethics*. Cambridge: Polity.

Benhabib, S. 1995. "Feminism and Postmodernism: An Uneasy Alliance", in S. Benhabib, J. Butler, D. Cornell and N.Fraser(eds.), *Feminist Contentions: A Philosophical Exchange*. London: Routledge: 17 – 34.

Benhabib, S. and Comell, D. 1987. *Feminism as Critique: Essays on the Politics of Gender in Late Capitalist Societies*.Cambridge: Polity.

Bemard, J. 1973. *The Future of Marriage*. London: Souvenir Press.

Beynon, H. 1973. *Working for Ford*. Harmondsworth: Penguin.

Beyres, T. , Crown, B. and Wan Ho, M. 1983. *The Green Revolution in India*. Buckingham: Open University Press.

Bhavnani, K-K. 1993. "Talking Racism and the Reality of Women's Studies", in D. Richardson and V. Robinson(eds.), *Introducing Women's Studies: Feminist Theory and Practice*. London: Macmillan: 27 – 48.

Black Report. 1978. *The Report of a Royal Commission on Health Inequalities*. London: HMSO.

Blaxter, M. 1985. "Self-Definition of Health Status and Consulting Notes in Primary Health Care, "*Quarterly Journal of Social Affairs*, 1: 131 – 171.

Blumberg, R. L. 1981. "Rural Women in Development", in N. Black and A. B. Cottrell(eds.), *Women and World Change*. Beverly Hills, CA: Sage.

Bordo, S. 1990. "Feminism, Postmodernism and Gender-Scepticism", in L. Nicholson (eds.), *Feminism/Postmodernism*. London: Routledge: 133 – 156.

Bordo, S. 1993. "Feminism, Foucault and the Politics of the Body", in C. Ramazanoglu(eds) , *Up Against Foucault*. London: Routledge.

Bouquet, T. 1995. "Rape Trials: A Second Violation, "*Reader's Digest*, 5: 45 – 50.

Bourdieu, P. 1981. *Distinction*. London: Routledge.

Bourlet, A. 1990. *Police Intervention in Marital Violence*. Milton Keynes: Open University Press.

Bourque, S. and Grosshaltz, J. 1974. "Politics and Unnatural Practice: Political Science Looks at Female Participation, "*Politics and Society*, 4: 225 – 266.

Bowles, S. and Gintis, H. 1976. *Schooling in Capitalist America: Education Reform and Contradictions of Economic Life*. London: Routledge and Kegan Paul.

Box, S. 1971. *Deviance, Reality and Society*. London: Holt, Reinhart and Winston.

Box, S. and Hale, C. 1983. "Liberation of Female Criminality in England and Wales. "*British Journal of Criminology*, 23: 35 – 49.

Boyer, K. 2004. "Miss Remington Goes to Work: Gender, Space and Technology at the Dawn of the Information Age. "*Gender and Society*, 56(2) : 201 – 212.

Bradley, H. 1993. "Across the Great Divide: The Entry of Men into Women's Jobs. "in C. Williams(eds.) , *Doing"Women's Work, "*London: Sage.

Bradshaw, J. 2003. "Lone Parents. "in P. Alcock et al. eds. *The Student's Companion to Social Policy*. Oxford: Blackwell.

Bradshaw, J. , Clegg, S. and Trayhom, D. 1995. "An Investigation into Gender Bias in Educational Software used in English Primary Schools. "*Gender and Education* 72: 167 – 174.

Brah, A. 1986. "Unemployment and Racism: Asian Youth on the Dole. " in S. Allen, K. Purcell, A. Waton and S. Wood(eds.) , *The Experience of Unemployment*. London: Macmillan.

Braham, P. Rattansi, A. and Skellington, R. 1992. *Racism/Antiracism*. Buckingham: Open University Press.

Branston, G. and Stafford, R. 1996. *The Media Student's Book*. London: Routledge.

Braverman, H. 1974. *Labour and Monopoly Captital*. New York: Monthly Review Press.

Brewis, J. and Linstead, S. 2000. *Sex, Work and Sex Work: Eroticizing Organization*. London: Routledge.

Brooks, A. 1997. *Postfeminisms: Feminism, Cultural Theory and Cultural forms*.

London: Routledge.

Brown, G. and Harris, T. 1978. *Social Origins of Depression: A Study of Psychiatric Disorder in Women.* London: Tavistock.

Brownmiller, S. 1976. *Against our Will: Men, Women and Rape.* Harmondsworth: Penguin.

Bruce, J. 1987. "Users Perspectives on Contraceptive Technology and Delivery Systems: Highlighting Some Feminist Issues."*Technology in Society.* 9: 359 – 383.

Bryan, B. , Dadzie, S. and Scafe, S. 1985. *The Heart of the Race: Black Women's Lives in Britain.* London: Virago.

Burgess, A. and Holmstrom, L. 1979. *Rape, Crisis and Recovery.* Bowie, MD: Robert J. Brady.

Burgess, H. 1990. "Co-Education, The Disadvantages for Schoolgirls."*Gender and Education* 2(1) .

Butler, J. 1990. *Gender Trouble.* London: Routledge.

Butler, J. 1993. *Bodies That Matter: On The Discursive Limits of "Sex".* London: Routledge.

Butler, J. 2000. *Gender Trouble.* Tenth anniversary edition. London: Routledge.

Buurman, G. 1997. "Erotic Bodies: Images of the Disabled."in K. Davis(eds.) *Embodied Practices: Feminist Perspectives on the Body.* London: Sage, 131 – 134.

Cain, M. 1973. *Society and the Policeman's Role.* London: Routledge and Kegan Paul.

Calas, M. and Smircich, L. 1991. "Voicing Seduction to Silence Leadership."*Organization Studies* 12(4) : 567 – 601.

Calvert, P. and Calvert, S. 2001. *Politics and Society in the Third World.* Second edition. London: Longman.

Cameron, D. 1990. *The Feminist Critique of Language.* London: Routledge.

Cameron, D. 1995. *Verbal Hygiene.* London: Routledge.

Cameron, D. 1998. "Lost in Translation: Non-Sexist Language."in D. Cameron

(eds.) The Feminist

Critique of Language. Second edition. London: Routledge.

Campbell, B. 2004. "Village People. "*The Guardian Weekend*, 7(August) : 30 – 33.

Caplan, P. 1987. *The Cultural Construction of Sexuality.* London: Routledge.

Carabine, J. 1992. "Construction Women: Women's Sexuality and Social Policy. "
Critical Social Policy, 34: 23 – 37.

Carby, H. 1982. "White Women Listen! Black Feminism and the Boundaries of
Sisterhood. "*CCCS The Empire Strikes Back*. London: Heinemann.

Carlen, P. 1983. *Women's Imprisonment.* London: Routledge and Kegan Paul.

Carlen, P. and Worrall, A. 1987. *Gender, Crime and Justice.* Milton Keynes: Open
University Press.

Carlen, P. , Hicks, J. , O'Dwyer, J. , Christina, D. and Tchaikovsky, C. 1985.
Criminal Women. Cambridge: Polity.

Carter, J. 2003. *Ethnicity, Exclusion and the Workplace.* London: Palgrave.

Castells, M. 1989. *The Information City.* Oxford: Blackwell.

Castell, M. 1996. *The Information Age: Volume One.* Oxford: Blackwell.

Cavendish, R. 1982. *Women on the Line.* London: Routledge and Kegan Paul.

CCCS Center for Contemporary Cultural Studies. 1982. *The Empire Strikes Back:
Race and Racism in 70s Britain.* London: Heinemann.

CEC Commission of the European Community. 1993. *Employment in Europe.*
Brussels: CEC.

Chapkis, W. 1997. *Live Sex Acts: Women Performing Erotic Labour.* London: Rout-
ledge.

Chapman, D. 1968. *Sociology and the Stereotype of the Criminal.* London: Tavis-
tock.

Chapman, R. 1988. "The Great Pretender: Variations on the New Man Theme. "
in. R. Chapman and J. Rutherford(eds.) *Male Order.* London: Lawrence and
Wishart.

Chapman, R. and Rutherford, J. 1988. *Male Order: Unwrapping Masculinity.* London: Lawrence and Wishart.

Chapman, T. 2003. *Gender and Domestic Life*. London: Palgrave.

Clark, A. 1982. *Working Life of Women in the Seventeenth Century*. London: Routledge.

Clarke, L. and Lewis, D. 1977. *Rape: The Price of Coercive Sexuality*. Toronto: The Women's Press.

Clarricoates, K. 1980. "The Importance of Being Earnest—Emmature: Re-perception and Categorisation of Gender Conformity and Gender Deviation in School's. "in R. Deen(eds.) *Schooling for Women's Work*. London: Routledge and Kegan Paul.

Cloward, R. And Ohlin, L. 1961. *Delinquency and Opportunity: A Theory of Delinquent Gangs*. London: Routledge and Kegan Paul.

Coats, M. 1994. *In the Way of Women: Men's Resistance to Sex Equality in Organisations*. London: Macmillan.

Coe, T. 1992. *The Key to the Men's Club*. Corby: Institute of Management.

Cohen, P. 1980. *Folk Devils and Moral Panics: The Creation of the Mods and the Rockers*. Second edition. Oxford: Martin Robertson.

Collinson, M. and Collinson, D. 1996. "It's only Dick: The Sexual Harassment of Women Managers in Insurance Sales. " *Work, Employment and Society* 10 (1): 29 – 56.

Commeyras, M. and Alvermann, D. 1996. "Reading about Women in World History Textbooks from one Feminist Perspective. "*Gender and Education*, 8: 31 – 48.

Connell, R. W. 1995. *Masculinities*. Cambridge: Polity.

Connell, R. W. 2002. *Gender*. Cambridge: Polity.

Cook, D. 1987. "Women on Welfare. "in P. Carlen and A. Worrall(eds.) *Gender, Crime and Justice*. Milton Keynes: Open University Press.

Cornwell, J. 1984. *Hard-Earned Lives*. London: Tavistock.

Coward, R. 1984. *Female Desire: Women's Sexuality Today*. London: Paladin.

Coward, R. 1987. "Sex after AIDS. "in S. Jackson and S. Scott(eds.) *Feminism and Sexuality: A Reader.* Edinburgh: Edinburgh University Press: 245 – 247.

Cowie, C. and Lees, S. 1985. "Slags and Drags. "*Feminist Review.* 9.

Coyle, A. 1984. *Redundant Women.* London: The Women's Press.

Crompton, R. 1986. "Women and the Service Class. " in R. Crompton and M. Mann(eds.) *Gender and Stratification.* Cambridge: Policy.

Crompton, R. 1993. *Class and Stratification.* Cambridge: Policy.

Crompton, R. and Jones, G. 1984. *White-Collar Proletariat: Deskilling and Gender in Manual Work.* London: Macmillan.

Crompton, R. and Mann, M. 1986. *Gender and Stratification.* Cambridge: Policy.

Crompton, R. and Sanderson, K. 1990. "Credentials and Careers. "in G. Payne and P. Abbott(eds.) *The Social Mobility of Women: Beyond Male Mobility Models.* Basingstoke: Falmer.

Crompton, R. and Le Feuvre, N. 1996. "Paid Employment and the Changing System of Gender Relations: A Cross-national Comparison. "*Sociology* 30(3) : 427 – 445.

Cross, S. and Bagilhole, B. 2002. "Girls' Jobs for the Boys? Men, Masculinity and Non-Traditional Occupations. "*Gender, Work and Organization* 9(2) : 204 – 226.

Crow, L. 1996. " Including All Our Lives: Renewing the Social Model of Disability. " in J. Morris (eds.) *Encounters with Strangers.* London: The Women Press.

CSO Central Statistics Office. 1995. *Social Trends* 25. London: HMSO.

Cumberbatch, G. 1990. *Television Advertising and Sex Role Stereotyping.* London: Broadcasting Standards Council.

Cumming, E. and Henry, W. 1961. *Growing Old: The Process of Disengagement.* New York: Basic Books.

Dalley, G. 1988. *Ideologies of Caring: Rethinking Community and Collectivism.* London: Macmillan.

Dalton, K. 1961. "Menstruation and Crime. "*British Medical Journal,* 2: 1, 972.

Daly, M. 1978. *Gyn/Ecology: The Metaethics of Radical Feminism.* Boston: Beacon

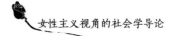

Press.

Darwin, C. 1871. *The Descent of Man and Selection in Relation to Sex*. London: John Money.

David, M. 1985. "Motherhood and Social Policy—A Matter of Education?" *Critical Social Policy*, 12: 28 – 43.

David, M. and Woodward, D. 1998. *Negotiating the Glass Ceiling*. London: Falmer.

Davidoff, L. , L'Esperance, J. and Newby, H. 1976. "Landscape with Figures: Home and Community in English Society. " in J. Mitchell and A. Oakley (eds.) *The Rights and Wrongs of Women*. Harmondsworth: Penguin.

Davidson, M. and Cooper, C. 1992. *Shattering the Glass Ceiling*. London: Paul Chapman.

Davies, C. 1996. "The Sociology of Professions and the Profession of Gender. " *Sociology*, 30(4) : 661 – 678.

Davin, A. 1979. "Mind that You Do as You are Told: Reading Books for Board School Girls 1870 – 1902. " *Feminist Review*, 3: 89 – 98.

Davis, K. 1995. *Reshaping the Female Body: The Dilemma of Cosmetic Surgery*. London: Routledge.

De Beauvoir, S. 1988. *The Second Sex*. First published 1949. London: Jonathan Cape.

Delamont, S. 2003. *Feminist Sociology*. London: Sage.

Delphy, C. 1984. *Close to Home: A Materialist Analysis of Women's Oppression*. London: Hutchinson.

Delphy, C. and Leonard, D. 1992. *Familiar Exploitation. A New Analysis of Marriage in Contemporary Western Societies*. Cambridge: Polity.

Denfeld, R. 1995. *The New Victorians: A Young Woman's Challenge to the Old Feminist Order*. New York: Warner Books.

Deshormes La Valle, F. 1987. *Women and Men of Europe. Women of Europe Supplements No.* 26, Brussels: CEC.

Dobash, R. E. and Dobash, R. P. 1992. *Women, Violence and Social Change.* London: Routledge.

Dobash, R. P. and Dobash, R. E. 1980. *Violence Against Wives: A Case Against the Patriarchy.* Shepton Mallet: Open Books.

Dobash, R. P., Dobash, R. E. and Gutteridge, S. 1986. *The Imprisonment of Women.* Oxford: Blackwell.

Doezema, J. 2002. "Who Gets to Choose? Coercion, Consent and the UN Trafficking Protocol. "*Gender and Development*, 10(1) 20 – 27.

Doucet, A. 2001. "You See the Need Perhaps More Clearly than I Have: Exploring Gendered Processes of Domestic Responsibility. "*Journal of Family Issues*, 22(3): 328 – 357.

Downe, P. 1999. "Laughing When it Hurts: Humour and Violence in the Lives of Costa-Rican Prostitutes. "*Women's Studies International Forum*, 22: 63 – 78.

Doyal, L. 1987. "Women and the National Health Service: The Carers and the Careless. " in E. Lewin and V. Olsen (eds.) *Women, Health and Healing.* London: Tavistock.

Doyal, L. 1995. *What Makes Women Sick.* London: Macmillan.

Doyal, L. 2000. "Gender Equity in Health: Debates and Dilemmas. "*Social Science and Medicine*, 51: 931 – 939.

Duke, L. and Kreshel, P. 1998. "Negotiating Femininity: Girls in Early Adolescence Read Teen Magazines. "*Journal of Communication Inquiry*, 22(1): 48 – 71.

Duncombe, J. and Marsden, D. 1995. "Workaholics and Whingeing Women: Theorizing Intimacy and Emotion Work—The Last Frontier of Gender Inequality?" *Sociological Review:* 151 – 169.

Durkheim, E. 1952[1897]. *Suicide: A Study in Sociology.* London: Routledge and Kegan Paul.

Dworkin, A. 1981. *Pornography: Men Possessing Women.* London: The Women's Press.

Dwyer, C. 1999. "Negotiations of Femininity and Identity for Young British Muslim Women. "in N. Laurie, C. Dwyer, S. Holloway and F. Smith(eds.) *Geographies of New Femininities*. Harlow: Longman.

Dyer, G. 1982. *Advertising as Communication*. London: Methuen.

Dyer, R. 1992. *Only Entertainment*. London: Routledge.

Dyhouse, C. 1981. *Girls Growing up in Late Victorian and Edwardian England*. London: Routledge and Kegan Paul.

Edgell, S. 1980. *Middle-Class Couples*. London: Allen and Unwin.

Edwards, S. 1984. *Women in Trial*. Manchester: Manchester University Press.

Edwards, S. 1987. "Prostitutes: Victims of Law, Social Policy and Organised Crime. "in P. Carlen and A. Worrall(eds.) *Gender, Crime and Justice*. Milton Keynes: Open University Press.

Edwards, S. 1989. *Policing Domestic Violence*. London: Sage.

Ehrenreich, B. and English, D. 1979. *For Her Own Good:* 100 *Years of the Experts' Advice to Women*. London: Pluto Press.

Ehrenreich, B. and Hochschild, A. R. 2003. *The Global Woman: Nannies, Maids and Sex Workers in the New Economy*. New York: Grant Books.

Eichler, M. 1988. *Non-Sexist Research Methods*. London: Allen and Unwin.

Einhorn, B. 1993. *Cinderella Goes to Market*. London: Verso.

Eisner, M, 1986. "A Feminist Approach to General Practice. "in C. Webb(eds.) *Feminist Practice in Women's Health Care*. Chichester: Wiley.

Elkind, D. 1981. *The Hurried Child: Growing Up Too Fast Too Soon*. Reading, MA: Addison-Wesley.

Eliott, A. and Turner, B. S. 2001. *Profiles in Contemporary Social Theory*. London: Sage.

Elston, M. A. 1980. "Medicine" in R. Silverstone and A. Ward(eds.) *Careers of Professional Women*. Beckenham: Croom Helm.

Engels, F. 1972. *The Origin of the Family, Private Property and the State*. First published 1884. Harmondsworth: Penguin.

England, P. and Herbert, M. 1993. "The Pay of Men in Female Occupations: Is

Comparable Worth only for Women?" in C. Williams(eds.) *Doing "Women's Work".* London: Sage.

EOC(Equal Opportunities Commission) . 2001. *Sex Stereotyping: From School to Work.* Manchester: EOC.

EOC. 2004. *Men and Women in Britain.* Manchester: EOC. www. eoc. org.

ESRC Violence Research Programme. 2002. *Talking Stock.* London: Royal Holloway College/Home Office.

Ettore, E. 2002. "Reproductive Genetics, Gender and the Body: ' Please, Doctor, may I have a normal baby?' "in S. Nettleton and V. Gustaffson(eds.) *The Sociology of Health and Illness Reader.* Cambridge: Polity.

Evans, D. 1993. *Sexual Citizenship: The Material Construction of Sexualities.* London: Routledge.

Evans, J. 1995. *Feminist Theory Today: An Introduction to Second Wave Feminism.* London: Sage.

Evans, J. 2004. "Men Nurses: A Historical and Feminist Perspective. " *Journal of Advanced Nursing*, 47(3) : 321 – 328.

Evetts, J. 1990. *Women in Primary Teaching.* London: Unwin Hyman.

Eysenck, H. 1971. *The IQ Argument: Race, Intelligence and Education.* New York: Library Press. Falk, P. and Campbell, C. 1997. *The Shopping Experience.* London: Sage.

Faludi, S. 1991. *Backlash: The Undeclared War Against Women.* London: Vintage.

Fawcett, B. 2002. *Feminist Perspectives on Disability.* London: Prentice Hall.

Filby, M. 1992. "The Figures, the Personality and the Burns: Service Work and Sexuality. " *Work, Employment and Society*, 6(1) : 23 – 42.

Finch, J. 1983. *Married to the Job: Wives' Incorporation in Men's Work.* London: Allen and Unwin.

Finch, J. and Groves, D. 1980. "Community Care and the Family: A Case for Equal Opportunities?" *Journal of Social Policy*, 9: 437 – 451.

Finkelstein, V. 1993. " The Commonality of Disability. " in J. Sawin,

V. Finkelstein, S. French and M. Oliver(eds.) *Disabling Barriers—Enabling Environment.* London: Sage: 9 – 16.

Firestone, S. 1974. *The Dialectic of Sex: The Case For Feminist Revolution.* New York: Morrow.

Fiske, J. 1987. *Television Culture.* London: Methuen.

Fiske, J. 1989. *Understanding Popular Culture.* London: Unwin Hyman.

Flax, J. 1997. "Postmodernism and Gender Relations in Feminist Theory. " in S. kemp and J. Squires(eds.) *Feminisms.* Oxford: Oxford University Press: 170 – 178.

Flitcraft, A. H. , Hadley, S. M. , Hendricks-Mathews, M. K. , McLeer, S. W. and Warshaw, C. 1992. "American Medical Association Diagnostic and Treatment Guidelines of Domestic Violence. "*Archive of Family Medicine*, 1: 39 – 47.

Fondas, N. 1997. "Feminism Unveiled: Management Qualities in Contemporary Writings. "*Academy of Management Review*, 22(1) : 257 – 282.

Ford, J. 1969. *Social Class and the Comprehensive School.* London: Routledge and Kegan Paul.

Foster, P. 1995. *Women and the Health Care Industry.* Buckingham: Open University Press.

Foucault, M. 1979. *The History of Sexuality Volume One: An Introduction.* Harmondsworth: Penguin.

Foucault, M. 1980. "Questions of Method. "*Ideology and Consciousness*, 8: 3 – 14.

Francis, B. 2000. *Boys, Girls and Achievement: Addressing the Classroom Issues.* London: Falmer.

Francis, B. and Skelton, C. 2002. *Investigating Gender: Contemporary Perspectives in Education.* Buckingham: Open University Press.

Frazer, E. 1987. "Teenage Girls Reading Jackie. "*Media Culture and Society*, 9.

Freedman, L. P. and Maine, D. 1993. *Women's Mortality: A Legacy of Neglect.* Boulder, CO: Westview Press.

Friedan, B. 1963. *The Feminine Mystique.* Harmondsworth: Penguin.

Friedan, B. 1993. *The Fountain of Age*. New York: Simon and Schuster.

Fuller, M. 1980. "Black Girls in a London Comprehensive School. "in R. Deem (eds.) *Schooling forWomen's Work*. London: Routledge and Kegan Paul.

Furlong, A. and Cartmel, F. 1997. *Young People and Social Change: Individualism and Risk in the Age of High Modernity*. Buckingham: Open University Press.

Gagnon, J. and Simon, W. 1973. *Sexual Conduct: The Social Sources of Human Sexuality*. Chicago: Aldine.

Gamamikow, E. 1978. "Sexual Division of Labour: The Case of Nursing. " in A. Kuhn and A-M. Wolpe(eds.) *Feminism and Materialism*. London: Routledge.

Gamble, S. 2001. *The Routledge Companion to Feminism and Post-feminism*. Second edition. First published 1998. London: Routledge.

Ganetz, H. 1995. "The Shop, the Home and Femininity as Masquerade. " in J. Fomas and G. Bolin(eds.) *Youth Culture in Late Modernity*. London: Sage: 72 – 99.

Garber, L. 1994. Tilting the Tower. London: Routledge.

Garnsey, E. 1978. "Women's Work and Theories of Class Stratification. "*Sociology* 12: 223 – 243.

Gavron, H. 1966. *The Captive Wife: Conflicts of Housebound Wives*. Buckingham: Open University Press. Harmondsworth: Penguin.

Gedalof, I. 1999. *Against Purity*. London: Routledge.

Geraghty, C. 1996. *Women and Soap Operas*. Cambridge: Policy.

Gerami, S. and Lehnerer, M. 2001. "Women's Agency and Household Diplomacy: Negotiating Fundamentalism. "*Gender and Society* 15(4): 556 – 573.

Gherardi, S. 1995. *Gender. Symbolism and Organizational Cultures*. London: sage.

Gherardi, S. 1996. "Gendered Organizational Cultures: Narratives of Women Travellers in a Male World. "*Gender, Work and Organization*, 3(4): 187 – 201.

Giarchi, G. G. 2000. *Older People in Europe*. London: Longman Higher Education.

Giddens, A. 1991. *Modernity and Self-Identity: Self and Society in the Late Modern*

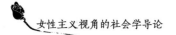

Age. Cambridge: Polity.

Giddens, A. 1992. *The Transformation of Intimacy: Sexuality, Love and Eroticism in Modern Societies.* Cambridge: Polity.

Gilbourn, D. 1995. *Racism and Antiracism in Real Schools.* Buckingham: Open University Press.

Gilbourn, D. and Mirza, H. 2000. *Educational Inequality: Mapping Race, Class and Gender—A Synthesis of Evidence.* London: OFSTED.

Gill, R. 1988. "Altered Images? Women in the Media. "*Social Studies Review*, 4 (1) .

Gilligan, C. 1982. *In a Different Voice: Psychological Theory and Women's Development.* Cambrideg, M. A. : Harvard University Press.

Gittens, D. 1985. *The Family in Question: Changing Households and Familial Ideologies.* London: Macmillan.

Gittens, D. 1992. "What is the Family? Is it Universal?. "in L. MacDowell and R. Pringle(eds.) *Defining Women: Social Institutions and Gender Division.* Cambridge: Polity.

Glasser, C. 1997. "Patriarchy, Mediated Desire and Chinese Magazine Fiction. " *Journal of Communication* 47(1) : 85 – 108.

Glendinning, C. and Millar, J. 1992. *Women and Poverty in Britain in the 1990s.* Hemel Hempstead: Harvested Wheatsheaf.

Goddard-Spear, M. 1989. "Differences Between the Written Work of Boys and Girls. "*British Educational Research Journal*, 15: 271 –277.

Goffee, R. and Scase, R. 1985. *Women in Charge: The Experiences of Female Entrepreneurs.* London: Allen and Unwin.

Gold, K. 1990. "Get Thee to a Laboratory. "*New Scientist*, 14 April: 42 – 46.

Goldman, R. 1992. *Reading Ads Socially.* London: Routledge.

Goldthorpe, J. 1983. "Women and Class Analysis: In Defence of the Conventional View. "*Sociology*, 17: 465 –488.

Goldthorpe, J. 1984. "Women and Class Analysis: A Reply to the Replies. "*Sociol-*

ogy, 18: 491 – 499.

Goldthorpe, J. , Llewlyn, C. and Payne, C. 1980. *Social Mobility and Class Structure in Modern Britain.* Oxford: Oxford University Press.

Goldthorpe, J. , Lockwood, D. , Bechhofer, F. and Platt, J. 1969. *The Affluent Work in the Class Structure.* Oxford: Oxford University Press.

Graddol, D. and Swann, J. 1989. *Gender Voices.* Oxford: Blackwell.

Graham, H. 1984. *Women, Health and the Family.* Brighton: Wheatsheaf.

Graham, H. 1987. " Providers, Negotiators and Mediators: Women as Hidden Cares. "in E. Lewin and V. Olsen(eds.) *Women, Health and Healing.* London: Tavistock.

Graham, H. 1991. "The Concept of Care in Feminist Research: The Case of Domestic Service. "*Sociology*, 25: 61 – 78.

Graham, H. 1993. *Hardship and Health in Women's Lives.* Hemel Hempstead: Harvester Wheatsheaf.

Graham, H. 2002. "Building an Interdisciplinary Science of Health Inequalities: The Example of Life-course Research. " *Social Science and Medicine,* 55: 2005 – 2016.

Graham, H. and Oakley, A. 1981. "Competing Ideologies of reproduction: Medical and Maternal Perspectives on Pregnancy. " in H. Roberts (eds.) *Women, Health and Reproduction.* London: Routledge and Kegan Paul.

Granleese, J. 2004. "Occupational Pressures in Banking: Gender Differences. " *Women in Management Review,* 19(4) : 219 – 226.

Greed, C. 1994. " Women Surveyors: Constructing Careers. " in J. Evetts (ed. . *Women and Career: Themes and Issues in Advanced Industrial Societies.* London: Longman.

Greenstein, F. 1965. *Children and Politics.* New Haven, C. T. : Yale University Press.

Greekr, G. 1999. *The Whole Woman.* London: Anchor.

Greyory, J. 1986. "Sex, Class and Crime: Towards a Non-Sexist Criminology. " in

R. Matthews and J. Young(eds.) *Confronting Crime*. Beverley Hills, C. A. : Sage.

Griffin, C. 1985. *Typical Girls?*London: Routledge and Kegan Paul.

Griffin, C. 1997. "Troubled Teens: Managing Disorders of Transition and Consumption. " *Feminist Review* 55: 4 – 21.

Grosz, E. 1995. *Space, Time and Perversion: Essays on the Politics of bodies.* London: Routledge.

Groves, D. 1992. "Occupational Pension Provision and Women's Poverty in Old Age. "in 3. Glendinning and J. Millar(eds.) *Women and Poverty in Britain in the 1990s*. Hemel Hempstead: Harvester Wheatsheaf.

Guillaumin, C. 1995. *Racism, Sexism, Power and Ideology*. London: Routledge.

Guillebaud, J. and Low, B. 1987. "Contraception. " in A. McPherson (eds.) *Women's Problems in General Practice*. Oxford: Oxford University Press.

Hakim, C. 1995. "Five Feminist Myths about Women's Employment. " *British Journal of Sociology*, 46(3) : 429 – 455.

Hakim, C. 1996. *Key Issues in Women's Work*. London: Athlone.

Hall, E. 1993a. " Waitering /Waitressing: Engendering the Work of Table Servers. "*Gender and Society*, 17(3) : 329 – 346.

Hall, E. 1993b. "Smiling, Deferring, and Flirting: Doing Gender by Giving ' Good Service' . "*Work and Occupations* 20(4) 452 – 471.

Hall, E. J. and Rodriguez, M. S. 2003. "The Myth of Post-feminism. "*Gender and Society* 17(6) 878 – 902.

Hall, L. 2000. "Eyes Tightly Shut, Lying Rigidly Still, and Thinking of England? British Women and Sex from Marie Stopes to Hite 2000", plenary lecture presented to a Wellcome Library conference on "Aspects of Gender in Contemporary British History", London, July.

Hall, M. 1989. "Private Experiences in the Public Domain: Lesbians in Organizations. "in J. Hearn, D. Sheppard, P. Tancred-Sheriff and G. Burrell(eds.) *The Sexuality of Organization*. London: Sage: 125 – 138.

Hall, R. 1985. *Ask any Woman*. Bristol: Falling Wall Press.

Hall, S. 1980. " Encoding/Decoding. " in. S. Hall, D. Hobson, A. Lowe and P. Willis(eds.) *Culture, Media, Language*. London: Hutchinson.

Hall, S. 1990. "Cultural Identity and the Disapora. "in J. Rutherford(eds.) *Identity: Community, Culture, Difference*.London: Lawrence and Wishart.

Hall, S. 1992a. "The West and the Rest: Discourse and Power. "in S. Hall and B. Gieben(eds.) *The Formations of Modernity*. Cambridge: Polity.

Hall, S. 1992b. "Introduction. "in S. Hall, D. Held and T. McGrew(eds.) *Modernity and Its Futures*. Cambridge: Polity.

Hall, S. and Jefferson, T. 1976. *Resistance Through Rituals*. London: Hutchinson.

Hall, S. , Critcher, C. , Jefferson, T. , Clarke, J. and Roberts, B. 1978. *Policing the Crisis*. London: Macmillan.

Halsey, A. H. , Heath, A. and Ridge, J. M. 1980. *Origins and Destinations*. Oxford: Clarendon Press.

Halson, J. 1989. "The Sexual Harassment of Young Women. "in L. Holly(eds.) *Sex in Schools*. Milton Keynes: Open University Press.

Halson, J. 1991. "Young Women: Sexual Harassment and Mixed-Sex Schooling. " in P. Abbott and C. Wallace (eds.) *Gender, Power and Sexuality*. London: Macmillan.

Hancock, P. and Tyler, M. 2001. *Work, Postmodernism and Organization: A Critical Introduction*. London: Sage.

Hanmer, J. 1990. "Men, Power and the Exploitation of Women. " in J. Heam and D. Morgan(eds.) *Men, Masculinities and Social Theory*. London: Unwin Hyman.

Hanmer, J. 2003. "Lesbian Subtext Talk: Experiences of the Internet Chat. "*International Journal of Sociology and Social Policy*, 23(1 – 2): 80 – 106.

Hanmer, J. and Leonard, D. 1984. "Negotiating the Problem: The DHSS and Research on Violence in Marriage. "in C. Bell and H. Roberts(eds.) *Social Researching: Politics, Problems, Practice*. London: Routledge and Kegan Paul.

Hanmer, J. and Saunders, S. 1984. Well-Founded Fear. London: Hutchinson.

Haraway, D. 1991. *Simians, Cyborgs and Women: The Reinvention of Nature.* London: Free Association Books.

Haraway, D. 2004. "Situated Knowledges: The Science Question in Feminism and the Privilege of Partial Perspective. " in S. Harding (eds.) *The Feminist Standpoint Theory Reader.* London: Routledge.

Harding, J. 1980. "Sex Differences in Performances in Science Examinations. " in R. Deem(eds.) *Schooling for Women's Work.* London: Routledge and Kegan Paul.

Harding, S. 1987. *Feminism and Methodology.* Milton Keynes: Open University Press.

Harding, S. 2004a. "Introduction: Standpoint Theory as a Site of Political, Philosophic, and Scientific Debate. "in S. Harding(eds.) *The Feminist Standpoint Theory Reader.* London: Routledge.

Hargreaves, A. 1996. Contribution to Review Symposium of J. Abraham. 1995. *Divide and School: Gender and Class Dynamics in Comprehensive Education.* London: Falmer, *British Journal of Sociology of Education,* 17(1) : 95 – 97.

Hartmann, H. 1978. "The Unhappy Marriage of Marxism and Feminism: Towards a More Progressive Union. "*Capital and Class,* 8: 1 – 33.

Hartsock, N. 1990. "Foucault on Power. "in L. Nicholson(eds.) *Feminism / Postmodernism.* London: Routledge.

Hartsock, N. 1998. "Marxist Feminist Dialectics for the 21st. Century. "*Science and Society,* 62(3) : 400 – 413.

Hawkes, G. 1995. "Responsibility and Irresponsibility: Young Women and Family Planning. "*Sociology,* 29(2) : 257 – 273.

Hawkes, G. 1996. *A Sociology of Sex and Sexuality.* Buckingham: Open University Press.

Heam, J. 1982. "Notes on Patriarchy, Professionalisation and the Semi-Professions. " *Sociology,* 26: 184 – 202.

Health, A. and Britten, N. 1984. "Women's Jobs Do Make a Difference. "*Sociology*, 18: 475 – 495.

Hebdige, D. 1979. *Subculture: The Meaning of Style*. London: Methuen.

Heidensohn, F. 1986. *Women and Crime*. London: Macmillan.

Hekman, S. 1990. *Gender and Knowledge: Elements of a Postmodern Feminism*. Cambridge: Polity.

Hey. V. 1997. *The Company She Keeps: An Ethnography of Girls' Friendship*. Buckingham: Open University Press.

Heywood, C. 2001. *A History of Childhood: Children and Childhood in the West from Medieval to Modern Times*. Cambridge: Polity.

Hill Collins, P. 1986. "Learning from the Outsider Within: The Sociological Significance of Black Feminist Thought. "*Social Problems*, 33(6): 14 – 32, reprinted in S. Harding. 2004. *The Feminist Standpoint Theory Reader*. London: Routledge.

Hill Collins, P. 1990. *Black Feminist Thought*. London: Harper Collins.

Hite, S. 1976. *The Hite Report*. London: Hamlyn.

Hite, S. 2000. *The New Hite Report: The Revolutionary Report on Female Sexuality Updated*. London: Hamlyn.

Hochschild, A. R. 1983. *The Managed Heart*. Berkeley, CA: University of California Press.

Hockey, J. 1993. "Women and Health. "in D. Richardson and V. Robinson(eds.) *Introducing Women's Studies*. London: Macmillan.

Hockey, J. and James, A. 1993. *Growing Up and Growing Old: Age and Dependency in The Life Course*. London: Sage.

Hockey, J. and James, A. 2002. *Social Identities Across the Life Course*. London: Palgrave.

Hoff, L. A. 1990. *Battered Women as Survivors*. London: Routledge.

Hoggart, R. 1957. *The Uses of Literacy*. Harmondsworth: Penguin.

Holland, J. , Ramazanoglu, C. , Scott, S. , Sharpe, S. and Thomson, R. 1990. "

'*Don't Die of Ignorance*' — *I Nearly Died of Embarrassment: Condoms in Contest.* "London: The Tuffnell Press.

Holland, J. , Ramazanoglu, C. , Sharpe, S. and Thomson, R. 1994. "Power and Desire: The Embodiment of Female Sexuality. "*Feminist Review*, 46.

Holland, J. , Ramazanoglu, C. , Sharpe, S. and Thomson, R. 1998. *The Male in the Head: Young People, Heterosexuality and Power.* London: The Tuffnell Press.

Hollibaugh, A. 1989. "Desire for the Future: Radical Hope in Passion and Pleasure. "in S. Jackson and S. Scott(eds) 1996. *Feminism and Sexuality: A Reader.* Edinburgh: Edinburgh University Press.

Holmes, J. 1997. "Gendered Discourse. "in R. Wodak(eds.) *Discourse and Gender.* London: Sage.

Home Office. 1999. *Statistics on Women and the Criminal Justice System.* London: HMSO.

Home Office. 2003. *Criminal Statistics for England and Wales* 2002. London: HMSO.

Homer, M. , Leonard, A. and Taylor, P. 1984. *Private Violence and Public Shame.* Middlesbrough: Cleveland Refuge and Aid for Women and Children.

Hooks, B. 1982. *Ain't I a Woman?Black Women and Feminism.* Boston: South and Press.

Hooks, B. 1984. *Feminist Theory: From Margin to Centre.* Boston: South and Press.

Hooks, B. 1990. "Choosing the Margin as a Space of Radical Openness. " in *Yearning: Race, Gender and Cultural Politics.* Boston: South and Press. Reprinted in S. Harding(eds.) 2004. *The Feminist Standpoint Theory Reader.* London: Routledge.

Hooks, B. 1992. *Black Looks: Race and Representation.* London: Turnaround.

Hughes, B. 2000. "Medicine and the Aesthetic Invalidation of Disabled People. " *Disability and Society*, 15(4) : 555 – 568.

Hunt, P. 1980. *Gender and Class Consciousness.* London: Macmillan.

Huntley, R. 2000. "Sexing the Belly: An Exploration of Sex and the Pregnant

Body. "Sexualities, 3(3) : 347 – 362.

Ibarra, H. 1993. "Personal Networks of Women and Minorities in Management: A Conceptual Framework. "*Academy of Management Review*, 18(1) : 56 – 87.

Ilkkaracan, P. 2002. "Women, Sexuality, and Social Change in the Middle East and the Maghreb. "*Social Research*, 69(3) : 753 – 779.

Irigaray, L. 1993. *Je, Tu, Nous: Toward a Culture of Difference*. London: Routledge.

Jackson, M. 1987. "Facts of Life or the Eroticization of Women's Oppression? Sexology and the Social Construction of Heterosexuality. "in P. Caplan (eds.) *The Cultural Construction of Sexuality*. London: Tavistock, 52 – 81.

Jackson, P. and Salisbury, J. 1996. "Why Should Secondary Schools Take Working with Boys Seriously. "*Gender and Education*, 8: 103 – 116.

Jackson, S. and Cram, F. 2003. "Disrupting the Sexual Double Standard: Young Women's Talk about Heterosexuality. "*British Journal of Social Psychology*, 42(1) : 113 – 127.

Jackson, S. and Scott, S. 1996. "Sexual Skirmishes and Feminist Factions: Twenty-Five Years of Debate on Women and Sexuality. "in S. Jackson and S. Scott (eds.) *Feminism and Sexuality: A Reader*. Edinburgh: Edinburgh University Press, 1 – 31.

Jagger, A. 1983. *Feminist Politics and Human Nature*. Brighton: Harvester Wheatsheaf.

James, A. and Prout, A. 1997. *Constructing and Reconstructing Childhood*. Second edition. London: Falmer Press.

James, A. , Jenks, C. and Prout, A. 1998. *Theorizing Childhood*. Cambridge: Polity.

James, N. 1989. "Emotional Labour: Skill and Work in the Social Regulation of Feelings. " *Sociological Review*, 37: 15 – 42.

Jameson, F. 1991. *Postmodernism*. London: Verso.

Jefford, S. 1994. *Hard Bodies: Hollywood Masculinity in the Reagan Era*. New

York: Rutgers University Press.

Jeffreys, S. 1985. *The Spinster and Her Enemies*. Hammersmith: Harpet Collins.

Jeffreys, S. 1990. *Anticlimax: A Feminist Perspective on the Sexual Revolution*. London: The Women's Press.

Jeffreys, S. 1997. *The Idea of Prostitution*. Melbourne: Spinifex.

Jeffreys, S. 1998. "Child Versus Adult Prostitution: A False Distinction. " paper presented at the First European Meeting of the Main Partners in the Fight A-gainst Child Sex Tourism, *Participants' Speeches and Contributions*. Brussels: EC Tourism Directorate, 64 – 71.

Jensen, A. 1973. *Educability and Group Differences*. New York: Harper Row.

Jezierski, M. 1992. "Guidelines for Interventions by ER Nurses in Cases of Do-mestic Abuse. "*Journal of Emergency Nursing*, 18: 298 – 300.

Johnson, N. 1985. *Marital Violence*. London: Routledge and Kegan Paul.

Johnson, N. 1995. "Domestic Violence: An Overview. "in P. Kingston and B, Pen-hale(eds.) *Family Violence and the Caring Professions*. London: Macmillan.

Johnson, R. 1996. "What is Cultural Studies Anyway?"*Social Text*, 16: 38 – 80.

Johnson, T. 1972. *Professions and Power*. London: Macmillan.

Jordan, E. 1995. "Fighting Boys and Fantasy Play: The Construction of Masculini-ty in the Early Years of School. "*Gender and Education*, 7: 69 – 96.

Julien, I. and Mercer, K. 1988. "Territories of the Body. " in R. Chapman and J. Rutherford(eds.) *Male Order*. London: Lawrence and Wishart.

Kahn, A. and Holt, L. H. 1989. *Menopause*. London: Bloomsbury.

Kane, P. 1991. *Women's Health: From Womb to Tomb*. London: Macmillan.

Kanter, R. M. 1977. *Men and Women of the Corporation*. New York: Basic Books.

Kehily, M. J. 2002. "Issues of Gender and Sexuality in Schools. "in B. Francis and C. Skelton(eds.) *Investigation Gender*. Buckingham: Open University Press.

Kellner, D. 1995. *Media Culture*. London: Routledge.

Kelly, A. 1982. "Gender Roles at Home and School. "*British Journal of Sociology of Education*, 3: 281 – 296.

Kelly, A. 1987. *Science for Girls*. Buckingham: Open University Press.

Kelly, E. 1988. *Surviving Sexual Violence*. Cambridge: Polity.

Kempadoo, K. and Doezema, J. 1998. *Global Sex Workers: Rights, Resistance and Redefinition*. London: Routledge.

Kent, J. 2000. *Social Perspectives on Pregnancy and Childbirth for Midwives, Nurses and the Caring Professions*. Buckingham: Open University Press.

Kerfoot, D. and Knights, D. 1998. "Managing Masculinity in Contemporary Organizational Life: A Managerial Project. "*Organization*, 5(1):7 – 26.

Khotkina, Z. 1994. "Women in the Labour Market. " in A. Posadskaya (eds.) *Women in Russia*. London: Verso.

King, A. 1997. "The Lads: Masculinity and the New Consumption of Football. "*Sociology*, 31(2):329 – 346.

Kingsley Kent, S. 1993. *Making Peace: The Reconstruction of Gender in Inter-war Britain*. New York: Princeton University Press.

Kirby, D. 1997. *Barmaids: A History of Women's Work in Pubs*. Cambridge: Cambridge University Press.

Koblinsky, M. , Campbell, O. and Harlow, S. 1993. "Mother and More: A Broader Perspective on Women's Health. " in M. Koblinsky, T. Timyan, and J. Gray (eds.) *The Health of Women: A Global Perspective*. Boulder, C. O. : Westview Press.

Koedt, A. 1972. "The Myth of the Vaginal Orgasm. " in S. Jackson and S. Scott (eds.) 1996. *Sexuality and Feminism: A Reader*. Edinburgh: Edinburgh University Press, 111 – 116.

Kosofsky Sedgwick, E. 1990. *Epistemology of the Closet*. Berkeley: University of California Press.

Kuhn, A. and Wolpe, A. 1978. *Feminism and Materialism: Women and Modes of Production*. London: Routledge.

Kumar, S. and Curtin, M. 2002. " ' Made in India' : In Between Music Television and Patriarchy. "*Television and New Media*, 3(4):345 – 366.

Kurian, A. 2001. "Feminism and the Developing World. "in S. Gamble(eds.) The Routledge Companion to Feminism and Postfeminism. London: Routledge.

Kushner, T. and Knox, K. 1999. *Refugees in an Age of Genocide*. London: Cass.

Lackoff, R. 1975. *Language and Women's Place*. New York: Harper and Row.

Lahelma, E. , Arber, S. , Kivela, K. and Roos, E. 2002. *Social Science and Medicine*, 6: 773 – 787.

Land, H. 2003. "Altruism, Reciprocity and Obligation. "in P. Alcock et al. (eds.) *The Student's Companion to Social Policy*. Oxford: Blackwell.

Larkin, A. S. 1988. "Black Women Film-Makers Defining Ourselves. "in E. Pribram(eds.) *Female Spectators*. London: Verso.

Larkin, G. 1983. *Occupational Monopoly and Modern Medicine*. London: Tavistock.

Laune, N. , Dwyer, C. , Holloway, S. and Smith, F. 1999. *Geographies of New Femininities*. Harlow: Longman.

Lawrence, B. 1987. "The Fifth Dimension: Gender amd General Practice. " in A. Spencer and D. Podmore(eds.) *In a Man's World*. London: Tavistock.

Lazarsfeld, P. F. , Berelson, B. and Gauder, H. 1968. *The People's Choice. Second edition*. Chicago: University of Chicago Press.

Lazzaro, M. V. and McFarlane, J. 1991. "Establishing a Screening Program for Abused Women. "*Journal of Nursing Administration*, 21: 24 – 29.

Leach, E. 1967. *A Runaway World?*London: BBC Publications.

Lee, N. 2001. *Childhood and Society: Growing Up in an Age of Uncertainty*. Buckingham: Open University Press.

Lees, S. 1986. *Losing Out: Sexuality and Adolescent Girls*. London: Hutchinson.

Lees, S. 1989. "Naggers, Whores and Libbers: Provoking Men to Violence. "paper presented at the annual conference of the British Sociological Association. Plymouth, April.

Lees, S. 1993. *Sugar and Spice: Sexuality and Adolescent Girls*. Harmondsworth: Penguin.

Lees, S. 1997. *Ruling Passions: Sexual Violence, Reputation and the Law.* Buckingham: Open University Press.

LeGrand, J. 1982. *The Strategy of Equality.* London: Allen and Unwin.

Leidner, R. 1993. *Fast Food, Fast Talk: Service Work and the Routinization of Everyday Life.* Berkeley: University of California Press.

Leonard, E. B. 1978. *Women, Crime and Society.* London: Longman.

Leonard, E. B. 1982. *Women, Crime and Society: A Critique of Theoretical Criminology.* New York: Longman.

Lesson, J. and Gray, J. 1978. *Women and Health.* London: Tavistock.

Letherby, G. (2002) "Claims and Disclaimers: Knowledge, Reflexivity and Representation in Feminist Research. " Sociological Research Online, 6 (4): www. socresonline. org. uk/ 6/4/letherby. html.

Lewin, E. and Olsen, V. (eds) (1987) *Women, Health and Healing: Towards a New Perspective.* London: Tavistock.

Lewis, A. and Lindsay, G. (eds) (1999) *Researching Children' s Perspectives.* Buckingham: Open University Press.

Lewis, J. (1980) *The Politics of Motherhood: Child and Maternal Welfare in England* 1900 – 1939. London: Croom Helm.

Lewis, J. (2003) "Feminist Perspectives, "in P. Alcock et al. (eds) *The Student' s Companion to Social Policy.* Oxford: Blackwell.

Lim, Lin L. (ed.) (1998) *The Sex Sector: The Economic and Social Bases of Prostitution in Southeast Asia.* Geneva: International Labour Organization.

Lincoln, R. and Kaeser, L. (1988) "Whatever Happened to the Contraceptive Revolution?", *Family Planning Perspectives*, 20: 20 – 24.

Lindroos, M. (1995) "The Problems of"Girls"in an Educational Setting", *Gender and Education*, 7: 175 – 184.

Livingston, S. and Bovill, M. (1999) *Children, Young People and the Changing Media Environment.* London: London School of Economics.

Lloyd, M. (2001) "The Politics of Disability and Feminism: Discord or Synthe-

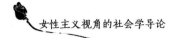
sis?", *Sociology*, 35(3): 715 – 728.

Locker, D. (1981) *Symptoms and Illness*. London: Tavistock.

Lockwood, D. (1958) *The Black-Coated Worker*. London: Allen and Unwin.

Lockwood, D. (1986) "Class, Status and Gender", in R. Crompton and M. Mann (eds) *Gender and Stratification*. Cambridge: Polity.

Lorber, J. and Moore, L. J. (2002) *Gender and the Social Construction of Illness*. Oxford: Alta Mira Press.

Loudon, N. (ed.) (1985) *Handbook of Family Planning*. Edinburgh: Churchill.

Lovenduski, J. and Randall, V. (1993) *Contemporary Feminist Politics: Women and Power*. Oxford: Oxford University Press.

Lucey, H. and Reay, D. 2000. "Carrying the Beacon for Excellence: Pupil Performance, Gender and Social Class." paper presented at the British Educational Research Association Annual Conference, Cardiff, September.

Lury, C. 1995. *Consumer Culture*. Cambridge: Polity.

Lynott, P. P. and Logue, B. 1993. "The 'Hurried Child': The Myth of Lost Childhood in Contemporary American Society." *Sociological Forum*, 8(3): 471 – 491.

Lyon, D. 1994. *Postmodernity*. Buckingham: Open University Press.

Lyotard, J-F. 1984. *The Postmodern Condition: A Report on Knowledge*. Manchester: Manchester University Press.

Macan Ghaill, M. 1994. *The Making of Men: Masculinist Sexualities and Schooling*. Buckingham: Open University Press.

Macdonald, M. 1995. *Representing Women: Myths of Femininity in the Popular Media*. London: Amold.

McIntosh, M. 1992. "Liberalism and the Contradictions of Oppression." in S. Jackson and S. Scott(eds.) 1996. *Feminism and Sexuality: A Reader*. Edinburgh: Edinburgh University Press, 333 – 341.

Macionis, J. and Plummer, K. 2002. *Sociology: A Global Introduction*. Second edition. London: Prentice Hall.

McKeganey, N. and Barnard, M. 1996. *Sex Work on the Streets*. Buckingham: Open

University Press.

MacKinnon, C. 1982. "Feminism, Marxism, Method and the State: An Agenda for Theory. "*Signs*, 7(3):515 – 545.

MacKinnon, C. 1987. *Feminism Unmodified: Discourses on Life and Law*. Cambridge, MA: Harvard University Press.

McLennan, G. 1995. "Feminism, Epistemology and Postmodernism: Reflections on Current Ambivalence. "*Sociology*, 29(3):391 – 409.

Macpherson, Sir W. 1999. *The Stephen Lawrence Inquiry*. London: Stationery Office.

McRobbie, A. 1978. "The Culture of Working-class Girls. "in A. McRobbie(eds.) 1991. *Feminism and Youth Culture*. London: Macmillan.

McRobbie, A. 1991. *Feminism and Youth Culture: From Jackie to Just Seventeen*. London: Macmillan.

McRobbie, A. 1994. *Postmodernism and Popular Culture*. London: Routledge.

McRobbie, A. 1996. "More! New Sexualities in Girls' and Women's Magazines. "in J. Curran, D. Morley and V. Walkerdine(eds.) *Cultural Studies and Communications*. London: Arnold, 172 – 194.

McRobbie, A. 2000. *Feminism and Youth Culture*. Second Edition. Basingstoke: Macmillan.

McRobbie, A. and Garber, J. 1976. "Girls and Subcultures: An Exploration. " in S. Hall and T. Jefferson(eds.) *Resistance through Rituals*. London: Hutchinson.

Madigan, R. and Munro, M. 1996. "House Beautiful: Style and Consumption in the Home. "*Sociology*, 30(1):41 – 57.

Maguire, S. 1988. "Sorry Love-Violence against Women in the Home and the State Response. "*Critical Social Policy*, 23:34 – 46.

Mama, A. 1989. "Violence against Black Women: Gender, Race and State Responses. "*Feminist Review*, 28:16 – 55.

Mandaraka-Sheppard, K. 1986. *The Dynamics of Aggression in Women's Prisons in*

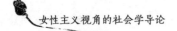

England. London: Gower.

Marcuse, H. 1972. *Eros and Civilization*. First published 1955. London: Abacus.

Marcuse, H. 1986. *One Dimensional Man*. First published 1964. London: Ark.

Marshment, M. 1993. "The Picture is Political: Representation of Women in Contemporary Popular Culture. "in D. Richardson and V. Robinson(eds.) *Introducing Women's Studies*. London: Macmillan.

Martin, E. 1987. *The Women in the Body*. Buckingham: Open University Press.

Martin, J. and Roberts, C. 1984. *Women and Employment: A Lifetime Perspective*. London: HMSO.

Martin, S. 1999. "Police Force or Police Service? Gender and Emotional Labour. " *Annals of the American Academy of Political and Social Science*, 561: 111 – 126.

Maruani, M. 1992. *The Position of Women in the Labour Market*. Brussels. CEC.

Matthews, R. and Young, J. 1986. *Confronting Crime*. Beverley Hills, CA: Sage.

Mawby, R. 1980. "Sex and Crime: The Results of a Self-Report Study. " *British Journal of Sociology*, 31: 525.

Mayall, B. 2002. *Towards a Sociology For Childhood: Thinking From Children's Lives*. Buckingham: Open University Press.

Measor, L. and Sikes, P. 1992. *Gender and Schools*. London: Cassell.

Meyer, M. 1994. "Reclaiming the Discourse of Camp. " in M. Meyer (eds.) *The Politics and Poetics of Camp*. London: Routledge, 1 – 22.

Mickelson, R. A. 1992. "Why Does Jane Read and Write So Well? The Anomaly of Women's Achievement. "in J. Wrigley(eds.) *Education and Gender Inequality*. Basingstoke: Falmer.

Miles, S. 2000. *Youth Lifestyles in a Changing World*. Buckingham: Open University Press.

Miles, S. and Middleton, C. 1990. "Girls' Education in the Balance: The ERA and Inequality. "in M. Hammer(eds.) *The Education Reform Act* 1988: *Its Origins and Implications*. Lewes: Falmer.

Milkman, R. 1976. "Women's Work and Economic Crises. "*Review of Radical Political Economy*, 9: 29 – 36.

Millen, D. 1997. "Some Methodological and Epistemological Issues Raised by Doing Feminist Research on Non-Feminist Women. "*Sociological Research Online* 2(3): www. soc. resonline. org. uk/2/3/3. html.

Millett, K. 1977. *Sexual Politics*. London: Virago.

Mills, C. Wright. 1954. *The Sociological Imagination*. Harmondsworth: Penguin.

Minturn, L. 1993. *Sitas's Daughters*. Oxford: Oxford University Press.

Mirrlees-Black, C. 1999. *Domestic Violence: Findings From the* 1992 *British Crime Survey*. London: HMSO.

Mirza, H. 1992. *Young, Female and Black*. London: Routledge.

Mitchell, J. 1986. "Women and Equality. "in J. Donald and S. Hall(eds.) *Politics and Ideology*. Milton Keynes: Open University Press.

Modleski, T. 1982. *Loving with a Vengeance: Mass Produced Fantasies for Women*. Hamden, CT: Archon Books.

Modleski, T. 1991. *Feminism Without Women: Culture and Criticism in a "postfeminist"Age*. London: Routledge.

Moir, A. and Moir, B. 1999. *Why Men Don't Learn*. London: Harper Collins.

Moore, H. 1995. *A Passion for Difference*. Cambridge: Polity.

Moore, S. 1988. "Getting a Bit of the Other—the Pimps of Postmodernism. " in R. Chapman and J. Rutherford (eds.) *Male Order*. London: Lawrence and Wishart, 165 – 192.

Morgan, D. 1999. "Risk and Family Practices. " in E. Silva and C. Smart(eds.) *The New Family?*London: Sage.

Morgan, G. and Knights, D. 1991. "Gendering Jobs: Corporate Strategy, Managerial Control and the Dynamics of Job Segregation. "*Work, Employment and Society*, 5(2): 181 – 200.

Morris, A. 1987. *Women, Crime and Criminal Justice*. Oxford: The Women's Press.

Morris, J. 1991. *Pride Against Prejudice: Transforming Attitudes to Disability*. Lon-

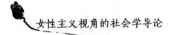

don: The Women's Press.

Morris, J. 1996. *Encounters with Strangers: Feminism and Disability*. London: The Women's Press.

Morris, J. 1997. *Conundrum*. London: Penguin.

Mort, F. 1988. " Boys Own? Masculinity, Style and Popular Culture. " in R. Chapman and J. Rutherford (eds.) *Male Order*. London: Lawrence and Wishart.

Mulvey, L. 1975. "Visual Pleasure and Narrative Cinema. "*Screen*, 16(3) : 6.

Mulvey, L. 1981. "Afterthoughts on ' Visual Pleasure and Narrative Cinema' Inspired by Duel in the Sun. " *Framework* Summer Issue; reprinted in L. Mulvey *Visual and Other Pleasures*. Basingstoke: Macmillan.

Muncie, J. 1984. *The Trouble With Kids Today: Youth Culture and Post-war Britain*. London: Hutchinson.

Murdock, G. and Golding, P. 1977. " Communication and Class Relation. " in J. Curran, M. Gurevitch and J. Woollacott (eds.) *Mass Communication and Society*. London: Edward Arnold.

Murphy, R. 1984. "The Structure of Closure: A Critique and Development of the Theories of Weber, Collins and Parkin. "*British Journal of Sociology*, 35: 574 – 602.

Myhill, A. and Allen, J. 2002. *Rape and Sexual Assault: The Extent and Nature of the Problem*. Home Office Research Study No. 237. London: HMSO.

Naffine, N. 1987. *Female Crime*. Sydney: Allen and Unwin.

Narayan, U. 1989. "The Project of a Feminist Epistemology: Perspectives from a Non-western Feminist. "in *Gender/Body/Knowledge: Feminist Reconstructions of Being and Knowing*, reprinted in S. Harding (eds.) 2004. *The Feminist Standpoint Theory Reader*. London: Routledge.

Nave, M. 1992. *Changing Culture: Feminism, Youth and Consumerism*. London: Sage.

Nayak, A. 1997. "Frozen Bodies: Disclosing Whiteness in Haagen-Dazs Advertising. "*Body and Society*, 3(3): 51 – 71.

Nicholson, L. 1990. *Feminism/Postmodernism*. London: Routledge.

Nixon, S. 1996. *Hard Looks: Masculinities, Spectatorship and Contemporary Consumption*. London: UCL Press.

NUT (National Union of Teachers). 1980. *Promotion and the Woman Teacher*. London and Manchester: National Union of Teachers/Equal Opportunities Commission.

O'Connell Davidson, J. 1995. "The Anatomy of ' Free Choice' Prostitution. "*Gender, Work and Organization*, 2: 1 – 10.

O'Connell Davidson, J. 1997. "Extended Review: Sex Work—Current Research Agendas. "*Work, Employment and Society*, 11(4): 777 – 779.

O'Connell Davidson, J. 1998. "Macho Lads in Pornutopia. "paper presented at the First European Meeting of the Main Partners in the Fight Against Child Sex Tourism, *Participants' Speeches and Contributions*. Brussels: EC Tourism Directorate.

O'Reilly, K. 2004. "Developing Contradictions: Women's Participation as a Site of Struggle Within an Indian NGO. "*Professional Geographer*, 56(2): 174 – 184.

Oakley, A. 1972. *Sex, Gender and Society*. London: Temple Smith.

Oakley, A. 1974a. *Housewife*. London: Allen Lane.

Oakley, A. 1974b. *The Sociology of Housework*. London: Martin Robertson.

Oakley, A. 1980. *Women Confined: Towards a Sociology of Childbirth*. Oxford: Martin Robertson.

Oakley, A. 1982. *Subject Women*. London: Fontana.

Oakley, A. 1984a. *The Captured Womb*. Oxford: Blackwell.

Oakley, A. 1984b. "The Importance of Being a Nurse. "*Nursing Times*, 12 (December): 24 – 27.

Oakley, A. 1987. "From Walking Wombs to Test-Tube Babies. "in M. Stanworth (eds.) *Reproductive Technologies*. Cambridge: Polity.

Oakley, A. 1988. "Gender, Methodology and People's Ways of Knowing: Some

Problems with Feminism and the Paradigm Debate in Social Science. *Sociology*, 32(4): 707 – 731.

Oakley, A. and Oakley, R. 1979. "Sexism in Official Statistics." in J. Irvine, I. Miles and J. Evans (eds.) *Demystifying Social Statistics*. London: Pluto Press.

Oliver, M. 1983. *Social Work with Disabled People*. London: Macmillan.

Oliver, M. 1990. *The Politics of Disablement*. London: Macmillan.

Oudshoorn, N. 1994. *Beyond the Natural Body: An Archaeology for Sex Hormones*. London: Routledge.

Paechter, C. 1998. *Educating the Other: Gender, Power and Schooling*. London: Falmer.

Pahl, J. 1980. "Patterns of Money Management within Marriage." *Journal of Social Policy*, 19: 313 – 335.

Pahl, J. 1983. "The Allocation of Money and the Structuring of Inequality Within Marriage." *Sociological Review*, 31: 237 – 262.

Pahl, J. 1985. *Private Violence and Public Policy*. London: Routledge and Kegan Paul.

Pahl, J. 1995. "Health Professionals and Violence Against Women." in P. Kingston and B. Penhale(eds.) *Family Violence and the Caring Professions*. London: Macmillan.

Parkin, F. 1979. *Marxism and Class Theory: A Bourgeois Critique*. London: Tavistock.

Parsons, T. and Bales, R. 1955. *Family, Socialization and Interaction Process*. New York: Free Press.

Pateman, C. 1988. *The Sexual Contract*. Cambridge: Polity.

Paterson, K. and Hughes, B. 2000. "Disabled Bodies." in P. Hancock, B. Hughes, E. Jagger, K. Paterson, 18. Russell, E. Tulle-Winton and M. Tyler(eds.) *The Body, Culture and Society: An Introduction*. Buckingham: Open University Press, 29 – 44.

Penfold, P. S. and Walker, G. 1984. *Women and the Psychiatric Paradox*. Milton Keynes: Open University Press.

Petchesky, R. P. 1987. "Foetal Images: The Power of Visual Culture in the Politics of Reproduction. " in M. Stanworth (eds.) *Reproductive Technologies*. Cambridge: Polity.

Peterson, P. B. and Lach, M. A. 1990. "Gender Stereotypes in Children's Books: Their Prevalence and Influence in Cognitive and Effective Development. " *Gender and Education*, 2: 185 – 197.

Phillips, A. and Taylor, B. 1980. "Sex and Skill: Notes Towards a Feminist Economics. " *Feminist Review*, 6: 79 – 88.

Phillipson, C. 1982. *Capitalism and the Construction of Old Age*. London: Macmillan.

Phizacklea, A. 1983. *One Way Ticket: Migration and Female Labour*. London: Routledge.

Phoenix, A. 2002. "Radicalisation and Gendering in the Re. Production of Educational Inequalities. " in B. Francis and C. Skelton (eds.) *Investigating Gender*. Buckingham: Open University Press.

Pill, D. and Stott, N. 1986. "Concepts of Illness Causation and Responsibility: Some Preliminary Data from a Sample of Working Class Mothers. " in C. Currer and M. Stacey (eds.) *Concepts of Health, Illness and Disease: A Comparative Perspective*. Leamington Spa: Berg.

Plant, S. 1993. "Beyond the Screens: Film, Cyberpunk and Cyberfeminism. " *Variant*. 13 – 17, reprinted in S. Kemp and J. Squires (eds.) 1996. *Feminisms*. Oxford: Oxford University Press, 503 – 508.

Plant, S. 1997. *Zeroes and Ones: Digital Women and the New Technoculture*. New York: Doubleday.

Plummer, K. 1996. "Foreword: Symbols of Change. " in W. Simon (eds.) *Postmodern Sexualities*. London: Routledge, ix – xvi.

Pollack, O. 1950. *The Criminality of Women*. Philadelphia: University of Philadel-

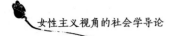

phia Press.

Pollack, S. 1985. "Sex and the Contraceptive Act. "in H. Holmans(eds.) *The Sexual Politics of Reproduction*. Aldershot: Gower.

Pollert, A. 1981. *Girls, Wives, Factory Lives*. London: Macmillan.

Pollert, A. 1996. "Gender and Class Revisited; or, The Poverty of Patriarchy. "*Sociology*, 30(4) : 639 – 659.

Poovey, M. 1989. "Scenes of an Indelicate Character: The Medical Treatment of Victorian Women. " in S. Jackson and S. Scott (eds.) 1996. *Feminism and Sexuality: A Reader*. Edinburgh: Edinburgh University Press, 40 – 50.

Popay, J. and Jones, J. 1990. " Patterns of Health and Illness among Lone Parents. "*Journal of Social Policy*, 19: 499 – 534.

Porter, T. 1995. *Trust in Numbers: The Pursuit of Objectivity in Science and Public Life*. Princeton, N. J. : Princeton University Press.

Poster, M. 1997. "Cyberdemocracy: Internet and the Public Sphere. "in R. Porter (eds.) *Internet Culture*. New York: Routledge, 201 – 218.

Prandy, K. 1986. " Similarities of Lifestyle and Occupations of Women. " in R. Crompton and M. Mann(eds.) *Gender and Stratification*. Cambride Polity.

Pringle, R. 1989. *Secretaries Talk: Sexuality, Power and Work*. London: Verso.

Pringle, R. 1993. " Male Secretaries. " in C. Williams (eds.) *Doing " Women's Work*. "London: Sage.

Quart, A. 2003. *Branding: The Buying and Selling of Teenagers*. London: Random House.

Radford, J. 1987. "Policing Male Violence—Policing Women. "in J. Hanmer and M. Maynard(eds.) *Women, Violence and Social Control*. London: Macmillan.

Radner, H. 1995. *Shopping Around: Feminist Culture and the Pursuit of Pleasure*. London: Routledge.

Radway, J. 1987. *Reading the Romance: Women, Patriarchy and Popular Literature*. London: Verso.

Ramazanoglu, C. 1987. "Sex and Violence in Academic Life, or You Can Keep a

Good Woman Down. "in J. Hanmer and M. Maynard(eds.) *Women, Violence and Social Control.* London: Macmillan.

Rattansi, A. 1995. "Forgetful Postmodernism? Notes from de Bunker. "*Sociology*, 29: 339 – 350.

Reay, D. 2002. "The Paradox of Contermporary Femininities in Education: Combining Fluidity with Flexibility. "in B. Francis and C. Skelton(eds.) *Investigating Gender.* Buckingham: Open University Press.

Reid, K. 1985. "Choice of Method. " in N. Loudon (eds.) *Handbook of Family Planning.* Edinburgh: Churchill.

Reinharz, S. 1983. "Experiential Analysis: A Contribution to Feminist Research. " in G. Bowies and R. D. Klein (eds.) *Theories of Women's Studies.* London: Routledge and Kegan Paul.

Rich, A. 1980. "Compulsory Heterosexuality and Lesbian Existence. "in A. Rich *Blood, Bread and Poetry.* London: Virago.

Richardson, D. 1998. "Sexuality and Citizenship. "*Sociology*, 32(1): 83 – 100.

Richardson, D. and Robinson, V. 1994. "Theorising Women's Studies, Gender Studies and Masculinity: The Politics of Naming. " *European Journal of Women's Studies,* 1(1): 11 – 27.

Riley, D. 1992. "A Short History of Some Preoccupations. " in J. Butler and J. Scott(eds.) *Feminists Theorise the Political.* London: Routledge.

Ritzer, G. 1996. *The McDonaldization of Society: An Investigation into the Changing Character of Contemporary Social Life.* Revised edition. Thousand Oaks, CA: Pine Forge Press.

Roberts, E. 1982. "Working Class Wives and their Families. " in J. Barker and M. Drake(eds.) *Population and Society in Britain 1850 – 1980.* London: Batsford.

Roberts, H. 1981. *Women, Health and Reproduction.* London: Routledge and Kegan Paul.

Roberts, H. 1985. *The Patient Patients: Women and their Doctors.* London: Pandora.

Robinson, V. 1993. "Introducing Women's Studies." in D. Richardson and V. Robinson(eds.) *Introducing Women's Studies: Feminist Theory and Practice*. London: Macmillan, 1 – 26.

Roiphe, K. 1993. *The Morning After: Sex, Fear and Feminism*. London: Hamish Hamilton.

Rose, J. 1992. *Marie Stopes and the Sexual Revolution*. London: Faber and Faber.

Roseneil, S. 1995. *Disarming Patriarchy: Feminism and Political Action at Greenham*. Buckingham: Open University Press.

Rosener, J. 1990. "Ways Women Lead. "*Harvard Business Review*. November-December: 119 – 125.

Rowbotham, S. 1981. The Trouble with "Patriarchy". in R. Samuel(eds.) *People's History and Socialist Theory*. London: Routledge.

Royal College of General Practitioners. 1990. *Mortality Statistics from General Practice 1981 – 1982, Third National Study*. London: HMSO.

Rubin, G. 1984. "Thinking Sex. "in C. Vance(eds.) *Pleasure and Danger*. London: Routledge.

Ruddock, J. , Wallace, G. and Chaplin, R. 1996. *School Improvement: What Can Pupils Tell*. London: David Fulton.

Russell, R. and Tyler, M. 2002. "Thank Heaven for Little Girls: ' Girl Heaven' and the Commercial Context of Feminine Childhood. "*Sociology*, 36(3): 619 – 637.

Sahgal, G. 1989. "Fundamentalism and the Multiculturalist Fallacy. "in Southall Black Sisters(eds.) *Against the Grain: Southall Black Sisters 1979 – 1989*. Southall: Southall Black Sisters.

Sanders, T. 2004. "Controllable Laughter: Managing Sex Work Through Humour. " *Sociology*, 38(2) : 273 – 291.

Sandoval, C. 1991. "US Third World Feminism: The Theory and Method of Oppositional Consciousness in the Postmodern World. "*Gender*. 10: 1 – 14, reprinted in S. Harding(eds.) 2004. *The Feminist Standpoint Theory Reader*. London: Routledge.

Sapsford, R. 1993. "Understanding People: The Growth of an Expertise. " in J. Clarke(eds.) *A Crisis in Care?Challenges to Social Work*. London: Sage.

Sassetti, M. R. 1993. "Domestic Violence. "*Primary Care*, 20(2) : 289 – 306.

Saussure, F. 1974. *Course in General Linguistics*. First published 1959. London: Fontana.

Savage, M. 2000. *Class Analysis and Social Transformation*. Buckingham: Open University Press.

Savage, W. 1986. *A Savage Enquiry*. London: Virago.

Sayers, J. 1986. *Sexual Contradictions: Psychology, Psychoanalysis and Feminism*. London: Tavistock.

Scambler, G. and Scambler, A. 1984. "The Illness Iceberg and Aspects of Consulting Behaviour. " in R. Fitzpatrick, T. Hilton, S. Newman, G. Scambler and T. Thompson(eds.) *The Experience of Illness*. London: Tavistock.

Scambler, G. and Scambler, A. 1997. *Rethinking Prostitution: Purchasing Sex in the 1990s*. London: Routledge.

Scott, J. 1995. *Sociological Theory: Contemporary Debates*. Aldershot: Edward Elgar.

Scully, D. and Bart, P. 1978. "A Funny Thing Happened on the Way to the Orifice: Women in Gynecology Textbooks. "in J. Ehrenreich(eds.) *Cultural Crisis of Modern Medicine*. New York: Monthly Review Press.

Scully, D. and Marolla, J. 1993. "Riding the Bull at Gilleys: Convicted Rapists Describe the Rewards of Rape. "in P. B. Bart and E. G. Moran(eds.) *Violence against Women: The Bloody Footprints*. London: Sage.

Seabrook, J. 1996. *Travels in the Skin Trade: Tourism and the Sex Industry*. London: Pluto Press.

Seager, J. and Olsen, A. 1986. *Women in the World: An International Atlas*. London: Pluto Press.

Segal, L. 1987. *Is The Future Female?*London: Virago.

Seidler, V. 1994. *Rediscovering Masculinity: Reason, Language and Sexuality*. London: Routledge.

Shaklady Smith, L. 1978. "Sexist Assumptions and Female Delinquency. " in C. Smart and B. Smart(eds.) *Women, Sexuality and Social Control*. London: Routledge and Kegan Paul.

Shapiro, R. 1987. *Contraception: A Practical and Political Guide*. London: Virago.

Sharpe, K. 1998. *Red Light, Blue Light: Prostitutes, Punters and the Police*. Aldershot: Ashgate.

Sharpe, S. 1995. *Just Like a Girl*. Second edition. Harmondsworth: Penguin.

Shaw, J. 1976. "Finishing School: Some Implications of Sex Segregated Education. "in D. Darker and S. Allen(eds.) *Sexual Divisions and Society: Process and Change*. London: Tavistock.

Sillaste, G. 2004. "Women's Day in Russia. "*The Russia Journal*. 7 April, 2.

Simon, W. 1996. *Postmodern Sexualities*. London: Routledge.

Skeggs, B. 1995. "Introduction" in B. Skeggs (eds.) *Feminist Cultural Theory: Process and Production*. Manchester: Manchester University Press.

Skeggs, B. 1997. *Formations of Class and Gender*. London: Sage.

Skelton, C. 1993. "Women and Education. " in D. Richardson and V. Robinson (eds.) *Introducing Women's Studies*. London: Macmillan.

Skelton, C. 2002. "Typical Boys? Theorising Masculinity in Educational Settings. " in B. Francis and C. Skelton(eds.) , *Investigating Gender*. Buckingham: Open University Press.

Slater, E. and Woodside, M. 1951. *Patterns of Marriage: A Study of Marriage Relationships in the Urban Working Classes*. London: Cassell.

Smart, C. 1976. *Women, Crime and Criminology*. London: Routledge and Kegan Paul.

Smart, C. 1995. *Law, Crime and Sexuality*. London: Sage.

Smart, C. and Smart, B. 1978. *Women, Sexuality and Social Control*. London: Routledge and Kegan Paul.

Smart, C. , Neale, B. and Wade, A. 2001. *The Changing Experience of Childhood.* Cambridge: Polity.

Smith, D. 1979. "A Peculiar Eclipse: Women's Exclusion from Men's Culture. " *Women's Studies International Quarterly*, 1: 281 – 295.

Smith, D. 1987. *The Everyday World as Problematic: A Feminist Sociology.* Buckingham: Open University Press.

Smith, D. 2004. "Women's Perspective as a Radical Critique of Sociology. " in S. Harding(eds.) *The Feminist Standpoint Theory Reader.* London: Routledge.

Smith, L. J. F. 1989. *Domestic Violence: An Overview of the Literature.* Home Office Research Study No. 107. London: HMSO.

Solomos, J. 2003. *Race and Racism in Britain.* Third edition. London: Palgrave.

Sontag, S. 1984. "Notes on Camp", in *Against Interpretation* (First published 1961). London: Vintage.

Spencer, H. R. 1927. *The History of British Midwifery from 1650 to 1800.* London: Heinemann.

Spender, D. 1982. *Invisible Women: This Schooling Scandal.* London: Writers' and Readers' Publishing Co-operative.

Spender, D. 1990. *Man Made Language.* Second edition. London: Routledge.

Spivak, G. C. 1987. *In Other Worlds: Essays in Cultural Politics.* London: Routledge.

Spring-Rice, M. 1981[1939]. *Working-Class Wives: Their Health and Conditions.* London: Virago.

Srinivas, L. 2002. "The Audience: Spectatorship, Social Relations and the Experience of Cinema in India. " *Media, Culture and Society*, 24(2): 155 – 173.

Stacey, J. 1994. *Star Gazing: Hollywood Cinema and Female Spectatorship.* London: Routledge.

Stacey, J. 1996. *In the Name of the Family: Rethinking Family Values in the Postmodern Age.* Boston: Beacon Press.

Stanko, E. 1988. "Keeping Women in and out of Line: Sexual Harassment and Occupational Segregation. " in S. Walby (eds.) *Gender Segregation at Work.* Buckingham: Open University Press.

Stanko, E. , Crisp, D. , Hale, C. and Lucraft, H. 1997. *Counting the Costs: Estimating the Impact of Domestic Violence in the London Borough of Hackney.* Middlesex: Brunel University.

Stanley, L. and Wise, S. 1983. *Breaking Out.* London: Routledge and Kegan Paul.

Stanley, L. and Wise, S. 1993. *Breaking Out Again.* London: Routledge.

Stanworth, M. 1983. *Gender and Schooling: A Study of Sexual Divisions in the Classroom.* London: Hutchinson.

Stanworth, M. 1987. *Reproductive Technologies: Gender, Motherhood and Medicine.* Cambridge: Polity.

Stewart, F. 1999. " Femininities in Flux? Young Women, Heterosexuality and (Safe) Sex. "*Sexualities*, 2(3) : 275 – 290.

Stones, R. 1998. *Key Sociological Thinkers.* London: Palgrave.

Stopes, M. 1918. *Married Love: A New Contribution to the Solution of Sex Difficulties.* London: Putnam and Sons.

Storey-Gibson, M. J. 1985. *Older Women Around the World.* Washington: Washington International Federation on Ageing.

Strinati, D. 1995. *An Introduction to Theories of Popular Culture.* London: Routledge.

Sturges, J. 1999. "What it Means to Succeed: Personal Conceptions of Career Success Held Male and Female Managers at Different Ages. "*British Journal of Management*, 10: 239 – 252.

Sutherland, E. and Cressey, D. 1966. *Principles of Criminology.* Philadelphia: J. P. Lippincott.

Tancred, P. 1995. "Women's Work: A Challenge to the Sociology of Word. "*Gender, Work and Organization*, 2(1) : 11 – 20.

Tarling, R. 1993. *Analysing Offending Data Model and Interpretation.* London:

HMSO.

Taylor, I. , Walton, P. and Young, J. 1975. *The New Criminology: For a Social Theory of Deviance.* London: Routledge and Kegan Paul.

Thakur, H. 1998. "Preface. " in W. Menski (eds.) *South Asians and the Dowry Problem.* London: Trentham Books.

Therborn, G. 2004. *Between Sex and Power: Family in the World* 1900 – 2000. London: Routledge.

Thomas, K. 1990. *Gender and Subject in Higher Education.* Buckingham: Open University Press.

Thome, B. 1982. *Feminist Rethinking of the Family: An Overview.* New York: Longman.

Tiano, S. 1987. "Gender, Work and World Capitalism: Third World Women's Role in Development. "in B. Hess and M. Ferree(eds.) *Analysing Gender: A Handbook of Social Science Research.* Beverly Hills, CA: Sage.

Tindall, V. R. 1987. *Jeffcoate's Principles of Gynaecology.* Fifth edition. London: Butterworth.

Tomassini, C. , Glaser, K. , Wolf, D. , Broese van Groenou, M. and Grundy, E. 2004. "Living Arrangements Among Older People: An Overview of Trends in Europe and the USA. "London: NSO.

Toner, B. 1977. *The Facts of Rape.* London: Hutchinson.

Tong, R. 1997. *Feminist Approaches to Bioethics.* Oxford: Westview Press.

Tong, R. 1998. *Feminist Thought: A More Comprehensive Introduction.* Second edition. London: Routledge.

Tsaliki, L. 2001. "Women and New Technologies. "in S. Gamble(eds.) *The Routledge Companion to Feminism and Prostfeminism.* London: Routledge.

Tuchman, G. 1981. "The Symbolic Annihilation of Women by the Mass Media. "in S. Cohen and J. Young(eds.) *The Manufacture of News.* Revised edition. London: Constable.

Tyler, M. and Abbott, P. 1998. "Chocs Away: Weight Watching in the Contemporary Airline Industry. "*Sociology*, 32(3): 433 – 450.

Tyler, M. and Taylor, S. 1998. "The Exchange of Aesthetics: Women's Work and the Gift. "*Gender, Work and Organization*, 5(3): 165 – 171.

UNICEF. 2001. *Early Marriages, Child Spouses*. Florence: UNICEF United Nations. 1989. *Violence Against Women in the Family*. Vienna: United Nations.

United Nations. 2003. *World Youth Report*. Vienna: United Nations.

United Nations. 2004. Millennium Development Goals: China's Progress, http://www. un. org/Millenniumgoals/Ussher, J. 1989. *The Psychology of the Female Body*. London: Routledge.

Versey, J. 1990. "Taking Action on Gender Issues in Science Education. "*School Science Review*, 71: 256.

Verslusyen, M. 1980. "Old Wives Tales? Women Healers in English History. "in C. Davies(eds.) *Rewriting Nursing History*. London: Croom Helm.

Verslusyen, M. 1981. "Midwives, Medical Men and ' Poor Women Labouring of Child' : Lying-in Hospitals in Eighteenth-Century London. " in H. Roberts (eds.) *Women, Health and Reproduction*. London: Routledge and Kegan Paul.

Vincent, J. 1996. *Inequality and Old Age*. London: UCL Press.

Volman, M. and Van Ecke, E. 1995. "Girls in Science and Technology: The Development of a Discourse. "*Gender and Education*, 7: 283 – 292.

Voronina, O. 1994. "The Mythology of Women's Emancipation in the USSR as the Foundation for a Policy of Discrimination, "in A. Posadskays(eds.) *Women in Russia*. London: Verso.

Wajcman, J. 1994. "Technology as Masculine Culture", in *The Polity Reader in Gender Studies*. Cambridge: Polity.

Wajcman, J. 2002. "The Domestic Basis for the Managerial Career. "*Sociological Review*, 44(4): 609 – 629.

Walby, S. 1986. *Patriarchy at Work*. Cambridge: Polity.

Walby, S. 1990. *Theorizing Patriarchy*. London: Routledge.

Walby, S. 1997. *Gender Transformation*. London: Routledge.

Walker, A. 1992. "The Poor Relation: Poverty Among Old Women." in C. Glendinning and J. Millar (eds.) *Women and Poverty in Britain in the 1990s*. Hemel Hempstead: Harvester Wheatsheaf.

Walker, A. and Maltby, T. 1997. *Ageing Europe*. Buckingham: Open University Press.

Walkerdine, V. 1990. *Schoolgirl Fictions*. London: Verso.

Walkerdine, V. , Lucey, H. and Melody, T. 2001. *Growing up Girls: Psychosocial Explanations of Gender and Class*. London: Macmillan.

Walklate, S. 2004. *Gender, Crime and Criminal Justice*. Second edition. Cullompton: Willan.

Walkowitz, J. 1980. *Prostitution and Victorian Society: Women, Class and the State*. Cambridge: Cambridge University Press.

Wallace, C. 1987. *For Richer for Poorer: Growing Up In and Out of Work*. London: Tavistock.

Wallace, C. 1989. "Youth." in R. Burgess (eds.) *Investigating Society*. London: Longman.

Wallace, C. and Kovatcheva, S. 1998. *Youth in Society: The Construction and Deconstruction of Youth in East and West Europe*. London: Macmillan.

Wallbank, J. A. 2001. *Challenging Motherhood(s)*. London: Prentice Hall.

Walsh, J. 1999. "Myths and Counter-myths: An Analysis of Part-time Female Employees and their Orientations to Work and Working Hours." *Work, Employment and Society*, 13(2): 179 – 203.

Warrington, M. and Younger, M. 2000. "The Other Side of the Gender Gap." *Gender and Education*, 12(4): 493 – 507.

Weedon, C. 1997. *Feminist Practice and Post-structuralist Theory*. Second edition. Oxford: Blackwell.

Weeks, J. 1986. *Sexuality*. London: Routledge.

Weeks, J. 1991. *Against Nature: Essays on History, Sexuality and Identity*. Lon-

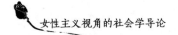

don: Rivers Oram Press.

Weiner, T. S. 1979. "Homogeneity of Political Party Preferences Between Spouses. " *Journal of Politics*, 40: 208 – 211.

Weiner, T. S. 1986. "Feminist Education and Equal Opportunities: Unity or Discord?" *British Journal of Sociology of Education*, 7: 265 – 274.

Weitzer, R. 2000. *Sex for Sale: Prostitution, Pornography and Sex Industry.* London: Routledge.

West, J. 1999. "(Not) Talking about Sex: Youth, Identity and Sexuality. " *Sociological Review*, 47(3): 523 – 547.

Westwood, S. 1984. *All Day Every Day: Factory and Family in the Making of Women's Lives.* London: Pluto Press.

Westwood, S. and Bhachu, P. 1988. *Enterprising Women: Ethnicity, Economy and Gender Relations.* London: Routledge.

Whitehead, M. 1987. *The Health Divide.* London: Health Education Council.

Whittaker, D. and Hart, G. 1996. "Research Note: Mangaging Risks—The Social Organisation of Indoor Sex Work. " *Sociology of Health and Illness*, 18(3): 399 – 414.

Wilcox, R. and Williams, J. P. 1996. "What Do You Think?The X Files, Liminality and Gender Pleasure. " in D. Lavery, A. Hague and M. Cartwright(eds.) *Deny all Knowledge: Reading The X Files.* London: Faber and Faber.

Wilkinson, H. 1994. *No Turning Back: Generations and the Genderquake.* London: DEMOS.

Williams, A. 1987. "Making Sense of Feminist Contributions to Women's Health. " in J. Orr(eds.) *Women's Health in the Community.* Chichester: Wiley.

Williams, C. (ed). 1993. *Doing "Women's Work": Men in Nontraditional Occupations.* London: Sage.

Williams, C. 2003. "Sky Service: The Demands of Emotional Labour in the Airline Industry. " *Gender, Work and Organization*, 10(5): 513 – 550.

Williams, L. and Villemel, W. 1993. "Seekers and Finders: Male Entry and Exit in

Female-Dominated Jobs. "in C. Williams(eds.) *Doing "Women's Work"*. London: Sage.

Williams, R. 1968. *Keywords: A Vocabulary of Culture and Society*. London: Fontana.

Williamson, J. 1978. *Decoding Advertisements*. London: Marion Boyars.

Willis, P. 1977. *Learning to Labour*. Farnborough: Saxon House.

Willmott, P. and Young, M. 1957. *Family and Kinship in East London*. Harmondsworth: Penguin.

Wilson, E. 1983. *What is to be Done about Violence against Women?* Harmondsworth: Penguin.

Wilson, E. S. 1985. "Ingestible Contraceptives. "in N. Loudon(eds.) *Handbook of Family Planning*. Edinburgh: Churchill.

Wilson, F. 1995. *Organization Behaviour and Gender*. London: McGraw Hill.

Winn, M. 1983. *Children Without Childhood*. New York: Pantheon Books.

Winship, J. 1987. *Inside Women's Magazines*. London: Pandora.

Witz, A. 1992. *Professions and Patriarchy*. Oxford: Blackwell.

Wolf, N. 1990. *The Beauty Myth*. London: Vintage.

Wolf, N. 1993. *Fire With Fire: The New Female Power and How it Will Change the 21st Century*. London: Chatrto and Windus.

Wolf, N. 1997. *Promisculties: Secret History of Female Desire*. London: Chatto.

Wople, A-M. 1988. *Within School Walls: The Role of Discipline, Sexuality and the Curriculum*. London: Routledge and Kegan Paul.

Wright, H. 1930. *The Sex Factor in Marriage*. London: Heinemann.

Wright, H. 1947. *More about the Sex Factor in Arriage*. London: Heinemann.

Yeatman, A. 1994. *Postmodern Revisionings of the Political*. London: Routledge.

Young, I. M. 1990a. *Justice and the Polities of Difference*. Princeton, NJ: Princeton University Press.

Young, I. M. 1990b. *Throwing Like a Girl and Other Essays in Feminist Philosophy and Social Theory*. Indianapolis: Indiana University Press.

Young, M. and Willmott, P. 1973. *The Symmetrical Family*. London: Routledge and Kegan Paul.

Zanaty-el, F., Hussein, E., Shawky, G., Way, A. and Kishor, S. 1996. *Egypt Demographic and Health Survey* 1995. Cairo: National Population Council.

其他网络资源：

http://www.eserver.org/feminism/index.html
一个美国网站，能有效链接各大学的妇女研究项目以及妇女图书馆，网站
　　还包括关于女性主义行动主义及历史的信息。

http://www.sociologyonline.co.uk
一个将时事热点议题和社会学概念相结合的有用入门网站。

http://www.un.org
联合国网站主页，涵盖了大量关于性别相关议题的材料链接。

http://www.amnesty.org
关于人权和不平等资料的网络空间，有大量的研究报告和其他相关网站的
　　链接。

http://www.eoc.org.uk
英国平等机会委员会的主页，拥有诸多出版物和研究报告等研究素材。

http://www.cre.gov.uk
类似于英国平等机会委员会网站，是一个关于种族和族群相关议题的有用
　　的资料平台。

http://www.who.org
世界卫生组织的主页，包含一系列与性别主题有关的研究报告以及可下载
　　出版物。

http://www.unicef.org
联合国儿童基金会的主页，提供世界各地与儿童相关的信息和一系列可下
　　载的出版物。

索 引

A

B

后　记

　　在大家的共同努力下，*An Introduction to Sociology：Feminist Perspectives*一书终于翻译完成并出版。该书是著名的女性主义社会学著作，因广受欢迎而一版再版，通过对该书第三版的翻译，简体中文版的《女性主义视角的社会学导论》一书得以问世，以飨读者。

　　本译作的分工如下：

　　序言及致谢由姜佳将翻译；

　　第一章由宋瑜翻译；

　　第二章由姜佳将翻译；

　　第三章由姜佳将翻译；

　　第四章由袁璟、朱笑茜翻译；

　　第五章由宋瑜翻译；

　　第六章由姜佳将翻译；

　　第七章由姜佳将翻译；

　　第八章由宋瑜、周兴凤翻译；

　　第九章由姜佳将、陆雨沁翻译；

　　第十章由宋瑜翻译；

　　第十一章由朱旭红初译，何百华一校，王金玲二校并修改；

　　第十二章由朱旭红初译，何百华一校，王金玲重译第 1～5 节，姜佳将二校并修改第 6～12 节及结语；

　　第十三章由王金玲翻译。

全书的通审、通校由姜佳将承担，终审由王金玲承担。

浙江省社会科学院社会学所的高雪玉副研究员承担了繁杂的版式编辑工作和部分译稿的文字录入工作，在此表示衷心的感谢！

还要致以衷心感谢以及深表歉意的是社会科学文献出版社的编辑。因近几年来交办的任务和临时增加的重要任务日多，作为个人兴趣和学术研究工作的这一翻译工作只得一再拖延，直至2020年才得以在大家的帮助和支持下完稿。无论对出版社还是读者，作为本译作的组织者，我都真心致以深深的歉意！特别感谢社科文献出版社童根兴副总编、群学分社谢蕊芬社长和责任编辑孙瑜老师的帮助和支持，正是他们敬业负责的工作精神和一丝不苟的学术态度才使得本译著顺利出版，并达到了应有的翻译水平。

好在该译作的翻译工作大家都十分认真，有的不惜花更多的时间和精力重译，以保证作为 *An Introduction to Sociology: Feminist Perspectives* 一书在中国大陆地区第一部译作应有的质量。希望本译作能推动中国包括社会学在内的学术发展、女性主义/社会性别研究和行动的前行，为社会平等与和谐做出应有的贡献！

需要特别说明的是，该书第三版出版于2005年，因而本译作对于时间线的处理多以2005年为截点进行倒推；对 women（妇女）、female（女性）等用词也基于我们团队多年的学术积累进行界定和翻译。由于学术和语言能力的局限，尽管我们已尽了最大努力，但本译作仍有诸多不足之处，敬请读者多加指正，以使我们的翻译能力不断提升，翻译工作日臻完善。

王金玲

2022 年 4 月

图书在版编目（CIP）数据

女性主义视角的社会学导论 /（英）帕美拉·阿博特
（Pamela Abbott），（英）克莱尔·威莱丝
（Claire Wallace），（英）麦丽莎·泰勒
（Melissa Tyler）著；王金玲等译. -- 北京：社会科
学文献出版社，2022.9（2024.5 重印）
书名原文：An Introduction To Sociology：
Feminist Perspectives（Third Edition）
ISBN 978 - 7 - 5228 - 0123 - 0

Ⅰ.①女… Ⅱ.①帕… ②克… ③麦… ④王… Ⅲ.
①女性 - 社会学 - 研究 Ⅳ.①C91

中国版本图书馆 CIP 数据核字（2022）第 089768 号

女性主义视角的社会学导论

著　者／帕美拉·阿博特（Pamela Abbott）　克莱尔·威莱丝（Claire Wallace）
　　　　麦丽莎·泰勒（Melissa Tyler）
译　者／王金玲　姜佳将　宋　瑜　朱旭红　袁　璟

出 版 人／冀祥德
责任编辑／孙　瑜　孙海龙　赵　娜
文稿编辑／马云馨
责任印制／王京美

出　　版／社会科学文献出版社·群学分社（010）59367002
　　　　　地址：北京市北三环中路甲 29 号院华龙大厦　邮编：100029
　　　　　网址：www. ssap. com. cn
发　行／社会科学文献出版社（010）59367028
印　装／三河市龙林印务有限公司

规　格／开 本：787mm × 1092mm　1/16
　　　　　印 张：36.75　字 数：560 千字
版　次／2022 年 9 月第 1 版　2024 年 5 月第 5 次印刷
书　号／ISBN 978 - 7 - 5228 - 0123 - 0
著作权合同
登 记 号／图字 01 - 2021 - 7580 号
定　价／128.00 元

读者服务电话：4008918866